고대 근동 시리즈 ㉒

THE POLITICS OF ANCIENT ISRAEL

고대 근동과 이스라엘 정치

노만 K. 갓월드 지음
윤 성 덕 옮김

기독교문서선교회

기독교문서선교회(Christian Literature Center: 약칭 CLC)는 1941년 영국 콜체스터에서 켄 아담스에 의해 시작되었으며 국제 본부는 미국의 필라델피아에 있습니다.
국제 CLC는 59개 나라에서 180개의 본부를 두고, 약 650여 명의 선교사들이 이동도서차량 40대를 이용하여 문서 보급에 힘쓰고 있으며 이메일 주문을 통해 130여 국으로 책을 공급하고 있습니다.
한국 CLC는 청교도적 복음주의 신학과 신앙서적을 출판하는 문서선교기관으로서, 한 영혼이라도 구원되길 소망하면서 주님이 오시는 그날까지 최선을 다할 것입니다.

The Politics of Ancient Israel

Written by
Norman K. Gottwald

Translated by
Sungduk Yun

Copyright © 2001 by Norman K. Gottwald
Originally published in English under the title
The Politics of Ancient Israel
by Westminster John Knox Press,
Translated and used by the permission of
Westminster John Knox Press,
100 Witherspoon Street, Louisville, Kentucky 40202-1396.

All rights reserved.

Korean Edition
Copyright © 2018 by Christian Literature Center
Seoul, Korea

고대 근동 시리즈는 홍수 이후의 수메르 문명에서부터 페르시아가 멸망하는 B.C. 331년까지를 주로 다루며, B.C. 27년 아우구스투스에 의해 로마제국이 시작되고 로마의 통치 아래 이스라엘 땅에서 예수님이 탄생한 내용까지 포함한다.

오지만디아스(Ozymandias)

옛 땅에서 온 여행자를 만났네.
그가 말하길, "거대한 석상의 두 다리가
몸통 없이 사막 한 가운데 서 있었소.
그 곁 모래판에 반쯤 묻힌 채 깨진 두상이 누워 있었는데,
찌푸리고 주름진 입술엔 차가운 명령이 서린 냉소가 감돌고,
조각가가 그의 열정을 잘 읽었음을 말해 주고 있었소.
생명 없는 것들 위에 새겨진 채 오늘날까지 살아남았소.
그들을 조롱하던 손과 힘차게 뛰던 심장이.
그리고 그 발판에는 이런 말들이 있더이다.
'내 이름은 오지만디아스, 왕 중의 왕,
나의 업적을 보라, 너희 강대한 자들아, 그리고 절망하라!'
주변에는 아무 것도 남아 있지 않았소. 삭아 버린
거대한 폐허 주위로 끝없이 황량하고
외롭게 첩첩이 쌓인 모래 벌판이 멀리까지 뻗어 있었소."

― 셸리(Percy Bysshe Shelley), 1817

추천사 1

류호준 박사
백석대학교 신학대학원 구약학 교수

전통적으로 성서학계에는 성경 본문을 해석하는 주석적 연구가 주류를 이루어 왔고, 이를 위해 다양한 학문적 비평이 나름대로 중요한 공헌을 해왔다. 자료비평, 문헌비평, 양식비평, 전승비평, 신문학비평, 문체비평, 구조비평, 수사비평, 독자반응비평, 이념비평 등에 이르기까지 온갖 통시적 공시적 연구가 그러했다.

이와 더불어 고대 근동학의 발달은 특별히 구약성경을 이해하는데 결정적인 공헌을 했다. 지난 수십 년은 성서학과 고대 근동학의 콜라보레이션이 그 어느 때보다 돋보였던 시기였다. 둘 사이의 접목을 시도하려는 노력은 때론 많은 논란을 불러일으키기도 했지만, 때론 새로운 길을 열어 주기도 했다.

이런 과정에서 자연스럽게 원용하게 된 학문적 방법이 사회과학적 연구였다. 성경에 등장하는 이스라엘이란 독특한 민족과 그들의 사회가 주변 여러 나라의 사회상과 어떤 상관 관계를 맺고 있는지에 대한 관심에서 비롯된 것이었다.

이스라엘의 사회 구조를 비롯하여 그들의 정치 경제 문화 종교 등 사회의 근간이 되는 각종 기관과 형식과 민속과 정신적 기반을 이해하는 것이 성경의 세계를 이해하는 데 시발점이 된다는 생각이다. 텍스트의 배경에 자리 잡고 있는 고대 이스라엘의 사회상을 연구하는 일이 얼마나 중요한지를 가르쳐 주는 계기가 마련된 것이다.

이 책은 그중 고대 이스라엘의 정치를 다룬 작품이다. 이 책은 이미 여러 권의 저서로 특별히 고대 히브리 민족과 이스라엘의 기원에 대해 가히 혁명적 제안을 해온 노만 갓월드 박사가 고대 이스라엘의 정치 문제를 집중적으로 다룬 연구서다. 저자의 학문적 입장을 사전에 알고 있는 독자라면 이 책을 저술하는 저자의 입장이 어떠하리라는 정도는 충분히 예측할 것이다.

갓월드 박사는 고대 이스라엘의 정치를 이해하려면 먼저 역사적 자료를 선정해야 한다고 말한다. 물론 고고학 유물과 성경 외부 사료가 있다.

그러나 구약성경을 제쳐두고 고대 이스라엘의 정치 연구를 위한 원자료라고 할 만한 것이 무엇이 있겠는가?

구약성경에 묘사되고 있는 고대 이스라엘 사회상을 심층적으로 살펴보면 그들의 정치를 읽어낼 수 있지 않겠는가?

이런 식으로 구약을 재구성한다면 고대 이스라엘의 정치에 대한 일관된 그림을 그려낼 수 있을 것이다. 그러나 갓월드 박사는 이런 전통적이고 일반적인 방법을 단호하게 거부한다. 그는 이런 방법을 "역사적 종교적 실증주의"라고 까지 매섭게 다그친다. 그리고 그러한 실증주의에서 해방시키기 위하여 비판적 상상력을 사용하여 고대 이스라엘의 정치를 연구하겠다고 선언한다.

그렇다면 그는 고대 이스라엘의 정치를 연구하기 위한 원자료인 구약성경에 대해 어떤 입장을 갖고 있을까?

그에 따르면 고대 이스라엘 역사를 담고 있는 구약성경에는 그 역사를 기술하고 있는 역사가의 편향된 이념이 스며들어 있다고 한다. 그렇기 때문에 매우 비판적으로 읽어야 한다는 것이다. 예를 들어, 구약성경이 선호하는 고대 이스라엘의 정치 형태는 권력이 중앙에 집중되어 있는 체제이며, 이 점만 보아도 역사 편찬자가 어떤 이념을 가지고 기록했는지 일견 엿볼 수 있다는 것이다.

게다가 이런 결론에 이르는 것이 결코 만만치 않은 이유는 구약의 역사 기록이 상대적으로 후대에 기록되었기 때문이라는 것이다. 그의 말을 인용히지면, "히브리 성경에 기록된 모든 정치 전통이 전통주의자의 이념을 따라 윤색되고 틀이 잡혔기 때문이다. 그러므로 유의해야 할 점은 특정 성경 본문의 관점이 아무런 도전이나 질문 없이 이스라엘 정치에 관한 논의를 주도하지 않도록 해야 한다."

그렇다면 갓월드 박사의 접근 방법은 무엇일까?

이 책의 실질적으로 마지막 장에 해당하는 제5장의 제목이 모든 것을 말해줄 것이다. 그것은 "고대 이스라엘 정치에 관해 비판적으로 상상하기"다.

갓월드 박사는 고대 이스라엘의 정치 형태를 주변 국가의 정치 문화에서 분리하여 연구해서는 안 된다고 주장한다. 어떤 상관 관계가 있고 어떻게 상호 영향을 받게 되었는지를 비판적으로 살피면서, 특별히 유다와 북이스라엘의 정치 형태를 '공평하게' 다루어야 한다고 주장한다. 그렇지 않으면 이스라엘 정치사 중에서 마지막 삼분의 일이 되는 기간(남 유다와 북 이스라엘)이 남 유다 왕정 중심의 편향된 관점에서 서술되었다는 사실을 아무런 비판 없이 받아들이게 된다는 것이다.

그러나 이 책의 결미에서 보여준 갓월드 박사의 반전 결론(?)은 다시금 이 책의 유용성을 되새기게 한다. 이스라엘의 정치는 이스라엘 민족의 정체성 형성과 보존에 그다지 큰 영향을 미치지 못했다는 것이다. 오히려 이스라엘이 유지되고 보전된 것은 그들의 종교와 문화의 힘이었다는 것이다. 그들의 핵심적인 종교적 문화적 정체성의 근원은 왕정 성립 이전 이스라엘 시대부터 오랫동안 지속된 가족적 공동체적 문화에 근거하고 있다고 주장한다.

결론적으로 갓월드 박사는 이 책의 저술 과정과 목적을 이렇게 설명한다.

> 지금까지 히브리 성경이 고대 이스라엘의 정치에 관해 증언하고 있는 바가 무엇인지 그리고 이스라엘 국가가 고대 근동 지역 안에서 어떤 위치를 차지하고 있는지 살펴보았다. 성경 외부 자료와 명문은 물론 비교 사회학적 관점에서 본 관찰을 시도하였고, 문헌학 및 정치학 이론도 참고하면서, 지파 공동체에서 왕정으로 그리고 식민지로 변해 왔던 이스라엘 정치권력의 변화 과정을 비판적인 상상의 눈으로 묘사하였다.

추천자로서 독자 여러분에게 말씀드린다. 이 책을 첫 장부터 읽는 대신에 먼저 마지막 결론인 제6장을 읽은 후에 다시 첫 장부터 자세하게 읽으면 좋을 것이라고 말이다.

고대 근동학이 구약성경 연구에 어떤 영향을 미쳤는지를 보시게 될 것이며, 갓월드 박사가 고대 이스라엘 정치를 다루면서 어떤 사료를 어떤 방식으로 사용하고 있는지도 보게 될 것이고, 더 근본적으로는 성서의 역사관과 그 역사관을 해석하는 갓월드 박사의 역사관을 보게 될 것이다. 이것만이라도 제대로 파악한다면 이 책을 읽은 후에 얻은 소중한 가치와 보람으로 충분하리라 생각한다.

이 책은 전통적인 신학에 서 있는 독자나 그렇지 않은 독자 모두에게 상당한 도전과 충격을 줄 것이다. 그리고 이 책은 우리에게 근본적인 질문을 던질 것이다.

우리가 읽는 구약성경은 도대체 어떤 책이란 말인가?
구약성경을 어떻게 읽어야 한다는 것일까?

구약성경은 고대 이스라엘의 역사인 동시에 신성한 경전(성경)일까?

기독교문서선교회(CLC)가 야심차게 기획한 고대 근동 시리즈 출간을 축하하며 진지한 구약학 연구자와 신학생의 사랑받는 기획물이 되기를 기원한다.

추천사 2

유윤종 박사
평택대학교 피어선신학전문대학원 구약학 교수 / 한국구약학회 부회장

　노만 갓월드 박사는 사회학적 성서비평이라는 방법론으로 한국의 독자에게 잘 알려져 있다.
　날카로운 막시즘을 구사했던 과거와 달리 이 책은 이스라엘의 정치사를 고대 근동이라는 토양 속에서 어떻게 신앙적 이상을 구현했는지 다양한 분야와의 학문적 교류를 통해 비판적으로 분석하고 상상력을 덧붙여 종합하여 새로운 통찰력을 제시한다. 그 결과 한층 원숙해진 그의 학문 세계를 잘 보여 준다.
　갓월드 박사는 이 책에서 이스라엘의 정치는 고대 근동의 문화, 역사, 종교, 철학, 전통 등에 뿌리내리고 있음을 지적한다. 역사가로서 갓월드 박사는 수정주의적 역사 해석보다는 전통적 역사 해석의 관점에서 역사, 문학, 고고학, 사회과학 등 수많은 방법론을 동원하여 이스라엘의 정치사를 국가 이전 시대, 국가 시대, 식민지 시대로 구분해 다룬다.
　이스라엘의 정치사는 표면적으로 보면 종교사처럼 보이지만, 갓월드 박사는 그 이면 속에 드러나지 않은 수많은 정치적 이해관계가 얽혀있음을 주장한다.
　이 책이 윤성덕 박사의 수고로 번역된 것은 참으로 다행이라고 생각

한다. 그는 고대 근동이라는 관점에서 구약성경을 이해하려는 우리나라에서 몇 안 되는 전문가 중에 한 사람이기 때문이다.

역사에 대한 신뢰가 점점 더 희미해져 가는 때에 대학자의 엄밀한 이스라엘 역사 찾기의 전형을 보여 준다는 점에서 이 책의 출판을 축하한다.

추천사 3

주 원 준 박사
한님성서연구소 수석연구원

　신앙의 사회적·역사적 역할이 점차 주목받는 이 시기에 노만 갓월드라는 대가의 『고대 근동과 이스라엘 정치』가 우리 말로 나온다는 소식을 듣고 기쁜 마음을 감출 수 없었다.
　이 책은 신앙인뿐 아니라 구약성경을 인문학적 시각에서 공부하고 싶은 사람과 고대 근동의 역사와 정치사에 관심 있는 사람에게도 유익할 것이라 믿는다.
　한국 구약신학의 발전을 위하여 꼭 필요한 책을 제 때에 훌륭하게 번역해 주신 존경하는 윤성덕 박사의 노고에 깊이 감사드린다.
　구약성경은 하느님의 백성인 이스라엘의 믿음을 전해 준다. 동시에, 고대 근동 세계의 약소국이자 상대적 후발 국가였던 고대 이스라엘이라는 나라의 고난과 영광의 역사를 생생히 전하는 책이기도 하다. 고대 이스라엘의 역사와 정치를 이해하면 그들이 지녔던 믿음의 실체와 기능에 대해서도 훨씬 가까이 갈 수 있을 것이다.
　이 책을 통해서 우리는 무엇보다 고대 이스라엘이라는 나라의 국내외 정치 상황 변화에 대한 역사적 자료, 연구 방법, 다양한 쟁점, 깊은 통찰을 배울 수 있을 것이다. 그리하여 역사를 통하여 우리 인간을 가르치시는 하느님의 큰 뜻을 성찰하고, 구체적인 역사 안에서 하느님의 정의와 사랑을 실현해야 하는 우리 신앙인의 임무에 대해서도 깊이 생각해 보는 계기를 얻게 되기를 희망한다.

감사의 글

노만 갓월드(Norman K. Gottworld) **박사**
미국 New York Theological Seminary 구약학 교수

　고대 이스라엘의 정치사에 관한 책을 구상하면서 전통적인 연구를 떠나 새로운 시도를 할 수 있게 된 것은 최근에 성서학과 고대 근동학에서 방법론 가운데 몇 가지 발전이 이루어졌기 때문이며, 또한 고고학과 사료학, 인류학과 정치학 등 사회과학에서도 유사하게 혁신적인 접근 방법이 고안되었기 때문이다. 성서학자에게 학제간 연구는 이제 더 이상 요원한 목표가 아니며 실현 가능성도 있고 지금 바로 적용할 수 있는 연구 방식이다.

　본 연구는 이런 분야의 연구자에게 크게 도움을 받은 것이며, 한 사람씩 이름을 언급할 수는 없지만 각주와 참고문헌에 포함된 수많은 학자에게도 감사의 뜻을 전한다.

　이 책을 집필하는 동안 편집자로 일해 준 더글라스 나이트(Douglas A. Knight)는 나를 항상 격려해 주었고 간혹 질문을 퍼부어도 성실하게 답변해 주었다. 그가 교정 전 초고를 평가해 준 것이 크게 도움이 되었다.

　성서학자이면서도 고대 근동학에 정통한 잭 세슨(Jack M. Sasson)은 제4장에 관해 소중한 의견을 아낌없이 들려주었고, 덕분에 너무나 분명한 오류도 수정하였으며, 학계의 최근 동향에 관해 조언도 들으며, 참고문헌도 소개받을 수 있었다. 그에게 아주 큰 빚을 졌다.

　크리스틴 던건(Christine Dungan)에게도 감사의 뜻을 전하고자 한다. 그는

참고문헌과 색인을 공들여 만들어 주었고, 그 덕분에 이 책을 정해진 계획대로 발간할 수 있었다.

버클리, 캘리포니아
2000년 5월

편집자 서문

더글라스 나이트(Douglas A. Knight) 박사
편집장 / 미국 Vanderbilt University 구약학 교수

　계몽주의 이후 역사적 문학적 질문에 골몰하던 성서학자들은 고대 이스라엘의 역사적 사건과 지도자, 야훼 종교의 제의와 신앙, 그리고 이스라엘 민족의 문학이 구전이나 기록을 통해 발전한 과정에 관심을 가지고 연구하였다. 불과 300년 전만 해도 이스라엘이나 고대 근동 지방에 관해 알려진 것이 많지 않았지만, 그 이후로 고고학자들이 발굴해 낸 무수한 문서와 유물을 통해 학자가 얻은 지식은 실로 방대하다.
　그러나 근래에 들어 성서학은 새로운 전환기를 맞고 있는데, 이것은 과거 학자들이 '확실한 결과'라고 내놓았던 주장에 관해 점차 자신감이 떨어지고 있기 때문이다. 또한 인류학이나 사회학, 언어학, 문학 비평 등 주변 학문이 사용하는 연구 방법이나 주제의 영향을 받아 오래된 자료에 대해 새로운 질문이 제기되었기 때문이기도 하다.
　특히 역사학 분야에서도 자리를 굳게 잡은 사회사(Social history) 연구는 어떤 사회의 특정 부분을 분석하는 데 특히 유용하다고 증명된 바 있다. 사회사학자는 국가적 사건이나 지도자, 정치 기관, 그리고 '상위 문화'(high culture)에 집중하기보다 구체적인 도시나 마을의 사회 구조나 조건, 생활 단계, 주변 환경, 계급과 신분에 따른 권력 분배, 사회 안정이나 불안정 등 좀 더 기초적이고 광범위한 주제에 주의를 기울인다.

고대 이스라엘 사회와 관련하여 이런 주제를 연구하려면 권력을 소유하던 계급과 그들이 직접 관련된 사건에 집중하기 보다는 대다수 백성이 경험하던 일상생활과 소소한 사회 현상에 초점을 맞추어야 한다. 이런 연구는 현재 다양한 이념 비평학과 사료 뒤에 숨겨진 정치, 경제, 사회적 이해관계를 찾아내기 위해 고안된 다른 방법을 사용하면서 나날이 발전하고 있다.

이 연구 시리즈는 서로 다른 연구 주제 몇 가지를 함께 연구하기 위해 기획되었다. 특히 이 연구를 진행하는 목적은 사회 구조, 정치, 경제, 종교, 문학, 물질 문명, 법, 정신적인 지도력, 윤리적 정체성, 사회적 소외감, 국제 관계, 그리고 정경 형성 과정(canon formation)을 고대 이스라엘 사회의 사회적 특성과 발전 과정 속에서 재조명하는 것이다. 이 중 어떤 주제는 지금까지 깊이 있게 다루어진 적이 없으며, 어떤 주제는 우리에게 친숙하지만 새로운 연구가 필요한 분야다.

시리즈에 속한 연구마다 기본적으로 사회사적인 접근이 적용되었으나, 각 주제를 담당한 저자가 가장 적당한 연구 방법을 결정하여 사용하였다. 각 주제별 연구는 이 연구 시리즈 전체가 고대 이스라엘의 문화와 사회에 관한 우리의 지식을 넓히고, 이런 새로운 이해를 바탕으로 역사를 새롭게 볼 수 있는 기회를 제공하고자 한다.

이 책에서 노만 갓월드 박사는 고대 이스라엘의 권력 집중 현상에 관한 기존 연구를 넘어 사회 구조와 상호 작용에 관한 최신 사상에 근거를 둔 새로운 연구를 잘 보여 주고 있다.

갓월드 박사에 따르면 그의 접근 방법은 '고대 이스라엘 정치를 비판적 상상력을 사용하여 해석'하는 작업인데, 이스라엘의 정치 행위 전반을 향해 거대한 그물을 던져 어떤 국면이나 단계에 있든지 이스라엘 사회 내부에서 권력이 어떻게 행사되는지를 보여 주는 증거를 모두 잡아내려 하고 있다. 이런 전략은 성경 본문을 연구할 때 매우 유용한데, 왜냐하면 성경 본문은 권력이 중앙에 집중되어 있는 체제를 선호하고, 상대적으로 후대에 기록되었으며, 어떤 이념을 가지고 기록했는지 쉽게 보여 주지 않기 때문이다.

갓월드 박사는 먼저 이스라엘 정치사를 성경에 기록된 대로 묘사하면서 그의 연구를 시작한다. 그리고 정치권력이 백성의 경제, 사회, 종교적 성향과 미묘하게 얽혀 있다는 사실에 유의하면서, 이스라엘 역사의 각 시대를 자세히 논한다.

1. 국가 성립 이전의 공동 사회 문화
2. 북 왕국과 남 왕국의 국가 구조
3. 제국 치하의 식민지 시대

성경에 묘사된 바와 달리 갓월드 박사는 정치란 국가적 차원의 사건이 일어나는 공공 영역에 국한되지 않으며, 권력이란 가족과 마을을 배경으로 혹은 왕권 아래 신하와 관리, 종교, 상업 및 군사 지도자 사이에 다양한 형태와 강도로 퍼져 있다고 주장한다.

일부 학자가 이스라엘 정치의 특성을 강조하는 것과 달리 갓월드 박사가 고대 근동 국가와 비교하여 분석한 이스라엘 국가는 권력을 행사하는 전략이나 능력에 있어서 이웃 국가와 유사한 점이 매우 많다.

또한 히브리 성경이 제시하는 바와 달리 이스라엘 문화에는 야훼 종교가 영향을 미쳤으나 나라 전체를 다스리는 정치 영역까지는 지배하지 못했다고 결론을 내린다. 갓월드 박사는 매우 난해하고 광범위한 정치라는 영역을 섬세하게 분석하며 복잡한 고대 이스라엘의 정치가 삶과 사상의 전 분야 속에서 어떻게 기능하는지 새롭게 이해할 수 있도록 도와 준다.

역자 서문

윤 성 덕 박사
서울대학교 아시아언어와 문명학부 및 연세대학교 신학과 외래교수

노만 갓월드 박사는 미국 성서학자이며 사회주의자다. 그의 대표작은 The Tribes of Yahweh: A Sociology of the Religion of Liberated Israel, 1250-1050 B.C.E.(Maryknoll, N.Y.: Orbis Books, 1979) 인데, 고대 이스라엘의 종교와 정치를 사회학적 연구 방법을 통해 서술한 책이다.

갓월드 박사의 주장은 성경 본문에 관한 전통적인 해석과 큰 차이가 있으며, 외국에서는 큰 반향을 일으켰으나 상대적으로 보수적인 국내 교계에는 별로 소개되지 않았고, 몇몇 학교 교실에서만 간헐적으로 언급하는 데 그쳤다.

현재 갓월드 박사의 저술은 The Hebrew Bible: A Socio-literary Introduction (Philadelphia: Fortress, 1985)만 한글로 번역하여『히브리 성서 1, 2』(김상기 옮김 [서울: 한국신학연구소, 2016])로 출판되어 있다.

『고대 근동과 이스라엘 정치』(The Politics of Ancient Israel)는 Westminster John Knox Press가 "Library of Ancient Israel"이라는 총서의 일부로 출판하였는데, 다양한 학문 분야의 연구 방법을 통해 고대 이스라엘 사회사를 재조명하는 것을 목표로 삼고 있다. 그러므로 사회학적인 연구 방법으로 구약성경을 해석하는 갓월드 박사와 잘 어울리는 기획이 아닐 수 없다. 이렇게 볼 때 이 책을 번역하여 한국 기독교 교계와 학계

에 내어 놓으며 갓월드 박사의 성경 해석을 소개하는 것도 의미있는 일이지만, 그보다 성경 본문을 어떻게 해석할 것인지 고민했던 한 학자의 방법론적인 성찰을 더 주의 깊게 보시기를 권하고 싶다.

과거 역사를 재구성하기 위해서 성경 본문을 사료로 사용할 때 고려해야 할 점과 유의해야 할 점을 언급하며 '비판적인 상상력'을 사용한다든지, 고대 서아시아 정치사를 총괄하며 유다와 이스라엘이 차지하였던 지정학적 위치를 분석한다든지, 이런 결과를 기초로 고대 사회가 발전해 나아가는 모형을 전제하고 해석을 시도하는 태도가 그것이다.

이런 과정 속에서 갓월드 박사가 참고하는 다양한 고대 사료와 고고학 유물과 현대 학자의 여러 연구를 살펴보면, 한 학자가 성경 본문을 해석하기 위해 쏟아부었던 열정과 사랑에 감동을 받지 않을 수 없다.

갓월드 박사가 연구 결과로 제시하는 내용은 전통적인 교회의 가르침과 다를 수도 있고, 또 갓월드 박사는 고대 이스라엘의 종교적 사회적 특징이 상당히 후대에 형성되었다고 주장하고 있다. 갓월드 박사가 이렇게 공들여서 펼치고 있는 연구 방법도 유럽 지역의 연구를 참고하지 않았다거나 고대 서아시아 정치사를 너무 폭넓게 조망했다는 비판을 받기도 한다.

그러나 체계적인 해석 방법을 적용하여 성경 본문을 해석하기 위해서 다양한 관점과 접근 방법을 고려하는 성실한 태도는 본받을 일이며, 이를 기초로 더욱 나은 연구 방법을 찾아 가는 초석이 될 수 있으리라 생각한다.

개인적으로 학생 시절에 수업을 준비하며 읽었던 책을 번역하면서 그때는 느끼지 못했던 감동을 받아 행복했고, 이렇게 20여 권이 넘는 고대 근동 시리즈를 출판해 주시는 기독교문서선교회와 대표이신 박영호 목사님께 깊은 감사를 드린다.

2018년 파주에서

약어표

AASOR	Annual of the American Schools of Oriental Research
AB	Anchor Bible
ABD	*Anchor Bible Dictionary*. Edited by D. N. Freedman. 6 vols. New York, 1992.
AGJU	Arbeiten zur Geschichte des antiken Judentums und des Urchristentums
ANET	*Ancient Near Eastern Texts Relating to the Old Testament*. Edited by J. B. Pritchard. 3d ed. Princeton, 1969.
ASTI	Annual of the Swedish Theological Institute
BA	*Biblical Archaeologist*
BAR	*Biblical Archaeology Review*
BARead	*Biblical Archaeologist Reader*
BASOR	*Bulletin of the American Schools of Oriental Research*
BibInt	*Biblical Interpretation*
BJS	Brown Judaic Studies
BN	*Biblische Notizen*
BTB	*Biblical Theology Bulletin*
BWA(N)T	Beiträge zur Wissenschaft vom Alten (und Neuen) Testament

BZAW	Beihefte zur Zeitschrift für die alttestamentliche Wissenschaft
CAH	*Cambridge Ancient History*
CANE	*Civilizations of the Ancient Near East.* Edited by J. Sasson. 4 vols. New York, 1995.
CBQ	*Catholic Biblical Quarterly*
ConBOT	Coniectanea biblica: Old Testament Series
CurBS	*Currents in Research: Biblical Studies*
ErIsr	*Eretz-Israel*
FAT	Forschungen zum Alten Testament
FOTL	Forms of the Old Testament Literature
HSM	Harvard Semitic Monographs
HUCA	*Hebrew Union College Annual*
ICC	International Critical Commentary
IDB	*The Interpreter's Dictionary of the Bible.* Edited by G. A. Buttrick. 4 vols. Nashville, 1962.
IEJ	*Israel Exploration Journal*
IESS	*International Encyclopedia of the Social Sciences.* Edited by D. L. Sills. New York, 1968.
IOS	*Israel Oriental Society*
JAAR	*Journal of the American Academy of Religion*
JAOS	*Journal of the American Oriental Society*
JBL	*Journal of Biblical Literature*
JCS	*Journal of Cuneiform Studies*
JESHO	*Journal of the Economic and Social History of the Orient*
JHNES	Johns Hopkins Near Eastern Studies

JNES	*Journal of Near Eastern Studies*
JSOT	*Journal for the Study of the Old Testament*
JSOTSup	Journal for the Study of the Old Testament: Supplement Series
JSS	*Journal of Semitic Studies*
JTSA	*Journal of Theology for Southern Africa*
OBT	Overtures to Biblical Theology
OLA	Orientalia lovaniensia analecta
Or	*Orientalia* (NS)
OTL	Old Testament Library
RB	*Revue biblique*
RelSRev	*Religious Studies Review*
RSO	*Revista degli studi orientali*
SAAS	State Archives of Assyria Studies
SAOC	Studies in Ancient Oriental Civilizations
SBLMS	Society of Biblical Literature Monograph Series
SBLSBS	Society of Biblical Literature Sources for Biblical Study
SBLWAW	Society of Biblical Literature Writings from the Ancient World
SemeiaSt	Semeia Studies
SHANE	Studies in the History of the Ancient Near East
SJOT	Scandinavian Journal of the Old Testament
SWBA	Social World of Biblical Antiquity
TDNT	*Theological Dictionary of the New Testament*. Edited by G. Kittel and G. Friedrich. Translated by G. W. Bromiley. 10 vols. Grand Rapids, 1964-76.

TDOT	*Theological Dictionary of the Old Testament.* Edited by G. J. Botterweck and H. Ringgren. Translated by J. T. Willis, G. W. Bromiley, and D. E. Green. 8 vols. to date. Grand Rapids, 1974—.
VT	*Vetus Testamentum*
VTSup	Supplements to Vetus Testamentum
WBC	Word Biblical Commentary
ZAW	*Zeitschrift für die alttestamentliche Wissenschaft*

| CONTENTS |

추천사 1 (류호준 박사 / 백석대학교 신학대학원 구약학 교수) _6
추천사 2 (유윤종 박사 / 평택대학교 피어선신학전문대학원 구약학 교수) _11
추천사 3 (주원준 박사 / 한님성서연구소 수석연구원) _13
감사의 글 (노만 갓월드 박사 / 미국 New York Theological Seminary 구약학 교수) _15
편집자 서문 (더글라스 나이트 박사 / 미국 Vanderbilt University 구약학 교수) _17
역자 서문 (윤성덕 박사 / 서울대학교 아시아언어와 문명학부 외래교수) _20
약어표 _22

제1장 고대 이스라엘의 정치 소개하기: 해석학적 지뢰밭 _29

1. 사료 문제 _30
2. 고대 근동의 정치적 문맥 _31
3. 이스라엘 종교가 가진 특권 _32
4. 있을 법한 역사 _33
5. 정치가 빠뜨린 것 _34
6. 정치의 주인 _35

제2장 정치를 개념화하기: 고대 이스라엘 안과 밖 _37

1. 정치를 하기와 정치를 분석하기 _37
2. 이스라엘 정치에 관한 기존의 접근 _48
3. 이스라엘 정치에 관한 성경의 증언 _52
4. 정치적 분석을 위한 비평, 상상, 이념화 _79

제3장 히브리 성경에 기초하여 본 이스라엘 정치 _88

1. 히브리 성경에 나타난 정치: '주의 요망' _88
2. 분권화된 이스라엘 정치 _92
3. 중앙 집권화된 이스라엘 정치 _110
4. 이스라엘 식민지 정치 _199

제4장 고대 근동 기반 위에 선 이스라엘 정치 _226

1. 고대 근동에서 국가의 성립 _227
2. 고대 근동의 정치적 궤도: 구조와 전략 _240
3. 고대 근동 정치의 요약과 평가 _288
4. 고대 근동 국가인 유다와 이스라엘 _298

제5장 고대 이스라엘 정치에 관해 비판적으로 상상하기 _315

1. 분권화된 이스라엘 정치 _316
2. 한 국가로 중앙 집권화된 이스라엘 정치 _347
3. 두 경쟁 국가로 중앙 집권화된 이스라엘 정치 _372
4. 이스라엘과 유다를 다른 고대 근동 국가와 비교하기 _410
5. 이스라엘과 유다의 정치적 목표 _423
6. 이스라엘 식민지 정치 _465

제6장 맺는 말: 고대 이스라엘의 정치 _483

1. 고대 이스라엘의 정치 요약 _483
2. 고대 이스라엘 정치의 유산 _489

참고 문헌 _496
주제 색인 _536

The Politics of Ancient Israel

제1장

고대 이스라엘의 정치 소개하기: 해석학적 지뢰밭

비판적인 성서학자들은 고대 이스라엘의 정치를 다룰 때 대부분 간단하고 까다롭지 않게 이스라엘의 정치사를 쓰되, 히브리 성경을 주요 사료로 삼고 필요한 시점에 고고학과 고대 근동학 연구를 참고하며 저술하였다.

그러나 사용 가능한 사료가 전적으로 부족하고, 어떤 사건에 관한 사료들의 증언이 서로 상반되며, 사료들이 여러 부분에서 왜곡된 시각을 담고 있다는 사실은 이미 잘 알려져 있다. 그럼에도 불구하고 비판적인 역사학자들은 성경에 담긴 기록이 전반적인 사건묘사와 상세한 기술에서 신뢰할 만하다고 간주하고, 부족한 부분은 외부 사료에서 얻은 정보와 조심스럽게 세운 가설들을 통해 보완할 수 있다고 자신한다. 그리고 이런 정보 보충이나 수정 작업이 성경이 제시하는 기본적인 틀을 깨지 않는다고 주장한다.

고대 이스라엘을 연구하는 많은 역사학자들이 이런 긍정적인 관점을 유지하고 있고, 또 고고학 유물이 더 많이 발견될수록 성경에 기록된 전반적인 설명이 증명되리라 확신하고 있다. 그래서 고대 이스라엘에 관한 정치사 연구를 살펴보면 성경 전통에 근거한 기초적 틀에 맞추어 역사를 재구성하여 서로 간에 큰 차이점이 없다.

만약 이런 접근을 사용한다면 고대 이스라엘에 관한 우리의 정치적 언설도 성경 전통의 진위를 하나씩 검사하고 평가하는 길을 따르게 되고, 결국 히브리 성경이 제공하는 틀을 충실히 따르게 될 것이다.

1. 사료 문제

그러나 오늘날 우리는 어떤 의미로든 역사를 재구성하려고 할 때 성경 본문이 신뢰할만한 사료라는 확신이 점점 사라지는 시대를 살고 있다. 이런 의심은 두 가지 사상적 흐름을 통해 제기되고 있다.

첫째, 히브리 성경을 최종적으로 편집한 시점이 상대적으로 후대에 속하기 때문에 많은 학자들이 성경에 기록된 고대사와 관련된 정보를 신뢰할 수 있는지 의심스럽게 생각한다. 기술된 사건(서사된 시간)과 그 기술 행위의 배경(서사자의 시간) 사이에 큰 시간적 간격이 존재할 수 있다고 간주하거나, 차이가 몇 백 년에 이른다고 생각하면 후대 전승을 사용해서 고대 역사를 재구성한다는 가능성 자체가 의심받을 수밖에 없다.

둘째, 둘째 이유는 첫째 이유와 어느 정도 겹치기도 하고 첫째 이유를 보충하기도 한다. 히브리 성경의 후대 편집자들은 이스라엘과 유다 왕국이 멸망한 이후에 새로운 '이스라엘-유대' 사회를 재건하는 데 헌신해야 한다는 생각에 사로잡혀 있었고, 그로 인해 일종의 사상적 한계가 형성되어, 왕국이 멸망하기 이전 시대에 관한 실제 이스라엘 역사를 기술하려는 의도를 포기할 만큼 일방적인 이념을 지니게 되었다는 것이다.

사료에 대해 이런 관점을 수용하여 성경 전승이 비교적 후대에 기록되었다는 사실과 이스라엘의 고대사에 있어서 이념적 간극이 존재한다는 전제를 받아들이면 히브리 성경을 사용해서는 기원전 5-4세기 이전 이스라엘 역사에 관해 믿을 만한 연구를 할 수 없다는 결론에 도달한다. 다시 말해서 히브리 성경의 주요 저자나 편집자는 고대사에 관해 신뢰할 만한 정보가 없으며, 이스라엘-유대 정체성을 새로운 토대 위에 재건하려는 의도에 적합한 과거사 서술과 이미지를 창조하고 발명해 내는 일에 온 힘을 기울였다는 것이다.

만약 이런 연구 태도를 받아들인다면 고대 이스라엘의 정치에 관해 논의할 때 신빙성을 의심하면서 성경 본문을 읽어야 하고, 근본적으로 후대의 것이며 비뚤어진 설명에 기대지 않고 고대 이스라엘의 정치를 평가할 수 있는 다른 자료가 있는지 찾아보아야 한다. 그러나 허술한 성경 자료를 보완하기 위해 히브리 성경 바깥에 또 다른 적합한 사료가 있느냐고 묻는다면 이 또한 문제 투성이라고 말하지 않을 수 없다. 결과적으로 우리는 역사학자로서 딜레마에 봉착하는데, 히브리 성경에 크게 기대지 않고서는 고대 이스라엘의 정치에 관해 많은 것을 알아낼 수 없다.

2. 고대 근동의 정치적 문맥

히브리 성경의 역사성에 관한 뿌리 깊은 논란 속에서 고대 이스라엘의 정치를 더 넓은 고대 근동의 정치 안에서 관찰하려는 시도를 하는 학자는 그리 많지 않다. 아무리 비판적인 학자라고 하더라도 이스라엘과 유다에 왕국이 존재했다는 사실을 부인하는 사람은 없지만, 학자들 사이에는 왕국 성립 이전의 역사나 왕국 성립 시기, 혹은 성립 과정이 히브리 성경에 얼마나 정확하게 기술되었는지, 외부 세력에 의해 멸망하기 전에 얼마나 발전했었는지에 관해 이견이 있다.

이와 같이 이스라엘 국내 정치에 관해서는 논란이 있지만, 고대 이스라엘을 연구할 때 좀 더 전통적인 학자건 더 극단적인 학자건 이스라엘 정치를 근동이라는 틀 안에서 비교 연구하는 방법에 관해서는 깊이 생각하지 않는다. 물론 학자들은 이스라엘 왕국과 다른 나라가 맺었던 상호 관계를 언급하고 이스라엘이 정치 체제를 정비할 때 외국의 제도를 빌려 왔을 가능성에 대해 논한다. 그러나 이스라엘이 주변 나라와 더 광범위하고 전면적인 정치 문화에 동참했을 것이라는 주제는 깊이 논의되지 않았다.

① 이스라엘 왕국에 다른 고대 근동 국가와 유사한 제도가 있었는가?
② 아니면 정치 체제에 본질적으로 다른 점이 있었는가?
③ 고대 이스라엘의 정치는 고대 근동 정치 일반과 비교할 때 유사한 모습을 띄고 있었는가, 아니면 독특한 현상이 드러나는가?
④ 이스라엘 정치 안에서 포괄적인 성격과 구체적인 특징이 상호 작용하는 방식은 어떠한가?

3. 이스라엘 종교가 가진 특권

이스라엘 종교는 고대 이스라엘 사회의 모든 부분에 영향을 미치고 있기 때문에 우리의 연구를 진행하는 데 여러 문제를 초래한다. 히브리 성경은 이스라엘 역사를 기술하면서 주요 요소로 종교를 강조하고 있다. 성경 전승 속에서 정치를 평가할 때 종교가 가장 결정적인 기준이다. 결국 유대교와 기독교 역시 히브리 성경을 정경으로 인정하면서 같은 기준이 규범적인 위치에 오르게 되었고, 비판적인 역사가들도 같은 기준을 수용하게 되었다.

우리가 고대 이스라엘의 정치를 평가할 때 어쩔 수 없이 히브리 성경에 기술된 종교적인 요소들을 평가해야 한다. 정치에 관해 질문을 하면 필연적으로 종교에 대해서도 질문을 하게 된다는 말이다.

과거에는 비판적인 역사가들도 이스라엘 종교가 정치사를 쓰는 데 심각한 걸림돌이 된다고 여기지는 않았는데, 그 이유는 먼저 이스라엘 종교의 발전 과정을 신중하고 비판적으로 구분할 자신감이 있었기 때문이고, 또 이스라엘 종교와 히브리 성경의 영향을 받은 현대 종교의 관점도 구분할 수 있다고 믿었기 때문이다. 그러나 급진적인 역사가는 히브리 성경의 종교적 영향은 언제나 지속적으로 계승되고 있으며, 고대 이스라엘을 탐구하는 모든 역사적 연구 이면에 끈질기게 숨어 있고, 성경에 나오는 이스라엘과 관련된 주제 위에 성스러운 후광을 마법처럼 드리운다고 주장한다.

우리가 고대 이스라엘의 정치를 연구할 때 종교와 관련된 문제는 다음과 같이 정리할 수 있다.

히브리 성경이 유일신교의 업적에 관한 기록이라는 주장이 유대교와 기독교에 의해 권위 있는 사실로 인정받았기 때문에 우리도 고대 이스라엘 정치를 규범적인 유일신교의 틀 안에서 연구해야 하는가?

이스라엘 종교가 유일신교로 발전한 것은 점진적인 과정을 거쳐 후대에 성취된 결과라는 사실이 오늘날 널리 받아들여지기 때문에 많은 역사가들은 자신들은 이런 영향을 전혀 받지 않는다고 단언한다. 그러나 비교적 회의적인 역사가들은 우리가 고대 이스라엘 종교뿐만 아니라 정치사 서술에서도 전통이 미치는 영향권에서 벗어나지 못했으며, 마치 종교와 정치라는 영역이 더 넓은 세속적인 세상에 관한 분석과 상관없이 최초로 유일신교를 성공적으로 탄생시킨 거룩한 영역인 것처럼 생각한다고 지적한다.

4. 있을 법한 역사

성경 전승의 역사성에 관한 논란에서 파생된 쟁점과 함께 사료학(historiography)이나 역사 철학, 사회 과학, 성서학자가 주목하는 문학과 문화 비평에 기초한 시각도 중요하다. 이런 주제는 역사의 본질이 누군가에 의해 가시화된 과거이며 관찰자의 역할은 과거에 대한 창의적인 시나리오를 제공하는 것이라는 사상과 관련이 있다. 모든 역사 서술에는 문학적 감각이 적극적으로 개입하고, 과거를 읽어 낼 때 인위적인 성격이 필수적으로 포함되기 때문이다.

우리가 '실제 사건'을 의심할 여지없이 객관적으로 묘사하는 사료를 가지고 있어서 다른 기록 자료를 정확하게 판단할 수 있다는 주장은 이제 아무도 내세우지 않거나 극히 제한적으로만 인정한다. 그렇다고 해서 역사 재구성을 포기한다는 뜻은 아니며 역사 서술이 가설적인 성격을 가진다는 것을 스스로 인식해야 한다는 말이다.

과거사 재구성이 원칙적으로 하나 이상 여러 개로 나타날 수도 있다는 사실은 현대사에 관해 다양한 관점이 있을 수 있다는 것만큼 당연한 일이다. 고대 해설자들이 자기들이 살던 사회를 '비유적인' 혹은 '신화적인' 역사 구성을 기초로 설명했다는 사실은 누구나 쉽게 인정한다. 사람들이 확신하지 못하는 사실은 발전된 사료학 연구 방법을 사용하는 현대의 역사가조차 과거를 해석하는 방법을 구성하면서 이와 유사한 '비유적 비약'을 감행한다는 것이다.

우리는 보다 더 정선된 연구 방법과 더 풍성한 사료를 사용할 수 있고, 우리의 선학보다 과거 사건에 관해 복잡한 특징을 더 잘 이해하고 있다. 그러나 우리도 단순히 과거에 일어난 사건과 발전 과정에 관해 알고 있는 정보만 사용하는 것은 아니며, 아직도 과거가 가진 의미에 관한 포괄적인 틀을 사용하고 있다.

우리는 종합적인 판단을 하여 과거 역사에 의미와 중요성을 부여하고, 과거에 관한 우리의 통찰력을 현재를 향한 지혜로 가공해 낸다. 그러나 이러한 사료학 프로젝트는 매우 유사한 증거를 서로 다른 관점에서 다루는 다른 프로젝트에 의해 완전히 부인되거나 그 일부가 공격을 당할 수도 있다.

5. 정치가 빠뜨린 것

이렇게 역사 해석이 무너지기 쉽고 확실하지 않다는 사실과 함께 역사, 특히 정치사는 더 넓은 인류사의 한 부분이라는 생각이 주목을 받고 있다. 인류사에서 정치 체제를 설명할 때 많은 부분이 생략되거나 간접적으로만 표현되고 암시되었다. 이런 현상은 특정 인물이나 공동체가 정치적 세력을 행사하는 데 도움이 된 조건 혹은 그들이 권력을 잃게 된 조건과 부분적으로 관련이 있다. 또한 이런 생략 현상은 정치권력의 주체가 자신에게 주어진 힘을 어떻게 이해했고 또 그 힘을 어떻게 사용하거나 거부했는지 여부, 그리고 그의 삶 속에서 이런 정치권력이 어떻게 나타났는가 하는 문제와 관련된다.

새롭게 진행되는 역사학이나 인류학의 연구는 이런 문제가 전체 사회 문화적 상호 작용의 장 속에서 정치를 다른 관계망 중의 하나로 이해하는 데 꼭 필요하다고 간주한다.

동시에 많은 문학 비평가도 문학 작품이 그 작품을 생산해 낸 사회적 정치적 세계로부터 단절된 자립적 존재가 아니며, 표면적으로 '비-정치적인' 가장 순수한 문학 작품도 그 사회의 권력관계에 관해 매우 강도 높은 언급을 할 수도 있다는 점을 인정한다. 그러므로 무엇이 '정치'와 관련 있는 증거인지 하나의 정의로 쉽게 제한되어서는 안 되며, 특히 공식적인 정치 기관과 그 지도자의 공적인 행위를 보도한 기록 하나에 좌우지되어서는 안 된다.

6. 정치의 주인

모든 역사 서술이 각각 새로운 이해이며 정치적 역사가 한 가지 이상의 해석을 수용할 수 있다는 사실을 인식하면 '이념'(ideology)이라는 말이 사료학 논의에서 왜 그렇게 중요한지 이해하게 된다. 이념은 역사가에게 두 가지 얼굴을 드러낸다.

일면 우리는 상대주의 혹은 유아론(solipsism)에 노출되어 모든 역사 해석이 똑같이 임의적이고 서로 비교할 수 없다는 생각을 가질 수 있다. 반면에 우리의 역사 해석을 제안할 때 스스로 겸손하게 사료를 해석한 결과에 반대하거나 우리의 해석을 재해석할 여지가 있다고 인정할 수도 있다.

어쨌든 우리의 역사가들이 현재를 이해하는 태도가 우리의 역사 해석에 주요 요인이 된다는 점과 명령이나 지시가 아니라 대화를 통해서만 과거사의 의미를 밝혀낼 수 있다는 점을 간과해서는 안 된다.

'주관적인' 역사 해석이 '상호-주관적인'(intersubjective) 대화 속에서만 절충 가능하다는 사실은 서로 대안이 되거나 경쟁 관계에 있는 역사 해석이 서로 단점을 지적해 주고 또 보완해 주게 된다는 것을 함의한다. 그리고 어떤 시점에 '주류'로 인정받았던 역사 해석도 언제나 다른 대화 상대자의 경고와 의심을 받을 수도 있다는 것을 의미한다.

지배적인 역사 해석이 자명한 것처럼 보이겠지만, 그들의 주장을 주의 깊게 조사해 보면 자기모순이나 임의성, 그리고 불충분한 사료 사용 등의 흔적을 찾아낼 수 있다.

어떤 정치나 여타 다른 분야에 관한 역사 해석이라도 상대적으로 더 일관성이 있거나 특정 질문에 답을 제시하기에 더 적합할 수는 있겠지만 어떤 역사 해석도 최종적인 권위를 주장할 수는 없다. 그 이유는 역사를 향해 제기되는 질문이 무궁무진하고 그럴듯한 대답을 제시할 수 있는 방법 역시 무한하기 때문이다.

소설과 역사 사료는 상당히 다른 문학 형식이지만, 카를로스 푸엔테스(Carlos Fuentes)가 소설이라는 형식이 가진 변화무쌍한 성격에 대해 한 말은 역사 연구에도 적용할 만하다.

> 소설은 한 가지 대답으로 만족시킬 수 없는 질문이다. 왜냐하면 소설은 사회적이며, 사회는 다원적이기 때문이다. 소설은 언제나 이렇게 대답한다. '세상은 아직 끝나지 않았고 한 가지 질문 안에 세상을 다 담을 수 없다'(뉴욕타임즈 서평, 1986년 2월 16일).

현대 역사가들이 '끝나지 않은' 세상 때문에 당황하고 있는 것처럼, 고대 이스라엘 세계 역시 아직도 '끝나지 않았다.' 여기서 말하고자 하는 바는 이스라엘 정치에 대한 본 해석이 비판적이지만 창의적이며, 아무리 저자의 눈에 설득력이 있어 보일지라도 필연적으로 수정 가능한 연구이고, 수많은 해석 중 하나에 불과하다는 것을 밝히고자 한다.

제2장

정치를 개념화하기: 고대 이스라엘 안과 밖

1. 정치를 하기와 정치를 분석하기

정치라는 주제는 다양한 방법으로 연구가 진행되었고 또 그만큼 다양한 결론들이 도출되었기 때문에 먼저 우리 연구의 전제와 방법론을 언급하는 것이 좋겠다. 이스라엘 정치에 대한 연구 중에 정치를 일반적인 연구 분야로 체계적으로 정리하려는 시도는 없었다. 그래서 우리는 이스라엘 역사를 기술하는 사람들이 정치를 왜 이런 혹은 저런 방식으로 그렸는지 알 수 없었고, 무엇이 정치 행위이며 그 정치 행위가 공동체 생활의 다른 분야와 어떤 관계를 맺고 있는지도 확실하게 알 수 없었다.

권력이란 어떤 자원이나 재료를 특정한 목적을 위해 모으거나 쓰는 행위로 "행위의 타성에 대항하거나 반대하는 의견이 저항해도 행사할 수 있는" 힘이다.[1] 이 연구에서 정치란 주어진 사회적 지리적 공간 안에서 권력을 공식적으로 행사하며 이런 행위를 정당화하는 행위라고 간주할 것이다.

지난 오천 년 동안 인간이 살아 온 역사를 기술할 때 정치권력이라는 이

---

[1] Raymond Boudon and Francois Bourricaud, *A Critical Dictionary of Sociology* (Chicago: Univ. of Chicago Press, 1989), 267.

름으로 가장 익숙하게 자주 언급된 형태는 국가 기관이다. 물론 국가가 정치권력의 유일한 예는 아니지만 이스라엘 정치사를 조망할 때 특별히 중요한 관점으로 다루어진다.

정치권력은 어떤 공동체의 특정한 관할권 안에서 권한을 주장하고 강제할 수 있는 제도망에 의해 행사되고 또 정당화된다. 정치권력은 전체 구성원이 관련되고 그들에게 영향을 미치는 어떤 목적을 성취하기 위하여 자연 자원이나 인적 자원을 통제하는 일과 관련이 있다.

그러나 정치가 어떤 사회의 권력을 모두 독점한다거나 고갈시킨다고 말할 수는 없다. 정치권력은 그 사회 안에 있는 다른 형태의 권력을 조직하고 지원하거나 억압하고 중화시켜서 자기 목적을 달성한다. 그러므로 정치에 관한 연구는 인간 역사의 단계마다 정치권력이 다른 공공 권력과 어떤 관계를 맺는지 비판적으로 관찰한다.

정치권력의 관계망은 경제, 사회, 군사, 이념적 관계망과 한결같이 상호 작용을 하면서 발전한다. 권력 관계망에 낄만한 다른 후보로는 기술, 문화, 종교 영역이 있다. 이 연구에서 기술은 경제와 군사 관계망에 포함되어 있다고 여기고, 문화와 종교는 사회와 이념적 관계망에 속한다고 간주할 것이다.[2]

정치권력은 이런 다른 관계망 안에서 힘을 행사하는 일에 깊숙이 관

---

2   여기서 관례적인 '차원'(dimensions)이나 '단계'(levels)를 사회 분할 단위로 사용하지 않고 정치권력 구성 요소의 '관계망'(networks) 모델을 사용하게 된 것은 Michael Mann 덕분이다(Michael Mann, *The Sources of Social Power*, Vol. 1, *A History of Power from the Beginning to A.D. 1760* [Cambridge Univ. Press, 1986], 1-33). 관계망은 서로 중복되는 '권력 회로'(circuits of power)가 서로 영향을 미치고 계속 변화하며 상호 작용하는 현상을 비유하는 말이다. Michael Mann이 '사회적 권력'이라는 말을 모든 권력 관계망을 통틀어 부르는 말로 사용했지만, 나는 경제, 군사, 정치, 이념적 권력 관계망과 사회 권력을 구별된 관계망으로 파악한다. 그 이유는 부족이나 마을을 중심으로 한 사회단체가 이스라엘에서 토박이나 외국인이 세운 위계적 정치권력과 공존하던 때도 있었기 때문이다. Norman Yoffee는 "부분적으로 중복되거나 대립되는 행위의 영역이 제도적으로 집단을 이루어 전체 사회 제도에 동요나 안정을 제공하는 일"이라고 설명했다(Norman Yoffee, "Too Many Chiefs? [Or, Safe Texts for the '90s]," in *Archaeological Theory: Who Sets the Agenda?* ed. by N. Yoffee and A. Sherratt [Cambridge: Cambridge Univ. Press, 1993], 72).

련되어 있다. 한편으로는 권력의 공동 원천이 정치권력을 제한하기도 하고 정치권력이 어떤 형태로 나타날지 결정하는 데 영향을 미친다. 다른 한편으로는 정치 외적 요소에 속한 권력의 원천이 정치권력을 강화시키고 정치 영역에서 혁신적인 행위가 나올 수 있도록 새로운 가능성을 열어 주기도 한다.

넓게 보았을 때 정치권력에는 두 가지가 있다. 초기 정치권력망은 아직 분권화되어있거나 다른 관계망 안에 포함되어 있어서 정치 주체가 그 사회에 의해 비판을 받거나 소환을 당할 수도 있었다. 또 그 사회 구성원 중 반대자가 그 지배권에서 이탈하는 것을 막을 방법이 없었다. 이런 상황은 아직 국가 기관이 확립되지 않은 상태다.[3]

이와 달리 정치관계망이 중앙 집중적이고 독립되어 있으면 국가 기관이 붕괴하는 극단적인 위기가 오기 전에 피지배자들이 수정, 소환, 탈출하는 것을 막는 일에 외부의 도움이 필요 없다. 국가 기관이 든든히 확립되어 있을 때 이런 상황이 연출된다. 국가를 어떻게 정의하느냐 하는 문제에는 이견이 많지만, 의존적인 형태와 독립적인 형태의 정치 기관을 구분하는 문제에 관해서는 대부분의 학자가 동의한다.[4]

앞으로 고대 이스라엘 정치를 고찰하면서 충분히 드러나겠지만 특정한 사회가 국가 정치 조직을 갖추고 있는지 여부를 결정하는 일에 관해 논란이 많다. 그 이유는 주로 국가를 규정하는 기준이 서로 다르기 때문이지

---

3 이런 상황을 '국가 성립 이전 사회' 혹은 '정돈된 무정부 상태'라고 부르는데 John Middleton과 David Tate가 잘 설명하였다(John Middleton and David Tate, *Tribes without Rulers: Studies in African Segmentary Systems* [London: Routledge & Kegal Paul, 1958, with new preface 1970]). 더 이론적인 연구는 Pierre Clastres를 참고하라(Pierre Clastres, *Society against the State* [New York: Zone Books, 1989]).

4 국가의 정의에 관해서는 다음 연구들을 참고하라. Morton H. Fried and Frederick M. Watkins, "State," *IESS* 15:143-57; Ronald Cohen and Elman R. Service eds., *Origins of the State: The Anthropology of Political Evolution* (Philadelphia: Institute for the Study of Human Issues, 1978), 2-5. Mann은 Weber의 영향을 받아 국가를 어떤 기관과 사람들의 차별화된 집단으로 정해진 영토 안에서 독점적인 법적 구속력과 영구적인 입법권을 행사하는 중앙 집권적 정치적 관계가 지속되는 단체라고 정의한다(*Sources*, 37).

만, 국가 성립 이전 상태에서 국가로 이전하는 과정은 매우 점진적이고 심지어 그 사회 구성원도 인지하지 못해서, 그 이전 과정이 완성되어 다시 되돌릴 수 없는 시점이 되기 전까지는 이전 방법이나 영향을 쉽게 알 수 없기 때문이기도 하다.

간단히 말해서 국가 성립 이전의 정치 기구는 제한된 '조정' 능력을 가지고 있지만, 국가 정치망은 포괄적으로 '명령'하는 힘을 가지고 있다. 명령을 통한 조정 능력이 국가 정치망을 운영할 때 꼭 필요하다는 사실은 다음 인용문에 잘 나타나 있다.

> 인간 행위가 '정치적'이 되는 방법은 여러 가지가 있지만 정치 기관이 '관계'를 창조하는 기능이 가장 중요하다. 정치가가 결정을 내리고 집행할 때 각기 흩어져 있던 행위가 어떤 목표를 향해 집중하게 만들고, 일관성 있게 한 방향을 지시하며, '대중'의 의사에 따라 그들의 미래를 결정한다. 이런 방법으로 정치 기관은 … '정치적 영역'을 정의하는 데 기여하고 그 사회 안에서 서로 긴장 관계를 형성하고 있는 부분이 어딘지 보여 준다.[5]

국가를 정의하면서 그 관할권 안에서 '사회 내부의 긴장 관계'를 대상으로 독점적인 힘을 행사하여 의지를 관철시키는 측면을 강조할 수 있지만, 국가가 정치권력을 행사할 때 실제적인 효과는 다양한 상황 속에서 발생하는 억제력 혹은 지지력에 따라 좌우된다. 국가는 이런 독점적인 권력을 피지배자들의 행복을 위해 사용한다고 주장하며, 이런 정당화를 위한 주장을 피지배자들이 인정하고 내면화하는 정도에 따라 그 국가의 생존과 지속 기간이 결정된다.

정치의 형태에 관한 연구에서 주된 관심사는 최고 권한을 가지고 가장

---

5 Sheldon S. Wolin, *Politics and Vision: Continuity and Innovation in Western Political Thought* (Boston/Toronto: Little, Brown & Co., 1960), 7.

넓은 관할권 안에서 행사하는 정치권력 관계망이다. 이런 최고 권력을 가진 관계망은 국가로 간주되는데, 전형적으로 국가의 구조와 기능이 정치의 총합이며 본질이라고 오해를 받는다.

이 연구에서는 다음과 같은 두 가지 측면에서 좀 더 넓은 의미의 정치를 논할 것이다.

첫째, 특정한 정부 기관이 없는 사회에도 정치 행위가 있으며, 이런 사회의 구성원도 사회의 힘과 구조를 조정하여 다양한 이해관계 사이에서 타협점을 찾기도 하고, 어느 한 구성원이나 단체의 욕구를 억눌러서 갈등을 해소한다고 인정한다.

국가가 성립되기 이전 사회에서 정치권력은 독점적 권력이 없는 사회 기관이나 지도력에 의해 행사되며, 특권이나 관습, 합의, 타협, 경쟁, 중재, 그리고 권력을 유지하기 위한 명예/불명예 수여 행위를 통해 다양하게 나타난다.

정치가 사회 전체의 특별한 필요와 이해관계를 관철시키려는 행위로서 모든 사회 영역에서 명료성과 강도를 달리하여 적용된다는 원칙을 확인할 수 있다. 간단히 말해서 차별화된 정치 관계망이 없다고 해서 정치 행위가 없는 것은 아니며, 이 때 정치는 기존의 경제, 사회, 문화, 이념적인 관계망 안에 분산되어 유포되어 있다.[6]

둘째, 차별화된 국가 기관이 있고 정치권력이 집중되어 있는 정치 조직 안에서도 권력 투쟁은 서로 다른 관계망 안에서 끊임없이 일어난다. 국가는 모든 하위 정치 행위에 간섭할 필요도 없고 그럴 방법도 없다.

사실 국가 단위의 정치 조직 앞에서 하위 정치 행위는 국가의 전체적인 통치권에 매우 하찮은 존재이거나 아무런 위협도 되지 않는다. 국가가 꼭

---

[6] Aiden Southall, "Orientations in Political Anthropology," *Canadian Journal of African Studies* 3 (1969): 42-52.

간섭해야 하는 일이라고 해도 국가가 정치적으로 별로 중요하지 않은 일의 조건이나 결과까지 경제, 사회, 문화, 이념적인 부분에 걸쳐 수시로 통제할 수는 없다.

만약 어떤 정권을 무너뜨리려면 이런 하위 정치구조에서 발생하는 다양한 긴장과 갈등을 종합하고 증폭시켜서 왕궁이나 군대 내에서 반란이 일어나도록 하거나 더 광범위한 민란이나 국가 체제의 총체적인 전복을 유발시킬 수도 있다.[7]

특정 사회의 정치는 가능한 한 다른 모든 공권력 관계망과 상호 관계 안에서 파악해야 한다. 의도적으로 혹은 순진하게 생각해서 정치를 다른 공공 관계망에서 분리된 현상으로 취급한다면 불완전하고 표면적인 이해에 그치게 될 것이다. 다시 말해서 활동하는 정치 기관이나 그들이 행하는 기능을 기술적으로 묘사하거나 좁은 의미로 제한된 정치 기관과 그 행위의 역사를 기술하는 일은 실제로 충분한 연구가 될 수 없다.

예를 들어 정치 인류학에서 분권화된 정치를 연구할 때 이런 사실이 잘 드러나는데, 정치가 다른 사회 기관 속에도 너무 깊이 뿌리 박고 서로 뒤얽혀 있어서 보다 일반적인 사회사나 문화사를 논하지 않고 정치적인 개요나 역사를 읽어낼 수 없다.[8]

그러나 어떤 연구자들은 국가 정치를 자기 충족적인 체제로 보는 잘못된 인상을 가질 수 있다. 물론 국가가 자율적인 정치 조직체를 갖추고 있다는 것은 의심할 수 없는 사실이지만, 이 조직은 그 영토 안에서 다른 권력 관계망의 지원과 규정 준수 없이는 제대로 기능할 수 없다. 결과적으로 국

---

7 Herbert Kaufman, "The Collapse of Ancient States and Civilizations as an Organizational Problem," in *The Collapse of Ancient States and Civilizations*, ed. N. Yoffee and G. L. Cowgill (Tucson: Univ. of Arizona Press, 1988), 219-35.

8 국가 성립 이전 사회 안에서 분산된 권력에 관한 연구는 다음을 참고하라. Middleton and Tate, *Tribes without Rulers*, 1-31; Ted C. Lewellen, *Political Anthropology: An Introduction*, 2d ed. (Westport, Conn.: Bergin & Garvey, 1992), 26-35.

가의 성공과 실패는 근본적으로 정치 외적인 권력 관계망과 어떤 관계를 형성하느냐, 그리고 경제, 사회, 군사, 이념적인 자원을 그들의 특정한 과업을 위해 잘 운용할 수 있느냐의 여부에 따라 결정된다.

어떤 특정한 정치 제도, 예를 들어 고대 이스라엘의 정치는 그 정치 형태의 유형적 특징 한두 가지에 따라 개략적으로 정의할 수 있고, 다른 시대와 장소에서 유사한 특징을 보여주는 다른 정치 제도와 비교할 수도 있다. 그리고 구조적으로 관계가 있는 정치 제도에서 얻은 정보를 바탕으로 특정한 정치 제도 안에서 어떤 특징을 발견하게 될지 예상할 수 있다면 연구에 도움이 되기도 한다.[9]

그러나 이런 비교 연구는 두 가지 한계를 안고 있다.

첫째, 이상적인 형태의 정치 제도란 매우 추상적인 개념이다. 경험으로 미루어 볼 때 그럴 만한 가치가 있다고 확신하지만 여전히 추상적이다. 이

---

9 고대 이스라엘에 적용할 수 있는 국가 유형으로 자주 언급되는 방법은 정치권력과 복잡성이 차례로 높아지는 등급제로, 태동기의 초기 국가, 전형적인 초기 국가, 전환기의 초기 국가, 그리고 성숙한 국가로 나타난다(Henri J. M. Claessen and Peter Skalnik eds., *The Early State* [The Hague: Mouton Publishers, 1978], 22-23, 589-93). 혹은 경제적 생산 형태와 통치 형태에 따른 분류로, 세습제 국가(Max Weber, *Economy and Society: An Outline of Interpretive Sociology* [Berkeley, Calif.: Univ. of California Press, 1978], 1009-69), 농경 국가(Gerhard E. Lenski, *Power and Privilege: A Theory of Social Stratification* [Chapel Hill, N.C.: Univ. of North Carolina Press, paperback ed., 1984], 189-296), 아시아식 국가(Karl Marx, in Lawrence Krader, *The Asiatic Mode of Production: Sources, Development, and Critique in the Writings of Karl Marx* [Assen: Van Gorcum, 1985]), 조공 국가(Samir Amin, *Class and Nation Historically and in the Current Crisis* [New York: Monthly Review Press, 1980], 46-70), 그리고 최근에 강조되는 부양자-피부양자 국가가 있다(Niels Peter Lemche, "Kings and Clients: On Loyalty between the Ruler and the Ruled in Ancient Israel," *Semeia* 66 [1995]: 119-32; "Justice in Western Asia in Antiquity; or Why No Laws Were Needed!" *Kent Law Review* 70 [1995]: 1695-1716).
Ronald A. Simkins는 부양자-피부양자 생산 유형은 왕국 체계 안에서 '더 낮은' 가족과 국가 통제주의자, 그리고 생산의 교역 양태를 지배한다고 주장한다(Ronald A. Simkins, "Patronage and the Political Economy of Monarchic Israel," *Semeia* 87: *The Social World of the Hebrew Bible: Twenty-Five Years of the Social Sciences in the Academy*, [Society of Biblical Literature: 1999]).

런 정치 형태는 많은 개별 사건에 적용할 수 있는 어떤 보편화된 양식 위에 기초한 구조라고 할 수 있다.

이 방법을 통해 정치권력의 형태를 쉽게 분류하고 연구 대상이 되는 정치 조직의 특징을 드러내어 분석하는 발판으로 사용할 수 있다. 그래서 정치 유형 분류는 많은 사회가 추구했던 정치적 선택을 폭넓게 관찰할 수 있도록 도와주지만, 그것만으로는 특정 정치 조직만을 관찰하는 매우 조악한 잣대 이상이 될 수 없다.

둘째, 정치 질서를 유형에 따라 분류하는 일은 역사적 배경과 단절되는 결과를 가져온다. 정치 유형을 시간적 제약 안에서 관찰하면 덜 발전된 정치 형태가 더 발전된 형태로 변하여 필연적으로 더 복잡하고 향상된 권력을 향해 나아간다는 진화론적인 발전 과정으로 묘사되기 때문에, 무조건 사회적 혹은 도덕적 '진전'으로 간주되기 쉽다. 그러나 진화론적 추정 역시 정치권력의 축적이 시간적 공간적 배경에 따라 다르게 나타날 수 있는 정치사와 완전히 들어맞는 이론적 구조는 아니다.

어떤 정치 조직은 더 복잡한 유형으로 '진화'하지 않으며, 또 다른 조직은 덜 복잡한 형태로 '퇴화'하기도 한다. 어떤 정치 제도가 다른 제도에 비해 사회적으로나 도덕적으로 우월하다는 평가도 섣불리 내릴 수 있는 자명한 결론이 아니다.

따라서 모든 정치 조직은 주도적인 사회 문화적, 지적, 도덕적 측면에서 본 독특한 역사적 위치를 배경으로 평가해야 한다. 이 때 고려해야 할 역사적 위치는 그 정치 조직이 출현한 과거의 정치 경험, 국내 권력의 원천이 어떻게 서로 상응하며 배치되는지, 그리고 외국 정치 조직과 어떤 관계를 맺고 있는지를 포함해야 한다.

요컨대 정치 조직에 관한 연구는 정치 형태 분류법이나 사회적 진화 구조에서 직접적으로 추론해 낼 수 있는 성질의 학문이 아니다. 정치 형태의 유형 분류는 우리가 찾는 실제적인 세부 사항을 규정적으로 제공하기보다는 우리가 연구 중에 어떤 세부 사항을 찾게 될지 예상할 수 있게 해 주는데, 실제로 특정 순간에 이런 사항이 존재했을지 여부를 확신할 수 없다.

반면에 정치 발달의 진화론적 '단계'는 극도로 가설적이어서 어떤 정치 조직에서나 일어날 수 있는 과도기적인 발전 가능성을 알려 주는 것 이상은 할 수 없다. 형태론적이거나 진화론적인 발전 양식은 매우 직설적이고 도식적이어서 역사적으로 알려진 정치 조직의 상호 관계나 그 미묘한 차이를 파악하는 데 도움이 되지 않는다.[10]

더구나 두 분석법은 모두 특정한 역사적 정치 조직이 그 구성원의 요구를 충족시켰는지 여부나 어떤 특정한 정치 유형이 인류의 이해관계를 가장 잘 반영하는지 여부에 관해 직접적으로 대답하거나 해결을 줄 수 없다. 이런 문제는 인간의 기초적인 필요를 깊이 연구하는 정치철학이나 윤리학이 아니면 판단할 수 없다.

다른 한편 정치 조직을 역사적으로 연구해야 한다고 해서, 정치 조직에 관련된 정보를 시간 순서나 그 기능에 따라 늘어놓는 일을 우리의 과제라고 간주하거나, 일단 그렇게 목록을 만들면 정보가 저절로 자명한 결론을 보여줄 것이라고 주장하는 것은 아니다.

그와 반대로 우리의 연구 방법은 사료를 이중적인 관점으로 파악한다. 하나는 **국내사적 시간 관점**(local-historical time perspective)이며, 다른 하나는 **세계사적 시간 관점**(world-historical time perspective)이다.

국내사적 시간 관점으로 연구를 할 때는 어떤 정치 관계망이 그 사회 전체를 대상으로 특정한 정치적 결과를 얻기 위하여 다른 국내 권력망이나

---

10 사회학 이론 연구에서 유형 분류나 진화론적 도식을 사용하는 방법이 어떤 문제를 초래하는지에 관해서는 Christopher Lloyd, *The Structures of History* (Oxford/Cambridge, Mass.: Blackwell, 1993), 66-88을 참고하라. 성서학 연구에 적용된 예로는 Niels Peter Lemche, "On the Use of 'System Theory,' 'Macro Theories,' and 'Evolutionistic Thinking' in Modern Old Testament Research and Biblical Archaeology," *SJOT* 4:2 (1990): 73-88; 재판은 Charles E. Carter and Carol L. Meyers, eds., *Community, Identity, and Ideology: Social Sciences Approaches to the Hebrew Bible* (Winona Lake, Ind.: Eisenbrauns, 1996), 273-86을 참고하라.

외국 정치 조직과 어떤 방법으로 관계를 맺는지를 고찰한다.

세계사적 시간 관점에서 연구를 할 때는 국내 정치 경험들이 가진 특성들을 연구 대상이 되는 국내 정치를 조명하는데 적절한 지정학적인 영역 안에서 과거, 현재, 미래의 정치 역학적 문맥 가운데 평가한다.[11]

국내사적 시간 관점과 세계사적 시간 관점을 변증법적으로 그려 보면 시공간을 거쳐 드러나는 어떤 양식을 확인할 수 있으리라 기대할 수 있지만, 그 양식이 역사적으로는 생소할 수 있다. 정치적 유형 가운데 드러나리라 추정할 수 있는 특징을 전제로 삼지도 않을 것이다. 일반 대중과 관련된 모든 요소가 상호 작용하며 정치 영역에서 어떤 정치적 결과를 가져왔을

---

11 Mann은 Wolfram Eberhard가 사용한(Wolfram Eberhard, *Conquerors and Rulers: Social Forces in Modern China*, 2nd rev. ed. [Leiden: E.J. Brill, 1965], 13-16) '세계 시간'(world time)이란 용어를 취하여 '세계사적 시간' 속에서 권력 발전 과정을 고찰하는 도구로 삼고(*Sources*, 30-31, 173-74, 530-32) 진화론적이지도 않고 목적론적이지도 않은 방법을 개발했으나, 특정 국가가 주위 세계에 엄청난 영향력을 미치는 것으로 나타났다. 이 방법에 의하면 국가를 비교할 때 그들이 위치한 역사적 배열 형태를 존중해야 한다. 세계사적 시간이라는 관념은 John Gledhill이 계승하여 제한적인 의미로 사용하였다(John Gledhill, "Introduction: the Comparative Analysis of Social and Political Transitions," in *State and Society: The Emergence and Development of Social Hierarchy and Political Centralization*, ed. J. Glendhill, B. Bender, and M.T. Larsen [London: Unwin Hyman, 1988], 2-4, 9-10). 이 말을 직접 사용하지 않고 좀 더 마르크스주의적인 분석도구를 사용하는 Eric R. Wolf는 유럽 하층 계급과 기원후 1400년 이후의 '원시인'에게 유럽의 권력 체제가 어떤 영향을 미쳤는지 분석하면서 이러한 세계사적 맥락과 관련짓는다(Eric R. Wolf, *Europe and the People without History* [Berkeley, Calf.: Univ. of California Press, 1982]).

세계사적 시간을 Wallerstein이 말하는 세계 체제 이론(world system theory)과 무조건 동일시하면 안 된다. 그의 이론은 경제학에 초점을 맞추고 있으며, 보편적인 역사를 자명하게 정의하면서 시작하기보다는 역사의 세부 사항에 의존하여 이 세부 사항이 어떻게 다양한 '하위 세계'(subworlds)를 형성시키는지 그리고 그 세계가 상호 작용을 하며 하나의 세계사를 향한 가능성을 품게 되는지 그 특성을 밝히려고 노력한다.

그러나 내가 '세계사적 시간' 안에 자리 잡은 '국내사적 시간'이라는 개념을 사용할 때 하위 권력의 중심지를 지원하거나 속박하면서 조직적인 권력의 상위 중심지가 활동하는 행위에 초점을 맞춘 Mann과 상반되는 방법을 사용한다. 이 연구는 '하위' 권력 중심지였던 이스라엘이 특정한 시간과 공간 속에서 '상위' 권력 중심지에 의해 지지를 받거나 억압을 당하는 방법에 관심이 있다. 다른 말로 하면, 나는 이스라엘이 내 연구의 대상이지만 이스라엘은 결코 특정한 세계사적 시간 안에서 이 지역의 상위 권력 중심지가 아니었다는 사실을 인정할 때 이스라엘 정치에 관해 어떤 말을 할 수 있는지 이해하고자 한다.

때 일어나는 일이 시공간에 따라 다르게 나타난다는 사실에 유념하며 논의를 전개할 것이다.

정치 체제를 서로 비교할 때 이렇게 국내사적 시간 관점과 세계사적 시간 관점으로 이중 초점을 사용해야 하지만, 고대 이스라엘처럼 정치 체제 하나를 연구할 때도 이런 관점을 이용하는 것이 매우 바람직하다.

따라서 이런 접근 방식은 넓게 볼 때 비교 연구의 방향을 향해 나아가게 된다. 여러 사회가 겪은 정치적 경험을 연구 대상으로 삼고, 정치 체제를 이해하는 자료와 상호 관련시키며 진행하는 연구 방법이기 때문이다. 그러나 비교 대상이 되는 사회의 정치적 경험은 각 경우에 적용될 때 역사적 환경이 다양한 관계로 결합되는 현상을 가리키는 방식으로 사용해야 한다. 그리고 특정한 정치사의 우여곡절을 모호하게 만드는 추상적인 유형학적이거나 진화론적인 범주가 되어서는 안 된다.

인간사를 통해 사회적 힘 특히 정치 권력이 축적되는 현상은 과학 기술, 통신 기술 그리고 사회 기관이 발전함에 따라 더욱 두드러진다. 그렇지만 인간사가 중단 없이 정치권력의 향상을 향해서만 흘러오지도 않았고, 항상 예상하지 못한 난관에 부딪치곤 했기 때문에 이론적 정의에 의거한 필연적인 역사가 존재하는 것도 아니다.[12]

우리가 인류의 정치적 경험을 돌아보며 찾고자 하는 바는 뒤죽박죽 섞인 개별 정보나 어디나 적용할 수 있는 거대 이론이 아니며, 어떤 역사의 특징을 희생시키지 않으면서도 어느 정치 체제에서나 다시 일어날 수 있는 요인의 결합 상황을 찾아내는 일이다.

---

12   Mann, *Sources*, 531-32, 538-41.

2. 이스라엘 정치에 관한 기존의 접근

지금까지 많은 연구가 있었지만 고대 이스라엘의 정치를 대상으로 한 연구는 깊이가 없고 불충분했다고 말해도 과언이 아니다.[13] 사료에서 얻을 수 있는 정보가 매우 제한되어 있다는 문제는 이미 잘 알려져 있으며, 국가의 구조와 정치 행위로 이루어지는 정치 체제에 관해 연구하면서도 공공 정치가 벌어지는 사회적 환경과 유리된 검증되지 않은 개념을 사용하기 때문에 논의가 심각하게 방해를 받아 왔다.

---

13 고대 이스라엘 정치에 관한 연구는 이론적 틀이 부족한 단순한 역사 서술이거나 특정한 정치 기관이나 정치 행위에 대한 기술적 연구에 그쳤으며, 이론적 토대가 약하고 이스라엘 정치를 더 넓은 문맥에서 바로 보지 못한 점은 두 가지 연구에 모두 적용된다고 할 수 있다. 19-20세기에 발표된 이스라엘과 유다의 역사서는 Hayes와 Miller의 책에 잘 정리되어 있는데(John H. Hayes and J. Maxwell Miller, *Israelite and Judaean History* [Philadelphia: Westminster Press, 1977], xxv-xxix), 이런 식으로 이스라엘의 역사를 광범위하게 서술하면 정치에 관한 연구도 거기에 자연스럽게 포함된다고 추정하는 듯 '정치'나 '정치적인'이라는 말이 제목에 들어간 연구는 없다. 이런 자세는 최근에 저술된 이스라엘 역사서에도 전혀 변화 없이 드러나 있다. Cazelles이 쓴 책은 제목에 이 말이 포함되어 있는데도 사료 문학에만 집중하고 정치 행정이나 이론은 전혀 다루지 않는다(Henri Cazelles, *Histoire politique d'Israël des origines à Alexandre le Grand* [Paris: Desclée, 1982]).
이스라엘 정치를 이론적 틀에 맞추어 연구하려던 학자는 Alt가 유일한데(Albrecht Alt, "The Formation of the Israelite State in Palestine," "The Monarchy in the Kingdoms of Israel and Judah," *Essays on Old Testament History and Religion* [orig. pub. 1930, 1951; Oxford: Basil Blackwell, 1966], 171-259), Alt도 정치학 연구 결과를 직접 사용하지는 않았다. 지난 20여 년간 이스라엘 정치 체제에 관해 오고간 논의들은 대부분 Alt가 기초를 닦았던 주제와 그가 지지했던 입장을 중심으로 전개되었으나, 이제 이런 주제는 시대에 어울리지도 않고 지엽적인 문제가 되었다. 이제 이스라엘 정치를 이론적으로 좀 더 정교하게 연구하려면 넓은 범위에서 정보를 분석하고 종합하는 연구 방법을 사용해야 한다.
Biale의 책은 Amos Funkenstein과 Ismar Schorsch의 이론을 바탕으로 유대인들은 '수동적'이라거나 아니면 가끔 혁명적으로 '능동적'이라는 이분화된 주장을 버리고 정치가 성서 시대나 탈무드 시대 이스라엘/유대 백성의 생활 속에 필수적인 요소였음을 주장하고 있으나(David Biale, *Power and Powerlessness in Jewish History* [New York: Schocken Books, 1986], 3-57), 성서 시대에 대한 논의가 너무 짧고 오래 전에 발표된 연구에 의존하여 그가 사용하는 정치 이론은 대부분 성서 시대 이후에 걸맞을 것이다. 그럼에도 불구하고 Biale이 제기하는 질문은 매우 날카롭고 명확하며, 유대인 국가인 현대 이스라엘의 정치를 이해하고자 하는 열망에서 출발했음을 잘 알 수 있다.

예를 들어 왕의 직위나 왕정 관료 체제를 연구한 논문은 많이 있는데, 그 이유는 이런 주제가 다른 국가처럼 이스라엘과 유다 왕국의 미래도 결정 짓기 때문이다. 다른 고대 근동 국가의 정부기관과 관리 체제를 매우 면밀히 조사하여 이스라엘과 유다가 국가 행정 체계를 수립할 때 참고했을 만한 모델을 찾으려는 시도도 있었다. 이런 연구는 물질 문명이나 사료에서 찾아낸 자료를 많이 사용하기 때문에 당시 정치 세계에 관해 많은 것을 배울 수도 있다.

고대 이스라엘 정치를 주제로 삼은 연구 대부분이 이스라엘과 고대 근동 정치 기관을 비교하며 제한된 범위 안에서 집중적으로 진행된 연구이며, 지금까지 진행된 가장 중요한 연구 업적이라고 말할 수 있다.

이런 연구는 매우 좁은 연구 범위를 기술적으로 서술한다는 단점이 있고, 정치 기관과 공동체 생활의 다른 측면 사이에 전개된 관계를 정확하게 연구하는 다음 단계로 넘어갈 수가 없다. 정치와 여타 사회적 권력의 근원 사이의 상호 작용에는 거의 주목하지 않고, 다른 고대 근동 정치 체제와 이스라엘이 권력을 추구하는 방식 사이에 어떤 관련이 있는지에 대해 연구한다. 동시에 비슷한 정치 기관을 비교하거나 이스라엘이 이를 수입했을 가능성에 초점을 맞추고, 특별히 성경에 언급된 특정 국가와의 외교 관계와 군사적 대립에 연구 역량을 집중한다.

고대 근동 세계에 있었던 국가 수준의 정치를 다루면서 어떤 일을 추진하는 자극과 이를 억제하는 통제력을 폭넓게 분석하려는 시도는 지금까지 별 주목을 받지 못하고 있다. 더구나 이스라엘 정치사를 저술하는 주요 사료가 히브리 성경이었기 때문에 이스라엘 정치를 형성하는 주요 요인 중 종교의 무게를 너무 과장되고 무비판적으로 인정해 왔다.

고대 이스라엘 정치에 관한 주요연구의 단점은 무엇이 역사적 지식이냐 하는 질문에 관해 '경험론적'(empiricist) 혹은 '실증주의적'(positivist) 개념을 사용하는 데서 비롯된다. 히브리 성경은 기록 시기가 명확치 않거나 묘사되는 사건과 시간적으로 상당히 떨어진 시점에 기록되고 편집되었기 때문에 정치에 관해 한결같지 않은 정보를 담고 있으며, '확실한 사실'이라고 짐작되는 사건만 가지고 고대 이스라엘 정치를 묘사하고 있다거나, 텍스트의 종교적 권위가 역사적 정보의 신빙성을 담보해 주기 때문에 거기에 포함된 정치에 관한 정보도 역시 사실이라고 주장하려 한다.

이런 '세속적인' 혹은 '종교적인' 실증주의를 모두 받아들일 수는 없다. 두 가지 접근은 '성경 사료학'(biblical historiography, 또는 '의사-역사적' 전통)이 허구와 실화에 관해 현대 연구가 사용하는 정의를 거스르고 이해할 수 없게 만들고 있다는 사실을 고려하지 않기 때문이다.[14]

과거 사건에 대해 성경이 보도한 내용을 각 사건의 경우에 따라 임의로 타당하거나 타당치 않은 사실적 정보라고 판단하거나 혹은 기록된 내용을 비판 없이 사실로 받아들인다면 두 가지 모두 성경의 텍스트를 왜곡하는 것이다.

회의적인 태도든 비판 없이 믿는 태도든 상관없이 성경을 지나치게 역사적 '사실'로 강조하는 일을 지양하기 위해서 역사를 복원하려는 시도와

---

[14] 성경 안에서 역사서로 간주되는 책이 어떤 문학 양식으로 기록되었는지에 관한 논쟁은 서양 세계에서 어떤 산문을 허구(fiction)나 실화(nonfiction)로 규정하는 조건과 일치하지 않고 '사료'(historiography)나 '역사 소설'(historical novel)을 구분하는 조건과도 맞지 않는다. 흥미로운 것은 이 문제를 서로 다른 시각에서 연구하면서도 Frank M. Cross(*From Epic to Canon: History and Literature in Ancient Israel* [Baltimore/London: Johns Hopkins, 1998], 22-29)나 Daniel Boyarin("Placing Reading: Ancient Israel and Medieval Europe," in *The Ethnography of Reading*, ed. by J. Boyarin [Berkeley, Calif.: Univ. of California Press, 1993], 10-37)이 모두 문학 양식이 모호한 이유를 텍스트의 기초를 형성하고 또 현재 형태를 결정한 구전 문학 단계에서 찾고 있다는 점이다. Cross는 성경 안에 있는 역사 서술의 문학 양식으로 '전통적 서사시'(traditional epic)라는 말을 제안하면서 Homer의 서사시가 가장 가까운 문학 작품이라고 주장하였다.
Boyarin은 문학 양식으로 '교육적 소설'(didactic fiction)이 타당할 것이라고 조심스럽게 제안하며 랍비들이 사용한 '우화'(mashal/parable)가 유사한 양식의 작품이라고 말했다. 성경과 길가메쉬 서사시가 유사한 문학 양식에 속한다고 주장한 학자도 있고(David Damrosch, *The Narrative Covenant: Transformations of Genre in the Growth of Biblical Literature* [San Francisco: Harper & Row, 1987], 51-143), Herodotus의 역사와 유사성을 주장하는 사람도 있다(Jan-Wim Wesselius, *The Origin of the History of Israel. Herodotus' Histories as Blueprint for the First Books of the Bible*, JSOTSup [Sheffield: Sheffield Academic Press, 2002]).

다양한 문학 양식으로 표현된 문학적 상상이라는 이해가 조화롭게 상호 작용할 수 있는 '역사하기'(doing history) 관점이 필요하다. 성경이 그 본문과 배경을 통해 정치를 이해하는 사료가 될 수 있다는 좀 더 관대한 생각을 가지려면 고대 이스라엘의 종교나 정치를 후대 유대교나 기독교의 종교적 정치적 경험이나 관점 그리고 더 나아가 현대 세속 정치 영역에서 논의되는 영향과 분명히 구별하여 생각할 필요가 있다.

그렇다고 해서 성경 전통과 그 전통의 전용 사이에 뚜렷한 관련이 있다는 사실을 부인하는 것도 아니고, 고대 이스라엘 정치를 연구하는 현대 학자가 자기 의지만으로 성경의 종교와 정치에 관한 후대의 전제를 쉽게 떨쳐낼 수 있다고 순진하게 주장하는 것도 아니다.

오히려 수많은 성경 전통의 관점과 후대에 다양하게 갈라져 발전한 해석의 관점이 매우 긴밀하게 섞이고 융합되고 균질화되었기 때문에, 고대 이스라엘 정치가 주류 유대교, 기독교, 서양 세속 정치학에서 바라보는 관점과 일치하거나 혹은 반대되는 특정한 형태로 드러나게 만들기 위해서는 막대한 노력이 필요할 것이다.[15]

본 연구는 고대 이스라엘 정치를 역사적 종교적 실증주의에서 해방시키기 위하여 비판적인 질문을 제기하고 몇 가지 관점과 제안을 제시할 것이다.

고대 이스라엘 정치 현장을 발견하는 가장 생산적인 방법은 이스라엘 정치 기관의 직위와 기능을 서로 경쟁하거나 협력하는 다양한 권력망이 서로 협조, 경쟁, 갈등하는 공동 생활의 역사적 소용돌이 안에서 파악하는 것이다. 특히 성경 기자와 현대 주석자가 아무리 조심스럽게 의견을 제시한다고 해도, 어떤 주제에 관해 그들이 피력한 도덕적 종교적 판단을 정설이나 최종적 권위자의 평가라고 무비판적으로 인정하고, 충분한 검증을 거치기도 전에

---

15 Norman K. Gottwald, "Biblical Views on 'Church-State' Relations and Their Influence on Existing Political Ideologies," in *The Hebrew Bible in Its Social World and in Ours*, SBL Semeia Studies (Atlanta: Scholars, 1993), 365-83.

이스라엘의 정치적 생활에 관한 해석으로 결정해서는 안 된다.

그러나 고대 이스라엘의 종교를 정치 연구에서 완전히 배제할 수는 없다. 히브리 성경에 기록된 모든 정치 전통이 전통주의자의 이념을 따라 윤색되고 틀이 잡혔기 때문이다. 그리고 이 지역의 모든 다른 정치 조직과 마찬가지로 고대 이스라엘도 정치 안에 종교적 요소를 포함하고 있었기 때문이다. 그러므로 유의해야 할 점은 특정한 성경 본문의 관점이나 특정한 현대 학자의 평가가 아무런 도전이나 질문 없이 이스라엘 정치에 관한 논의를 주도하지 않도록 해야 한다.

고대 이스라엘 정치에 관련된 논의는 성경 내외적이고 현대적으로 학자와 일반인이 다양하게 의견을 개진하면서 이루는 다각적인 대화다. 이 책의 연구 범위를 넘어서 더 넓은 관점에서 대화가 이루어지는 가운데 몇 세기에 걸쳐서 활동해 온 여러 성경 주석가와 성경 전통에 대해 어느 정도 알고 있는 정치 이론가와 실무가도 이 담론에 가담할 수 있다.

3. 이스라엘 정치에 관한 성경의 증언

우리가 고대 이스라엘 정치를 각각 국내사적 시간과 세계사적 시간 관점에서 접근하고자 할 때, 사료에 기록된 특정한 정치 경험을 제대로 연구하기 위해서 몇 가지 전략을 세워야 한다.

1) 세 가지 정치적 지평을 지나는 궤도

성경이 정치 상황을 묘사하면서 가장 강조하는 특징은 이스라엘의 정치 경험이 끊임없이 계속되는 시대의 흐름을 따라왔다는 것이다. 고대 이스라엘 역사는 가장 기초적인 사료, 즉 히브리 성경에 기록된 바에 따르면 이스라엘 정치 기관은 세 가지 영역 혹은 지평에 걸쳐 존재했다.

(1) 첫째 지평

이스라엘은 초기에 여러 사회 기관이 분포되고 분산되어 중앙 집권화되지 못한 정치적 지평을 보여 준다(기원전 1250-1000년경).

(2) 둘째 지평

중기에 들어서면 이스라엘이 중앙 집권화 되고 자치적인 정치 기관을 보유하게 되는데 두 가지 다른 상태로 나타난다. 이스라엘은 다른 나라와의 관계에서 자치적이고 국내 정치권력을 독점적으로 행사하는 전문적인 국가 기관을 발전시켰다.

그러나 이런 일원적인 정치 기관이 더 이상 성립하지 못할 때도 있었으니, 독립을 완전히 상실하기 전에도 외국의 지배를 받으며 지역적인 통치력을 충분히 행사하지 못하였다(기원전 1000-586년).

(3) 셋째 지평

독립을 잃었다가 재건된 공동체 안에서 생활할 때 이스라엘은 외국 통치자가 중앙 집권적이고 강제적으로 지배하는 식민지 정치에 복속되었다. 그 안에서 이스라엘이나 유다의 지배층은 제국 권력이 맡겨 준 한도 안에서 지역적인 문제를 처리할 수 있었다. 헬레니즘 시대 후기에 약 80년 정도 독립을 되찾은 적도 있었다(기원전 586-63년).

2) 통일, 분열, 그리고 단절된 정치적 궤도

히브리 성경도 모든 이스라엘 백성이 위에서 말한 정치적 변화의 궤도를 따라 같은 생활을 하지 않았다고 증거하고 있다는 데 유의해야 한다. 고대 이스라엘의 정치적 여정 가운데 후기 삼분의 이에 해당하는 시간 동안 이스라엘 사람들은 서로 다른 두 가지 길을 걸었다. 이스라엘 전체가 중앙 집권적이지 못한 초기 단계를 겪었고, 국가가 성립된 후 어느 정도 기간 동안 하나의 공동체로 남아 있었다.

그 후로 이 사람들은 독립된 국가 둘로 갈라졌다. 두 국가는 결국 멸망했는데, 하나는 200년 후에 다른 하나는 350년 후에 독립을 잃고 식민지 체제로 들어섰다.

히브리 성경에는 이 두 국가가 겪은 경험이 모두 실려 있는데, 북 왕국의 역사는 기원전 722년에 국가가 멸망하면서 갑작스럽게 끊어진다. 히브리 성경은 북쪽 지역 사람을 더 이상 이스라엘 사회의 정당한 일원으로 간주하지 않으며, 그들이 스스로 남 왕국 유다에 복속해야 한다고 주장하거나(역대기의 입장) 혹은 북 왕국 거주자를 전면 거부한다(에스라와 느헤미야의 입장).

그 이유는 북쪽 지역 거주자가 다윗 왕조의 지배에서 너무 멀리 떠나버렸고 다른 민족과 섞여서 이스라엘 사람이라는 정체성을 잃어버렸기 때문이다.

이렇게 성경의 전통은 독립된 두 정치 조직의 역사가 원래 통일된 한 민족에서 시작되었지만 그 중 한 조직을 이스라엘의 일부로 대접하지 않기 때문에, 고대 이스라엘 정치를 묘사하면서 이렇게 잘라내고 편파적으로 묘사하는 태도가 과연 완벽하고 적절한 묘사인지 비판적인 질문을 제기하지 않을 수 없다.

첫째, 우리는 역사 전체를 바라보는 이 관점이 식민지 유다 공동체의 관점임을 확실히 알 수 있다.

북 왕국이 독립을 유지하고 있을 때에는 북부 이스라엘 사람들에 관한 기록이 많이 남았지만, 그 후에는 페르시아 시대에 예루살렘을 재건할 때 북쪽 지도자가 참여를 요청한 사실 이외에는 북부 식민지 이스라엘에 관해 아무런 언급도 남아 있지 않다(스 4:1-2).

유다 지도자는 이 제안을 거부하였지만(스 4:3; 참고, 느 2:20), 북부 지역에 생존했던 사람도 스스로를 참된 이스라엘 사람으로 간주하고 있었다는 사실은 확인할 수 있으며, 그 후에도 사마리아 공동체가 야훼 신앙을 고수하였다는 사실도 이런 인식을 증명해 준다.

한편 성전 재건을 둘러싼 분쟁을 통해 북부 지도자와 유다와 국경을 맞대고 있는 다른 속주 지도자들이 예루살렘 성벽을 재건하는 일을 방해하며 정말로 걱정하던 바가 무엇인지 잘 드러나는데, 그들이 유다와 분쟁을 일으켰던 근본적인 이유는 지정학적 문제였음을 알 수 있다(스 4:6-23; 느 2:17-20; 4:1-9).

북부 이스라엘 사람들이 후대 역사 서술에서 배제되었기에, 이스라엘 공동체의 경계를 설정하는 문제에 관해 이견이 있다는 사실과 현재 우리가 이 갈등과 관련해서 스스로를 이스라엘 백성이라고 정의하는 한 집단의 증언만 편파적으로 듣고 있는 현실을 두드러지게 만든다.

히브리 성경은 이런 이스라엘 공동체의 단절을 매우 종교적인 낱말로 표현하고 있으나, 사실 이 분립의 기저에는 정치적 이해관계가 깔려 있으며, 성경 전통이 북 왕국의 운명을 묘사하는 말투라든가 북부 식민지 거주민이었던 사마리아 사람들이 기원전 2세기에 유대인과 완전히 갈라서기 전까지 유다의 야훼주의자와 불편한 관계를 유지하고 있었다는 사실에서 그 근거를 찾을 수 있다.

둘째, 이스라엘 정치사 중에서 마지막 삼분의 일이 되는 기간이 이렇게 편향된 관점에서 서술되었다면, 이스라엘 민족이 두 왕국으로 분리되기 전에 하나로 통합된 민족이었다는 가정을 의심하지 않을 수 없다.

성경 전통은 이스라엘 족속이 종교를 기초로 하나가 되었고 사울과 다윗과 솔로몬이 다스리던 '통일' 왕국이 존재했다고 상정한다. 그 뒤에 일어난 두 왕국의 분립은 북 왕국이 종교적으로 변질되었기 때문이며 솔로몬의 우상숭배에서 발생한 불행한 결과라고 묘사한다.

그러나 포로기 이전에 종교적인 통일 상태가 존재했다는 가정을 인정하지 않는다면, 과연 이스라엘이 부족 국가 혹은 왕정 시대에 스스로를 한 민족이라고 간주할 다른 기초가 어떤 것이 남아 있겠는가?

우리는 이들이 공동체 의식을 형성한 초기 시대에 관해 좀 더 일반적인 문화 사회적 기초가 있어서 통합을 돕기도 하고 갈등과 분열을 조장하기도 했음을 관찰할 수 있는가?

'이스라엘'이라는 정체성을 다양하게 정의할 수 있고, 또 이 정체성이 시대에 따라 변화했기 때문에 우리가 가진 질문에 쉽게 대답할 수 없지만, 이스라엘의 정체성에 관하여 끊임없이 문제가 제기된다는 사실은 복잡한 정치사를 서술할 때 주목해야 할 주제가 될 것이다.[16]

3) '이스라엘'과 '유다'는 모호한 정치적 주체

히브리 성경의 주인공인 이스라엘 백성이라는 정체가 얼마나 이중적인지는 그들을 부르는 호칭을 보면 알 수 있다. '이스라엘/이스라엘인'과 '유다/유다인'이라는 호칭이 그것이다. 이 호칭은 서로 구별이 가능하고 인식할 수 있는 주요 정의가 있으나, 역사 기록의 흐름 속에서 추가적인 정의가 그 위에 더해지기도 하고 특정한 문맥 속에서 그 의미가 미묘하게 변화하기도 한다.[17]

---

16 Davis와 Lemche는 포로기 이후가 되기 전에 '이스라엘'이라는 통일되고 연속적인 역사적 주체가 존재했다는 해석에 맹렬하게 반대하였고(Philip R. Davis, *In Search of 'Ancient Israel,'* JSOTSup 148 [Sheffield: Sheffield Academic Press, 1992]; Niels Peter Lemche, *The Israelites in History and Tradition* [Louisville, KY.: Westminster John Knox, 1998]), 이스라엘의 정체성에 관한 많은 연구 결과를 남겼다.
반대 의견으로 Linville은 열왕기 저자가 이스라엘의 정체성을 확정하려고 신경을 쓰고 있다고 지적하고, '이스라엘인'으로 간주되는 인물이 상호 모순적이며 변화하는 정체성을 가지고 있다는 사실은 열왕기가 기록된 유다 식민지 사회 안에서 배타성과 포괄성에 관해 논쟁이 있었음을 증명한다고 주장했다(James R. Linville, *Israel in the Book of Kings: The Past as a Project of Social Identity*, JSOTSup 272 [Sheffield: Sheffield Academic Press, 1998]).
Mullen Jr.는 이스라엘이라는 정체성의 성립이 신명기 자료 전체의 중심 사상이라고 강조하는데, 작품의 연대는 매우 보수적으로 추정한다(E. Theodore Mullen Jr., *Narrative History and Ethnic Boundaries: The Deuteronomistic Historian and the Creation of Israelite National Identity*, SemeiaSt [Atlanta: Scholars, 1993]).

17 Hans-Joachim Zobel, "*yĕhûdâ*," *TDOT* 4: 482-99; "*yiśrā'ēl*," *TDOT* 6: 397-420; G. von

이렇게 다양한 용례를 살펴보면 '이스라엘'과 '유다'가 성경 기사 안에서 역사의 주체로 자리를 잡을 때 문화적, 정치적, 종교적 요인이 얼마나 복잡하게 얽혀 서로 영향을 미치고 있는지 잘 드러낼 것이다.

이스라엘이라는 이름은 공통적인 문화와 종교를 공유하며 부족을 단위로 조직된 **민족**을 가리키기도 하고 팔레스타인의 중앙 산악 지대라는 **지역**을 중심으로 형성된 공동체를 가리키기도 한다. 히브리 성경에서 국가 성립 이전 사회를 가리키는 본래의 용법 외에도 이 이름은 이집트 문서에 한 번 등장한다.[18]

이 백성이 야훼 하나님과 밀접한 관계를 맺고 있는데도 불구하고 이스라엘이라는 이름은 신을 가리키는 좀 더 일반적인 셈어 낱말 '엘'이 포함된 합성어이며 '엘이 다스리신다' 혹은 '엘이 위대하시다'는 뜻을 가지고 있는 것으로 보인다.[19] 그렇다면 야훼가 이 공동체의 주요 신으로 인정받기 전에 이스라엘 백성 전체 혹은 대다수가 엘 신을 섬겼을 가능성도 있다.[20]

Rad and K. G. Kuhn, "yiśrā'ēl," *TDNT* 3: 356-69; Graham Harvey, *The True Israel: Uses of the Names Jew, Hebrew, and Israel in Ancient Jewish and Early Christian Literature*, AGJU 35 (Leiden/New York/Cologne: E. J. Brill, 1996). 열왕기와 역대기 안에 사용된 이스라엘과 유다라는 호칭에 관한 연구로는 Linville, *Israel in the Book of Kings*, 16-37, 91-104; H. G. M. Williamson, *Israel in the Books of Chronicles* (Cambridge: Cambridge Univ. Press, 1977), 1-10, 126-30을 보라.

18 "Hymn of Victory of Mer-ne-Ptah (The 'Israel Stela')," trans. John A. Wilson, *ANET*, 376-78, 강승일 외 옮김, 『고대 근동 문학 선집』, [서울: CLC, 2016], 621-622. 제5장, 324-335, 각주 8, 20을 참조하라.

19 Zobel은 "엘이 싸우신다"보다는 "엘이 다스리신다" 혹은 "엘이 위대하시다"를 주장한다 (Zobel, "*yiśrā'ēl*," 399-401).

20 Norman K. Gottwald, *The Tribes of Yahweh: A Sociology of the Religion of Liberated Israel, 1250-1050 B.C.E.*, (2nd corrected printing, Maryknoll, N.Y.: Orbis, 1981; reprint with new introduction, Sheffield: Sheffield Academic Press, 1999), 493-97; Zobel, "*yiśrā'ēl*," 411-12. Cross는 야훼라는 이름이 원래 엘 신의 호칭, '엘 주 야위 짜바옷'('*ēl zū*[혹은 *dū*] *yahwī ṣaba'ōth*, '무장한 군대를 만드시는 엘')에서 나왔고, 무장한 하늘의 군대와 이스라엘 군대를 동시에 가리키는 이중적인 표현이었다고 주장한다(Frank M. Cross, *Canaanite Myth and Hebrew Epic: Essays in the History of the Religion of Israel* [Cambridge: Harvard Univ. Press, 1970], 65-71). 이 의견에 대한 토론은 Gottwald의 글을 보라(Gottwald, *Tribes*, 682-85).

반대로 유다는 이스라엘 백성 중 오직 한 부족만 사용하는 이름이다. 이스라엘과 유다의 관계는 아버지와 첫째 아들로 인격화되어 있다. 족장 야곱이 이스라엘로 이름을 바꾸고 유다를 비롯한 모든 부족의 조상이 된다 (창 29:1-30:24; 32:22-32; 35:16-18). 그러나 유다는 국가가 성립되기 전까지 다른 부족과 연합하지 않았을 수도 있으며, 나아가 다윗 등극 이전에는 이스라엘의 일원이 아니었을 가능성도 있다.[21]

이스라엘은 사울 치하에 처음으로 왕국을 성립하였는데, 이 때 유다가 포함되어 있었을 수도 있고 그렇지 않았을 수도 있다. 다윗은 먼저 유다의 왕이 되었고 나중에 다른 부족이 그를 왕으로 인정하는 과정을 거쳤다.

다윗은 이제 모든 부족을 포함한 왕국을 확장시키고, 부족 동맹이 아니라 왕조 국가라는 뜻으로 이스라엘이라는 이름을 사용하였다. 물론 어떤 경우에는 이 이름이 아직도 부족 동맹을 가리킬 때도 있고, 가끔 이스라엘은 부족으로 구성된 국가를 뜻하거나 부족 동맹이 국가가 되었다는 의미로 이중적인 어구가 되기도 한다.

솔로몬이 죽은 후 왕국이 갈라지고, 북쪽 부족이 새로 세운 국가의 이름으로 이스라엘을 사용하였는데, 그들은 국가 성립 이전 공동체의 주인공이었고 이스라엘이라는 이름을 처음 사용한 사람들이었다. 남쪽 다윗 왕조의 국가는 이제 유다와 베냐민만으로 구성되고, 주 구성원의 이름을 따라 유다라는 이름을 사용하기 시작했다. 북 왕국이 국호를 정하면서 이스라엘이라는 이름을 사용한 이유는 아마도 자신들이 고대 부족 동맹 이스라엘의 정당한 후계자라는 인식 때문일 것이며, 솔로몬이 다스리던 '유사-이스라엘'이 이 이름을 심각하게 남용했다고 간주했을 것이다.

다윗 왕조의 남 왕국이 스스로를 유다라고 부른 것은 아마도 다윗이 지배 초기에 유다만 다스리던 왕이라는 정치 현실에서 그 이유를 찾을 수 있

---

21 Zobel, "*yĕhûdâ*," 491-94; Roland de Vaux, *The Early History of Israel* (Philadelphia: Westminster Press, 1978), 540-42.

을 것이고, 베냐민 이외에 다른 부족을 모두 잃으면서 다윗 왕조의 영토가 거의 비슷한 수준으로 줄어들었기 때문에 이런 선택을 했을 것이다.

두 왕국이 국호를 결정한 과정을 보면 당시 '이스라엘'이라는 이름이 결정적으로 종교적인 의미를 담고 있지 않았다는 사실을 드러내고, 그래서 남 왕국에서 '유다' 혹은 '다윗 왕조'라는 이름만으로도 야훼 신을 섬기는 종교적 정체성을 충분히 표현할 수 있다고 여겼음을 알 수 있다.

두 왕국의 역사를 통틀어서 북 왕국은 이스라엘 그리고 남 왕국은 유다 라는 이름을 사용했다. 그러나 이스라엘이라는 이름은 계속해서 더 광범위한 문화적 종교적 의미를 담아냈다. 이스라엘이라는 말은 야훼를 섬기는 자들의 공동체를 상징하는 의미론적 표지였고, 어쨌든 두 왕국 모두 서로 다른 제의를 유지하거나 다른 신을 함께 인정하면서도 공식적으로는 야훼 신앙을 천명하였다.

이스라엘과 유다라는 정치적 실체 내의 다양한 집단들은 두 왕국 중 어느 나라가 그리고 여러 지도자들 중 누가 '이스라엘'이라는 고대 부족 동맹의 유산을 가장 잘 보존하였는지 논쟁을 벌였으며, 이를 사회 문화적 종교적 유산의 요체라고 간주하였다. 열왕기 저자는 유다 왕국을 거룩한 '이스라엘'의 참된 화신이라고 믿었다. 그러나 북 왕국 이스라엘에서 야훼 제의가 보존되었던 점도 높이 샀으며, 많은 유다 왕을 배교자로 비난하기도 했다.[22]

북 왕국의 왕들을 무시하고 예루살렘 성전의 독점적인 정통성을 강하게 주장하던 역대기는 거룩한 이스라엘의 유산을 잠재적으로 소유하고 있는 북 왕국 스스로 유다 왕국의 품으로 돌아오고 싶어 했다고 주장했다.[23]

---

[22] 문학적 속성(literary attribution)이라는 해석법을 사용하는 Linville은 말하기를, "분립이라는 신화는 매우 이상하게 비틀어져 있어서 한계가 분명한 두 개의 이스라엘을 생산해 낸다. 둘 다 완벽하지 못하고, 둘 중에 하나를 버릴 수도 없다"고 했다(Linville, *Israel in the Book of Kings*, 175). 그가 '대안적인 이스라엘'(Alternative Israels)과 '이름을 계승할 권리'(Rights to a Name)에 대해 논의한 것도 참조하라(176-91).

[23] Williamson은 역대기가 "유다는 그 이름에도 불구하고 아직 이스라엘의 필수적인 부분임을 강조하고자 하였다"고 결론짓고, "(유다의) 신실한 중심 세력은 (북 왕국 출신의) 외부인도 배제하지 않고, 모든 이스라엘 백성이 돌아오기만 하면 환영하는 상징적인 핵심 세력"

이스라엘을 단순히 특정 정치 조직을 부르는 이름으로 정의할 수 없기 때문에 대-이스라엘(greater Israel), 광의의 이스라엘(wider Israel), 확대 이스라엘(larger Israel), 혹은 포괄적 이스라엘(inclusive Israel) 등 다양한 개념이 생겨났다. 이런 표현은 저마다 장점이 있는 것이지만 본 연구에서는 '대-이스라엘'이라는 이름은 사용하지 않을 것이다. 왜냐하면 이 이름은 이집트 국경에서 유프라테스 강까지 이르는 이스라엘 제국의 최대 영토를 가리키는 말로 자주 사용되며, 다윗과 솔로몬 시대의 지정학적 상황을 전제로 한 문학적 소재로 성경에 언급되기 때문이다(창 15:18; 출 23:31; 신 1:7; 11:24; 수 1:4).

성경 본문에 계속 등장하는 좀 더 포괄적인 이스라엘은 야훼 예배자들의 공동체가 사용한 개념이다. 이 이름을 아무 정권이나 쉽게 동일시할 수 있다는 문제가 있기는 하지만, 이 '상상의 공동체'가 실체가 없는 '영적인' 공동체가 아니라 공동생활에서 공유하는 목표와 가치를 함께 결정하여 실생활에서 성취하는 실제적인 사회 현실로 보아야 한다.[24]

이라고 말했다(H. G. M. Williamson, *Israel in the Books of Chronicles* [Cambridge/New York/Melbourne: Cambridge Univ. Press, 1977], 102-10, 126-30, 139-40).

24 이런 확대된 포괄적 이스라엘은 Anderson이 민족(nation)을 인류학적으로 묘사한 것과 같은 의미에서 '상상의' 존재라고 말할 수 있을 것 같다. 그는 민족이란 '상상의 공동체'이며 공유하는 역사와 전통 안에 표현된 '깊고 동등한 동료 관계'라고 설명했다(Benedict Anderson, *Imagined Communities: Reflections on the Origin and Spread of Nationalism*, rev. ed. [London/New York: Verso, 1991], 6-7).

Anderson처럼 Smith도 민족주의의 문화적 뿌리를 강조하는데, 한 걸음 더 나아가서 고대의 종족 연대를 자세히 설명하면서 고대 근동의 많은 사회 정치적 주체들이 현대 국가의 선구자이며 밑그림이었다고 주장한다(Anthony D. Smith, *The Ethnic Origins of Nations* [Oxford: Blackwell, 1986], 6-125).

Smith는 고대 귀족의 문서에 남아 있는 공동체 의식을 일반 대중이 얼마나 공유했을지 알 수 없고, 또 특정한 인구 집단의 특징을 반영한다고 보는 고대의 인명이 과연 영토적 공통성, 정치적 공통성, '민족적' 공통성을 보여 주는지 결정하기 어렵다는 사실을 인정한다. 변화무쌍하고 유동적인 '이스라엘'이라는 성경의 개념은 아마도 아직 분명한 경계선도 없고 단일한 제도적 표현으로 확립되지 않은 집단 정체성을 점진적으로 형성해 가는 과정 속에 있었으며, "문학적인 '이스라엘'의 정의를 모두 종합한다 해도 아무런 문제가 없는 완전한 자아상을 찾을 수 없다"(Linville, *Israel in the Book of Kings*, 37). 그러므로 본 연구에서 본인은 '민족/민족의/민족성'(ethnos/ethnic/ethnicity)이라는 말을 절대로 사용하지 않는데, 이 말은 의미하는 바가 너무 다양하고, 때로 너무 모호하여 가리키는 바가 의심스럽거나 때로 너무 적확하여 우리가 사용하는 사료로 확인할 수 없다. 아래 제4장, 250-252, 각 이스라엘 왕국의 멸망과 함께 이스라엘과 유다라는 말에 확연한 의미론적 변화가 발생한다. 북 왕국 거주민은 지배층이 포로로 잡혀가고 남은 사람은 앗수르 제국의 다른 지방에서 이주해 온 사람과 섞여 살면서 더 이상 정치적인 의미에서 이스라엘이라는 이름을 사용하지 않았으니, 이스라엘 왕국은 완전히 소멸되고 말았다.

더 불길한 변화는 성경 저자도 더 이상 북 왕국의 남은 자를 포괄적인 이스라엘의 구성원으로 인정하지 않는다는 것이다. 유다 왕국을 주도하던 세력은 유다만이 이스라엘의 종교 문화적 유산을 계승한 유일한 후계자라는 개념을 주장했다.

많은 사람이 포로로 잡혀가고 살아 남은 사람이 앗수르 식민지로 편입된 이후 북부 거주민이 어떤 운명을 맞이했는지는 언급도 하지 않는다. 그들의 문화와 종교가 너무 질이 떨어져서 더 이상 포괄적인 이스라엘의 구성원으로 인정받을 수 없다는 전제를 깔고 있는 것이다. 어떤 면에서 남 왕국 사람은 유다를 이스라엘 왕국으로 고쳐 명명하지 않고 포괄적인 '이스라엘'이 상징하는 유산을 되찾으려 하고 있었으며, 이는 북 왕국에서 발생한 산문, 예언, 시를 자신의 전통으로 수용하면서 진행되었다.

유다 사람이 보기에 북쪽 '사마리아 사람'(왕하 17:29)은 멸망한 이스라엘 왕국의 추종자와 앗수르 사람들이 이주시킨 외국인 사이에서 태어난 혼혈이었고, 그들의 피상적인 야훼 신앙은 다신교 문화의 영향을 받고 뒤섞여 철저하게 부패한 문화에 불과했다.[25]

주 25-26을 참조하라.

25 사마리아인(Samaritan)이라는 말은 히브리 성경 왕하 17:29에서 북부 이스라엘에 거주하는 사람을 가리키며 사용된 '사마리아 사람'(쇼메로님[šōmerōnîm])을 그리스어로 음역한 말(사마레이타이[samareîtai])에서 나왔는데, 히브리어 이름은 기원전 8세기 앗수르 문서의 관례를 따르고 있다. 에스라와 느헤미야는 유다 북쪽의 적을 부를 때 '사마리아(인)'라는 이름을 사용하지 않았다. 물론 왕하 17장은 종교 혼합주의를 따르는 사마리아인을 업신여기고 있긴 하지만, 포로기 이후에 야훼를 섬기던 종교 공동체이며 율법의 관리자이고 수호자(샤메림[šāmērîm])라고 자처하는 '사마리아인들'(Samaritans)을 몰랐던 것이다. 후대 랍비 문학에서 이 사람을 구다인(Cuthites)이라고 불렀다(왕하 17:24, 30 참조).

유다인(Judahites)은 자신만이 야훼에게 헌신하는 유일하고 진정한 이스라엘이라고 믿고, 그런 관점에서 종교 문화적 전통을 확립해 나갔기 때문에 남 왕국이 최종적으로 멸망했을 때 심각한 위기를 맞게 되었다. 유다는 더 이상 국가로 존재할 수 없었고, 유다 영토는 이제 페르시아 제국의 속주가 되었으며, 국외 이주자가 돌아와 정결한 공동체 이스라엘을 재건해야 하는 상황이 되었다.

그러나 태고의 이스라엘을 유일하게 계승했다고 주장하는 이 재건 유다 공동체는 더 이상 이전 시대에 통용되던 '포괄적인' 공동체가 아니었다. 아직 남아 있건 아니면 흩어져 버렸건 북 왕국의 배교자들은 야훼를 섬기는 공동체인 이스라엘의 역할을 박탈당했다고 판단했다. 그들은 에스라와 느헤미야가 주장하는 것처럼 재건 유다 공동체에 절대로 입회할 수 없었거나 혹은 역대기에 기록된 대로 유다 사회에서 공인된 신앙과 제의를 받아들여 개인적으로 유다식 '이스라엘'에 '재-입회'해야만 했다.

역대기는 왕국 시대를 돌이켜 보면서 이런 '초대'를 하고 있기 때문에 이미 두 왕국이 모두 멸망한 시기에 살던 저자가 유다식 예배에 참가하는 북쪽 사람을 어떻게 평가했는지 궁금해지는데, 역대기가 마치 누군가를 '집행을 유예시키는' 것처럼 북쪽 사람들에게 다소 관대한 태도를 보이는 것이 에스라나 느헤미야의 더 엄중한 태도보다 시대적으로 앞서는지 아니면

본 연구에서는 후대에 '사마리아인'과 '유대인'이라는 두 종교 공동체 사이에 관례적으로 형성된 후대의 적대감을 시대착오적으로 실체화하지 않기 위해서 의도적으로 '사마리아 사람'(Samarian)이라는 낱말을 사용한다. 유대인과 사마리아 야훼 신자들이 완전히 갈라선 것은 기원전 2세기 이후의 일로 보인다. 사마리아인(Samaritan)에 대한 더 자세한 연구는 Robert T. Anderson, "Samaritans," *ABD* 5: 940-47; James D. Purvis, "The Samaritans and Judaism," in *Early Judaism and its Modern Interpreters* (Philadelphia: Fortress/Atlanta: Scholars, 1986), 81-98; R. J. Coggins, *Samaritans and Jews: the Origins of Samaritanism Reconsidered* (Atlanta: John Knox, 1975)를 참조하라.
사마리아인들의 연원에 대한 여러 가설을 비판적으로 재검토하고 사마리아, 유대인, 그리스도교, 헬레니즘 문학에 나타난 사마리아인의 이미지를 설명한 연구는 Ingrid Hjelm, *The Samaritans and Early Judaism: A Literary Analysis*, JSOTSup 303 (Sheffield: Sheffield Academic Press, 2000)을 보라.

뒤쳐지는지, 혹시 후자에 직접적으로 도전하기 위하여 일어난 것은 아닌지 확실하게 결론지을 수는 없다.

실제로는 북부 지역에 야훼를 숭배하고 자기를 '이스라엘'이라고 여기는 사람들이 계속해서 살고 있었고, 이런 사실은 이들이 후대에 오경을 주요 경전으로 삼고 야훼 신전을 건축했다는 점에서도 잘 드러나며, 앞에서 언급했듯이 상복을 입고 예루살렘까지 여행하여 파괴된 성전 터에서 제사를 드리려고 하는 북쪽 순례객이 있었다는 기록에서도 그 증거를 찾아 볼 수 있다(렘 41:4-5). 그리고 기원전 2세기 말에 유다의 하스모니아 왕국과 사마리아인이 최종적으로 갈라서기 전까지 이 두 공동체 일원 사이에 불편하지만 일정한 관계가 지속되었다.[26]

만약 이 재건된 유다 지도층이 야훼 제의를 위한 엄격한 종교 문화적 표준을 요구하고 거기서 벗어나는 자는 유다나 사마리아를 가리지 않고 배제시키는 방식으로 이스라엘이라는 개념을 확립하여 더욱 더 '배타적'으로 변해 갔다면, 이렇게 초점을 '좁히는 방식'으로는 고대 근동 지방에서 야훼를 섬기는 보통 디아스포라(Diaspora)라고 부르는 공동체의 팽창을 막을 수 없었을 것이다.

그러나 재건된 유다에 '복종'하지 않는 공동체가 널리 퍼졌고, 유다인이 보기에 사마리아의 야훼 신자만큼 '변칙적인' 모습으로 발전해 갔다.[27]

---

26 Frank M. Cross, "Samaria and Jerusalem in the Era of Restoration," in *From Epic to Canon*, 173-202; John H. Hayes and Sara R. Mandell, *The Jewish People in Classical Antiquity: From Alexander to Bar Kochba* (Louisville, KY.: Westminster John Knox, 1998), 25-27.

27 기원전 6세기 이후 유다인의 국외 분포와 야훼를 섬기는 공동체의 역사는 별로 잘 알려진 바가 없다. 이집트에 거주하던 유다 공동체의 모습은 기원전 5세기 후반에 기록된 엘레판틴 문서("Elephantine texts," *ANET* 491-92, 『고대 근동 문학 선집』, 435-442, 812-818)를 통해, 기원전 3-2세기에 성경을 그리스어 칠십인역(Septuagint)으로 번역한 알렉산드리아 유대인 공동체는 유다 본토와의 관계를 묘사한 기록을 통해 가장 잘 알려져 있다. 특히 엘레판틴에 있던 유다 출신 군사 식민지 주민이 예루살렘과 사마리아에 종교적 문제에 관하여 조언을 구했음에도 불구하고, 경쟁 관계를 유지하면서 독점적인 권위를 주장하던 예루살렘과 그리심 산에 있는 신전을 무시하고 자신들을 위한 신전을 건설했다는 점에 유의해

사실 재건된 유다인들이 확정한 히브리 성경에는 사마리아 야훼 신도의 목소리가 빠져 있는 것은 물론 국외 이주민이 세운 공동체에서 기록하거나 그 공동체에 대해 다룬 내용도 포함시키지 않았다. 다니엘과 에스더서

야 한다. 더구나 그들은 야훼 이외에도 다른 군소 신들을 인정하였다. 한편 마카비 혁명 때 도주한 예루살렘 대제사장 한 명은 이집트 레온토폴리스(Leontopolis)에 정착하여 야훼를 위한 신선을 건축했다는 기록도 있다(Lester L. Grabbe, *Judaism from Cyrus to Hadrian*, Vol. 1, *The Persian and Greek Periods* [Minneapolis: Fortress, 1992], 266-67).
기원전 3세기 아리스테아스의 편지(Letter of Aristeas)와 기원전 2세기 알렉산드리아의 시빌 신탁(Sibylline Oracles, Book 3)은 그리스 문화에 매우 개방적이며 확실한 호감을 드러내고 있다(George W. E. Nickelsburg, *Jewish Literature between the Bible and the Mishnah: A Historical and Literary Introduction* [Philadelphia: Fortress, 1981], 161-69).
에스라와 느헤미야서에서 유다를 재건하려는 노력을 처음으로 시작한 것으로 추정되는 바빌론 이주 공동체는 페르시아 시대와 헬레니즘 시대에는 기록을 거의 남기지 않았다. Neusner는 바빌론에 정착한 유다인들의 초기 생활에 관한 사료가 별로 없다고 말하며, "바빌론에 사는 유대인의 생활에 관해서는 기원전 1세기가 되기 전까지 사료가 매우 적고, 유프라테스 강 건너 메소포타미아 지방과 이란 지역에 관해서는 거의 알려진 바가 없다"고 말했다(Jacob Neusner, *A History of the Jews in Babylonia*, Vol. 1, *The Persian Period*, South Florida Studies in the History of Judaism 217, reprint of rev. ed. [Atlanta: Scholars, 1999, 1969], 10-15).
개신교 외경인 토비트와 예레미야의 편지는 기원전 3세기 말에서 2세기 초에 메소포타미아에서 창작되었을 것이다(Nickelsburg, *Jewish Literature*, 30-38). 토비트는 기원전 722년 사마리아가 함락되었을 때 니느웨로 끌려간 독실한 북 왕국 이스라엘의 야훼 예배자로 소개되고 있는데, 이러한 설정은 포로로 잡혀간 유다인이 때때로 야훼 신앙을 유지하고 있던 북 왕국 이스라엘 포로와 연락을 취하고 있었다는 사실을 암시하고 있다. 토비트는 예루살렘 신전의 신성함을 분명하게 인정하고 있지만, 마술적인 요소로 가득한 민간 신앙은 포로기 이후 시대 유다에서 인정받던 종교적 제의와 유사하지는 않았다. 토비트가 다신교 세계에서 창작된 아히카르 이야기(the story of Ahikar)를 알고 있으며 그 주인공을 야훼 신도로 각색했는데, 이집트 엘레판틴 공동체에서도 아히카르 이야기 사본이 발견되어 이 두 공동체 간에 모종의 관계가 있었을 가능성을 암시한다. 한편 Newby는 유다 출신 군사들이 바빌론 왕 나보니두스가 아라비아 북부 테마(Tema)에서 몇 년 동안 머물고 있을 때 군대의 일원으로 참여했으리라 추측했지만, 사실 아라비아 반도에 정착한 유다 공동체에 관해서는 정보가 별로 없다고 말한다(Gordon Darnell Newby, *A History of the Jews in Arabia from Ancient Times to Their Eclipse under Islam* [Columbia, SC.: Univ. of South Carolina Press, 1988], 14-23).
유다 지역 내에서도 단일한 유다의 종교적 문화적 정체성이 분명히 확립되어 있지 않았고, 이것은 기원전 2세기에 예루살렘 세력에서 독립하여 존재했던 쿰란 공동체에서 잘 나타난다. 쿰란 문서는 다양한 자료에서 수집한 작품으로 유다 종교가 취해야 할 적절한 제도적 형태 혹은 이상적 형태가 무엇인지에 관해 체계화되지 않은 다양한 관점을 표현하고 있다 (John J. Collins, "Dead Sea Scrolls," *ABD* 2:85-101).

에 남아 있는 전설은 예외적인 경우다. 그러므로 이런 디아스포라 공동체에 관해 우리가 아는 지식은 모두 히브리 성경 외의 자료에서 얻은 것이다. 성경은 유다와 유다 내부에 초점을 맞추고 있지만, 시간이 지날수록 이스라엘이라는 정체성을 주장하는 다양한 형태의 세력이 등장하여 서로 갈등 관계를 형성했다.

훨씬 후대에 랍비 유대교가 성립되면서 이스라엘의 유산을 계승했다고 주장하는 다양한 공동체 간의 논쟁을 해결하는 방법을 개발하여 일종의 '질서'가 확립되었으며, 현재 우리가 아는 히브리 성경의 정경이 형성되었고, 팔레스타인과 디아스포라에서 '이스라엘인'이 귀하게 여기던 많은 문서를 정경에서 배제시켰다.[28]

독립 왕국이 멸망하고 포로기 이전의 이스라엘을 계승한다고 주장하는 공동체가 확산되면서, '이스라엘'과 '유다'라는 이름은 포로기 이후에 매우 복잡하게 서로 얽히기 시작한다.

물론 진정한 신앙과 제의의 정의에 관해 논쟁이 심하지만 '이스라엘'은 진정한 야훼 예배자 모두를 가리키는 포괄적인 뜻을 지니고 있었다. 그러나 이 이름은 '완전히 성취된 이스라엘'(fully realized Israel)이라는 방향으로 어의가 확장되어 장차 올 미래에 확정된다거나 다양한 메시아 신앙과 종말론적 소망 속에서 새로운 뜻으로 사용되기도 했다.[29]

---

[28] 기원후 1세기가 되어도 히브리 성경의 본문과 정경 목록은 아직 유동적인 상태였다. '성경의' 책이 될 다양한 지역 본문과 판본이 경쟁 관계에 있는 집단의 종교적 정치적 입장을 지지하기 위해서 인용되곤 했다. 최종적으로 정경에 포함된 작품과 당시 유다와 디아스포라에 존재하던 여러 집단이 그 종교적 권위를 인정하는 보다 큰 규모의 작품이 공존하던 시대였다.
Cross의 설명에 의하면, 바리새인 랍비 힐렐과 그의 제자들이 기원후 1세기 초부터 그들이 권위를 인정하는 작품을 규격화하는 작업을 시작했고, 이 모음집이 바로 우리가 아는 히브리 성경 정경을 형상하는 세 부분(율법서, 예언서, 그리고 성문서)으로 이루어진 책이다. 힐렐 학파는 유대인의 반란(기원후 70-135년)이 두 번째로 일어나기 전까지는 정경에 속하지 않은 책을 제거하는 작업까지 하지는 않았고, 그 후에는 바리새 운동이 랍비의 유대교에서 공식적인 형태를 갖추는 데 성공한다(Cross, *From Epic to Canon*, 205-29).

[29] Gerhard von Rad, "*yiśrā'ēl*," *TDNT* 3:358.

한편 '유다'라는 말은 부족 명에서 왕국 이름 그리고 제국 식민지 이름으로 그 지리적 어의가 변화하면서 갈수록 종교 문화적 함의를 품게 되었다. 유다는 고향으로 돌아온 야훼 숭배자가 주가 되어 고대 이스라엘의 유산을 물려받은 계승자요 화신이 되었는데, 올바른 신앙과 제의 형태에 관한 권위를 주장하며 비록 강제력을 가진 것은 아니지만 야훼를 섬기는 사람이라면 어디에 살든지 그 권위에 순복해야 한다고 주장했다.

결과적으로 한 부족의 이름이었던 '유다인'(Judahite) 혹은 헬레니즘 시대 그리스어 방식 음역인 '유대인'(Judean)이 단순히 유다에 사는 사람 혹은 그 공동체의 어떤 특징을 가리키는 말에서 고대 근동 지방 어디에 살든지 그리고 그 사람이 팔레스타인에 있는 유다와 직접적인 관련이 있건 없건 야훼를 섬기는 모든 사람을 가리키는 말이 되었다. 이렇게 예후디(yĕhûdî/yĕhûdîm)라는 이름이 가리키는 바는 '유다인'의 영토나 정치적 영역에서 '유대인'(Jew/Jews), 즉 지역과 무관한 종교적인 영역을 가리키는 것으로 확장되었다.

이런 과정을 거쳐서 '유다인/유대인'(Judahite = Jew)과 '이스라엘인'(Israelite)은 점차 고대 세계 어디에 살든 상관없이 야훼를 숭배하는 사람이 사용하는 정당한 이름으로 인정받게 되었다.[30]

---

30 '헬레니즘'이라는 말과 짝을 이루는 추상적인 그리스어 '유대교'(Judaism)는 기원전 2세기에 처음으로 나타났다(마카비2서 2:21; 8:1; 14:38). 유다의 문화와 종교가 추상화되어 유다 지역 내부나 그 밖에서 야훼 신앙과 제의를 묘사하는 포괄적인 이름으로 자리를 잡는 과정은 매우 길고 복잡했을 것이다. Davies는 이 현상을 세 단계로 구분하여 설명한다(Philip R. Davies, "Scenes from the Early History of Judaism," *The Triumph of Elohim: From Yahwisms to Judaisms*, ed. by D.V. Edelman [Grand Rapids, Mich.: Eerdmans, 1995], 145-182).
(1) 아직 개념화되지 않은 버릇과 관습의 모음인 유다 문화, (2) 그가 유다 종교(Judaism)라고 부르는 종교를 포함한 특정한 생활 방식이 개념화된 유다 문화, 그리고 (3) 야훼 신도의 신앙과 제의를 폭넓게 부르는 이름으로 간주되어 결국 '유대교'가 되는 유다 문화가 그것이다.
그러나 둘째 단계에서 서로 경쟁하는 몇 가지 '유다 문화'가 존재했듯이 셋째 단계에서도 서로 다르고 경쟁하는 몇 가지 '유대교'가 있었고 기원후 2세기 랍비의 시대가 오기 전까지 경합을 벌였다. Linville은 둘째 단계와 셋째 단계를 효과적으로 구분하기 위해서는 둘

그러나 야훼 신도를 이렇게 두 이름으로 부르는 관례는 헬레니즘 시대에 이르기 전까지는 확실하게 자리를 잡지 못했다. 또한 상식적인 의견과도 다르고 이스라엘 역사 전반에 비추어도 예외적이지만, '유다/유대인'이라는 이름보다 '이스라엘인'이라는 이름이 최근까지도 이런 공동체가 스스로를 정의하는 이름으로 선호되었다.[31]

째 단계를 유대교(Juda-ism)가 아니라 유다 종교(Judah-ism)로 불러야 한다고 주장했다 (Linville, *Israel in the Book of Kings*, 27).

Davies는 자기가 나눈 세 단계 구분을 설명하면서 다음과 같이 말했다.

"유대교는 멀고 먼 옛날에 혹은 접근할 수 없는 자료에서 시작된 것이 아니라 어떤 역사적이고 문화적인 사건과 과정을 통해 시작되었다는 생각이 이 종교에 역사적으로 접근하는 매우 중요한 첫 번째 발걸음이다. … 유대교는 처음부터 (같은 이유로 마지막에) 완성된 종교로 존재하지 않았으며, 끊임없이 변화하는 인간의 생각과 행동의 흐름 속에서 상호 작용을 하며 형성된 것이다"(153-54).

Carroll은 '초기 유대교'(early Judaism)로 부른다고 해도 포로기 이후 시대 '유대교'가 단일한 형태로 구체화되었다고 간주할 수 없다고 말했다(Robert P. Carroll, "Israel, History of [Post-Monarchic Period]," *ABD* 3:567-76). 앞에서 사마리아 거주민을 사마리아인(Samaritan)이라고 부르면 시대착오적인 이름이라고 지적한 것처럼, 본 연구에서 연구 대상으로 삼는 시대에 유대인이나 유대교라는 낱말을 사용할 수 없다. 왜냐하면 이런 말은 정의가 불분명하고 유대교라고 부를 수 있는 전통이 무엇인지 매우 천천히 형성되고 다양한 방법으로 발전해 왔다는 사실을 가리기 때문이다. 물론 랍비 유대교가 유대인 선조들의 유산을 계승하고 있다는 사실을 부인하는 것은 아니다.

31 Pasto는 포로기 이전과 이후에 유다인과 유다 문화가 깊은 연속성을 유지하고 있다고 강조하면서 다음과 같이 말했다(James Pasto, "When the End Is the Beginning? Or When the Biblical Past is the Political Present: Some Thoughts on Ancient Israel, 'Post-Exilic Judaism,' and the Politics of Biblical Scholarship," *SJOT* 12/2 [1988]: 191-92).

"제2성전 시대 자료에 '유대교'라는 말이 언급된 예는 소수에 불과하다. … 기원전 4세기부터 기원후 18-19세기 '서구화'를 겪을 때까지 '유대인'이 스스로를 부를 때 사용하는 이름은 '유대교'보다는 '이스라엘'이었다."

Pasto는 또 마카비서에 나오는 '유대교'라는 말도 유다 사람의 '종교'나 '생활 방식'을 뜻하는 것이 아니라 헬레니즘에 동화된 사람에 비하여 '유다인과 같은 편/유대인과 동조하는 사람'을 가리킬지도 모른다고 말했다. 이 주장의 요지는 유대교(Judaism)의 교(-ism)라는 말은 고대 헬레니즘이나 현대 서양의 무신론자, 특히 19세기 성서학계를 지배하던 반유대주의 사상가가 만든 사회 정치적 범주일 수 있다는 것이다.

학자들의 논의 중에도 유대교가 포로기 이후 시대에 고대 이스라엘의 문화와 종교를 철저하게 단절하기 위해서 일시에 시작된 종교라는 잘못된 전제를 사용할 때가 있다. 이스라엘 문화를 포로기 이전과 이후가 완전히 다른 현상이라고 구별하는 태도에 반대하며, Brettler는 유대교라는 이름을 포로기 이전 시대까지를 포괄하는 이름으로 사용하자고 제안하며 다음과 같이 말했다(Marc Zvi Brettler, "Judaism in the Hebrew Bible? The Transition from Ancient Israelite Religion to Judaism," *CBQ* 61 [1999]: 429-47).

4) 문제가 있지만 무시할 수 없는 사료를 기초로 한 정치적 궤도

히브리 성경은 고대 이스라엘이 국가 성립 이전 공동체에서 왕국으로 그리고 다른 제국의 식민지로 변화하는 모습을 분명하게 그리고 있기는 있지만, 이런 전통적인 설명을 역사적으로 믿어도 좋은지 묻지 않을 수 없다. 대개 히브리 성경은 식민 통치 시대에 완성되었다고 간주하기 때문에(혹자는 이 때 창작되었다고 말한다.), 식민지 시대 이전에 일어난 사건이나 당시 사회 기관을 연구할 때 얼마나 정확한 정보를 제공하고 있는지 의심하게 되고 아예 부인할 수도 있다.

히브리 성경의 대부분이 식민 통치 시대에 창작되었다고 주장하는 사람은 국가 성립 이전 부족 공동체 시절에 대한 성경의 정보는 신빙성 있는 역사적 기초를 결여하고 있다고 생각하며, 주변 국가에서 발견된 문서가 이스라엘과 유다를 언급하며 신빙성을 보장해 주는 몇몇 경우를 제외하면 왕정 시대에 관한 정보도 거의 믿을 수 없다고 간주한다.[32]

이런 관점에 의하면 부족 공동체와 왕정 시대에 관한 전통은 식민지 시대에 종교적 공동체가 생존하기 위한 창립 선언서 역할을 하는 허구에 불과하다. 이런 태도와 관련하여 이미 앞에서 성경 전통이 특정한 지배적 이념을 포함하고 있다고 언급한 바 있으며, 사료에 대한 건전한 비판 정신은

"나는 가장 만족스러운 해결책은 '유대교'라는 말의 용례를 포로기 이전 시대까지 확장하여 전통과 관습이 끊어지지 않고 계속된다는 점을 강조해야 한다고 생각한다. 유대교를 시대별로 구분하는 학계의 경향을 감안한다면 성서 시대를 '신생의' 혹은 '초기' 유대교라고 부를 수도 있을 것이다"(445).

필자는 Brettler의 의도에는 환영하지만, '유대교'라는 말을 확대 적용하여 유일신교가 아니고, 경전도 없으며, 다양한 포로기 이전 시대의 이스라엘 문화와 종교가 랍비의 유대교에 이르러 유일신교이며, 경전이 있고, 상대적으로 동질적인 문화와 종교로 변화하는 길고 느린 변화 과정을 모두 담을 수 없으며 오히려 초점을 흐리게 만든다고 생각한다.

32 Davies와 Thompson은 이런 비교 연구가 왕정 시대에 관한 성경의 기록을 역사적으로 연구하는 유일한 방법이라고 주장한다(Davies, "Ancient Israel," 32-35, 66-70; Thomas L. Thompson, *The Mythic Past: Biblical Archaeology and the Myth of Israel* [New York: Basic Books, 1999], 15, 164-68, 213-14).

충분히 사리에 맞는 태도라고 생각한다.

그럼에도 불구하고 성경 자료에 관하여 지나칠 정도로 회의적으로 평가하는 태도는 부당하며, 그 부당성을 보여 주는 증거도 있다. 고대 이스라엘 역사를 연구하는 학자가 고대 이스라엘 정치 전통이 식민지 시대에 와서야 최종적인 형태를 갖추었고 철저하게 유다 입장에서 본 관점에서 선입견이 개입된 역사적 판단을 보이고 있다는 점에 동의하지만, 그렇다고 해도 성경 전통 전체, 혹은 그 대부분이 그렇게 늦은 시점에 창작되었다고 보는 태도는 받아들이기 극히 어렵다.

이렇게 보는 데는 두 가지 이유가 있다. 내부적인 관점에서 보자면 히브리 성경 안에 남아 있는 정치에 관련된 전통은 그 문학 양식이 너무 다양하고, 보도하고 있는 상황에 관한 세부적인 묘사도 너무 불규칙적이며, 단편적이고, 불가사의하며, 때로는 서로 모순되기 때문에 이 전통이 한꺼번에 완전히 새로 창작되었다고 믿기 어렵다.[33]

포로기 이후 시대에 유다 공동체가 영광스런 과거 위에 기초한 존재 이유를 창조하기 위해 노력했다는 사실을 인정한다 해도 이러한 엄청난 규모의 문학 작품을 창작해 낸 사람이 전래된 전통이나 구전 자료를 사용하지 않고 전체 혹은 대부분을 만들어 냈다고 상상하기는 매우 어렵다.

외적인 관점에서 보자면 포로기 이전 시대에 관한 전통이 아무리 고르

---

33 성경 기사가 매우 '개연성이 있고'(plausible) 또한 '실제와 흡사'(lifelike)하기 때문에 역사적 신빙성이 있다고 말하는 사람에 대하여 Thompson은 허구를 창작할 때 그렇게 '믿을 만한 부분'(believability)을 정확하게 구성하여 창작한다고 재차 강조한다(Thomas L. Thompson, *Early History of the Israelite People: From the Written and Archaeological Sources* [Leiden/New York/Cologne: E.J. Brill, 1992], 388).
필자의 의견으로는 구약 성경 안에서 역사를 서술하고 있는 책이 매우 문학성이 뛰어난 창작품도 아니고 가상의 세계에서 일어난 일이라고 믿을 만하지도 않은데, 그 이유는 문학 양식과 문체도 뒤죽박죽이고, 자세히 묘사하는 부분과 폭 넓게 조망하는 부분이 계속 뒤바뀌며, 보도하는 역사적 사건 사이에 빈 공간도 많고 서로 모순되기 때문이다. 성경 기사가 역사 사건을 보도하는 태도는 요셉 이야기나 다윗 왕조사처럼 성경 여기저기에 포함된 단편 문학 작품과 달리 창세기에서 열왕기까지 전체가 설득력 있는 역사서가 되지 못하며, Herodotus처럼 여러 민족을 다루는 일관성 있는 '여행기'도 아니다.

지 못하고 문제가 많다고 해도 성경 외부 자료나 고고학 유물을 분석해서 얻은 정보와 넓은 의미에서 크게 어긋나지 않고 어떤 부분에서는 오히려 매우 신빙성이 있음이 밝혀졌다. 사건이 벌어진 후 몇 백 년이 지난 후에 살던 저자나 그의 정보원이 순전히 '요행수'로 역사 문맥에 맞는 정보를 그렇게 많이 지어내는 일은 거의 불가능하다.

또한 성경 전통을 내외적 관점에서 함께 고려해 볼 때 자기가 글로 기록하는 시대보다 몇 백 년이나 후대의 저자가 선견지명이 있어서 우리가 그 시대에 대해 알게 될 사실에 꼭 들어맞게 이야기를 꾸며낼 수도 있었다는 가능성은 제쳐 놓아도 될 것으로 보인다.

① 만약 성경이 정말로 '원단에서 잘라 낸'(cut from whole cloth) 일부분이라면, 왜 성경 기사의 문학 양식은 그렇게 뒤죽박죽이며 초기 역사 서술은 주의를 한 군데에 집중하지 못하고 초점이 그렇게 심하게 불규칙적으로 변하는가?
② 서로 조화되지 않고 완전히 소화되지도 않은 문학적 역사적 자료를 후대 식민지 시대 창작의 결과라는 말로 설명할 수 있는가?
③ 이런 현상은 최종 저자나 편집자가 자기만의 관점을 가지고 작업을 했지만, 특정한 이해관계나 관점을 가진 서로 다른 고대 사료를 모아서 하나로 엮는 과정에서 그런 다양성이 남게 되었다고 설명하는 것이 더 낫지 않은가?

포로기 이후에 살던 어느 저자가 이스라엘과 유다 왕의 명부나 당시 왕궁 신하의 명부를 정확하게 연대에 맞추어 기억하고 있다든지, 몇 십 년이나 몇 백 년이 지난 과거의 국제 정치 상황을 소상하게 기억하고 있다고 가정하는 것은 전혀 자연스럽지 않다.

만약 이런 자료가 구전이나 기록을 통해 고대부터 전해져 내려온 자료라고 인정한다면(그러지 않을 이유가 없으니), 조금 '사실성'이 없어 보이는 전통도 고대 자료를 기반으로 작성되었다는 사실을 의심할 필요는 없다.

이렇게 성경이 고대 자료에 기반을 두고 있다고 주장하는 일은 사실 시작에 불과하다. 왜냐하면 현재 우리가 가지고 있는 성경이 고대의 자료를 사용하였고 어떤 부분은 기록된 것과 동시대 자료를 사용했으리라 주장한다고 해서 이런 자료의 신빙성 문제까지 해결되는 것은 아니기 때문이다.

더 정확하게 말하자면 이런 주장이 그 자료가 어떤 종류의 신빙성을 가지고 있는지 대답해 줄 수 없다. 이런 자료를 무시하여 그 정보를 묵살해도 안 되지만, 그렇다고 해서 '낚시 바늘과 낚시 줄, 봉돌을 통째로 삼키듯' 평가 없이 모두 수용해도 안 된다는 말이다.

어떤 전통이 묘사하고 있는 사건과 같은 시기에 기록된 것처럼 보인다는 이유로 일단 신빙성이 있다고 받아들이는 것은 같은 전통이 분명히 후대 자료 속에 남아 있다는 이유로 사용하기를 거절하는 것과 별 다를 바 없이 부정확한 행위일 뿐이다. 이러한 사료의 특성을 고려한다면 고대 이스라엘의 정치적 경험을 연구하려는 우리의 목적을 성취하기 위해서 각 사료의 가치를 개별적으로 평가하고 사용하는 복잡한 판단 과정을 거쳐야 한다는 결론에 도달한다.[34]

---

34 이스라엘 역사 속에 일어난 사건을 기록한 특정 본문의 신빙성을 평가하는 복잡한 문제에 당면해서 학자들은 서로 다른 무게를 두는 분명한 혹은 암묵적인 기준을 사용하여 특정 본문이 '잘못된,' '가능한,' '개연성 있는,' 혹은 '분명한' 자료라고 판단한다. 이런 면에서 성경을 연구하는 역사가는 일반 역사가와 다를 바가 없으니, 역사 연구는 단일한 연구 방법 보다는 매우 다양한 연구 방법을 필요에 따라 바꾸어 가며 사용해야 하는 분야이며, 역사 연구의 주제는 어떤 역사가가 무엇을 포함하고 무엇을 제외시킬지 분명하게 규정하기 전까지는 어떤 특정한 성격으로 설명할 수 없기 때문이다. Gottwald는 '연속적인 사실성'(historicity continuum)이라는 개념을 소개하면서, 그 한 쪽 끝에 특정한 인물이나 장소, 사건에 관한 역사적 정보가 있고(H1 data), 반대 쪽 끝에 공간과 시간적 특성이 배제되거나 아주 적은 사회적, 문화적, 정치적 구조나 과정이 있는(H2 data) 스펙트럼이라고 설명하였다(Norman K. Gottwald, "Trimphalist versus Anti-triumphalist Versions of Early Israel: A Response to Articles by Lemche and Dever in Vol. 4 [1996]," *CurBS* 5 [1997]: 20-26).

구체적인 '역사적' 언급은 이 연속선상에서 다양한 위치를 점유하게 된다. Brettler는 사실 주장이 서로 다른 법적 판단을 받는 방식이 성경의 역사적 주장의 가치를 평가하는데 유용하다고 주장하였다(Marc Z. Brettler, *The Creation of History in Ancient Israel*

이런 전통이 고대부터 전해져 왔든지 아니면 새로 창작되었든지 이제는 서로 인위적으로 편집되어 역사학자를 당황하게 만들고 있다. 다양한 형태와 내용을 통해 들리는 수많은 목소리가 때로는 단편적이고 때로는 상충하는 가운데 일관적인 사료로 매끈하게 정리되지 않는다. 오히려 다양한 사료 구성 가능성을 내포하기 때문에, 역사가가 분석적 판단과 비판적 상상을 통해 그려낸 넓은 그림 안에서 사료 속에 포함된 목소리를 평가하고 통합시킬 필요가 있다.

이렇게 자료를 평가하고 통합하는 비판 과정은 관례적인 정치사를 구성하는 특정한 정보와 깊은 관련이 있다.

저자가 사실로 보는 것이 정확하기는 한 것인가?

이스라엘 정치에 관한 통합적인 언설을 구성할 때 중요한 작업은 사료로 사용하려는 글이 현대 문학 범주에 비추어 보면 허구도 실화도 아닌데, 도대체 어떤 문학 양식으로 쓴 기록인지 정확하게 규정하는 일이며, 이 때 이 글의 기록 의도가 무엇인지, 그리고 그 의도를 관철시키려고 노력했는지, 실제로 관철이 되었는지 여부를 밝혀야 한다.

① 철저하게 역사적 사실만을 물을 것인가, 아니면 사실관계가 혼란스럽고 과장되고 심지어 날조된 전통도 고대의 정치 기풍을 설명해 줄 수 있다고 보아야 하는가?

[London/New York: Routledge, 1995], 142-43).
역사적 신빙성의 입증을 형사 재판처럼 '합리적 의심의 여지가 없는'(beyond a reasonable doubt) 경우에 입증되었다고 보는지, 아니면 민사 재판처럼 '증거의 우월성'(a preponderance of evidence)을 따라 판결하는 것인지 살펴보면 된다. Gottwald나 Brettler의 분석은 모두 '사실로 증명된'(factually proven) 기록만 인정하는 태도를 가진 학자라면 부인했을 본문도 역사적으로 개연성이 있다고 인정하려는 경향을 보여 주고 있지만, 두 제안 모두 성경 본문에 포함된 역사 기록의 전부 혹은 그 중 많은 부분이 일으키는 복잡한 문제를 해결할 실제적인 적용 방법을 제시하지는 못하고 있다.

② 다른 말로 하자면, 이렇게 다양한 자료가 모두 혼합되어 있는 문집이 그 중 고대 자료가 처음 창작되던 사회와 정치 기관이 실제로 경험한 사실을 보존하고 있다면 그것은 어떤 경우인가?

③ 한 자료 안에 시공간이라는 차원과 역사적 정확성을 놓고 볼 때 믿을 만한 부분이 얼마나 되는가?

④ 많은 부분이 자세한 묘사가 생략되거나 조작되거나 혹은 그 의미가 잘못 전해졌다고 가정할 때, 과거에 기능하던 요소와 위태로웠던 주요 주제가 올바르게 반영되는 사회 정치적 역학을 드러내는 데 도움이 될 수도 있는가?

⑤ 이미 사라진 과거에 관한 증언과 그 흔적이 최종적인 전통의 의도적인 윤색이나 현대 학자들의 기발한 생각의 영향에서 완전히 자유로울 수 있는가?

현재 이런 인식론적이고 방법론적인 문제에 관한 폭넓은 합의도 없고, 가까운 미래에 이런 합의가 도출될 것 같지도 않다.

본 연구에서는 위에서 언급한 자료에 대한 평가를 따라 다음과 같은 연구 방법을 사용한다. 히브리 성경이 이스라엘에 관해 부족 연맹체, 왕정, 식민지 체제를 살아 왔다고 주장하는 것은 정확하다고 본다.[35]

그러나 이런 정치적 변화 과정에 관해 우리가 알고 있는 지식이 불충분

---

35 필자는 부족 공동체 시대, 왕정 시대, 식민지 시대로 시대 구분하는 것을 필자의 책 *The Hebrew Bible – A Socio-Literary Introduction* (Philadelphia: Fortress, 1985), chart 12, 602-6의 전제 원리로 두었지만, 그러면서도 이런 시대 구분을 고수하지만 성경 기록이 대부분 그 기원으로 서술되거나 주장되는 시기에 저술 혹은 편찬되지 않았으리라는 점을 인정한다. 실제로 고대 이스라엘의 사회 정치적 연대기와 문학적인 연대기는 직접적인 일대일 대응 관계에 있는 것이 아니다. 결과적으로 사회 정치적 지평과 문학적 지평을 가설적으로 재구성해야 하는데, 이 경우에도 개별적으로 하면서도 양자의 관계는 순환 논리를 피할 수 없는 관계일 수밖에 없다. 그러므로 사회적 문학적 역사 서술이 서로 분기하고/거나 집중되는 형태가 무수히 많고 극명하게 차이를 보이는 것은 예외적인 현상이 아닌 것이다.

하고 허술하다는 점을 인정해야 한다. 예를 들어 두 번째 국가 형태의 구조적 역사적 모습에 관해서 우리는 가장 확실한 정보를 가지고 있고, 세 번째 단계인 식민지 시대는 첫 번째 분권화된 단계보다 정보 보유 정도가 좀 더 낫다. 둘째와 셋째 단계에 오면 첫째 단계에 관한 자료를 수집할 때보다 훨씬 더 많은 정보를 활용할 수 있기 때문이다.

이런 차이는 이스라엘이 왕국체제를 확립하기 이전에는 사람들이 대부분 문맹이었고, 이집트에서 발견된 기록 하나를 제외하고는 왕정 시대 이전의 이스라엘이 왕정 시대만큼 외국 자료에 등장하지 않기 때문이다. 이스라엘이 분권화된 상태였던 초기 시대에 관련해서 다른 고대 국가 공동체가 기록으로 남긴 독립된 정치 행위의 흔적과 경제 행위와 관련한 계약서를 찾을 수 없다.[36]

그러나 쓸 만한 정보는 그리 많지 않더라도 왕국이 생기기 이전에 이스라엘의 초기 생활을 드러내는 자료가 전혀 없는 것은 아니다.

무엇보다 부족 공동체 시절의 이스라엘에 관한 기억은 그 의미를 무엇으로 해석하든지 이스라엘이 공식적으로 받아들였던 사실이었음을 인정해야 하는데, 이는 국가 형성 자체가 갖는 본성 때문이다. 국가가 탄생하는 과정을 그리는 신화는 대부분 국가 질서가 확립되기 전에 온 땅이 적막하고 혼란스러웠다고 강조하지만, 공동체를 구성하는 구성원이나 문화적인 배경이 없이 황무지에서 국가가 형성될 수는 없기 때문이다.

국가 체제는 서로 다른 점이 없는 개인의 동질적인 집단을 지배하는 것이 아니라, 특정한 종류의 사회적 동질성을 공유한 구성원을 기반으로

---

36 Goody는 문자 발명 이전과 이후의 의사소통 방법이 고대 메소포타미아와 아프리카 서부에서 어떤 차이를 보여주는지 설명하면서 이스라엘도 간단히 언급하였다(Jack Goody, *The Logic of Writing and the Organization of Society* [Cambridge: Cambridge Univ. Press, 1986]). Niditch는 왕정 시대 이스라엘에서 발견되는 명문은 군사와 상업적 목적으로 제한되어 있거나 상징적 목적으로 기록되었기 때문에 당시 구전 문화가 얼마나 중요한 역할을 차지했는지 잘 보여 준다고 지적하였다(Susan Niditch, *Oral World and Written Word* [Louisville, KY.: Westminster John Knox, 1996], 39-59[『고대 근동 문화와 구약성경』〈서울: CLC, 2015〉, 93-135]).

형성되지만, 백성은 여러 민족 출신이고 사회 구조나 전통이 다양하여 갈등을 일으킨다. 사울과 다윗이 '이스라엘'이라는 이름으로 국가 체제를 처음 세웠을 때 같은 이름을 가진 사회 문화적 공동체를 창조한 것이라고 생각하는 것은 사회, 역사, 그리고 인류학적 증거가 만들어낸 결실에 반하는 것이다.

물론 우리가 이렇게 말하는 경우는 '이스라엘'이라는 용어가 처음으로 사용된 것이 언제이며 어떤 경로를 통해서인지 좁은 범위 안에서 관찰하는 것이다. 우리가 말하고자 하는 바는 어떤 이름을 쓰든지 특정한 국가 체제에 소속되기를 동의하거나 복속당한 백성은 정치적 기능을 포함한 조직적인 사회를 이미 경험했다는 것이다.

이 초기 부족 공동체가 '이스라엘'이라는 이름을 썼는지 여부에 관한 논쟁은 국가가 성립하기 이전 공동체의 구성원과 국가에 소속된 구성원 간에 존재하는 기본적인 사회 문화적 연속성을 부인할 수는 없다. 물론 이 언설은 이스라엘 국가 성립 이전의 구성원이 동질적이었다고 말하는 것이 아니고, 그 사회 종교 제도에 대해 말하려는 것도 아니며, 이미 다른 민족과 구별되는 민족적 자기 인식이 있었다고 주장하는 것도 아니다.[37]

---

[37] Philip R. Davies나 Thomas L. Thompson처럼 왕정 시대 이전에 이스라엘이라는 사회 문화적 공동체가 존재했다는 사실에 동의하지 않는 학자는 왕정 시대 이전에 존재했다는 공동체를 묘사할 때 서로 모순되며 시대착오적인 용어가 사용되었다는 사실을 문제 삼는다. 그러나 왕정 시대 이전 이스라엘을 조심스럽게 인정하는 우리는 시대착오적인 용어 사용과 역사적 묘사를 인정하면서도 국가란 이미 존재하여 제대로 기능하던 분권화된 사회를 기초로 성립된다는 사회-역사적이고 정치-인류학적인 모델을 따르고 있다(Gottwald, *Tribes*; Frank S. Frick, *The Formation of the State in Ancient Israel: A Survey of Models and Theories*, SWBA 4 [Decatur, GA.: Almond Press, 1985]; Frith Lambert, "The Tribe/State Paradox in the Old Testament," *SJOT* 8/1 [1994]: 20-44; Paula M. McNutt, *Reconstructing the Society of Ancient Israel* [Louisville, KY.: Westminster John Knox, 1999]).

필자가 제대로 이해했다면 Niels Peter Lemche는 이 문제에 대해 양면적인 태도를 취한다. 최근에 발표한 글에서 Lemche는 초기와 후기 부족 공동체 시대에 관한 본문에 대해 전형적인 회의적 입장을 고수하고 있다. 그러나 다른 한편 그는 사회-역사적이고 정치-인류학적인 정보에 의지하면서 이스라엘이라는 부족 공동체가 생존하기에 완벽한 배경을 제공하는 팔레스타인이라는 생태학적이고 사회-정치적인 환경을 그려낸다. 물론 그는 이런

5) 이스라엘과 고대 근동 정치가 걸어온 길

위에서 우리가 정리한 바와 같이 이스라엘이 분권화된 정치, 독립적인 국가 정치, 그리고 식민지 정치라는 삼 단계의 지평을 거쳐 발전해 왔다는 주장은 고대 이스라엘 전통에 매우 분명하게 나타나고 있기 때문에 이스라엘의 정치적 경험을 다른 고대 근동 국가의 역사와 비교해야 한다.

히브리 성경은 특정 민족 집단이 철기 시대 초부터 팔레스타인에 자리를 잡고 몇 백 년 동안 정치적 경험의 삼 단계 지평을 힘들여 감내하면서 사회 형태가 변하고 자기를 표현하는 양태가 달라져도 민족적 정체성을 굳게 유지해 왔다는 전제 위에 기록되었다.

이런 극심한 변화 속에서도 이스라엘이라는 정체성을 유지했다는 주장은 매우 복잡한 문제를 제기하는데, 고대 근동 사회가 어떻게 국가 이전 사회에서 국가 정치로 또 강한 국가가 약한 국가 위에 강제로 군림하는 제국 정치로 이전하였는가 하는 질문과 예측할 수 없는 정치적 변동 속에서도 유지할 수 있는 문화적이고 종교적인 정체성은 어떤 것인가 하는 질문이 그것이다.

고대 근동 사회의 문맥에서 살펴보면 이스라엘의 정치적 경험은 다른 고대 근동 국가가 거쳐 온 운명과 매우 유사하며, 그런 이유로 이스라엘과 다른 나라의 정치가 서로를 설명할 수 있는 중요한 수단이 될 수 있다. 이스라엘은

방향으로 시작한 논의를 더 진행시키지 않고 끝낸다(Niels Peter Lemche, *Early Israel: Anthropological and Historical Studies on the Israelite Society Before the Monarchy*, VTSup 37 [Leiden: E. J. Brill, 1985], 407-35; *Ancient Israel: A New History of Israelite Society* [Sheffield: JSOT Press, 1988], 75-117).

Lemche가 더 주장하지는 않지만, 초기 이스라엘을 사회적으로 재구성하기 위해 필요한 조건이 되는 '배경'(setup)이 가장 강하게 나타난 글은 *Prelude to Israel's Past: Background and Beginnings of Israelite History and Identity* (Peabody, Mass.: Hendrickson Publishers, 1998)이며, *The Israelites in History and Tradition*에도 암시되어 있는데, 두 작품이 모두 부족 공동체 생활을 비판적 상상력을 통해 되살릴 수 있는 자극적인 단서들을 제공하고 있다.

그 정치 형태가 문화적 하부 구조와 변증법적 긴장 관계를 이루고 있는 고대 근동 국가와 크게 다르지 않다는 점 하나는 확실히 말할 수 있다.

지금까지 남아 있는 기록은 정치적 이익과 손해에 관한 기록이 경제적 거래 관계와 함께 주 내용을 이루고 있지만, 특정한 정권과 무관하게 어떤 사회 문화적 생활상을 기록하는 고대 근동의 '비정치적인' 문학 작품도 남아 있고 당시의 공동체 생활을 생생하게 묘사하고 있어서, 정치와 무관한 자료를 사용하면서 정치적 변화에 구애받지 않는다는 사실도 알 수 있다.

고대 이스라엘이 독특한 점은 우리가 현재 알고 있는 지식이 히브리 성경 안에 기록되어 있는 정치적 문화적 사건의 온갖 우여곡절 속에서도 매우 자의식이 강하게 유지된 상태로 남아 있다는 것이다.

다른 말로 하자면 이스라엘의 전통이 정치사의 특정 측면을 반영하고 있는데, 히브리 성경만큼 방대하고 자기를 분명히 인식하는 형태로 과거의 경험을 기록하지는 않았으나, 정치권력과 문화적 창의성 사이에서 공존하며 상호 작용하는 모습을 충실히 담은 문서를 기록한 고대 근동 민족의 힘겨운 역사와 유사할 수도 있기 때문에 이스라엘의 정치적 생활과 비교할 만한 가치가 있다.

고대 이스라엘을 종합적인 고대 근동의 발전 틀 안에서 조명하는 방법, 특히 직접적인 연관성을 보여주는 정치 기관을 실례로 들어 관찰하는 방법은 관례적인 연구 방법이 아니다. 반대로 위에서 언급한 것처럼 이스라엘과 다른 나라를 비교하는 연구는 대부분 정치 기관이나 정치 행위에 제한하여 초점을 맞추고, 이런 부분이 이스라엘에서 어떻게 기능하는지 밝히려 하거나 이스라엘에서 발생하지 않은 정치 현상을 탐구하여 고대 근동 역사 안에서 상대적으로 후대에 발생한 이스라엘이 타민족에게서 배운 모델이 있는지 관찰하고 있다.

그러나 이런 비교 연구는 이스라엘의 정치 발전사 전체가 가까이 위치한 다른 국가의 경우와 어떤 관계에 있는지 폭넓게 질문하는 것은 아니며, 더 넓게 고대 근동 세계 전체를 포괄하는 경우는 더욱 없다. 이런 대규모 비교 연구를 시도하는 경우 고대 이스라엘의 정치 변화를 이치에 맞게 재구성하기에 성경 전통이 앞뒤가 맞지 않고 믿을 수 없다고 주장하거나 아니면 성경 전통을 있는 그대로 인정하고 이스라엘 정치도 종교처럼 유일무이하여 이웃한 정치 주체와 의미 있는 비교를 할 수 없다고 결론을 짓곤 한다.

이런 주장을 받아들인다면 특정한 정치적 상황만 비교하여 단편적인 결과를 얻거나 아니면 이스라엘이 완전히 독특한 공동체라는 입장을 옹호하는 논리를 전개하는 수밖에 없다. 실행 가능한 비교 틀을 구성하여 정착시키기 위해서는 이스라엘의 국내사적 시간 관점과 고대 근동 지역의 세계사적 시간 관점이 역동적으로 만나야 하며, 고대 이스라엘의 정치와 그 이웃의 정치를 유사점과 차이점을 통해 더 정확하게 파악해야 한다.

고대 근동 정치의 변화상을 전반적으로 묘사하는 것도 매우 벅찬 과제다. 그 이유는 이 정치사의 많은 부분에 관한 사료가 이스라엘 정치보다 더 잘 남아 있다고 볼 수 없으며, 어떤 경우에는 전혀 없기 때문이다. 그러나 메소포타미아와 아나톨리아, 시리아-팔레스타인, 이집트 사료를 통해 이런 지역의 '최고위층'(leading edge) 세력이 서로 다른 정치 체제를 발전시키면서 정치권력을 키우고 축적하는 과정을 그럴듯하게 구성할 수 있는 자료는 충분히 남아 있다.[38]

이런 방향으로 논의를 진행시킬 때 이스라엘의 지역적 역사 경험을 정치와 관련된 성경 본문 중 어느 하나를 선택하거나 좀 더 많은 본문을 함께 고려하며 다루는 것 보다 훨씬 더 넓은 정치적 관점에서 관찰할 수 있다. 이렇게 넓은 범위에서 연구를 진행함으로써 이스라엘이 사용할 수 있었던 정치적 자원을 더 잘 파악할 수 있으며, 이스라엘이 어떤 정치적 제약 속에

---

38 고대 근동 지역에서 정치권력이 어떻게 증가하고 '이동하는지'에 관한 통찰력 있는 논의는 다음을 참고하라. Mann, *Sources*, 73-249; William H. McNeill, *The Rise of the West: A History of the Human Community with a Retrospective Essay* (1963; reprint, Chicago: University of Chicago Press, 1991), 29-166.

서 정치적 선택을 해야 했는지 그 변수를 분명히 이해할 수 있다.[39]

동시에 고대 이스라엘에서 모든 다른 권력망이 정치권력과 상호 작용을 하던 방법에 관해 좀 더 균형 잡힌 시각을 얻을 수 있을 것이다. 본 연구가 추구하는 폭 넓은 맥락화를 통해 이스라엘 정치 안에서 종교가 맡은 역할을 설명할 수도 있을 것이며, 이스라엘의 정치적 행위에 영향을 주는 것이 종교적 요인과 자극이었다고 강력히 주장하는 성경 전통의 타당성을 평가할 수 있게 될 것이다.

4. 정치적 분석을 위한 비평, 상상, 이념화

마지막으로 현대인, 특히 이 책을 읽는 독자에게 고대 이스라엘의 정치를 의미 있고 지적인 행위로 제시하기 위해 무엇이 필요한지를 정확히 정의해야 할 필요가 있다. 성경에 기록된 자료는 기록 시기나 역사적 가치가 서로 다르고 매우 강력한 도덕적 종교적 가치 판단을 통해 윤색되었으며 전통이라는 견고한 이해관계에 의해 근본적으로 방향 지워졌기 때문에 고대 이스라엘 정치를 서술하면서 서로 상반되는 요소를 조화롭게 설명하고 자료 사이에 빠진 부분을 추측으로 메우면서 이야기 풍으로 요약하거나 성경 전통을 재해석하는 것만으로는 극히 막연한 논의를 펼칠 수밖에 없다.[40]

---

39 고대 근동의 정치와 문화사를 다룬 대부분의 연구들은 이스라엘과 그 이웃 나라들을 폭 넓게 비교하는데 주의를 기울이지 않으며, 그들의 논의는 주로 종교 영역으로만 제한되어 있다. 사회학적 접근을 시도한 학자로는 파슨과 아이젠스타트가 이스라엘을 좀 더 넓은 문맥에서 비교한 짧은 설명을 개진한 적이 있는데, 이들도 이스라엘의 종교에 초점을 맞추고 역사적 문맥에 관해서는 상술하지 않았다(Talcott Parsons, *Societies, Evolutionary and Comparative Perspectives* [Englewood Cliffs, NJ.: Prentice Hall, 1966], 95-108; S.N. Eisenstadt, *The Origins and Diveristy of Axial Age Civilization* [Albany, N.Y.: SUNY Press, 1986], 1-25). McNeill과 Mann이 쓴 역사 개론서들은 고대 근동 세계를 폭 넓은 틀에서 훌륭히 다루고 있지만, 이스라엘에 관한 언급은 놀라울 정도로 적다.

40 고대 이스라엘을 연구하는 역사가는 Davies나 Lemche, Thompson 같은 학자들을 부정적으로 평가하며 고대 이스라엘 역사를 재구성하는 대부분의 연구가 성경 기사를 무비판적

이 연구의 지적 도덕적 완성도를 높이려면 마치 감독이 드라마 대본을 재구성하여 작품을 완성하는 것처럼 비판적 상상력을 가진 연구자로서 필수적인 역사학 연구 방법을 충분히 고려하고 실천하여 '밑바닥부터 다시 시작해야' 한다.[41] 이렇게 재현해 낸 과거는 얼마나 정확한 사실에 근거한 비판적 판단이 보장되느냐에 따라 그 결과가 결정되겠지만, 더 중요한 목표는 정보를 정리하고 분류하면서 정치 영역 안에서 기능하는 인간의 이해관계와 노력이 어떻게 상호 작용하는지 상상하여 그려 내는 것이다.

으로 받아쓰고 있다는 주장을 부인한다. 그러나 필자는 이 학자들의 경고가 매우 가치 있는 역할을 감당했다고 믿으며, 역사 연구의 인식론적 방법론적 중요성을 환기시키고, 기존의 논리를 더 선명하게 만들었으며, 오래 전에 해결되었다고 믿었던 문제를 다시 재고하게 해 주는 순기능을 한다고 본다. 특정 주제에 관한 논쟁이 어떻게 진행되든지 성서학 연구는 최소주의(minimalist)의 도전을 통해 더욱 든든히 기초를 다질 수 있다고 확신한다. Provan의 냉정한 비판과 Davies의 답변을 참고하라(Ian W. Provan, "Ideologies, Literary and Critical: Reflections on Recent Writing on the History of Israel," *JBL* 114 [1995]: 585-606; Philip R. Davies, "Method and Madness: Some Remarks on Doing History with the Bible," *JBL* 114 [1995]: 699-705).

41 Eagleton은 드라마를 제작할 때 대본에 포함되어 있는 이념을 복원하여 재현하는 작업과 지나간 시대나 사회 계층의 이념을 복원하여 재현하고 이를 통해 역사적인 의미를 탐구하는 기록 자료의 기능을 대비시키는 매우 흥미로운 비유를 언급하고 있다(Terry Eagleton, *Criticism and Ideology: A Study in Marxist Literary Theory* [London: Verso, 1976], 68-69).
제1장 말미에 인용한 Fuentes처럼 Eagleton은 관례적 문학 양식의 측면에서 역사 기록과 전혀 다르고 소설적 허구에 가까운 문학적 본문에 관해 설명하고 있다. 그럼에도 불구하고 필자가 보기에 문학 양식이 허구적이라고 규정된 작품이 '실생활'을 묘사해 내는 방법은 모든 역사가가 맞닥뜨리는 '허점들'(slippages) 즉 어떤 사건을 보도하는 문학 양식으로서의 보도문과 그 보도 내용을 결정하는 이념, 그 역사가 개인의 이념적 이상 등 연구 대상이 되는 역사가 이념적으로 얼마나 윤색되었는지 상관없이 어떤 결과를 얻기 위해 역사가가 창조적인 상상력을 발휘하여 서로 관련시켜야 하는 수많은 '허점'을 다루는 데 중요한 실마리를 던져 준다. 사료가 아무리 '실제로 일어난 사건'에 초점을 맞춘다고 하더라도 이런 의미에서 '허구'적인 '드라마' 제작과 같다고 말할 수 있다. Liverani는 사건과 이념, 그리고 이에 관한 보도 사이에 미묘한 '삼각 관계'(triangular pattern)가 있다고 말하며, 이념은 보도 내용에 영향을 미칠 뿐만 아니라 직접적인 관계자가 어떤 정치적 사건을 추진하고 특정한 방향으로 이해하는 매개체와 '출발점'이 되기 때문에, 정치사를 연구하는 역사가는 고대에 기능하던 이념에 대한 적절한 이해가 있어야 특정 역사 사건을 의미 있는 양식으로 해석할 수 있다고 주장하였다(Mario Liverani, *Prestige and Interest: International Relations in the Near East ca. 1600-1100 B.C.*, History of the Ancient Near East Studies 1 [Padova: sargon srl, 1990], 285-95).

결과적으로 비판적인 연구자가 할 일은 성경 안에 포함된 자료를 기록된 대로 받아들이거나 독단적으로 묵살하는 것이 아니라, 그 자료가 묘사 대상인 정치적 주체와 그들을 묘사한 저자의 정치적 이해관계와 노력으로 점철되었다는 사실에 유의하며 그 자료를 객관적으로 평가하여 사용하는 것이다.

성경 전통을 기록한 저자는 단순히 제삼자의 정치를 묘사하는 것이 아니라 그 이야기를 통해 자신의 정치를 암암리에 또는 분명하게 재현해 내고 있다. 모든 정치 행위는 어떤 방법으로든 자신의 이해관계를 관철시키려는 목적이 있고, 정치 행위를 묘사하는 모든 기록은 '가치 판단'이 개입된 글이다. 그러므로 우리가 고대 이스라엘 정치에 관한 어떤 역사적 사실을 확인했다고 해서 합리적인 방법으로 증명된 사실이 서로 상반되는 이해관계와 다양한 가치 판단이 얽혀있는 기초와 전혀 상관없이 존재할 수 있다는 말은 아니다.

우리는 화자의 이해관계와 가치관이 그들이 보도하는 '사실' 안에서 어떻게 나타나고 있는지, 혹은 그들이 보도하지 않는 '사실'이나 '사실'을 둘러싸고 있는 의미의 관계망 속에서 어떻게 기능하는지를 알게 된다. 비판적 상상력을 통해 이런 자료를 다루고 과거를 재현해 내면 추상적인 방법으로는 전혀 대답할 수 없던 우리 자료에 대한 질문에 어떤 대답을 제안할 수 있다.

① 특정 저자가 관심을 보이는 이해관계와 가치관이 연구 대상이 되는 정치 주체의 행위를 적절하게 설명해 주고, 그 정치 주체를 행동으로 이끈 이해관계와 가치관을 얼마나 충실하게 반영하는가?
② 아니면 저자가 고의로 또는 부지불식간에 이념적인 편견에 사로잡혀서 보도 내용의 쟁점을 흐리고 너무나 심하게 왜곡시켰기 때문에, 우리가 상상력을 통해 역사를 재현한다고 해도 과거에 관해 전혀 배울 것이 없는가?

우리가 역사를 연구하며 절대 잘못될 수 없는 판단을 한다는 것은 불가능하겠지만, 그럴 가능성이 높다고 또는 거의 확실하다는 느낌이 드는 판단을 할 경우는 꽤 많이 있으며 또 그렇게 되어야만 한다. 이런 판단이 아직 상대적으로만 확실하다고 말하는 이유는 사용하는 자료나 판단의 주체가 되는 역사가가 나름대로 이해관계를 가지고 있고, 때로 모호하며 불명확한 오류를 범하기도 하기 때문이다.

그러나 '새로운 역사가'가 우리에게 알려준 것처럼, 이런 판단이 아직 상대적인 판단으로 남는 또 다른 이유는 어림짐작으로 유례없는 평가를 내렸기 때문이 아니라 특정한 상상의 '시나리오' 관점에서 서술했기 때문이다. 즉 같은 종류의 사건을 해석하는 여러 방법 중 하나를 선택해서 판단했기 때문이다.

역사 연구는 "이미 말해 준 이야기와 말할 수 있었던 이야기 사이에 계속되는 긴장 관계 속에 있다. 그런 의미에서 역사는 분명한 존재론적 위치를 가진 인식론보다는 윤리적이고 정치적인 행위라고 생각하는 편이 더 유용할 것이다."[42]

우리가 비판적 상상력으로 논란의 여지가 없는 사실을 추구한다고 해도 결과는 우리가 예상하는 것에 미치지 못하는 경우가 훨씬 많다. 더구나 어떤 시점에는 명백하고 논란의 여지가 없는 판단도 역사 재구성 과정 중 흥미롭고 매력적인 것과 가장 거리가 먼 결과를 초래할 수 있다.

'논란이 있던' 판단도 새로운 역사적 관점이 출현함에 따라 그 '유효성이 증가하는' 일이 생기기도 한다. 그리고 역사 연구가 '분명한 존재론적 위치를 가진 인식론적' 이론 하나를 제공할 수는 없지만, 다른 사람은 몰라도 최소한 역사가에게는 모든 역사 연구 활동이 특정한 역사 재현을 시도할 때

42　Lynn Hunt, "History as Gesture; or, the Scandal of History," in *Consequences of Theory: Selected Papers from the English Institute*, 1987-88, ed. J. Arac and B. Johnson (Baltimore; Johns Hopkins, 1991), 103.

효과적인 존재론적 동력을 발휘하는 인식론을 나타내 보여 준다.[43]

비판적 상상력을 통해 고대 이스라엘 정치를 재구성할 때 마지막으로 문제가 되는 부분은 아무리 비판적인 연구자라 할지라도 고대 이스라엘의 전통 전수자나 정치 주체처럼 자기 이해관계나 가치관에서 자유로울 수 없다는 사실이다.

우리의 이해관계와 가치관은 우리가 무엇을 연구하느냐, 연구 질문을 어떻게 잡느냐, 무슨 자료를 증거로 채택하느냐, 사건의 주요 동인과 경향을 무엇으로 파악하느냐, 그리고 우리 연구가 우리 자신의 삶과 이 세계에 실제로 중요한 이유가 무엇인지를 판단할 때 큰 영향을 미친다. 결과적으로 정치적인 연구자가 정치적인 전통을 사용해서 고대 이스라엘의 정치적인 주체를 연구하는 셈이다.[44]

만약 '객관성'을 보장할 수 없는 절망적인 상황이라고 간주한다면 비판적인 연구자로서 개인의 이해관계와 가치관을 억누르고 부인하거나 최소

---

43 Norman K. Gottwald, "Rhetorical, Historical, and Ontological Counterpoints in Doing Old Testament Theology," in *God in the Fray: A Tribute to Walter Brueggemann*, ed. T. Linafelt and T. K. Beal (Minneapolis: Fortress, 1998), 11-23.

44 성경 연구자들은 이미 오래전부터 이러한 이념적인 요인을 본문의 '경향'과 해석자의 '선 이해'라고 인정해 왔으나, 최근에 와서야 이념 비평(ideological criticism)이라는 구조 아래 통합하고 있다. David Jobling and Tina Pippin ed., *Ideological Criticism of Biblical Texts, Semeia* 59 (1992); The Bible and Culture Collective, *The Postmodern Bible* (New Haven: Yale Univ. Press, 1995), 272-308; David J.A. Clines, *Interested Parties: The Ideology of Writers and Readers of the Hebrew Bible*, JSOTSup 205 (Sheffield: Sheffield Academic Press, 1995), 9-25; Norman K. Gottwald, "Ideology and Ideologies in Israelite Prophecy," in *Prophets and Paradigms: Essays in Honor of Gene M. Tucker*, ed. Stephen B. Reid, JSOTSup 229 (Sheffield: Sheffield Academic Press, 1996), 136-49.
Berlinerblau는 성서학자 대부분이 인정하는 전제로 이념을 '자발적인'(voluntaristic) 것으로 보는 것에 의문을 제기한다. 단일 계층이 의식적으로 유지하며 의도적으로 채용하고 있다고 보는 것인데, 이와 반대로 이념은 '숨겨져'(hidden) 있고, 무의식적으로 유지되며, 흔히 완곡하게 표현되고 희생양이 될 가능성이 가장 높은 사회 구성 부분이 널리 공유하는 것이다(Jacques Berlinerblau, "Ideology, Pierre Bourdieu's *Doxa*, and the Hebrew Bible," in *Semeia* 87, *The Social World of the Hebrew Bible: Twenty-Five Years of the Social Sciences in the Academy*, 1999).

한 주요 해석 관점에 관한한 개인 가치관에서 자유롭다고 우기며 연구를 계속하고 싶을 것이다.

그러나 가장 생산적인 방법은 우리 비판적인 연구자가 우리 자신의 이념을 억누르고 스스로의 작업을 무가치한 '편견'으로 여기기보다는, 자기 나름대로 이념을 가지고 있다는 사실을 '인정함'으로써 좀 더 건설적인 방향으로 '비판적'인 태도를 유지할 수 있도록 노력하는 것이다.[45]

우리가 조금 더 자의식을 가지고 연구에 임한다면, 역사의 주체와 그들의 전통을 전하는 사람에게서 발견하는 이해관계와 가치관이 언제 우리 자신과 유사하게 또는 다르게 나타나는지 자유롭게 인정하여, 감탄을 하든 혐오스럽게 여기든 역사 주체의 '다름'(otherness)을 존중하는 자세를 유지할 수 있다.

비판적인 연구자는 자기가 연구하는 역사적 주체를 자기 자신의 모습으로, 즉 자기가 좋아하는 현대의 성격 유형, 사회 운동, 정치 경향, 혹은 철학적 종교적 관점을 보여 주는 원형이나 선구자정도로 몰아간다고 불평하는 사람도 적지 않기 때문이다.

역사가가 '선이해'(preunderstanding) 혹은 '선헌신'(precommitment)의 문제를 지니고 있다는 사실은 성경 연구에서 특별한 의미를 지닌다. 유대인이나 기독교인은 히브리 성경을 종교적 권위의 원천으로 간주하기 때문에, 유대

---

45 필자는 Dever와 Lemche가 성경 본문의 신빙성에 관해 벌이던 '이념 논쟁'과 관련하여 이 주제를 언급한 바 있다(Gottwald, "Triumphalist versus Anti-Triumphalist Versions of Early Israel," 26-36). 연구자의 이념을 성경 해석과 관련해서 주의 깊게 다룬 경우로 Patte와 Jobling의 연구를 들 수 있는데, 이들은 스스로의 이념적 변화 과정을 추적하고 공인된 이념이 해석자의 도덕적 진실성과 사회적 행위에 어떤 의미를 지니는지 평가하면서 거의 자전적인 목소리를 유지하고 있다(Daniel Patte, *Ethics of Biblical Interpretation: A Reevaluation* [Louisville, KY.: Westminster John Knox, 1995; David Jobling, *1 Samuel*, Brit Olam [Collegeville, Minn.: Liturgical Press, 1998], 3-37).

Boer는 Martin Noth, George Lukas, Walter Scott과 함께 앉아서 성서 비평학이 주장하는 객관성을 해체하기 위해 역사 소설, 공상 과학 소설, 이상 사회 소설(utopian literature)에 관해 토론하는 모습을 보여 준다(Roland Boer, *Novel Histories: The Fiction of Biblical Criticism* [Sheffield: Sheffield Academic Press, 1997]).

인이나 기독교인이 경험하는 현재를 이스라엘의 과거에 천진스럽게 혹은 고의적으로 투영하려는 유혹을 느끼기 쉽다.

현 시대의 관심을 투영한 결과와 비교하여 과거 역사를 손상하는 행위를 예방하는 유일한 방법은 연구자가 끊임없이 스스로 반성하고 설득력 있는 주장을 하는 다른 연구자에게 대화의 창을 항상 열어 놓는 길 밖에 없다. 진정한 과거의 모습을 발견하는 일과 과거에 현재를 끼워 파는 일 사이에 간격이 커질 때마다 논쟁이 발생하는 것은 피할 수 없을 것이다.

지금까지 필자는 연구 관련 이해관계와 가치관을 간접적으로 드러냈을지는 몰라도 노골적으로 밝힌 적이 없다. 역사 연구는 대부분 연구와 직접적으로 관련되지 않는 한 연구자의 이해관계와 가치관을 터놓고 드러내지 않으며, 그렇게 해야 할 필요가 있다고 생각하는 사람도 없다.

그러나 필자는 방법론과 관련된 논의를 마무리 지으며, 고대 이스라엘 정치에 관한 연구에 영향을 미칠 것으로 보이는 개인적인 이해관계와 가치관을 밝힐 필요가 있다고 본다. 이제 상술하는 저자의 이념적 경향은 이 연구를 진행하는 데 연관성을 발휘할 가능성이 있다.[46]

필자는 정치는 인간 생활의 필수불가결한 차원이라고 보고 있으며, 그 이유는 인간이 구성한 어느 집단에서든지 다양한 의도와 이해관계, 목적이

---

[46] 필자의 이념적 경향은 자서전처럼 엮은 졸고 서문에 깊게 뿌리를 내리고 있으며(Norman K. Gottwald, *The Hebrew Bible in Its Social World and in Ours*, xv-xxix), 같은 책 제3장("사회 비평적 신학")과 제4장("사회적 정치적 윤리")에 실린 논문에도 상술하였다. 본인의 성경 해석 이면에 깔린 이념적 기반을 분석한 학자도 많이 있었는데, 그 중 몇 명을 여기 언급한다. Walter Brueggemann, review of *Tribes of Yahweh*, *JAAR* 48 (1980): 44-51, reprinted in *The Bible and Liberation: Political and Social Hermeneutics*, ed. N.K. Gottwald and R.A. Horsley, rev. ed. (Maryknoll, NY.: Orbis, 1993), 227-35; Robert Morgan and John Barton, *Biblical Interpretation* (Oxford: Oxford Univ. Press, 1988), 152-54; David Jobling, "Sociological and Literary Approaches to the Bible: How Shall the Twain Meet?" *JSOT* 38 (1987): 85-93; P. T. Chikafu, "The Audience Presupposed in the Conquest, Infiltration, and Revolt Models: A Sociological Analysis," *JTSA* 84 (Sept. 1993): 11-24; Leo G. Perdue, *The Collapse of History*, OBT (Minneapolis: Fortress, 1994), 69-109; and Roland Boer, "Deutero-Isaiah: Historical Materialism and Biblical Theology," *BibInt* 6/2 (April 1998): 181-204.

서로 돕거나 경쟁하는 관계가 존재하며, 공적인 생활을 영위하려면 타협과 절충이 필요하기 때문이다. 간단히 말해서 필자는 가능한 한 가장 넓은 범위에서 여러 주체와 요인이 참여하는 정치를 전망하고자 한다.

필자는 또한 민주적 사회주의자이기 때문에 경제적 민주주의를 생략한 채 정치적 민주주의를 충분히 논의할 수 없다고 본다. 저자는 권력과 부의 평등한 분배가 더 나은 인간 세계를 창조하기 위해 취해야 할 가장 중요한 과제라고 믿는다. 재산과 법과 질서는 공평한 사회를 지키고 향상시키는 필수적인 역할을 맡고 있기 때문에 결코 경시하지 않지만, 재산보다는 사람이, 법과 질서 보다는 사회 정의가 더 가치 있다고 생각한다.

필자는 비국교파 교회(free-church)에 속한 기독교인이며, 의도적으로 교회라는 말을 소문자로 사용하여 기독교의 우월성이나 제국주의적 구조를 배제하려고 노력한다.

필자는 종교의 권위주의를 거부하며, 인간이 살아가는 데 종교의 차원을 무시할 수는 없지만, 종교 권력이 실제화되었을 때 이 세계에 유익이 되었는지 해가 되었는지 확신할 수 없다고 생각한다.

필자는 종교나 인종적 정체성에 기초한 정치적 특권에 반대하고, 교회와 국가가 철저하게 분리되어야 한다고 믿으며, 같은 이유로 유대교, 기독교, 이슬람교, 힌두교, 정치적 민족주의, 그리고 그 외 어떤 다른 종교적으로 윤색된 정치적 민족주의도 인류 공동체에 해롭다고 생각한다. 동시에 개인적이든 사회적이든 모든 형태의 종교적 정체성이 존중을 받아야 하며, 인권과 정치적 권력을 충분히 보장받아야 한다고 확신한다.

필자는 이스라엘이 세계사적 시점에서 가지는 위치와 본인 사이에 엄청난 차이가 있음을 감안한다 해도 자신의 이해관계와 가치관 중 어떤 것은 고대 이스라엘에서 표현되었던 이해관계나 가치관과 공감을 불러일으킨다고 본다. 반대로 고대 이스라엘의 다른 많은 이해관계와 가치관은 현대 세계에서 모범적인 덕목으로 간주된다 하더라도 필자가 동조하지 않는다.

고대사 연구자로서 필자가 옹호하는 이해관계와 가치관을 명확하게 밝히고 증진시키는 가장 좋은 방법은 본인이 '생경하다'(alien) 혹은 자기 생각과 '비교가 불가능하다'(incommensurable)고 느끼는 과거의 이해관계나 가치관을 자유롭게 인정하면서 될 수 있는 대로 객관성을 유지하는 일이다. 다시 말해서 필자가 자신의 이해관계와 가치관에 충실하기 위해서는 자기의 비판적 상상력을 통해 과거를 재구성할 때 의식적으로 자기 생각을 개입시키지 않으며, 자기 신념을 의도적으로 혹은 순진하게 고대 이스라엘 사람에게 덮어씌우려고 하지 말아야 한다고 생각한다.

필자의 이념적 경향을 자세한 설명 없이 이렇게 노골적으로 밝히는 일은 부적절하고 지극히 따분하게 보일 수도 있다는 점을 잘 알고 있다. 그럼에도 불구하고 이런 점을 밝히는 이유는 필자도 더 넓은 정치 상황 속에서 역사 '연구자' 중 한 사람으로 특정한 역할을 맡고 있음을 상기하여 이 연구가 남에게 보여 주기 위해서가 아니라 필자 자신에게도 교훈이 되기를 바라기 때문이며, 고대 이스라엘의 정치에 대해 품고 있는 개인적인 생각 때문에 이 고대 사회의 정치 유산이 필자도 일원으로 참여하고 있는 이 세계의 정치에 계속적으로 영향을 미칠 수 있다는 사실을 기억해야 하기 때문이다.

세계사적 시간 관점에서 정치라는 차원이 계속해서 변하고 열렬하게 서로 경쟁하는 한 고대 이스라엘 정치를 묘사하고 평가하는 작업은 언제든지 변화할 수 있기에 흥미롭고 또 논쟁을 불러일으키며, 이 책에서 다루고 있는 연구 결과 또한 이런 상황에서 벗어나지 않는다.

제3장

히브리 성경에 기초하여 본 이스라엘 정치

1. 히브리 성경에 나타난 정치: '주의 요망'

이 장은 성경 전통에 묘사되어 있는 대로 이스라엘 정치사를 분권화된 공동체에서 왕국으로 그리고 식민지 통치 시대로 차례로 서술할 것이다. 서술 방법은 구약 성경을 해석해서 기술하는 형식이 될 것이며, 창세기에서 열왕기, 역대기, 에스라, 느헤미야, 그리고 예언서 등 산문체 작품에 남아 있는 정치 관련 정보의 범위와 자세한 내용을 최대한 많이 반영하면서, 성경의 운문 양식에 남아 있는 정보도 가끔 추가적으로 사용할 것이다. 당분간은 이들 성경 기사에 대해서 일관된 역사 비평적 분석도 언급하지 않도록 노력할 것이다.

제5장에서는 이런 정치 자료가 역사적 가치가 있는지 비판적으로 평가하기 위해 좀 더 의도적인 분석을 시도할 예정이다. 이런 연구 방법을 사용하는 이유는 이스라엘 정치에 관한 구약 성경의 묘사를 넓은 범위에서 충분히 검토하기 이전에 섣불리 비판적인 결론을 주장하는 일을 피하기 위함이다. 현 단계에서 의도적으로 '비판적이지 않은' 자세를 견지하기 위해서 히브리 성경에 실려 있는 산문 작품의 순서를 따라 기술하기로 한다.

그렇다고 해도 고대 이스라엘에 관한 성경 기사 중 어떤 것이 그 내용이나 의미 면에서 정치적 성격을 띠고 있는지 결정할 때와 성경의 '정치적 파노라마'가 펼쳐지는 방법을 논의하는 과정에서 어느 정도 비판적인 판단이 결부된다는 사실은 부인할 수 없다.

여기서는 일단 성경에 남아 있는 정보를 개괄적으로 소개하는 일을 마칠 때까지 문학과 역사 비평학의 특정한 방법과 판단 기준을 적용하지 않는다고만 밝혀두겠다. 아주 예외적인 경우에 '역사 비평적' 논평이나 평가가 꼭 필요하다면 각주에 내려 쓰거나 본문에 짧게 언급하도록 하겠다. 간단히 말해 이스라엘 정치를 조망하면서 전통적인 본문에 빠진 부분이나 모순되는 부분을 발견할 줄 아는 통찰력 있는 독자는 조금 기다려야 할 것이라는 말이다.

본인이 정치 관련 정보를 수집할 때 사용하는 중요한 기준을 '먼저' 설명하도록 하겠다. 적절한 정치 관련 주제를 결정할 때 본 연구의 자료 평가 과정은 담론(discourse)과 메타 담론(metadiscourse)을 구분할 것이다. 본인은 특정 기사를 감싸거나 그 중간에 끼어드는 '저자'의 도덕적이고 종교적인 판단을 의도적으로 '제외시킬' 것이다.

이런 목소리는 독자에게 어떤 정치가 '선하거나' 아니면 '악하다고' 가르치고 때때로 독자에게 이스라엘 정치를 향한 하나님의 가장 내밀한 판단을 들으라고 강요하기 때문이다. 물론 성경 전통 전체가 근본적으로 종교적인 관점으로 형성되고 점철되어 있는 상황에서 이런 작업은 헛된 노력일지도 모른다.

그러나 성경 저자와 당대의 해석자가 시도하는 '섣부른 판단'에서 벗어나서 특정한 정치 현상을 그 사건 본래의 의미대로 관찰하기 위해서 이런 분석 작업은 필수적이다. 물론 어디까지가 담론이고 어디부터 메타 담론인지 혹은 무엇이 언급된 사건에 밀접하게 관련된 정보이고 무엇이 그 사건에 대한 서술자의 판단에 관련된 정보인지 판단하는 일은 간단하지 않으며 쉽게 합의할 수 없는 문제라는 점을 밝혀둔다.

이스라엘 정치에 관한 서술에서 종교적인 메타 담론은 이스라엘의 하나님 야훼를 향한 충성의 여부를 해석의 열쇠로 삼고 중심 내러티브를 형성한다. 이렇게 충성과 불충만 드러내어 강조하는 수사법은 같은 비판적 용어를 많은 지도자와 정권에 동일하게 적용할 수 있다는 점에서 정형화되어 있으면서 추상적이라고 할 수 있으며, 각 경우에 직접적으로 관련된 상세하거나 암시적인 비판이 누락되기 쉽다.

종교적 **충성**과 **불충**에 관한 포괄적인 가정은 정치적 기사 자체와 관련이 전혀 없을 수도 있으며, 때때로 이 정치적 기사가 해당 사건에 덧입혀진 종교적 해석과 완전히 반대가 되는 경우도 생긴다.

분명한 예로 분열 왕국에 관해 가차 없이 전개되는 메타 담론을 들 수 있는데, 이러한 관점은 솔로몬이 예루살렘에 성전을 건축한 이후 야훼 하나님을 섬기는 정당한 제사는 다른 지역에서 올릴 수 없다고 간주하며, 유다의 수도 밖에서 드리는 모든 제사, 즉 북 왕국과 유다의 다른 지역에서 올리는 모든 제사는 배교 행위요 우상숭배라고 낙인을 찍는다. 이런 평가가 남 왕국 백성이 북 왕국의 종교에 대해 가진 생각을 반영할지는 모르지만 북 왕국 백성이 스스로 자기들이 야훼를 섬기는 제사가 완전히 정당하다고 간주했다는 사실과 정면으로 배치된다.

예를 들어 북 왕국에서 활동하던 열정적인 선지자 엘리야와 엘리사는 자기 나라에서 제사를 드리는 일에 관해 문제를 제기한 일이 없고, 예루살렘에서 거행되는 제의에 참석할 의무가 있다고 생각한 적도 없으며, 북 왕국이 야훼 제의를 공식화한 것을 비난한 적도 없다.

그 외에도 이스라엘과 유다에서 모두 비난받던 '산당'에서 드리는 제사는 사실 왕정 시대를 통틀어 야훼를 섬기는 확립되고 공인된 제의였다고 말할 수 있는 증거가 매우 많다. 오히려 북부 지역 종교를 무조건 비난하는 태도 때문에 성경 저자가 북 왕국의 역사를 완전히 배교의 역사로 묘사하고 싶어 했던, 그리고 원칙적으로 북부 종교를 완전히 부인하면서도 많은 북부 백성이 비난할 수 없는 야훼 종교를 유지하고 있다는 이야기를 기록하여 모순을 강조했던 이유에 대해서는 의문이 생긴다.

이 복잡한 의문에 대한 대답은 북 왕국의 분열이 결국 솔로몬의 우상숭배를 처벌하려는 '야훼의 뜻'이었다는 성경 저자의 기록에서 어느 정도 찾을 수 있다(왕상 11:9-13, 29-39; 12:5, 24). 이런 설명은 솔로몬에게 내려야 할 처벌을 부당하게 북쪽 지파에게 내리는 것으로 돌리는 결과를 가져오지만, 성경 저자는 물론 이런 불공평한 처사에 대해 전혀 언급하지 않는다.

더욱 흥미로운 점은 역대기가 북 왕국이 배교하는 이야기를 기록하지 않기 때문에 열왕기에 보도된 솔로몬이 우상숭배를 하는 이야기를 더 생략하게 되고, 북 왕국이 여로보암에게 넘어간 일을 실로의 선지자 아히야에게 넘기고 있다. 이런 생략 때문에 열왕기가 세겜에서 열렸던 만남에 관해 기록한 것을 역대기가 받아쓰면서 전례도 없고 문맥에도 어울리지 않게 왕국을 분리시키려는 야훼의 의도가 있었고 아히야가 그 뜻을 받아 실천했다고 간단하게 언급하여 마무리 짓는다(대하 10:15//왕상 12:5; 대하 11:4//왕상 12:24).

열왕기와 역대기가 모두 북 왕국에 대해 엇갈리는 태도를 보여 주는데, 이 책에 포함된 메타 담론은 물론 북쪽 지역 인물과 사건 중 어느 것을 독자에게 이야기할 것인지 결정하는 문제에 관해서 모두 이런 경향을 보여 준다.

이런 이유로 본장을 기술할 때 역사 시대를 통해서 정치의 주인공이 가진 확실한 종교적 믿음과 행위가 어떻게 묘사되었는지에 초점을 맞출 것이며, 사건 이면에 깔려있는 종교적 믿음, 행위, 해석 속에서 서술자가 부여한 것에 분명한 외적인 관점이 엿보인다면 이런 부분은 논의에서 제외시킬 것이다. 다시 말해서 문제가 되는 정치 행위에 종교가 필수적인 요소로 작용하는 부분이 있다면 종교를 그 정치 관계망의 한 요인으로 기술할 것이다.

그러나 종교적 메타 담론은 논의에서 빠지거나 매우 드물게 언급될 것이며, 특히 이런 담론이 당연하게 간주될 때 특정한 문맥에서 정치 역학을 정확하게 이해하는 것을 막거나 방해하는 상황이라면 더욱 더 이 담론을 제외시켜야 할 것이다. 예를 들어서 사사나 이스라엘 왕에 관한 성경 기사는 바알 등 이방 신을 섬긴 사건을 들며 이들이 야훼 하나님께 충성스럽지 못했다는 투로 묘사한다. 만약 이런 정형화된 주장이 어느 왕에 관해 기록되었는데 사실 이런 우상숭배를 증명할 특별한 다른 행위가 더해지지 않았다면, 이런 주장을 정치사 가운데 포함시킬 이유가 없다.

기드온이 바알을 위한 제단을 야훼 제단으로 교체했다는 기사(삿 6:24-32)나 아합이 사마리아에 바알을 위한 신전을 건설했고(왕상 16:33) 나중에 예후가 이를 파괴했다는 기사(왕하 10:18-28)는 정치적 의미가 있는 정보로 다룰 수 있으며, 이런 사건이 가지는 의미에 관해 서술자의 해석과는 좀 다른 결론을 얻게 될 수도 있다. 물론 종교적 수사법을 개괄적으로 파악하는 것과 실제적인 종교적 신앙과 행위를 구분하는 경계선을 언제나 확실하게 정할 수 있는 것은 아니다.

연구를 계속하면서 성경 본문에 포함된 종교적 메타 담론을 평가하며 정치적 정보의 범위나 상세한 내용에 어떤 영향을 미치는지 그리고 정치적 발전에 대해 해석상 어떤 편향성을 보여 주는지 논의하게 될 것이다.

2. 분권화된 이스라엘 정치

왕정 성립 이전에 이스라엘의 사회 정치 생활을 구약 성경에 기록된 대로 현상학적으로 묘사할 때 사회 구조나 지도자의 역할에 관해서 정확하고 일관된 용어를 사용하지 않아서 이해하기 어려운 본문을 다루어야 한다. 왕정 시대에 관한 후대 전통은 이스라엘 '왕'(*mĕlākîm* 혹은 *mōšĕlîm*)이나 '왕국'(*mamlākôt* 또는 *mĕmšĕlôt*)이란 말을 사용하고, 독립적인 국가의 권위나 권력이 실현되는 현상을 '지배하다'(*limlōk 'al* 또는 *limšōl 'al*)라는 동사로 표현하며, 왕국 행정 체계 안에 포함된 다양한 관직명도 정확하게 인용한다.

이와 반대로 초기 공동체와 관련해서 정치적으로 분권화된 사회를 부르는 적당한 전문 용어는 존재하지 않는다. 본문에는 '이스라엘,' '이스라엘인들,' '이스라엘 전체' 혹은 '그 백성'이라는 말이 등장하는데 대상의 정치적 성격을 정확하게 설명해 주는 것은 아니다. 이 분권화된 정치 기관의 하위 구성단위로 가장 흔하게 등장하는 말은 '지파'(šēveṭ 또는 원래 지팡이라는 뜻인 maṭṭeh)라는 명사인데, 실제로 이 말이 등장하는 이야기 속에서 각 지파는 서로 불평등한 역할을 담당하고 있지만, 이스라엘의 하위 구성단위를 도식적으로 가리킬 때는 형식적으로 동등한 단체로 취급된다.

'지파'는 지역에 따라 여러 마을을 하나로 묶거나 차별적으로 특정인을 보호하는 친척 관계가 우선되는 씨족이나 혈통에 따라 구성된 지리적인 집단을 가리킨다. 때때로 '이스라엘의 지파'라는 언급도 등장한다. 이런 사회를 '회중'('ēdâh)이나 '성회'(qāhal)로 부를 때도 많지만, 이런 말은 어떤 정치 체제 안에서 대표성이 있는 단체나 기관을 가리키기 보다는 특정한 목적 때문에 모인 사람을 총괄하여 부르는 말이다.[1]

뿐만 아니라 성경 전승 속에는 왕국이 성립되는 과정은 잘 알려져 있지만, 원래 독립되어 있던 집단이 모여 좀 더 큰 사회 정치적 독립체를 형성하고 지파 체제를 확립하는 과정이 어떻게 시작되었는지는 분명하게 설명해 주지 않는다. 지파가 연합체를 이루고 있었다는 사실은 전제로 받아들이고 있지만 이 공동체가 어떻게 형성되었는지 어떤 구조를 가지고 있었는지는 언급하지 않는다.

왕정 시대 이전에 이스라엘의 하위 구성단위로 지파가 있었다는 사실은 이미 창세기에 개략적으로 나타나며(창 29:21-30:24; 35:16-20; 48:8-49:28), 이스라엘 사람이 이집트에 머물렀을 때(출 1:1-4; 6:14-25) 그들이 광야를 여행할 때(민 1: 26)에도 암시되어 있다. '계약'(bĕrîth)이 체결되는 현장은 출애굽기

---

1 Gottwald는 자기 책에서 왕정 시대 이전의 이스라엘을 가리키는 사회적 호칭을 문학적, 역사적, 인류학적 관점에서 자세하게 분석하여 제시하고 있다(Norman K. Gottwald, *The Tribes of Yahweh: A Sociology of the Religion of Liberated Israel, 1250-1050 B.C.E.* [2nd corrected printing, Maryknoll, N.Y.: Orbis, 1981; reprint with new preface, Sheffield: Sheffield Academic Press, 1999], 237-341).

(24:1-11), 신명기(26:16-19), 여호수아(24:1-28)에 기록되어 있는데, 이런 기록은 어떤 사회 정치적 권력을 재가하고 조직하기 위해서 지파나 다른 사회적 집단이 스스로 하나의 단체를 구성하기로 형식적 협정을 맺었음을 암시하는지도 모른다. 이런 '계약' 체결 상황이 법률을 동반한다는 사실은 정의로운 사회를 만들기 위해 구성원이 합의한 바가 있음을 뜻한다(출 18:13-27; 23:1-3, 6-8).

그러나 이 계약은 기본적으로 백성과 하나님이 합의한 거래이기 때문에 분권화된 사회적 정치적 구조와 과정은 거의 언급되지 않는다. 가끔 사회 정치적 구조의 일면을 언급하는 문장도 있지만 사회 체제를 전반적으로 묘사하지는 않는다(출 18:13-27; 민 1; 26). 지도자를 가리키는 낱말로 '장로'(zākēn), '재판장'(šōphēṭ), '왕자, 고관, 장수'(śar), '귀족'(nādîv), '고관, 단체장'(nāśî), '장교'(qāṣîn), '우두머리, 지도자'(rō'š)라는 말이 있는데, 사회 정치적 기관 안에서 기능하던 문맥이 남아 있지도 않고, 그 이야기 안에서 이들이 행하는 행위를 넘어 그 호칭에 상응하는 기능이나 의무를 정확하게 묘사하는 것도 아니다.

많은 경우에 이런 말은 정확한 용례 없이 그저 그 사회의 '유지'나 '지도자'를 가리키는 매우 부정확한 용어인 것으로 보인다. 이런 어의의 유동성은 때때로 이런 단어가 서로 교대로 돌아가며 사용되는 일이 많다는 사실에서 명백하게 드러나며, 이런 현상은 후기 이스라엘 역사에도 동일하게 나타난다.[2]

---

2 사회 지도자를 부르는 성경 용어가 유동적이고 변화무쌍하다는 사실은 이미 잘 알려져 있다. North는 포로기 이전 정치가를 부르는 용어를 정확하게 정의하려는 다양한 시도에 대해 정리해서 논의하면서, "위에서 언급한 관리를 부르는 성경 용어는 모두 계속 바뀌고 또 서로 교체될 수도 있다"고 말하였고, 포로기 이후의 용어는 이런 경향이 훨씬 더 심하다고 주장하였다(Robert North, "Palestine, Administration of [Judean Officials]," *ABD* 5: 86-90). Hobbs는 "관료의 공식 호칭은 원래대로 유지되지만, 그 관리의 특정한 기능은 변화한다"고 말했다(T. R. Hobbs, *2 Kings*, WBC 13 [Waco, TX.: Word], 256).
어떤 경우에는 문맥을 통해 특정한 용어의 의미를 상당히 분명하게 파악할 수도 있지만, 다른 경우에도 그 용어가 같은 의미로 사용되리라고 확신할 수는 없으며, 정확한 어의는 각 경우마다 새롭게 점검하고 해석해야 한다.

1) 이스라엘의 조상

이스라엘 공동체가 형성된 과정은 이주민 가족 하나가 자연스럽게 자손을 낳아서 열두 지파까지 늘어난 것이라고 기록되어 있다. 창세기 12-50장에 나오는 이스라엘의 조상은 4대에 걸쳐 이어지고 전체 인구가 100명을 넘지 않는 대가족 사회의 족장이었다(창 46:26-27). 이때 가족이란 결혼과 출생을 통해 맺어진 혈연 집단과 동거하는 하인을 가리킨다.

이런 설명과 달리 강도나 용병 집단을 모델로 삼아 아브라함이 '히브리인'이었고 무장한 용사 318명을 거느렸으며 메소포타미아와 아나톨리아에서 팔레스타인으로 침입해 온 다섯 왕의 동맹군을 물리쳤다고 보도하고 있다(창 14:1-16). 이 씨족 집단은 가나안 도시 국가의 변방을 떠돌았고, 기근이 닥쳐오면 이집트로 피난을 가기도 했다. 이들은 한 지역에 정착해서 살지 않았으나, 간혹 가축에게 물을 먹이기 위해서 우물 사용권을 주장하거나 장지로 사용하려고 토지를 구입하기도 했다.

정치적인 관점에서 말하자면 이 씨족 집단은 팔레스타인 도시 국가 중 소돔, 살렘(예루살렘?), 그랄, 세겜, 아둘람과 관계를 맺고 있었으며 이집트의 파라오를 만나기도 했다.

이 가족의 일원이었던 요셉이 예외적으로 강력한 권력을 휘두르는 자리에 올랐던 것은 그가 이집트 정부의 관리였던 때였다. 이스라엘 조상의 가족은 주변에 있던 정치 주체와 때로 평화롭고 때로 적대적인 관계를 유지하였고, 한번은 살인을 할 만큼 폭력적이기도 했지만(창 34장), 이 가족(창 14장에 의하면 전사 집단)은 특정한 형태의 정치 공동체를 형성하거나 주권적인 정치 주체임을 주장하지 않았다.

그럼에도 불구하고 창세기를 흐르는 전반적인 편집 방향을 통해 언젠가 가나안 땅을 소유하게 될 것이라는 약속을 이 가족의 세대가 바뀔 때마다 하나님이 확인해 주셨고, 결국 이스라엘 왕국이 성립될 것이라는 전조가 '예언으로' 나타나게 되었다. 더구나 셋째 세대에 속한 야곱은 이스라엘이라는 별칭을 하사받았고(창 32:22-32), 그의 아들들은 후대 이스라엘 지파의 시조가 되었으며(창 29:21-30:24; 35:16-20), 야곱이 자기 아들들의 미래를 예언할 때 그들은 지파 자체가 의인화된 상징이었다(창 48:8-49:28).

이 시조들 간의 상호 관계나 이들과 주변 민족과의 관계에 관한 설명은 여러 가지 이유에서 사실 이스라엘 지파의 후대 역사나 이스라엘과 유다 왕국의 역사를 연상시키는 것이 사실이다.[3] 결국 이 시조를 후대의 이스라엘이라고 말할 수 있다.

2) 이스라엘: 이집트에서 가나안으로

이집트로 이주했던 채 백 명이 되지 않던 야곱의 자손은 급격한 인구 증가를 통해 수천 명씩 증가하여 이집트에서 노예 생활을 하게 되었다. 좀 과장된 숫자겠지만 이스라엘 사람들은 제사장을 세지 않고도 성인 남자만 600,000명이 넘었다고 한다(민 1:46; 26:51). 그들은 노동자 거주지에 함께 모여 살았고, 사회 내부적인 문제는 장로들이 자체적으로 처리할 수 있는 자치권을 행사했으나, 정부 건축 사업에 강제로 차출해 가는 이집트인에게

---

3   Clements는 아브라함이라는 인물이 다윗의 원형이라고 주장했고(Ronald E. Clements, *Abraham and David: Genesis XV and its Meaning for Israelite Tradition* [London: SCM Press, 1967]), Rosenberg는 한 걸음 더 나아가서 "창세기는 … 사무엘하를 읽는데 도움이 되는 참고서요, 다윗의 역사에 관한 '미드라쉬'다"라고 주장했다(Joel Rosenberg, *King and Kin: Political Allegory in the Hebrew Bible* [Bloomington/Indianapolis: Indiana Univ. Press, 1986], xiii). Rendsburg도 창세기에 관한 또 다른 정치적 유비를 제시하고 있으며(Gary A. Rendsburg, "Biblical Literature as Politics: The Case of Genesis," in *Religion and Politics in the Ancient Near East*, ed. Adele Berlin, Studies and Texts in Jewish History and Culture [Bethesda, MD.: Univ. Press of Maryland, 1996], 47-70), Sperling은 성경의 정치적 유비를 확대하여 오경 전체를 해석하고 있다(S. David Sperling, *The Original Torah: The Political Intent of the Bible's Writers* [New York/London: New York Univ. Press, 1998]).
    좀 더 이론적인 시도로는 Boer가 Rosenberg, Schwartz, Bal이 히브리 성경의 정치적 유비에 관해 발표한 연구를 확대하여 Jameson, Ahmad, 그리고 Sprinker가 현대 문학에 나타난 국가 관련 유비에 관해 진행했던 논의와 비교하였다(Roland Boer, "National Allegory in the Bible," *JSOT* 74 [1997]: 95-116).

는 복종할 수밖에 없었다.

백성들이 지파 단위로 조직되어 있다는 사실은 별 설명 없이 주어진 전제였으나, 그들과 함께 이집트를 탈출한 '수많은 잡족'(출 12:38)이나 나중에 모세에 대항하여 반기를 든 '그들 중에 섞여 사는 다른 인종'(민 11:4)이 있는 것을 보면 그렇게 잘 짜여진 '유기적' 공동체는 아니었던 것 같다. 이집트와 가나안 사이에 있는 광야에서 이 공동체는 야훼 하나님과 계약을 맺고 하나님이 모세에게 수여하신 법에 따라 살기로 약속한다(출 19-24장). 전체 백성(hā'ām)은 '회중'('ēdâh)이나 '성회'(qāhal)로 부르기도 했다.

이와 함께 처음으로 이스라엘 제사장이 언급되는데, 이들과 관련된 수많은 규칙과 법조항이 함께 따라나오며, 이동이 가능한 성막에 관한 설명은 물론 제사장의 서열과 기능을 서술하여 일반인과 확실히 구분되는 계급으로 정의하고 있다(출 35-40장, 레위기와 민수기 참조). 일반인과 관련된 민법과 종교법은 이보다 훨씬 단순하며, 어떤 규칙은 예방하는 차원에서 제정되었는데, 광야를 여행하던 이스라엘은 아직 경험할 수 없는 농업 사회에 관련된 법도 있기 때문이다(출 20:23-23:19; 민 19-26장; 신 12-26장).

공동체를 하나로 묶는 조직 원리가 이 여행자 집단 속에 나타나지만, 이 조직의 구조나 조직 방식은 매우 모호한 언급에 그칠 뿐이다. 어떤 법규는 '백성의 관리/지도자'(nāśî')를 존경해야 함을 강조하고 있는데(출 22:28), 이들은 아마 지파나 회중의 지도자 중 하나일 것이다(민 1:15이나 수 9:15, 18-19 참조).

광야에서 여행할 때 장로가 계속해서 백성의 대표로 일하고 있으며, 재덕을 겸비한 자를 뽑아 여러 단계로 나뉜 조직을 책임질 '장관'(śārîm)으로 임명했다는 기록도 있다. 이들은 백성 간에 문제가 생기면 재판을 하게 되는데 가장 어려운 문제만 모세에게 가져오도록 설계되어 있다(출 18:21).

모세가 율법을 두 번째로 읽어줄 때에는 광야 여행자가 어떤 지역에 정착했을 때를 대비하여 재판 제도를 계획한다. 지방에서 일하는 '재판장과 지도자'는 판단이 쉽지 않은 소송이 있을 때 더 높은 제사장(들)이나 중앙에서 일하는 재판장에게 사건을 이관할 수 있다(신 16:18-20; 18:8-13). 어쨌든 지도자를 부르는 이런 용어는 정확한 사회 조직 체제를 '구체적으로 드러내지' 않는다.[4]

이집트를 탈출한 직후 아말렉의 공격을 물리친 일(출 17:8-16)을 제외하고는 이스라엘이 시내 광야를 건너 요단강 동편에 들어설 때까지 다른 민족에게 공격을 받는 일은 없었다. 모세의 장인 미디안 제사장 이드로는 사법 제도와 관련하여 모세에게 제안을 하고(출 18:13-23), 또 다른 전승은 미디안 족속이 이스라엘과 함께 가나안으로 들어왔다고 전한다(삿 1:16).

이스라엘은 요단강 동편에서 일정한 영토를 왕이 다스리는 정치 조직을 만났고, 에돔과는 충돌을 피하지만 아모리 왕국의 왕인 옥이나 시혼과는 전쟁을 벌여 물리치게 된다(민 21:21-35). 이스라엘의 적수 중 미디안과 손을 잡은 모압인은 선지자·선견자로부터 길조를 받지 못하여 더 이상 이스라엘에게 위협이 되지 못한다(민 22-24장).

이스라엘은 나중에 미디안 족속에게 '복수'를 하는데(민 31:1-12), 이드로 전승에서는 이스라엘과 우정을 유지하고 있었음에도 불구하고 미디안인이 갑자기 이스라엘에게 호전적으로 변한 이유를 설명할 수 없다.

---

[4] 왕정 성립 이전에 이스라엘이 어떤 사회 구조를 가지고 있었는지 필자의 책에 가설적인 묘사가 포함되어 있는데(Gottwald, *Tribes*), 이는 초기 이스라엘에 관한 문학적인 묘사를 분석적 종합적으로 재고하고 역사 비평과 인류학적인 평가를 통해 재구성한 매우 도식적인 묘사에 불과하다. Lemche는 색다른 역사 비평 가설과 인류학적 유추를 통해 필자의 재구성을 폭넓게 비판한다(Niels Peter Lemche, *Early Israel: Anthropological and Historical Studies on the Israelite Society Before the Monarchy*, VTSup 37 [Leiden: E.J. Brill, 1985], 80-290).
초기 이스라엘 사회를 보여 줄 모델을 만들기 위해서는 너무 많은 변수를 고려해야 하기 때문에 굳이 필자의 가설을 변호할 의도는 전혀 없으나, 이런 종류의 노력을 계속해야 한다는 점은 강조하고 싶다. 특히 반대되는 모델을 고려하면서 진행하는 비교 연구는 성경이 제공하는 정보의 범위와 한계를 밝히고 아직 해결하지 못한 문제를 드러내는 데 큰 도움이 된다. McNutt은 아직 분명하지 않은 상황을 인정하면서도 지파 공동체 시절의 사회 조직과 구조에 관해 최근까지 발표된 가설을 명쾌하게 요약하여 평가하고 있다(Paula M. McNutt, *Reconstructing the Society of Ancient Israel* [London: SPCK/Louisville: Westminster John Knox, 1999], 75-103).

이 때 이스라엘이 어떻게 무기와 군사 조직을 소유하게 되었는지는 어디에도 기록이 없다.

이스라엘은 이집트에 잡혀 있을 때 무장하지 않았을 것으로 보이는데, 탈출한 후에는 공격을 물리치고 적대적인 왕들을 치고 정착할 영토를 탈취할 군사력을 가지고 있었다. 지파 체제에 따른 군사적인 인구 조사가 두 번 진행되었는데, 그 중 하나는 각 지파의 우두머리가 누군지 밝히고 있고(민 1장) 다른 하나는 각 지파 하위 집단 지도자 이름을 제시했으며(민 26장), 어느 인구 조사에서도 무기나 군사 조직에 관해 아무런 언급을 하지 않고 있다.

어쨌든 이스라엘이 이집트에서 나와 가나안 경계까지 도달한 여행을 묘사하는 이야기나 이와 관련한 법률 규정은 상당히 규모가 큰 인구 집단이 자기 길을 막아서는 민족과 전투를 벌이고 내부적인 논쟁과 갈등에 휩싸이는 등 생존을 위해 몸부림치는 모습을 표현한다. 이 이야기 안을 흐르는 긴장과 갈등은 음식과 물의 보급, 사막과 요단강 동편을 지나가는 가장 좋은 길, 다른 민족과 벌인 협상이나 전투, 야훼 제의를 향한 충성과 복종이라는 주제를 다룬다.

이스라엘은 아직 영토를 가진 정치 조직이 아니니, 이들은 광야와 요단강 동편을 지나가는 도중이고 아직 국가를 형성할 계층도 형성되지 않았기 때문이다. 그럼에도 불구하고 공동체를 다스리는 권위는 그 공동체를 향한 하나님의 계획을 백성에게 전달하는 모세에게 있었으며, 백성은 그의 명령에 복종해야만 했다.[5]

---

5   정치학자 Wildavsky는 모세를 비유적으로 해석하여 그가 서로 다른 네 가지 정치적 설계 혹은 '체제'를 창조했다고 주장한다(Aaron Wildavsky, *The Nursing Father: Moses as a Political Leader* [University, Ala.: Univ. of Alabama Press, 1984]). 이 네 가지는 노예제(slavery), 무정부 상태(anarchy), 형평법(equity), 그리고 계층 구조(hierarchy)다. 모세 전승이 대중적인 측면에서 매우 '정치적'이면서도 특정한 사회 정치적 체제에 관한 특정 정보를 전혀 담고 있지 않아서 Wildavsky가 어떤 역사적 재구성도 기초로 삼지 않고 오히려 정치권력의 전형적인 틀에 의해 창조된 문학적 상상력을 이용하여 이상적이고 대표적인 체제를 다양하게 추론해 낼 수 있었다는 점은 매우 흥미롭다. Wildavsky는 구조적 정치 인류

그러나 모든 백성이 항상 모세에게 복종했던 것은 아니다. 모세에게도 대항하고 모세가 전하는 야훼의 말씀에도 대항하여 일어서는 세력이 만만치 않았기 때문에 여호수아와 갈렙을 제외하고는 이집트를 탈출한 여행자의 한 세대가 모두 가나안에 들어가지 못하는 벌을 받았다(민 14:20-38; 신 1:26-40). 심지어 모세와 아론도 그 땅에 들어가지 못했는데, 야훼 하나님께 불복종하는 행위나 태도가 그를 '믿지 못하는' 것으로 평가받았기 때문이다. 그러나 그 행위가 무엇인지는 기록에 확실하게 남아 있지 않다(민 20:2-13; 신 3:23-29; 32:48-52; 34:1-8).

요컨대 이야기나 법조항을 주의 깊게 살펴보면 이 이주 공동체가 어떻게 조직되고 유지되었는지 일관성 있는 그림을 찾을 수 없다는 것을 알 수 있다. 이는 전승 안에 공백과 모순이 존재하기 때문이며, 법조항 속에는 그들의 조직에 관한 정보가 별로 없고 많은 경우 그들이 정착하기 전에는 그 법을 적용할 수도 없었기 때문이다.

이런 기록 속에 나오는 이스라엘은 여러 가지 갈등 속에 휩싸인 채 여행을 하고 있는 종교 공동체이며, 그 사회 정치적 형태는 매우 모호하고 그 종교적 지위나 땅을 향한 간절한 염원에 비추어 볼 때 부수적인 중요성만 유지할 뿐이다.

3) 이스라엘: 정착기

가나안에 들어선 후 민족의 지도자로 여호수아가 모세를 대체하고, 이스라엘은 요단강 동편에서 시작한 군사 원정을 계속한다. 그들은 여리고와 아이를 점령하고(수 6-8장), 남북의 가나안 왕들의 동맹을 물리치기 위해서 진군한다(수 10-11장). 어떤 전승은 가나안 도시 국가의 왕과 거주민을 완

학에서 사용하는 전제나 연구 방법은 랍비가 사용하는 주석 방법의 논리나 규칙과 개념적으로 유사하다고 주장한다(13-16).

전히 점령하고 전멸시켰다고 주장하지만(수 11:16-12:24), 어떤 전승은 전쟁이 전면적이 아니었고(수 13:1-6a; 23; 삿 1:1-3:6), 전투는 그 땅의 온 주민을 상대로 한 것이 아니라 도시 국가의 왕이나 군사, 관리에 대항한 것이며(삿 4-5장), 사실 어떤 가나안 사람들은 이스라엘과 동맹을 맺거나 아예 같은 민족으로 편입되었다고 보도하거나 그런 사실에 관한 증거를 제시한다.[6]

여리고에 살던 라합과 그 가족(수 2장; 6:22-25), 벧엘에 살던 어떤 사람과 그의 가족(삿 1:22-26), 기브온과 행동을 함께 한 네 도시(수 9장) 모두 이스라엘에 편입되었다. 이스라엘이 전쟁을 통해 전면적인 승리를 거두고 땅을 점령했다는 묘사는 사사기 전승을 통해 더 강조되는데, 거기서도 12지파 공동체가 통일적으로 행동한다는 그림이 지역적으로 영토를 얻기도 하고 잃기도 하며 개별 지파나 지파 집단이 교착상태에 빠져있는 모습과 혼란스럽게 공존한다.

여호수아서에 기록된 분권화된 이스라엘 정치는 출애굽기나 신명기에서 보았던 지도자나 사회의 하위 조직을 부르는 이름이 계속해서 뒤섞인 채 묘사되고 있다. '관리들'(šōṭērîm)은 이스라엘 진영 안에서 여호수아의 명령을 수행하였고(수 1:10; 3:2), 백성의 성회에서도 일을 했으며, 가나안 정복이 마무리 된 이후에는 장로와 재판장과 수령과 함께 일하기도 했다(수 23:2; 24:1). 장로는 독립적으로 일하기도 하고(수 8:10; 24:31) 관리나 재판장과 협력하여 일하기도 한다(수 8:32). 군사 지휘관도 언급되었다(keṣînîm, 수 10:24). '족장'(nĕśî'îm)은 기브온 사람들과 동맹을 맺을 때 회중의 우두머리로 나온다(수 9:15, 18-19, 21).

제사장은 언약궤를 직접 메거나 관리하는 일로 가장 유명하고(수 3-6장; 8:33), 아론의 후계자인 엘르아살 제사장은 지파 '우두머리'와 함께 지파 영지를 수여받기도 했으며(수 14:1; 19:51; 21:1), 이 '우두머리'는 '족장'과 동일시되었다(ro'šîm = nĕśî'îm, 수 22:14, 30). 공동체 전체의 사회 조직 안에

---

6 Gottwald, *Tribes*, 555-83.

서 이런 지도자들이 서로 어떻게 권한의 경계를 설정하였는지 설명해 주지 않는다.

사회 조직에 관한 좀 더 자세한 표현을 찾아 보자면 한 지파가 혈통이나 씨족 집단, 혹은 가족 별로 하위 조직을 나누고 있다는 사실을 들 수 있는데(수 7:16-18), 이런 집단이 정치적으로 어떤 관계에 있고 어떤 의미인지는 설명하지 않았다. 간단히 말해서 우리는 무기를 들고 싸우는 농부에 관한 기록은 있지만, 아마도 같은 종교적 전통을 공유했을 것이라는 점을 제외하고는 그들이 어떤 내부 조직을 가지고 있는지 혹은 그들이 어떻게 공동체를 유지하는지에 대해서는 자세하게 알지 못한다.

여호수아는 모세처럼 독보적인 명령권을 행사하지만, 모세의 위임을 받고 모세가 받은 율법을 준수한다는 맹세를 통해 자기 권리를 행사하기 때문에(수 1장) 왕이라고 할 수 없다. 여호수아가 사망한 뒤에는 물론 그를 잇는 후계자도 없었다.

아직 왕정이 수립되기 전을 배경으로 삼는 사사기와 룻기, 사무엘상에서는 두 가지 이유로 앞에 나온 책과 비교할 때 정황적인 정보를 훨씬 더 많이 찾을 수 있다. 그 중 한 이유는 이스라엘이 드디어 특정 지역에 정착한 상태로 묘사되기 때문이다. 이스라엘은 더 이상 방랑자가 아니라 정착해서 사는 농부와 목축업자가 되었다.

더 중요한 이유는 그 동안 그 형태가 분명하지 않았던 '온 이스라엘'이 갈라져서 특정 지파가 특정 지역에서 살며 경험하고 결정했던 행위가 묘사되고 있으며, 그런 문맥 속에서 어떤 지파가 다른 지파를 대하는 태도가 왜 그런지 그 이유를 어느 정도 이해할 수 있기 때문이다. 이러한 자세한 기술은 아직도 온 이스라엘이 하나의 공동체라는 전통과 섞여 나타나며, 전승들은 다양한 지역 사건 보다는 방어적인 군사 행동에 더 무게를 두고 이야기를 전개한다.

사사기 전승은 아홉 지파가 서로 다른 지역에서 거점을 확보하기 위해 노력하다가 성공하거나 실패한 이야기를 연대기적으로나 일화 모음집처럼 기록하면서 여호수아서와 큰 차이를 보여 준다(삿 1장).

유다와 시므온 지파만 행동을 함께 한다(삿 1:1-3, 17). '요셉 가문'은 공식적으로 므낫세와 에브라임을 포괄하지만(삿 1:22-26), 이 두 지파는 사실 따로 활동한다(삿 1:27-29).

단 지파는 가나안 서부 구릉지를 점령하는 데 실패하는데, 조직적인 군사 원정은 아니어도 나중에 요셉 가문이 같은 지역에서 전승을 거둔다고 기록되어 있다(삿 1:34-36).

르우벤과 갓 지파의 운명에 관해서는 별 기록이 남아 있지 않다. 왜냐하면 성경 전승은 아홉 지파가 요단강을 함께 건너서 길갈에 본부를 정한 뒤 온 땅으로 퍼져 나가는 상황에 초점을 맞추고 있기 때문에(수 1:1; 2:1) 르우벤과 갓은 벌써 요단강 동편을 확보한 것으로 나오기 때문이다(민 32장; 수 2:12-15).

레위 지파 역시 언급되지 않는데, 그들은 영토를 점유하지 않고 다른 지파가 제공하는 거주지에 흩어져 사는 것으로 간주되기 때문이다(수 21:1-42).

사사기 머릿 부분에 기록된 이런 사건은 원래 '여호수아가 죽은 후에' 일어난 일이지만(삿 1:1), 사실 여호수아서에서 이미 점령되었다고 말했던 가나안 지역을 다시 공격하기 때문에 마치 여호수아의 인도 아래 가나안을 점령했던 일이 전혀 없었던 것처럼 이스라엘 지파를 가나안 땅 입구로 돌려 보낸다(참고, 수 2:1; 3:1; 4:19; 9:6; 10:43; 삿 1:1, 16; 2:1).

모세와 여호수아가 모두 죽고 난 후 지도자의 책임은 이스라엘을 '재판하는'(lišpōṭ) 사사에게 넘어갔는데, 사실 이 지도자를 직접 재판관이라고 부르지는 않았다. 사사가 활동하는 이야기 대부분 사실 지파 공동체의 우두머리가 거둔 군사적 승리가 주제이며(삿 3:7-8:28; 10:6-12:6), 삼손의 경우에는 외로운 모험가의 이야기를 들려 준다(삿 13-16).

그러나 드보라는 자신의 야외 법정에 올라온 사건을 판결하면서 바락을 부추겨 가나안 왕들에게 맞설 군사를 소집하게 만든다(삿 4:4-5). 사무엘은 매년 베냐민 지파의 도성을 돌아가며 방문하며 사사로서 '재판'하였고(삼상

7:15-17), 또 공식적인 금식 행사를 주관하며 중보 기도를 올리고 블레셋 침략군에 맞서 승리를 거둘 수 있도록 제물을 바치는 사사로 그려지고 있다(삼상 7:5-11). 사무엘이 나이 들고 자기 대신 사사로 임명한 그의 아들들은 부친이 그 정직한 행실로 모든 사람들에게 찬사를 받은 바와 달리(삼상 12:1-5) 뇌물 수수로 비난받았다(삼상 8:1-3).

사사 중 더 유명한 여섯 명은 서로 다른 지파 출신인데, 어떤 이는 재산이 많았고 어떤 이는 타 종족과 결혼하기를 원했다. 이들은 계속 이어가며 이스라엘을 '재판'했는데, 6년에서 23년까지 다스렸다(삿 10:1-5; 12:7-13). 여섯 명 중 입다만 성경 기사에서 군사 지도자로 묘사되었고, 전투를 지휘한 대가로 한 지파의 부족장이 되는 기회를 얻었다고 묘사하고 있다(삿 11:1-33; 12:7). 이 여섯 사사가 온 이스라엘을 '재판'한다고 기록할 때 성경 기자가 무엇을 가리키는지 그들에 관한 짧은 이야기나 그 이후 전통들도 아무런 설명을 해 주지 않는다.

'재판하다'(= lišpōṭ)는 용어는 그 용례가 다양하게 바뀌어 상황을 복잡하게 만드는데, 히브리어나 같은 어족의 다른 언어에서도 이 말의 의미는 '지배하다, 다스리다'에서 시작해서 '재판하다/판결하다' 또는 '변호하다/(전투에서) 구원하다' 등 다양하게 나타난다. 그러므로 이 말은 행정, 사법, 군사 기능을 모두 가리킬 수 있다.[7]

이스라엘을 '재판'했다고 기록된 사람과 함께 각 지파를 다스리던 지도자에 관한 언급도 많이 나오며, 대부분 모세나 여호수아에 관한 전승 가운데 이미 등장하고 있다. 그러나 위에서 논의한 것처럼 이런 지도자의 호칭도 그 지도적 위치에 관한 포괄적 개요를 제시하지 않고 규칙적으로 사용되지도 않는다. 드보라의 노래에 나오는 군사 지도자의 호칭은 후대 왕정

---

7 이 용어 šōphēṭ의 의미에 관한 성경과 성경 밖의 용례를 연구한 글로는 Martin S. Rozenberg, "The šōfĕṭim in the Bible," *ErIsr* 12 (1975): 77*-86*; Tomoo Ishida, "The Leaders of the Tribal League 'Israel' in the Premonarchic Period," *RB* 80 (1975): 514-30; Keith W. Whitelam, *The Just King: Monarchical Judicial Authority in Ancient Israel*, JSOTSup 12 (Sheffield: Sheffield Academic Press, 1979), 50-61을 보라.

시대에 군사 조직을 묘사할 때는 다시 나타나지 않는다(삿 5장).[8]

사사기에는 책 마지막에 레위인 두 사람이 주인공으로 나오는 이야기(삿 17:7-18:31; 19:1-20:7)까지 제사장이 등장하지 않는데, 그나마 이들 중 한 사람만 제의적 임무를 담당한다. 일반인도 자유롭게 종교적 제의를 진행할 수 있었는데, 만약 어떤 집안이나 한 지파가 레위인 제사장을 고용하게 된다면 그것은 매우 특별한 경우로 간주하였다(삿 17:7-13).

제사장들은 사무엘 시대에 더 확실하게 그 존재를 드러내어 법궤를 메고 전투에 나가기도 하였으나(삼상 4:1-11), 일반인이 제사를 드리거나 제물 중 정해진 분량에 만족하지 못하는 부패한 제사장 사이에 분쟁이 일어나기도 하였다(삼상 2:12-17).

기드온에 관한 기사에는 왕정 체제로 상징되는 중앙 집권제를 향한 반감이 잘 나타나 있다. 미디안 족속을 물리치고 나서 기드온이 거둔 승리에 열광적으로 들뜬 이스라엘이 왕조를 세워 자신들을 '지배해' 달라고 요청하였으나, 기드온은 오직 하나님만 그들을 '지배'할 수 있다고 강조하며 그들의 제안을 단호하게 거절하였다. 대신 그는 미디안 족속에게서 빼앗아 온 값비싼 금귀고리를 달라고 하여 어떤 제의 물품을 만들어 자기 성읍에 설치하는 '부족장' 같은 행동 양식을 보여 준다(삿 8:22-27).

기드온이 세겜 출신 첩에게서 얻은 아들 아비멜렉은 세겜 사람을 회유하고 매수하여 므낫세 지경을 포함한 세겜 지역의 왕으로 삼도록 일을 꾸몄다. 세겜에서 그를 대항한 반란이 일어나기도 했으나 그는 유혈 사태를 무릅쓰고 반란을 진압한다. 그러나 데베스에서 일어난 유사한 반란을 진압하러 나섰다가 살해되고 만다(삿 9장).

아비멜렉 기사 중간에는 건방진 왕의 형제가 읊었던 왕정 체제에 관한 풍자적 우화가 담겨 있다(삿 9:7-15). 그 우화에 의하면 나무의 회의에서 "기름을 부어 왕으로 삼으려고" 감람나무, 무화과나무, 포도나무에게 와서 "나무들 위

---

8 Gottwald, *Tribes*, 507.

에 우쭐대라"고 제안하였으나, 이 나무들은 주요 곡물과 음료수를 생산하는 소중한 사명을 버릴 수 없다고 차례로 그 초청을 단호하게 거절한다.

결국 쓸모없는 가시나무가 나무들의 지배자가 되는 데 동의하고 어처구니 없이 그 나무들에게 "내 그늘에 피하라"고 청한다. 그런데 마른 가시나무는 쉽게 불이 붙기 때문에 높이 자란 나무들을 삼켜버릴 수 있다고 경고한다. 왕정 체제에 관한 이 통렬한 조롱은 매우 생생하게 기억에 남는데, 그 내용이나 구조가 일반 대중의 의견을 반영하고 있다는 사실은 의심할 여지가 없다.

사사기의 다른 부분에는 타국의 왕이나 그 신하에 관한 경멸이나 풍자가 많이 남아 있다. 아도니베섹은 유다에게 잡혀서 엄지손가락과 엄지발가락을 잘리는 수모를 당했는데, 이것은 자신이 포로로 잡은 왕 70명에게 저지른 일에 대한 복수였다(삿 1:5-7). 모압 왕 에글론은 뚱뚱하고 무력한 지배자로 쉽게 계략에 빠졌고 결국 에훗에게 암살을 당했다(삿 3:15-25). 시스라의 어머니는 자기 하녀들과 함께 자기 아들이 이스라엘과 전투에서 승리한 후 전리품으로 여자 노예와 수를 놓은 염색한 천을 가져올 것을 기대하고 있었다(삿 5:28-30). 기드온은 미디안 왕 세바와 살문나가 제멋대로 자기 형제를 살해했다고 책망했다(삿 8:18-19). 입다는 암몬 왕이 역사를 왜곡했다고 비난했는데, 그가 이스라엘이 암몬에게서 빼앗아 간 영토를 되찾으려 했을 뿐이라고 주장했기 때문이다(삿 11:12-28).

왕정 체제에 대한 이런 심한 평가 중에서 주목할 만한 예외는 사사기 마지막에 있는 충격적인 이야기에 삽입된 짧은 편집자의 주석을 들 수 있다.

> 그 때에는 이스라엘에 왕이 없었으므로 사람마다 자기 소견에 옳은 대로 행하였더라(삿 17:6; 21:25; 그 외에 18:1; 19:1도 참조).

이 말은 왕의 권위와 힘이 있었다면 이스라엘 지파 공동체 안에 그런 역겨운 범죄와 파괴적인 불화를 막을 수 있었을 것이라고 주장하고 있다.

이스라엘에 아직 분권화된 정치 체제 하에 있던 시기의 사회 체제에 관한 간단하고 일관적인 묘사는 없지만, 몇 가지 규정 요소에 관한 언급은 충분히 존재한다. 당시 이스라엘에는 중앙 집권적인 정치가 없었다. 이스라엘에 왕이 없었고, 세겜과 므낫세 지파의 영지 일부를 3년 정도 다스렸던 오만한 아비멜렉도 왕이라기보다는 후원자-수혜자 관계를 남용하는 최고 족장에 불과했다.

오랜 전통 속에서 절대적인 권위를 통해 왕을 옹립하고 또 폐위하는 역할을 맡았던 사무엘이 등장하기 전까지는 모세와 여호수아처럼 강제력이 있는 종교 규범과 규칙을 통해 공동체 위에 군림하는 절대적인 지도자는 없었다. 몇몇 지파는 혈연관계나 씨족 관계를 따라 더 큰 보호망에 연결된 개별 가족으로 구성되어 있다.[9]

그리고 외교 군사적 문제를 결정하는 '장로'라고 부르는 지파 지도자도 있다(삿 11:5-11; 21:16; 삼하 3:17-18; 5:3). 법적 분쟁이나 계약상의 문제는 각각 성읍 장로(룻 4:1-12)나 정해진 순서로 순방하는 판사(삼상 7:15-17), 또는 사람들이 자기 문제를 판결해 달라고 찾아오는 명망 있는 사람(삿 4:4-5)에 의해 결정된다. 제사장 계급도 존재했지만 희생 제사에 관해 독점적 권한을 가지지는 못했다.

---

9 Lemche는 초기 이스라엘 사회를 이해하려면 씨족 구조보다는 혈연관계를 더 중시해야 한다고 주장한다(Lemche, *Early Israel*, 245-72). 그러나 Kuper는 혈연관계나 혈연 집단 모델이 이미 오래된 것이라고 주장하며 "필수적인 정치 경제 행위가 혈연 집단의 반복적인 관계에 의해 체계화되는" 사회가 있다는 사실에 의문을 제기한다(Adam Kuper, "Lineage Theory: A Critical Retrospect," *Annual Review of Anthropology* 11 [1982]: 71-95, esp. 92). 인류학 연구로 밝혀진 바와 같이 혈연관계와 씨족 구조는 성경에 등장하는 사회 조직인 미슈파하(*mišpāḥāh*)를 이해하고 이 조직과 베트-아브(*bēth-'av*) 그리고 셰베트/맛테(*šēveṭ/maṭṭeh*)와의 관계를 연구하는 데 매우 제한된 역할을 하는 것으로 보이며, 그 이유는 성경 자료가 씨족과 혈연관계를 구분하는 문제에 대해 너무 모호하기 때문이다.
McNutt의 주장에 의하면 "혈연관계와 씨족이 모두 스스로 부모 일방 혈통 집단(unilineal groups)으로서 특정 개인의 후손으로 간주한다. 그러나 혈연관계를 기초로 한 계보는 구성원 간에 실제적이거나 추정적인 친족 관계를 반영하면서 더 영구적인데 비하여, 씨족 계보는 공동의 조상을 전제로 두는 씨족의 일부나 그 구성원에 따라 달라질 수 있으며 그들의 친족 관계를 보여 줄 수도 없다"(McNutt, *Reconstructing the Society*, 83-85, 99-100).

분권화된 이스라엘이 족장 국가였다는 주장도 있었지만, 우리가 언급했던 것처럼 지도력에 관한 용어가 일관성 없이 사용되기 때문에 문제가 있다. 그리고 인류학 연구에 따르면 부족 국가는 친족 관계를 기반으로 한 권력을 사용하는 지도자와 부관을 통해 최고 권위를 행사하는 권력을 가진 지도자를 모두 포함하기 때문에 이스라엘을 부족 국가라고 정의할 수 없다.[10]

각 지파는 자치적 권위를 가지고 운영되었지만 지파 사이에 소통이 활발히 진행되고 있었으며, 특히 전시에는 둘 이상의 지파가 협력하여 위기에 대처하였다. 시스라에 대항하여 전쟁을 할 때는 모두 여섯 지파가 전투에 참가하였으며, 참여하지 않은 네 지파는 심하게 비난을 받았다는 사실에서(삿 5장) 서로 협력을 해야 할 상호 의무가 있었음을 확인할 수 있다.

이 사건과 관련해서 유다, 시므온, 레위 지파는 언급되지 않았으며, 마길과 길르앗은 관례적으로 알려져 있는 므낫세와 갓 지파를 대체하는 세력으로 등장한다. 지파 이름을 명시하는 목록은 대부분 열두 지파라는 외형적인 틀을 유지하지만, 때로는 레위와 요셉이 포함되는데, 레위가 빠지고 요셉 대신 므낫세와 에브라임이 들어가기도 한다.[11]

---

10 Flanagan과 Frick은 이스라엘에 지파를 중심으로 한 부족 국가가 있었다고 주장한다 (James W. Flanagan, "Chiefs in Israel," *JSOT* 20 [1981]: 47-73; Frank S. Frick, *The Formation of the State in Ancient Israel*, SWBA 4 [Decatur, Ga.: Almond Press, 1985], 71-97). 한편 '부족장'(chief)이란 말이 평등 사회, 계급 사회, 중앙 집권적 사회에 존재하는 다양한 지배 형태에 모두 적용될 수 있는 부정확한 말이기 때문에 Yoffee가 주장한 것처럼 고고학 유물을 해석하는 모델로 사용하기는 어렵고(Norman Yoffee, "Too Many Chiefs? [or, Safe Texts for the '90s]," in *Archaeological Theory: Who Sets the Agenda?* ed. N. Yoffee and A. Sherratt [Cambridge: Cambridge Univ. Press, 1993], 60-78), 부족 국가 모델을 고대 문서에 적용하는 방법에 관해 심한 비난을 듣게 될 것이다. Flanagan과 Frick의 연구를 인용하며 McNutt도 국가가 성립되기 이전 이스라엘에 부족 국가가 있었다는 쪽으로 주장을 편다(McNutt, *Reconstructing the Society*, 114-42).

11 Gottwald는 열두 지파 개념이 두 가지로 다르게 나타나는 이유를 다윗과 솔로몬이 실시했던 행정 체계가 달랐기 때문이라고 추정한다(Gottwald, *Tribes*, 358-75). 레위가 빠진 체제는 각 지파가 국가의 국가 기반 시설을 책임지는 다윗의 행정 체계에서 나왔고, 레위가 포함되는 체제는 지파 공동체가 국가 정치에서 차지하는 무게가 점점 줄어드는 솔로몬의 행정 체계에서 출현하였다. 아직까지 이 제안에 대한 반대 의견은 별로 없다.

지파 간에는 전쟁과 관련된 특권이나 명예 때문에, 혹은 납치나 강간, 살인과 같은 범죄 때문에 긴장과 분쟁이 발생하여 때로 불화가 심해지거나 전쟁이 발발하기도 했다(삿 8:1-3; 12:1-6; 18:14-26; 20).

이 분쟁을 설명하면서 모든 지파가 함께 모여 제사장의 첩을 강간하고 살해한 범인을 처벌하기 위해서 넘기라고 요구하는 장면이 나온다(삿 20:8-13). 범인을 보호하던 지파가 이 요구를 거절하자, 다른 지파가 공격을 감행하고 죄를 지은 지파의 모든 인구를 전멸시킬 지경에 이른다(삿 20:8-48). 그러나 충분히 죗값을 치른 지파를 되살리기 위해서 극단적인 조치를 취한다(사사기 21장). 이 도식적인 설명은 당시 다른 곳에서 발견할 수 있는 전통과 비교할 때 지파 사이에 훨씬 더 엄격하게 사회를 지배하는 공동 행위가 있었다고 상정하고 있다.[12]

헐겁게 조직된 경제적, 군사적, 이념적 관계망 안에서 분권화된 정치 체제가 운영되었다는 사실을 보여주는 여러 일화가 당시 사회 정치적 생활을 반영하며 지파와 관련된 전통을 형성하고 있지만, 이런 관계망을 더 광범위한 '입헌적' 계획(constitutional design)에 맞추어 종합적으로 묘사하는 자료는 없다.

이런 현상은 사료의 초점이 서로 다르고, 구체적인 묘사의 정도나 각 전통의 추상화 경향도 다르기 때문에 생긴 결과이며, 한 전통에서 다른 전통으로 이동하는 과정을 매끄럽지 못하게 만들기도 했고, 후대 전통이 고대 사회의 거시 조직(macroorganization)을 숙지하지 못했거나 아예 모를 수도 있다는 추론을 가능하게 한다. 사회 조직의 거시적인 설계에 무관심하

---

12 Yee는 이 일화가 지파 공동체를 해체하여 왕국에 충성하게 만들려는 요시야의 시도 중 일부로서 레위 제사장 계층을 공격하는 '선전 선동적인 전쟁'을 수행하고 있다고 주장하였는데(Gale A. Yee, "Ideological Criticism: Judges 17-21 and the Dismembered Body," in *Judges and Method: New Approaches in Biblical Studies*, ed. G.A. Yee [Minneapolis: Fortress, 1995], 146-70), 이 주장은 중앙 집권적인 지파 공동체의 모습이 왕국 성립 이전 시대에 사회 정치적 조직을 잘 반영하고 있다는 해석을 무력화한다. 그러나 이 기사가 레위 지파에 반대하는 입장이라는 Yee의 해석은 첩을 강간하고 살해한 자들이 베냐민 사람이기 때문에 결국 사울에 반대하는 기사라는 일반적인 해석과 유사한 면도 있다.

거나 아예 언급하지도 않는 상황은 이스라엘이 가나안에 들어오기 전부터 이미 열두 지파 체제를 유지하고 있었기 때문일 수도 있고, 그래서 농경 사회에 진입한 후에도 이런 구조에 관한 종합적인 묘사가 필요 없다고 느꼈을지도 모른다.

3. 중앙 집권화된 이스라엘 정치

왕정 시대는 이스라엘 정치사의 단계 중 그 이전이나 이후 시대에 비교할 때 훨씬 더 자세하고 구체적인 기록이 남아 있다. 왕권이 발생하게 된 환경을 보도하거나 각 왕을 소개하고 평가하면서 서로 긴밀하게 연결된 기사도 보존되어 있다.

그럼에도 불구하고 역사적 관점이나 어떤 사건에 관한 구체적 묘사가 서로 고르게 나타나지는 않는다. 처음으로 왕이 된 세 사람, 사울, 다윗, 솔로몬은 꽤 긴 분량을 들여 묘사하지만, 그 다음에 나오는 왕들은 그리 큰 주목을 받지 못한다. 국내 정치나 다른 나라와의 외교 정책을 언급하는 부분도 있지만, 얻을 수 있는 정보는 짧고 문맥이 결여되어 있어서 해석 문제가 해결되지 않은 채 남는다.

반대로 예루살렘 성전을 배경으로 한 제의적 개혁에 상당히 큰 중요성이 부여된다. 국가 조직을 묘사하는 부분은 최소한의 기록만 할애되어 있으나, 가끔 관료 구조나 행정 체계에 관한 자세한 정보를 제공하는 기사도 있다.

국가 성립 과정에 관해서 두 가지 설명이 남아 있는데, 하나는 사무엘서와 열왕기에 걸쳐서 나타나 있고, 다른 하나는 역대기에 남아 있다.[13] 전체

---

[13] 역사 비평학 연구는 이미 100년 동안 역대기가 사무엘-열왕기에서 자료를 빌려 왔기 때문에 서로 겹치는 부분이 존재한다고 간주해 왔지만, 역대기가 사용한 또 다른 자료가 무엇이 있었는지에 관해서는 의견의 일치를 보지 못하고 있다(Robert H. Pfeiffer, "Chronicles, I

적으로 볼 때 사무엘-열왕기가 정치적 사건에 관해서 더 자세한 기록을 가지고 있다. 역대기는 사무엘-열왕기에 들어있는 전승을 많이 인용하고 있으나 전부 다 사용하는 것은 아니며, 유다에 관련해서는 새로운 전승을 소개하지만 북 왕국 왕들의 통치는 유다 왕국과 직접적으로 관련되지 않는 한 기록하지 않는다.

사무엘-열왕기는 종교적 사건도 주의 깊게 다루고 있으며, 나라 안에서 벌어지는 사건에 대한 종교적인 해석을 주저하지 않고 제공한다. 그러나 역대기는 종교적인 발전에만 거의 전적인 초점을 맞추고 있으며, 매우 노골적으로 특정 사건에 대한 종교적 해석을 주장한다.

그 기록 시기가 대략적으로 왕들의 통치 시기로 확인되는 선지자의 기록은 국가 정치에 대한 통찰을 준다. 잠언에서 다루는 주제 중에는 왕과 궁전에서 지켜야 할 예의도 포함되어 있어서 우리 주제의 연구 자료가 되기도 한다. 시편 중에는 국가적 제의나 왕권 이념과 관련된 정보를 포함한 작품도 있다.

---

and II," *IDB* 1: 578-80).
그러나 최근에 Auld는 두 전통이 겹치는 부분은 열왕기와 역대기가 모두 다윗 왕조에 관한 고대 자료를 인용했기 때문이라고 주장하였다(Graeme Auld, *Kings without Privilege: David and Moses in the Story of the Bible's Kings* [Edinburgh: T. & T. Clark, 1994]). Bruch Halpern, "Sacred History and Ideology: Chronicles' Thematic Structure – Indications of an Earlier Source," in *The Creation of Sacred Literature: Composition and Redaction of the Biblical Text*, ed. R. E. Friedman (Berkeley, Calf.: Univ. of California Press, 1981), 35-54도 참조하라.
다음 두 연구는 역대기와 사무엘-열왕기 등 다른 성경 본들의 병행본문을 편리하게 잘 정리해서 보여주며, 적절한 소개와 비판적 주석도 달아 놓았다. John C. Endres, William R. Millar, and John Barclay Burns, eds., *Chronicles and its Synoptic Parallels in Samuel, Kings, and Related Biblical Texts* (Collegeville, Minn.: Liturgical Press, 1986; W. R. Brookman, *A Hebrew-English Synopsis of the Old Testament: Samuel, Kings, and Chronicles* (Peabody, Mass.: Hendrickson Publishers, 2000). 열왕기와 역대기에 대한 더 자세한 참고문헌은 각주 44-45를 참조하라.

1) 이스라엘: 한 국가 정부 체제

이스라엘은 블레셋에게 복속당할 심각한 위협에 직면했을 때 왕정 체제를 도입한 것으로 묘사된다(삼상 4-5장; 7:5-14; 13:2-14:46). 그러나 중앙 집권적인 정치 체제를 요구하는 의견은 제사장이나 사사의 부당한 행위에 대한 반발 때문이라는 의견도 나오고 있다(삼상 2:12-17; 8:1-2). 주요 관심은 침입자에 대항하여 효과적으로 군사를 소집하고 지휘할 지도자 한 사람에게 있었지만, 종교 사법적 관습이 부패하고 왜곡된 점을 시정하려는 의도도 발견된다는 말이다.

그러나 국가의 성립은 기록에 나타난 것처럼 잡음 없이 매끄럽게 진행되거나 아무런 반대 없이 만장일치로 결정된 것이 아니다. 사무엘서에 남아 있는 전승은 왕정 체제를 향해 양면적인 태도가 존재했음을 분명히 보여 준다. 강력하고 정의로운 지도자를 세우고 싶어 하는 의견은 그 반대 의견과 몇 가지 두려움과 의심으로 서로 맞서게 되는데, 그 지도자가 지역 권력망을 침해하고, 백성에게 무거운 세금과 노역을 강제하며, 결정적으로 국내 정치가 부패했을 때 더 이상 바로잡을 수 없는 경우를 초래할 수도 있었기 때문이다.

마지막 '사사'이며 선지자와 제사장, 그리고 재판관으로 묘사된 사무엘은 널리 퍼져 있는 왕권의 양면성을 대표한다. 어떤 기록에는 사무엘이 왕을 선출하는 일에 열정적으로 나서고 있지만(삼상 9:1-10:16; 11), 다른 기록에는 왕정이 가져올 심각한 결과에 대해 경고하기도 하고 왕정 체제로 넘어가는 과정에 마지못해 참여하는 것으로 묘사되고 있다(삼상 8:4-22; 10:17-27; 12).

사울은 첫째 '왕'(*melek*)이었지만 가끔 겸손하게 '부족장'이나 '왕자'(*nāgîd*)로 기록되기도 한다. 사울은 베냐민 지파의 부유한 지주 가문 출신이며, 자기 아들 요나단처럼 키가 크고, 잘 생겼으며, 힘이 넘치고, 숙련된 용사였다. 어떤 기사에 의하면 사울은 사무엘이 직접 선발한 사람이고, 다른 기사에 의하면 그는 암몬 족속을 물리친 전과를 인정받아 백성에 의해서 왕으로 추대되었다(삼상 9:1-10:16; 11).

또 다른 기사에 의하면 사무엘이 왕을 요구하는 백성을 심하게 꾸짖고 난 후 공동 회의에서 제비를 뽑아 사울이 결정되었고, 즉시 왕으로 선포되었다(삼상 8:4-22; 10:17-24). 그리고 나서 사무엘은 '나라/왕국의 제도'(mišpāṭ hammĕlūkâh; 삼상 10:25)를 선포하고 글로 써서 남기지만, 이 문서에 정확히 어떤 내용이 포함되었는지는 알려지지 않았다.

사무엘은 사울을 뽑기 전에 이미 왕정의 문제점을 경고하면서 백성에게 세금을 무겁게 물리는 '왕의 제도'(mišpāṭ hammelek; 삼상 8:9-18)에 관하여 언급한 바 있다. 이 때 기록된 '미슈파트'라는 문서는 사울 왕의 등극과 직접적으로 연결되기 때문에, '왕의 권리와 의무' 같은 규범적 내용을 담고 있을 수도 있고, 신명기 17:14-20에 나오는 왕과 관련된 설명과 연관되었을 가능성도 있다.[14]

사울의 '수도' 또는 더 정확한 말로 그의 본거지는 자기 고향 베냐민의 기브아에 있었다. 그는 자기 지파에 속한 군사 외에 이스라엘 전체에서 균역으로 징집한 군대를 지휘하였다. 사울은 도엑 이외에는 아무런 신하도 두지 않았고(삼상 21:7 '목자장'이라는 관직은 아마 '사울의 사신 또는 경호대 대장'을 의미할 것), 자기 백성에게 경제적 요구도 하지 않았다. 사울은 블레셋 사람에게 맞서 싸워 이스라엘 산지에서 쫓아내는 데 주력하였는데, 당시 블레셋은 '부대'와 '수비대'를 설치하여 산지에 사는 이스라엘 사람들을 지배하고 있었다(삼상 13:1-14; 46, 52).

사울의 통치는 두 방향에서 장애물을 만났다. 사무엘이 사울과 멀어졌고, 다윗이라는 인물이 부상했다. 사울이 자기 스스로 제사를 집행하자(삼상 13:8-15) 사무엘이 분노했고, 결국 왕을 향한 지지를 철회한 후 비밀리에

---

14 사무엘과 관련된 미슈파팀(mišpāṭîm) 두 가지에 관하여 Ishida의 연구를 참고하라. Tomoo Ishida, *The Royal Dynasties in Ancient Israel: A Study on the Formation and Development of Royal-Dynastic Ideology* (Berlin/New York: Walter de Gruyter, 1977), 40-41.

다윗에게 지도권을 넘긴다(삼상 16:1-13).

　다윗은 유다 출신의 젊은 용사로 그의 용맹함 때문에 백성에게 갈수록 인기를 얻고 있었는데, 사울의 아들 요나단과 깊은 우정을 쌓고 사울의 딸과 결혼하는 행운을 잡은 사나이였다. 사울은 곧 다윗을 살해하고 싶을 정도로 질투에 휩싸이게 되었고, 다윗은 시골로 도망하여 사회에서 버림받고 경제적으로 자립하지 못하는 자들을 모아 추종자 집단을 형성한다(삼상 22:1-2).

　사울은 도망하는 다윗을 도왔다는 이유로 놉의 제사장을 죽였고, 도망자가 된 다윗 뒤를 쫓아 추적전을 몇 번 벌였지만 모두 실패하고 말았다(삼상 21:1-9; 22:9-23; 23-24; 26).

　다윗과 그의 추종자들은 결국 블레셋 도시 국가 왕에게 몸을 의탁하는데, 그들이 유다 성읍을 공격하려고 모여 있는 동안에 다윗은 다른 민족을 공격하고 그 전리품을 유다 지파 다윗의 고향 마을에 제공한다(삼상 21:10-15; 27; 30).

　블레셋 사람들이 이스라엘을 향하여 대규모 침입을 강행하고, 사울과 요나단은 이스라엘 군대가 패배할 때 전사하고 만다(삼상 28-29; 31).

　사울이 죽자 다윗은 헤브론으로 올라가 유다의 왕이 된다. 한편 블레셋 사람의 손이 미치지 못하는 길르앗 지방에서 사울의 아들 이스보셋도 사울 군대의 사령관이었던 아브넬의 도움을 받아 이스라엘 왕위에 오른다(삼하 2:1-11). 이스보셋과 아브넬 사이에 다툼이 벌어지면서 아브넬은 북쪽 지파를 이끌고 유다의 다윗 왕에게 투항하려는 음모를 꾸민다. 그러나 아브넬은 다윗의 심복인 요압에게 살해당하고, 이스보셋도 또 다른 북부 군대 장교에게 암살당한다. 성경 기사는 이 시대의 상황을 다음과 같이 요약한다.

> **사울의 집과 다윗의 집 사이에 전쟁이 오래매 다윗은 점점 강하여 가고 사울의 집은 점점 약하여 가니라**(삼하 3:1).

요나단에게는 므비보셋(또는 므립바알)이라는 나약하고 다리를 저는 아들이 하나 있었는데 왕위를 위협할 세력이 되지 못했고, 결국 다윗이 온 지파 공동체를 다스릴 지도권을 주장하는 유일한 왕이 될 수 있었다(삼하 4:4; 9).[15] 이미 유다의 왕이었던 다윗은 헤브론에서 북부 지파 장로들과 계약(bĕrîth)을 맺었고(유다의 장로들이 참여했을 가능성도 있다) '온 이스라엘'을 다스리는 왕으로 등극하게 된다(삼하 5:1-5).[16]

전에 사울을 따르던 북쪽 지역 지파 대표자들은 다윗을 왕으로 삼는데 별다른 조건을 제시하지 않는다. 헤브론에서 7년 반을 다스린 후 다윗은 원래 이스라엘 영토가 아니었던 예루살렘을 점령하여 자기 수도로 삼는다. 이렇게 다윗은 유다와 북부 지파들 사이 경계선에 있던 장소로 자기 세력의 중심지를 천도하여 북부를 향한 지배력을 과시한다(삼하 5:6-10). 그는 왕궁을 건설하고 수많은 아내와 첩들을 거느린다(삼하 5:11-16).

한때 다윗을 동맹자로 간주했던 블레셋 사람들은 그의 왕국이 확장되어 온 이스라엘을 포함하게 되자 이 새로운 왕국이 자리를 잡기 전에 전면적인 침략을 시도하였으나, 두 번의 전투에서 대패를 경험하고 다시 해안 평야 지방으로 쫓겨 내려갔다(삼하 5:17-25; 8:1).

이 승리를 통해 자신감을 얻은 다윗은 군사 원정을 시작하여 요단강 동

---

[15] 므비보셋이라는 이름은 '부끄러운 입으로부터' 또는 '부끄러운 (신) 보셋의 입으로부터'라는 뜻으로 이름 주인을 비하하기 위해 변형된 상태이며(삼하 4:4; 8:6; 16:1; 19:24; 21:6), 원래 이름은 므립바알이다(대상 8:34; 9:40). 바알이라는 말을 보셋(bōšeth)으로 바꾸어 기록하는 관행은 이스라엘 사람의 인명에 바알이라는 신명이 포함되었다는 사실을 부끄럽게 생각하기 때문이고, 이스라엘 왕족의 이름을 부를 때 이 부끄러운 신명을 부를 수밖에 없는 상황을 없애고 아예 보지도 못하게 만들려는 의도가 숨어 있다(Diana V. Edelman, *ABD* 4: 696-97, 701-2).

[16] 주석가들은 대개 5:3에서 다윗과 손을 잡은 장로가 3:17-18에 나온 북쪽 지역 장로와 동일 인물이라고 본다. 그러나 '모든 지파'(1절)라는 말과 '모든 장로'(3절)라는 말이 강조되었기 때문에 이 부분에서 '이스라엘'이 의미하는 바는 더 큰 범위의 공동체를 가리키고 있으며, 이미 존재하던 유다 왕국에 북쪽 지파가 '따라 붙은 것'이 아니라 북부와 남부의 지파가 모두 뜻을 모아 다윗을 왕으로 삼고 새로운 정치 공동체를 탄생시킨 것으로 해석할 수도 있다(같은 견해로 Linville, *Israel in the Book of Kings*, 118).

편에 모압, 에돔, 암몬을 쳤고, 북쪽으로 진군하여 다메섹, 하맛, 소바에 위치한 아람 왕국들을 공격했다(삼하 8:2-14; 10:1-11:1; 12:26-31). 그는 이 모든 전투에서 한결같이 승리를 거두었다고 기록되어 있으며, 그들을 정복하고 전리품과 조공을 많이 빼앗아 왔다.[17]

다윗은 모세 시대부터 지파들이 모이는 중심지 노릇을 하던 법궤를 요란한 축제와 더불어 예루살렘으로 옮겨왔다(삼하 6장). 다윗은 이 법궤를 모실 신전을 지으려는 계획이 있었지만, 선지자 나단의 반대 때문에 신전 건축을 위한 대지를 구입하는 일 외에는 더 진행시킬 수가 없었다(삼하 7장; 24:18-25).

그 뒤를 따라 나오는 다윗 전승은 다윗 가문 안에서 벌어지는 매우 험악한 인간관계를 아주 자세하고 파란만장하게 묘사하고 있는데, 모든 갈등의 이유는 물론 다윗의 아들 중에서 누가 왕위를 계승할 것인지 여부였다. 암논은 압살롬에게 살해당하는데, 그가 자기 이복 누이 다말을 강간했기 때문이다(삼하 13-14장). 그 후 압살롬은 다윗의 재판이 엄정하지 못하다는 대중의 불만을 업고 자기 아버지를 대항하여 반란을 일으키지만, 요압에게 살해당하고 만다(삼하 15-19장).

베냐민 사람 세바가 주동이 되어 북부 지파가 일으킨 반란도 요압이 제압하였다(삼하 20:1-22). 마침내 다윗과 밧세바 사이에서 불륜의 관계를 통해 태어난 솔로몬이 왕위에 오르는데, 궁전에는 아도니야를 지지하는 세력도

---

17 다윗이 벌인 전쟁과 그 왕국의 영토에 관해서는 Miller와 Hayce의 연구를 참고하라. J. Maxwell Miller and John H. Hayce, *A History of Ancient Israel and Judah* (Philadelphia: Westminster Press, 1986), 179-85. Halpern은 실제 사건의 효과를 최대로 부풀리기 위해 사용하는 앗수르의 전시 문서(display inscriptions)와 연보(annals)에 등장하는 문학적 표현을 예로 들며 다윗의 요단강 동편 지역과 시리아 지역 원정 보도에도 유사한 표현이 나온다고 주장한다(Baruch Halpern, "The Construction of the Davidic State: An Exercise in Historiography," in *The Origins of the Ancient Israelite States*, JSOTSup 228, ed. V. Fritz and P. R. Davies [Sheffield: Sheffield Academic Press, 1996], 44-75). 그렇다면 원래 매우 소규모의 군사 작전이었거나 아니면 외교적 방문이었던 것을 과장하면서 "의도적으로 얼버무려 함축적인 암시로 사건을 장황하게 표현하는 왕실 문서의 전형적인 방법"을 쓰고 있는 것이다.

상당히 컸다(왕상 1-2장).

다윗 관련 기사가 매우 광범위한 주제를 담고 있는 것에 비한다면 그의 행정 조직에 대한 정보는 매우 작은 편이다. 다윗을 위해 일하던 고위 관리 명부는 두 가지가 남아 있는데(삼하 8:15-18; 20:23-26), 이 명부 두 개를 비교하거나 이와 유사한 솔로몬의 신하 명부와 비교하여 연구할 수 있다.[18]

다윗의 명부 두 개는 다음과 같은 면에서 유사하다.

① 스루야의 아들 요압, 군사령관('al [kōl-]haṣṣāvâ)
② 여호야다의 아들 브나야, 그렛 사람(['al-]hakkĕrētî = 크레타 섬 사람들?)과 블렛 사람(['al-]happĕlētî = 블레셋 사람들?) 담당 사령관: 다윗이 블레셋 도시 갓에서 일할 때 인연이 된 사람들을 경호원으로 고용한 용병들로 추정
③ 아힐룻의 아들 여호사밧, 사자/사관 혹은 의전 담당관([ham]mazkîr)
④ 스라야/스바, 비서 또는 서기장(sôphēr)
⑤ 사독과 아비아달의 아들 아히멜렉, 제사장(kōhănîm)

한 명부는 다윗의 아들들이 제사장이 되었다고 기록하고 있으나(8:18), 다른 명부는 야일 사람 이라가 제사장이 되었다고 말하는 점이 서로 다르다(20:26).[19] 또한 오직 한 명부만 아도람이 감역관 즉 강제 노동을 감독하는 관리였다고 기록하고 있다('al-hammas, 20:24). 나중에 솔로몬은 아비아달을 제사장직에서 물러나게 하고 요압은 사형에 처한다.

이런 명부 이외에 아히도벨이라는 인물이 다윗의 '모사'였고(삼하 15:12)

---

18 다윗과 솔로몬의 신하들을 비교하기 쉽게 그래프로 보여주는 Ishida의 연구를 참고하라. Tomoo Ishida, "Solomon," *ABD* 6:107-8.

19 역자 주 – 개역개정판은 다윗의 아들들과 이라가 '대신'이 되었다고 번역하고 있으나, 이것은 칠십인역(LXX)을 따른 것이고, 히브리어로는 코하님(kōhănîm, '제사장들')이라고 기록되어 있다.

후새가 '왕의 친구'였다는(삼하 15:37; 16:16; 대상 27:33) 기록이 남아 있는데, 이것도 관직의 일종일 것으로 추정된다.[20]

다윗이 이스라엘 백성에게 세금을 부과했다는 기록은 없으나 다윗이 실시한 인구 조사에 관한 전승은 남아 있다. 그러나 다윗은 조사 결과를 국가 정책을 위해 이용하지는 못했는데, 그 이유는 이스라엘에 큰 전염병이 돌았기 때문이다(삼하 24:1-17; 대상 21:21-27). 이 인구 조사는 세금 부과와 군역을 위한 사전 조사였을 가능성이 매우 높다.[21]

선왕이었던 사울의 정치적 유산과 관련해서 다윗은 사울의 절름발이 손자가 살아갈 방도를 마련해 주기도 했고(삼하 9장), 사울이 기브온 사람들과 맺은 계약을 어긴 사실을 갚아주기도 했다(삼하 21:1-14).

다윗이 왕으로 등극하자 온 이스라엘이 나서서 환영을 했다는 기록에도 불구하고 대규모 반란이 두 번이나 일어났으니, 한번은 왕궁 내부에서 다른 한번은 사울의 지지자가 들고 일어났다. 자기 아버지의 왕위를 차지해야겠다고 마음먹은 압살롬은 거의 왕위를 얻을 뻔 했으나 반란 초기의 군사적 우위를 지키지 못하고 결국 실패하고 말았다. 다윗 정부가 다른 지파들을 무시한 채 유다 지파 위주로 정책을 편다는 북쪽 지역 지파의 불평을 업은 세바는 이런 북쪽 지파의 반란을 이끌었으나 결국 다윗의 군사령관 요압 앞에 무릎을 꿇고 말았다.

다윗 왕의 사망이 가까이 다가오며 왕궁 안에는 서로 다른 왕자를 다음 왕으로 지지하는 두 당파가 형성되었는데, 세력 다툼 끝에 솔로몬이 아도

---

20 Mettinger는 다윗과 솔로몬 시대에만 존재했던 '왕의 친구'라는 지위가 매우 불분명하다고 말하며, 이 사람은 다윗의 사적인 조언자였고 솔로몬 치하에도 관직을 유지했으나 그 후 분열 왕국 시대에는 전문적인 고문 요에츠(yō'ēṣ)에 의하여 대체되었다고 주장한다. Tryggve N. D. Mettinger, *Solomonic State Officials: A Study of the Civil Government Officials of the Israelite Monarchy*, ConBOT 5 (Lund: Gleerup, 1971), 63-69.

21 E. A. Speiser, "Census and Ritual Expiation in Mari and Israel," *BASOR* 149 (1958): 17-25를 참조하라. 그러나 현대 인구 조사처럼 국민 전체를 세는 인구 조사는 로마 제국의 조사 전에는 고대 근동에 알려진 바 없다. Frederick Mario Fales, "Census, Ancient Near East," *ABD* 1:882-83.

니야를 누르고 왕위에 올랐다(왕상 1장).

자신의 왕위 등극에 반대했던 사람들을 무자비하게 제거하고 난 후 솔로몬은 자기 아버지의 업적을 굳히고 또 그것을 뛰어넘기 위해 모든 노력을 경주하였다. 그는 다윗 왕국의 영토를 넓히지는 않았지만, 국경을 지켜 내고, 경제적 재원과 외교 관계를 다변화하며, 왕국을 굳건한 이념적 기초 위에 올려 놓았다. 자기 백성의 부역을 기초로 하여 요새와 국고성을 건축하였는데, 거대한 전차 군대를 통해 방어선을 구축하기 위한 사업이었다(왕상 5:13-18; 9:15-24; 10:26).

경제 정책으로는 농업 생산물을 늘이는 데 주력하였고(왕상 4:22-28; 5:11), 이스라엘 상인에게 세금을 부과하며 왕국 전역에서 중계 무역 수수료를 받았고(왕상 10:14), 아나톨리아나 이집트에서 말과 전차를 수입하여 일부를 시리아 왕에게 팔았으며(왕상 10:28-29),[22] 아라비아 반도 남부에 거주하는 스바의 여왕과 향료 같은 수익성이 높은 물건 등 귀중품을 교역했다(왕상 10:1-10, 13).

외교 정책으로는 두로와 외교 관계를 맺었는데, 이것은 목재를 수입하

---

22 솔로몬이 말과 전차를 수입한 지역에 관해서는 해석의 문제가 있다. 히브리어 마소라 전승은 미크웨(*miqwê*)라는 이해할 수 없는 표현을 쓰고 있는데, 대개 믹쿠웨(*miqqūwē*)나 믹코(*miqqô*)로 고쳐서 '쿠에(Kue)로부터'라고 읽는다(쿠에는 아나톨리아에 있는 길리기아 Cilicia). 그리고 미츠라임(*miṣrayim*) 즉 이집트라는 말도 역시 아나톨리아에 있는 무쯔리(Musri)라는 장소를(왕하 7:6 참조) 가리키는 것으로 보인다(John Gray, *I and II Kings, A Commentary*, OTL, 2nd rev. ed. [Philadelphia: Westminster Press, 1970], 264, nn. g, h, 268-69).
이와 반대로 Ikeda는 이 표현이 이집트를 가리키는 것이 확실하고 본문에서 언급된 무역이 실제로 수행되었다고 주장하는데, 이때 군사 용품을 거래하는 대규모 무역이 벌어진 것이 아니고 전시적인 행사에 쓸 귀하고 비싼 말과 전차를 들여 온 것이라고 주장한다(Yutaka Ikeda, "Solomon's Trade in Horses and Chariots in Its International Setting," *Studies in the Period of David and Solomon and Other Essays*, ed. T. Ishida [Tokyo: Yamakawa-Shuppansha, 1982], 215-38). 주석가들은 최근 들어 본문이 왕국 시대 후반 즉 앗수르 사료에 말과 전차를 육상 무역을 통해 조달한다는 언급이 나올 때쯤 기록되었다고 주장한다(Nadav Na'aman, "Sources and Composition in the History of Solomon," in *The Age of Solomon: Scholarship at the Turn of the Millennium*, ed L. K. Handy [Leiden/New York/Cologne: E. J. Brill, 1997], 70-72).

려는 목적과 또 이 페니키아 사람으로부터 건축 기술과 항해술을 배우기 위한 조처였다(왕상 5:1-12; 9:26-28; 10:11-12, 22). 지배 이념을 강화하기 위해서 솔로몬은 자기 왕권의 종교적 기반을 강화하는 상징으로 왕립 신전을 건축한다(왕상 6:1-9:9).

다윗이 이스라엘을 다스리며 어떤 세제를 사용했는지 알 수 없지만, 솔로몬은 자기 왕국을 열두 구역으로 나누고 각 지역 지도자가 왕궁에서 필요한 물품을 한 달씩 부담하도록 만들었다(왕상 4:7-19, 22-28 [히브리어 5:6-13]).

열두 구역이 지리적으로 어떻게 배치되어 있는지는 매우 개략적으로 묘사되어 있지만, 어떤 경우에는 솔로몬의 구역 경계가 전통적인 지파 경계와 차이가 있으며, 이런 현상은 아마도 경제적인 논리에 따라 구역을 재정비했거나 아니면 지파 사이에 존재하는 지역 감정을 제거하려는 목적 때문이었을 것으로 예상한다.

이 새로운 체제에서 유다의 위치가 불분명한데(유다는 오직 칠십인역 왕상 4:19에만 나온다) 유다를 포함시키면 모두 열세 구역이 되어 각 구역이 한 달씩 왕궁을 책임진다는 설명에 들어맞지 않는다. 유다는 솔로몬의 왕궁을 지원하는 책임을 면제받았거나 또는 다른 방법을 통해서 세금을 납부했을 가능성도 있다.[23]

솔로몬은 건축 사업을 위해서 체계적인 부역 체제를 도입했다. 한 본문에는 솔로몬이 왕국의 모든 백성에게 부역을 시켰다고 기록되어 있으나(왕상 5:13-18 [히브리어 5:27-32]), 다른 본문은 그가 이스라엘 백성은 부역에서 면제시키고 이스라엘이 정착하기 전부터 그 땅에 살던 이방인의 후손에게 강제 노역을 시켰다고 주장한다(왕상 9:15-22).[24]

---

23 본문 분석과 지리적 역사적 문제에 대답하며 솔로몬의 행정 구역을 재구성하려는 자세한 연구는 다음을 참조하라. Simon J. DeVries, *I Kings*, WBC 12 (Waco, Tex.: Word, 1985), 63-74.

24 J. Alberto Soggin, "Compulsory Labor under David and Solomon," in *Studies in the Period of David and Solomon*, 259-67 참조. Dandamayev는 이스라엘 왕국의 부역 제도를 고대 근동에서 시행하던 노예제와 비교한다. Muhammad A. Dandamayev,

레바논에서 삼나무와 편백나무 목재를 잘라서 운반하기 위해 일하던 노동자는 교대로 작업을 맡았는데, 한 달은 레바논에서 일하고 한 달은 집에 머물렀다. 이렇게 징집된 노동자는 대부분 농부와 목자였기 때문에 이들이 자기 농지와 가축 떼를 버려두고 떠나있는 시간은 각자의 가정 사정을 악화시키고 결과적으로 솔로몬의 세금원에 악영향을 미치게 된다.

솔로몬의 왕궁에서 일하는 고위 관리들(śarîm)의 명부는 다음과 같다(왕상 4:1-6).[25]

① 여호야다의 아들 브나야, 군사령관(다윗 치하에서 그렛 사람과 블렛 사람의 사령관이었는데, 솔로몬의 군대에서는 이들이 따로 언급되지 않았다. 'al-haṣṣāvâ)

② 아힐룻의 아들 여호사밧, 사자/사관 또는 의전 담당관(hammazkîr)

③ 시사의 아들 엘리호렙과 아히야, 비서 또는 서기장(sōpherîm)

④ 사독의 아들 아사리아, 제사장(hakkōhên)

⑤ 압다의 아들 아도니람, 강제 노동 감독관(아마도 다윗이 같은 직위에 임명했던 아도람과 동일 인물일 것이다. 'al-hammas)

⑥ 나단의 아들 아사리아, 열두 지방 관장의 두령('al-hanniṣṣāvîm)

⑦ 나단의 아들 사붓, 왕의 벗(rē'eh hammelek)

⑧ 아히살, 궁전과 왕궁 소속 재산을 관리하는 궁내 대신('al-habbāyit)

"Slavery, Ancient Near East/Old Testament," *ABD* 6:58-65.

25 다윗과 솔로몬의 관리에 대해서는 다음 연구를 참조하라. John Bright, "The Organization and Administration of the Israelite Empire," in *Magnalia Dei: The Mighty Acts of God*, ed. F. M. Cross et al. (Garden City, N.Y.: Doubleday, 1975), 193-208; Benjamin Mazar, "King David's Scribe and the High Officialdom of the United Monarchy of Israel," in *The Early Biblical Period: Historical Studies*, ed. S. Ahituv and B. Levine (Jerusalem: Israel Exploration Society, 1986), 126-38; Abraham Malamat, "Organs of Statecraft in the Israelite Monarchy," in *BARead* 3 (1970): 163-98; Mettinger, *Solomonic State Officials*; Udo Rüterswörden, *Die Beamten der israelitischen Königszeit*, BWA(N)T 117 (Stuttgart: Kohlhammer, 1985).

다윗과 솔로몬의 통치 시기에 계속해서 자기 자리를 지킨 고위 관리도 있고 다른 관리로 바뀌거나 새 관직이 생기기도 하였다. 계속 유지된 관직으로는 군사령관, 사자/사관 혹은 의전 담당관, 비서/서기관, 제사장, 노동 감독관이 있다. 솔로몬 시대에 새로 생긴 관직으로는 열두 지방 관장의 두령, 왕의 벗, 궁내 대신이 있으며, 없어진 관직으로는 크레타와 블레셋 용병의 사령관이 있는데, 군대 조직의 개편이 있었던 것으로 보인다.

다윗과 솔로몬을 모두 섬긴 관리는 브나야가 다른 관직을 맡아 일했고, 여호사밧과 아도람(아도니람)이 같은 관직으로 섬겼다. 솔로몬의 제사장 아사리아는 다윗의 제사장 사독의 아들이었고, 엘리호렙과 아히야는 다윗의 비서 스라야/시바(= 시사?)의 아들로 추정된다. 솔로몬의 명부는 본문에 몇 가지 문제가 있어서 다윗과 솔로몬의 고위 관리 명부가 얼마나 원래 형태대로 성경에 남아 있는지 확신할 수 없다.

그럼에도 불구하고 솔로몬 시대에 관직이 세 개나 늘어난 것을 보면 갈수록 행정 체계가 복잡해졌다는 사실과 왕국의 자원을 효과적으로 모으고 관리하려는 시도를 엿볼 수 있다. 관리를 언급한 순서를 보자면 군사령관을 강조했던 다윗 시대와 달리 솔로몬은 제의적-이념적 방면에 더 중점을 두고 있다는 사실을 보여 준다.[26]

솔로몬이 성취했다고 기록된 초기의 업적은 그의 사후에 오래 지속되지 않았다. 두 방향에서 문제가 발생했는데, 하나는 내부적인 문제, 또 하나는 외부적인 문제 때문이었다.

이집트의 지원을 받은 에돔이 불만을 품고 반란을 일으켰으며(왕상 11:14-22) 아람 다메섹은 이스라엘의 지배에서 완전히 벗어나(왕상 11:23-24) 외국에서 바치는 조공량이 줄어들고 아마도 요단강 동편 지방을 통해 진행되는 수익성이 높은 물품 무역에 악영향을 미쳤을 것이다. 재원이 줄어든 솔로몬은 페니키아 도시 국가와 벌인 무역 적자를 메우기 위해 두로에 영토

---

26 Ishida, "Solomon," *ABD* 6:108.

를 떼어 주는 결정을 내리게 된다(왕상 9:10-14).

이보다 더 심각한 일은 북부 지파의 노동 감독관 여로보암이 자기 관직을 버리고 이집트로 도주했다가 솔로몬이 죽은 후에 돌아와서 솔로몬의 아들이자 후계자였던 르호보암에 대항하여 반란을 일으킨 사건이다(왕상 11:26-40; 12:1-16). 그리하여 여로보암은 북 왕국 초대 왕으로 등극하는 영광을 누린다(왕상 12:20).

북쪽 지파는 솔로몬 밑에서 강제 노역을 하느라 너무 심한 고생을 한 것에 불만을 느끼고 있었다. 솔로몬의 후계자 르호보암이 그 힘든 노역에서 놓아주기를 거절하자 통일된 이스라엘 왕국은 다시 남북으로 갈리고 말았다. 이런 와중에 솔로몬의 노동 감독관 아도람은 세겜에서 살해당하고, 르호보암은 그 책임을 묻지 못한 채 불명예스럽게 예루살렘으로 물러나고 말았다.

2) 이스라엘: 두 국가 정부 체제

이렇게 해서 유다와 북부 지파는 최종적으로 갈라지게 되었다. 한번 갈라서자 어느 나라도 상대 국가를 점령할 수 없었고 통일을 할 수도 없었다. 아합과 여호사밧 시대에는 두 나라 사이에 우호적인 관계가 형성되었으나, 이 왕들이 사망한 후까지 지속되지는 못했다. 이렇게 솔로몬의 왕국이 분열된 이후 우리는 '이스라엘'이라는 이름이 가리키는 이중적인 의미를 만나게 되는데, 이 말은 한 정치 조직을 가리키기도 하고 다른 한 편 특정한 종교-문화 공동체를 가리키기도 한다.

국가 정치와 관련된 용어로 사용될 때 '이스라엘' 또는 '이스라엘 왕조'는 북 왕국을 가리키고 남 왕국 유다 또는 다윗 왕조에 대비된다. 왕국 분열 당시의 역사적 문맥을 통해 본다면 북 왕국이 '이스라엘'이라는 이름을 선택하고 남 왕국이 다윗 왕조의 중심지였던 '유다'라는 이름을 유지한 현상이 당연한 일이었다.

그러나 종교적 문화적 정체성을 드러내는 용어로 사용될 때('이스라엘'과 '유다'라는 이름이 역사의 주체로 등장할 때 누구도 규정하기 어려운 공동체라는 점은 위 제2장을 참고하라.)

'이스라엘'은 야훼 신앙의 유산을 공유하고 있다고 생각하는 한 남북 양국의 백성을 모두 가리키는 말로 사용되었다. 북쪽 지역 지파가 이제는 야훼 신앙을 떠나거나 배교자가 되었다고 하더라도, 아직 유다의 '형제 이스라엘 자손'이며(왕상 12:24), "유다 성읍들에 사는 이스라엘 자손에게는 르호보암이 그들의 왕이" 되었다(왕상 12:17). 더구나 유다 사람들이 하나님을 부를 때 그리고 유다 사람들의 기도문에서 언급하는 하나님은 언제나 '이스라엘의 하나님'이지 '유다의 하나님'이 아니다.

마지못해 이렇게 기록했는지는 몰라도 화자는 이스라엘이라는 정체성을 더 넓고 포괄적으로 제시하고 있으며, 마음 속에 정치적 경계를 넘어서는 '상상 속의 공동체'를 담고 있는 것으로 보인다.

화자가 보기에는 광범위하게 공유된 이스라엘이라는 정체성이 아무리 모순으로 점철되어 있다 할지라도 두 나라 간에 존재하는 적대감 때문에 사라지지 않는다. 화자는 두 왕국의 백성을 서로 공유하는 문화적 종교적 끈으로 다시 묶어서 친밀감을 회복해야 한다고 주장하고 있는 것이다.

물론 화자가 우리에게 자세하게 해석하여 보여 주는 두 왕국 간의 관계가 모두 정확한 사실이라는 말은 아니다. 왜냐하면 역대기는 물론 열왕기도 후대의 역사적 문맥에서 발생한 지나치게 종교적인 방법으로 이스라엘과 유다의 관계를 조명하고 있기 때문이다. 예를 들어 유다 사람들이 정말 '이스라엘/이스라엘인'이란 용어를 종교적인 정체성을 드러내기 위해 자신들을 부르는 이름으로 여겼다면, 북 왕국 사람들을 이스라엘이라고 불렀다는 점에 대해 의문을 제기하지 않을 수 없다.

다윗 왕조라는 이름에 대비되는 더 중립적인 이름을 쓰거나 아예 조롱하는 투로 여로보암 왕조나 오므리 왕조라고 부르지 않았을까?

이스라엘이라는 이름이 사용된 용례를 살펴보면 '이스라엘' 또는 '이스라엘인'이라는 말이 북 왕국과 그 백성을 가리키는 경우가 대부분이며 어떤 경우에는 더 광범위한 종교-문화적 공동체를 가리킨다는 것이 문맥에서 잘 드러난다.

> **이스라엘이 그 장막으로 돌아가니라. 그러나 유다 성읍들에 사는 이스라엘 자손에게는 르호보암이 그들의 왕이 되었더라**(왕상 12:16b-17).

그러나 어떤 경우에는 '이스라엘'이 누구를 가리키는지 모호한 경우가 있으며 의도적으로 이런 방식으로 기록했을 가능성도 배제할 수 없다.[27]

열왕기 저자는 두 왕국의 역사를 하나씩 차례대로 설명하거나 두 역사의 어떤 단계나 측면을 강조하기 위해 둘을 섞어서 언급하지 않고, 이스라엘과 유다의 정치적 발전을 독립적인 문단으로 구성하기 위해 각 지배자를 중심으로 역사를 서술한다. 이런 문단은 서로 길이가 매우 차이가 나고, 문단을 시작하는 형식과 마무리하는 형식이 정해져 있다.

열왕기를 기록한 역사가는 북쪽과 남쪽 왕을 묘사한 각 문단을 체계적인 순서에 따라 곡예를 하듯 배열하는데, 고대 근동의 왕실 문서와 얼추 비슷하지만 똑같지는 않은 독창적인 연대 대조 방법(synchronic scheme)을 사용한다.[28]

---

27 '이스라엘'이라는 이름이 북 왕국이나 더 포괄적인 공동체 중 누구를 가리키는지 불분명한 경우 또는 이중적으로 북 왕국과 포괄적인 공동체를 모두 가리키는 경우는 삼하 5:1-3(위 각주 16을 보라.)과 왕하 17장에 나타난다. 7-8절에는 이집트에서 구원받은 포괄적인 공동체 '이스라엘 자손'이 언급되는데, 9-18절로 가면 북 왕국 이스라엘로 그 폭이 좁아진다(16절에 두 송아지 형상에 대한 언급이 있다는 점에 유의하라). 그 후 갑자기 유다도 이스라엘의 제의적 범죄에 가담했다는 말이 나오면서 "여호와께서 이스라엘 온 족속을 버리사 괴롭게 하시며"(19-20절)라고 기록한다.

28 열왕기에 나오는 연대-대조 방식의 역사와 유사한 작품은 Grayson이 소개하는 글과 역주를 달아 출판한 『앗수르의 연대-대조 역사』(*Assyrian Synchronistic History*, Chronicle 21)를 들 수 있는데, 이 문서에는 앗수르와 바빌론의 왕들이 기원전 15-8세기에 서로 싸워 온 전쟁사가 기록되어 있다(A. K. Grayson, *Assyrian and Babylonian Chronicles* [Locust Valley, N.Y.: J. J. Augustin Publisher, 1975], 51-56, 157-70). 대개 앗수르 왕의 이름이

두 왕국이 동시에 존재했던 시절에는 사건 기록이 앞뒤로 건너뛰면서 서로 섞여 있는데, 다음과 같은 양태를 보여 준다. 이스라엘의 여로보암 1세를 시작으로 어떤 왕의 지배를 묘사할 때는 두 왕국 중 하나에서 일어난 일을 언급하거나, 그 왕이 사망하기 전에 상대 국가에서 왕위에 오른 모든 지도자를 소개하고 그들의 지배를 묘사한다. 그 왕의 지배가 끝날 때가 되었는데 이스라엘이나 유다에서 왕위에 올랐다고 언급된 마지막 왕보다 더 늦게 죽음을 맞이했다면, 보도의 흐름은 상대국에서 왕위에 오른 다음 왕에게로 돌아간다.

결과적으로 열왕기는 어느 정도 같은 이야기가 반복되고 연대적으로 차이가 나는(chronologically 'backtracking') 이야기가 섞여 있어서 두 왕국 역사에 관한 '비틀거리는' 기록('staggered' recital)을 수록하게 된다. 두 왕국의 왕들이 동시대 사건에 주인공으로 함께 주인공이 될 때 그런 경향이 더 심화된다.

이런 연대-대조 방식을 큰 틀로 해서 왕의 업적에 관한 짧은 연대기적인 보도, 외교 정책에 관한 상세한 언급, 전쟁, 정치적 반란과 숙청 사건, 선지자의 행보, 종교 개혁 등의 사건이 담긴다. 역대기는 열왕기와 같은 왕정 공식을 사용하고 있지만 열왕기의 연대-대조 방식은 채용하지 않는데, 이는 북부 지역 역사를 전혀 언급하지 않고 있기 때문이며, 유다와 직접적인 관계를 맺고 있는 이스라엘 왕만 선택적으로 보도하고 있기 때문이다.

연대를 대조하면서 나오는 연도와 각 왕의 통치 기간은 더해보면 딱 맞

먼저 나오고 '(어떤) 왕 시절에'라는 방식으로 연대를 대조해 가며 역사 사건을 기록한다. 열왕기 저자가 유다와 비교할 때 대체로 이스라엘 왕은 비난하고 있는 것처럼, 연대-대조 역사는 바빌론을 비하하고 앗수르를 찬양하는데, 바빌론이 오랜 옛날부터 양자 사이에 계약을 맺고 정한 국경을 반복해서 침입하고 있다고 비판한다("앗수르를 찬양하는 노래가 영원히 울려퍼지고, 수메르와 아카드의 범죄가 온 세계 구석까지 알려지기를 바란다." 170). 그러나 앗수르의 문서는 다루고 있는 주제가 매우 좁으며, 열왕기 저자가 이스라엘과 유다의 관계를 다루는 것처럼 복잡하고 양면적인 가치를 지닌 보도를 포함하지 않는다. 앗수르와 바빌론 지도자의 연대-대조 방식 왕명 목록(Synchronistic King List)은 이야기를 포함하고 있지 않아서, 열왕기와 유사점이 더 적다(Grayson, 200).

아 떨어지지 않는다. 그 이유는 아마 계산에 영향을 미치는 요인이 많아서 어디서든 문제가 발생할 수 있기 때문일 것이다. 예를 들어 성경 역사가가 계산을 잘못했거나 사용한 자료가 정확하지 않을 경우, 성경 본문이 전달되는 동안 실수가 개입되었을 경우, 고대 이스라엘에서 사용하던 달력과 왕의 통치 연한 계산 방식이 알려지지 않은 이유로 중간에 변했을 경우 등 많은 문제가 있다.[29]

사실 사울과 다윗, 솔로몬이 다스린 초기 역사에는 연대기적 문제점이 산재해 있다. 성경 본문에 문제가 있어서 사울이 얼마나 오래 왕위에 있었는지도 알 수 없으며(삼상 13:1),[30] 다윗과 솔로몬이 각각 40년씩 다스렸다는 기록은 아마도 어림잡아 계산한 숫자로 보인다(왕상 2:1; 11:42). 결과적으로 열왕기에 있는 연대기 자료를 조화롭게 재구성하려는 많은 학자 사이에 합의점을 찾기 어렵고, 새로운 문서가 발견되지 않는 한 어느 누구도 의견 일치에 도달할 수 없을 것이다.[31]

---

29 각 왕에게 배정된 상대적인 날짜를 가지고 연구할 때 발생하는 문제점이 많고, 또 이런 변수를 일관성 있는 연대기에 맞추어 '수정'하는 방법도 다양하다는 사실은 서로 다른 결과를 내어 놓는 다음 연구를 비교해 보면 잘 드러난다. Mordechai Cogan, "Chronology, Hebrew Bible," *ABD* 1:1005-11; Simon J. DeVries, "Chronology of the OT," *IDB* 1:584-89; John H. Hayes and P. K. Hooker, *A New Chronology for the Kings of Israel and Judah* (Atlanta: Scholars, 1988); Edwin R. Thiele, *The Mysterious Numbers of the Hebrew Kings*, 3rd ed. (Grand Rapids, Mich.: Eerdmans, 1983).

30 역자 주 – 삼상 13:1은 개역개정판에 "사울이 왕이 될 때에 사십 세라. 그가 이스라엘을 다스린지 2년에"라고 번역되어 있지만, 히브리 성경을 직역하면 "사울이 왕이 될 때에 한 살이었다. 그가 2년 동안 이스라엘을 다스렸다"라고 적혀있다. 사울의 나이를 언급한 문장에 있어야 할 어떤 숫자가 빠진 것으로 보인다.

31 Thiele는 성경 마소라 본문에 나오는 모든 숫자를 서로 조화시키는데 성공하였으나 (Thiele, *Mysterious Numbers*), 성경에 언급되지 않은 매우 복잡한 섭정 기간을 포함시키고, 이스라엘에서 사용하던 달력 체제와 왕들의 통치 기간 계산법도 중간에 바뀌었다고 가정한다. 그가 변수들을 수정한 방법은 다른 학자들이 제안한 연대기 재구성과 마찬가지로 매우 임의적이며, 상세한 세목을 희생시켜서 연대기적 일관성을 획득했다고 평가할 수 있다. 필자는 다른 책에서 Thiele의 연대기를 사용했으나(Gottwald, *The Hebrew Bible – A Socio-Literary Introduction* [Philadelphia: Fortress, 1985], xxix], 이제는 DeVries나 Cogan의 연대기에 비해 Thiele의 연구다 더 낫다고 말할 수 없다.
Gray는 열왕기에 나오는 연대기 연구의 현 상황에 관하여 다음과 같이 말했다. "(연구에 사

특정한 연대기 재구성 안에 의거하여 성경 본문에 나온 자료를 상대적인 날짜로 추정할 수 있고, 앗수르와 신-바빌론 천문 관측 기록에 의거한 정확한 날짜와 비교하여 이스라엘과 유다가 메소포타미아 문서에 언급된 시점이 어느 해인지 정할 수 있다.[32]

그러나 우리가 이런 방법을 사용해서 몇몇 역사 사건의 정확한 연대를 추정할 수 있고, 아합이 카르카르(Qarqar) 전투에 참여한 것은 기원전 853년이며 사마리아가 멸망한 것은 기원전 722년이라는 사실을 확신한다 해도, 이런 연대 추정이 성경 자료를 이용한 다른 상대적인 연대를 정리하고 조화시키는 방법을 알려주지는 않는다.[33] 말하자면 성경 연대표를 수정할 수 있는 변수 중의 하나로 어떤 왕이 특정 기간 동안 자기 아들이자 미래의 후계자와 동시에 왕위에 앉아있는 섭정 체제를 예로 들 수 있다.[34]

이런 섭정 체제는 유다에서 아사랴와 요담 치하에 실행되었는데, 그 이유는 아사랴가 병에 걸렸기 때문이었다. 학자들은 서로 어긋나는 연대기 자료를 설명하기 위해서 북 왕국과 남 왕국에서 섭정 체제가 몇 번 더 시행되었다고 가정한다. 무엇보다 먼저 섭정 체제가 몇 번 있었는지 모른다. 더 심각한 문제는 어떤 왕이 그의 섭정과 왕권을 공유했다는 가정을 통해 연대기적 자료 사이에 설정한 겹치는 부분은 완전히 주관적인 기준에 의해 계산되고, 오로지 성경 자료를 조화시켜야 한다는 목표에만 집중하고 있는 것이다.

봄에 시작하는 달력과 가을에 시작하는 달력 또는 이 두 체제를 바꾸어

용하기에는 자료가) 어렵고 서로 일치하지 않는다는 점은 누구나 인정하고 있다. … 그리고 성경에 나와 있는 자료를 그대로 인정하고 사용해서는 누구도 열왕기의 연대에 관해 확실한 결론에 이를 수 없을 것이다"(John Gray, *I and II Kings*, 56).

32 성경에 언급된 상대적인 날짜를 앗수르와 신-바빌론 기록에 나오는 절대적 날짜로 환산하는 방법에 관해서는 DeVries가 잘 설명해 준다(DeVries, "Chronology of the OT," 585).

33 성경에 기록된 역사 사건 중 절대적인 연대를 확신할 수 있는 경우는 Cogan의 연구에 표로 잘 정리되어 있다(Cogan, "Chronology, Hebrew Bible," 1007).

34 섭정에 대해서는 Gray, *I and II Kings*, 65-68과 Thiele, "Coregencies and Overlapping Reigns," *JBL* 93 (1974): 176-89를 보라.

가며 사용했다는 제안도 임의적이기는 마찬가지이며, 등극 년도를 어떤 왕의 통치 기간의 첫 해로 계산하는 방법과 그 왕의 전체 통치 기간을 계산할 때 등극 년도를 제외하는 방법도 그러하다.

이런 모든 연대기적 퍼즐에 더하여 히브리어 마소라 본문과 그리스어 칠십인역 본문에 나타나는 숫자 사이에 상당한 차이가 있다. 물론 칠십인역의 자료도 히브리 성경의 자료만큼 서로 조화로운 것은 아니다.

이 연구에서 왕들의 연대에 관한 뒤엉킨 문제로 씨름하는 것은 더 이상 의미가 없다. 외부 자료가 더 발견되기 전에는 이 문제를 해결할 가능성이 전혀 없기 때문이다. 여기에 싣는 유다와 이스라엘 왕들의 연대표는 우리가 논의할 왕들과 여왕 한 명과 관련하여 대략적인 시간적 틀을 제공한다. 이 목록에서 왕들의 통치 기간은 두 왕국을 비교하며 '연대-대조 방식의 논리'(synchronic logic)를 시각적으로 재구성하여 왕들이 다스리던 순서를 보여 준다.

이 표에는 티엘리(Edwin R. Thiele)와 코간(Mordechai Cogan)의 연구를 따라 각 왕마다 두 가지 연대를 제공하고 있다.[35] 두 가지 연대를 서로 비교해 보면 1-4년 정도의 범위 안에서 달라지는 경우가 많고, 두 경우에 최대 12년까지 차이가 나는데, 이런 차이는 다른 연대 추정 연구에도 전형적으로 나타난다. 왕조를 창건한 왕들의 이름은 굵은 글씨로 표시하였다. 암살을 당한 왕들은 별표(*)로 표시하였고, 우리가 사용한 연대기에 의해 섭정과 함께 다스렸던 왕은 더하기 기호(+)로 표시하였다.

섭정 체제가 시행되었다고 가정한 기간에 관해 티엘리와 코간은 한 경우를 제외하고 모두 동의하지만, 섭정 기간에 관해서는 의견이 엇갈린다. 같은 왕을 서로 다른 두 이름으로 불렀을 경우 같음 기호(=)로 연결하였다. 사각괄호 안에 이름을 넣은 예외적인 두 지도자는 얼마나 오래 다스렸는지 정보가 없다. 성경 저자는 아달랴의 통치를 불법으로 여겼고, 디브니는

---

35 위의 각주 29, 31을 보라.

오므리와 왕권 경쟁을 오래 하였으나 결국 실패하여 '왕 후보자'(would-be king)에 그쳤기 때문이다.

이 도표에 포함시킨 또 하나의 자료는 열왕기와 역대기에서 각 왕에게 배당한 구절수다. 이 숫자를 통해 각 책 안에서 왕들이 서로 얼마나 달리 취급을 받았는지 그리고 각 왕도 두 책에서 서로 얼마나 달리 다루어졌는 지를 알 수 있다. 역대기에 나타난 이스라엘 왕에 관한 언급은 유다와 직접적인 관계를 가진 경우로 제한되어 있기 때문에 상대적으로 매우 작다.

이스라엘 왕	유다의 왕과 여왕
여로보암 1세 930-909 / 928-907 (103 / 36절)	
	르호보암 930-913 / 928-911 (36 / 57절)
	아비얌=아비야 913-910 / 911-908 (8 / 23절)
	아사 910-869 / 908-867 (14 / 47절)
나답* 909-908 / 907-906 (8절)	
바아사 908-886 / 906-883 (8 / 6절)	
엘라* 886-885 / 883-882 (9절)	

이스라엘 왕	유다의 왕과 여왕
시므리* 885 / 882 (8절) [디브니] 885-880 / 882-878 (2절) 오므리 885-874 / 882-871 (7절) 아합 874-853 / 873-852 (209 엘리야 기사 포함 / 34절) 아하시야 853-852 / 852-851 (20 / 3절) 여호람 852-841 / 851-842 (182 엘리사 기사 포함 / 4절) 예후 841-814 / 842-814 (73절)	 여호사밧 872-848+ / 870-846+ (43 / 99절) 여호람 853-841+ / 851-843+ (9 / 20절) 아하시야=여호아하스* 841 / 843-842 (11 / 9절) [아달랴] 841-835 / 842-836 (21 / 24절) 요아스=여호아스* 835-796 / 836-798 (40 / 47절)

이스라엘 왕	유다의 왕과 여왕
여호아하스 814-798 / 817-800 (9절) 요아스 798-782 / 800-784 (25 / 8절)	
	아마샤 796-767 / 798-769 (20 / 28절)
여로보암 2세 793-753+ / 788-747+ (7절)	
	아사랴=웃시야 792-740+ / 785-733+ (8 / 23절)
스가랴* 753 / 747 (5절) 샬룸* 752 / 747 (4절) 므나헴 752-742 / 747-737 (8절) 브가히야* 742-740 / 737-735 (4절) 베가* 740-732 / 735-732 (7 / 16절)	
	요담 750-735+ / 759-743+ (7 / 9절) 아하스=여호아하스 1세 735-715+ / 743-727+ (20 / 27절)

이스라엘 왕	유다의 왕과 여왕
호세아 732-723 / 732-724 (6절)	
	히스기야 715-686 / 727-698 (95 / 117절) 므낫세 697-642+ / 698-642 (18 / 20절) 아몬* 642-640 / 641-640 (8 / 5절) 요시야 640-609 / 639-609 (50 / 60절) 여호아하스 2세=샬룸 609 / 609 (3 / 3절) 여호야김=엘리야김 609-598 / 608-598 (9 / 6절) 여호야긴=(예)고냐 598-597 / 598 (13 / 2절) 시드기야=맛다니야 597-586 / 596-586 (24 / 11절)

도표 설명

왕(또는 여왕) 이름　　　　　　　　 * 암살당한 왕
티엘리 연대 / 코간의 연대　　　　 + 섭정기간 포함된 연대
열왕기 절 수 / 역대기 절 수　　　 = 이름이 둘인 왕
음영 표시는 왕조 창건자　　　　　 [ ] 통치 기간에 관한 자료가 없는 왕

티엘리와 코간의 연구를 따라 연대기 전체를 훑어보면 유다가 이스라엘보다 137/138년 정도 더 오래 지속되었지만 두 왕국을 다스린 왕은 20명으로 같다는 점을 발견할 수 있다(오므리와 4년 동안 왕권을 경쟁하던 디브니를 이스라엘 왕으로 계산했을 때 이런 숫자가 나온다). 유다 왕국이 332/334년 정도 지속되었는데, 유다 왕은 평균 17년 정도를 다스렸고, 이스라엘은 207/204년 정도 왕국이 서 있었는데, 이스라엘 왕들이 평균 10년 정도를 다스렸다.

그러나 두 왕국을 다스린 왕이 왕위에 있었던 기간은 천차만별이다. 이스라엘에서 왕 여섯 명이 4년이 안 되는 기간을 다스렸고 그 중 세 명은 1년도 채 다스리지 못했는데, 다른 왕 네 명은 20년이 넘는 기간을 다스리기도 했다. 유다에서는 왕 세 명이 2년이 안 되는 기간을 다스린 적이 있고, 여덟 명이 20년 이상을 다스리기도 했다. 유다보다 이스라엘 왕들이 암살당한 경우가 더 많기 때문에 북 왕국 왕의 재임 기간이 더 짧은 사실을 이해할 수 있다.

정치적 혼란기를 맞는 경우도 있었지만 유다 왕국은 다윗의 혈통을 따라 한 왕조를 계속 지켜낼 수 있었고, 딱 한 번만 대가 끊어지는 일이 있었다. 이와 달리 이스라엘에는 든든히 지속된 왕조가 두 개가 있었고(오므리와 예후 왕조), 왕조 창시자와 그 후계자까지 이어진 왕조가 세 개(여로보암 1세, 바아사, 므나헴의 왕조), 그리고 후계자를 왕위에 세우는 데 실패한 왕이 다섯 명 있었다. 이스라엘과 비교할 때 유다가 훨씬 더 정치적으로 안정적이었던 이유와 이런 차이가 두 왕국의 구조와 역사를 이해하는 데 어떤 도움이 되는지는 이 연구가 더 깊이 진행됨에 따라 분명히 드러날 것이다.

왕정 시대 역사가 혼란스러운 또 다른 이유는 같은 이름을 사용하는 다른 왕들이 있기 때문이다. 예를 들어 열왕기에 다음과 같은 말이 있다.

> 유다의 왕 요아스의 제 삼십칠 년에 여호아하스의 아들 요아스(히브리어로 여호아스)가 사마리아에서 이스라엘 왕이 되어 십육 년간 다스리며(왕하 13:10).

북 왕국 내부에서 두 이름이 반복되어 나타난다. 먼저 여로보암 1세와 2세는 아마 후대 왕이 국가 창건자를 기리면서 같은 이름을 썼을 것이다. 브가히야와 베가의 경우에는 원래 군대 장관이었던 베가가 브가히야 왕을 암살하고 왕위에 오르면서 왕위의 정통성을 잇기 위해서 선왕의 이름을 따서 사용했을 것이다.[36]

아하스는 앗수르 문서에 여호아하스라는 이름으로 등장하는데, 사실 여호아하스는 유다 왕 두 명 그리고 이스라엘 왕 한 명이 사용한 이름이다. 왕들이 많이 찾는 이름은 왕국 경계와 상관없이 두 나라에 다 나타난다. 요람/여호람, 여호아하스, 아하시야, 요아스/여호아스, 그리고 살룸이 그런 이름이다. 모두 흔하게 사용하는 히브리어 이름이며, 때에 따라 철자법을 다르게 쓰기도 한다.

결과적으로 한 왕국 왕의 이름을 다른 왕국에서 빌려 쓰지 않았나 하는 의심이 떠오른다. 그래서 두 왕국이 서로 우호적인 관계를 유지하고 있을 당시 북 왕국과 남 왕국을 각각 다스리던 요람/여호람 왕은 사실 동일 인물이며 한 사람이 두 왕국의 왕좌를 차지하고 있었던 것은 아닌가 하는 질문도 제기된 바 있다.[37]

또한 유다 왕 중 몇 명은 이름이 두 개씩 알려져 있는데, 일반적으로 이름 하나는 개인 이름이고 다른 하나는 왕위에 오를 때 지은 존호(regnal name)라고 설명해 왔다. 그러나 고대 유다 왕국 왕이 왕위에 오르면서 새 이름을 짓는 관습이 있었는지 여부는 전혀 알려진 바 없다. 엘리야김이 여호야김으로 이름을 바꾼 기록은 유다 왕이 관례적으로 존호를 지었다는 충분한 증거가 될 수 없다. 왜냐하면 새 이름은 파라오 느고가 수여한 이름이기 때문이며, 또 새 이름은 원래 이름에 있던 '엘'을 '여호'로 바꾼 것일 뿐

---

36 Dennis T. Olson, "Pekah" and "Pekahiah," *ABD* 5:214-16.

37 John Strange, "Joram, King of Israel and Judah," *VT* 25 (1975): 191-201; Maxwell Miller and John H. Hayes, *A History of Ancient Israel and Judah* (Philadelphia: Westminster Press, 1986), 280-82.

이기 때문이다(왕하 23:24).³⁸

    성경 자료의 특징과 일차적인 평가에 대해 논하기 전에 성경 전승이 각 왕의 국내 정치와 외교 정책에 관하여 뭐라고 말하는지 상세히 알아보자. 성경 기사는 각 왕을 차례로 언급하면서 그 왕과 동시대인 선지자의 말과 그 외 다른 사건을 보도한다. 역대기와 예언서에 기록된 정보도 장과 절수와 함께 언급하겠지만, 그 외 대부분의 정보는 열왕기에 나온다.

이스라엘 930-908 / 928-906

    여로보암 1세: 왕상 11:26-14:20; 대하 11:13-16; 13
    나답: 왕상 15:25-32

    온 이스라엘을 다스리던 다윗 왕조의 지배가 북부 지파들이 시작한 반란으로 분열된 이유는 솔로몬의 건축 사업을 위해서 동원된 강제 노동 때문이었다. 르호보암이 양보하기를 거절했을 때, 북부 지파 동맹은 원래 솔로몬의 노동 감독관이었다가 왕을 대항했던 여로보암을 왕으로 삼았다. 르호보암은 사람들이 증오하던 강제 노동 감독관 아도람을 보내어 협상을 하려고 마지막까지 노력했지만, 반란을 일으킨 북부 사람들은 그를 살해하고 말았다. 르호보암은 자기 왕국의 영토 대부분을 잃은 채 예루살렘으로 돌아올 수밖에 없었다.

    여로보암은 자기가 거처할 곳으로 세겜과 부느엘을 '건설'하였고, 나중에 디르사도 건설하였다. 유다에서 독립한 이스라엘의 정치적 위상을 높이기 위해서 여로보암은 자기 왕국의 북부와 남부 즉 단과 벧엘에 신전을 세우고, 제사장을 임명하였으며, 예루살렘 제의와는 다른 명절을 지키도록 하였다. 그리고 전국에 있는 작은 산당도 보호하였다. 남아 있는 기록을 종합해 볼 때 여로보암이 설립한 제의 체제는 예루살렘의 야훼 제의에 대안

---

38 A. M. Honeyman, "The Evidence for Royal Names among the Hebrews," *JBL* 67 (1948): 13-26.

으로 제시된 야훼를 섬기는 종교였다.[39]

그러나 성경 기자는 그를 배신자로 격하게 비난하고 있으며, 어느 한 전승은 여로보암이 야훼를 섬기는 레위인을 유다로 추방하였다고 주장하고 있다(대하 11:14). 그의 통치 말년에 여로보암은 유다 왕 아비얌과 전투에서 패배하여 국경 도시를 유다에 빼앗겼다(대하 13장). 여로보암의 아들 나답은 2년 동안 이스라엘을 다스렸으며, 이스라엘 군대가 블레셋 도시 깁브돈을 포위하고 있던 중에 바아사에게 암살을 당한다.

유다 930-913 / 928-911

르호보암: 왕상 11:43-12:24; 14:21-31; 대하 10-12

르호보암은 현저하게 줄어든 영토를 다스리는 왕이 된 후 유다와 베냐민 지역에 있는 요새를 증축하고 강화한다. 그는 반란을 일으킨 지파를 처벌할 생각이 간절했지만 실제로 본격적인 군사 행동을 감행하지는 않았다. 그의 통치 제5년이 되던 해에 이집트 파라오 시삭이 유다를 침략해 들어왔고, 예루살렘 신전과 왕궁을 약탈하였으며, 성벽이 건설된 유다의 요새를 파괴하였다(대하 12:4). 결과적으로 르호보암의 통치는 더욱 더 약해졌다.

---

[39] 여로보암이 추진한 제의의 성격을 면밀하게 연구한 결과 Toews는 "여로보암의 종교 정책과 종교 조직은 고대 이스라엘 전통에서 나온 것이고, 야훼를 섬기는 종교였으며, 여로보암 시대 이스라엘에서는 정당한 종교 제의로 간주되었고, 아마도 그 후 호세아 시대까지도 그렇게 믿었을 것이다"라고 주장한다(Wesley I. Toews, *Monarchy and Religious Institutions under Jeroboam*, SBLMS 47 [Atlanta: Scholars, 1993], 147). Toews의 주장은 지금까지 이 주제에 관해 글을 쓴 학자들의 의견과 일치한다(Carl D. Evans, "Jeroboam," *ABD* 3:742-43 참조).
Cross는 여로보암이 고대 이스라엘의 제의를 부활시킨 것이라고 설명하면서, "여로보암이 실제로 지은 죄는 예루살렘 중앙 신전에 경쟁 상대를 만들었다는 것이지 외래 신이나 이교 우상을 소개한 것이 아니었다"라고 말한다(Frank M. Cross, *Canaanite Myth and Hebrew Bible: Essays in the History of the Religion of Israel* [Cambridge: Harvard Univ. Press, 1973], 73-75).

부인이 18명, 첩이 60명, 아들이 28명, 딸이 60명 있어서 솔로몬 다음으로는 다른 어떤 왕보다도 가솔이 많았는데, 자기 아들들을 유다 각지를 다스리는 지도자로 임명했으며, 아비야(= 아비얌)를 후계자로 길렀다(대하 11:18-23).

이스라엘 908-885 / 906-882
바아사: 왕상 15:33-16:7

엘라: 왕상 16:6, 8-10, 14

바아사는 자기의 통치에 도전할 수 있는 모든 여로보암의 후손을 제거해 버렸다. 그는 예루살렘에서 몇 킬로미터 북쪽에 라마를 축성하였는데, 이 행위는 유다의 수도에 드나드는 여행객이나 상인을 통제하려는 시도로 보인다. 유다 왕 아사는 바아사의 위협적인 정책을 저지하기 위해서 극단적인 결정을 내린다(아래 내용 참조).

바아사의 아들 엘라는 2년 동안 다스렸는데, 자기 왕궁 관리인의 집에서 잔치를 벌이다가 이스라엘 병거 절반을 통솔하는 지휘관 시므리에게 암살을 당했다. 바아사의 후손은 모두 죽임을 당했고, 시므리 역시 이레를 왕으로 다스리다가 같은 운명을 맞이했다.

유다 913-869 / 911-867
아비얌=아비야: 왕상 15:1-8; 대하 13장

아사: 왕상 15:9-24; 대하 14-16장

3년라는 짧은 시간 동안 왕위에 있었던 아비얌은 매복하여 숨어있던 이스라엘 군대를 물리치고 여로보암 치하에 있던 베냐민의 성읍을 빼앗아 왔다(대하 13:13-20). 그의 후계자 아사는 요새를 늘리고, 군대를 강화하며, 유다 산지 마레사로 쳐들어온 에티오피아 사람 세라의 침입을 물리쳤다(대하 14:6-14).

그의 통치 말기에 바아사가 라마를 축성하며 도전해 오자 벤하닷이 다스리던 아람 다메섹에 도움을 요청한다. 아사는 벤하닷에게 금과 은을 바치면서 이스라엘과 아람이 맺었던 조약을 깨뜨리고 유다와 계약을 맺자고 제안한 것이다. 벤하닷이 이 '뇌물'을 받고 이스라엘을 공격하였고, 갈릴리 동북부 영토의 큰 부분을 점령하였으며, 결국 바아사가 라마에서 후퇴하도록 만들었다.

이렇게 다메섹에 바친 조공을 반대하는 유다 사람도 있었는데, 아사는 반대파에게 예민하게 반응하며 선지자 한 명을 옥에 가두고 '백성 중 몇 사람을 학대'하였다(대하 16:7-10).

그 후 아사는 라마 요새에서 석재와 목재를 취하여 유다의 게바와 미스바를 재건하는 데 사용하였다. 그는 일종의 종교 개혁도 시행하였는데, 유다에서 **학크데심**(haqqĕdēšîm '제의 물품' 또는 '남자 종교인[?],' 왕상 15:12)을 제거하고, 자신의 어머니 마아가가 아세라 상을 만들었다는 이유로 '태후'의 지위를 폐하였다.

이스라엘 885-841 / 882-842

    시므리: 왕상 16:9-13, 15-20

    디브니: 왕상 16:21-22

    오므리: 왕상 16:16-17, 21-26

    아합: 왕상 16:29-22:40, 51-53; 대하 18:1-2

    아하시야: 왕상 22:51-53; 왕하 1

    여호람: 왕하 1:17; 3; 5:5-8; 6:8-8:6, 28-29; 9:14-26

시므리가 엘라를 살해했다는 소식이 블레셋의 깁브돈을 포위하고 있던 이스라엘 군대에 알려졌다. 그러자 군사는 곧 자기 사령관 오므리를 왕으로 삼기로 했다. 오므리는 디르사로 진군하여 도시를 점령했다. 시므리는 더 이상 왕위를 지킬 수 없다는 것을 깨닫고는 왕궁에 불을 지르고 화염 속에서 숨을 거두었다. 그러나 그 순간까지 백성의 의견은 둘로 갈라져 있었고, 디브니도 왕위에 오를 후보자임을 자처하였다.

오므리를 지지하는 당파가 세력을 잡는 데는 꼬박 3년이 걸렸다. 그 후 통치 중반기가 되자 오므리는 지방에 있는 언덕을 하나 구매하여 거기에 성벽으로 둘러싸인 수도 사마리아를 세웠다. 그는 페니키아 도시 두로와 조약을 맺고, 두로 왕 엣바알의 딸 이세벨을 자기 아들 아합과 결혼시키며 외교 관계를 돈독히 다졌다. 오므리 혹은 그의 아들 아합이 모압을 점령하였고 매년 바칠 조공을 부과하였다.

약 150년 후에도 선지자 미가는 사회 경제적인 부조리를 지적하면서 '오므리의 율례/칙령'(ḥuqqôt, 미가 6:16)이라는 표현을 사용하는데, 과연 이 말이 문자적인 표현인지 비유인지는 확실하지 않다.

아합은 아버지의 뒤를 이어 사마리아를 중건하였는데, 자기 자신을 위해 상아 판을 붙여 장식한 궁을 짓고, 두로 출신 아내를 위해 바알 신전을 건축했다(왕상 16:32; 22:39). 그는 여리고를 비롯해서(왕상 16:34; 22:39) 여러 도시를 새로 짓거나 재건하였다. 이스라엘과 유다가 이 시대에 우호적인 관계로 접어들었는데, 아합은 자기 여동생 아달랴를 여호사밧의 아들 요람에게 아내로 주었다.[40]

아합은 이즈르엘에 있던 또 다른 궁을 넓히기 위해 나봇이라는 사람이 소유한 포도원을 매입하려고 하였다. 나봇이 거절하자 이세벨의 부추김을 받아 거짓 증인을 세워서 신성모독과 반역죄로 나봇의 재산을 압수하였다(왕상 21장). 바알과 야훼 선지자는 서로 세력 다툼을 하다가 서로가 서로의 선지자를 죽이는 상황을 연출하였다(왕상 18:3b-4, 7-14, 19, 22, 40; 19:1-3, 14).

---

40 아달랴는 성경에서 오므리의 딸이라고 기록된 곳도 있고(왕하 8:18) 아합의 딸이라고 기록된 곳도 있다(왕하 8:26). Katzenstein과 Thiel은 아달랴가 오므리의 딸이고 아합의 여동생이었을 것이라고 추정한다(H. J. Katzenstein, "Who Were the Parents of Athaliah?" *IEJ* 5 [1955]: 194-97; Winfried Thiel, "Athaliah," *ABD* 1:511).

오랜 기간 동안 기근이 들어서 아합은 왕궁 소속 말과 노새를 먹이기 위해 전국을 뒤지며 샘과 목초지를 찾아다녔다(왕상 17:1; 18:1-6).

아합은 아람 다메섹에 대항하여 긴 전쟁을 벌였는데, 과거 바아사 시절에 아람인 때문에 고생했던 것과는 반대였다. 벤-하닷이 사마리아를 포위했던 공격은 금세 풀렸지만(왕상 20:1-25), 벤-하닷과 아합은 얼마 후 골란에 있는 아벡에서 다시 전투를 벌이게 되었다.

그러나 이 전투에서도 패배하자 아람인은 이스라엘과 평화 조약을 맺기를 원했고, 그 전에 자기들이 점령했던 이스라엘 성읍을 돌려주었으며, 벤-하닷의 선왕 시절에 아람인이 사마리아에서 무역 특권을 누렸던 것처럼 아합이 다메섹에서 무역 특권을 누릴 수 있도록 허락하였다(왕상 20:26-34).

아합이 패배한 다메섹 왕에게 자비를 베풀자 이름이 알려지지 않은 선지자가 나타나 이스라엘 왕이 벤-하닷을 죽이지 않은 일은 야훼께서 명령하신 '제의적 파괴'를 시행하지 않은 죄라고 신랄한 비판을 퍼부었는데(왕상 20:35-42), 이는 아말렉 왕 아각을 죽이지 않은 사울이 사무엘에게 크게 책망을 받은 것과 같은 경우다(삼상 15장). 포로로 잡은 자를 죽여야 할 제의적 의무는 신명기부터 열왕기에 실린 율법과 역사 기사에 끊임없이 등장하는 소재다.[41]

가나안에서 포로로 잡은 자는 제의적 이유로 모두 죽이고 그들의 재산도 모두 파괴해야 한다는 규칙과 가나안 외부에 있는 도시는 남자 포로만 죽이면 된다는 규칙은 신명기에 매우 의도적이고 체계적으로 기록되어 있다(신 20:10-18). 여호수아서에 기록된 정복사를 살펴보면 이 명령은 불규칙적으로 이상하게 시행되었다.

대체로 모든 포로와 전리품을 죽이고 파괴해야 한다는 의무는 준수된

---

41 포로로 잡은 사람이나 물품을 제의적 이유로 파괴해야 한다는 헤렘(ḥērem)이라는 관습에 관해서는 다음 연구를 참조하라. Norbert Lohfink, "ḥāram," *TDOT* 5:180-99; Philip D. Stern, *The Biblical Ḥerem: A Window on Israel's Religious Experience*, BJS 211 (Atlanta: Scholars, 1991). 이 관습의 사회 정치적 의미에 관해서는 Gottwald의 연구를 참조하라. Gottwald, *Tribes*, 543-50.

경우 보다는 위반한 경우가 더 많았던 것으로 보인다.

　다메섹과 전투에서 잡은 승기를 이어서 아합은 여호사밧과 동맹을 맺고 이스라엘-유다 동맹군을 이끌고 길르앗 라못을 공격했으나, 이 전투에서 전사하고 만다(왕상 22:1-37). 아합의 죽음은 최소한 선지자 세 명이 미리 예견하였는데(왕상 20:42; 21:20-24; 22:13-28), 성경 기자는 매우 '중립적인' 관점에서 묘사하고 있으며, 아합은 일반 사병처럼 변장을 하고 전투에 나갔으나 '운명적으로/무심코/어쩌다가' 갑옷 솔기에 화살을 맞고 사망했다고 적고 있다(왕상 22:34).

　아합이 죽은 뒤 아하시야가 왕위에 올랐으나 2년 밖에 다스리지 못했으니, 다락 난간에서 떨어져서 다쳤던 것으로 보인다. 아하시야 혹은 그의 후계자 여호람 치하에 모압의 메사가 이스라엘에 대항하여 반란을 일으키고 그 동안 바치던 양과 양모를 세금으로 바치기를 거절했다(왕하 3:4-5).

　여호람은 여호사밧의 원군을 받고 에돔의 지원군을 동원하여 모압을 처벌하기 위한 원정에 나섰다(왕하 3:6-25). 여호람과 유다 왕 아하시야는 길르앗 라못을 공격하였는데, 이 도시는 아직 아람 다메섹의 하사엘 치하에 있었다. 전투 중에 여호람은 깊은 부상을 입고 이즈르엘로 돌아왔으나, 그의 군대는 아직 전쟁터에 남아 있었다.

　이름 모를 '이스라엘 왕'이 아람 다메섹과 전쟁하는 모습이 엘리사 기사에 몇 번 나오는데, 성경 기자는 그를 여호람이라고 이해하는 듯하지만(왕하 5:5-8; 6:8-8:6), 이스라엘이 다메섹에 대항할 힘이 없었다는 점을 고려하면 그 왕이 예후나 여호아하스일 수도 있다.

　유다 869-841 / 870-842

　　여호사밧: 왕상 15:24; 22:1-36, 41-50; 대하 17-20

　　여호람: 왕하 8:16-24; 대하 21

　　여호아하스=아하시야: 왕하 8:25-29; 9:21-24, 27-29; 대하 22:1-9

여호사밧은 이스라엘과 평화 조약을 맺고, 오므리 왕조의 아달랴를 자기 아들 요람의 아내로 맞았으며, 이스라엘과 동맹군을 이루어 군사 원정에 나갔다가 실패한 일이 두 번 있다. 한 번은 아합과 함께 아람 다메섹을 쳤고(왕상 22:1-36), 다른 한 번은 여호람과 함께 모압 정벌을 나갔다(왕하 3:6-27). 그는 요새와 창고를 건설하는 등 주위 나라에 비하면 꽤 안정된 정권을 유지하고 있었다.

도주했던 에돔 왕자 하닷은 솔로몬이 요단강 동편 고원의 남부 지역을 다스리는데 방해가 되었지만, 여호사밧 시대에는 지방관리(*niṣṣāv*)를 통해 유다의 통치를 받았으며, 블레셋과 아랍 부족도 여호사밧에게 선물이나 정기적으로 조공을 바쳤다(대하 17:11).

솔로몬이 시도했던 것처럼 멀리 남동쪽에 있는 나라와 해상 무역을 시작하고 싶었던 여호사밧은 이스라엘 왕 아하시야의 도움을 거절한 채 아카바 만에 있는 에시온게벨에서 페니키아 형식의 배를 건조하였는데, 그의 함대는 목적을 이루지 못하고 침몰하고 말았다. 엔게디를 통해 모압과 암몬 사람이 침입한 적도 있었지만 잘 막았다(대하 20:1-30).

국내 정치 업적으로는 여호사밧이 유다 성읍에 재판관을 임명하였으며, 예루살렘의 제사장과 귀족이 판결하기 어려운 사안을 맡아 결정하도록 지시하였다(대하 19:8-11). 그는 아사가 예루살렘 야훼 제의에서 완전히 없애지 못했던 **학카데쉬**(*haqqadeš/haqqĕdēšîm*, '거룩한 물품/남자 종교인,' 왕상 15:12참조)를 제거하였다.

유다 왕 요람은 왕위에 오르면서 알려지지 않은 이유 때문에 자기 형제와 귀족을 살해하였다(대하 21:4). 에돔이 다시 한 번 반란을 일으켜서 자기들의 왕을 옹립하였고, 유다 구릉지에 있는 립나도 독립하였다. 블레셋과 아랍 부족이 유다를 공격하여 왕자를 모두 살해하였는데, 가장 어린 아하시야만 살아남았다.

아하시야는 여호람이 창자에 몹쓸 병이 들어 사망한 후 왕위에 올랐다(대하 21:16-22:1). 아하시야는 매우 짧은 기간 동안 왕위를 지켰는데, 이스라엘 왕 여호람과 함께 길르앗 라못 원정에 나섰다가 오므리 왕조에 대항하여 유혈 혁명을 일으킨 예후에 의해 암살을 당했다(자세한 설명은 아래를 보라).

이스라엘 841-753 / 842-747
　예후: 왕하 9-10
　여호아하스: 왕하 13:1-9
　여호아스: 왕하 13:10-25
　여로보암 2세: 왕하 14:23-29; 암 7:10-17

오므리처럼 예후도 전쟁 도중 군대의 봉기에 힘입어 왕이 되었다. 그는 기회를 놓치지 않고 오므리-아합 가문의 모든 자손을 제거하여 반대파를 제압했으며, 북 왕국에서 폭동이 일어난 줄 모르고 방문하러 왔던 유다 왕족도 살해하였다. 그는 열렬한 야훼 제의 신봉자로 간주되는데, 아합이 사마리아에 건설한 바알 신전을 파괴하고 바알 제의를 업으로 삼고 있는 자들을 모두 죽인 것은 유명한 일이다.

두로 출신 태후 이세벨을 죽임으로써 이 페니키아 도시와 외교적 관계는 물론 경제적 관계도 끊었으며, 유다 왕족을 죽인 일로 오므리 왕조가 유지해 온 이스라엘과 유다 사이의 우호적 관계도 단절하였다. 이러한 '고립주의' 정책은 결국 다메섹의 하사엘이 요단강 동편에 있던 이스라엘 영토를 모두 점령하는 결과를 부르게 된다.

예후의 계승자 여호아하스 치하에도 다메섹은 이스라엘을 계속 공격하여 여호아하스가 보유한 기마병과 전차 부대가 심하게 약화되고 보병 부대만 조금 남는 상태로 전락하였다. 성경 기자는 이 시대의 정황을 보도하며 사사기를 연상시키는 흥미로운 문장을 사용하고 있는데, 연민의 정을 담아 "여호와께서 이에 구원자를 이스라엘에 주시매"(왕하 13:5)라고 기록하고 있다.

이름이 남아 있지 않은 이 '구원자'는 대개 앗수르 왕 아다드-니라리 3세로 해석하는데, 그는 이 시기에 다메섹을 대항한 원정을 실시했기 때문이다. 그러니 이 '구원자'는 이스라엘 왕을 격려하며 다메섹을 공격하라고 말한 선지자 엘리사일 가능성도 높다(왕하 6:8-23; 13:14-19).

엘리사는 이스라엘 왕에게(여호람? 예후? 여호아하스?) 사로잡힌 다메섹 군사를 죽이지 말고 잘 먹이고 입혀서 고향으로 돌려보내라고 충고하는데, 다메섹 왕에게 이스라엘을 침략하는 일을 멈추라고 경고하기 위해 그렇게 한 것으로 보이며, 이 경고는 시리아 왕이 다음 행동을 결정하는 데 영향을 미친 것으로 보인다(왕하 6:21-24).

다음 왕 여호아스 치하에 이스라엘은 아람 다메섹에게 빼앗겼던 성읍을 어느 정도 되찾기 시작했고, 분별력 없이 여호아스와 군비 경쟁을 벌이려던 유다 왕 아마시야 시대에 예루살렘으로 쳐들어가 신전과 왕궁을 약탈하기도 했다. 여호아스의 아들 여로보암 2세는 북쪽 시리아 중심부에 있는 하맛에서 사해까지 이스라엘의 경계를 넓히고 다메섹에게 빼앗겼던 요단강 동편 영토를 회복하는 등 큰 업적을 남겼다.

이 왕이 큰 승리를 거두게 된 일은 아밋대의 아들 요나라는 선지자가 이미 예언한 것으로 기록되어 있는데(왕하 14:25; 참고, 요나 1:1), 선지자 아모스는 여로보암 2세 때 급속히 늘어난 부와 재산은 이스라엘 귀족이 많은 이스라엘 일반인을 가혹하고 불공정하게 탄압한 결과라고 비난하였다(암 1:1; 7:10-17). 예후 왕조가 다스리던 이 풍요로운 시대는 여로보암의 아들이 왕위에 오른 지 6개월만에 암살당하면서 끝을 맺는다.

유다 841-740 / 842-733

아달랴: 왕하 8:17, 26; 11:1-16; 대하 22:10-23:15; 24:7

요아스: 왕하 11-12; 대하 24:1-27

아마시야: 왕하 14:1-14, 17-20; 대하 25

아사랴=웃시야: 왕하 14:21-22; 15:1-7; 대하 26

오므리의 딸이며 살해당한 아하시야의 어머니였던 아달랴는 여왕의 직위를 맡아 유다를 다스린다. 그녀는 예후의 손을 벗어나 살아남았던 유다 왕족을 모두 죽였고, 아합이 사마리아에 바알 신전을 지었던 것처럼 예루살렘에 바알 신전을 짓도록 지원했다고 전해진다(직접 건축하지는 않았다). 그러나 몇 년이 지나지 않아 제사장 여호야다와 왕궁 호위대가 폭동을 일으키고 살육을 피한 다윗 왕조의 어린 왕자를 왕으로 추대한다. 아달랴는 살해당했고 바알 제의는 진압 당했다.[42]

요아스는 왕권이 안정되자 예루살렘 성전을 대대적으로 보수하는데, 그 전까지 제사장이 건축을 위해 모금한 예산을 유용하면서 미뤄왔던 사업을 직접 진행시켰다. 왕은 신전 보수를 위해 거두어들인 예산을 모으고 집행할 때 횡령할 수 없는 제도를 만들어 집행했다. 다메섹의 하사엘은 이스라엘을 파괴하는 원정 중에 유다의 서쪽 국경에 있는 블레셋 도시 가드까지 점령하였다.

유다의 요아스는 신전과 왕궁 창고에서 차출한 거대한 액수의 조공을 하사엘에게 보내어 유다를 공격하지 않도록 무마시켰는데, 이것은 아사가 이스라엘의 공격을 막기 위해 아람 다메섹의 도움을 '산' 것과 같은 정책을 반복해서 사용한 예로 볼 수 있다(왕상 15:16-20).

역대기는 요아스가 아람 다메섹에 굴복한 일은 그의 조언자였던 제사장 여호야다가 죽은 후 왕이 우상숭배에 빠진 결과라고 해석하였고, 요아스가 여호야다의 아들 스가랴까지 죽이는 악행을 저지르더니 결국 비

---

42 아달랴는 이스라엘과 유다를 통틀어 유일한 여성 정치 지도자였지만, 성경 기자는 그녀를 다윗 왕조의 권리를 강탈한 반역자로 보기 때문에 '여왕'(*malkâh*)이라고 부르지 않는다. 왕들의 어머니와 아내의 이름은 많이 남아 있는데, 가끔 역사 사건의 주인공으로 등장한다(예를 들어 이세벨이나 아달랴 같은 사람). 이들 중 세 사람은 '존귀한 부인/태후'(*gĕvîrâh*)라는 호칭을 받았는데, 아사의 어머니 마아가(왕상 15:13), 아하시야의 어머니 아달랴(왕하 10:13), 여호야긴의 어머니 느후스다(렘 13:18; 29:2)가 그런 경우다. Carol Smith, "'Queenship' in Israel? The Cases of Bathsheba, Jezebel and Athaliah," in *King and Messiah in Israel and the Ancient Near East*, JSOTSup 270, ed. J. Day (Sheffield: Sheffield Academic Press, 1998), 142-62 참조. 아달랴의 통치에 관한 열왕기의 묘사가 신빙성이 있느냐의 문제에 관해서는 다음에 나오는 '정권 획득과 유지' 부분과 각주 52를 보라.

참한 최후를 맞았다고 적고 있다(대하 24:17-27).

요아스는 38년 동안 왕위를 지키다가 신하 두 사람의 손에 암살을 당한다. 요아스의 아들 아마샤는 왕국이 안정된 후에야 자기 아버지를 죽인 암살자에게 복수한다. 그리고 아마샤는 에돔 원정에서 승리한 이후 경솔하게 이스라엘 왕 여호아스에게 도전한다. 두 군대는 유다 서쪽 경계에 있는 벧세메스에서 부딪치는데, 이 전투에서는 아마샤가 패배한다. 여호아스는 기세를 몰아 예루살렘 성벽을 헐고 신전과 왕궁 창고를 약탈하였다.

이 전쟁의 결과 북 왕국은 유다를 병합할 좋은 기회를 맞았음에도 불구하고 여호아스는 그런 정책을 시도하지 않았다. 그러나 패주 아마샤를 대항한 모의가 시작되었고, 왕은 라기스까지 피났했으며, 결국 거기서 잡혀 살해당하고 만다. 역대기는 아마샤가 에돔과 싸워 이긴 후 그들의 신을 섬기기 시작했고, 이 배교 행위 때문에 이스라엘 왕 여호아스에게 패배했다고 주장한다(대하 25:14-24).

아마샤의 아들 아사랴=웃시야는 이스라엘에서 여로보암 2세가 확장 정책을 폈던 시대를 함께 살면서도 꽤 길고 풍요로운 치세를 누렸다. 에돔이 빼앗았던 엘랏 항구를 되찾은 것 외에는 역대기만 아사랴의 업적을 자세히 기록하고 있다. 그는 블레셋 도시와 전쟁을 하여 블레셋 영토에 유다 성읍을 건축하였고(대하 26:6), 아라비아와 마온 사람을 쳤으며(대하 26:7; 여기서 요단강 동쪽 마온을 가리키는지 아라비아 반도 남쪽 마인을 가리키는지 확실치 않다), 암몬에게서 조공을 받았다(대하 26:8).

아사랴는 자기 군사력을 보강하기 위하여 예루살렘 성벽을 재건하고, 군대를 재정비하며, 무기 체제를 개량하였다(대하 26:9, 11-15). 왕궁 소유 가축떼와 농지는 각 지역의 경제적 특성을 고려하여 매우 생산적으로 관리하였다. 가축은 주로 네게브에서 쳤고, 곡식은 구릉지와 해안 평야에서 길렀으며, 포도원과 과수원은 산지에 조성하여 관리했다(대하 26:10). 그러나 아사랴는 나병에 걸렸고, 그의 아들 요담이 부친이 사망할 때까지 대신하여 백성을 다스리는 섭정 체제를 유지했다.

> 이스라엘 753-723 / 747-724
> 스가랴: 왕하 15:8-12
> 살룸: 왕하 15:10, 13-15
> 므나헴: 왕하 15:11, 17-22
> 브가히야: 왕하 15:23-26
> 베가: 왕하 15:25, 27-31; 16:5-9; 사 7:1-6
> 호세아: 왕하 17:1-4

여로보암 2세가 40년을 다스리고 난 후 이스라엘에는 23년 동안 여섯 사람이 왕위에 올랐는데, 그 중 네 명이 자기 후임에게 암살당했고, 다섯 번째 사람은 사마리아가 앗수르 군대에게 포위되어 점령당했을 때 점령군에 의해 폐위되었다. 예후 왕조는 살룸이 여로보암 2세의 아들 스가랴를 암살했을 때 막을 내렸다. 살룸은 한 달을 다스리고 다시 므나헴에게 암살을 당했고, 므나헴은 자기를 왕으로 인정하지 않는다는 이유로 타푸악을 공격하여 처벌하였다.[43]

사실 므나헴 시대에 이스라엘은 앗수르의 갑작스런 침입 때문에 정치적 혼란이 더 심해졌는데, 이 시대에 디글랏빌레셀 3세(Tiglath-pileser III)가 확장 정책을 써서 지중해 지방으로 군사 원정을 많이 왔기 때문이다.

앗수르 왕의 공격을 피하고 자기 왕위를 유지하기 위해서 므나헴은 "이스라엘 모든 큰 부자에게서 강탈"한 은 1,000달란트를 조공으로 바쳤다. 만약 그가 일인당 50세겔씩 부과하였다면 모두 60,000명에게 은을 거두어 바친 셈이 된다. 므나헴의 아들 브가히야는 자기 군사령관이었던 베가에게 살해되기까지 아주 짧은 기간 동안 왕위를 지킬 수 있었다.

---

[43] 역자 주 – 이 일은 왕하 15:16에 기록되어 있는데, 개역개정판은 "그 때에 므나헴이 디르사에 와서 딥사와 그 가운데 있는 모든 사람과 그 사방을 쳤으니"라고 번역하였다. 그러나 칠십인역은 므나헴이 공격한 지역을 타푸악(Ταφωε)이라고 번역하였고, Gottwald는 이 번역을 따르고 있다.

앗수르 왕을 저지하기 위해서 베가는 다메섹 왕 르신과 군사 동맹을 맺었고, 이 동맹에 유다를 가입시키려고 아하스를 압박하였다(사 7:5-6). 아하스는 이 제안을 거절하고 이스라엘과 다메섹이 조여 오는 군사적 위협에서 벗어나기 위해 앗수르에 도움을 요청한다.

유다가 앗수르에 굴복하자 디글랏빌레셀은 유다 왕의 요청을 받아들여 갈릴리와 길르앗 지역을 점령하고 거주민을 외국으로 이주시켰으며, 이스라엘을 원래 영토의 반도 되지 않는 크기로 줄이고, 에브라임과 므낫세 산지만 다스리는 소국으로 전락시켰다. 그리고 얼마 지나지 않아 앗수르가 아람 다메섹 왕국을 멸망시키자 베가는 유일한 동맹 상대국을 잃고 말았다.

그 후 호세아가 베가를 암살하고 앗수르의 종주권을 인정하기로 약속했으며, 새로 앗수르 왕위에 오른 살만에셀 5세(Shalmaneser V)에게 매년 조공을 바치기로 하였다. 그러나 호세아는 결국 앗수르에 대항하여 반란을 일으키는데, 조공 바치기를 그치고 이집트의 도움을 요청한다. 살만에셀은 호세아를 폐위시키고, 오랜 포위 끝에 사마리아를 점령하였으며, 그 거주민을 메소포타미아 북부 여러 지역으로 강제 이주시켰고, 메소포타미아에서 잡은 포로를 이스라엘에 정착시켜 반란을 일으켰던 자를 대신하여 살게 만들었다.

이 시점에 이스라엘 왕국은 멸망하였고, 그 후로는 앗수르 제국의 속주로 편입된다. 이스라엘 땅에 살아남은 백성과 앗수르가 정착시킨 이주민이 시행하던 종교 예식은 절충적이었다고 묘사되어 있는데, 포로로 잡혀갔던 야훼 제사장을 송환하여 "벧엘에 살며 백성에게 어떻게 여호와 경외할지(두려워 할지)를 가르쳤"으나(왕하 17:28), 이는 이중적인 결과를 가져와서 "그들이 여호와도 경외하고 또한 어디서부터 옮겨왔든지 그 민족의 풍속대로 자기의 신들도 섬겼"으며, 더 나아가서 "이 여러 민족이 여호와를 경외하고 또 그 아로새긴 우상을 섬기니 그들의 자자손손이 그들의 조상들이 행하던 대로 그들도 오늘까지 행"한다고 기록되어 있다(왕하 17:33, 41).

여기서 성경 기자는 기록 당시의 상황에 맞추어 비판적인 평가를 하고 있는데, 그의 관점은 최소한 후기 유대 왕국 시대에 발생하였거나 아니면 기원전 6세기 말이나 5세기에 유다 땅이 재건되었을 때의 상황으로 보인다.

유다 750-686 / 759-698

요담: 왕하 15:32-38; 대하 27
아하스: 왕하 16; 대하 28; 사 7
히스기야: 왕하 18-20; 대하 29-32; 사 36-39; 잠 25:1

선왕 아사랴과 함께 섭정 체제를 통해 통치를 시작한 요담은 예루살렘과 유다 다른 성읍에서 건축 사업을 추진했다. 그는 암몬 사람과 전쟁을 벌여서 그들에게 조공을 부과하기도 했다(대하 27:5). 아하스 왕 시대에 이스라엘의 베가와 다메섹의 르신이 앗수르를 대항하는 동맹에 유다를 참가시키려고 하였고, 점점 다가오는 앗수르의 위협이 커져갔다. 예루살렘이 이스라엘과 다메섹 군에게 포위를 당했을 때 에돔은 남동쪽에서 그리고 블레셋은 남서쪽에서 유다 영토를 침략하였다(대하 28:16-18).

아하스는 앗수르에 많은 예물을 바치며 직접 원병을 요청했고, 새롭게 충성을 맹세한 봉신으로서 예루살렘 신전에 앗수르 양식 혹은 다메섹 양식의 제단을 소개하였다. 이 새로운 제단 건축 행위가 야훼 신앙을 포기했음을 드러내는지 아니면 야훼 제의를 앗수르 또는 다메섹 제의 관습에 맞추어 변형시킨 것인지 확실히 알 수 없다.[44]

---

[44] 아하스의 제단이 앗수르가 강제한 외국 종교 제의를 위해 건설되었다는 의견(Gray, *I and II Kings*, 635)은 이제 대체로 받아들여지지 않는데(T. R. Hobbs, *2Kings*, 215-18), 그 이유는 앗수르 제국이 봉신 조약을 맺을 때 종주국의 신들에게 충성을 맹세하게 만든 것 이외에는 점령지 백성에게 앗수르의 제의를 따르라고 강요한 적이 없다는 연구가 발표되었기 때문이다. John W. McKay, *Religion in Judah under the Assyrians* (London: SCM Press, 1973); Mordechai Cogan, *Imperialism and Religion: Assyria, Judah, and Israel in the 8th and 7th Centuries B.C.E.*, SBLMS 19 (Missoula, Mont.: Scholars, 1974).

앗수르에게 굴복한 아하스의 청을 받고 디글랏빌레셀은 베가와 르신을 공격했고, 그들은 예루살렘 포위를 풀 수밖에 없었다. 영토의 대부분을 잃은 이스라엘은 에브라임과 므낫세 산지에 자리 잡은 소국으로 전락하였으며, 십여 년 후에는 자주 국가로서의 독립도 잃게 된다(왕하 17:5-41; 18:9-12). 점점 세력을 잃어가던 이스라엘이 다른 사건이 없더라도 결국 앗수르 제국의 손에 떨어졌을 수도 있겠지만, 실제 북 왕국이 멸망으로 치닫게 된 데는 유다의 책임이 크다고 말할 수 있다.

아하스의 후계자 히스기야는 종교 개혁을 추진한 인물로 여겨지며, 모세가 만들었고 치유의 능력이 있다고 전해지는(민 21:6-9 참조) 놋뱀 등 여러 우상을 포함하여 제의 물품을 파괴하였다. 히스기야는 관대하게 멸망한 이스라엘의 남은 백성도 유다에서 지키는 유월절 명절에 참여할 수 있도록 초대하였으나, 초대에 응한 북부 백성은 소수에 지나지 않았다(대하 30:1-11; 그러나 30:18에는 훨씬 더 많은 북부 거주자가 명절에 참여하려고 내려왔으나 정결례를 제대로 행하지 않아 '부정'한 상태로 왔다고 적고 있다).

군사적 업적으로는 히스기야가 블레셋에 원정을 실시하였다. 히스기야는 앗수르 봉신이라는 지위를 이어받아 처음에는 제국에 충성을 다했으며, 다른 시리아-팔레스타인 지역 나라가 반란을 계획할 때도 참여하지 않았다. 그러나 나중에는 앗수르에 대항하는 반란군의 우두머리 역할을 하였고, 예루살렘 성벽을 중건하고 포위전에 대비하여 식수 공급 장치를 확보하는 등 주의 깊게 전투에 대비하였다. 그러자 산헤립(Sennacherib)이 유다를 침공하여 예루살렘을 제외한 대부분의 영토를 점령하였다.

어느 전승은 히스기야가 항복하고 산헤립에게 조공을 바치자 포위를 풀었다고 증언하지만(왕하 18:14-16), 다른 두 전승은 예루살렘이 구원 받은 이유를 다르게 설명하고 있다. 한 전승은 산헤립이 자기 나라에서 정치적 반란이 일어났다는 소식을 듣고 포위를 풀었다고 말하고(왕하 19:7, 37), 다른 전승은 전염병이 앗수르 군대를 괴멸시켰다고 주장한다(왕하 19:35-36).

같은 시기에 히스기야는 바빌론 왕 므로닥발라단(Merodach-baladan)이 보낸 사절을 영접하였고,[45] 왕궁 창고와 병기고에 관련된 정보를 상세하게 공유하였는데, 이는 앗수르에 대항하는 또 다른 반란에 가담하려는 목적이었을 것으로 추정할 수 있다(왕하 20:12-19). 이렇게 히스기야가 반란에 가담하였으나 앗수르는 그를 유다의 봉신 왕으로 계속 인정하였다.

유다 697-586 / 698-586

므낫세: 왕하 21:1-18; 대하 33:1-20
아몬: 왕하 21:19-26; 대하 33:21-25
요시야: 왕하 21:24; 22:1-23:30; 대하 34-35
살룸=여호아하스: 왕하 23:31-34; 대하 36:1-4; 렘 22:11(대상 3:15 참조)
엘리아김=여호야김: 왕하 23:34-24:6; 대하 36:4-8; 렘 26; 36:1-2, 20-32
[여]고냐=여호야긴: 왕하 24:8-16; 25:27-30; 대하 36:9-10;
　　　렘 27:1-3; 29:1-2; 52:31-34
맛다니야=시드기야: 왕하 24:17-25:21; 대하 36:11-21; 렘 27:1-3;
　　　29:5; 32:1-5; 34; 37:1-39:10; 51:59-60; 52:1-11

므낫세는 이스라엘과 유다의 어느 왕보다 더 긴 60년의 세월을 왕으로 다스렸지만, 그의 정치에 관해서는 알려진 바가 없다. 그는 또한 "무죄한 자의 피를 심히 많이 흘려" 예루살렘에 가득하게 했다고 기록되었는데, 이 말이 어떤 사건을 가리키는지는 설명해 주지 않는다. 역대기는 그의 충성심을 의심한 앗수르 사람들이 그를 바빌론에 포로로 잡아갔다가 나중에 다시 복위시켰다고 적고 있다.

그 후 그는 모범적인 왕이 되어 전에 저질렀던 배교적인 행위를 고쳤고, 다만 산당에서 예배하는 것만은 허락하였으나, "그의 하나님 여호와께만

---

[45] 역자 주 – 히브리 성경에 바빌론 왕의 이름이 브로닥발라단(왕하 20:12)과 므로닥발라단(사 39:1)으로 서로 다르게 남아 있는데, 이 왕의 원래 이름이 마르둑-아플라-잇딘나(Marduk-apla-iddina)이기 때문에 이사야서의 음역이 더 정확하다.

제사를" 드리게 하였다고 주장하고 있다(대하 33:10-17). 므낫세가 '회개'했다는 이 기록은 사실 열왕기 기자의 평가와 잘 어울리지 않는데, 열왕기에서는 므낫세가 저지른 죄가 너무 커서 요시야가 성취한 선한 업적을 무력화하고 결국 유다의 멸망 원인이 된다고 보고 있다. 므낫세의 아들 아몬은 신하들이 암살하였는데, 곧 '백성들'(the people of the land)이 반역한 사람을 다 죽이고, 아몬의 아들 요시야를 왕으로 선택했다.

새로운 왕 요시야는 대규모 성전 보수 공사를 진행시켰는데, 그러던 와중에 그 때까지 방치되었던 율법 책을 발견하였다. 왕과 신하와 백성은 엄숙한 의식을 통해 발견된 이 문서가 '국가의 법'임을 선포하였다. 많은 학자들은 이 때 발견된 율법 책이 아마 신명기 사본이었을 것으로 믿고 있다.

이 문서가 가르치는 제의적 율법은 신전에서 '이방 신'을 위해 진행하는 모든 제의 행위를 멈추고, 예루살렘 신전 이외의 모든 다른 예배 장소를 폐쇄하며, 벧엘에 있는 이스라엘 왕국의 신전과 북부 지방에 있던 모든 다른 야외 예배 장소도 파괴하라고 명령하고 있다.

한편 열왕기는 요시야의 개혁이 그의 통치 제18년에 시행되었다고 보도하고 있는데, 역대기는 제12년에 개혁 정책이 시작되었다거나 제8년에 벌써 그 싹을 피우고 있었다고 주장한다(대하 33:3-7). 요시야는 이렇게 유다 왕국을 부활시키며 상서롭게 시작했으나, 므깃도에서 파라오 느고와 조우(전투?)하던 와중에 살해되고 만다. 이 때 이집트 군은 멀리 시리아 북부에 있는 적을 견제하기 위해서 팔레스타인을 지나가고 있었는데, 한 전승에 의하면 이 때 요시야가 느고를 "맞서 나갔더니"라고 기록되었고(왕하 23:29), 다른 전승은 요시야가 "변장하고 그와 싸우고자" 하였다고 주장한다(대하 35:20-22).

요시야의 아들 살룸=여호아하스는 3개월 밖에 다스리지 못하고 파라오 느고에 의해 폐위당했으며, 대신 그의 형제 여호야김이 파라오를 섬기는 유다의 봉신으로 임명되었다. 파라오는 또 유다에 무거운 조공을 부과하였는데, 여호야김은 자기 신하에게 세금을 바치게 하여 재원을 충당했으며, 이는 이스라엘에서 므나헴이 실행했던 정책이었다. 여호야김은 그의 정치에 대해 비판을 서슴치 않던 선지자 우리야를 죽이고(렘 27:20-23), 예레미야의 말을 받아 적은 두루마리를 업신여겨 불에 태웠다고 기록되어 있다(렘 36:1-2, 20-26).

팔레스타인을 다스리는 봉주는 곧 이집트에서 신-바빌론 제국으로 바뀌었고, 여호야김은 3년 동안 느부갓네살 왕에게 조공을 바치다가 결국 더 이상 바치지 않았다. 바빌론은 시리아-팔레스타인에서 징집한 원병을 몰고 와서 예루살렘을 포위하였는데, 포위 도중 여호야김이 사망하고 그의 아들 여호야긴이 대신 왕위에 올랐다. 예루살렘이 함락되자 여호야긴과 수많은 왕족, 군사 및 행정 관리, 그리고 장인이 포로로 잡혀갔다. 한 전승에 의하면 8,000-10,000명이 잡혀갔고(왕하 24:14, 16), 다른 전승에 의하면 3,023명이 잡혀갔다(렘 52:28).

여호야긴의 삼촌 맛다니야=시드기야는 바빌론 사람들에 의해 왕으로 임명되었는데, 포로로 강제 이주된 여호야긴을 대신하기 위해 선택된 것으로 보인다. 시드기야는 유다의 친-바빌론 당파와 반-바빌론 당파 사이에서 망설이다가, 이집트와 다른 주변 국가의 도움을 바라며 바빌론에 반란을 일으키는 쪽을 선택하였다(렘 27:1-3).

시드기야와 바빌론 왕이 의사소통을 한 예가 두 번 정도 기록에 남아 있는데, 한 번은 시드기야가 자기 관리 두 명을 바빌론에 보냈고(렘 29:3), 다른 한 번은 시드기야가 직접 바빌론에 방문하러 간 것이다(렘 51:59).

시드기야와 선지자 예레미야의 관계는 매우 기복이 심했는데, 예레미야서에 매우 자세한 묘사가 남아 있다(렘 32:1-5; 34; 37:1-39:10). 바빌론 군대가 예루살렘을 매우 오랫동안 포위하고 있을 때 시드기야는 예루살렘 노예를 해방하는 계약을 중재한 적이 있는데, 정치적 위기 때문에 벌어진 이 노예 해방은 포위가 일시적으로 풀리자 곧 철회되었다(렘 34:8-22).

예루살렘이 함락되자 신전과 왕궁과 모든 공공건물이 불에 탔고, 예루살렘이 행정과 상업 중심지 역할을 할 수 있도록 지키고 보호해 주던 성벽도 허물어져서, 예루살렘의 정치, 군사, 종교 시설이 모두 파괴되었다. 유다의 종교, 시민, 군사 지도자 칠십 여명이 살해당했으며, 많은 사람들이 포로로 잡혀갔다(렘 52:29에 의하면 832명). 몇 년 후에 포로 강제 이주가 세 번째로 시행되었다(렘 40:7; 52:30에 의하면 745명).

여호야긴과 시드기야 치하에 포로로 잡혀가지 않고 남은 사람은 모두 그 땅의 '비천한 자'라고 묘사되었고 포도원과 밭을 경작할 의무가 주어졌는데, 이런 가난한 유다 출신 농부가 몇 명이나 되었는지는 기록에 없다(왕하 24:15; 25:12; 렘 52:15-16). 자주 국가 유다는 이렇게 멸망을 맞이하였다. 유배된 여호야긴에 관한 짧은 기사도 남아 있는데, 느부갓네살의 뒤를 이어 바빌론 왕위에 오른 에윌므로닥이 여호야긴에게 자비를 베풀어 죄수의 의복을 벗고 왕 앞에서 식사할 수 있도록 허락했다고 한다(왕하 25:27-30).

3) 성경이 증언하는 중앙 집권화된 이스라엘 정치의 특징

히브리 성경의 기록은 고대 이스라엘의 중앙 집권화 된 정치에 관하여 어떤 이해를 전해 주고 있는가?

그 핵심적인 내용은 다음과 같이 정리할 수 있다.

(1) 혼란스럽게 묘사된 정치사

성경 본문은 몇 가지 특징이 있는데, 이런 점 때문에 이스라엘 왕정 시대 정치를 직접 목격한 자료라고 간주하기 어렵다는 평가를 받기도 한다. 그 중 하나는 자료에 관련된 문제다.

사무엘-열왕기 성경 기자는 왕에 관한 더 자세한 정보를 담고 있는 기록 자료 세 가지를 언급하는데, 이런 자료에서 요점만 추려내어 성경 역사를 기록하였다는 점과 성경 기록 당시에 이런 자료가 사용 가능했다는 점을 암시한다. 이 문서의 이름은 솔로몬의 실록(왕상 11:41), 이스라엘 왕들의 역대지략(왕상 14:19을 시작으로 열왕기 전체에 걸쳐 언급), 유다 왕들의 역대지략(왕상

14:21을 시작으로 열왕기 전체에 걸쳐 언급)이라고 한다.[46]

역대기는 훨씬 더 다양한 자료를 언급하는데, 선지자와 선견자에 관련된 문서가 많다.[47] 사무엘-열왕기를 기록할 때 제목이 언급된 문서 외에 다른 자료도 사용했을 것이다. 사무엘서에서 사무엘이나 사울, 다윗에 관련된 기사와 이와 관련해서 열왕기에 기록된 기사 중에는 이렇게 출처가 밝혀지지 않은 자료도 있으며, 선지자와 정치 혁명과 종교 개혁 등의 내용을 담고 있다.

여기서 이름이 언급된 자료의 신빙성을 평가하거나 그 자료의 특정한 내용이 무언지 추정할 필요는 없으며, 이름이 남아 있지 않은 자료가 무엇이었는지 짐작하는 일도 적절하지 않다. 이 시점에서 이런 다양한 자료를 취사선택한 방법이 정치적 사건을 보도하는 범위와 외형과 일관성을 유지하는데 어떤 영향을 미치는지를 탐구하는 것이 우리에게 더 의미가 있다.

사무엘-열왕기와 역대기가 이렇게 다양한 자료를 사용해서 기록했다는 것은 결국 최종 산물인 성경 본문 속에 다양한 문학 양식과 주제와 이념적 목적을 가진 글이 부드럽게 통합되기 보다는 그냥 나란히 열거되었을 가능성을 제시한다.

사무엘-열왕기 안에 포함된 전승과 이런 자료를 이야기 하나로 엮으려

---

[46] 열왕기를 기록하는데 사용된 자료에 관해서는 다음 연구를 참조하라. James A. Montgomery, *A Critical and Exegetical Commentary on the Book of Kings*, ICC, rev. ed. (New York: Charles Scribner's Sons, 1951), 24-45; Gray, *I and II Kings*, 9-36; Steven W. Holloway, "Kings, Book of 1-2," *ABD* 4:70-73.

[47] 역대기를 기록하는데 사용된 자료에 관해서는 다음 연구를 참조하라. Edward L. Curtis and Albert A. Madsen, *A Critical and Exegetical Commentary on the Book of Chronicles*, ICC (New York: Charles Scribner's Sons, 1910), 17-26; Jacob M. Myers, *I Chronicles*, AB 12 (Garden City, N.Y.: Doubleday, 1965), xlv-lxiii; Ralph W. Klein, "Chronicles, Book of 1-2," *ABD* 1:996-97.
Benjamin Maisler는 열왕기와 역대기가 모두 궁전과 신전에서 나온 기록들을 사용하고 있지만 그들의 사료 중 큰 부분은 선지자의 기록에서 나왔고 바로 이 기록이 엄격한 역사적 평가가 아니라 문학적이고 종교적인 평가를 가능하게 한 "이스라엘 역사의 보석"이라고 주장했다(Benjamin Maisler [Mazar], "Ancient Israelite Historiography," *IEJ* 2 [1952]: 82-88). 열왕기와 역대기의 자료에 관한 다른 연구는 위의 각주 13을 보라.

는 성경 기자의 노력 사이에는 큰 간격이 존재하며 일관성을 찾을 수 없는 부분도 나타난다. 역대기도 전반적으로 유사한 상황이지만 이념적인 일관성은 훨씬 잘 지켜지고 있다. 그 이유는 사무엘-열왕기에 있는 보도 중에서 문제가 있는 부분을 누락시켰기 때문이고, 각 왕과 신하의 종교 행위와 그들이 받은 화복을 인과관계로 치밀하게 엮어서 보도하고 있기 때문이다.

동시대 왕을 서로 비교하며 보도하는 방식은 이야기의 표면적 구조를 형성하고 있지만 문학 양식이나 주제나 이념적인 문제가 중간에 단절되는 문제까지 해결해 주지는 못한다. 왕들의 통치 기간 중에 언급된 사건이 어떤 순서로 일어났는지 각 사건 사이에 시간 차이가 얼마나 되는지에 관해 분명한 정보를 얻을 수 없다.

예를 들어 엘리사 선지자의 이야기는 정확하게 어떤 왕의 시대에 일어난 일인지 확실하게 결론지을 수 없다. 짧은 기간 만 다스린 왕은 오래 다스린 왕보다 기록 분량의 '압박'이 크기 때문에 독자는 어떤 사건이 지속된 시간을 파악하기도 특정한 왕이 얼마나 정치적으로 '중요한' 인물이었는지 평가하기도 쉽지 않다.

더구나 역사를 서술하면서 각 이야기를 특정 왕을 중심으로 한 독립된 문단으로 만들어 열거하기 때문에 한 왕의 통치기를 넘어서 장기적으로 지속되는 추세나 양식을 조명하지 못하고 각 왕의 지배를 특별한 관련 없이 열거하는 결과를 가져오고, 왕궁의 주요 관리에게만 초점을 맞추어 그들을 역사의 주인공이자 모든 사건의 동인인 것으로 인정하게 만든다. 왕이 전면에 등장하고 다양한 고위 관리와 구별할 수 없는 하위 신하가 배경을 형성한다.

각각 독립된 이야기를 이렇게 열거하는 방법은 독자가 느끼는 시간적 개념과 열왕기에 보도된 사건의 일관성을 파악하는 일과 관련해서 아주 중요한 의미를 가지고 있다.

이 문제에 관해 어떤 주석가는 다음과 같이 말한다.

이런 체제에서 연대기는 매우 넓은 의미에서만 직선적으로 흐른다. 사실 저자는 한 왕에 관해 보도를 시작하고 다음 왕에 관해 이야기가 시작하기 전에 무조건 그 보도를 끝내는데, 이런 묘사 방법 때문에 독자가 절대적인 연대기와 얼마나 다른 순서로 보도를 접하게 될지 별로 신경을 쓰지 않는다.

결과적으로 시간 전개 상 나중에 소개될 왕이 다른 왕의 통치기에 남 왕국 또는 북 왕국의 상대편 왕으로 등장한다. …

시간은 앞으로 흘렀다가 뒤로 거슬러 올라가고, 다시 앞으로 흐르기 때문에, 독자는 결국 저자/편집자가 본문을 기록하던 시기였을 포로기 상황을 마주하게 된다. 왕정 시대 역사는 사실 별개의 시대로 이루어져 있으며, 어떤 전승 안에 갇힌 문학적 관점에 따라 전개될 뿐, 서로 연관될 연결 고리가 전혀 없어서 어떤 시대도 다음 시대로 직접 연결되지 않는다. …

가끔 저자/편집자는 두 왕의 통치 시기를 아무런 분명한 다리도 없이 나란히 열거한다. … 이 작품은 각 통치 시기가 사슬을 이루는 고리가 되어 길게 늘어놓은 병렬 구조이며, 이 '이야기'는 시간이 엄격하게 직선적으로 흐른다는 개념이 없이 서술된다.[48]

특히 어떤 사건의 전개를 정치적인 관점에서 다룰 때 일관성이 떨어지는 편중된 자세로 다룬다는 점은 매우 당황스럽다. 어떤 왕의 시대는 매우 자세하게 기술되어 있는데, 보도는 주로 그 왕이 제의나 신전과 관련해서

---

48 Burke O. Long, *I Kings with an Introduction to Historical Literature*, FOTL 9 (Grand Rapids, Mich.: Eerdmans, 1984), 22. 더 나아가 Long은 Herodotus와 신명기 역사가는 서로 유사한 병렬적 문학 양식을 사용한다고 주장한다. Nelson은 "이 연대기적 '접기' 방식을 통해 유다와 이스라엘의 역사를 한 이야기로 통합했기 때문에 독자는 절대 다시 펼 수 없다"고 말한다(Richard D. Nelson, "The Anatomy of Kings," *JSOT* 40 [1988]: 44). 즉 몇 가닥의 문맥이 섞여 '이야기 하나'가 되었기 때문에 독자들이 그 실타래를 쉽게 '풀지' 못한다는 것이다.

어떤 일을 했느냐에 집중된다. 예를 들어 오므리 치하에 일어난 북 왕국 발전에 의미가 깊은 주요 사건과 그의 왕조가 오랜 기간에 걸쳐 달성한 모든 업적은 아주 표면적으로 묘사되었다.

예후의 통치 시기는 그가 일으킨 혁명을 제외하고는 아무 것도 알려진 것이 없다. 중간에 삽입된 엘리야와 엘리사 이야기는 주로 선지자에게만 집중되고 있으며, 정치적 발전 사항은 살을 붙여 상술하지 않았기 때문에 단편적으로만 남아 있다. 매우 풍요롭고 영토 확장에도 성공했던 이스라엘의 여로보암 2세와 유다의 아사랴 통치 시기는 단지 몇 구절만 간단하게 언급하며 지나갔다. 므낫세가 오랫동안 다스렸던 '암흑 시기'는 일반화된 신학적 평가로 대체되었다.

정치사와 관련해서 보도된 부분과 보도되지 않은 부분 사이에 큰 불균형이 존재한다는 사실은, 성경 저자가 사용 가능했던 자료가 성경 본문의 내용을 결정하는 실제적인 조건이 되었다는 가정 하에 그가 손에 들고 있는 모든 자료를 사용했으리라고 짐작하거나 그가 더 많은 정보가 있었다면 더 자세히 기록했을 것이라고 추측하는 것만으로는 충분히 설명할 수 없다.

이런 현상이 단순히 저자의 부주의 때문에 일어났다고 말할 수도 없는데, 왜냐하면 그의 작품 속에는 잘 계획된 구조적 특징이 상당히 많이 발견되기 때문이다. 결국 우리는 성경 본문이 그 설계에서 창작 과정까지 매우 분명한 목적을 위해 기록되었다는 사실을 목격하게 된다.

어떤 학자는 그 특징을 다음과 같이 묘사했다.

> (성경 저자는) 엘리사와 특정 왕 몇 명에게 지나치게 주의를 기울이며 전체 본문을 편중된 태도로 구성하기 때문에 이스라엘과 유다 역사의 마지막 150년이 종합적으로 어떤 상황이었는지 파악할 길이 없다.
>
> 이런 불균형은 계속해서 나타나기 때문에 의도적인 기록 태도로 보아야 한다. 다시 말해서 사료에서 어떤 자료를 선택하고 다른 자료를 제외시

키는 취사선택이 분명하게 나타나며, 저자가 엘리사와 히스기야, 예후, 이사야, 요시야의 행위를 지나치게 강조하기 때문에 선호하는 특정 주제와 그런 주제가 역사적 인물의 행위 안에 나타나는 예를 드러내는 데 오히려 방해가 된다.[49]

정치적인 사건의 전개 상황을 특정 관점에서 해석한 관점이 존재하는 한, 이런 경향은 왕과 그의 신하가 하나의 공동체로서 야훼를 향해 얼마나 신실했는지 여부를 중심으로 형성된 종교적인 메타 담론에 의해 거의 독점적으로 결정된다. '선호하는 특정 주제'는 제의의 타락과 종교 개혁이라는 분명한 중심축을 따라 흐른다. 왕과 그의 신하를 평가하는 기준은 그들이 선택했던 정치적 종교적 선택 속에서 실제로 계산에 넣었던 요인과 그들의 행위가 어떤 관련성이 있고 결정이 적절했는지 여부와 전혀 상관이 없다.

간단히 말해서 우리는 당시의 정치적 사건에 관한 정보를 어느 정도 전해 듣고 있지만, 지배적인 정치적 관점이 무엇인지는 전혀 알지 못하며, 문화적인 용어로 포장된 비유적인 표현을 얻을 뿐이다.

> (왜냐하면) 이런 구조적인 평가는 역사적으로 일반화된 비유와 반복의 양식들을 짜 맞추어 과거의 메아리와 미래에 대한 예측으로 이루어진 체제를 구성하는데, 이 체제는 시간과 공간이라는 제약이 없는 관념의 세계에서 전체 작품을 통일(시키기 때문이다).[50]

단절된 문단을 나란히 늘어놓는 문학적 구조를 통해 표현된 올바른 야훼 제의를 향한 집착으로 인해 열왕기와 역대기에 설명된 혼란스런 사건

49　Hobbs, *2 Kings*, xxvii.
50　Long, *1 Kings*, 26.

을 보도하면서 그 사건의 전개 상황을 특정한 방향으로 '몰고 간' 특정한 정치적 요인에 관해서는 아무런 언급도 하지 않는다. 특별히 어떤 정치적 드라마에 등장하는 주인공이 어떤 사람인지 충분히 이해할 수 없는데, 그 이유는 왕이나 관료나 다양한 계층의 백성이 어떤 정치적 관심을 가지고 있었는지 아무런 정보도 주지 않기 때문이다.

그러므로 기록된 역사에 맞는 정치적 관점을 제시하기 위해서 해석자의 비판적 상상력으로 성경 기자가 말해 주는 근본적으로 종교적인 줄거리 '이면에 있는' 그리고 그 '너머에 존재하는' 시나리오를 구성해 내야 한다.

(2) 한 민족과 두 정치 체제

연대 비교 방식으로 역사를 서술한 것은 이스라엘과 유다가 분열 왕국의 길을 걸었지만 근본적인 동일성을 유지하고 있다는 전제 하에 두 나라의 정치적 상황을 밀접한 관계 안에서 이해하려는 목적 때문이다.[51]

그러므로 이런 연대 비교 방식으로 창작된 문서가 의미를 지니려면 설사 그 개념이 모호하게 규정되었다 할지라도 이스라엘과 유다가 독립된 정치적 공동체가 아니라 하나의 종교 문화적 공동체의 구성원이라는 개념을 바탕으로 전승을 형성해야 한다. 이 연대 비교식 구조 안에서 북왕국 지도자를 끊임없이 비난하고는 있지만, 열왕기 기자는 이 두 왕국이 일종의 '애증' 관계를 형성하고 있다고 증언하고 있으며, 그들 사이에 나타나는 심한 불화를 해결책이 없는 '집안 싸움'이라는 이중적인 태도로

---

51 Linville은 열왕기가 이스라엘과 유다 두 왕국을 포함하는 거대-이스라엘이라는 개념을 단단히 고수하고 있다고 지적한다(Linville, *Israel in the Book of Kings*). Mullen과 Knoppers도 열왕기 기자가 이런 보편적인 이스라엘을 부르짖은 역사적 배경에 관해서는 다른 의견을 주장하지만, 열왕기의 사상적 특징에 대해서는 동의한다(Mullen, *Narrative History*, 258-86; Gary N. Knoppers, *Two Nations under God: The Deuteronomistic History of Solomon and the Dual Monarchies*, HSM 52 [Atlanta: Scholars, 1993], 1: 2-7, 54-56).
Mullen과 Knoppers는 신명기 역사가 기원전 7세기 말과 6세기 중반 두 번에 걸쳐 편집되었다는 입장이고, 기록 과정과 사회 역사적 위치를 확정하는 것에 반대하는 Linville은 포로기 이후 정확히 지정할 수 없는 어느 시점에 편집되었다고 주장한다.

묘사하고 있다.

　남 왕국과 북 왕국의 분열은 사울 왕조와 다윗 왕조 사이에 벌어진 경쟁을 통해 예고되었으며, 온 이스라엘이 다윗을 왕으로 옹립하겠다고 동의했음에도 그 갈등이 완전히 봉합되지 않고, 마치 '시한폭탄'처럼 솔로몬에게로 넘어갔다가 결국 두 왕국의 통합이 깨지고 만 것이다.

　북 왕국 정치에 무관심하며 유다의 역사에 직접 관련될 때만 언급하는 역대기도 비슷한 이중성을 보이지만 이 갈등을 해결할 독특한 방법을 제시하는데, 북 왕국이 멸망한 후 살아남은 백성이 회개하고 예루살렘에서 야훼의 제의 공동체에 참여할 수 있는 길을 열어 준다. 그러나 히스기야가 제안한 이 초대에 응한 사람은 별로 없었다. 그래서 왕정 시대나 후대 식민지 시대에 북쪽 사람과 남쪽 사람이 진정한 '가족 상봉'을 이룬 적은 결코 없었다.

　사무엘-열왕기와 역대기가 매우 선택적인 편향성을 보여 주고 기록 당시의 상황이 어떠했는지 불분명하기 때문에 다음과 같은 질문이 생긴다.

　　① 성경 저자가 보여 주는 보편적인 이스라엘이라는 개념은 과거를 회상하며 향수를 부르는 생각이었는가?
　　② 아니면 사무엘-열왕기와 역대기에 기록된 왕정 시대 역사 속에서 왕과 관료가 공유하던 생각이었는가?

　앞으로 제5장에서 더 자세히 논의하겠지만, 필자는 성경 기자가 사회문화적이고 종교적인 전통과 관습을 공유한 이스라엘과 유다 백성이 일정한 동질성을 가지고 있음을 정확하게 파악했다고 생각하며, 이런 경향은 다윗과 솔로몬 치하에 달성한 정치적 '통합'보다 더 깊게 흐르는 정체성이라고 본다. 바로 이렇게 공유된 정체성이 왕정 성립 이전 지파 공동체에 관한 전승에 정확하게 나타난다.

　그렇다고 해서 사무엘-열왕기와 역대기 기자들이 왕정 시대에 존재하던 보편적 이스라엘이라는 공유된 내용 또는 주장을 아주 그럴듯하게 '포장해서' 내놓았다는 것은 아니다. 왜냐하면 그들의 주요 해석 범주는 후대에 발생한 야훼 종교의 '정통 교리'(orthodoxy)와 '정통 제의'(orthopraxis)에서 나왔기 때문이다. 그럼에도 불구하고 필자는 사무엘-열왕기와 역대기가 공유된 정체성이라는 근본적인 요점을 잘 잡아냈다고 생각하며, 정치적 통합을 유지하지는 못했지만 바로 이 정체성이 정치적 분열 상황 중에서도 유지되고 그 분열 현상을 끊임없이 복잡하게 만드는 주요 요인이라고 본다.

(3) 정권 획득과 유지

왕정 시대 이야기에서 가장 중요한 사건은 왕위 계승과 관련되어 있다. 지도력을 중단 없이 이어가는 데 성공했는지 아니면 실패했는지 여부가 각 왕의 통치 시기 묘사의 시작과 끝을 장식한다. 특히 각 왕의 통치가 어떻게 끝을 맺게 되었는지 그 배경을 충실하게 묘사하는데, 대부분의 왕들이 자연사하였고(21명), 암살당한 왕도 많으며(13명), 외국 왕이 침입해 와서 폐위시켰던 왕도 있고(4명), 전사한 왕도 있었다(2명).

이 중에서 암살당한 왕이 많다는 사실이 두드러진다. 암살자나 암살을 지지하던 집단의 정치적 정체성이나 동기가 무엇이었는지는 보도하지 않거나 애매하게 언급하거나 또는 편향적으로 묘사하였다. 특히 역대기는 국왕 시해에 대해 기계적으로 종교적 동기를 부여하고 싶어 하기 때문에 암살자를 편파적으로 몰아붙인다. 그럼에도 불구하고 두 왕국에서 일어난 암살 사건은 분명히 서로 차이가 난다.

북 왕국에서는 국왕시해 사건이 여덟 번 일어났다. 암살로 인해 기존의 왕조가 단절된 것은 모두 세 번이다. 북 왕국이 시작되던 때에 여로보암 1세와 바아사의 왕조, 그리고 북 왕국이 멸망하기 얼마 전에 있었던 므나헴의 왕조는 왕조 '창시자'가 될 뻔한 왕들이 사망한 후 2년 이상을 버티지 못하고 무너졌다. 다른 두 왕조는 그 보다 더 오래 지속되었다. 오므리 왕조는 기원전 882년부터 843년까지 네 명의 왕이 등극하였으며, 예후 왕조는 기원전 842년부터 747년까지 다섯 명의 왕을 배출하였다.

그러나 이 다섯 왕조가 모두 암살 사건으로 끝났다. 바아사와 오므리 치하 과도기에도 암살이 한 번씩 일어났고, 예후 왕조가 문을 닫은 후에도 암살 사건이 두 번 일어났다. 여덟 번의 암살 사건 모두 암살자가 다음 왕위를 차지했다. 북 왕국에서 일어난 암살 중 일부는 군사적인 반란이었으며, 이런 경우 암살의 동기는 개인적인 야망이라고 설명할 수 있었다.

그러나 예후와 이스라엘 말기 왕들처럼 암살이 종교적 정치적 정책 변화를 수반한 경우도 많았으며, 이런 폭력적인 정권 교체의 동인이 개인적인 야망인지 사회, 정치, 종교적 정서인지 쉽게 구별할 수 없는 경우들도 많다. 폭력으로 정치 지도자를 바꾼 경우라도 '암살자 개인'이 저지른 왕권 찬탈이 아니라 국가와 사회 전체가 겪고 있는 격변이 반영되었다고 볼 수 있으며, 짧고 모호한 사료 때문에 이런 상황을 부분적으로만 이해할 수 있다는 점이 아쉬울 뿐이다.[52]

유다에서는 다윗 왕조가 오래 지속되었는데도 암살 사건이 다섯 번이나 일어났다는 사실은 꽤 이례적인 일이 아닐 수 없다. 그러나 암살자가 다윗 왕실의 혈통을 끊지는 못하였으며, 어쩌면 암살 사건의 목적 자체가 왕조 교체가 아니었을 수도 있다(아달랴의 집권도 그러하다).

요람은 왕위에 오른 후 자기 형제와 고위 관료를 살해하였다(대하 26:4). 아하시야는 예후가 폭동을 일으켰을 때 이스라엘의 요람과 함께 동맹을

---

52 Ishida는 두 왕국의 왕위 계승에 관한 연구에서 암살 사건을 자세히 논의하면서 북 왕국에서 일어난 암살 사건은 왕의 군사 원정 실패, 지파 간 경쟁, 왕과 백성 사이에 불거진 적대감을 원인으로 꼽았으며, 그 중 지파 간에 벌어졌던 경쟁이 가장 중요한 요인이라고 주장했다(Tomoo Ishida, *The Royal Dynasties in Ancient Israel: A Study of the Formation and Development of Royal-Dynastic Ideology*, BZAW 142 [Berlin/New York: Walter de Gruyter, 1977], 151-82). Ishida는 성경 자료를 매우 세심하게 분석하지만 그 자료를 사회, 경제, 정치적 차원에서 깊이 있게 입증하려고 하지는 않는다. 그 이유는 Albrecht Alt의 주장과 반대로 유다는 물론 북 왕국도 그 역사의 흐름 속에서 왕조의 선택과 계승이라는 원칙을 따르고 있다는 점을 증명하는 것이 그의 연구 목표였기 때문이다. 아래 제5장 각주 109를 보라.

맺고 군사 원정에 참여하다가 오므리 왕조를 멸족시키려는 반란자 예후에 의해 다른 유다 왕족과 함께 살해당하고 말았다(왕하 9:27-28; 10:12-14). 100년쯤 후에 아하스도 아하시야와 유사한 사건의 대상이 되는데, 이스라엘의 베가와 다메섹의 르신이 음모를 꾸며 아하스를 폐위하고 대신 "다브엘의 아들"을 왕으로 세우려 하였다(사 7:5-6).[53]

오므리의 딸이며 아하시야의 어머니였던 아달랴는 두 왕조가 혼인을 통해 우호 관계를 다질 수 있도록 중요한 역할을 했으나, 왕위를 차지한 후 모든 다윗 집안의 후손을 죽이는 참상을 벌였다.

오직 요아스만 죽음을 면하여 숨어 있다가 결국 왕궁에서 반정을 일으켜 왕위를 되찾았고, 여왕은 사형을 당하였다(왕하 11장). 요아스는 나중에 자기 관리 두 명에 의해 암살당했고(왕하 12:20-21), 그의 아들 아마시야가 왕위에 오른 후 암살자를 처단하였으나(왕하 14:5), 아마시야도 예루살렘 출신 공모자에게 암살당하고 만다(왕하 14:19-20). 약 150년 뒤에 이름을 알 수 없는 관료가 아몬을 암살하는데, 그 땅의 '백성'이 그들을 살해하고 요시야를 왕으로 옹립한다(왕하 21:23-24).

유다에서 벌어진 암살 사건은 모두 같은 왕조 안에서 벌어진 살인 사건이었고 다윗의 혈통을 대체하지 못했으며, 8년 동안 여왕으로 다스린 아달랴의 경우도 마찬가지였다. 바로 이 점에서 두 왕국에서 일어난 암살 사건 사이에 차이가 드러난다. 이스라엘의 암살자는 당시 왕의 모든 가솔을 살해하는 것이 관례였으며, 이렇게 해서 새 왕조를 세우는 것이 목표였다.

그러나 유다의 암살자는 당시 왕위에 있었던 요아스, 아마시야, 아몬을 죽이는 것이 목적이었지 다윗의 혈통을 대체하려는 의도가 없었고 결국

---

53 '다브엘의 아들'이 누구인지에 대해 다양한 제안이 있었다. 아사랴의 아들 또는 다브엘 지파 출신 시리아 공주에게서 태어난 요담을 지칭하며 결국 다윗 집안 왕자였다는 주장(W. F. Albright), 북부 이스라엘 귀족 가문의 후손으로 후에 도비야 가문으로 알려진 집안 출신인데, 당시 이스라엘의 베가에게 충성을 맹세하고 요단강 동편 영지를 수여받았다는 주장(B. Mazar), 그리고 페니키아 도시 두로의 왕이었는데, 앗수르에 대항하는 이스라엘과 다메섹의 동맹에 참여한다는 조건으로 유다 왕위를 약속받았다는 주장(A. Vanel)이 있다. John H. Hull Jr., "Tabeel," *ABD* 6:292 참조.

다른 다윗의 후손을 왕으로 옹립한다.

요람이 자기 형제 여섯 명과 다른 고위 관료를 죽인 이유는 자기 아버지가 형제에게 물려준 귀한 선물과 재산이 결국 자기 왕위를 위태롭게 할까 걱정했기 때문이었다(대하 21:1-4). 솔로몬도 왕위에 위협이 될 경쟁자를 살해한 일을 고려한다면(왕상 2장), 요람이 자기 친족을 숙청한 일은 남북 왕국을 다스렸던 다른 왕도 행했을 가능성이 높다.

예후가 이스라엘 왕궁을 방문한 유다 왕족 42명과 유다 왕 아하시야를 죽인 사건은 국가 경계 너머에서 발생한 특별한 암살 사건인데, 아마도 이웃 나라 유다에서도 페니키아의 종교적 영향력을 제거하기 위한 목적에서 벌인 일인지도 모른다. 예후가 유다 왕족을 숙청한 일은 아하시야의 어머니 아달랴가 벌인 암살 사건과 유사한 면이 있다.

아달랴가 "왕의 자손을 모두 멸절"시킨 일은 설명하기가 어렵다. 그녀의 이미지는 자기 악명 높은 바알 신도인 시누이 이세벨에게 큰 영향을 받았다. 역대기에 따르면 아달랴의 해로운 영향은 자기 아들 아하시야를 타락시켰을 뿐만 아니라(대하 22:3), 그녀 사후에도 "그 악한 여인 아달랴의 아들들이 하나님의 전을 파괴하고 또 여호와의 전의 모든 성물들을 바알들을 위하여 사용하였"다고 전한다(대하 24:7). 명확하게 주장하지는 않지만 성경 기자는 아달랴가 바알 신만 섬기는 왕조를 세우려는 사악한 음모를 품고 있었다고 말하려는 것 같다.

이런 빈정거리는 분위기는 두 가지 문제를 안고 있다.

첫째, 사마리아와 예루살렘에 바알 신전을 건축하는 이유는 야훼 종교를 대체하기 위해서가 아니라 페니키아와 외교적 관계를 공고히 하기 위해서 추가로 건물을 지은 것이다. 아달랴가 야훼 제의를 탄압하려 했다는 증거는 어디에도 찾을 수 없으며, 사실 그녀의 이름은 자기 아들 아하시야의 이름과 마찬가지로 '야(훼)'라는 신명을 사용하고 있다.

둘째, 만약 아달랴가 그녀의 아들들은 물론 아하시야와 그의 처첩 사이에 태어난 모든 아들들 즉 예후의 칼을 피한 모든 다윗의 후손들을 살해하였다면, 그녀가 새로 세운 왕조를 이어갈 후계자는 누가 된단 말인가?

만약 이런 암살 때문에 자기가 시작할 왕조를 이어갈 자손이나 친족이 하나도 남지 않게 된다면, 도대체 왜 아달랴는 자기 시누이를 살해한 예후가 시작했던 사업을 이어받아 유다의 왕족을 멸족시키고자 했겠는가?

역대기 저자는 살아남은 '아달랴의 아들들(대하 24:7)'이 누구라고 생각했는가?

그들이 요람의 아들들이며, 요아스 이외에도 다윗의 혈통을 이을 수 있는 후손이고, 아달랴가 왕권을 찬탈했을 때 숙청을 당했어야 할 사람들이 아니라면 누구란 말인가?

그게 아니라면 역대기는 아달랴가 다윗 후손이 아닌 다른 사람과 재혼해서 자기 왕위를 이어 왕조를 형성할 아들들을 키워냈다고 말하고 있는 것인가?

만약 그렇다면 그들은 자기 어머니가 사형을 당할 때 어떻게 죽음을 면했는가?

성경 독자들은 아달랴에 관한 묘사를 있는 그대로 쉽게 받아들이지만, 아달랴에 관한 성경 본문은 매우 왜곡되어 있으며, 그녀는 사실 예후가 자기 아들과 다른 많은 유다 왕족을 죽이고 요아스만 남겨 놓은 상태에서 과도 정부를 유지시키려 노력했다고 보는 것이 훨씬 타당하다.

성경 본문에 남아 있는 줄거리보다는 아달랴가 자기 손자 요아스를 보호하는 섭정으로 다스리다가 어린 왕에게 페니키아 출신 여인의 영향이 커지는 것을 우려하던 집단의 음모에 의해 제거되었다고 보는 것이 훨씬 설득력이 있다고 본다.[54]

(4) 국가 종교의 정치적 성격

성경 본문은 왕들이 국가 종교에 막강한 영향력을 행사한 것으로 묘사하고 있다. 왕들은 신전을 건축하고, 보수하며, 신전 예배를 감독하고, 특정 제의를 소개하거나 금지하며, 개혁적 조치를 시행하고, 중요한 종교적 명절을 선포하며, 제사장을 임명하여 정기적인 제의적 임무를 감당하게 한다. 이스라엘과 유다에서 왕들이 행했던 종교적인 기능은 다른 고대 근동 국가에서 왕들이 맡았던 의무와 거의 일치한다.[55]

통일 왕국 이스라엘과 유다 시대에 사무엘-열왕기와 역대기 본문이 보여

---

54 자세한 사항은 차이가 있지만 거의 대부분의 주석과 학계의 논문이 아달랴가 유다 왕위를 '찬탈'했다는 설명을 있는 그대로 받아들인다. 필자처럼 아달랴의 집권이 비정상적이긴 했으나 정당한 권리 행사였다고 생각하는 학자는 한 사람 밖에 없다. Mullen은 태후였던 아달랴가 자기 손자가 충분히 자라서 왕권을 감당할 수 있을 때까지 국가의 임시 지도자이며 요아스의 보호자로 정치를 했다고 본다(Mullen, *Narrative History and Ethnic Boundaries*, 21-32). 아달랴의 남편 요람이 그의 모든 형제를 살해하고 예후가 남은 유다 왕족들을 살육하자 요아스가 다윗의 혈통을 이어갈 유일한 남자 후손이 되었던 것이다. 다윗 왕조의 혈통을 잇고 예후가 유다 왕국을 병합하지 못하도록 막기 위해서 아달랴는 독단적인 결정을 내릴 수 밖에 없었는데, 아달랴가 그런 결정을 내릴 수 있도록 지지하는 집단이 분명히 존재했을 것이다. Dutcher-Walls도 아달랴가 강력한 지원 세력이 없었다면 혼자서 왕위를 지켜낼 수 없었을 것이라고 주장한다(Patricia Dutcher-Walls, *Narrative Art, Political Rhetoric: The Case of Athaliah and Joash*, JSOTSup 209 [Sheffield: Sheffield Academic Press, 1996], 154).

그러나 Dutcher-Walls가 농업 중심 왕국에서 나타나는 당파 정치를 모델로 삼고 있기는 하지만, 성경 본문이 보도하는 것처럼 아달랴가 다윗 왕조를 제거하려 한 의도가 무엇인지 묻지 않는다. 이와 달리 Mullen은 아달랴의 경우에 왕을 소개하는 기본 공식을 적용하지 않은 이유는 신명기 사가가 그녀를 혐오했기 때문이 아니라(물론 신명기 사가의 기록 의도와 잘 맞는 일이긴 했으나) 그가 사용한 사료에 이 기본 공식이 포함되어 있지 않았기 때문이라는 아주 흥미로운 의견을 개진한다. 그에 의하면 태후가 요아스를 왕으로 길러내는 일을 자기 임무로 생각했기 때문에 임시직 외에 왕위를 정당하게 차지할 권리가 있다고 주장한 적이 없다고 한다. Mullen은 Reviv와 Levin도 아달랴가 정당하게 과도 정부를 운영했음을 인정했다고 보도한다(Mullen, 29, n. 25; H. Reviv, "On the Days of Athaliah and Joash," *Beth Mikra* 47 [1970/71]: 541-49 [Heb.]; C. Levin, *Der Sturz der Königen Atalja. Ein Kapitel zur Geschichte Judas im 9. Jahrhundert v. Chr.* [Stuttgart: Katholisches Bibelwerk, 1982], 83-90).

Schulte는 아달랴가 '괴물처럼' 살육을 저지른 정치적 이유를 찾기 위해서 유다가 주변 국가를 향해 '열린 국경' 정책을 계속 시행하기 위한 방편이었다고 설명하는데, 이것은 성경 본문을 옹호하기 위한 억지에 불과하다(Hannelis Schulte, "The End of the Omride Dynasty: Social-Ethical Observations on the Subject of Power and Violence," *Semeia* 66 [1995]: 135-37).

주는 국가 종교에 관한 관심은 왕들이 신전을 건축하고 보수하거나[56] 예루살렘 신전에서 외국 종교의 제의를 제거하는 일과[57] 아주 거리가 멀다.

북 왕국 왕들은 신전 건축이나 유지와 관련하여 무슨 일을 했는지 아무 것도 알려진 것이 없다. 여로보암이 단과 벧엘에 지은 신전은 예루살렘을 대체하려는 불법적인 건축물로 평가받았고, 아합이 바알 신전을 지었지만 예후가 반란을 일으켜서 그 흔적마저 지워버렸다. 사마리아에 야훼 신전이 있었다는 기록이 없으며, 북 왕국 수도에 있던 유일한 신전은 바알 신전인 것 같은 인상을 주고 있다.

전체적으로 이스라엘 국가가 종교 관련 사건에 개입한 기록은 매우 도식적이고 그 수도 적어서 독자에게 실망을 주고 있다. 왕들을 평가한 기록은 국가 경영과 관련된 사건을 자주 언급하지는 않더라도 제의의 후견인으로 어떤 일을 했는지는 장황하게 이야기할 때가 많지만, 대부분 비판의 내용이 모호하고 극도로 정형화된 말투를 사용하고 있다.

사무엘-열왕기 본문에 나오는 이야기 대부분 국가 종교에 관해 기의 혹은 전혀 관심이 없기 때문에, 어떤 이야기는 이런 약점을 보완하기 위해서 어느 정도 자세한 묘사를 덧붙이기도 한다.

종교 문제에 훨씬 관심이 많은 역대기도 국가 종교에 관한 정보는 많지 않은데, 신빙성을 확인할 수 없는 윤색된 이야기를 통해 '선한' 왕들의 업적을 이상화하고 '악한' 왕들의 행위를 책망하는 것은 사무엘-열왕기보다 더

---

55 A. Leo Oppenheim, *Ancient Mesopotamia: Portrait of a Dead Civilization*, rev. ed. (Chicago: Univ. of Chicago Press, 1977), 95-109; Erik Hornung, "The Pharaoh," in *The Egyptians*, ed. Sergio Dandoni (Chicago: Univ. of Chicago Press, 1997), 283-313.

56 Arvid S. Kapelrud, "Temple-Building: A Task for Gods and Kings," *Or* 32 (1963): 52-62; Victor (Avigdor) Hurowitz, *I Have Built You an Exalted House: Temple Building in the Bible in the Light of Mesopotamian and Northwest Semitic Writings*, JSOTSup 115 (Sheffield: JSOT Press, 1992).

57 왕들의 종교 개혁에 관해서는 다음 연구를 참고하라. Gösta W. Ahlström, *Royal Administration and National Religion in Ancient Palestine* (Leiden: E. J. Brill, 1982); Richard H. Lowery, *The Reforming Kings: Cults and Society in First Temple Judah*, JSOTSup 120 (Sheffield: JSOT Press, 1991).

심하다. 역대기가 예루살렘 신전과 관련된 음악과 제사 제도, 제의를 맡은 제사장의 반차에 관한 묘사를 과장해서 싣고 있는데, 이런 제도는 왕정 시대 신전이 아니라 재건된 제2성전에서 시행되던 것이다.[58]

통일 왕국 시대에 일어난 종교 관련 사건 중에서 사울은 결함이 많은 야훼 숭배자로 그려져 있는데, 그는 제사장의 지시에 불순종하고 자기가 선포한 율령을 어겨가며 영매에게 의지하는 사람으로 등장한다(삼상 13:8-14; 15; 28:3-10).

다윗은 예루살렘에 법궤를 들여왔고(삼하 6:12-19), 예루살렘에 성전을 건축하고자 했던(삼하 7:1-17) 사람으로 묘사된다. 다윗은 선지자에게서 성전을 짓지 말라는 충고를 들었지만, 야외 제단을 지을 언덕을 구입하여 미래의 성전 터로 지정하기도 한다(삼하 24:18-25).

솔로몬은 성전을 짓기 전에 기브온에서 야훼께 경건하게 예배하였고(왕상 3:3-4), 그 후 공식적인 제사장이 배치되고, 풍성한 제사를 드릴 예물이 준비되었으며, 예루살렘에 호화롭게 장식된 성전을 건축하였다(왕상 6-8).

그러나 다윗은 자기 백성을 대상으로 인구 조사를 실시하여 야훼 하나님의 뜻과 어긋나는 행동을 하였고, 그의 왕국은 전염병 때문에 고생을 해야 했다(삼하 24:1-17). 솔로몬은 외국인 아내를 맞아 그들의 신을 섬겼고, 결국 북쪽 지역 지파들이 반란을 일으켜 자기 왕국의 대부분을 잃는 벌을 받았다(왕상 11:1-13). 솔로몬이 저지른 종교적 과실 때문에 다윗 왕조가 영원히 지속된다는 약속과 침범당할 수 없는 성전 제의가 엄청난 위험에 처하게 되었고, 그의 왕국이 급격하게 줄어들어 결국 완전히 멸망할지도 모

---

58 William Riley, *King and Cultus in Chronicles: Worship and the Reinterpretation of History*, JSOTSup 160 (Sheffield: JSOT Press, 1993). Seussy는 역대기 저자가 보여 준 왕정의 개념을 다음과 같이 정확하게 지적한다(Marti J. Steussy, *David: Biblical Portraits of Power*, [Columbia, S.C.: Univ. of South Carolina Press, 1999], 125-26). "역대기가 묘사하는 다윗은 독특한 개인이라기보다는 어떤 전형적인 이미지를 보여 준다. 그의 이스라엘은 국민이라기보다는 회중이며, 정치적 지위의 변화보다는 신전 제의를 위한 준비에 의해 정의된다. … 제사를 강조하면서 예루살렘 멸망 때문에 생긴 단절을 극복하고 왕정 시대의 유다와 페르시아 시대의 예후드(Yehud)를 연결시킨다."

른다는 그림자를 드리우게 되었다(왕상 8:46-53).

열왕기 본문은 역대기에 비하여 어떤 사실에 관해서는 더 비유적이고 자제하는 문투를 보여 주지만 역시 이스라엘과 유다 왕의 종교 정책과 행위를 융통성 없는 기준으로 평가하고 있으며, 전형적인 수사법과 반복되는 판에 박은 문구를 사용해서 기록한다. 그들은 선한 왕과 악한 왕으로 평가를 받는데, 성경 기자가 생각하는 그 당시의 야훼 제의의 관습에 비교하여 왕들이 얼마나 열심히 또는 게으르게 그 관습을 보존하였는지 여부에 따라 평가하였다.

여로보암 1세는 단과 벧엘에서 황금 송아지 숭배를 추진하면서(왕상 14:7-16) 대대로 심판의 대상이 될 악순환을 시작하였고, 그의 뒤를 따랐던 북 왕국 왕들도 모두 "여호와 보시기에 악을 행하여" 결국 "여로보암의 죄에서 평생 떠나지 아니"하여 "여호와의 분노를 불러 일으켰"다고 보도하고 있다.

아합은 사마리아에 바알 신전을 짓고 아세라 여신 상을 세워서 여로보암의 죄를 더 악화시킨다(왕상 16:31-33). 그 후 야훼 제의는 바알 숭배와 목숨을 건 대결로 치닫는데, 이스라엘에서는 엘리야(왕상 18-19), 엘리사(왕하 1:1-16), 예후(왕하 10:18-31)가 그리고 예루살렘에서는 여호야다(왕하 11:17-18)가 주도하였다.

이스라엘 왕 중에서 유일하게 종교적 태도로 인해 칭찬을 받은 사람은 예후 왕인데, 그는 "이스라엘 중에서 바알을 멸하였으나" 황금 송아지 숭배는 제거하지 않았다는 이유로 긍정적인 평가가 그 빛을 잃는다(왕하 10:28-29).

유다에서는 르호보암이 다윗 왕조의 이름에 먹칠을 하였는데, 그는 '바못'(bāmôt "산당" 또는 지방에 분포해 있는 희생 제사를 드리는 야외 제단)과 '마쩨봇'(maṣṣēbôt 풍요의 남성 신을 상징하는 돌기둥), '아쉐림'('ašērîm 풍요의 여성 신을 상징하는 나무 기둥), '카데쉬'(qādēš '성스러운 물품 혹은 사람,' 신전에 있는 남성 창기, 왕상 14:22-24)를 허락하였다. 유다 왕을 보도하는 부분에 자꾸 반복해서 나오는 주제 중 하나로 "여호와께서 보시기에 정직히 행하였"던 왕조차 산당을 제거하는 문제에 관해서는 여지없이 실패하고 마는데, 히스기야는 산당을 제거하는데 성공하였고(왕하 18:4), 므낫세가 다시 허락하였으며(왕하 21:3), 요시야가 다시 한 번 유다와 사마리아에서 산당을 제거한다(왕하 23:5, 8-9, 13, 19).

아달랴 치하에 예루살렘에 있었던 바알 신전은 아달랴가 죽은 후에 파괴되었으나(왕하 11:18), 므낫세가 바알에게 제사하는 제단을 건설하였고(왕하 21:3), 바알 제의를 위해 사용하는 집기는 요시야가 예루살렘 성전에서 꺼내어 파괴해 버렸다(왕하 23:4). 바알과 아세라 숭배, 그리고 르호보암 시대 이후에 나타난 불법적인 산당 외에도, 유다 왕국 통치 말기에는 왕들이 자기 아들들을 희생 제물로 바쳤고(왕하 16:3; 23:10; 대하 33:6; 모압 왕도 유사한 종교 행위를 시행함, 왕하 3:27), 점성술은 물론 성전 마당에 설치한 말과 전차 모형이 상징하는 태양 숭배도 시행했다고 한다(왕하 21:5; 23:4-5, 11).[59]

간단히 말해서 히스기야와 요시야만 빼고 모든 유다 왕이 제의에 있어 방종과 왜곡으로 낙인이 찍혔는데, 요직 히스기야와 요시야만 예루살렘과 유다에서 모든 금지된 제의와 우상을 예외 없이 제거하였다고 추앙받는다(왕하 18:1-6; 23:1-25). 그 중에는 원래 모세가 만들었다고 전해지며 치유의 힘이 있는 놋뱀(왕하 18:4; 민 21:6-9 참조)이나 아세라 상을 덮는 휘장이나 막(왕하 23:7)처럼 기이한 성물도 있었다.

에스겔에 의하면 예루살렘이 멸망하기 전 마지막 몇 년 동안에도 각종 동물을 그린 형상이나 담무스를 위하여 애곡하는 일, 태양 숭배 등이 성전 경내에서 시행되었다고 하며, 이것은 요시야가 전면적인 제의 '청소'를 단행한지 몇 년도 되지 않은 때였다(겔 8:15-18). 왜곡된 제의적 관습에 관한 이런 보도는 다음 같은 질문을 불러일으킨다.

① 왕들은 누구의 기준에 따라 평가를 받았고, 이 기준은 역사의 어느 시점에 형성되었는가?

---

[59] J. Glen Taylor, *Yahweh and the Sun: Biblical and Archaeological Evidence for Sun Worship in Ancient Israel*, JSOTSup 111 (Sheffield: Sheffield Academic Press, 1993).

② 이 기준은 국가 종교에서 얼마나 넓게 인정을 받았으며, 유다 백성 사이에서 얼마나 광범위하게 수용되었는가?[60]

이스라엘과 유다 왕을 향한 이 저주의 물결을 외형적으로 규정하고 또 그 영향력을 좌우하는 두 가지 기준이 있음을 알 수 있는데, 그 중 하나는 '장소'이고 다른 하나는 '본질'이다.

장소와 관련된 기준은 예루살렘 대 비-예루살렘이라는 두 요소의 대립으로 공식화되어 있으며, 예루살렘 성전에서 드리는 예배를 유일하게 정당한 것으로 강요하고 예루살렘 밖에서 드리는 모든 예배를 불법적인 행위로 정죄한다. 이 기준에 의하면 북 왕국에서 행하는 종교 행위가 무효임은 물론 예루살렘 밖 유다 지방에서 드리는 제사와 명절도 무효이며 곧 제거되어야 할 대상이다.

이미 언급한 것처럼 이런 기준과 반대되는 곳에 북쪽 선지자와 그 추종자에 관한 전승이 있는데, 이들은 예루살렘과 멀리 떨어진 곳에서 야훼를 섬기면서도 아무런 거리낌도 없고 성경 저자도 이들을 전혀 비판하지 않는 것을 볼 수 있다. 더구나 예루살렘에서 드리는 예배라는 기준은 왕국의

---

60   Ackerman은 렘 7장과 44장, 겔 8장, 사 57장과 58장에서 제의적으로 '가증스러운 것'이라고 비판을 받는 행위를 열왕기와 역대기에 의해 왕국 차원의 종교 개혁이 실시되었다고 전해지는 기원전 6세기의 시대 상황에 비추어 연구하고 난 후, 이러한 '가증한' 행위가 당시에 널리 퍼져 있었을 뿐만 아니라 이런 제의를 행하는 자들에 의해 정통 야훼 제의로 간주되었다고 결론지었다(Susan Ackerman, *Under Every Green Tree: Popular Religion in Sixth-Century Judah*, HSM 46 [Atlanta: Scholars, 1992]).
연구를 요약하며 Ackerman은 "내가 언급했던 대중 종교의 상징은 서-셈족 세계와 이스라엘에 전통적인 문화적 요소이며 원래부터 야훼 종교에 포함되었던 요소들이다. … 6세기의 야훼 제의는 성경 본문이 외형적으로 허용하는 한도를 훨씬 넘는 다양성을 내포하고 있었다. 포로기의 야훼 제의를 오직 한 가지로 정의할 수 없다는 점도 분명하다. … 포로기의 야훼 신앙을 제사장 전승, 신명기 전승, 예언서 전승으로 묘사하는 것은 그야말로 (여러 가지 중) 한 가지 형태에 불과하다"라고 말한다(215-16).
Smith는 이스라엘 종교와 가나안/고대 근동 종교가 서로 융합하고 또 분리하는 복잡한 이중적인 과정은 포로기는 물론 그 너머로 확장된다고 주장한다(Mark S. Smith, *The Early History of God: Yahweh and the Other Deities in Ancient Israel* [San Francisco: Harper & Row, 1990], xix-xxxiv, 154-57).

분열 과정에 의해서도 그 권위가 약화되는데, 북쪽 지파에게 남쪽의 왕을 떠나도록 명령하신 것이 다름 아닌 야훼 하나님이시며, 이 사건은 솔로몬의 죄 때문에 주신 처벌이지 북쪽 지파를 벌하기 위해서 정당한 야훼 예배에 참여하지 못하게 하실 의도가 아니었던 것이다.

마지막으로 왕국의 분열 이후 유다에서 200년 동안 드린 예배는 왕들의 제지를 전혀 받지 않고 전국에 분포되어 있는 '산당'에서 진행되었다고 성경 기자도 인정하고 있다. 이런 인정 자체가 예루살렘에 있는 솔로몬의 국가 성전이 야훼를 섬기는 유일한 예배처를 만들기 위해서 건설된 것이 아님을 시사한다.

본질과 관련된 기준은 야훼 대 비-야훼라는 두 요소의 대립으로 공식화되어 있고, 예루살렘에서 드리는 예배와 그 외 다른 곳에서 드리는 예배가 단순히 적절한 장소가 어디냐는 문제가 아니라 종교적 진위 논쟁과 관련된다는 사실을 보여 준다. 예루살렘 제의만이 이스라엘의 하나님을 인정하고 섬긴다.

다른 곳에서 진행되는 종교는 근본적으로 '다른 신'을 섬기는 행위인데, 왜냐하면 정당한 예배에 관한 배타적인 기준은 진정한 야훼 신앙이 예루살렘 성전에 기도와 제사를 바치는 것 이외에 다른 통로가 있을 수도 있다는 사실을 잠깐이라도 허락할 수 없기 때문이다. 그러므로 장소와 본질에 관련된 제의적 기준은 서로 뗄 수 없이 하나로 결합되어 있다.

예배에 관한 이런 엄정한 기준을 무시하며 행동한 북쪽 선지자 외에도 역대기 저자가 왕들을 평가할 때 뭔가 얼버무리며 넘어간 지점이 하나 더 있다. 열왕기와 달리 역대기는 므낫세가 역겨운 종교적 범죄를 회개하고 자기의 제의적 실수를 고쳤다고 묘사한다.

물론 "백성들이 그의 하나님 여호와께만 제사를 드렸으나 아직도 산당에서 제사를 드렸"다는 단서를 하나 달고 있기는 하다(대하 33:17). 바로 이 부분에서 공개적으로 인정된 예배 장소와 본질에 관한 기준 사이에 존재하는 긴밀한 결합이 깨어진다.

그 외에는 야훼 제의에 관련된 예루살렘의 독점적 지위가 두 왕국의 종교 정책에 관한 성경 기자의 주석에 아주 철저하게 적용된다. 여로보암 1세는 야훼를 예배하는 일과 전혀 관련이 없는 폭력적인 우상인 황금 송아지를 섬긴다고 조롱하듯 심판을 받았는데(참고, 출 32), 사실 이 송아지는 솔로몬 성전의 놋바다를 이고 서있는 소 열두 마리와 마찬가지로 상징적인 역할을 수행하고 있었는지도 모른다(왕상 7:23-26). 예후가 이 송아지들을 파괴하지 않았다는 사실도 이 상징이 야훼 제의와 동일하다는 점을 확증해 준다(왕하 10:29). 유다 사람들이 산당에서 예배를 드린 일은 바알과 아세라 숭배를 대표하는 돌기둥과 나무 기둥과 견주어 말하며 비방하고 있다.

마지막으로 예루살렘 대 비-예루살렘 예배 구조와 야훼 대 비-야훼 예배라는 구조가 결합된 기준은 여로보암 1세에 관한 이야기에서 어떤 선지자가 나타나서 최근에 왕명으로 지은 벧엘 신전이 언젠가 무너질 것이라고 예언하는 부분에서 가장 완전한 형태로 드러난다. 이 예언은 성취될 때까지 300년의 시간이 걸리는데, 요시야가 독점적인 예루살렘 제의를 강제하면서 벧엘 신전을 파괴할 것을 이미 여로보암 시대에 암시하고 있는 것이다(왕상 13장과 왕하 23:15-20을 참조하라. 특히 왕상 13:2에 요시야의 이름이 분명하게 나타나 있는 점에 유의하라).

이렇게 명백하게 교리화된 기준은 열왕기와 역대기에 기록된 국가 종교에 관한 정보의 쟁점을 흐리게 만든다. 오히려 이런 기준은 시대착오적인 특징, 즉 후대에 창작되었을 가능성도 있어 보이는데, 왜냐하면 이러저러한 종교 정책을 채택한 왕의 실제적인 의도에 관해 거의 전혀 모르기 때문이다. 진행되는 이야기 속에서 이런 실제적인 의도가 표현되거나 암시되는 경우가 있는데, 이 때 종교적인 평가 기준은 잘 적용되지 않는다.

예를 들어 여로보암 1세는 단과 벧엘에 신전을 지으면서 "만일 이 백성이 예루살렘에 있는 여호와의 성전에 제사를 드리고자 하여 올라가면 이 백성의 마음이 유다 왕 된 그들의 주 르호보암에게로 돌아가서 나를 죽이고 유다의 왕 르호보암에게로 돌아가리로다"(왕상 12:26-27)라고 생각한다.

다시 말해서 여로보암이 제의를 개혁한 이유는 야훼를 숨기는 일을 거절했기 때문이 아니라 예루살렘 제의를 용인함으로써 유다에게서 완전히 독립하지 못하게 되는 정치적 함정을 피하려고 한 것이다.

이와 같은 맥락에서 아합이 사마리아에 지은 바알 신전을 이해할 수 있는데, 이 신전은 국가 간 외교 의례에 의해 조약을 실행한 것으로 두로 출신 왕비가 고향을 떠났지만 자기 종교를 계속 유지할 수 있도록 준비해 준 것이다. 이 건축 사업을 이스라엘의 국가 종교였던 야훼 제의를 폐기하려는 시도로 해석해서는 안 된다는 말이다.[61]

그리고 위에서 언급했던 것처럼 페니키아에서 온 '트로이의 목마' 아달랴도 예루살렘에서 야훼 종교를 바알 숭배로 대체하려고 시도한 증거가 전혀 없다. 바알 숭배자를 야만적으로 살육한 예후도 반대파를 모두 제거하려 한 잔인한 정치적 계산처럼 강력한 종교적 열성을 보여 주지는 않는데, 왜냐하면 북 왕국에서 야훼를 예배하던 기존의 방식을 개혁할 필요를 느끼지 않았기 때문이다.

더 나아가서 열왕기와 역대기에서 칭찬받은 종교 정책은 사실 정치적 목적을 달성하기 위해 시도된 것이라는 증거도 많이 있다. 유다에서 산당을 폐지했던 히스기야의 의도가 오로지 또는 주로 종교적이었던 것만은 아니었는데, 앗수르에 대항하여 반란을 준비하던 그는 군사력과 경제적 자산을 예루살렘에 모으면서 자기 계획을 강화시킬 제의적 이념적 자원도 수도에 추가적으로 집중시키기 원했다는 것이다.[62]

---

61 Martin A. Cohen, "In All Fairness to Ahab: A Socio-Political Consideration of the Ahab-Elijah Controversy," *ErIsr* 12 (1975): 87*-94*.

62 Halpern은 히스기야가 실행한 정치적 중앙 집권 정책이 지방의 혈통 중심 질서와 조상 숭배 관습을 어떻게 약화시켰는지를 연구하였다(Baruch Halpern, "Jerusalem and the Lineage in the Seventh Century B.C.E.: Kinship and the Rise of Individual Moral Liability," in *Law and Ideology in Monarchic Israel*, ed. Baruch Halpern and Deborah W. Hobson, JSOTSup 124 [Sheffield: Scheffield Academic Press, 1991], 27, 47-48, 73-74, 77-79). Pasto도 히스기야 왕의 지방 정책은 앗수르에 대항한 전선을 구축하는 목적에 초점을 맞추고 있다고 주장한다(James Pasto, "When the End is the

요시야 왕이 예루살렘 중심으로 제의를 집중시키는 정책을 강력히 추진할수록 중앙으로 집중된 예산 정책이 시행되어 국가 재정에서 지역이나 지방의 '세무 관리'가 착복할 기회를 줄이고, 순례객과 관련된 사업이 활성화되며, 전체적으로 예루살렘의 경제 상황을 향상시켰을 것이다.[63] 그리고 신명기 법을 시행하면서 요시야가 가문이나 혈통 중심 자치 체제를 억압하고 국가의 통제를 강화하려 했다는 증거도 있다.[64]

북 왕국과 남 왕국의 종교 기관과 관습을 형성하는데 중요한 역할을 했던 이 모든 비종교적인 요인은 이스라엘과 유다 왕을 찬양하거나 책망하는 일률적인 평가 속에서 매우 의도적으로 무시되거나 누락되었다.

열왕기와 역대기가 왕정 시대 통치 행위와 사건에 이 종교적 기준을 적용하는 데 있어서 방법이 달랐다는 사실은 이런 사료의 정치적 성격을 파악하는 데 매우 유용한 역할을 한다. 열왕기는 이 종교적 기준과 대치되는 이야기를 그대로 보존하여 싣는데 반하여 역대기는 끊임없이 문맥을 벗어나 이야기가 시대착오적인 종교적 기준에 '잘 들어맞도록' 부연 설명을 한다는 점이 현저하게 눈에 띈다. 역대기 저자의 엄정하고 도덕적인 해석은 유다 왕을 언급할 때 분명하고 반복적으로 나타난다.

예를 들어 역대기는 솔로몬이 야훼에게 등을 돌리고 우상숭배를 시작한 사건에 대해 한 마디도 하지 않다가, 나중에 그의 아들 르호보암이 등극한지 3년이 지나서야 처음으로 유다에 잘못된 제의가 시작되었다는 사실을 암시한다(대하 11:17; 12:1). 아사는 초기에 종교 개혁을 시행하였으나, 나

Beginning ⋯," 185-86).

63　William E. Claburn, "The Fiscal Basis of Josiah's Reform," *JBL* 92 (1973): 11-22; idem., "Deuteronomy and Collective Behavior," (Ph.D. diss., Princeton Univ., 1968); Shigeyuki Nakanose, *Josiah's Passover. Sociology and the Liberating Bible* (Maryknoll, N.Y.: Orbis, 1993), 32-112.

64　Naomi Steinberg, "The Deuteronomic Law Code and the Politics of State Centralization," in *The Bible and the Politics of Exegesis: Essays in Honor of Norman K. Gottwald on His Sixty-Fifth Birthday*, ed. D. Jobling et al. (Cleveland: Pilgrim Press, 1991), 161-70.

중에 야훼를 향한 신심이 약해진다. 그는 '하나님 여호와를 의지하지' 않고 이스라엘을 견제하기 위해 아람 다메섹에 뇌물을 바쳤으며, 이를 비난하는 선지자를 투옥하였고, 또 '백성 중에서 몇 사람을 학대'하였다.

얼마 지나지 않아 아사는 발에 심각한 병이 들었고, 야훼에게 의지하지 않고 의사를 찾다가 결국 2년 만에 사망하였다(대하 16:7-12). 역시 종교 개혁과 사법 제도 개편을 추진했던 여호사밧은 이스라엘 왕 아합과 아사랴와 동맹을 맺은 일로 선지자에게 비난을 받았는데(대하 19:1-3; 20:35-37), "그가 전심으로 여호와의 길을 걸어 산당과 아세라 목상도 유다에서 제거"하였다는 기록이 있는 반면에(대하 17:6) "산당만은 철거하지 아니하였"고 그 실패의 책임이 곧 유다 백성에게 전가되는 기록도 존재한다(대하 20:33).

역대기는 암살을 당하거나 질병으로 죽은 유다 왕에 관해 그리고 그 왕과 왕의 백성이 외교나 군사적으로 실패를 겪은 일에 관해 장황하게 언급하면서 매번 제의적인 범죄와 연결시키는 경우가 열왕기보다 훨씬 더 많다. 열왕기에서는 유다에서 잇따라 왕위에 오른 요아스와 아마샤, 아사랴 세 명이 "여호와 보시기에 정직히 행하였으나 오직 산당은 제거하지 아니 하였"다고 기록되어 있다. 그러나 역대기는 이 왕들이 겪은 불행과 때 이른 사망을 아주 노골적으로 제의적 실수와 연결시킨다.

요아스는 그의 후원자였던 제사장 여호야다가 죽은 후 야훼를 버렸고 여호야다의 아들 스가랴를 살해하였는데, 그 결과 아람 다메섹과 벌인 전쟁에서 철저하게 패배하였고 결국 암살을 당해 죽는다(대하 24:17-27).

전투에서 에돔에게 승리를 거둔 아마샤는 에돔의 신을 섬기기로 했고, 이스라엘을 조롱하며 전쟁을 시작하였으나, 여호아스에게 패배하였고, 결국 유다 내부 반란이 일어나 암살을 당했다(대하 25:14-28).

아사랴=웃시야는 초기에 독실하고 풍요로운 치세를 누리다가 '그의 마음이 교만'해져서 제사장에게 맡겨야 할 성전 제사를 직접 드리려고 시도하였고, 결국 나병이 들어 격리 생활을 살아야 했으며 자기 아들을 섭정으로 앉히고 국정을 맡겨야 했다(대하 26:16-21).

신앙이 전혀 없는 왕으로 그려진 아하스는 유다가 아람 다메섹과 이스라엘에게 짓밟히는 비극을 겪게 했고, 필사적으로 앗수르에 재물을 바치며 원군을 요청했으나 그를 "돕지 아니하고 도리어 그를 공격"했다고 열왕기와 반대되는 기록을 남기고 있다(대하 28; 왕하 16:7-9 참조).

아하스가 다메섹에 갔다가 보고 예루살렘 성전에 세웠던 제단은 열왕기에 짧고 모호하게 언급되어 있으며 어쩌면 야훼를 섬기는 제단을 앗수르 방식으로 지은 것일 수도 있는데(왕하 16:10-18), 역대기에서는 그가 오직 '다메섹의 신'만을 섬기기 위해서 '예루살렘 구석마다' 수많은 제단을 쌓았으니 결국 "그 신이 아하스와 온 이스라엘을 망하게" 했다고 평가한다(대하 28:22-24).

심지어 열왕기에서 종교 개혁 때문에 칭찬을 받았던 가장 훌륭한 유다 왕들도 역대기의 비판적인 눈을 피할 수 없었다. 히스기야는 산헤립이 유다를 침략했을 때 어쩔 수 없이 조공을 바쳤다고 열왕기에 기록되어 있으나, 역대기에는 조공에 대한 언급이 없다. 반대로 앗수르의 포위가 풀렸을 때 주위 국가에서 히스기야에게 조공을 가져왔다(대하 32:22-23).

그럼에도 불구하고 그는 죽을 병에서 회복하고 나서 "마음이 교만하여 그 받은 은혜를 보답하지 아니"(대하 32:25)하였다. 그가 바빌론에서 온 사신을 잘 대접했을 때 열왕기에서는 선지자에게 신랄한 비판을 들었는데, 역대기는 "하나님이 히스기야를 떠나시고 그의 심중에 있는 것을 다 알고자 하사 시험하셨"다는 다소 부드러운 해석이 달려있다(대하 32:31; 왕하 20:12-19 참조).

파라오 느고에게 비극적으로 살해당한 요시야는 스스로 자기 죽음을 자초한 것으로 묘사되어 있는데, 파라오가 "하나님이 나와 함께 계시니 그대는 하나님을 거스르지 말라. 그대를 멸하실까 하노라"라고 경고했는데도 그가 "하나님의 입에서 나온 느고의 말을 듣지 아니"하였다고 설명하고 있다(대하 35:20-24).

역대기 저자가 요시야의 죽음을 이런 방식으로 기록한 것은 물론 그가

'평안히' 죽게 될 것이라는 여선지자 훌다의 예언이 성취되지 않은 이유를 설명하려는 시도로 보이는데(대하 34:26-28), 열왕기가 이 불일치를 특별한 설명 없이 방치해 놓은 것과 큰 차이를 보인다. 그러므로 사무엘-열왕기와 비교해 볼 때 역대기가 제의적 순종 대 불순종이라는 '신명기'의 도덕적 신학적 공리를 정치적인 복과 화를 통해 더 강력하게 표현하려 했다는 사실은 매우 분명하게 드러난다.[65]

정당한 예배와 관련된 기준이 본문에 잘 반영되어 있다는 사실에 상치되는 예를 이렇게 장황하게 늘어놓은 이유는 열왕기와 역대기 안에 두 가지 의도가 상호 작용을 하고 있다고 말하고 싶기 때문이다. 완전히 상반되는 이 두 가지 기록 의도는 때로 비슷한 또는 다른 방법으로 표현된다.

그 중 한 가지 의도는 통일 왕국과 분열 왕국 시대의 이스라엘 역사에 관련하여 그 때까지 알려진 전승을 종합하여 모으려는 것이고, 또 다른 의도는 얼마나 야훼 제의를 주의해서 받들었는지 또는 얼마나 비뚤어진 태도로 이 제의에서 떠났는지에 따라 왕과 국가 정책을 심판하려는 것이다. 이 자료를 왕정 시대의 종교적 신념과 관습에 관한 기록으로 해석하려고 할 때 문제가 되는 것은 이 전승이 자료를 수집한 자들과 화자들이 과거를 회상하며 형성한 관점이 강조하는 예루살렘 중심의 유일신교 관점의 야훼 제의가 허위임을 보여 주는 경우가 반복해서 등장한다는 점이다.

지금까지 알려진 바에 따르면 성경 기자가 강조하는 제의적 기준에 관

---

65 현재 성서신학 학계에서는 신명기와 신명기 역사에 나오는 문체와 소재와 때로 유사하고 때로 상이한 다른 성경 본문의 필수적인 자료와 신학적 소재로 신명기와 소위 '신명기 학파'를 인정해야 한다는 의견에 반대하는 입장이 우위를 차지하고 있다. Linda S. Schearing and Steven L. McKenzie, eds, *Those Elusive Deuteronomists: The Phenomenon of Pan-Deuteronomism*, JSOTSup 268 (Sheffield: Scheffield Academic Press, 1999)에 실린 논문을 참고하라(특히 Richard Coggins, 22-35; Norbert F. Lohfink, 36-66; Robert R. Wilson, 67-82; McKenzie, 262-71 참조). 성경에 나타난 수많은 전승이 상과 벌을 받는 조건으로 순종과 불순종을 언급하고 있다는 사실을 잘 알고 있고, 또 많은 학자들의 경고에 주의를 기울이고 있으면서도 필자가 여기서 '신명기적인' 도덕적 신학적 공리를 언급하는 이유는 역대기가 열왕기에 실린 신명기적 심판을 의도적으로 재인용하면서 그런 입장을 더 고조시키고 심화시키기 때문이다.

한 의견 일치는 왕정 시대 말기에 발생했거나 유다가 멸망한 이후에 '한꺼번에' 형성된 것이다. 이 기준은 신명기의 교육적인 가르침(tôrôt) 안에 잘 표현되어 있는데, 열왕기와 역대기 기자가 야훼 제의에 관해 엄격하고 통일된 이해가 결여된 집단 안에서 형성된 전승을 수집하고 배열하여 주석할 때 많이 의지하던 신명기의 제의적 세계관인 것이다.

더구나 신명기, 사무엘-열왕기, 역대기에 표현되어 있는 종교적 안건은 개혁적인 성향을 가진 집단에서 발생했을 가능성이 높은데, 이들은 야훼 신앙과 제의의 범위와 내용이 아직 잘 규정되지 않고 유동적이었던 왕정 이후 시대에 그들의 신앙관을 확실히 인정받는 정통 교리로 만들기 위해서 투쟁하고 있었다.[66]

그렇다면 우리는 개혁주의 저자들의 '빡빡한' 제의적 기준들과 그 개혁자들이 보존하고 비판적으로 주석한 많은 본문에 나타난 '느슨한' 제의적 세계를 어떻게 구분할 수 있는가?

도움이 될 만한 두 가지 단서가 있다.

첫째, 이야기의 자세한 사항과 역학 관계가 어수선하고 모호한데 이야기의 메타 구조는 매우 매끄럽게 진행되어 이 두 가지 현상이 날카롭게 대비되면서 서로 모순된다. 성경 기자는 어떤 사건의 세속적인 흐름을 후대의 제의적이고 신성한 의미에 맞추어 해석함으로써 왕과 국가 기관의 동기나 의도를 완전히 놓치거나 심각하게 왜곡하는 경우가 허다하다.

---

66 Smith는 긴 역사를 통해 야훼 신앙이 많은 종교 중 하나였다가 유다인 사이에서 절대적인 지위를 획득하기까지 변화하고 많은 야훼 신앙 초기의 특징들이 떨어져 나가고 적절치 않은 것으로 평가받으면서 점점 '개선'되어 가는 과정을 연구하였다. Mark S. Smith, *The Early History of God*. 그리고 야훼 신앙이 유일신교 체제로 변하는 과정은 Diana V. Edelman ed., *The Triumph of Elohim: From Yahwisms to Judaisms* (Grand Rapids: Eerdmans, 1995)를 참조하라. Gnuse는 지금까지 알려진 증거를 바탕으로 유일신교 발달에 영향을 미친 요인과 발달 과정을 재구성하는 여러 제안을 평가하였다. Robert K. Gnuse, *No Other Gods: Emergent Monotheism in Israel*, JSOTSup 241 (Sheffield: Sheffield Academic Press, 1997).

둘째, 열왕기의 개혁적 메타 화자와 역대기의 개혁적 메타 화자가 사료에 포함된 전승을 다루는 방법이 눈에 띄게 다르다. 각 왕을 다룬 문단을 하나씩 비교해 보면 어떤 이야기가 빠지고 들어갔는지, 같은 이야기 중에도 어떤 부분을 강조하고 상술하였는지, 역사 사건을 설명할 때 개혁자의 기준을 어떻게 적용하였는지, 그리고 어떤 종류의 사건을 꼭 '설명해야 할' 긴급한 문제로 인식했는지 찾아 볼 수 있다.[67]

이렇게 열왕기와 역대기를 비교해 보면 사무엘-열왕기 본문이 균질화되지 않은 전승과 개혁자의 계획에 맞추어 수정되지 않은 전승을 훨씬 더 많이 보유하고 있다. 역사 사건의 변화무쌍한 흐름과 설명할 수 없는 행동은 사무엘-열왕기 내부의 개혁적 여과 장치에서 벗어나기 십상이다. 메타 주석의 영향이 큼에도 불구하고 사무엘-열왕기는 본문 안에 '설명이 미진한 부분'을 많이 남겨두도록 허락하고 있으며, 종교적 원칙에 부합하고 앞뒤가 조화롭게 맞도록 하는 부연 설명을 그리 많이 삽입하지 않았다.

반면에 역대기는 사무엘-열왕기에 실린 본문을 검열하여 그 이야기와 메타 구조가 밀접하게 연관되도록 외형을 수정한다. 역대기는 훨씬 더 많은 정치적 결과를 제의적으로 성실하거나 부정하게 행동한 결과와 직접적으로 관련이 있다고 설명한다.

역대기가 개혁자의 이야기를 이처럼 엄격하게 지키는 이유는 본 연구에서 자세히 다룰 수 없다. 그러나 이런 성향은 역대기가 기록된 역사적 배경과 밀접하게 관련이 있는데, 아마도 사무엘-열왕기보다 후대이며, 신명기의 제의적 구조를 이루는 주요 쟁점은 이미 확립되었지만, 재건된 신전의 구조나 인력 배치나 유다의 야훼 신앙과 사마리아의 야훼 신앙의 관계는

---

67 McKenzie는 역대기 본문이 열왕기와 얼마나 그리고 어떻게 다른지 분류하여 보여 주는데(Steven L. McKenzie, *The Chronicler's Use of the Deuteronomistic History*, HSM 33 [Atlanta: Scholars, 1984]), 이 연구 결과는 역대기가 열왕기의 서로 다른 사본을 반영한다는 그의 결론과는 좀 거리가 먼 것으로 보인다.

아직 확정되지 않은 상태였을 것이다.

간단히 말해서 우리가 왕정 시대 역사에 관해 역대기 본문만 가지고 있었다면, 역대기는 사료로 사용할 수 없는 겉치장만 역사의 옷을 입은 허구로 치부하고 버릴 수 있었을 것이다.

그렇지만 왕정 시대 정치에 관해 두 가지 기록이 남아 있기 때문에 우리는 아마 사무엘-열왕기의 '느슨한' 본문과 역대기의 '빡빡한' 본문 사이의 거리가 사실 사무엘-열왕기와 이 글에 사용된 '더 느슨한' 전승들 사이의 거리와 거의 비슷하다고 추정해도 무방할 것이다. 만약 사무엘-열왕기가 주제 면에서 역대기보다 더 '세속적'으로 보인다면, 열왕기 안에 포함된 전승이 수집되고 편집되기 이전 상태에는 신명기적 개혁 관점에 의해 해설이 달리고 '설명된' 본문보다 그 성향이나 주제가 '더 세속적'이었다고 결론을 내릴 수 있을 것이다.

여기서 '세속적'이라고 말할 때 우리는 아무런 종교적 주제가 포함되지 않은 상태를 의미하는 것이 아니다. 그 보다는 이스라엘이나 유다 문화의 진수가 되는 제의적 관습에 조금 덜 예민하고 일상생활의 경제, 사회, 정치적인 면에 더 관심이 있는, 즉 종교가 전체 공동체의 삶의 기본적 요소 중 하나로 포함되는 상태를 가리킨다.

만약 사무엘-열왕기가 역대기보다 더 '다양'하면서 '무질서한' 종교적 신념과 제의적 관습을 많이 포함하고 있다면, 수집되어 편집되기 이전의 전승은 신명기의 옷을 입은 현재 본문보다 훨씬 '더 다양'하고 '더 무질서한' 성격을 띠고 있으리라 짐작해도 무리가 아닐 것이다.

그러므로 사무엘-열왕기와 그 자료로 사용된 전승 사이의 거리가 역대기와 사무엘-열왕기 사이의 거리와 유사하다는 전제 아래, 일단 성경에 기록된 정보를 고고학 유물과 성경 외부 자료와 비교하고, 그 후 비교-사회과학이 제공하는 모델에 적용하는 방법을 사용하는 등 비판적인 상상력을 동원하여 고대 이스라엘 정치가 어떤 모습이었을지 믿을 만한 각본을 제시할 수 있다.

(5) 외교와 군사 문제의 변화와 쇠퇴

종교 사건과 더불어 국가 정치의 외교와 군사 측면에 관련된 일도 성경 본문 안에 섞여서 많이 등장한다. 사울이 블레셋, 암몬, 모압, 에돔과 벌인 전쟁은 다윗이 역시 같은 나라들과 또 아람 다메섹, 아람 소바와 싸운 일과 함께 성경 본문에 잘 남아 있고, 이스라엘과 유다 영토의 동쪽과 북쪽 나라에게 이스라엘의 패권을 과시했다고 기록되어 있다. 이 패권은 솔로몬 치하에 이미 무너지기 시작하는데, 아람 다메섹이 이스라엘 치하에서 떨어져 나갔고, 이집트의 도움을 받은 에돔도 솔로몬에게 '대적'이 되었으나, 파라오의 만류로 솔로몬을 직접 공격하는 군사 원정을 중단하였다.

에돔은 유다 왕국의 지배 아래 머물러 있다가 요람 치하에 반란을 일으켜 자기들의 왕을 세웠다. 그 후 아마샤가 에돔을 몇 번 공격하여 승전하였으나, 아하스가 베가와 르신의 위협 때문에 정신이 없을 때 에돔이 엘랏을 점령하는 데 성공한다. 모압은 북 왕국 이스라엘의 영향 아래 있었으나 아합이 죽은 후 모압왕 메사가 반란을 일으켰고, 그 후 모압은 이스라엘이나 유다에서 독립을 유지하였다.

아람 다메섹은 기원전 9세기 이스라엘에게 가장 집요하고 끈질긴 적대국이 되었는데, 이 두 왕국은 서로 승전과 패전을 주고 받으며 갈등을 이어 갔고, 아람 다메섹이 유다를 위협한 것도 기록에 두 차례 남아 있다. 오므리 왕조의 왕들은 아합 왕 시대부터 계속해서 다메섹과 전쟁을 벌여야 했는데, 아합은 전쟁에 나가지 말라는 선지자의 말을 무시했다가 전쟁터에서 다메섹 군사의 손에 전사하게 된다(왕상 22장).

기원전 9세기 말엽 예후 왕조의 왕들은 다메섹 군사의 침략 때문에 더 비참한 꼴을 당하게 된다. 기원전 8세기 중엽에는 앗수르가 시리아-팔레스타인 지역의 최강국으로 등장하여, 북 왕국을 멸망시키고 남 왕국 유다는 봉신국으로 만들어 한 세기에 가까운 기간 동안 다스린다. 잠시 동안 권력의 공백이 있었으나 곧 신-바빌론 제국이 패권국의 역할을 계승하며 남 왕국마저 멸망시킨다.

이집트는 왕정 초기와 후대에 두 차례에 걸쳐 이스라엘의 적으로 등장하는데, 파라오 시삭이 르호보암 통치기에 침략했을 때(왕상 14:25-28)와 파라오 느고가 요시야를 죽이고 유다에 자기의 봉신을 임명했을 때(왕하 23:29-35)이며, 이때는 시리아-팔레스타인에 앗수르의 통치가 사라지고 신-바빌론이 우세해지기 이전 과도기였다.

전쟁뿐만 아니라 그 의도를 점잖게 숨긴 외교 사건도 성경 본문에 많이 반영되어 있다. 다윗과 솔로몬은 페니키아의 두로와 밀접한 외교 관계를 발전시켰는데(삼하 5:11; 왕상 5:1-12), 이 관계는 북 왕국에서 오므리-아합 왕조에서 이어가다가(왕상 16:31) 예후가 단절시켰다(왕하 9:30-37). 솔로몬은 이집트 공주와 결혼하고 게젤을 지참금으로 받았고(왕상 3:1), 아라비아 남부 시바 왕국의 여왕이 방문하였다(왕상 10:1-10).

아람 다메섹은 분열 왕국 시대에 때론 우호적이고 때론 적대적인 관계를 유지하였다. 유다 왕 아사는 아람 다메섹을 설득하여 이스라엘과 동맹을 폐기하고 자기를 도와 이스라엘 왕 바아사를 치게 만들었다(왕상 15:16-22). 아합은 아람 다메섹 군대를 물리치고 다메섹에 상업 거점을 건설하기도 했다(왕상 20:30-34).

예후와 여호아하스 치하에는 아람 다메섹이 강국이 되어 몇 십 년 동안 이스라엘을 지배했는데(왕하 13:3-4, 7), 여호아스가 세력 판도를 뒤집어 이스라엘이 다메섹에 빼앗겼던 영토를 되찾기도 했다(왕하 13:5, 14-25). 유다 왕 요아스는 비슷한 운명을 피하기 위해 아람 다메섹의 하사엘에게 무거운 조공을 바쳤다(왕하 12:17-18).

엘리사 관련 기사를 보면 이스라엘과 다메섹이 매우 가까운 관계를 유지하고 있는 것을 볼 수 있다. 다메섹 군사령관 나아만이 나병을 치료하기 위해 이스라엘 왕을 찾아오자 엘리사 선지자가 그를 치료해 주었고(왕하 5장), 또한 엘리사는 다메섹으로 가서 군대 장관 하사엘을 만나 벤하닷을 암살하라고 부추겨서, 원래 엘리야에게 맡겼던 임무를 자기가 수행한다(왕상 19:15; 왕하 8:7-15).

이스라엘 선지자가 외국의 국내 사건에 이렇게 공공연하게 개입한 일은 다른 예가 없는데, 바빌론 치하에 살면서 페르시아의 고레스가 포로의 후원자가 될 것을 예언한 이사야 선지자 정도가 비슷하고, 요나, 다니엘(1-6장), 에스더 등 교육적인 전설도 유사점이 있다고 하겠다. 앗수르 제국에 대항하려던 베가는 아람 다메섹의 르신과 동맹을 맺고 유다도 반-앗수르 동맹에 참여시키려고 하였다(왕하 16:5; 사 7:1).

히스기야 시대에 앗수르가 예루살렘을 포위했을 때 그리고 시드기야 시대에 신-바빌론이 예루살렘을 포위했을 때 유다는 이집트에 원병을 요청하지만, 별 도움을 받지 못한다(왕하 18:21; 19:9; 렘 37:5-10; 44:30).

분열된 이스라엘과 유다 왕국은 왕정 시대 내내 껄끄럽거나 완전히 적대적이었다. 분열 왕국 시대 초에는 유다 왕 아비얌이 여로보암 1세와 싸워 이기고 영토를 빼앗았고, 그 후 바아사는 유다를 위협한 적이 있다. 그러나 오므리 왕조 시절에는 두 왕국이 관계를 회복하였고, 그 결과 여호사밧이 아합과 함께 아람 다메섹에 대항하여 전쟁을 벌였으며, 요람도 이스라엘과 함께 아람 다메섹과 모압 정벌에 나섰다.

두 왕국 사이의 우호적인 관계는 아합의 여동생이 여호사밧의 아들 여호람과 혼인을 하면서 굳게 다져졌다. 예후가 반란을 일으켰을 때 유다 왕 아하시야를 살해하는 일이 벌어지고, 유다에서 아달랴를 처형한 후 두 왕국이 우호적인 분위기에서 연락을 취했다는 기록은 더 이상 발견되지 않는다.

몇 십 년 후 유다 왕 아마샤가 이스라엘 왕 여호아스에게 전쟁을 도발했다가 완전히 패전한다. 왕정 시대 말 이스라엘 왕 베가는 아람 다메섹과 힘을 합해서 유다를 공격하지만 아하스가 앗수르에 도움을 요청하자 후퇴하고 말았다. 약 100년이 지난 후 팔레스타인을 다스리던 앗수르의 힘이 약화되자 유다 왕 요시야는 북 왕국의 영토였던 지역을 급습하고 종교 개혁 정책을 시행하였다.

대체로 이런 군사 외교 정책에 관한 언급은 정보가 상세하지 않다.[68]

길르앗이나 이스라엘과 유다의 경계선처럼 영토 분쟁이 벌어진 지역이 어디인지 또는 사마리아나 예루살렘, 깁브돈, 길르앗 라못, 길하레셋처럼 포위를 당했던 도시의 이름이 무엇인지 정도는 알려져 있다. 가끔 군사 작전도 나온다.

그러나 군대의 크기나 무기에 관해서는 보병과 전차병 등 도식적인 문투로 대략적으로 다루며, 징집된 군사나 전사한 사병의 수를 언급할 때면 천 단위에서 반올림한 전형적으로 큰 숫자를 사용한다. 전투나 포위를 자세히 묘사할 시점이 되면 선지자가 주인공이 되어 이야기를 이끌거나, 신의 개입이라는 소재를 큰 틀로 삼아 군사 작전을 묘사하여, 역대기에서는 어떤 전투를 아예 종교적 행사나 제의와 다름없이 묘사하기도 한다.

두 왕국이 멸망하던 비극을 보도할 때를 제외하면 이런 전투로 인해 주인이 바뀌게 된 영토가 어디인지 또는 승전국이 패전국에 강요한 조약은 어떤 것이 있는지는 거의 언급하지 않으며, 언급하더라도 이해하기 어렵게 묘사하고 있다. 예를 들어 다윗이 요단강 동편과 시리아에서 승전하여 얻은 영토가 어디까지인지 잘 알 수 없는 상태다(삼하 8:1-14; 10).[69]

외교 관계에 관해서는 당사국이 우호적인 관계를 유지하거나 힘을 합해서 어떤 일을 추진할 때 그 동맹 조약의 조건을 언급하거나 암시하는 경우가 가끔 있다. 외교 관계가 얼마나 격렬하고 냉혹하였는지 몇몇 조약의 조항에 잘 드러나는데, 예를 들어 암몬 왕 나하스가 야베스 길르앗에 적용하려던 조약 조건(삼상 11:1-2)이나 다메섹의 벤하닷이 사마리아를 포위하고 요구한 사항(왕상 20:1-11), 다윗이 암몬 왕 하눈이 부친상을 당했을 때 보낸 사신이 어떤 대접을 받았는지 살펴보면 잘 알 수 있다.

---

68 Yadin이 쓴 책은 기록 자료와 고고학 유물을 넓게 참고한 그림을 굉장히 많이 사용하여 고대 근동의 군사가 사용한 무기와 작전을 재구성하여 성경 본문이 결여하고 있는 빈틈을 메워 준다(Yigael Yadin, *The Art of Warfare in Biblical Lands*, 2 vols. [New York: McGraw-Hill, 1963]).

69 Halpern, "Construction of the Davidic State" (각주 17 참조).

이와 반대로 아합이 패전한 벤하닷에게 요구한 조건은 그리 심하지 않아서, 전에 빼앗겼던 영토를 되돌려 줄 것과 어떤 무역 특권을 약속받는 데 그쳤다(왕상 20:20-34). 앗수르 제국의 외교와 군사 원정에 핵심적인 요소가 되는 위협적인 선전(intimidating propaganda) 문구는 산헤립이 예루살렘을 포위했을 때 유다와 앗수르 관리가 성벽을 가운데 두고 나눈 대화 속에 아주 자세하게 남아 있다(왕하 18:19-37; 사 36:4-20; 37:8-13).[70]

우리가 이스라엘과 다른 나라 사이의 외교 관계를 가능한 한 성경 전승이 전하는 그대로 이해한다면, 좀 더 넓은 고대 근동 정치를 향한 시각이 한 쪽으로 치우치게 되는 것은 당연한 일이다. 국가 간에 벌어졌던 외교와 군사 사건을 이스라엘의 관점에서만 보게 되기 때문이다. 성경 본문의 특징들 중에서 정치에 관련된 정보를 선택적으로 보도하는 행위는 특히 외교 사건과 관련해서 눈에 두드러지게 나타난다.

그러나 우리는 상대국에서 독립적으로 작성한 문서도 일부 가지고 있기 때문에 성경 본문에서 빠진 정보를 어느 정도 보충할 수 있다. 우리 연구주제와 관련된 성경 밖의 사료는 후에 다시 상술할 것이다. 만약 우리가 정보를 얻을 수 있는 사료가 성경 본문 밖에 없었다면 오므리와 예후 왕조 시대에 앗수르가 시리아-팔레스타인 정치에 어떤 중요한 역할을 감당했는지 전혀 알 수 없었을 것이며, 유다를 지배하던 제국의 권력이 앗수르에서 이집트로 또 신-바빌론으로 옮겨가던 시절에 국제적인 정치 조약들에 관해 아무것도 이해할 수 없었을 것이다.

이와 함께 이스라엘이 외국 몇 나라와 맺었던 관계와 관련해서 이스라엘과 유다 쪽 기록은 물론 그 상대국 기록도 남아 있는 경우가 있다. 그래

---

70 Cogan과 Tadmor는 랍사게의 연설과 앗수르 고위 관료가 포위된 도시를 향해 말했던 앗수르 기록 사이에 비슷한 점이 많음을 지적하였다(Mordechai Cogan and Hayim Tadmor, *II Kings: A New Translation with Introduction and Commentary*, AB 11 [Garden City, N.Y.: Doubleday & Co., 1988], 242-43). 열왕기하에 나오는 외교 관계에서 설득을 위한 문학적 표현의 유사성에 관해서는 Cohen의 연구를 참조하라(C. Cohen, "Neo-Assyrian Elements in the First Speech of the Biblical Rab-šaqê," *IOS* 9 [1979]: 32-48).

서 우리는 모압이 오므리 왕조에 대항하여 반란을 일으킨 사건은 물론 이스라엘과 유다가 멸망하던 사건에 관하여 '승자'의 기록과 '패자'의 기록을 모두 사용할 수 있다.

흥미롭게도 맹목적인 성경 전승의 관점이 부분적으로라도 상쇄되는 시점은 분열된 이스라엘에 관한 정보 중에 나타난다. 북 왕국의 정치는 유다의 관점을 통해 전해진 것이 사실이지만, 유다 전승을 기록한 저자는 멸망한 이스라엘 왕국에서 살아남은 사료도 사용했다고 주장하고 있으며, 이런 자료는 본질적으로 북쪽 자료에서 나온 정보라고 믿어도 무방할 것이다. 결과적으로 우리는 이스라엘 왕국과 유다 왕국이 호전적이거나 아니면 협력적인 관계를 유지하며 서로를 어떻게 인식하고 있었는지 엿볼 수 있는 기회를 얻는다.

(6) 국가 권력을 상징하는 건축 사업

왕들이 벌인 건축 사업은 성경에 꽤 자주 언급된다.[71] 다윗은 예루살렘에 왕궁을 짓고 성벽을 중건하였다(삼하 5:9, 11). 솔로몬은 성전을 건축한 왕으로 추앙받는데(왕상 6장), 사실 성전은 더 큰 건축 설계의 일부분이었고, 그 외에도 보물 창고와 무기고 역할까지 했던 강당, 열주가 서 있는 주랑 현관, 재판장, 왕이 거처할 왕궁, 이집트 출신 왕비가 살 궁전까지 지었다(왕상 7:1-8).

성경 전승에서 이 성전은 화려하고 위대한 건물로 칭송받고 있지만, 솔로몬이 성전을 지었던 기간보다 두 배에 달하는 시간을 바쳐서 자기 왕궁을 지었다는 사실은 성전에 관한 이미지를 반감시킨다(왕상 6:38; 7:1).

그가 벌인 또 다른 공공 건축 사업으로는 예루살렘 성벽 중건과 밀로 건

---

[71] Hurowitz는 "성경 외의 기록 중 건축과 관련된 문서 20여개와 성경 안에 남아 있는 건축 관련 기사 네 개를 비교해 본 결과 성경 본문과 다른 지역에서 다른 시대에 기록된 문서 사이에 특별한 차이를 전혀 발견할 수 없었다. … 이 글은 모두 전형적이고 일상적인 고대 근동 지방의 건축문이다"라고 말했다(Victor Hurowitz, *I Have Built You an Exalted House*, 126).

축(이것은 아마도 구릉지인 예루살렘에 건물을 짓기 위해서 '매립지'를 평탄화시킨 것으로 추정, 왕상 9:15), 그리고 하솔, 므깃도, 게셀, 아래 벧호론, 바알랏, 타미르/다드몰을 새로 짓거나 확장했다(왕상 9:15-17). 솔로몬은 또 성벽이 없는 국고성, 자신의 전차와 말을 둘 병거성과 마병성을 건축하였으며(왕상 9:19), 에시온게벨에서 배를 지어 오빌(아라비아 남부, 아프리카 동부, 혹은 인도?)과 무역하려고 하였다(왕상 9:26-28).

여로보암 1세는 세겜과 브누엘, 티르사에 왕궁을 지었고 단과 벧엘에 신전을 세웠다(왕상 12:25-30; 14:17).

오므리는 사마리아의 기초를 닦고 요새화하여 자기 수도를 삼았으며(왕상 16:24), 아합은 사마리아에 바알 신전을 건축하였고 상아로 장식된 왕궁을 지었다(왕상 16:32; 22:39). 그 외 다른 건축 사업은 모두 유다 왕의 업적으로 돌려졌다.

아사는 성벽으로 둘러싸인 성읍을 지었고(대하 14:6), 여호사밧은 요새들과 창고성들을 건축했다(대하 17:1-2). 아사랴=웃시야는 아스돗 지역에 거주지를 건설했고, 아카바 만에 엘랏을 재건했으며, 예루살렘에 탑을 세우고, 자기 가축 떼를 돌보는 데 필요한 망대를 세우고 물웅덩이를 팠다(대하 26:2, 6, 9-10).

요담은 성전의 윗 문을 지었고, 예루살렘 성의 오벨 성벽을 중건하였으며, 유다 지역에 성읍을 건축하고, 수풀이 우거진 구릉 지역에 견고한 진영과 망대를 설치하였다(대하 27:3).

히스기야는 포위전에 대비하여 기혼 샘의 물을 예루살렘 내부로 끌어들이는 수로와 저수지를 만든 것으로 유명하며, 예루살렘 성벽을 보수하고, 외벽을 한 겹 더 쌓았으며, 도시 외곽 경사지를 계단식으로 강화하였다(왕하 20:20; 대하 32:30; 참고, 사 7:3; 22:8-11).

므낫세도 예루살렘 외벽을 쌓았다고 알려져 있다(대하 33:14).

요시야의 아들 중 한 명(아마도 여호야김이었을 가능성이 있다)은 아주 널찍한 2층 건물을 짓고 내부를 화려하게 장식했다(렘 22:13-16).

이렇게 성경에 언급된 건축 사업은 대부분 사마리아와 예루살렘에 있는 왕의 신전이나 왕궁을 화려하게 장식하고 보수하려는 목적으로 진행되었 거나 전국에 흩어져 있는 요새와 군사 거점을 강화하는 작업이었다. 두 가 지 경우만 상인의 선단을 파견하거나 왕 소유의 가축 떼를 돌보는 경제적 인 목적을 위해 추진되었다.

이렇게 행정이나 종교 중심지를 기념비적 건축물로 장식하는 건축 사업 을 '성채 현상'(the acropolis phenomenon)이라고 부르는데[72] 두 왕국이 모두 중 앙 집권적 성향을 강조하려 했다는 점을 잘 보여 준다. 예루살렘이든 사마 리아든 이 중심지 안에 속하는 지역은 '지배 공간'(administrative space)이며 이 중심지 외부에 속하는 지역은 '피지배 공간'(administered space)으로 구분 된다. 그리고 '전시를 위한' 건축물을 짓는 주목적은 매우 이념적이어서 국 가의 권력과 영광을 상징하고 모든 백성의 복종을 유도하는 역할을 한다.[73]

(7) 국가 기관 운영을 위한 예산

몇몇 왕의 경우에는 경제 정책에 관한 보도가 남아 있다. 그 중에서 솔 로몬의 국가 재정 정책과 세수 원에 관한 언급이 가장 상세하게 묘사되어 있다. 다른 왕의 정책에 대해서는 훨씬 짧은 보도만 남아 있는데, 그래도 왕들의 경제 정책에 관한 흥미로운 정보가 남아 있으며, 예언서에도 관련 된 정보를 암시하는 구절들이 가끔 발견된다.

이스라엘의 첫 왕 사울은 꽤 유복한 집안 출신이었으며, 왕실 보조 인 력의 규모가 아직 크지 않았기에 기브아에 있던 사유지를 가지고 유지할

---

[72] Ahlström, *Royal Administration*, 18-26.
[73] 메소포타미아 왕들이 기념비적인 건축물과 벽 장식을 통해 과시한 정치적 이념적 권력 에 관해 다음 연구를 참고하라. Julian Reade, "Ideology and Propaganda in Assyrian Art," in *Power and Propaganda: A Symposium on Ancient Empires*, Mesopotamia 7, ed. M. T. Larsen (Copenhagen: Akademisk Forlag, 1979), 329-43; Carl Nylander, "Achaemenid Art," in *Power and Propaganda*, 345-59. Meyers는 예루살렘 성전의 종 교적 상징의 중요성이 다윗 왕조에게 바치는 정치적 충성심을 집중시키고 확립하는 것이 라고 주장했다(Carol Meyers, *ABD* 6:359-61).

수 있었고, 자기 재산 외에도 스스로 자원하여 사울을 지지하던 사람들이 제공하는 재원에 의지하기도 했다. 사울과 관련된 두 전승에는 왕이 신하에게 지는 의무를 언급한 부분과 신하에게 하사한 상에 관한 부분이 있는데, 어쩌면 후대 왕실 관습을 소급해서 적용한 것이 아닌지 의심이 들기도 한다. 왕을 위해 비범한 일을 해 낸 사람은 '자유'로 선포하여[74] 일반 세금이나 부역에서 면제해 주었고(삼상 17:25), 군대를 이끄는 사령관으로 임명받은 사람에게는 토지와 포도원을 수여했다(삼상 22:7-8).[75]

사울이 사망하자 그의 토지는 다윗의 재산이 되었으나, 다윗은 사울의 손자 므립바알/므비보셋을 부양하기 위해서 사울의 시종 시바와 그의 아들 열다섯 명 그의 종 스무 명에게 주어 관리를 맡겼다(삼하 9:7, 9-13). 다윗이 예루살렘에 위치한 행정 중심지를 운영하는 재원은 주로 가드 왕 아기스가 수여한 시글락과 같은 그의 개인 재산에서 나왔고(삼상 27:6), 다윗이 요단강 동편과 시리아 남부를 공격하여 점령한 나라가 바친 조공이나 전리품, 그리고 부유한 후원자가 자원해서 모아 준 재원을 이용하였다.

요단강 동편에 살던 재력가들은 다윗과 그의 군대가 압살롬의 반란 때문에 쫓길 때 그들에게 보급품을 제공하였고(삼하 17:27-29), 그 중 한 사람이었던 바르실래는 다윗과 함께 예루살렘에 와서 왕궁에 거하도록 초청을 받기도 했다(삼하 19:31-40).

특정인을 예루살렘 왕궁에 살도록 배려한 것은 유다 사람들이 북부 지파보다 왕과 더 밀접한 관계를 가지기를 거절했기 때문에 타지역 사람에게 포상으로 제공했던 것으로 추정할 수 있다(삼하 19:42). 어쨌든 다윗은 자기 개인의 보유 자산과 정부를 지지하는 부유한 가문이 내놓은 재산, 국외 정벌로 거두어들이는 전리품과 조공을 모두 끌어 모아 사용함으로써 자기

---

74 역자 주 – 개역개정판에는 삼상 17:25 끝부분을 "그 아버지의 집을 이스라엘 중에서 세금을 면제하게 하시리라"라고 의역한다. 히브리어 원문은 "이스라엘에서 그 아버지의 집을 '자유롭게'(hopšī) 만드실 것이다"라고 기록되어 있다.

75 Mettinger는 왕이 사용하는 재원과 왕이 신하와 후원자들에게 하사하는 토지의 종류에 관해 자세히 연구하였다(Mettinger, *Solomonic State Officials*, 80-89, chap. 5, n. 42).

백성에게 세금을 부과하지 않고 국정을 운영할 수 있었던 것으로 보인다.[76]

다윗이 신하에게 토지를 하사했다는 점은 요압과 압살롬의 토지가 서로 붙어 있었다는 사실(삼하 14:30)과 아비아달의 영지(왕상 2:26)에 관한 언급에 암시된 것으로 추정할 수 있다.

솔로몬은 백성의 생산품과 노동력에 부과하는 세금과 외국 무역을 노련하게 이용하여 좀 더 합리적이고 전면적인 예산 정책을 수립하였다.[77] 유다 왕국을 행정 구역으로 나누어 운영함으로써 예루살렘 왕궁에 필요한 풍성한 음식과 전차를 끄는 말을 먹일 여물을 충분히 얻을 수 있었다(왕상 4:7-19, 22-29). 곡식이나 감람유처럼 국내에서 사용하고 남는 농업 생산물은 외국으로 수출하여 건축 자재와 숙련된 기술자를 수입하였다(왕상 5:1-12). 건축 사업에 필요한 노동력은 백성 중에서 징집하였다(왕상 5:13-18; 9:5-23).

솔로몬은 점령지에서 바치는 조공과 사치품의 원거리 무역, 이스라엘 상인에게 받는 독점 사업권 수수료와 세금, 그리고 중계 무역으로 얻는 수입을 통해 점점 더 부유해졌다(왕상 10:14-15). 자기 군대를 강화하기 위해 아나톨리아와 이집트에서 말과 전차를 구입하는 과정에서 북부 시리아 국가들에게 이런 무기를 공급하고 이익을 남기기도 했다(왕상 10:28-29). 성경 전

---

[76] Norman K. Gottwald, "The Participation of Free Agrarians in the Introduction of Monarchy to Ancient Israel: An Application of H. A. Landsberger's Framework for the Analysis of Peasant Movements," *Semeia* 37 (1986): 81-82.

[77] Hauer Jr.는 솔로몬의 지나친 지출을 매우 자세하게 계산하는 연구를 발표하였다(Chris Hauer Jr., "The Economic and National Security in Solomonic Israel," *JSOT* 18 [1980]: 63-73).
이와 반대로 Hopkins는 솔로몬의 장엄한 통치라는 이미지에 의문을 제기하며 솔로몬의 부에 관련하여 성경에 기록된 숫자를 의미있는 경제 지표로 계산할 수 있는 방법이 없다고 경고하였다(David C. Hopkins, "The Weight of the Bronze Could Not Be Calculated," in *The Age of Solomon*, 301-311). "왜냐하면 이런 숫자를 솔로몬의 국민 총생산이나 국민 총소비 또는 다른 어떤 경제 지표로 전환시킬 정보가 충분하지 않기 때문이다"(301).
Rosenbloom은 다윗과 솔로몬이 중앙 집권 체제를 "한계점까지 밀고" 나갔음을 지적하였는데, 현대화 이론(modernization theory)을 이용해서 그들의 정책을 이해하려고 노력하였으나 별 소득을 얻지 못하였다(Joseph R. Rosenbloom, "Social Science Concepts of Modernization and Biblical History: The Development of the Israelite Monarchy," *JAAR* 40 [1972]: 437-44). 이 이론은 현대 자본주의라는 전혀 다른 기초 위에 성립한 이론이기 때문이다.

승은 솔로몬이 엄청난 금 보유량을 자랑하고 있는 것처럼 과장하여 말하지만, 솔로몬이 페니키아에게 무역 적자를 갚기 위해서 갈릴리 성읍 스무 개를 떼어 두로 왕 히람에게 넘긴 사실은 그의 재정 상태가 매우 취약했음을 잘 보여 준다(왕상 9:10-14).

후대 왕들의 경제 정책에 관해서는 별 정보가 남아 있지 않다. 북 왕국 이스라엘과 관련해서 상세한 묘사는 없지만 오므리-아합 왕조가 두로와 밀접한 외교 관계를 유지하고 있었고, 건축 자재나 숙련된 기술자가 필요했기 때문에 무역을 했을 것이며, 이는 솔로몬과 페니키아 사이의 관계와 크게 다르지 않았을 것이다.

북 왕국과 아람 다메섹은 경쟁 관계에 있었지만 서로 수도 사마리아와 다메섹에 무역 본부를 설치하기도 했으며, 다만 당시에 누가 주도권을 가지느냐의 문제만 정황에 따라 달라졌을 뿐이다(왕상 20:34). 왕이 말과 노새를 많이 길렀고 이 동물을 먹일 먹이가 필요했다는 것은 극심한 기근이 들었을 때 아합이 가축을 위해 물과 먹이를 찾아 헤맨 것을 보면 잘 알 수 있다(왕상 18:5-6).

북 왕국은 오므리와 아합 왕이 다스리던 시절에 봉신국이었던 모압에서 양고기와 양털을 조공으로 받았으나, 아합이 죽은 후 모압이 반란을 일으킨 후 더 이상 조공을 받을 수 없었다(왕하 3:4-5).

유다가 에돔, 암몬, 블레셋에서 조공을 받았다는 기록은 여기저기에 산발적으로 남아 있다. 그 외에 국가 예산 소득원에 관해서는 성경 본문에 정보가 많지 않다. 요아스 치하에 성전 보수를 위해 백성 전체를 조사하여 헌금을 받은 사실을 알 수 있는데, 재원의 징수와 계산, 그리고 성전 기금의 분배 제도를 왕이 직접 제도화하여 제사장이 예산을 유용하거나 횡령하지 못하도록 하였다(왕하 12:4-5).

국가 재정과 관련하여 아직 풀리지 않은 문제는 과연 성전의 재정 수익이 왕이 거두어들이는 세금에 포함되어 있던 것인지 아니면 성전이 보유하고 있던 토지와 예배자에게 받는 수수료를 가지고 충당했던 것인지 하는 점이다. 왕은 종교적 의무를 수행해야 하는 거룩한 지위에 있었기 때문에 국가 제의를 유지하는 데 어느 정도 세금을 배정했을 것으로 추정된다.[78]

국가 재정이 심각한 위기에 빠진 경우도 기록에 몇 번 남아 있는데, 예루살렘 성전과 왕궁에 있던 보물을 외국 점령자가 강탈했을 때(왕상 15:25-27; 왕하 14:13-14; 24:13), 유다 왕이 외국 왕에게 다른 부탁을 위해서 큰 선물을 바쳤을 때(왕상 15:18-19; 왕하 12:17-18), 또는 유다에 부과된 조공이나 보상금을 내야 했을 때(왕하 18:15-16) 이런 일이 발생하였다. 므로닥발라단의 사신이 히스기야의 창고와 무기고를 조사하러 방문했다는 사실을 볼 때 왕궁의 창고 사정이 어떠했는지는 국가끼리 조약을 체결할 때 '협상 카드'(bargaining chip)로 사용할 수 있었다는 것을 알 수 있다.

솔로몬에 관한 전승은 국가 재정이 외국에서 들어오는 조공과 무역 수익으로 풍부했던 최상의 상태에서도 그 유명했던 왕이 '적자 지출'을 하는 상태에 빠질 수도 있음을 잘 보여 준다. 왕국이 분열되고 아람 다메섹, 앗수르, 신-바빌론이 이스라엘과 유다를 압박할 때가 되면 왕국 창고의 상태가 심각하게 '악화'되어 외국 종주국이 요구하는 조공을 내기 위해 일반 백성에게 부담시켜야만 가능했던 상태까지 떨어지게 된다.

---

78 Crüsemann은 국가 세금과 성전 수입을 따로 징수하는 제도는 포로기 이후 시대에 기록된 본문에 처음 등장한다고 지적하며, 포로기 이전에는 신에 의해 정당화된 왕권으로 성전 수입도 국가에서 세금의 일부로 징수하였을 것으로 본다(Frank Crüsemann, "State Tax and Temple Tithe in Israel's Monarchical Period," [unpublished paper from the SBL Sociology of the Monarchy Group, annual meeting, 1983]).
Phyllis Bird는 Crüsemann의 주장에 대하여 국가가 성전 수입을 직접 징수하는 제도를 가지고 개인 가문이나 혈족이 후원하는 지방이나 지역 신전, 영지를 소유한 제사장까지 책임지지는 않았을 것이라고 주장한다. Meyers는 왕이 큰 지출이 있을 때 신전 창고를 털어서 냈다는 기록은 최소한 국가 재정의 일부가 성전 구역 안에 보관되어 있었음을 암시하며, 이것은 성전이 왕국의 수도 중심부 가장 안전한 장소에 위치했기 때문이라고 추측한다(Carol Meyers, *ABD* 6:361).
이렇게 볼 때 국가 재정과 신전 예산을 철저하게 구별하는 제도는 성립하기 어려웠을 것으로 보이는데, 종교는 언제나 정부의 중요한 기관을 형성하였고 왕은 신전 수입을 자유롭게 통제하는 특혜를 누린 것으로 보이기 때문이다.

이스라엘 왕 므나헴은 자기 왕위를 유지하기 위해 북 왕국의 모든 '큰 부자'에게 오십 세겔씩 은을 강탈하여 앗수르에 '바친다'(왕하 15:19-20). 유다 왕 여호야김은 이집트가 요구한 금과 은을 조공으로 바치기 위해서 백성에게 세금을 부과한다(왕하 23:33-35). 사실 외국에 뇌물이나 조공, 보상금을 지불하기 위해서 일반 백성에게 특별 세금을 부과하여 해결하는 행위는 당시 매우 흔한 일이었을 것이다.

(8) 국가 기관 관리

관직과 관료의 이름은 성경에 많이 언급되지만 국가 행정 체계를 종합적으로 묘사하는 정보는 드물다. 이는 정부의 '조직도' 같은 것이 사용 가능한 사료에 포함되지 않기 때문이다. 다윗과 솔로몬과 관련해서만 관료 목록이 남아 있고, 솔로몬의 신하를 열거한 목록 두 개에만 이 관리들의 업무가 무엇이고 업무를 어떻게 수행했는지 간단한 설명이 나온다.

이 목록에 언급된 공직자는 왕국의 거대한 행정 조직 안에 속하여 정부 각처에서 고유한 업무를 담당하던 관리였음이 분명하지만, 대부분의 경우 간단한 관직명만 남아 있기 때문에 이들의 실제 업무와 관할 같은 정보는 아직도 해석의 범주에 속한다. 이런 문제는 군사나 종교 관련 공직자보다 일반 행정 관리의 경우에 더 심각하게 나타난다.[79]

---

79   이 책에서 '사자/의전 담당관'과 '비서/서기장'으로 번역한 관직 '마즈키르'(*mazkîr*)와 '소페르'(*sōphēr*)는 정확하게 어떤 업무를 담당하는 관리인지 학자 간에 이견이 분분하다. Joachim Begrich, "Sōfēr und Mazkīr," *ZAW* 58 (1940-41): 1-29; Mettinger, *Solomonic State Officials*, 25-62.
Rüterswörden은 가장 높은 관리 집단은 '사림'(*śārîm*)이었고, 이와 유사한 관직명에는 '로쉬'(*rō'š*), '라브'(*rav*), '파키드'(*pāqîd*), 그리고 '알'('*al*-)이라는 말이 특정 업무를 가리키는 관직명 앞에 들어가서 그 부분의 책임자임을 주장한다(Rüterswörden, *Die Beamten*). 그를 따르면 다른 관리는 하위 관직자다. 사울은 '아바딤'('*ăvādîm*)만 거느리고 있었으며, 다윗은 '사림'(*śārîm*)이 있었지만, 솔로몬의 관료 목록에 처음으로 이들의 정체가 드러난다. 그런데 이렇게 고대 이스라엘의 관직 체제를 이중적으로 파악하는 접근이 타당한지도 문제이지만, 그렇게 하더라도 그들의 업무를 이해하는데 아무런 도움이 되지 않는다. 그래서 Rüterswörden의 주장이 더 사실에 가까운데, '사림'(*śārîm*)은 단순히 개인적으로 왕을 모시는 세습직 관리일 뿐만 아니라 사회 고위 계층을 대표하는 사람이며, 각 관리마다 권력의

남아 있는 관리 목록 두 개를 비교해 보면 다윗이 설치한 관직 중 다섯 가지는 솔로몬 시대에도 계속 유지되었는데, 나중에 서너 개의 관직이 추가된 것을 알 수 있다. 후대 왕은 이런 목록을 남기지 않아서 이스라엘과 유다 왕국의 행정 체계가 비슷한 구조로 지속되었는지 여부는 확신할 수 없다.

다윗과 솔로몬의 관리 명단에 실린 관직명이 후대에도 여기저기에 나타나기는 하는데(예를 들어 왕하 18:18; 22:3-4), 규칙적인 분포를 보이는 것은 아니며, 분열 왕국 시대를 배경으로 하는 본문과 예언서에 언급된 주요 관리가 다윗과 솔로몬의 신하와는 전혀 다른 관직을 가진 경우도 많다. 정치 지도자에 관련된 언급은 공식 직함이라기보다는 어떤 계층에 속한 사람을 부르는 보통명사일 때도 많다. 더구나 특정한 이야기에 함께 등장하는 관리는 그 조합이 불규칙하여 그들의 업무에 관한 특별한 관련성 없이 함께 등장하는 것으로 추정된다.

현대 독자는 관료 집단의 구성을 좀 체계적으로 조망해 주기를 바라지만 성경 본문에는 자료가 충분하지 않다. 예를 들어 신-바빌론 군대가 기원전 598년과 586년에 살해하거나 포로로 잡아간 유다의 관리가 열왕기에 언급되어 있고 그 이름도 남아 있는데, 그들은 '관리'와 '지도자'라는 말로 대충 묶어서 언급되며, 이 보다 조금 더 자세하게 묘사할 때는 다윗과 솔로몬의 관리와 다른 관직명이 등장한다(왕하 24:10-17; 25:18-21).

남 왕국과 북 왕국에도 존재했던 후대 관직 '사리스'(*sārîs*)는 대개 거세된 남성을 가리키는 '내시'라는 이름으로 번역되었고, 왕궁 내전을 맡은 시종으로 알려졌다(왕하 9:32).[80]

기반은 다르겠지만 그 사회 경제적 지위와 정치적 지위는 때로 특정 왕이 왕위를 지킬 수 있는 기반이 되고 때로 왕권에 분열을 초래하고 알력을 조성하는 원인이 되기도 했다.

[80] 사실 '사리스'(*sārîs*)라는 관직이 맡은 일은 확실하게 정의하기 어렵다. 이름의 어원은 왕궁 내전을 맡은 시종이며 거세된 남성 '내시'를 가리키는 것으로 보이며, 성경에도 이런 의미로 사용된 용례가 있다(왕하 9:32). 그러나 성경의 다른 본문이나 고대 근동에서 '사리심'(*sārîsîm*)은 다양한 행정 및 군사 관련 업무를 감당하는 것을 볼 수 있으며, 성경 본문에

그러나 이 '사리심'(sārîsîm)이라는 관직이 다른 성경 본문에서 사용될 때 그리고 이 관직에 상당하는 이름이 메소포타미아에서 사용될 때 다양한 행정 및 군사적인 업무를 감당하는 관리로 등장한다. 대체로 예언서에 언급된 정치 지도자나 관리는 지도자 집단을 묶어서 부르는 일반적인 용어만 등장하거나(예를 들어 śārîm, 'ăvādîm, ḥôrîm, yôšěvîm 등)[81] 아예 관직 없이 이름만 나오기 때문에 이에 대한 연구에 유용한 정보가 없다. 왕권과 왕궁 예의에 관련된 잠언은 특정 관직을 지목하여 부르지 않거나 행정 업무를 묘사하지 않는다.

왕의 아들이 국가 행정 체계 안에서 맡았던 역할에 관해서도 간접적인 묘사만 남아 있다. 다윗의 아들은 제사장이었는데, 모두 다 제사장으로 임명받았는지는 알 수 없다(삼하 8:18). 압살롬은 왕에게 직접 보고할 사건을 가려내는 초동 "심문관"(hearing officer)으로 임명받았던 것으로 보이는데, 성문 앞에서 재판 신청자를 만나 자기가 벌일 반란을 지지해 달라고 호소하는데 이용하였다(삼하 15:1-6).

왕의 아들은 왕위 계승을 놓고 싸우거나 자기 아버지를 대항하여 반란을 일으키는 등 잠정적으로 왕위를 불안정하게 만들 가능성을 가지고 있으며, 섭정 체제를 도입하는 이유도 왕세자를 보호하고 실망하여 불만을 품은 형제를 견제하기 위해서였을 것이다.

왕의 아들이 '중급 행정 관리'로 임명된 예는 르호보암 시대에 잘 나타나는데, 그의 아들 아비얌을 '왕세자'와 왕위 계승자로 지명하면서 "그의 아들을 유다와 베냐민의 온 땅 모든 견고한 성읍에 흩어 살게" 하였다(대하 11:22-

---

이 관리가 언급될 때마다 모두 내시라고 이해해도 좋을지 확신할 수 없다는 의견도 나오고 있다(참고, Cogan and Tadmor, *II Kings*, 112).

81 Gottwald는 '요슈빔'(yôšěvîm)이라는 호칭을 '지도자 또는 권위를 가진 사람'(권위를 행사하는 자리에 '앉은' 사람)으로 해석하는데, 이는 Alt와 Cross-Freedman이 이미 지적한 바와 같고, 성경 본문마다 문맥에 맞추어 조금씩 다른 의미로 이해할 수 있다고 한다 (Gottwald, *Tribes*, 512-34). 필자가 알기로는 이 관직에 대해 더 심화된 연구를 발표한 사람은 없다.

23). 유다 왕 요람은 부친 여호사밧에게 상당한 크기의 영지를 물려받고 군사 관련 지위도 보장받은 형제를 두려워한 나머지 자기 형제를 모두 살해했을 뿐만 아니라 고위 관리도 많이 숙청하였다(대하 21:2-4).

4. 이스라엘 식민지 정치

이스라엘의 식민지 시대 정치에 관한 성경 자료는 왕정 성립 이전 시기에 관련 자료에 비한다면 당시의 역사적 배경에 관해 더 많은 정보를 담고 있지만 왕국 시대 이스라엘의 정치에 관련된 자료만큼 풍부하지는 않다. 그리고 연대를 추정할 수 있는 주요 사건이나 정치적 특징에 관해서는 성경 자료가 이해하기 어렵고 매우 모호하다. 더구나 이스라엘의 왕정 시대와 달리 식민지 정치에 관해 성경이 주는 정보는 역사적으로 멀리 떨어진 특정한 시점만 선택적으로 서술하는 비연속적인 기록이다.

그 내용은 유다 멸망 직후의 상황(기원전 586-582년), 고레스 왕이 유다 포로를 해방했던 때(기원전 538년), 예루살렘 성전의 재건(기원전 520-516년), 에스라와 느헤미야의 활동(기원전 458-398년), 마카비 혁명(기원전 175-164년)에 집중되어 있다. 후대 하스모니아 왕조에 관한 기록은 히브리 성경에 포함되지 않았으며 마카비1서와 마카비2서에 실려 있고, 로마가톨릭교회의 정경에 포함되어 있다(기원전 142-68년).

다니엘서 1-6장이나 에스더서처럼 전설에 가까운 이야기 외에는 히브리 성경 중간에 비어 있는 기간에 관한 정보가 전혀 없으며, 전도서에 기록된 철학적 반추는 식민지 치하 유다와 디아스포라 생활을 개략적으로 반영하고 있다고 해석할 수 있다.

이스라엘의 식민지 정치에 관한 자료가 부족하고 또 혼란스럽다는 사실은 단순히 당황스럽다는 말로는 충분히 표현하기가 어려운데, 히브리 성경 본문이 대부분 이 식민지 시대에 편집되고 기록되었을 것으로 추정하기 때문이다. 만약 히브리 성경 본문이 대부분 두 왕국이 멸망하고 난 후에 창작되고 편집되었다는 가정이 옳다면, 성경 전승을 지금 상태로 완성한 사람이 왕국 성립 이전이나 왕정 시대에 관해서는 할 말이 많았고 자기들이 살던 시절의 식민지 정치에 관해서는 기록할 것이 많지 않았다는 뜻이 된다.

식민지 시대에 관련된 기이한 정치적 '정보 공백' 상태를 설명할 수 있는 방법은 몇 가지가 있다.

① 히브리 성경의 최종 기록자가 포로기 이전 시대를 이스라엘의 '황금 시대'로 간주하고 이스라엘과 유다 왕국의 멸망 때문에 '비-정치화된' 기록을 남겼다고 본다.
② 이들은 페르시아 권력자를 불쾌하게 만들지 않으려고 최근에 일어난 사건은 일부러 기록에서 누락시켰다.
③ 히브리 성경의 최종 기록자는 식민지 정치가 행해지던 시대에 관한 정보를 확보하지 못했을 가능성이 있다.
④ 유다를 재건하기 위해 서로 다른 계획을 가지고 있던 사람들이 이스라엘의 먼 과거를 기록으로 남겨 자기들의 목적에 맞게 사용하는 데 골몰하고 있었기 때문에 자기가 속한 시대의 사건을 기록하는 데 관심도 없고 그럴 시간도 없었을 가능성이 있다.

신명기-열왕기, 에스라-느헤미야, 역대기, 오경의 제사장 자료, 학개-스가랴, 이사야 40-66장과 시편 본문은 서로 상당히 다르기 때문에 유다의 공동체 생활을 재구성하는 주요 관점과 전략에 있어서 매우 다양하고 서로 충돌하는 의견을 가지고 있었음을 잘 보여 준다.

이 시대에 갑자기 역사 전승을 충분히 남기지 않은 이유가 무엇이든지 우리는 히브리 성경이 형성되었고 초기 '유다 종교'(Judah-ism[s])가 그 형태를 잡기 시작하던 정치적 조건에 관해 논의할 때 많은 부분 추정에 의지할 수밖에 없다.[82]

외경(Apocrypha)과 위서(Pseudepigrapha)처럼 히브리 성경에 포함되지 않은 유다와 디아스포라 기록을 참고한다고 해도 우리는 신-바빌론, 페르시아, 그리스 왕국의 패권이 계속되던 시대에 이들에게 복속하며 살던 유다의 정치적 상황에 관해 매우 개략적인 윤곽만을 말할 수 있다. 고고학 유물과 히브리 성경 바깥에 존재하는 외경과 위서가 유다, 사마리아, 디아스포라의 식민지 정치를 이해하는 데 도움을 주기도 하지만, 이런 자료는 어떻게 해석해야 할지 확실하지 않은 경우가 많다.

1) 신-바빌론 제국의 패권

성경 본문에서 포로기라는 주제가 매우 중요한 위치를 차지하고 있음에도 불구하고, 신-바빌론의 지배 하에 유다, 바빌론, 이집트에 거주하던 유대인의 식민지 생활이 대체로 어떠했는지 그리고 유대 공동체의 형태를 제한하던 내외적 정치 요인은 무엇인지 자세히 묘사하고 있는 성경 전승은 없다.

유다가 멸망한 후 살아남았으나 이집트로 도주한 집단은 성경 본문에서 완전히 사라졌다(왕하 25:26; 렘 41:16-43:13). 바빌론에 포로로 잡혀간 유다 지도자에 관해서는 짧은 묘사만 남아 있고(왕하 24:11-16; 25:11; 대하 36:20; 렘 39:9), 예레미야(24:29)나 에스겔(1:1-3; 3:15; 8:1; 14:1-3; 18:1-2, 19, 25; 20:1-3; 33:10, 30-33; 37:11) 같은 예언서에 흩어져 있거나 이사야 40-55장의 독자였으리라 짐작할 뿐이다.

유다에 남겨진 사람들은 예레미야서에 그 생활이 짧게 언급되어 있고 애가에 묘사되어 있다. 유다 왕국이 파괴된 직후에 느부갓네살은 점령지를 관할하는 책임자로 그달리야를 임명하고 '총독'으로 일하게 하였다(왕하

---

82 랍비들의 시대가 되기 전에 이미 야훼 종교가 정확하게 규정할 수 있는 상태로 발전했다는 생각을 배제하기 위해서 식민지 시대에 '유다 종교'(Judah-ism) 또는 '유다 종교들'(Judah-isms)이라는 말을 사용하였다. 이 문제에 관한 논의는 앞에 나온 제2장 중 "'이스라엘'과 '유다'는 모호한 정치적 주체"라는 부분과 각주 32-33을 참조하라.

25:22을 직역하면 "그달리야를 그들 위에 임명하였다"라고 기록되었고, 렘 40:5에는 "유다 성읍들을 맡도록"이라고 적고 있다).

완전히 파괴된 예루살렘을 떠나 북쪽 미스바에 자리잡은 그달리야는 지방으로 도주했던 군사와 모압, 암몬, 에돔으로 피신했던 유다 사람을 불러 모은다(왕하 25:22-24; 렘 40:7-12). 그달리야의 정부는 오래 유지되지 못했는데, 그달리야와 신하들은 물론 신-바빌론 군사와 북쪽에서 내려온 순례객이 암몬 왕 바알리스의 부추김을 받은 '왕족'의 일원 이스마엘의 손에 살해당했기 때문이다(왕하 25:25; 렘 40:13-41:18).

과연 이스마엘이 다윗의 혈통을 이었는지 논란의 여지가 있지만, 이스마엘은 유다 왕국을 재건하려는 염원을 가지고 있었던 것으로 보인다. 그러나 그는 적은 수의 암살단을 이끌고 그달리야를 살해한 후 암몬에 있는 자기 처소로 도주하였기 때문에 단번에 유다 왕국의 독립을 성취하겠다는 진지한 노력을 한 것이 아니라 신-바빌론에 협조하는 사람들 위주로 운영되는 유다의 행정 체계에 타격을 입히려는 '방해 공작'을 시도했던 것으로 보인다.

그달리야를 중심으로 모였던 유다인 공동체는 신-바빌론 사람들의 보복이 두려워서 이집트로 도주하였고, 이스라엘 땅을 떠나지 말라고 강하게 충고하던 선지자 예레미야까지 함께 끌고 내려갔다(왕하 25:26; 렘 41:11-43:13). 기원전 582년에 유다인 745명이 포로로 잡혀간 일은 그달리야 암살에 따른 처벌이었을 가능성이 있으며, 그 후 유다에 제국의 지배를 확립하는 데 어려움이 따랐다(렘 52:30).

그달리야의 살해와 많은 수의 유다인이 이집트로 도주한 사건 후로는 신-바빌론이 지배하던 시기 유다의 정치적 상황에 관한 보도는 더 나타나지 않는다. 이렇게 갑자기 유다 역사에 '공백'이 생기며 '빈 땅 전설'을 강화하며, 재건된 유다 공동체 안에서 이념적인 고정 관념이 된다.[83]

유다 내부의 생활상은 애가의 시적인 표현 속에 간접적으로 표현되어 있다. 대중 앞에서 낭송하기 위해 창작한 이 슬픈 노래 속에서 시인은 유다의 정치적 종교적 기반 시설이 파괴된 것을 비통하게 읊고 있지만, 다섯째 애가는 점령지에서 살아가는 사람의 수치스럽고 고통스러운 삶을 노래하고 있다. 점령자는 '외인'과 '이방인'이라고만 부르고 있으며(애 5:2), 이런 말은 신-바빌론 사람들뿐만 아니라 기회주의자이자 동조자, 동맹국, 제국의 대리인으로도 등장하는 에돔 사람들도 가리키는 것 같다(참고, 4:21-22).

개탄스러운 생활 환경은 전형적인 애가의 표현법으로 드러나고 있는데, 물이나 장작 같은 생필품에 세금이 부과되고 있음을 암시한 것(5:4)과 제분 작업이나 목재 운반 같은 농업 관련 강제 노동에 대한 언급(5:13)이 포함되어 있다.

점령한 지역 거주민을 서로 맞교환하는 앗수르의 관습과 달리 신-바빌론 제국이 유다인들을 강제로 이주시키고 대신 다른 포로들을 유다에 정착시켰다는 기록은 성경에 없다. 그러나 에돔인들이 요단강 동편에서 유다 남부 지역으로 침입해 들어온 증거는 있으며, 이 때 신-바빌론 정부는 암묵적으로 묵인했거나 아니면 뒤에서 이런 행위를 부추겼을 가능성도 있다.[84]

살해당하지 않은 과거 유다 관료 체제의 관료였던 자들(왕하 25:18-21)은 한꺼번에 해고를 당한 후 바빌론으로 끌려가 델아빕, 델멜라, 델하르사, 그룹, 앗단, 임멜, 가시뱌 등지에 정착하였다(겔 3:15; 스 2:59; 8:17). 원래 폐허더미나 언덕을 가리키는 말 '델'(tel)이 앞에 붙은 지명이 있는 것으로 볼 때, 거주민들이 떠난 폐허 지역에 유다 포로를 정착시켜 바빌론 주민과 구분하였고, 이런 폐허를 재건하는 것이 이들의 임무가 아니었는지 추정하게 된다. 그들의 노동 계획이나 근로 조건 등은 상술된 바 없다.

예언서 기록에 따르면 바빌론에 잡혀간 유다인들 중 어떤 사람들은 포

---

83 Robert P. Carroll, "The Myth of the Empty Land," *Semeia* 59 (1992): 79-93; Hans M. Barstad, *The Myth of the Empty Land: A Study in the History and Archaeology of Judah During the 'Exilic' Period* (Oslo: Scandinavian Univ. Press, 1996).

84 에돔인들이 유다에 침입하여 정착한 일에 관하여 다음 연구를 참고하라. J. R. Bartlett, "Edom," *ABD* 2:291-93.

로로 잡혀있는 기간이 오래 지속되리라는 사실을 받아들이지 못하고 조기에 해방될 방법을 찾아 분주하였으나, 다른 사람들은 사기가 꺾여서 무기력하게 지냈다고 한다. 바빌론으로 강제로 이주당한 포로 중에 있었던 에스겔은 자기에게 찾아와 충고를 받던 장로들에 대해 언급하는데, 이 장로들은 유다에서 떠나 사는 날이 길어지리라는 선지자의 예상을 전혀 신뢰하지 않았다고 전한다(겔 14:1-3; 20:1-3; 33:30-33).

여기서 말하는 장로들이 전통적인 지도자들의 비공식 모임을 가리키는지 아니면 신-바빌론 정부가 이주민 사회의 질서를 유지하고 어느 정도 자치권을 주기 위해 임명한 공식 집단이었는지는 알 수 없으나, 예레미야 선지자가 시드기야 왕과 신-바빌론 정부의 허락을 받고 편지를 썼을 때 이를 받게 될 '포로 중 남아 있는 장로들'이란 후자를 가리키는 것으로 보인다(렘 29:1-3).

유다 왕국이 멸망하기 이전에 예레미야가 바빌론으로 잡혀간 제1차 포로 중 선지자가 유다 포로의 조기 석방을 위해 노력하고 있다는 점을 언급하면서, 그 선지자 두 명에게 체제 전복 운동을 하다가 신-바빌론 정부에 의해 제거당할 수도 있다고 경고한다(렘 29:20-23).

포로로 잡혀있던 지도자들 중 제사장이나 선지자였던 느헬람 사람 스마야는 어떤 예루살렘 제사장에게 편지를 써서 친-바빌론 운동을 벌이고 있는 예레미야를 좀 막아보라고 지시하기도 하였는데, 예레미야는 느부갓네살이 '여호와 하나님의 종'으로 임명받아 유다가 제의적 사회적으로 범죄를 저지른 것에 대해 처벌하고 있다고 주장하였다(렘 29:24-32; 참고, 27:1-7).

예레미야와 에스겔서에 남아 있는 이런 정보는 제1차 및 제2차 강제 이주 사이(기원전 598-586년)에 벌어진 일로, 이때까지만 해도 독립 국가 유다의 운명이 완전히 기울지는 않은 상태였다. 유다의 멸망과 예루살렘 파괴 이후로 강제 이주를 당한 사람들이 어떤 사회생활을 했는지 보도하는 문헌이 전혀 없다.

바빌론에 잡혀간 유다인들에 관해 수 십 년 동안 지속되던 침묵을 깬 유일한 예외는 바빌론 왕이 여호야긴에게 베푼 자비로운 조치에 관한 이야기인데, 여호야긴은 제1차 강제 이주 때(기원전 598년) 바빌론에 잡혀와 구금되어 있었다. 느부갓네살의 아들 에윌므로닥(Evil-Merodach)이 기원전 561년에 등극하면서 여호야긴을 감옥(또는 가택연금)에서 풀어 주고, 명예를 회복시키며, 특별 보급품을 지급하고, 신-바빌론 왕의 식탁에 정기적으로 참석할 수 있도록 허락했다(왕하 25:27-19; 렘 52:31-34).

에윌므로닥이 포로로 잡혀온 여호야긴의 지위를 상승시켜준 이유나 의도가 무엇인지는 알려져 있지 않으며, 이 사건이 전체 포로 공동체의 생활에 어떤 영향을 미쳤는지에 관해서도 기록된 바가 없다.

바빌론에 거주하던 유다인들에 관해 언급한 마지막 성경 본문은 선지자이며 시인이었던 이사야의 기록인데(40-55장), 포로기가 끝날 무렵에 활동한 것으로 보인다(기원전 550-538년). 애매모호한 시적 표현은 당시 유다인들의 생활상에 대해 명쾌한 정보를 주지는 않지만 몇 가지 추론을 할 수는 있다. 모두는 아니더라도 포로 중 다수는 유다인 또는 야훼 신도라는 사회적 정체성을 유지하고 있었던 것으로 보이지만, 정치적으로나 이념적으로 무기력하다는 생각 때문에 의기소침한 상태였던 것 같다.

선지자이며 시인이었던 이사야는 포로로 잡혀간 공동체의 미래를 놓고 벌이는 정치적 논쟁에 뛰어들어 신-바빌론 패권에 조용히 순종할 것인지 아니면 신-바빌론에 강력한 경쟁자로 떠오르며 포로 유다인들을 해방시켜 줄지도 모를 페르시아 왕 고레스를 지지하거나 앞장서서 체제 전복 운동을 벌일 것인지에 대해 충고를 해 주었다.

선지자가 바빌론 문화와 종교를 향해 심한 조롱과 야유를 퍼붓는 것을 보면 그의 말을 듣는 사람들이 점령자의 생활 방식과 종교에 동화되고자 하는 유혹을 강하게 받고 있음을 알 수 있다.

바빌론과 관련된 것은 무차별적으로 공격하는 이런 태도는 몇 십 년이 지나는 동안 유다 사람들이 상업이나 관직 생활에 진출하며 바빌론의 주류 생활에 매력을 느끼게 되었고, 당시 생활 조건에 상당히 만족하고 있었다는 사실을 반증하는 것으로 보인다. 이런 상황은 다니엘서 1-5장 기사의 역사적 배경으로 간주할 수 있다.

2) 페르시아 제국의 패권

이사야 40-55장에 나타나는 정치적 성향을 살펴볼 때 페르시아 왕 고레스가 곧 유다 포로들을 구원하고 예루살렘을 재건할 자라고 공공연하게 옹호하는 말을 하여 놀라지 않을 수 없다. 신의 권위를 입은 고레스는 심지어 '목자'로 그리고 이스라엘의 하나님 야훼의 '기름부음 받은 자'로 묘사되었다(사 44:28; 45:1).

이사야 40-55장의 풍성한 표현은 이 시인/선지자가 고레스 왕이 바빌론을 점령하고 자기 동포를 예루살렘으로 돌려보내 주기를 바라고 있었을 뿐 아니라 고레스가 이스라엘의 하나님에게 개종하고 예루살렘을 페르시아 제국의 종교적 수도로 격상시켜 주기를 기대했다고 해석할 수 있다.[85]

이사야 40-55장 본문에는 아직 고향에 남아 있는 유다 사람들이 바빌론에서 돌아가는 포로들을 환영하며 더 이상 기능하지 못하는 다윗 왕조 대신 자신들을 지도자로 삼아 과두 정치 체제를 받아들이는 데 아무 문제가 없으리라고 전제하고 있다.[86]

이 시인/선지자가 고레스에게 품었던 희망 중 두 가지는 성취되었다. 페르시아 왕은 바빌론을 점령하였고, 유다 포로 중에서 누구든 원하는 자는 돌아가서 유다를 페르시아 제국의 속주로 재건할 수 있도록 허락했다. 그러나 다른 소원은 성취되지 않았는데, 고레스는 이스라엘 사람들의 종교

---

[85] Norman K. Gottwald, *All the Kingdoms of the Earth: Israelite Prophecy and International Relations in the Ancient Near East* (New York: Harper & Row, 1964), 330-46.

[86] Norman K. Gottwald, "Social Class and Ideology in Isaiah 40-55: An Eagletonian Reading," *Semeia* 59 (1992): 43-57; 이 글에 대한 반론으로는 John Milbank (59-71); Carol A. Newsom (73-78).

로 개종하지 않았고, 이스라엘 종교를 제국의 공식 종교로 지정하지도 않았다. 그는 유다 종교를 제국 내부 각 지방과 지역의 수많은 고유 종교 중 하나로 인정했던 것이다.

이 결정은 야훼 신앙을 제국 최고 종교로 격상시킨 조치가 아니고, 유다 종교에게 어떤 특권을 준 것도 아니며, 페르시아 정부에 충성을 다하는 한도 안에서 모든 종교를 허용하는 관용적인 정치의 일환이었다. 더구나 포로가 고향으로 돌아가서 유다를 재건하며 지도자의 직위를 놓고 갈등이 일어난 것을 보면 포로기 동안 유다에 남아 있던 사람들이 바빌론에서 몇십 년을 살다 돌아온 자들의 신념이나 계획을 고분고분하게 받아들이지 않았다는 사실을 잘 보여 준다.

그리고 혹자가 가정하듯이 귀향한 포로 집단이나 고향에 남아 있던 사람들의 집단이 내부적으로 일치된 관점을 공유하고 있었다는 생각도 전혀 증명된 바 없다.[87]

성경 본문은 앗수르와 신-바빌론 왕들을 향해서 미움과 혐오를 공공연하게 표시했던 것과 달리 고레스는 자비로운 지도자이며 유다인들의 후원자로 묘사하고 있기 때문에 페르시아의 패권은 성경 전승 전체를 통해 대체로 긍정적인 문투로 기록되어 있다.

예언서 학개와 스가랴에는 페르시아를 향한 유다의 반감 또는 페르시아의 지배에 대항하는 공공연한 적의가 표현되어 있지만, 기원전 520-515년

---

[87] 유다를 재건할 때 나타났던 정파 간 권력 다툼에 관해서는 다음 연구를 참고하라. Paul D. Hanson, *The Dawn of Apocalyptic* (Philadelphia: Fortress, 1979); Brooks Schramm, *The Opponents of Third Isaiah. Reconstructing the Cultic History of the Restoration*, JSOTSup 193 (Sheffield: Sheffield Academic Press, 1995); Stephen L. Cook, *Prophecy and Apocalyptic: The Postexilic Social Setting* (Minneapolis: Fortress, 1995). 성경 본문은 정파나 집단 사이에 있었던 갈등을 매우 모호하게 묘사하고 있기 때문에 유다를 재건할 때 존재했던 사회 집단의 특징이나 이들이 특정 이념이나 계획을 향해 어떤 태도를 가지고 있었는지는 큰 도움이 되지 않는다. 이렇게 어떤 사회 공동체가 어떻게 활동하고 있었는지 전혀 알지 못하기 때문에 유다 재건 시기의 역사를 서술하는 데 큰 문제가 된다.

에 일어난 반란은 의도적인 검열을 거친 말투로 매우 불분명하게 언급하고 만다.[88]

어쨌든 스룹바벨은 갑자기 역사의 무대에서 사라지고 그의 후임을 맡은 유다 총독이 다윗의 후손이 아니었다는 점을 보면 페르시아 정부는 다윗의 혈통이었던 유다의 총독 스룹바벨을 그리 신뢰하지 않았던 것으로 보인다. 당시 선지자들은 외국 정부를 공격하는 신탁을 쏟아냈는데 누구도 페르시아를 직접적으로 비난하는 사람은 없었다.

페르시아 제국이 망한 이후에 창작된 후대 전승 속에서 페르시아 왕들은 유대인들을 죽이라는 왕명을 내릴 때 억지로 개인적인 의견에 상반되는 결정을 내리거나 아니면 실제 상황을 잘 모르고 명령하는 것으로 묘사된다(단 6장; 에스더).

페르시아 시대에 유다를 재건하고 통치하는 이야기를 담은 에스라-느헤미야서, 그리고 비슷한 시기를 배경으로 하는 학개와 스가랴서는 혼란스럽게 서로 얽힌 사료를 사용하고 있어서, 재건 과정을 연대에 따라 재구성하거나 각 단계마다 재조정되거나 개혁된 정책이 무엇이었는지 결론짓기가 매우 어렵다.[89]

---

[88] 스가랴서에 나오는 대제사장 여호수아(3:1, 6; 6:11)와 총독 스룹바벨(4:6-10)에 관한 언급은 두 인물에 관해 혼란스러운 이미지를 담고 있는데, 전체적인 문맥에 비추어 함께 읽어 보면, 3:8과 6:12에 나오는 '싹'은 미래의 유다 왕으로 내세웠던 사람이 다름 아닌 스룹바벨임을 알 수 있다. 6:11, 14에 '면류관'이 복수형으로 나오는데 스룹바벨의 이름이 이런 구절에서 여호수아와 함께 지명된 것이다.

[89] 포로 귀환과 유다 재건의 역사를 재구성하기 위해 에스라-느헤미야를 자료로 사용하는 문제는 자료 비평과 역사적 관점에서 연구된 바 있으니 다음을 참조하라. Gottwald, *The Hebrew Bible*, 428-38, 514-22; Lester L. Grabbe, *Judaism from Cyrus to Hadrian*, Vol. 1, *The Persian and Greek Periods* (Minneapolis: Fortress, 1992), 1-145. 문학 비평과 사회역사적 연구 방법을 적용한 최근 논문은 다음을 참조하라. Tamara C. Eskenazi, "Current Perspectives on Ezra-Nehemiah and the Persian Period," *CurBS* 1 (1993): 59-86; Charles E. Carter, *The Emergence of Yehud in the Persian Period: A Social and Demographic Study*, JSOTSup 294 (Sheffield: Sheffield Academic Press, 1999), 249-324. 페르시아 제국 안에서 식민지 유다의 역사를 가장 광범위하게 재구성한 연구는 Berquist의 저작을 들 수 있는데, 페르시아 제국 안에서 일어난 다양한 발전적 사건들이 유다에 어떤 영향을 미쳤는지 잘 설명하고 있다. Jon L. Berquist, *Judaism in Persia's*

에스라-느헤미야 본문에 따르면 각 시대마다 각각 다른 지도자들이 이끄는 네 가지 역사적 단계가 있다.

① 포로들이 세스바살의 지도 아래 처음으로 예루살렘에 돌아오고 성전을 재건할 계획을 세우는 단계.
② 대제사장 여호수아와 정치 지도자 스룹바벨이 성전 재건을 이끄는 단계.
③ 제사장이자 학사인 에스라가 종교 개혁을 실행하는 단계.
④ 총독 느헤미야가 군사, 제의, 정치적으로 속주 유다를 강화하는 단계.

각 단계마다 모호한 부분이나 해석에 이견이 생기는 부분이 존재한다. 세스바살은 어떤 임무를 수행했는지 잘 알려지지 않은 인물인데, 여호수아와 스룹바벨이 성전을 지을 때 '맨 바닥부터 다시 시작해야' 했던 것으로 보아 높게 평가받지 못한 것은 확실하다. 어떤 구절에서 여호수아와 스룹바벨은 유다의 종교 지도자와 정치 지도자로 동일한 지위를 누리지만, 또 다른 구절에서는 스룹바벨의 역할이 분명하지 않고 그 흔적이 거의 사라지고 없다.[90]

만약 성경 본문 연대 비교 방식의 날짜 계산이 아닥사스다 1세(Artaxerxes I)를 가리킨 것이라면(스 7:1, 7), 에스라의 임기는 기원전 458년에 시작되었고 언제 끝났는지 확인할 수 없다. 느헤미야는 기원전 445-433년에 유다 총독으로 근무했는데, 알 수 없는 이유 때문에 페르시아로 돌아갔다가 다시 한 번 총독으로 부임했으며, 이 때 얼마나 근무했는지는 알 수 없다(느 2:1; 13:6-7).

성경 전승에 따르면 에스라가 느헤미야보다 먼저 유다에서 일을 했으나, 느헤미야의 정치적 개혁이 에스라가 종교 개혁을 성공시킬 기초를 닦

Shadow: A Social and Historical Approach (Minneapolis: Fortress, 1995). 그러나 Carter의 연구에 나오는 당시 유다의 고고학, 인구학, 경제학 자료를 추가하여 증보판을 낼 필요가 있다.

90 각주 86을 보라.

았다고 볼 수 있는 이유가 몇 가지 존재한다. 느헤미야가 유다에 도착했을 때 에스라가 아직 활발하게 활동 중이었고, 어떤 경우에는 두 지도자가 손을 잡고 서로 돕는 모습이 묘사되기도 하였으나, 이런 기록은 인위적인 편집행위의 결과로 보인다는 의심을 지울 수 없다(느 8:9; 12:26). 만약 앞에서 언급한 페르시아 왕이 아닥사스다 1세가 아니라 아닥사스다 2세였다면 에스라가 유다에 온 것은 기원전 398년이 될 것이다. 에스라와 느헤미야의 연대를 어떤 쪽으로 해석하든지 성경 전승 속에 포함되어 있는 역사적 문제를 모두 해결할 수 없다.

페르시아 시대 전체를 통틀어 에스라와 느헤미야 본문에만 재건된 유다의 정치적 발전에 관한 정보가 나온다. 황제는 에스라를 유다로 보내며 '네 하나님의 명령과 왕의 명령'을 반포하고, 법관과 재판관을 임명하여 귀양을 보내거나 가산을 몰수하거나 옥에 가두거나 죽여서라도 법을 시행하라고 명했다(스 7:25-26). 이 임무는 '모세의 율법책'을 대중 앞에서 읽는 것으로 완수되는데, 온 공동체가 계약을 맺고 이 법조항을 지키기로 약속하였다(느 8:1-10:39).

법조항 몇 가지는 성경 본문에 간접적으로 언급되었는데(느 10:30-39) 이때 읽었던 율법책이 히브리 성경 안에 실려 있는 어느 법전을 가리키는지 확정할 수 있을 만큼 자료가 충분하지는 않다. 나아가 에스라는 유다 공동체에 속한 모든 남성을 모아놓고 가산을 몰수하거나 귀양을 보내겠다고 위협하며 외국 여인과 결혼한 자를 찾아내서 이혼하도록 강요하였고, 이 정책은 만장일치로 시행이 결정되었다(스 9-10장).

느헤미야가 실시했다고 보도된 개혁 정책은 에스라의 개혁보다 훨씬 종수는 많다. 그 중에 가장 주목 받은 것은 예루살렘 성벽 재건 사업으로, 도시 방어 체제를 확립하기 위해서 진행되었다(느 2:11-4:23). 원래 예루살렘에는 사회 지도층 인사가 거주했으나 재건 이후에는 지방 거주민의 십 분의 일을 성 안에 정착시키고 속주 전체 거주지를 재조직하여 결과적으로 예루살렘 인구가 증가하였다(느 11장).

안식일에는 상거래가 금지되었다(느 13:15-22). 제사장과 레위인을 지원할 방법은 확실하게 마련해 두었다(느 10:32-39; 13:10-13; 14:30-31). 이방인과 결혼은 금지되었으나 에스라의 명령과 달리 이미 결혼 계약을 맺은 사람에게 이혼을 요구하지는 않았다. 그러나 사마리아 산발랏의 딸과 결혼한 대제사장의 아들은 직위를 해임당했으며 속주에서도 쫓겨난 것으로 보인다(느 13:23-28).

페르시아 제국의 행정 체계 안에서 재건된 유다 공동체의 지위가 어떠하였는지 확실히 알 수 없는데, 왜냐하면 자료가 없거나 애매모호하거나 관직에 사용된 용어가 일정하지 않거나 그들의 관할권이나 업무 범위가 변했기 때문이다. 유다는 '강 건너'(Beyond the River) 땅으로 알려진 넓은 '사트라피'(satrapy)의[91] 하위 행정 구역이었는데, 유프라테스 강 서쪽과 남쪽에 펼쳐진 시리아-팔레스타인 지역 전체를 포함하는 영역이었다.

그러나 역사가 중 일부는 느헤미야가 총독으로 도착하기 이전에 유다는 공식적으로 속주가 아니었으며, 페르시아 시대 초기 100년 동안은 사마리아를 중심지로 삼는 더 큰 속주에 속해 있었다고 주장한다. 이런 가설은 사마리아 사람들이 유다와 인접한 다른 지역 지도자들과 함께 협력하여 유다인들의 내정에 행정적으로 간섭하려 했던 일을 설명하는데 도움이 되는데, 이들은 기원전 6세기 말에 예루살렘 성전을 재건할 때 그리고 기원전 5세기 중엽에 예루살렘 성벽을 중건할 때 건축 사업을 방해하였다.

만약 이 가설이 옳다면, 느헤미야 이전에 유다를 다스린 지도자는 페르시아가 사회 기반 시설을 재건하기 위해서 제한된 권력을 부여한 특사였을 가능성이 있으며, 사마리아 속주 밖에서는 완전히 자치권을 누리지 못했을 것이다. 그러나 최근에 발견된 인장이나 인영을 살펴보면 유다가 처음부터 독립된 속주였을 가능성이 더 높다.[92]

---

91 역자 주 – '사트라피'(satrapy)라는 행정 구역은 '사트랍'(satrap)이라는 페르시아 제국 고위 관리가 다스리는 관할 구역을 가리키는 말이다.

92 Cross, *From Epic to Canon*, 180-182; Carol L. Meyers and Eric M. Meyers, *Haggai*,

어쨌든 유다는 세스바살 치하에서 '속주의 골격'만 갖춘 상태였을 것으로 추정되며, 그 후 스룹바벨에 의해 세력이 강화되다가, 에스라와 느헤미야가 도착하기 전까지는 다시 미약한 상태로 전락했던 것으로 보인다.

예언서에 따르면 기원전 520-516년 사이에 총독 스룹바벨과 대제사장 여호수아가 예루살렘 성전을 짓는 건축 사업을 감독했는데(학 1:1; 2:1, 4; 슥 3-4장), 비록 '총독'이나 '대제사장'이라는 호칭이 붙지는 않았지만 에스라-느헤미야서에서도 같은 소식을 들을 수 있다(스 2:1; 3:2, 8; 4:3; 5:2; 느 12:1).

일반인과 종교인 지도자가 유다의 행정과 종교 관련 관직을 나누어 감당하는 관습은 페르시아 시대 후반과 헬레니즘 시대에 이르기까지 지속된 것으로 보이는데, 이 두 관직이 어떻게 계승되었는지에 관한 자료가 성경 본문에 별로 남아 있지는 않다.[93]

속주 정부나 사회 기반 시설이 얼마나 잘 조직되었는지에 관한 자료도 전혀 분명하지 않다. 에스라-느헤미야서에 나오는 하위직 공무원, 사회 지도자, 그리고 소수 인구 집단에 관한 용어도 일관성을 결여하고 있으며 그 용례가 정확하지 않다.[94]

에스라-느헤미야서 기록에 사용된 자료는 관직에 관련된 용어를 일관성 없이 사용하고 있으며, 성경 저자는 이런 용례를 표준화하려고 노력하지 않았다. 이런 작업이 별로 중요하지 않다고 생각했거나 아니면 저자가

Zechariah 1-8, AB 25B (Garden City, N.Y.: Doubleday, 1987), 13-16.

[93] Cross는 사마리아 총독의 계보를 비롯한 다양한 성경 외부 자료를 동원하며 대제사장의 족보를 여호수아(약 570년)부터 오니아스 1세(Onias, 약 345년)까지 복원한다(Cross, *From Epic to Canon*, 152-58, 161-64). 그는 할아버지의 이름을 아들에게 주는 관습 (papponymy)이 있었음을 주장하며 대제사장 집안에도 같은 이름이 일정하게 반복해서 나타났을 것이라고 본다. 같은 현상이 사마리아 사람들과 암몬 사람들 중에도 발견된다고 한다. Meyers는 기원전 5세기 말까지 자료만 분석하는데, Cross의 대제사장 목록을 받아들이고 세스바살부터 느헤미야까지 총독들의 목록을 재구성하여 추가한다(Meyers and Meyers, *Haggai, Zechariah, 1-8*, 9-17).

[94] Norman K. Gottwald, "The Expropriators and the Expropriated in Nehemiah 5," in *Concepts of Class in Ancient Israel*, ed. Mark R. Sneed, South Florida Studies in the History of Judaism 201 (Atlanta: Scholars, 1999), 4, n. 2.

유다의 행정 구조나 사회 기관에 대한 정보를 알지 못했기 때문이다. 이렇게 행정 관리의 관직에 관해 부정확하게 기술하는 관행은 페르시아 시대에 기록된 성경 외부 자료에도 유사하게 나타난다.[95]

페르시아 시대 유다의 국내 정치의 발전을 이해하는데 가장 큰 난관을 꼽는다면 식민지 유다에 살던 거주민이 누구인지 그리고 사회 기관과 종교 기관을 이끌던 지도자는 누구였는지에 관해 에스라-느헤미야 본문이 보여 주는 이념적 특징이다.

에스라-느헤미야 본문으로 페르시아 시대 유다를 이해하는 큰 틀은 유다 백성이 포로로 잡혀가서 땅이 완전히 비어 있다가 다시 포로가 돌아왔으며, 기원전 598년, 586년, 582년에 바빌론으로 잡혀갔던 유다 사람 중 생존자나 그 후손이 돌아와 사회를 재건하고 정결하게 만들었다는 것이다.

참된 '이스라엘 백성'이란 야훼 신앙을 그대로 보존하고 '빈 땅'에 되돌아와 '새 출발'을 하려는 포로 공동체 '골라'(gôlāh)이며, 하나님께 불성실하게 행하여 이스라엘과 유다 왕국을 멸망시킨 죄를 공식적으로 거절한다. 스룹바벨과 여호수아의 인도를 받아 돌아온 사람의 이름을 기록한 방대한 계보 명부(스 2장; 느 7:6-73)는 이 공동체 일원이 될 자격을 가진 사람과 그렇지 못한 사람을 구분하고, 느헤미야는 이 족보를 확인하고 갱신하기 위해서 이 '계보'를 참고하였다(느 7:5).

'그 땅의 족속'이라는 불분명한 이름은 돌아온 포로 공동체의 적으로 등장하는데 결국 외부의 적을 가리키며, 특별히 사마리아 사람, 암몬 사람, 아랍인, 그리고 아스돗 사람을 직간접적으로 지칭한다.

이렇게 유다와 주변 국가가 적대적인 관계를 유지하고 있다고 여러 번 언급되었는데도 불구하고 유다 귀족이 도비야와 우호적인 계약을 유지하

---

[95] Christopher Tuplin, "The Administration of the Achaemenid Empire," in *Coinage and Administration in the Athenian and Persian Empires*, ed. Ian Carradice (Oxford: British Archaeological Reports, 1987), 116-18, 127-28; 이 글에 대한 평은 Meyers and Meyers, *Haggai, Zechariah 1-8*, 15-16을 참고하라.

고 있었다는 사실은 매우 유의할 일이다(느 6:15-19). 도비야는 암몬 총독이 거나 사마리아 총독 산발랏 곁에 머무는 영향력 있는 협력자로 알려져 있는데, 두 사람은 모두 유다의 종교 정치적 지도 세력이 가장 혐오하는 적국 지도자로 낙인이 찍힌 사람들이다(느 2:10, 19; 4:1-3, 7; 6:1, 12, 14). 느헤미야가 예루살렘을 비워두었을 때 제사장들은 성전 단지 안에 도비야를 위한 숙소를 제공하기도 했다(느 13:4-9).

'골라'(gôlāh) 공동체가 유다를 새롭게 재건하는 과정을 묘사한 설명 속에 외부 적에 대해서는 상당히 자세히 언급하면서도 왕국이 멸망할 때 포로로 잡혀가지 않은 사람과 계속해서 유다에 머물며 살았던 유다 사람 대부분에 대해서는 아무런 설명도 찾을 수 없는데, 유일한 예외는 동료 유다 사람 때문에 자기 재산을 잃고 빚 때문에 노예로 전락했다고 불평하던 부채가 있는 유다 사람들이다(느 5:1-13).[96]

더구나 에스라-느헤미야의 전반적인 문맥은 재건된 유다 공동체가 모두 한 마음 한 뜻으로 조화롭게 살았다고 말하고 있으나, 사실 이 공동체 안에도 분열이 존재했고 심지어는 에스라와 느헤미야에게 대항하는 세력도 있었다. 유다에 계속해서 거주한 사람이 있었다는 사실을 인정하지 않는 분위기를 배경으로 생각해 볼 때, 느헤미야가 금지하고 에스라가 극단적인 해결책으로 이혼을 강요하게 될 결혼, 즉 이방인과 결혼한 사람이 그렇게 많았다는 것은 이해하기 어렵다.

이런 현상은 '골라'(gôlāh)에 속하지 않아서 주변 지역 출신 이방인과 같은 취급을 받던 여인과 '골라'(gôlāh)의 일원인 남자가 결혼했을 경우도 불법적인 관계로 취급했을 경우에만 이해가 가능하다. 이런 혼잡한 결혼 풍속을 뿌리 뽑기 위해서 에스라는 이 결정에 따르지 않는 자는 재산을 몰수하고 추방하겠다고 위협했으며(스 10:7-8), 느헤미야는 더 이상 이런 결혼 풍속을 따르지 않도록 맹세하라고 하면서 태형과 머리털 뽑기를 체벌로 내세웠다(느 13:25-27).

---

96 Gottwald, "The Expropriators and the Expropriated," 1-6.

어쨌든 에스라-느헤미야서는 화합을 통해 승리한 귀환 포로 공동체가 빈 땅에 들어와서 원래 살고 있던 거주자의 존재와 상관없이 유다를 둘러싼 백성과 싸워가며 사회를 재건했다는 중심 주제를 전달하고자 하지만, 성경 기자의 이런 의도는 완벽한 성공을 거두지 못하고 있다. 왜냐하면 성경 본문 속에서 심각한 내부 압력에 시달리고 주변 속주 사람들과 다양한 관계를 유지하고 있는 사회상이 여기저기에서 드러나기 때문이다.

만약 우리가 오랫동안 유다에 살아왔던 사람들의 존재가 무시당하고 있었다는 사실과 유다의 이웃 지역이 유다와 이중적인 관계를 유지하고 있다는 점을 계산에 넣는다면, 유다의 복잡한 '재건' 과정에 관해 완전히 새로운 관점이 필요하며 또 그런 작업이 불가능하지 않다는 사실을 알게 된다.[97]

만약 귀환한 유다인들이 원래 고향에 살고 있던 사람들과 또 그 주변 지역 거주민들과 맺었던 관계가 에스라-느헤미야의 종교적 정치적 문화적 이념 때문에 무시되고 왜곡되었다면, 식민지 유다를 재편성하는 과정에서 페르시아가 맡은 역할이 무엇이었는지 분명하게 드러난다.

유다 공동체를 안정적으로 유지하기 위해서 취해진 조치와 경쟁 관계에 있는 정파 간 갈등을 정확하게 구분하는 데 어려움이 많지만, 성경 전승이 분명하게 주장하는 것 한 가지는 유다를 제국 식민지 행정 체계 안에서 독자 생존이 가능한 지역으로 확립하려고 했던 것이 페르시아 제국의 정책이었다는 점이다.

---

97 Pasto는 다음과 같이 말한다(Pasto, "When the End is the Beginning?" 189-190). "에스라-느헤미야는 물론 스룹바벨과 여호수아를 귀환한 포로라고 말한다. 그러나 이런 주장은 포로로 잡혀 갔다가 돌아온 자들이 주장한 넓은 이념적 틀의 일부분이며 이로 인해 원래 유다에 거주하고 있던 사람들까지 귀환 포로로 둔갑했을 가능성이 있음을 인정해야 한다. … 기원전 586년 이후에 귀환한 포로들이 사회 주도 세력이 되었다는 사실은 의심할 여지가 없지만 … 비판적인 질문도 던질 수 있다. 만약 우리가 에스라-느헤미야서를 비롯해서 귀환한 포로들의 전승이 없다면, 유다 땅에 머물러 있던 사람들 외에 다른 사람들이 '재건'을 주도했으리라고 믿을 만한 다른 증거가 있을까? … 이런 여러 가지 가능성을 고려한다면 유다의 원주민이 바빌론의 강제 이주를 견뎌내며 계속해서 자기들 땅에 살고 있었음을 알 수 있다."

예를 들어 페르시아 왕은 유다 사람들을 고향에 정착시키고 또 식민지 유다가 종교 정치적으로 통합할 수 있도록 여러 번 왕명을 하달한다. 그리고 페르시아는 포로로 잡혀왔던 유다인을 돌려보내며 유다의 종교, 문화, 군사, 행정적 기반 시설을 강화하는데 필수적인 임무를 수행할 수 있는 권한과 힘을 주었고, 이런 일을 위한 예산과 여행 중에 이들을 보호할 군대도 파견하였다.

물론 페르시아의 후원으로 유다를 재건하는 작업은 한 번에 완성되지 않았고, 여러 번 계획에 차질이 빚어지고 다시 시작하기를 반복하며 백여 년에 걸쳐 진행되었다. 이 기간 동안 사업 재원이 모자라기도 했고, 유다 지도층에 대한 도전도 있었으며, 페르시아 제국 왕위 교체 기간 동안 여러 지역에서 반란이 일어나면 제국 정부의 지원이 끊어질 때도 있었다.

유다를 안정시킨 가장 중요한 사건은 백성의 종교적 충성심을 결집시키고 제사장의 가르침과 제의를 통해 공동체 의식을 강화할 성전 재건이었다. 그러나 성전은 기원전 516년까지 완공되었지만, 제사장을 조직하고 제의를 표준화하는 데는 몇 십 년, 거의 100년에 가까운 시간이 더 걸렸다.

흥미롭게도 에스라-느헤미야서에서 일단 성전이 완공된 이후에는(스 1:2-4; 3:8-13; 6:3-5) 성전 자체가 관심의 대상이 되는 일이 드물게 나타난다(느 2:8; 6:10-11). 종교적 관습이 진공 상태 속에 존재할 수는 없으므로, 이 시기에 종교가 이념적으로는 물론 실제적으로 자리를 잡을 수 있도록 경제적 재원과 군사력과 행정 체계를 확립하였던 것으로 보인다.

실제로 성전은 제의를 집행하는 데 그치지 않고 경제, 사회, 정치적 사건에 큰 영향력을 발휘한다. 유다 거주민 누구나 지도층이 될 수는 없었겠지만 종교적 정치적 권한과 특권을 가진 '시민-성전 공동체'가 재건된 유다를 다스렸고 이들은 사회 경제적 이점을 누렸을 것이라는 가정은 페르시아가 후원했던 식민지 형태가 무엇인지 그리고 유다 '내부'와 '외부'에 존재했던 갈등은 무엇인지 추정하는 데 꽤 도움이 된다.[98]

3) 그리스의 패권

우리 시야를 히브리 성경으로 국한시킨다면 헬레니즘 시대(the Hellenistic age) 유다의 정치에 관해서는 전혀 할 말이 없어진다. 왜냐하면 히브리 성경은 팔레스타인을 지배하던 그리스의 지배에 관해 보도하는 본문이 전혀 없기 때문이다. 예언서에서 그리스는 두로와 무역을 하던 수많은 상대국 중 하나로 그리고 페니키아 도시들이 유대인을 노예로 팔아넘긴 지역으로 언급될 뿐이다(겔 27:13; 욜 3:6[히 4:16]).

이런 언급과 해석하기 어려운 다른 두 구절은(사 66:19; 슥 9:13) 모두 알렉산더가 아시아를 침입하기 이전 즉 마케도니아 제국이 성립하기 이전 상황을 배경으로 한 것이다. 어떤 사람은 스가랴 9-14장에 묘사된 모호한 이미지가 헬레니즘 시대를 암시한다고 주장하지만 별로 설득력이 없다. 전도서가 프톨레미 시대에 기록되었다는 주장도 있고 전도서 저자가 왕들을 부정적으로 평가한 것도 프톨레미 정부를 마음에 두고 있었다는 주장도 있지만, 이런 언급을 포함하고 있는 글이 지혜 문학이기 때문에 역사적으로 정확한 정보가 담겨 있는 것은 아니다.

다니엘이 본 종말론적 환상에서 마케도니아 왕국은 '넷째 짐승'이며 '뿔들' 즉 왕위를 계승할 왕들이 솟아나는 '숫염소'로 묘사되었고, 예루살렘 성전을 부정하게 만드는 광란에 휩싸인 왕을 내어놓을 것이었다(단

---

98 재건된 유다가 정치와 경제를 운영하는 기본 원칙을 제공한 성전 중심 공동체였다는 개념은 Weinberg가 제안하였다. Joel Weinberg, *The Citizen-Temple Community*, JSOTSup 151 (Sheffield: JSOT Press, 1992). Weinberg의 주장을 받아들이며 수정한 예로는 다음과 같은 연구가 있다. Daniel L. Smith, *The Religion of the Landless: The Social Context of the Babylonian Exile* (Bloomington, Ind.: Meyer-Stone Books, 1989), 106-8; Joseph Blenkinsopp, "Temple and Society in Achaemenid Judah," in *Second Temple Studies 1: Persian Period*, JSOTSup 117 (Sheffield: Sheffield Academic Press, 1991), 22-53.
Weinberg가 제안한 유다의 시민-성전 공동체는 전례가 없는 비정상적인 공동체이며 그의 가설은 근거가 없고 증명되지 않았다고 비판하는 학자들도 있다. Carter, *The Emergence of Yehud*, 294-307; H. Kreissig, *Klio* 66 (1984): 35-39.

7:7-8, 19-27; 8:5-12, 20-25). 비록 이름을 분명하게 지목하지는 않았지만 이 그리스 왕 중 첫째는 알렉산더이고 마지막은 안티오쿠스 에피파네스 4세임에 틀림이 없다.

다니엘서 저자가 알렉산더의 왕국이 분열되어 팔레스타인을 프톨레미와 셀류커스 왕조가 계승했음을 잘 알고 있다는 증거는 이름이 알려지지 않은 '남방의 왕들'과 '북방의 왕들' 사이에 벌어진 투쟁에 관한 환상에 분명히 암시되어 있는데, 역시 북방 왕의 야만스런 훼손 행위가 나타난다(단 11:2-39).

이런 환상적인 묘사의 역사적 배경을 분명하게 파악할 수는 없지만 프톨레미와 셀류커스 왕조가 100년 이상 파괴적인 전쟁을 계속했다는 사실과 매우 잘 들어맞는다. 이 '환상'은 또한 이 전쟁이 유다에 얼마나 심각한 영향을 미쳤는지도 잘 드러내는데, 지리적으로 전쟁 당사자 사이에 위치했던 유다의 지도자들은 한 번은 이쪽과 다른 한 번은 다른 쪽과 동맹을 맺고 전쟁에 휩쓸리는 역사를 반복했다. 이런 환상에서 드러난 그리스 권력자들에 관한 언급도 기원전 167년에 벌어진 예루살렘 성전 훼손과 기원전 164년의 재건 사이에 나타나는 공백 기간 동안 갑자기 끊어져 버린다.

히브리 성경이 팔레스타인을 다스리던 앗수르와 신-바빌론, 페르시아의 패권을 분명한 서사 담론으로 보도한 것과 달리 그리스의 패권에 관해서는 다니엘의 종말론적 이미지 속에서 모호하고 뭔가 들뜬 문체로 언급하고 있다는 특징이 있다. 더구나 성경 본문은 바빌론에 포로로 잡혀 있던 다니엘이 수백 년 후 미래에 일어날 일을 예언한다는 큰 틀 속에서 독자들에게 이 이야기들을 들려주고 있다. 다니엘이 정치에 관해 직접적인 언급을 피하는 것은 당시 종말론적 문학 양식의 관례일 뿐 저자가 정치를 무시한다거나 관심이 없어서가 아니었다.

어쨌든 혼란스러운 내부 및 지역 정치 상황은 의도적으로 베일에 싸인 채 다니엘서에 전체적으로 퍼져 있다. 그렇다면 히브리 성경 본문에 남아 있는 역사 자료의 마지막 무대는 기원전 5세기 말에 활동했던 느헤미야의 개혁 정책과 4세기 초에 활동했던 에스라의 정책이 된다(이것은 에스라가 아닥사스다 2세 시대에 활동했을 경우의 연대다).

우리는 이 중요한 시기의 정치적 발전을 더 잘 이해하기 위해서 그리스의 사료와 후대 랍비가 결정한 정경에서 빠진 유다인들의 기록을 참고할 수밖에 없다. 가장 중요한 사료는 마카비서다. 히브리어로 쓴 마카비1서는 셀류커스 왕조에 대항한 마카비 혁명(the Maccabean uprisng)과 기원전 175-134년 사이에 독립을 지켰던 하스모니아 왕조(the Hasmonean Dynasty)에 관해 기록하고 있다. 훨씬 긴 그리스어 작품의 전형인 마카비2서는 기원전 175년 시작해서 161년에 끝난 마카비 혁명에 관해서만 기록하고 있다.[99]

성경 본문의 문체를 모방하여 기록된 마카비1서는 히브리 성경의 어떤 다른 책보다 더 일관되고 논리적인 정치사를 들려준다. 이와 달리 마카비2서는 이색적인 문체로 기록한 역사 소설이다. 이 책 두 권은 기원전 2세기 팔레스타인의 정치에 대해 매우 풍부한 정보를 제공해 준다. 이 책들은 기원전 175-161년 사이에 일어난 주요 사건을 대체로 유사한 관점에서 보도하고 있으나 이런 사건의 종교적 정치적 평가에 관해서는 꽤 다른 해석을 보여 준다.

흥미로운 것은 마카비1서와 마카비2서가 후대 유대교나 기독교 공동체의 관점에 비추어 볼 때 '성경적'이라고 할 수도 없고 '비성경적'이라고 할 수도 없는 비정상적인 지위를 누리고 있다는 점이다. 랍비 유대교의 정경이나 개신교 정경에는 들지 못한 '비성경적'인 책이지만, 로마가톨릭교회와 특정 동방 정교회 정경에는 포함되는 '성경적'인 책이다. 그래서 히브리 성경에 나타난 정치사를 조명하는 제3장의 목적에 비추어 보자면 마카비1서와 마카비2서는 이 책의 연구 범위에서 벗어난다.

만약 이 책이 이스라엘 정치사에 관한 설명을 유대교와 개신교 정경에

---

[99] Thomas Fischer, "First and Second Maccabees," *ABD*, 4:439-40; Jonathan A. Goldstein, *I Maccabees*, AB 41 (Garden City, N.Y.: Doubleday, 1976); *II Maccabees*, AB 41A (Garden City, N.Y.: Doubleday, 1983).

남아 있는 마지막 사료에서 끝내고자 한다면, 헬레니즘 시대의 역사에 대해서는 더 이상 거론할 수 없다.

그러나 히브리 성경에 포함된 많은 책이 에스라-느헤미야 시대보다 더 후대에 그 마지막 형태가 기록되거나 편집되었고, 다니엘서는 마카비서와 거의 동시대 작품이기 때문에 히브리 성경의 문학적 배경이 되는 이스라엘 정치사를 제대로 조명하기 위해서는 우리의 연구를 느헤미야 시대를 지나 페르시아 시대 후반과 헬레니즘 시대까지 포함시켜야 한다. 그러므로 이 연구에서 고대 이스라엘 정치를 비판적인 태도로 요약할 때(제5장) 마카비1서와 마카비2서를 다시 이용하게 될 것이다.

4) 성경에 나타난 이스라엘 식민지 정치의 특징

열왕기와 역대기에 나오는 이스라엘과 유다 왕국에 관한 보도에 비교해 볼 때 식민지 정치에 관하여 우리가 사용할 수 있는 정보는 훨씬 더 혼란스럽고 모호한 문학 작품 속에 섞여 있다. 대략적인 연대기 정보는 에스라와 느헤미야까지만 기록되어 있고, 정치와 관련된 몇 편 되지 않는 이야기도 그 시대를 마지막으로 사라져 없어진다.

예루살렘이 멸망한 시기부터 성전이 재건되기까지 유다와 '골라'(gôlāh)의 상황은 짧게 언급된 것이 전부고, 애가나 예레미야, 에스겔, 이사야 40-66장에 간접적으로만 암시되어 있다. 성전이 재건된 때부터 에스라가 파견될 때까지는 거의 아무 것도 알려지지 않았는데, 날짜가 명확히 밝혀져 있지 않은 말라기 본문이 의기소침했던 당시의 사회 종교적 상황을 묘사하고 있을 수도 있다.

성전 재건과 에스라, 느헤미야의 개혁이 '절정'에 달한 상태에도 수많은 문제가 산재해 있었다. 그 후 마카비 혁명이 일어날 때까지 200년 동안 유다에서 무슨 일이 일어났는지 아무 것도 알지 못한다. 성경 본문이 강조하는 '포로'와 '귀환'이라는 소재는 충분히 상술하여 살이 붙은 상태가 아니다. 신-바빌론 시대 유다는 거의 백지 상태(tabula rasa)이며, 포로로 잡혀가지 않은 사람에게 재건을 위해 열정적으로 노력한 흔적이 보이지 않는다.

결과적으로 성경 전승을 기초로 재건된 유다 공동체의 외형을 파악하는 것은 간단한 작업이 아니다. 물론 유다가 자기 영토 안에서 독점적 권력을 소유한 왕이나 귀족 집단이 있는 독립 국가가 아니었다는 점은 확실하다. 유다는 신-바빌론과 페르시아 정부가 임명한 총독이 다스리는 소수 민족 거주지 혹은 속주였는데, 유다 총독의 이름은 몇 사람만 알려져 있다. 예루살렘 함락 이후 유다 총독이 된 그달리야(그다랴)는 유다 군대와 신-바빌론 부대 군인의 도움을 받아 평화적인 농업 개혁 정책을 실시한다(렘 40:7-12; 41:3). 페르시아 제국 치하에서 세스바살은 성전의 기초를 놓는다.

기원전 5세기 말에는 대제사장 여호수아가 총독 스룹바벨과 협력하여 성전을 재건하는 사업을 추진한다. 스룹바벨을 독립 국가 유다의 왕으로 옹립하고자 하는 염원이 학개와 스가랴에 공공연히 표현되어 있으나, 이런 계획이 실현되었는지 스룹바벨은 어떤 운명을 맞이했는지 그 이후 사건에 관해 알려진 바가 전혀 없다. 에스라는 제사장의 혈통을 이어 태어났으나 대제사장은 아니었고 느헤미야는 총독이었으나, 두 사람은 종교적인 문제에 아무런 거리낌 없이 개입하였다. 제사장과 총독이 맡은 임무가 분명하게 구분되지 않았다.

페르시아 치하 유다에 파견된 지도자들은 성전 재건이나 예루살렘 성벽 건설 같은 주요 정책을 시행함에 있어서 제국 정부의 결정에 따를 수밖에 없었는데, 이런 정책은 그 속주의 지위를 결정하기도 하고 그 지역에서 페르시아가 가진 정치적, 군사적, 상업적 이해관계에 영향을 미치기 때문이었다. 에스라를 보내서 유다에 종교적 관습을 재건하게 한 것도 페르시아 제국 정책의 일환이었으며, 성경 본문에는 '하나님의 명령과 왕의 명령'을 정착시키라고 묘사되어 있다(스 7:28).

만약 이 표현이 동어 반복이 아니라면, 제국의 법이 종교법과 함께 **일괄**

적으로 적용되면서 종교법보다 상위에 그리고 훨씬 더 광범위하게 적용되었을 가능성을 드러낸다. 이런 법을 위반하는 사람은 엄하게 처벌받았으며 사형을 당하기도 했다.

짐작컨대 에스라와 느헤미야가 시행한 다양한 개혁 정책은 하나님과 왕의 명령이라는 이중적인 법으로 이해되었을 것이다. 에스라가 책임지고 관리하던 종교 문화 공동체가 과연 페르시아 속주 유다와 동일한가 하는 문제는 해결하기 어려운 난제다. 표면적으로는 그렇게 보이지만 지나치게 엄격한 규율에 의해 한정된 공동체가 광범위한 유다 거주민에게 얼마나 동질감을 심어 주었을지 의문이며, 에스라의 종교 윤리적 기준에 만족하지 못하면서도 아직 페르시아의 지배하에 살고 있는 유다인들도 많았을 것으로 추정된다.

처음에는 개혁적 종교 공동체와 다수의 일반인이 구별되어 존재했고, 종교 공동체 사람들이 페르시아에게 인정받은 지도층에 포진하고 있었으며, 시간이 많이 흐른 후에야 속주 거주민 전체가 자기들 방식으로 정치를 이해하고 종교 제의를 시행하도록 교화시켰을 것이라고 짐작된다. 역시 정보가 충분히 남아 있지 않기 때문에 이런 주장은 추측을 넘어설 수 없다.

정치적 용어로 말하자면 이 속주의 행정 체계는 일회적인 개혁 정책 선포를 따라 행정적 절차를 지속적으로 맞추어 가는 방법으로 운영되었다. 일상적인 행정 절차에 관해서는 자세하게 알려진 바가 없지만, 총독이 속주 거주민에게서 음식과 포도주, 은을 거두어 들여, 그 중에서 음식을 보급 받는 관습이 있었다(느 5:14-15).

느헤미야는 이런 방식으로 보수 받기를 거절했지만, 총독으로서 농사를 짓는 토지에 부과한 '왕의 세금'을 징수해야 할 책임은 있었을 것이다(느 5:4). 그는 성전 고용인을 위한 재원을 모금하고 분배하는 권한도 행사했다. 에스라는 부임할 때 군대를 대동하기를 거절했지만 느헤미야는 페르시아의 '군대 장관과 마병'과 함께 도착했다(느 2:9). 예루살렘 성벽을 증축하던 유다인들은 느헤미야의 지시에 따라 무장한 채로 공사에 참여했는데(느 4:7-23), 몇 십 년 전에 성전 건축을 방해했던 사마리아와 주변 나라들이 침입할 위험이 있었기 때문이다(스 4:23).

성경에 기록된 에스라와 느헤미야의 개혁 정책이 당시에 얼마나 성공적으로 실행되었는지 그리고 얼마나 오래 지속되는지는 전혀 알 수 없다. 표면적으로는 이런 행정적 종교적 규칙이 유다인들의 생활 속에 제도로 자리를 잡는데 '성공'한 것으로 보인다. 그러나 사실 주위 속주들로부터 강한 반대가 있었고 유다인들도 저항하였다. 특히 이방인과 결혼을 금지하거나 폐지하라는 명령과 사마리아와 암몬과 모든 관계를 끊어야 한다는 주장에는 특별히 반대가 심했다.

느헤미야가 어느 정도 예루살렘을 비웠을 때 개혁 정책은 사실상 폐기되었으며, 그가 돌아왔을 때 이 정책들을 처음부터 다시 추진해야 했다. 사회 경제적으로 궁핍하게 사는 유다인들이 많아지자 느헤미야는 페르시아 제국에 내야 할 속주 세금을 징수하는 책임을 다해야 함에도 불구하고 자기 지위를 위태롭게 할 수도 있는 부채 탕감 정책을 강력하게 추진한다. 에스라서와 느헤미야서는 최종 승리를 축하는 말로 끝을 맺고 있지만 이후 200년 동안 사료가 없는 관계로 그들의 정책이 꾸준히 시행되었음을 주장할 근거는 없는 상태다.

성경이 이 시대 패권을 장악한 제국에 관해 어떤 태도를 보이고 있는지를 살펴보는 것도 매우 흥미로운 주제다. 예레미야와 에스겔은 바빌론에 우호적인 태도를 보이고 있지만 유다에 사는 예레미야애가 저자나 바빌론에 사는 이사야 40-55장 저자는 종주국을 향해 매우 적대적인 모습을 보여준다. 예레미야서 뒷부분에는 바빌론을 반대하며 저주하는 예언이 추가되기도 했다(렘 50-51장).

다니엘서에 기록된 전설에 의하면 유다 출신 젊은이들이 신-바빌론 왕궁에서 관리가 되었지만, 자기들의 신앙을 지키기 위해서 극심한 고난을 견뎌야 했다. 원래 잔혹한 독재자였던 느부갓네살은 극적인 회심을 경험했으나(단 2-4장), 뉘우치지 않는 그의 아들 벨사살은 페르시아 왕 다리우스에 의해 폐위되고 만다(단 5장).

페르시아 제국은 그 때까지 유다를 점령한 패권 국가 중에 가장 호의적인 평가를 받았다. 고레스(Cyrus)는 이사야 40-55장에서 아낌없는 찬사를 들었으며, 유다 포로를 석방하고 예루살렘 성전을 재건하라는 칙령을 발표한 이유로 칭찬을 받았다(대하 36:22-23; 스 1:1-4). 에스라-느헤미야서에서 페르시아는 자애로운 후원자이며 유다 재건 사업을 보호해 주는 은인이다.

히브리 성경에 페르시아를 저주하는 예언이 전혀 없다는 것은 매우 의미 있는 사실이다. 페르시아의 패권에 대한 유일한 위협적 언사는 스룹바벨을 미래의 유다 왕으로 지지하는 학개와 스가랴의 예언에 나오는데, 거기서도 분명한 적대감을 드러내기 보다는 다윗의 왕국이 다시 설 때 온 땅의 나라들이 전복되리라는 '메시아'를 향한 대망이 선포된다(학개 2:21-23).

다니엘서에서 페르시아 왕 다리우스는 신-바빌론의 느부갓네살이나 벨사살에 비교할 때 그리 사악하지 않게 묘사되어 있으며(단 6장), 페르시아는 다니엘의 환상에서 그리스 왕국만큼 온 세계를 괴롭히는 약탈자는 아니다(단 7-11장). 에스더서에서 페르시아는 음모를 꾸미는 기회주의자에게 조종당하는 서툰 정권이지만, 그의 비도덕적인 음모가 드러나자 정의를 실현하기 위해 결단을 내릴 줄 아는 나라로 나온다. 물론 다니엘과 에스더는 전설 속에 등장하는 인물 구성을 굉장히 과장되게 기록하고 있으며, 셀류커스 제국과 갈등 관계에 있던 마카비 하스모니아 왕조의 이해관계를 반영하고 있는 것이 분명하다.

성경 전승의 과장된 드라마 속에서 정치적 역학 관계 두 가지가 드러난다. 유다인들은 자기들의 정체성을 희생하지 않고 외국 정부 치하에 살며 더 넓은 문화적 세계에 참여할 수 있다는 사실을 배웠고, 제국 정부는 자기들의 통치권에 피해를 입지 않으면서 유다 문화의 특징을 수용할 수 있는 방법이 있다는 것을 배웠다. 외국인 지배자와 유다 백성 사이에 형성되었던 이런 우호적인 관계는 결국 마카비 혁명 때문에 비극으로 끝나게 되는데, 페르시아 시대에 시작되어 프톨레미 정부 아래서도 근본적으로 변하지 않았던 이 암묵적인 우호 관계가 셀류커스 제국 안에서 붕괴되고 만다.

유다 재건에 참여하거나 디아스포라로 살거나 유다인들의 전승에는 외국인의 통치를 받으며 살더라도 최소한 자주적인 문화를 보존하고 발전시킬 수 있어야 한다는 '외적 목표'가 있었다. 그러나 '반쪼가리 떡'과 같은 이런 목표와 함께 외국 세력에 의해 방해받지 않는 온전한 유다의 주권을 성취하고 싶다는 최대한의 '내적 목표'도 있었던 것이다. 에스겔 40-48장과 학개, 스가랴 저자에 의해 서로 다른 형태로 표현된 이 '희망의 최대치'가 성취되기까지는 국내외 정황이 드물게 맞아 떨어져서 유다 왕국이 독립할 수 있었던 기원전 2세기 중반까지 오랫동안 기다려야만 했다.

제4장

고대 근동 기반 위에 선 이스라엘 정치

고대 이스라엘과 직접적으로 밀접한 관계에 있었던 정치는 고대 근동 지방의 정치다. 그리고 이것이 고대 이스라엘 정치를 살펴보는 필수적인 관점을 제공하는 '세계사적 관점'의 한 부분을 형성한다. 고대 근동 정치는 소위 '문명의 새벽'에서 출발하여 헬레니즘 시대에 이르기까지 거의 삼천 년에 걸쳐 방대한 파노라마를 펼친다.

전 세계에서 국가라는 정치 체제가 스스로 발생한 몇몇 장소 중 두 군데가 고대 근동 지방에 있는데, 하나는 이집트이고 또 하나는 메소포타미아의 수메르 국가들이다. 국가 형태의 조직은 나일강 계곡과 티그리스-유프라테스 유역에서 독창적으로 발생한 이 중심지로부터 전 지역으로 퍼져 나갔으며, 때로는 군사 점령에 의해서 때로는 모방을 통해서 전파되었다. 관개 농업이 새롭게 형성된 초기 국가의 경제적 기초가 되었으며, 공산품이나 천연자원 무역이 발전하면서 큰 도움이 되었다.

주변 지역에서 생겨난 '후진' 국가는 주로 비에 의존하는 천수답을 사용하고 있으며, 무역이나 외교, 전쟁을 통해 서로 경쟁하거나 동맹을 맺으며 살다가 결국 강력한 국가의 제국주의 정책 앞에서 멸망한다. 중앙 집권적인 정치 체제의 주변 민족도 강력한 국가와 관계를 맺으며 자극을 받고 용기를 얻어 새로운 환경에 적응하면서 기존의 국가 체제에 침입하여 아예 권력을 잡는 경우도 생기는데, 이런 과정을 '사이 발생'(interstitial emergence)이라고 부른다.[1]

1. 고대 근동에서 국가의 성립

국가가 성립되기 전에는 몇 천 년 동안 이 지역에서 농업과 목축을 업으로 삼고 자치적으로 살던 정착민이 사회 규모가 작았기 때문에 계급이 없는 평등한 생활 방식을 따라 사회생활을 조직하였다. 지도자들은 사회 규범을 따라 이런 사회를 다스렸는데, 그들은 일반 사회 구성원이 생산한 잉여 생산물을 개인적인 용도로 전용하지 못했고, 공공 자산을 형성한다는 핑계를 대며 임의로 세금을 부과하거나 운용할 수 없었다.

고고학 연구를 통해 드러나는 빈부 격차는 지도자가 어떤 공공 의례를 거행하거나 전체 사회에 재분배하기 위해서 맡아둔 자산이라고 설명할 수 있다. 관개 시설을 이용한 농업과 목축업이 발전함에 따라 더 많은 농산물과 가축을 얻을 수 있게 되었고, 하천 유역에 거주하는 인구가 늘어감에 따라 더 복잡한 경제적 사회적 기능과 이해관계가 얽히기 시작했다. 결국 사회의 우선순위를 정하고 자원을 분배하며 공공 분야에 참여하는 구성원의 권리와 의무를 결정해 줄 필요가 생겼다.

이러한 새로운 상황에 대처하기 위하여 공동체 지도자 중 일부는 사회의 요구에 따라 행사하던 권력을 바꾸어, 다양한 사회 구성원의 동의가 없고 기존 다수파의 지지가 없어도 자신들이 원하는 대로 사회를 지배할 수 있는 권력으로 전환시키려는 노력을 하게 된다. 다시 말해서 지도자가 실제 생활에서 경제적인 잉여를 자신이 원하는 목적을 성취하기 위해서 사

---

[1] '사이 발생'(interstitial emergence)에 관해서는 다음 연구를 참고하라. Michael Mann, *The Sources of Social Power*, Vol. 1, *A History of Power from the Beginning to A.D. 1760* (Cambridge: Cambridge Univ. Press, 1986), 15-19.

용해도 전체 공동체가 거부권을 행사할 수 없는 상황이 된다. 이 때 재원이 집중되는 사업으로는 거대한 행정 단지를 건축하고 관리하는 일이 있는데, 이 건물로부터 그들의 권력이 퍼져 나와 멀리 주변 지역까지 이르게 된다.

원래 분권화 되어있던 사회 기능을 일괄적으로 감독하는 책임을 자청하는 가운데 이런 왕궁이나 신전의 복합 단지가 더 넓은 사회의 행정적 종교적 중추부가 된다. 공동체 전체를 지배할 권리가 있다는 자아 개념을 지키기 위해서 국가 관리는 매우 사치스런 생활 방식을 취하기 시작한다. 그리고 자기들이 내세우는 권위를 사회 전체를 다스리는 효과적인 권력으로 치환하기 위해서 국가 정책을 운영할 관료 체제를 발전시킨다.

처음에는 상업 거래를 위해 발명된 표기 체계와 기록 관리 방법을 국가 행정 체계를 운영하거나 국가적 업적을 기념하고 간직하는 도구로 사용한다. 이런 계급적인 기관을 유지하기 위해서는 농업과 목축업에서 나오는 잉여 생산물이 굉장히 많이 필요하다. 국가가 처음 출현했을 때부터 사회 정의와 내부 질서 안정을 주요 가치로 내걸었고, 국가의 수장은 이런 공공선을 실천하고 보장하는 최종 책임자를 자처하였다.

종교적 신념과 관습은 신이 그의 지배하에 있는 사회에 복을 내리는 통로 역할을 하면서 기존의 국가 구조를 정당화하는 수단이 되었다. 국가의 지배에 반대하거나 관리의 결정에 협조하지 않는 자들은 종교 기관이 승인하는 영장과 처벌을 받게 되며, 필요할 때는 무력에 의한 강제력이 동원되기도 한다. 군대를 징집하여 내부 위협을 진압하고 통치 중심지를 보호하며 국가의 법률을 준수하도록 강제한다. 이런 방식으로 더 많은 국가가 자기 주권을 주장하게 됨에 따라 서로 화해할 수 없는 영토 분쟁이 생기고 그들 사이에 군사적인 충돌로 번지게 된다.[2]

---

[2] 많은 역사가와 인류학자가 고대 근동 지방에서 사회적 거부권에 방해받지 않고 국가 형태로 발전한 점진적인 권력의 축적 현상을 언급하였다. Charles R. Redman, *The Rise of Civilization: From Early Farmers to Urban Society in the Ancient Near East* (San Francisco: W. H. Freeman & Co., 1978), 177-322; Mann, *Sources*, 73-129.

그러나 국가가 탄생하도록 촉발시킨 요인이 무엇이며 가능성이 있는 기여 요인 중 어떤 것

이집트와 메소포타미아에서 분권화된 사회가 국가로 전환하게 된 정확한 상황들은 수수께끼로 남아 있다. 국가의 발생을 가능하게 한 사건들의 추이와 이런 일련의 사건들을 초래한 주요 요인이 무엇인지를 묻는 골치 아픈 사안에 정확한 대답을 제시하는 것은 불가능하다. 설명을 시도하는 이론은 몇 가지가 있지만 누구나 동의할만한 결론을 내놓지는 못한다. 왜냐하면 국가 성립 이전의 사회생활에서 최초의 국가로 이행하는 순간 혹은 그런 일이 일어나던 시대에 작성된 기록 자료가 없기 때문이다.

오직 이미 존재하는 국가가 기능하는 방법과 일단 최초의 공동체가 '국가의 문턱'을 넘고 난 후 주위 공동체들이 국가로 이행하는 과정에서 작성된 문서들만이 일종의 암시를 줄 수 있을 뿐이다.

그러나 이런 암시는 국가 정치의 발생을 설명하는 가장 중요한 요인 하나를 가리키지는 않으며, 상황에 따라 다양한 조합을 이루며 작용하는 여러 요인들을 추정할 수 있게 해 준다. 우리는 국가가 어떤 외부 권위에 복종하고 의지하고자 하는 고유한 인간 욕구에 대한 자명한 대답이라는 정의는 잠시 옆으로 제쳐 둘 것이다. 국가의 기초를 '인간의 본성'에서 찾는 행위는 설명도 아니고 이론도 아니며, 많은 역사적 증거를 들어 증명할 수 있는 문제도 아니다.[3]

이 가장 중요한지에 대해 이견이 많다. Yoffee는 메소포타미아의 고고학 유물을 통해 국가 성립 이전 Ubaid 시대와 Uruk 시대에 상업적 문화적 '상호 작용 영역'(interaction spheres)이 점차 성장하는 과정을 잘 보여 주며, 국가가 성립되는 전제 조건과 잠재력이 쌓여 가는 것을 증명하였다(Norman Yoffee, "Mesopotamian Interaction Spheres," in *Early Stages in the Evolution of mesopotamian Civilization*, ed. N. Yoffee and J. J. Clark [Tucson, Ariz./London: Univ. of Arizona Press, 1993], 257-69). 그러나 Yoffee는 어떤 사회적 관계가 최초의 국가를 형성하는 '촉매'로 작용했는지는 밝히려 하지 않는다.

3 국가 발생을 설명할 '단일 요인'을 추구하는 방법에 반대하며 '다중 원인'을 택하는 이론에 대해서는 다음 연구를 참조하라. Mann, *Sources*, 49-63; Henry T. Wright, "Recent Research on the Origin of the State," *Annual Review of Anthropology* 6 (1977): 379-97; Christine W. Bailey, "The State of the State in Anthropology," *Dialectical Anthropology* 9 (1985): 65-91.

Claessen과 Skalnik은 국가의 기원에 관한 기존의 이론을 분석한 후, 지리적으로 서로 멀리 떨어져 있는 초기 국가 사례를 21가지를 조사하여 독특하게 개선된 제안을 내어 놓았다.

주요 이론이 지적하는 국가 발생의 원인이 되는 요인이 무엇인지 알아보는 것은 매우 중요하다. 이런 요인은 중앙 집권화된 정치의 운영 방식에 관한 의미 있는 관점을 드러내기 때문이다.

① **국가를 사회 계약설**(social contract)로 설명하는 사람들은 사회적으로 동등한 개인이 자신의 이해관계를 보호하기 위해서 자청해서 계약을 맺고 자기가 섬길 주권자를 옹립한다고 말한다.

② **기능주의**(functionalist)에 따른 설명은 국가를 처음 설계한 사람들이 새롭고 복잡한 경제적 사회적 문제에 해답을 제시할 능력이 있었던 사람들, 즉 그럴만한 '가치가 있는 귀족'이며, 다른 구성원은 이 사람들에게 공동체를 다스릴 권위를 가질 자격을 인정하며 경의를 표했다고 한다.

③ **운영주의적 설명**(managerial explanation)에 따르면 대규모 건축이나 관

Henri J. Claessen and Peter Skalnik, *The Early State* (The Hague: Mouton Publishers, 1978, 5-17, 622-29.

Lerner는 국가 발생을 가능하게 한 여러 요소가 모체를 이루고 있음을 인정하며, 정치적 계급화를 향한 조건으로 지금까지 주목받지 못했던 요인은 여인들이 상품화되어 교환되고 매매되며 포로로 잡혀가는 신세로 변하게 된 상황이고, 결국 남자도 잡혀서 노예로 매매되는 상황에 이르게 된다고 주장한다. Gerda Lerner, *The Creation of Patriarchy* (New York/Oxford: Oxford Univ. Press, 1986).

일단 여성과 남성의 일부가 이런 방식으로 종속적인 상태로 전락하게 되면 사회 계급이 출현하고 국가가 발생할 기초가 다져진 것이다. Lerner는 "그러므로 인종주의와 성차별이 복합적으로 작용한 여성 노예화 현상은 계급의 발생과 계급 간 차별보다 먼저 나타난다. 처음에는 계급 간 차이가 가부장적인 관계를 통해 표현되고 확립된 것이다. 계급이란 성별과 분리되어 존재하지 않으며, 계급은 성적인 용어로 표현된다"고 말했다(213).

그리고 "고대 근동 지방에서 고대 국가는 기원전 2000-1000년 사이에 발생했는데, 남성이 여성에 대해 성적 우월성을 주장하고 또 어떤 남성은 다른 남성을 착취하는 두 가지 기초 위에 국가를 세웠다. 국가는 발생 초기부터 한 가족의 남성 가장이 왕과 국가 관료에게 복종하는 대신 자기 가족을 마음대로 할 수 있는 권리를 인정받으며 시작되었다. 남성 가장은 국가가 사회의 자원을 그들에게 나누어 준 대로 자기가 받아온 사회 자원을 자기 가족에게 나누어 준다. 남성 가장이 자기 가족의 여성 구성원이나 아직 어린 아들을 지배하던 권리는 국가가 존속하고 왕이 자기 군사를 지배하는 권리만큼 중요하다"고 주장한다(216).

Lerner는 성적인 요소에 초점을 맞추며 고대 근동 국가의 발생 요인에 대한 선행 연구와 현재 진행되는 연구에서 거의 완전히 무시당하던 요소를 잘 드러내어 보여 주었다.

개 시설 유지 같은 경제적인 필요가 갈수록 복잡해져서 중앙 집권적 정부만 운영할 수 있는 조직이 필요하게 되었다고 한다.

④ **군사적**(military) 설명은 군사 정벌과 방어전이 반복되면서 어떤 지도자가 다른 사람보다 우위에 서는 계기가 되고 승전한 사회에서 어떤 군사적 성공을 거둔 사람에게 정치적 권력을 수여하게 되었다고 주장한다.

⑤ **사회 계급설**(social class)을 신봉하는 사람들은 어떤 사회 안에서 공동체의 재산을 개인적인 용도로 독점했던 집단이나 그럴 의도가 있는 집단이 자기 강화 계획을 정당화하고 방어하기 위해서 국가를 세웠다고 말한다.

각 설명이 역사의 무대 위에서 특정 국가가 성립되던 과정을 설명하는 주요 요소를 어느 정도 포함하고 있다. 그러나 최초의 국가가 탄생하는 과정이나 다른 모든 국가가 발생한 상황, 또는 국가라는 조직이 일단 시작된 후 다른 정치 기관 중 가장 탁월한 형태로 계속 유지된 이유를 적절하게 설명하는 데 충분하지 않다.

사회 계약설은 자주적인 개인이 느슨하게 연합한 공동체라는 개념에 의지하고 있지만, 국가 수립 이전 사회의 전통적인 공동 사회의 모습과는 일치하지 않는다. 그리스의 민주적인 도시 국가나 페니키아의 상업 도시 국가는 이런 방식으로 발생했을 가능성이 있지만, 이 가설을 일반화하여 해석의 틀로 사용할 수는 없다.

국가 성립 이전 사회에 살던 사람들이 가장 재능이 뛰어난 사람들에게 자진해서 기본적인 권력을 이양했다고 주장하는 기능주의 가설은 지나치게 순진한 이론이며, 국가가 처음 발생하는 시기라고 해도 이대로 적용할 수는 없을 것으로 보인다. 국가 지도자 중에서 예외적으로 재능이 뛰어난 사람도 많았지만, 어떤 형태의 국가든 역사 속에 나타났던 나라를 살펴보면 평범하고 무력하며 심지어는 병약한 정치 지도자도 굉장히 많았다.

운영주의 가설은 국가 수립 이전 사회도 상당히 복잡한 기술 혁신을 이루어 내는데 부족함이 없었고, 이런 목적으로 꼭 국가 조직이 필요하지 않다는 사실을 간과하고 있다. 물론 복잡한 기술적 문제를 해결해야 할 때가 되면 한 공동체의 구성원 중 특정 집단에게 그 일을 맡기고, 그 대신 다른 공공 분야에서 남들보다 큰 권력을 누릴 수 있도록 보상하는 제도가 생길 가능성이 있어서 이 가설이 어느 정도 일리가 있다.

군사적 가설은 최초의 정복 국가 안에서 군대 조직이 어떻게 형성되었는지 설명하지 않아서, 중앙 집권적인 국가 권력의 존재를 이미 전제하고 있는 것으로 보인다. 일단 군사 국가가 탄생한 후에는, 주변에서 국가를 세우지 못한 사회가 정복의 위험에 노출되기 때문에, 자기를 위협하는 국가에 대항하여 중앙 집권적인 정치 조직을 도입하려는 필요를 느끼게 된다는 점에서 도움이 되는 가설이다.

사회 계급설은 국가 성립 이전 사회에서 어느 한 집단이 기존의 사회적 규범을 깨고 나올 만큼 충분한 권력을 어떻게 얻었는지 그리고 어떻게 계급적 국가 조직을 시작했는지 설명하지 않는다. 이 가설의 장점이라면 전체 경영을 맡은 지도자와 행정을 맡은 관료 조직 등을 포함한 국가 조직이 중앙 집권적인 권위와 권력을 통해서 어떤 기득권을 보호해 주고 특권 계층과 상부상조하는 관계를 맺어 이런 질서를 영구적으로 지속시키려 한다는 것을 드러낸다.

국가라는 사회 조직이 발생하도록 도와주는 주요 요인이 무엇인지를 놓고 활발하게 토론을 벌인다 해도 결론을 내리기는 쉽지 않다. 필자가 판단하기에는 사회 계약설과 기능주의 가설은 상황을 설명하기에 취약하고, 운영주의 가설은 너무 경제적인 면에 치중하고 있다. 군사적 설명과 사회계급설이 지금까지는 가장 설득력이 있다.

이 두 가설을 종합하면 강제력과 설득력을 혼합한 형태가 되는데, 생산물을 거의 평등하게 나누어 가지던 사회 안에서 특정 집단이 기존의 사회 규범과 관습대로 사는 남과 자신을 구별하여 권위와 권력을 좀 더 많이 확보하게 되고, 자기보다 사회적 권위를 '덜' 가진 채 그 힘을 연합하지 못한 사람을 복속시키고 올라서는데 성공하게 된다.

국가를 세우려는 결정적인 충동이 무엇이었든 간에, 메소포타미아와 이집트에 국가가 처음 등장하고 난 이후에는 일시적인 공백이나 역행 상황을 제외하고 가장 우세하고 광범위한 사회 조직으로 계속해서 유지되었다는 점은 기록에 남아 있는 사실이다.

고대 이집트에 있었던 중간기(the Intermediate Periods)나 메소포타미아의 주요 정권이 쇠락할 때처럼 광범위한 권력을 행사하던 정부 사이에 공백기가 생길 때도 있었지만, 국가 성립 이전 사회로 다시 돌아가려는 시도가 있었던 적은 없으며, 단지 일시적으로 정치적인 쇠퇴기를 거치면서 권력을 잡으려는 경쟁자가 국가 통치를 재확립하려고 노력했을 뿐이다. 간단히 말해서 특정한 국가의 정부가 붕괴된 후에 새로운 형태의 국가 정치 체제가 일어나서 오래된 질서를 계승했던 것이다.

그러므로 질문은 해결되지 않은 상대로 남게 된다.

ⓐ 최초의 국가는 어떻게 이런 권력을 획득하였나?
ⓑ 특정 정부가 흥망성쇠를 겪는 과정 속에서 국가 체제는 어떻게 중간에 사라지지 않고 계속해서 사회 기관으로 유지될 수 있었나?

국가 형태의 정치 질서가 탄생하고 지속된 과정을 우리가 충분히 이해할 수 없는 가장 큰 이유는 고대 근동 정부가 국가에 관한 모든 기록과 문서를 독점하고 있기 때문이며, 독자는 지도자의 관점에서 기록된 사료만 제공 받을 뿐 피지배 계층의 비판이나 조직적인 반대 운동에 관해서는 거의 아무 것도 알 수 없기 때문이다. 우리는 국가 구조에 반대하는 사람에 관하여 그리고 그들이 옹호하거나 시행하려고 시도했던 대안적인 사회 구조에 관하여 아는 것이 거의 없다.

반국가 세력의 흔적이 비유적으로 남아 있는 곳은 바빌론 창조 서사시 같은 신화인데, 승리를 거둔 마르둑(Marduk)은 국가를 상징하고, 살해당한 후 그 시체 위에서 '문명사회'가 발생할 수 있었던 티아맛(Tiamat)은 국가에 반대하는 사악한 세력으로 묘사된다.

또한 인간은 신들을 위해 봉사하여 그들의 삶을 안락하게 만들어야 할 신화적인 임무를 받고 창조되었는데, 이 신화는 신전과 왕궁의 권위와 특권에 거역하고자 하는 자들에게 주는 경고로 읽을 수도 있다. 그러나 사회적 정치적 실상은 너무 굴절된 채 신화 속에 간접적으로 반영되어 있어서, 대체로 인간이 신들을 섬겨야 하고 신들에게 인정받은 국가에 복종해야 한다는 주제 외에는 이런 문학 작품을 통해 얻을 수 있는 역사적 사회적 자료가 별로 없다.

이런 면에서 고대 이스라엘은 매우 흥미로운 경우라 할 수 있다. 이스라엘의 지파 조직은 분권화된 자치적 사회여서 산지에 사는 농부나 목동의 생활에는 잘 맞았지만 내적인 권력 투쟁이나 외부의 군사 위협을 감당하기에는 역부족이었다. 그래서 이스라엘은 모험적으로 국가 체제로 변화를 모색하게 된다. 이것은 고대 근동 지역에서 국가 체제가 자리를 잡은 지 2000년 가까운 시간이 흐른 뒤였지만, 사회 구성원의 일부가 국가 정치 체제로 이행하는 상황에 의혹을 품거나 공공연하게 반대했던 전승을 그대로 보존하고 있다.

이스라엘 전승에 남아 있는 국가 체제에 대한 저항이 고대 근동 지방에서 처음으로 국가가 발생할 때나 이차적으로 국가 체제가 확산될 때도 비슷한 방식으로 나타났는지 고려해 볼 필요가 있다. 간접적인 방식이긴 하지만 이스라엘 정치사가 초기 국가 발생 과정을 살펴보는 대략적인 통로를 제공할 수도 있기 때문이다. 물론 '자비로운' 국가 체제를 증명하는 증거가 엄청나게 쌓여있는 상태지만, 국가가 발생할 때 피지배층에게 모든 정보를 알려 주고 자유롭게 동의할 수 있는 기회를 주고서 국가를 세우거나 지배권을 영구화하려는 노력을 조금이라도 하였을지 의문이다.

피지배층이 이 제도를 환영했는지 여부를 떠나서 국가 체제가 인간의 선천적인 필요와 사회 조직의 복잡성에 잘 맞는 사회 기관의 '불가피한' 형태였는지 또한 쉽게 결론지을 수 없다. 국가에 관한 19세기의 연구는 진화적 관점을 뚜렷하게 반영한다. 국가 이전 사회에서 국가 조직으로 이행하는 것이 당연하고 또 초기 국가는 갈수록 복잡해지고 영토가 넓어지며 정치권력이 강해지는 것을 사회 내적 논리에 의해 예정된 수순으로 당연시한다.

20세기 후반에 발표된 연구에 의하면 중앙 집권적인 사회적 정치적 기관이 고대 사회에서 확립되고 발전하는 과정을 보면 과거의 진화론적 해석 틀에 비해 지속적이지도 균일하지도 못하다는 것이 드러난다. 역사는 전반적으로 국가 권력의 확장과 발전을 향해 흘러왔지만, 특정 사회는 진화론적인 과정을 충실히 따르지 않았고, 또 다른 사회는 국가 체제 성립의 문턱까지 왔다가 국가 구조를 강화하는 데 실패하여 진화에 '역행'하는 경우도 있었다. 정치권력의 확대라는 전반적인 발전 방향에 지역적이거나 지방적인 변이까지 함께 고려해 볼 때 좀 더 온화한 '신-진화론적(neo-evolutionary)' 관점을 낳기도 한다.

그럼에도 불구하고 진화론자나 신-진화론자나 결국 국가 성립과 국가 권력의 확장을 향해 나아간다는 역학적 관계를 '당연한' 것으로 간주하고, 분권화된 사회 조직은 더 발달된 중앙 집권적 사회를 향한 '디딤돌'이거나 국가 정치의 확장이라는 기본적 시나리오에 나타나는 잘못된 '공백' 기간으로 본다.

이렇게 국가의 탄생과 성장에 관해 결과론적으로 해석하는 입장(triumphalist reading)을 따르면 역사를 통해 국가가 발전하는 과정을 가로막던 수많은 방해 요인이나 우회로를 경시하게 된다. 그리고 몇 천 년 동안 지속되던 신석기 시대에 인류가 경험한 다양한 사회생활 속에서 국가의 등장은 상대적으로 후대의 현상임을 간과하게 만든다. 이 기간 동안 여러 공동체가 지도자들에게 다시 회수할 수 없는 권력 이양을 고려했을 사회적 상황이 여러 번 있었을 것이다. 그러나 이런 조건이 조성된 많은 경우에 그들이 그렇게 하지 않았다는 사실은 국가 자체가 '자연스러운' 현상은 아닐 수도 있다는 점을 시사한다.[4]

국가가 발생한다 하더라도 극히 소수의 지역에서만 독립적으로 일어났다(주로 메소포타미아와 이집트, 인도, 중국, 멕시코, 페루에서 발견된다).[5]

그러나 국가라는 사회 조직이 한 번 자리를 잡고나자 다른 분권화된 조직을 공격적으로 침입하여 대체하는 엄청난 힘을 발휘한다. 일단 우리가 관점을 바꾸어 국가라는 조직이 '자연스럽게' 또는 '필연적으로' 발생하지 않았다는 시각을 인정한다면, 국가의 탄생이 '우연히' '뜻밖에' 벌어진 일임을 보게 된다.

이 조직 형태는 특정 사회가 감행한 사회적 실험이었는데, 특정한 사회적 목표를 달성하는 데 매우 유용하다는 점이 밝혀져서 일단 시작되면 다시 뒤로 물리거나 수정하기 어렵다는 것을 알게 된다. 국가가 우연히 탄생했다고 해서 이것이 아무런 조건 없이 제멋대로 발생한다는 말은 아니다. 즉 천연자원이 부족하고 인구가 많지 않은 산지나 고원, 사막 지역에서는

---

4   국가가 처음으로 탄생하기 전 1000년에 걸쳐 조직이 없었던 사회가 정치적인 중앙 집권화를 혐오했다는 사실은 유럽, 아프리카, 오세아니아에서 발견되는 고고학 유물을 통해 잘 드러난다. Mann은 많은 사람의 주의를 끌지 못하는 '전반적인 사회 개혁의 목적'에 관해 논의하며(Mann, *Sources*, 63-70), "선사 시대 사회 대부분을 보면 계층화와 국가를 향한 지속적인 운동이 일어나지 않았다. 계급과 정치적 권한을 추구하는 운동은 각 사회마다 고유한 현상이며 뒤집힐 수도 있었다"(67)고 말한다. 그리고 "신석기 시대의 초기 정착 사회 중 계급화가 진행된 사회 외에는 전반적인 사회 개혁이 일어난 적이 없다"(69-70)고 결론지었다.

5   Mann은 소위 '최초의'(pristine) 국가로 수메르, 이집트, 인더스 계곡, 중국 북부, 중앙아메리카, 페루를 '독립적인 경우로서 모두 여섯 곳'이라고 주장했는데, 다른 학자들은 여기에 미노스 문명의 크레타, 엘람, 아프리카 동부도 추가한다고 첨언한다(Mann, *Sources*, 74-75). Adams 역시 이 여섯 곳을 독립적인 경우로 받아들이며 이 지역 중 '스스로 발생한 국가와 외부 세력이 주도하거나 다른 경우를 모방한 국가' 사이에는 큰 차이가 있다고 지적했다 (Robert McC. Adams, *The Evolution of Urban Society: Early Mesopotamia and Prehispanic Mexico* [Chicago/New York: Aldine Publishing Co., 1966], 21-22).
한편 McNeill은 수메르와 이집트 외의 지역에 최초의 국가가 성립했을 가능성에 의구심을 표시하며, 다른 초기 국가에는 외부 영향과 자극을 받은 흔적이 있다고 주장한다(William H. McNeill, *The Rise of the West: A History of the Human Community with a Retrospective Essay* [Chicago/London: Univ. of Chicago Press, 1991], 64-69, 94, 167-69, 239-43).

국가가 탄생하기는 어렵다.

물론 위에서 언급한 바와 같이 최초의 국가 발생을 가능하게 한 유일한 주요 요인을 지목하기는 어렵지만, 국가가 탄생한 사회적 문맥에는 높은 인구 밀도, 농업 자원과 천연자원이 집중되는 중심지, 그리고 조직화하고 지배하는 계급적 통제를 성공적으로 수행하는 복잡한 사회 조직이 필요하다. 국가를 창조해 내는 이런 문맥은 서로 반대되는 사회 구성원들이 쉽게 벗어날 수 없는 '사회적 새장'(social cages)을 형성한다.[6]

진화론 또는 신-진화론적 틀로 국가 정치를 해석할 때 국가를 처음으로 세우는 사람들이 국가 권력을 어떤 방식으로 경험했을지 이해하는 일에 방해가 생기는 문제가 있다. 이 문제는 메소포타미아와 이집트 초기 사회의 경우에 특히 중요하며, 정복을 통해 강제로 국가 조직을 도입하게 된 경우가 아니라면 고대 근동 지방 어디에라도 해당된다. 국가 구조를 적용하려는 지도자와 이를 지지하거나 반대하거나 또는 관심이 없는 일반 대중이 국가가 무엇인지에 관해서는 아직 확립된 청사진을 가지고 있지 않았을 가능성이 높다.

새로운 형태의 사회가 탄생하는 이런 혼란스러운 상황에 앞으로 지도자가 되고자 하는 사람이나 그의 신하가 되려는 사람들은 이 새로운 정치적 위계질서 속에 자신들의 운명이 어떻게 될지 알지 못했으며, 각자의 시각에 따라 체제의 외형을 결정할 사건의 추이를 서로 다르게 이해하며, 예상치 못했던 형세의 급반전 때문에 타격을 입기도 했을 것이다.

국가의 탄생을 정치 지도자들이 일으킨 '쿠데타'(power coup)나 또는 그들을 지지하는 집단이 벌인 '계약을 통한 약진'(contractual leap forward)으로 단번에 실현되었다고 설명하기 보다는, 점점 '증가하는'(incremental) 또는 서

---

6   Mann이 '사회적 새장'이라고 부르는 과정은 권위로부터 외부로 탈출하거나 내부적으로 대체적인 권위를 선택하는 것이 불가능할 때 Cameiro가 주장한 환경적 그리고 사회적인 '한계'(circumscription) 이론과 매우 유사하다. Robert L. Cameiro, "A Theory of the Origin of the State," *Science* 169 (1970): 733-38.

서히 '진행되는'(creeping) 과정을 통해 국가를 설명하는 것이 훨씬 나을 것이다. 왜냐하면 이런 변화를 통해서 지도자와 신하들은 자신들이 얻을 득과 실을 충분히 예상할 수 없기 때문이다. 이스라엘의 정치 전통은 국가 체제를 향한 양면적 가치와 사회가 중앙 집권화되는 현상을 충분히 이해하지 못하던 당시의 상황을 잘 반영하고 있다.

국가 체제 선택이 불가피했다는 틀에서 벗어날 때 우리는 이런 발전 과정이 예정되어 있다는 전제를 버리고 국가 성립 이전이나 이후 시대에 정치가 어떻게 실제적으로 운영되는지에 관해 연구할 수 있다. 특히 우리가 각 정치 사건을 그 사회 역사의 독특한 흐름 속에서 관찰할 수 있다는 점이 가장 중요하다. 특정 정치 조직의 역사를 비교 연구하는 것도 필요하지만, 국가 정치를 설명하는 가장 중요한 틀 하나를 만들어 연구 대상이 되는 국가의 특징을 모호하게 만드는 실수를 저지르지 않도록 주의해야 할 것이다. 그러므로 이 시점 이후에 우리는 이스라엘이 탄생한 근동 지방 국가 정치의 모체가 무엇인지에 초점을 맞출 것이다.

고대 이스라엘 정치를 이런 방식으로 접근해야 하는 이유는 이스라엘은 인류 최초로 발생한 국가가 아니며 후대에 이차적으로 국가 체제를 도입한 나라, 즉 공동체 형성 초기였던 지파 공동체 시절에 이미 오랫동안 존재해 왔던 국가 정치 조직을 보고 영향을 받았던 나라이기 때문이다. 이스라엘이라는 나라는 주변 지역에서 국가라는 체제를 2000년 가까이 경험한 이후에 등장한다.

특히 이스라엘은 다른 나라와 끊임없이 교류해 왔고 때로는 그들의 지배를 받았기 때문에, 이스라엘과 교류했던 국가들이 정치적 궤적을 위한 특별한 정치적 모체를 생성했을 때 그 국가들의 구조와 전략이 무엇이었는지 이해할 필요가 있다. 결과적으로 이스라엘의 정치적 경험을 제대로 평가하기 위해서는 이스라엘과 동시대에 존재했던 국가는 물론 선행 국가까지 포함한 넓은 범위 속에서 정치적 발전 단계를 연구해야 할 것이다.

이렇게 광범위하고 조심스러운 방법으로 역사를 비교 연구하기 때문에 이스라엘 정치가 근동 국가에서 얼마나 많이 또는 어떤 방법으로 문화를 수입했는지 미리 예단할 수 없다. 사실 이 연구의 주요 주제는 이스라엘이 다른 문화나 정치 조직에게 '빌려온' 것에 관한 골치 아픈 문제와는 상관이 없는데, 가끔 성서학자가 이런 관심 때문에 '병행하는 공통점'(parallels)을 찾기 위해서 문맥과 단절된 사례나 아예 존재하지 않는 증거를 찾아 힘을 낭비하는 경우가 있다.

어떤 경우에는 겉으로 보기에 의도적으로 빌려온 제도가 확실하던 것도 알고 보면 유사한 상황에 대처하다가 발생한 독립적인 발전의 결과일 때도 있고, 또는 어떤 정치적 상황을 공유하고 있기 때문에 제삼자를 통하여 중재되거나 널리 퍼지다가 생긴 공통점일 수도 있다.

같은 이유로 이스라엘 정치의 어떤 특징을 이스라엘의 독특한 제도라고 쉽게 단정 지어서도 안 된다. 특히 이런 특징이 이스라엘의 독특한 종교에서 파생되었다고 분석하는 일에 주의해야 하는데, 이런 직접적인 연관성을 증명하는 것은 매우 복잡한 문제이기 때문이다. 우리의 목표는 이스라엘의 정치 생활을 훨씬 더 광범위한 '세계사적 시간 관점'에서 관찰하고 이해할 수 있는 기초를 마련하는 것이다.[7]

---

7 '세계사적 시간 관점'이라는 개념을 개발하여 비교 연구의 틀로 사용한 만은 신-베버(neo-Weberian) 학파는 비교 사회학에서 세계적이지만 너무 고정된 분석 틀을 사용하는 것을 반대한다(Mann, *Sources*, 173-74). 이 방법에 의하면 다양한 사회적 권력 발전 단계에 관한 사례를 수집하다 보니 국가 내부의 권력 역학 관계나 동시대 국가와 후속 승계 국가 사이의 역학 관계를 이해하기 위한 역사적 기초가 부족하게 된다. 그래서 Mann은 John Kautsky, *The Politics of Aristocratic Empires* (Chaple Hill, N.C.: Univ. of North Carolina Press, 1982)나 Reinhard Bendix, *Kings or People: Power and the Mandate to Rule* (Berkeley, Calif.: Univ. of California Press, 1978), S. N. Eisenstadt, *The Political Systems of Empires* (New York: Free Press, 1963/1969)의 연구가 각자 공헌하는 바가 있지만 고대와 전근대 국가의 사회적 권력을 이해할 때 발달주의 보다는 순환논법적인 관점을 가지고 있다고 지적한다.

필자는 고대 이스라엘의 정치를 더 넓은 근동 지역을 배경으로 연구하려고 할 때 어떤 저명한 '신-베버' 학파 학자보다 Mann에게서 연구의 틀에 참고할 좋은 자료를 많이 얻었다. 물론 신-베버 학파의 연구를 통해 '관료주의적인' 혹은 '귀족주의적인' 고대 제국의 특징적인 성격 묘사에 관해 많은 도움을 받기도 했다. 농업 사회를 분석한 Lenski의 연구는 Weber 이후 어떤 다른 비교사회학자의 연구보다 성서학에서 더 크게 영향을 미치고 있는데, 주변 국가의

2. 고대 근동의 정치적 궤도: 구조와 전략

고대 근동 정치에서 가장 중요한 중심지 두 곳은 메소포타미아와 이집트인데, 고고학 유물은 기원전 3,000-2,800년에 티그리스-유프라테스 유역과 나일 강 계곡에서 국가가 발생하기 이전 몇 세기에 걸쳐서 농업 생산물이 늘어나고 사회 조직이 복잡해지고 있었음을 보여 준다. 그리고 정치사가 발전해 갈수록 가까운 아나톨리아와 이란 지방의 정치도 같은 이야기에 등장하게 되고, 그리스의 마케도니아도 나타난다.

고대 이스라엘이 속한 시리아-팔레스타인 지역의 정치는 주요 권력 중심지의 정치와 밀접하게 관련되어 있다. 그러나 외국에 식민지를 건설하여 지중해 무역을 진작시킨 페니키아의 해안 도시 국가를 제외하고 시리아-팔레스타인 국가는 자기 영토 밖에서 정치적 권력을 행사할 수 있는 '주인공'(prime movers)이 된 적이 한 번도 없다.[8]

여기서 우리는 고대 근동 지역 국가의 정치적 부침을 대략적으로 세 시대로 나누어 살펴보려고 한다. 기원전 3,000-1,500년, 1,500-538년, 그리고 538-63년의 시대 구분을 통해 고대 이스라엘 정치를 이해하는데 필요한 자료로서 정치적 권력을 개념화하고 집행하는데 어떤 양식이나 추세가 있는지 조사할 것이다.[9]

배경 속에서 고대 이스라엘을 연구하는데 필요한 역사적 영향력이나 미묘한 차이를 다루고 있지는 않다(Gerhard E. Lenski, *Power and Privilege: A Theory of Social Stratification* [Chapel Hill, N.C.: Univ. of North Carolina, 1966/1984]). 세계사적 시간 관점에 관해서는 제2장 각주 11을 참조하라.

8 페니키아 도시 국가가 지중해 해안을 따라 무역 식민지를 건설한 것은 매우 예외적인 경우다. 그러나 상업적 중요성과 알파벳을 그리스에 전파시켰던 일을 제외하고는 시리아-팔레스타인 정치에 커다란 정치적 영향을 미친 것은 없다. Brian Peckham, "Phoenicia, History of," *ABD* 5:349-57; William A. Ward, ed., *The Role of the Phoenicians in the Interaction of Mediterranean Civilizations* (Beirut: American Univ. of Beirut, 1968).

9 **종합적인 역사 조망**을 위해 Mann, *Sources*, 73-249과 McNeill, *Rise of the West*, 29-166, 277-94에서 필요한 부분을 참고하였고, Sasson의 책에서도 고대 근동의 각 지역을 자세히 파악하기 위한 자료를 인용하였다(Jack M. Sasson, *Civilizations of the Ancient Near*

East, 4 vols. [New York: Charles Scribner's Sons, 1995]; 특별히 "Timeline of Ancient Near Eastern Civilizations," vol. 1, viii-xi). 이 책 제3장을 자세히 읽어 주고 여러 가지 제안과 수정할 곳을 지적해 준 Jack M. Sasson에게 특별히 감사드린다.

메소포타미아와 이집트에 관한 연구 중 사회적 경제적 역사에 초점을 맞추고 비전문가가 읽어도 좋을 책은 다음과 같다. William W. Hallo and William K. Simpson, *The Ancient Near East. A History* (New York: Harcourt Brace Jovanovich, 1971); Amélie Kuhrt, *The Ancient Near East, c. 3,000-330 B.C.*, 2 vols. (London/New York: Routledge, 1995); Daniel C. Snell, *Life in the Ancient Near East, 3,100-332 B.C.* (New Haven, Conn./London: Yale Univ. Press, 1997).

메소포타미아에 관한 연구: Dominique Charpin, "The History of Ancient Mesopotamia: An Overview," *CANE* 2:807-29; I. M. Diakonov ed., *Ancient Mesopotamia: Socio Economic History* (Moscow: Nauka Publishing House, 1969); Hans J. Nissen, *The Early History of the Ancient Near East 9000-2000 B.C.* (Chicago/London: Univ. of Chicago Press, 1988); A. Leo Oppenheim, *Ancient Mesopotamia: Portrait of a Dead Civilization*, rev. ed. with Erica Reiner (Chicago/London: Univ. of Chicago Press, 1977); J. Nicholas Postgate, *Early Mesopotamia: Society and Economy at the Dawn of History* (London: Routledge, 1992); D. T. Potts, *Mesopotamian Civilization: The Material Foundations* (Ithaca, N.Y.: Cornell Univ. Press, 1977); Michael Roaf, *Cultural Atlas of Mesopotamia and the Ancient Near East* (New York/Oxford: Facts on File, 1990); Wolfram von Soden, *The Ancient Orient: An Introduction to the Study of the Ancient Near East* (Grand Rapids, Mich.: Eerdmans, 1994); Norman Yoffee, "The Economy of Ancient Western Asia," *CANE* 3:1387-99.

이집트에 관한 연구: John Baines and Jaromír Málek, *Atlas of Ancient Egypt* (New York: Facts on File, 1980); Edward Bleiberg, "The Economy of Ancient Egypt," *CANE* 3:1373-85; Barry J. Kemp, *Ancient Egypt* (London: Routledge, 1991); H. Kees, *Ancient Egypt: A Cultural Topography* (Chicago: Univ. of Chicago Press, 1961); William J. Murname, "The History of Ancient Egypt: An Overview," *CANE* 2:691-717; Georg Steindorff and Keith C. Seele, *When Egypt Ruled the East*, rev. ed. (Chicago; Univ. of Chicago Press, 1957); B. G. Trigger, Barry J. Kemp, David O'Connor, and Alan B. Lloyd, *Ancient Egypt: A Social History* (Cambridge: Cambridge Univ. Press, 1983) 참고문헌 목록이 매우 유용; P. J. Vatikiotis, *Burden of Egypt* (Chicago: Univ. of Chicago Press, 1951).

히타이트에 관한 연구: O. R. Gurney, *The Hittites*, rev. ed. (London/Baltimore: Penguin Books, 1981); "The Hittite Empire," in *Power and Propaganda: A Symposium on Ancient Empires*, ed. M. T. Larsen (Copenhagen: Akademisk Forlag, 1979), 167-89.

앗수르에 관한 연구: A. Kirk Grayson, "Mesopotamia, History of (Assyria)," *ABD* 4:732-55; Kuhrt, *The Ancient Near East*, 2:473-501; A. T. Olmstead, *History of Assyria* (Chicago: Univ. of Chicago Press, 1923); H. W. F. Saggs, *The Might That Was Assyria* (London: Sidgwick & Jackson, 1984).

신-바빌론에 관한 연구: Kuhrt, *The Ancient Near East*, 2:589-621; H. W. F. Saggs, *The Greatness That Was Babylon* (New York: Hawthorn Books, 1962).

이런 연구 방식은 임의로 연대를 나눈 것처럼 보이지만, 의심할 여지없이 계속되는 이런 시대 속에 각 시대 정치를 대표하는 특징을 보유하고 있기 때문에 나름대로 세 시대로 구분하는 것도 의미가 있다.

초기 역사 시대인 기원전 3,000-1,500년에 메소포타미아와 이집트에서 주요 국가가 시작되었다.

두 번째 시대인 기원전 1,500-538년에는 아나톨리아와 시리아-팔레스타인 국가가 기존의 국가들과 함께 역사의 무대에 등장한다.

세 번째 시대인 기원전 538-63년에는 이란과 그리스 마케도니아 국가가 고대 근동 정치에 개입한다.

이런 연구 계획은 결코 쉽게 생각할 수 없는 복잡한 작업이다. 그 이유는 다루어야 할 자료의 양이 엄청나기 때문이고, 이런 자료를 다루었던 고대 근동 학자 간에 근본적인 의견 차이가 존재하기 때문이다. 예를 들어 정치권력이 경제나 사회, 종교, 문화와 어떤 관계를 맺고 있었는지에 관해 또는 오랜 역사의 흐름 속에 존재했던 특정한 정치 조직 안에서 이런 공공 부문이 서로 어떻게 상호 작용을 했는지에 관해서는 아직도 이견이 분분

페르시아에 관한 연구: Pierre Briant, *Histoire de l'empire perse de Cyrus à Alexandre* (Paris: Fayard, 1996); J. M. Cook, *The Persian Empire* (New York: Shocken Books, 1983); Richard N. Frye, *The Heritage of Persia* (Cleveland: World Books, 1962); *The History of Ancient Iran* (Munich: C. H. Beck, 1984); Kuhrt, *The Ancient Near East*, 2:647-701; A. T. Olmstead, *The History of the Persian Empire* (Chicago: Univ. of Chicago Press, 1948).

마케도니아 제국에 관한 연구: Pierre Briant, *Alexander the Great: Man of Action, Man of Spirit* (New York: Harry N. Adams, 1996); N. G. L. Hammond, *A History of Macedonia* (Oxford: Clarendon Press, 1972); C. B. Welles, *Alexander and the Hellenistic World* (Toronto: A. M. Hakkert, 1970).

프톨레미 왕국에 관한 연구: Roger S. Bagnall, *The Administration of the Ptolemaic Possessions outside Egypt*, Columbia Studies in the Classical Tradition 4 (Leiden: E. J. Brill, 1976); Edwyn R. Bevan, *A History of Egypt under the Ptolemaic Dynasty* (London: Methuen & Co., 1927).

셀류커스 왕국에 관한 연구: Edwyn R. Bevan, *The House of Seleucus*, 2 vols. (1902; reprint, New York: Barnes & Noble, 1966); H. Seyrig, "Seleucus I and the Foundation of Hellenistic Syria," in Ward, ed., *The Role of the Phoenicians*, 53-63.

하다. 어떤 의미에서 고대 이스라엘의 역사보다 다른 지역의 고대사가 훨씬 더 확실하게 알려져 있다는 생각에 불안했던 성서학자들은 걱정을 한 시름 놓을지도 모르겠다.

그러나 고대 근동 정치에 관한 정보가 증가하고 이런 자료를 분석하는 방법도 개발되면서 확실하다고 생각하던 사실이 재조명되기도 하고, 중요한 많은 문제에 관한 합의를 불가능하게 했던 정보를 재배열하여 새롭게 해석할 수 있는 방법도 시도되고 있다. 물론 고대 역사 연구자들이 이렇게 다양한 해석을 내어놓는 것은 성서학자들에게 별로 '도움이 되지 못할' 수도 있는데, 이미 충분히 해결되었다고 생각했던 고대 이스라엘에 관련된 문제를 다시 연구해야 하기 때문이다.[10]

1) 메소포타미아, 기원전 3000-1550년

기원전 3000-2800년 메소포타미아 남부에는 관개 시설을 이용하여 농사를 짓는 내륙 지방과 가축을 치는 평원에 상당히 큰 도심지를 건설한 수메르(Sumer) 도시 국가가 열댓 개 정도 생겨났다.[11] 이 도시 국가들은 같은 언어와 문화와 종교를 가지고 있었으며, 때에 따라 경제적으로 협력하거나 경쟁하고, 서로 전쟁을 벌이기도 하였으며, 정치적 주도권은 몇 백 년이 지나는 동안 몇몇 도시 국가가 주고 받았다.

정권은 일반 대중에게 거두어 들인 농업과 목축 잉여 생산물을 분배하면서 종교 기관과 협력하는데, 일반 백성 중 다수는 왕이나 신전 소유 영지에 고용되어 있었다. 잉여 생산물을 생산하고 분배하는 작업을 위해서 관리 작업을 담당할 관료 체제와 체계적인 기록 체제가 필요했다. 글을 읽고

10　William W. Hallo, "Biblical History in its Near Eastern Setting: The Contextual Approach," in *Scripture in Context: Essays on the Comparative Method*, ed. C. D. Evans, W. W. Hallo, and J. B. White (Pittsburgh: Pickwick Press, 1980), 1-26.

11　Kuhrt, *The Ancient Near East*, 1:27-44를 참조하라. 수메르 문화와 사회 정치적 발전은 Roaf의 책에 사실적으로 묘사되고 지도에 표시되어 있다. Roaf, *Cultural Atlas*, 58-93.

쓸 줄 아는 능력은 소수의 필경사 집단에게 제한되어 있었다. 정부에 속한 관리는 토지를 수여받았다. 어떤 도시 국가에는 저명인사가 모인 위원회나 의회가 있어서 국가 정치의 고문 역할을 담당했다.[12]

국가와 신전이 가장 중요한 경제 기관이었지만, 개인적으로 부동산이나 물품을 거래하는 일도 가능했다. 당시의 종교 사상은 신들의 만신전을 통해 구체화되었는데, 정치권력의 중심지가 많던 상황과 그들 사이에 존재하던 위계질서를 반영한다. 정치 지도자들은 신들이 지배권을 인정하여 그 지역에 질서와 정의를 유지할 책임이 있는 신들의 대리자로 간주되었다.

사치품이나 수메르 지역에 없는 천연자원을 수입하고 곡식이나 양모, 공산품을 수출하는 무역은 멀리 강, 계곡, 사막, 계곡 너머 산지까지 거래처를 넓혔다. 이런 경로를 통해서 수메르 문화가 아주 멀리까지 퍼졌고, 인도나 이집트와 거래를 했다는 증거는 초기 왕조시대(early dynastic times)부터 나타난다.

기원전 2400-2200년에는 정치권력이 북쪽으로 이동하여 티그리스-유프라테스 계곡 중류 지방에 집중되었으며, 아카드(Akkad)의 사르곤(Sargon)과 나람-신(Naram-Sin)이 초보적인 제국을 건설하였다. 이 왕들은 자치권을 누리던 수메르 도시 국가를 통합하였으며, 북쪽으로 시리아 지역과 동쪽으로 이란 지역까지 영향력을 넓혔다.[13]

이 신흥 국가의 언어는 아카드어(Akkadian)였으나 수메르의 쐐기 문자에 맞추어 쓸 수 있도록 개발하였으며, 이 국가는 수메르의 문학적 종교적 문화를 계승하여 이중 언어로 사본을 만드는데 힘썼다. 군사 원정을 통해 조

---

12 Thorkild Jacobsen, "Primitive Democracy in Ancient Mesopotamia," *JNES* 2 (1943): 159-72. McNeill은 "원시 귀족정치"(primitive oligarchy)라고 부르는 것이 더 타당하다고 주장했다(McNeill, *Rise of the West*, 40, n. 15). Jacobsen의 주장을 그대로 계승한 후대 연구자들은 별로 없었다.

13 Kuhrt, *The Ancient Near East*, 1:44-55; Aage Westenholz, "The Old Akkadian Empire in Contemporary Opinion," in Larsen, *Power and Propaganda*, 107-23; Roaf, *Cultural Atlas*, 96-100.

공을 거두어들이고 무역도 더욱 용이하게 진행할 수 있었으나, 군대를 아주 먼 거리까지 이동시키고 보급품을 조달하는 방편이 여의치 않아 경제적 이익도 미미하였다.[14]

아카드 왕의 지배를 받던 수메르 도시 국가들은 각 공동체의 우두머리가 행정적인 문제를 맡아서 처리하였으며, 다른 지역에서는 행정 체계를 갖춘 사회가 그리 많지 않았고 매우 미약한 상태였다. 아카드가 폐망하자 강의 중하류 지역은 동부 산지에서 내려온 구티(Guti) 사람들에게 넘어갔는데, 메소포타미아의 경제적 풍요를 맛보고 자기들이 직접 지배하고자 침략해 왔던 동부 산지 부족은 구티 사람이 처음이 아니었다.

기원전 2100년부터 1950년까지 비교적 짧은 기간 동안 산지 부족 구티인에게 빼앗겼던 지배권은 다시 수메르 도시 국가로 돌아온다. 그러나 도시 국가 사이에 더 심한 혼란이 빚어지는데, 그 이유는 아카드 왕국을 경험하며 제국의 꿈을 품었던 정치 지도자가 있었기 때문이다.

우르 제3왕조 시대(Ur III period) 우르의 왕들은 영토 면에 있어서는 비교할 수 없지만 아카드 제국의 꿈에 비길 만한 제국을 시작하였다. 기념비적인 왕궁과 신전을 건축하였고, 관개 시설을 개량하고 확장하였으며, 무역을 활성화하고, 메소포타미아 남부 전체를 아우르는 강력한 행정 조직을 설치하였다. 풍요롭던 강 하류 지방은 이 시기에 농업 생산량이 최고치에 도달한 것으로 보이며, 그 후로는 토지에 염분이 침출되고 관개 시설을 잘

---

14 Crown은 고대 근동 지역의 군대가 하루에 이동할 수 있는 거리에 대한 학자들의 다양한 추정치를 잘 보도하고 있다(A. D. Crown, "Tidings and Instructions: How News Travelled in the Ancient Near East," *JESHO* 17 [1974]: 265). 그 거리는 13-20마일(20-32km)까지 다양한데, 어떤 학자는 앗수르 보병들이 하루에 30마일(48km)을 이동할 수 있었다고 주장하기도 한다. 후대 마케도니아 군대를 대상으로 더 충분한 자료를 얻은 연구(Donald W. Engel, *Alexander the Great and the Logistics of the Macedonian Army* [Berkeley, Calif.: Univ. of California Press, 1978])를 바탕으로 Mann은 고대 근동의 점령군이 이동할 수 있는 평균 거리는 하루에 20마일(32km)이 넘지 않았다고 결론을 내렸고, 3일 정도 행군을 한 후에는 적국에서 조달할 수 있는 보급품이 얼마나 되느냐에 따라 행군 속도도 달라졌을 것이라고 지적했다(Mann, *Sources*, 137-42).

관리하지 못하여 약 1000년에 걸쳐서 농업 생산량이 서서히 줄어든 것으로 보인다.[15]

결국 우르 왕들도 체계적인 행정 체계를 통해 수메르 외부 지역을 관리하는 일에 실패하기는 아카드 왕과 별 다를 바가 없었다. 우르가 멸망한 후에는 기원전 1950년부터 1800년까지 이씬(Isin)과 라르싸(Larsa)가 차례로 남부 메소포타미아의 패권을 쥐었으나, 우르 제3왕조처럼 제국의 수준에 이르지는 못하였다. 동부 산지에 거주하던 엘람(Elam) 사람들은 오랫동안 수메르 문화권과 교류가 있었는데, 이 시기에 평원으로 내려와 잠깐 메소포타미아를 점령하였으나 곧 산지로 쫓겨 올라갔다.[16]

기원전 1800-1550년 사이에 메소포타미아의 정치 권력은 다시 한 번 티그리스-유프라테스 계곡 중류에 집중되었다. 시리아 지역에서 몇 십 년에 걸쳐서 서서히 유입된 아모리 사람들(Amorites)이 구-바빌론 시대(the Old Babylonian period)에 이르러 메소포타미아 각 처에 왕국을 몇 개 세웠고, 그 중 가장 강력했던 세력은 바빌론에 자리를 잡았다.[17]

함무라비(Hammurabi) 왕조는 '성스러운' 수메르어와 '세속적인' 아카드를 포함해서 수메르-아카드 문화 전통을 그대로 계승하면서 과거의 어떤 나라보다 더 효과적으로 강 유역 전체를 포함한 제국을 몇 십 년 동안 다스렸다.

수메르는 물론 바빌론 북부와 북서부에 있던 독립 국가도 그 지역 출신 지도자가 아니라 왕이 임명한 총독이 파견되어 다스렸다. 왕이 지도하는 정부는 신전이 누리던 경제적 영향력을 약화시키는 데 성공했고 야망에

---

15 메소포타미아 충적토에 염류 축적 현상이 장기적으로 얼마나 해로운 영향을 미치는지 그리고 관개 수로를 건설하고 유지하는 작업이 얼마나 고된지에 관해서는 다음 연구를 참고하라. Potts, *Mesopotamian Civilization*, 12-29.
16 수메르의 우르 제3왕조, 이씬, 라르싸, 그리고 엘람에 관해서는 다음 연구를 참고하라. Kuhrt, *The Ancient Near East*, 1:56-80; Roaf, *Cultural Atlas*, 100-112.
17 구-바빌론 시대에 관해서는 다음 연구를 참조하라. Kuhrt, *The Ancient Near East*, 1:108-17; Samuel A. Meier, "Hammurapi," *ABD* 3:39-42; Roaf, *Cultural Atlas*, 120-21; Jack M. Sasson, "King Hammurabi of Babylon," *CANE* 2:901-15.

찬 일반 관료에게 새로운 기회를 제공하였다. 메소포타미아 국가에서는 그리 활발하지 않았지만 처음부터 지주와 상인들이 개인적으로 상업 거래를 해왔다.

구-바빌론 시대에 오면 토지나 물품을 대상으로 한 '개인적인' 거래의 폭이 매우 넓어진다. 이런 경향은 흔히 '세속화'(secularization)라는 말로 표현되지만, 신전의 경제적 영향력이 약화되었다고 종교적 신앙이나 관습까지 져버린 적은 없으며, 국가의 이념은 계속해서 종교적 기초 위에 확립된 상태였다. 당시 국가의 문화적 이념적 사상은 함무라비의 이름으로 발표된 관습법 모음집에 잘 표현되어 있는데, 자기 백성 중에도 사회적 계급의 격차가 존재함을 잘 보여 준다.[18]

바빌론의 국가 창건 신화는 실제로 몇 백 년 후 중-바빌론 시대(the Middle Babylonian period) 말엽에 창작된 것으로 보이는 에누마 엘리쉬(Enuma Elish)에 잘 드러나 있는데, 창조 이야기는 '젊은' 신 마르둑(Marduk)이 다른 '늙은' 신들을 물리치고 바빌론을 건립하여 자기를 섬기는 영광스러운 제의 중심지로 삼아 승리를 확인한다는 줄거리로 진행된다.[19]

기원전 1600년 경 구-바빌론의 권력이 쇠약해지자 메소포타미아를 주도하는 정치 세력은 몇 개의 나라로 나뉘게 되었다. 동부 산지에서 내려온 카슈 사람들(Kassites)이 메소포타미아 중부와 남부를 다스렸고, 북쪽에는 앗수르 왕국(Assyria)이 티그리스 강 상류에 등장했으며, 앗수르 북서쪽에 미탄니(Mitanni) 왕국이 일어났고, 더 멀리 북서쪽으로 아나톨리아 중심부에 히타이트(Hittite) 왕국이 형성되었다.

---

18 함무라비 법전: "The Code of Hammurabi," trans. Theophile J. Meek, *ANET* 163-80, 『고대 근동 문학 선집』, 362-400; "Laws of Hammurabi," in Martha T. Roth, *Law Collections from Mesopotamia and Asia Minor*, SBLWAW 6, 2nd ed. (Atlanta: Scholars Press, 1997), 71-142.

19 창조 서사시: "The Creation Epic," trans. E. A. Speiser, *ANET* 60-72, 『고대 근동 문학 선집』, 90-104; "The Creation Epic: Additions to Tablets V-VII," trans. A. K. Grayson, *ANET* 501-3, 『고대 근동 문학 선집』, 104-108.

오랫동안 메소포타미아 남부와 중부에 있던 국가 중 하나가 주변 지역과 경제적인 관계를 맺거나 정치적인 패권을 휘두르며 유일한 패권국의 위치를 계승하던 지정학적 역학 관계는 이제 메소포타미아 북부와 아나톨리아와 시리아를 포함한 드넓은 지역에서 권력을 행사하던 여러 나라가 거의 대등한 위치에서 경쟁하는 복잡한 구도로 서서히 변해 갔다.

정치권력이 이렇게 다변화되어 간다는 징조는 이미 기원전 2500-2000년 사이에 분명히 나타나기 시작했으니, 시리아 북부에 있던 에블라(Ebla)나 유프라테스 강 중류에 있던 마리(Mari)가 메소포타미아 정권도 인정할 만한 큰 권력을 소유하고 있었던 것이다. 최근에 발굴된 텔 베이다르(Tell Beydar)와 텔 모잔(Tell Mozan)도 마리 북쪽 하부르(Khabur) 강 상류에 강력한 정치 중심지가 존재했음을 잘 보여 준다.[20]

메소포타미아 정치적 궤도의 첫 장에 나타난 주요 발전 상황은 다음과 같이 요약할 수 있다.

① 국가는 특정 영토 내에서 특정 도심지를 중심으로 혈연관계와 경제적, 이념적 권력망을 조직화하고 지배하는 정치적 권력망으로 그 효과를 인정받았다.

② 국가는 경제 정책과 군사적 통제를 실행할 행정 관료 체제를 구성하였으며, 잉여 생산물을 이용하여 관개 수로를 관리하고, 장거리 무역을 활성화시키며, 왕궁과 요새, 대규모 신전을 건축하였다. 문서를 체계적으로 관리하여 물류의 흐름을 매끄럽게 만들고 정부 관료의 업무를 조정하였다. 고위 관료들은 국가를 위해 일하는 동안 토지를 수여받는 관습이 있었다.[21]

---

20 하부르 강 상류 계곡에서 텔 베이다르와 텔 모잔을 발견했다는 사실은 Jack Sasson을 통해 알게 되었고, 발굴 보고서는 *Subartu*나 다른 메소포타미아 관련 학회지에 발표될 예정이다.

③ 국가는 세금과 무역, 때로는 전리품과 조공을 통해 획득한 상당한 재원을 분배하는 계획 경제(command economy)를 시행하였다. 거대한 정부와 신전 소속 영지 외에도 지주와 부유한 상인이 있었으며, 국가에 자기 의무를 다하는 한 자유롭게 사고파는 거래를 할 수 있었다. 그러므로 계획 경제가 주가 되었지만 제한된 규모로 시장 경제도 존재하였으며, 몇 백 년에 걸쳐서 그 규모가 조금씩 확장되기는 하였으나 고대 근동 경제 분야에서 주요 경제 체제가 되지는 못하였다.[22]

④ 종교 기관은 왕을 향한 충성심을 강조하는 국가 이념을 창조해 내는 데 아주 중요한 역할을 하였기 때문에 경제적 잉여 중 상당히 큰 분량을 지원받았다. 이런 신전은 직접적인 국가의 통제에서는 비교적 자유로웠으나, 시간이 갈수록 자치권은 점점 줄어들었다. 국가는 신의

---

21 Clyde Curry Smith, "The Birth of Bureaucracy," *BA* 40 (1977): 24-28; McGuire Gibson and Robert D. Biggs, eds., *The Organization of Power: Aspects of Bureaucracy in the Ancient Near East*, SAOC 46, 2d ed. (Chicago: The Oriental Institute, 1991). 고대 관료 체제에 관한 논의는 아래 각주 70을 참조하라.

22 Polanyi는 고대 경제 체제를 제대로 이해하기 위해서 교환보다는 호혜와 재분배라는 범주를 선택하고 형식적인 경제 이론보다는 실질적인 이론을 선호하며, 고대 메소포타미아에 '시장이 없는 무역'(marketless trading)이 시행되었다고 주장한다(Karl Polanyi, *Trade and Market in the Early Empires: Economies in History and Theory*, ed. K. Polanyi, C. M. Arensberg, and H. W. Pearson [New York: The Free Press, 1957], 12-26, 243-69).
이 문제는 학자 사이에 논란을 불러 일으켰고, 학자 중 대부분은 어느 정도 시장 경제가 존재했다고 생각하지만, Polanyi의 연구가 발표되기 전처럼 무리한 주장은 더 이상 찾아볼 수 없다. Earle은 실재 이론과 형식 이론이 양립할 수 있다고 주장하는데, 실재 이론은 경제 활동을 제한하는 사회적 구속 요건에 주목하지만 형식 이론은 이런 요건 속에서 사람이 어떻게 결정에 도달하는지 그 과정에 주목할 뿐이라고 한다(Timothy Earle, "Prehistoric Economics and the Evolution of Social Complexity: A Commentary," in *Prehistoric Production and Exchange: The Aegean and Eastern Mediterranean*, ed. A. B. Knapp and T. Stech [Los Angeles: Institute of Archaeology, 1985], 106-11).
Hunt는 우르 제3왕조 시대에 시장 체제와 재분배 및 교환 체제가 어떻게 도시인에게 음식 분배를 수행하는지 자세히 설명한다(Robert C. Hunt, "The Role of Bureaucracy in the Provisioning of Cities: A Framework for Analysis of the Ancient Near East," in Gibson and Biggs, *The Organization of Power*, 158-63). 간단한 요약은 Snell의 연구를 참조하라(Daniel C. Snell, *Life in the Ancient Near East*, 149-52).

뜻을 실행에 옮기는 기관으로 간주되었다. 전쟁에서 승리하거나 풍요로운 나날이 계속되는 것은 신이 복을 주시기 때문이며, 왕조나 정부가 쇠퇴하거나 멸망하는 것은 왕이 제의를 소홀히 하거나 아예 제의 범죄를 저질렀을 때 신이 내리는 처벌이라고 설명하였다.[23]

대중 탄원시를 읽어 보면 전쟁에서 패한 도시 국가는 자신들의 신이 수모를 당하거나 정복자의 신으로 대체되어 수호신을 잃게 되었다고 한탄하는 주제를 담고 있다. 공식적인 국가 신 제의와 함께 수많은 개인 및 가족 수호신이 있었고, 이 신을 위한 종교적 관습, 점술, 마술이 횡행하였다.

⑤ 메소포타미아를 비롯한 고대 근동 지역에서 정권이 바뀔 때 이주자의 '물결'(waves)이 몰려와 기존의 거주민을 정복하고 새 나라를 세웠기 때문이라고 설명하는 사람도 많다. 대규모 이주민으로는 '아카드,' '아모리,' '아람'(Aramean) 사람들이 있었다. 그러나 이제는 간헐적으로 유입되던 이주민의 '흐름'(streams)이 시간이 지나면서 전체 인구의 큰 부분을 차지하게 되고, 오래된 정권이 흔들릴 때 새로운 정치적 활력을 불어 넣었던 것이라고 이해하는 학자가 더 많다.[24]

사실 어떤 학자는 우리가 상당한 크기를 가진 이주민 집단이 메소포타미아로 유입되었다는 사실을 확인할 방법이 없다고 주장하며, 이주민의 '흐름'보다는 '가는 줄기'(trickles) 정도를 이야기할 수 있다고 주장했다. 점진적인 이주민의 '흐름/가는 줄기' 이외에도 가끔 구티나 카슈인

---

23 Johannes Renger, "Interaction of Temple, Palace, and 'Private Enterprise' in the Old Babylonian Economy," in *State and Temple Economy in the Ancient Near East*, ed. E. Lipiński, OLA 5 (Louvain: Department Orientalistiek, 1979), 1:249-56.

24 Kamp와 Yoffee는 이주민들의 '물결'과 '흐름' 가설을 요약하고, '제한적인 유목생활'(enclosed nomadism)이라는 개념을 소개하며 후자를 지지한다(Kathryn A. Kamp and Norman Yoffee, "Ethnicity in Ancient Western Asia during the Early Second Millennium B.C.: Archaeological Assessments and Ethnoarchaeological Prospectives," *BASOR* 237 [1980]: 85-104). 즉 메소포타미아 여러 지역에서 유목민은 농민이나 도시 거주자와 나란히 공존하였다는 주장이다.

처럼 공격적인 유목민이 '급습'(incursions)해 오는 경우도 있었으며, 이들은 쇠약해진 정권을 뒤집고 국가 지배권을 탈취하기도 했다.

많은 역사가가 고대 문서에 이름이 남아 있는 인구 집단을 계속해서 '종족 집단'(ethnic group)으로 간주한다. 그러나 이런 식으로 잘못 정의된 용어를 사용하면 실제로 알고 있는 것보다 뭔가 더 많이 아는 듯한 인상을 받게 된다. 종족(ethnos)이라는 말을 스스로 같은 조상의 후손이라고 믿으며 다른 사람에게도 그렇게 인정받고 이런 사실이 기록에 남아 있어야 한다는 '최소주의'(minimalist) 정의는 증거가 잘 남아 있지 않은 고대의 인구 집단에 적용하기가 어렵다.[25]

공동으로 쓰는 이름과 가문의 시조에 대한 공통된 신화, 모두가 인정하는 역사, 독특한 문화, 특정한 영토를 향한 소속감, 그리고 어떤 연대감을 종족 형성의 조건으로 보는 '최대주의'(maximalist) 정의가 상황을 분석하는 데 도움이 된다.[26]

---

25 Kamp와 Yoffee는 민족에 관한 '유연한' 정의를 사용하며 고고학을 통해 물질 문명에 나타난 상징, 태도, 가치, 경제적 정치적 전략을 분석하여 민족 자의식을 추적할 수 있다고 자신한다(Kamp and Yoffee, "Ethnicity in Ancient Western Asia," 88, 96-97). 이들이 아모리 민족을 예로 들면서 제시하는 증거를 신뢰할 수 있을지 의심스럽다(97-99). Khazanov도 민족에 관한 유연한 정의를 통해 고대 근동 지역에 있던 나라 중에 단일-종족(monoethnic) 국가, 단일-언어(monolingual) 국가, 다-종족(polyethnic) 국가를 구별해 낸다(Anatoly M. Khazanov, "Ethnicity and Ethnic Groups in Early States," in *Pivot Politics: Changing Cultural Identities in Early State Formation Processes*, ed. M. van Bakel, R. Hagesteijn, and P. van de Velde [Amsterdam: Het Spinhuis, 1994], 67-85).
Cohen은 훨씬 더 조심스러운 태도를 보이며 민족을 한 가지 범주로 통일하려는 획일적인 태도에 반대한다(Ronald Cohen, "State and Ethnicity: The Dialectics of Culture and Polity," in M. van Bakel et al., ed., *Pivot Politics*, 47-66). Cohen은 "민족이란 매우 유동적인 개념이다. 다양한 형태의 정체성이 차례차례 쌓일수록 그 독립적 존재감이 증가하고, 반대로 분리 가능한 정체성이 겹치는 형태가 될수록 그 구체적인 명확성을 잃는다"(50 n. 2)"라고 말한다. Yoffee는 또 다른 글에서 사회적 집단 정체성이 어떻게 "대충 꿰맞춰"지는지 설명했다(Yoffee and Clark, eds., *Early Stages*, 269). 필자는 고대 근동 사람을 연구하며 우리가 어떻게 '다양한 형태의 정체성이 차례차례 쌓이는' 현상과 '대충 꿰맞춰지는' 현상을 정확히 또는 대충이라도 알아낼 수 있을지 의심이 생긴다.

26 Smith는 유대인이나 아르메니아인, 그리스 정교인처럼 정보가 충분한 집단에 잘 맞는 '엄격한' 정의를 사용하여 민족을 연구하며(Anthony D. Smith, *The Ethnic Origins of Na-*

그러나 고대 근동에서 소위 '민족'으로 주장되는 대부분의 경우에 대해 달리 기준으로 쓸만한 정보라는 것이 거의 없다. 그러므로 우리가 민족이라는 범주를 사용함으로써 얻을 수 있는 것이 있는지 확실하지 않으며, 실제로 존재한 적도 없는 정체성을 이 집단에 억지로 강제함으로써 우리의 이해에 손상을 가하게 될지도 모른다.

몇 백 년에 걸쳐서 얻게 된 메소포타미아의 문화적 정치적 세계에 관한 일반적인 느낌은 이 세계가 여러 가지 다른 종류의 집단으로 이루어져 있기는 하지만 그렇다고 해서 다양한 정체성의 '용광로' 역할을 한 것은 아니라는 것이다. 최소한 다양한 사회 문화 집단이 공존하면서 초기 수메르 도시 국가에서 시작된 공통의 가치와 전통과 사회 제도라는 '우산' 아래 상호 작용을 벌이는 세계였다.

이런 사회 문화 집단 중 일부는 '민족'이라고 부를 수 있을 만큼 강한 자기 동일성을 지니고 있을 수 있었고, 또 어떤 집단은 언어나 영토, 문화 양태, 계층 구조, 법적 지위, 생활 양식 같은 기준에 따라 느슨하게 모인 모임일 수도 있다.

⑥ 정치적인 지배 세력이 티그리스-유프라테스 계곡의 하류와 중류 사

---

tions [Oxford: Blackwell, 1986], 22-31) 고대 근동 지역에 존재했던 민족 집단을 확인하는데, 그 시도는 칭찬할 만하지만 아직 문제가 많다. 다른 민족을 대신해서 엘람인을 예로 들어 연구한다(70-71). Smith가 시도한 역사적 사회 문화적 분석은 빈틈이 없고 인상 깊으며, 앗수르 사회의 특징을 훌륭하게 잡아낸다. Smith는 고대 근동에서 다수 혹은 소수 집단을 이루고 있는 인구 집단은 경우에 따라 다른 사회 문화적 동질성을 소유하고 있음을 잘 보여 준다. 그러나 이런 인구 집단이 그가 제시한 민족의 기준에 미치지 못하고 있다는 사실이 문제다.

Smith는 또한 중심 지도층들이 내세우는 집단 정체성이 그들이 다스리는 사람들과 공유되지 않는 상황('측면 귀족주의'[lateral-aristocratic])과 구성원들이 모여 있건 흩어져 있건 집단 정체성을 공유하고 있는 상황('수직적 평민주의'[vertical-demotic])을 구별한 것은 집단 정체성이 문화적으로 그리고 정치적으로 표현되는 다양한 방법들을 밝혀내는데 큰 도움이 된다(76-89). Leahy는 '민족'을 어떻게 정의하는지 확실히 밝히지는 않지만, 예술 작품들과 언어학적인 증거들을 통해 고대 이집트 초기부터 외모가 서로 다르고 문화적인 배경이 다른 다양한 인구 집단들이 존재했음을 주장하며, 나일 강 문화는 진정한 '용광로'(melting pot) 또는 모든 것을 덮는 '거룩한 덮개'(sacred canopy)였다고 말한다(Anthony Leahy, "Ethnic Diversity in Ancient Egypt," *CANE* 2:225-34).

이를 오고 갔던 현상은 이 시대의 중요한 특징이라고 말할 수 있다. 수메르 도시 국가(강 하류)에서 시작해서 아카드 왕국(강 중류)으로, 다시 수메르 도시 국가와 우르 제3왕조(강 하류)로, 그 후 구-바빌론 왕국(강 중상류)으로 권력의 중심이 이동했다.

정치 권력의 추가 이렇게 오갈 수 있었던 것은 이 두 지역에 국가 기관을 유지하는데 필요한 자원을 생산할 수 있는 강력한 경제적 생산 기반 시설이 갖추어져 있었다는 증거로 볼 수 있다. 또한 국가가 군사적으로나 행정적으로 권력을 영구화하기 위해서 투쟁하는 가운데 어떤 결정적인 '손상'(wear and tear)을 입고 있음을 알 수 있다.

다른 말로 하자면 권력은 정치 중심지에서 '빠져 나가' 주변 지역으로 이동하고, 이제는 쇠퇴의 길을 걷는 중심지를 무색하게 만들 새 중심지가 일어나는 것이다.

⑦ 강 중류와 하류에서 발생한 왕국이 그 지배력을 훨씬 멀리 떨어진 지역까지 확대하려고 노력했으나 큰 성공을 거두지는 못하였다. 아카드, 우르 제3왕조, 구-바빌론 왕국이 티그라스-유프라테스 상류 지역과 계곡에 인접한 고원, 산지, 사막 지역까지 다스리는데 성공한 적도 있다. 그러나 강 중하류를 벗어난 다른 지역에 가서 전리품을 강탈해 오는 습격이나 원정이 아니라 그 지역을 직접 다스린 예는 별로 없고 있어도 통치 기반도 매우 취약했다.

이런 나라도 통상 '제국'이라고 부르지만, 신-앗수르부터 시작된 후대의 고대 근동 제국에 비한다면 응집력이나 효율성의 측면에서 무척 부실했던 정치 체제였다. 통신이나 운송 체계도 발달하지 못했고, 군수 보급 체제도 매우 완만하였으며, 제국 변방지역을 다스리는 행정 체계도 능률적으로 운영되지 않아 아카드, 우르, 바빌론과 같은 제국 중심부에 있는 도심지 등을 통제하듯이 전 영토를 효과적으로 다스

릴 수는 없었다.[27]

⑧ 메소포타미아의 초기 국가는 실질로나 명목상으로도 지배권을 쥐고 있던 영토를 확실하게 통제하고 통합하는데 어려움을 안고 있었지만, 그들의 경제 문화적 영향력은 자신들이 직접 다스리던 지역을 넘어 훨씬 멀리까지 도달하였다.

강 유역의 변방 지역부터 북쪽과 동쪽 산지, 남쪽과 서쪽 사막, 그리고 시리아 북부 평원 거주민까지 메소포타미아 국가와 무역 관계를 유지했고, 시간이 지날수록 강 유역의 풍부한 농업 생산물과 문자 문명과 중앙 집권적인 정치 체제에 노출되었다.[28]

---

[27] 아카드와 우르 제3왕조와 함무라비의 구-바빌론 왕국이 실질적인 제국이 되지 못한 이유에 관하여 Mann은 이 나라들의 사회 권력망이 비통합적으로 관리되고 있었으며 본질적으로 영토를 확대하는 형식이 아니라 '연방제'로 운영되었다고 주장한다. 그리고 군사력에 기초한 '집중적인 강압'(concentrated coercion)만 가지고 사회 권력이 정부의 통제를 넘어 확산되거나 중앙 집권적 정치 기관이 쇠약해지는 것을 막을 수 없다고 말한다(Mann, *Sources*, 174-176).
Sack은 제국 건설이 얼마나 허술한 작업이었는지 비판적으로 관찰하면서, 영토를 확장하는 것이 본능적인 욕망이라는 주장을 거부하고, 영토권(territoriality)이란 "어떤 개인이나 집단이 특정한 지리적 영역을 지목하여 통치권을 주장하며 구성원이나 그들 사이의 사건, 관계 등에 영향을 미치고 지배하려는 시도"가 포함된 통치 전략이라고 정의한다(Robert D. Sack, *Human Territoriality: Its Theory and History* [Cambridge: Cambridge Univ. Press, 1986], 19). Sack은 역사 속에서 영토권이 성장하는 양태와 복잡성에 관해 상술하면서, 지배권을 획득할 가능성은 경우에 따라 매우 다르게 인식되며, 영토권을 효과적으로 수행하기 위해서는 이를 달성하고 관리하는 지속적이고 현명한 노력이 필요하다고 주장했다. Miller는 인류학과 사회사, 사회학 이론에 의거하여 정치권력이 매우 다원적임을 지적하고 반대이념이나 대항세력을 영토 내에서 완전히 제거하는 것은 불가능하다고 주장하였다(Daniel Miller, "The Limits of Dominance," in *Domination and Resistance*, ed. D. Miller, M. Rowlands, and C. Tilley [London: Unwin Hyman, 1989], 63-79).

[28] 메소포타미아 사회가 주변에 있던 사막이나 산지 주민에게 생산품이나 사상이나 인력을 교류하면서 미쳤던 지대한 영향과 또 이런 주변 지역이 계곡 중심지에 주었던 상호 영향력에 관해서는 다음 연구를 참조하라. McNeill, *Rise of the West*, 98-109; Mann, *Sources*, 78-82, 130-33, 163-66, 179-80. Stein은 고대 사회에서 주변 지역 문화가 자발적으로 식민지 건설이나 교환, 후발 국가 성립 과정에 참여한 부분은 충분히 주목을 받지 못했다고 지적하며, 지역 간의 관계를 평가하기 위해 '거리-동화'(distance-parity) 모델과 '상단'(trade diaspora) 모델을 제안하였다(Gil J. Stein, *Rethinking World-Systems: Diasporas, Colonies, and Interaction in Uruk Mesopotamia* [Tucson, Ariz.: Univ. of Arizona Press, 1999]).

강 유역의 정치 중심지가 쇠퇴할 때마다 원래 농업보다 유목생활을 하던 '주변부의' 민족이 계곡으로 침입해 들어오기도 하고 새로 정권을 세우기도 하였다.

이들은 기존 거주민을 완전히 대체하지 않고 사회 정치적 권력층을 한 층 추가하고 새로운 문화 요소를 가미하였다. 다시 말해서 이런 '신입' 정권은 단순히 '외부' 세력이 아니었으며, 이들이 메소포타미아에서 정권을 수립할 때쯤에는 이미 강 유역에 정착한 거주민이었거나, 이런 정착민과 오랫동안 교류를 이어와서 메소포타미아 문화에 많은 영향을 받은 상태였다.

굳이 구별하자면 이미 오래 전부터 계곡에 대규모로 이주하여 정착한 아카드인, 아모리인, 아람인이 한 편에 있었고, 다른 한 편에는 소규모 집단으로 군사력을 앞세워 침입해 들어와 사회 지배층으로 자리를 잡고 앉은 경우로 구티인, 엘람인, 카슈인이 있다. 후자 집단은 '변경 지역 영주'(marcher lords)라고 부르는데, 메소포타미아 외부에서 힘을 앞세워 침입한 집단이 역사의 다음 단계로 넘어갈수록 중요한 역할을 하게 된다.[29]

과거에는 인구 집단을 '야만인' 아니면 '문명인'으로 구별하는 것이 유행이었으나 근래에 들어서는 대부분의 학자들이 이런 표현을 삼가거나 매우 조심스럽게 조건을 붙여서 사용한다(예를 들어 McNeil은 '고도의 야만'[high barbarism]이란 말을 사용한다). 왜냐하면 이 두 용어가 서로 반대말로 사용되면서 '열등한 외부인'을 교양없고 잔인하다고 보는 편견을 가지고 이들이 '우월한 내부인'의 문화에 크게 기여한 부분을 무시하기 때문이다. 그리고 이 용어는 인간의 실제 가치가 무엇이며 사회적 복잡성의 증가를 통해 '우월한 문명'을 구별하는 행위가 전반적으로 무슨 이익이 되는지에 대해 의문을 제기하게 만든다.

Bronson은 과거의 관행을 깨는 새로운 정의를 제안한다. "야만인이란 국가와 직접적인 접촉을 가지는 정치 기관이면서 국가는 아닌 집단의 구성원을 부르는 말이다. … 야만인은 문명화되고 글을 읽거나 쓸 줄 알 가능성이 있고 … 주변 국가의 위대한 전통의 진가를 알아볼 줄 알고 … 그가 문명화되지 않았기 때문이 아니라 다만 밖에서 안을 들여다보기 때문에 야만인이라고 부른 것이다"(Bennett Bronson, "The Role of Barbarians in the Fall of States," in *The Collapse of Ancient States and Civilizations*, ed. N. Yoffee and G. L. Cowgill [Tucson, Ariz.: Univ. of Arizona Press, 1988], 196-228, esp. 200).

29 사막이나 산지에서 침입해 오는 '변방 지역 영주'를 '패권 제국의 개척자'라고 부르는 Mann의 연구를 참고하라. Mann, *Sources*, 130-33, 174-76, 181-82.

⑨ 마지막으로 많은 정권의 흥망성쇠를 살펴보면, 이 나라들은 모두 유사한 사회 통제의 문제를 해결하기 위해 비슷한 형태의 정치 기관을 활용한 후발 관료 국가의 변형 형태를 지니고 있다.

그리고 이를 계승한 지도자들의 역사적 배경이 어떠하든지 상관없이 전통적인 수메르의 가치와 생활 양식에 맞추어 적응하며, 축적된 메소포타미아의 지적, 예술적, 정치적 문화에 자신들만의 요소를 더해 가며, 몇 백 년 후에 수메르-아카드 문화를 만들고 더 포괄적으로는 메소포타미아 '생활 양식'을 형성했던 것이다. 이런 문화는 신-바빌론 제국이 끝날 때까지 지속적으로 일관성 있게 유지되었고, 페르시아와 헬레니즘 시대에도 유서깊은 문화 요소로 간주된다.[30] 그러나 우리가 가지고 있는 자료가 편향적이기 때문에 이 관료 국가의 '고위급 문화'가 일반 대중에게 얼마나 영향을 주었는지는 알 수 없다.

2) 이집트, 기원전 3000–1550년

이집트에 처음으로 국가에 관한 기록이 발견되었을 때 이 나라는 벌써 아스완(Aswan)에서 지중해까지 나일 강 계곡을 모두 지배하는 통합된 정부를 형성한 후였다. 전통에 의하면 나일 강 계곡 남쪽 유역(상부 이집트) 출신의 정치 지도자가 북쪽 나일 강 삼각주(하부 이집트)를 점령하면서 통일을 이루어 냈다. 통일이 남쪽에서 시작해서 북쪽으로 확산되었다는 기록은 고고학 유물로도 증명된다. 그러나 통일은 일회적인 원정으로 완성된 것이 아니라 점진적인 확산으로 성취된 것으로 보인다.[31]

---

30 Norman Yoffee, "The Late Great Tradition in Ancient Mesopotamia," in *The Tablet and the Scroll: Near Eastern Studies in Honor of William W. Hallo*, ed. M. E. Cohen, D. C. Snell, and D. B. Weisberg (Bethesda, Md.: CDL Press, 1993), 300-308.

31 Barry J. Kamp, "Unification and Urbanization of Ancient Egypt," *CANE* 2:679-90. 양

이집트 국가는 메소포타미아 도시 국가보다 어느 정도 후대에 나타났다. 건축 양식이나 신성 문자 개발에 메소포타미아의 영향을 받았는지 여부에 관해서는 이견이 있지만, 이집트의 정치 체제는 본질적으로 독특한 토착 문화였다. 이집트 역사를 통해 국가 체제는 메소포타미아에 비해 더 안정적으로 유지되었으나, 나름대로 혼란과 쇠락을 겪을 때가 없었던 것은 아니다.

이집트 정치가 훨씬 더 지속적이고 안정적이었던 이유는 나일 강 계곡이 지리적으로 고립되어 있고 거주민이 좁은 영토에 몰려 살고 있었기 때문이라고 할 수 있으며, 지리적으로 개방되어 있고 넓게 펼쳐진 곳에 자리 잡은 메소포타미아에 비해 중앙 집권적인 정부가 다스리고 통제하기 쉬웠을 것이다.

그렇게 본다면 고대 이스라엘을 포함한 시리아-팔레스타인 국가는 대개 자연적인 경계가 없었고, 보호가 잘 되어 있는 이집트보다 지정학적으로 취약한 메소포타미아와 공통점이 더 많았다고 할 수 있다.

파라오(pharaoh '큰 집')라는 호칭을 가진 이집트 지도자는 공공 생활 전반에 걸쳐서 우월한 권력을 행사하였고, 의식에 참여하여 신을 대표할 때는 신적인 존재로 간주되었다. 이집트의 법전이라든가 칙령 같은 문서는 발견되지 않았으므로 파라오의 통치 양식은 기록에 잘 남아 있지 않다. 메소포타미아 도시 국가에 있다고 주장하는 것과 같은 의회나 협의 기관도 알려진 바 없다.

원칙적으로 모든 땅은 파라오의 소유였으나, 왕궁 영지와 개인 농부가 세금을 내면서 경작하는 농지 사이에는 일정한 차이가 있었다. 노예제는 주로 외국인 포로에게 적용되었으나, 이집트의 양민도 부역에 징집되어 일을 해야 했다. 정부 관리직은 원래 주로 파라오의 친족이 차지하

센은 "초기 이집트 국가는 부모 없이 발견된 업둥이와 같다"고 결론지었다(Jac. J. Janssen, "The Early State in Ancient Egypt," in Claessen and Skalnik, *The Early State*, 215-18). 어쩌면 메소포타미아 초기 국가에 관해서도 같은 말을 할 수 있을지 모른다.

였으나, 시간이 지나고 행정 조직이 확대되면서 다른 사람들도 행정 관료로 등용되었다.[32]

국가는 '놈'(nomes)으로 부르는 행정 구역 40여개로 구성되었으며,[33] 초기에는 나일 강 계곡에서 시작하여 후대에는 삼각주까지 포함하게 되었다. 왕을 향한 충성심을 확보하기 위해서 파라오의 인척이 놈의 최고 지도자로 임명되었는데, 분권화 현상도 있었고 지역 자치로 인해 왕조가 쇠퇴하는 전조가 되었다.

지역 귀족은 상당히 큰 권력을 누렸으며, 이를 이용하여 파라오를 지지하거나 약화시키기도 했다. 이집트에서 도시화 현상은 메소포타미아처럼 확실히 드러나지는 않았다. 국가의 주요 도시는 주로 공방과 소규모 산업 시설이 달린 왕궁과 신전 기관으로 이루어져 있었다.

이집트 정부가 자리 잡았던 초기 도시 중 하나인 멤피스(Memphis)는 상부 이집트의 길고 좁은 나일 계곡과 하부 이집트의 넓은 삼각주가 만나는 지역에 위치하고 있다. 수많은 이집트 신을 섬기는 제사장 계급은 정치권력에 영향을 미치는 주인공으로 등장하는데, 파라오가 이 계급과 우호적인 관계를 유지하고 이념적인 지지를 받기를 원했기 때문이다. 특히 테베(Thebes)의 아몬(Amon) 제사장과 멤피스-헬리오폴리스(Heliopolis)의 라(Ra) 제사장은 적극적으로 특정 파라오를 지지하는 정치적 역할을 맡았다. 파라오 중에는 제사장 출신도 있었다.

초기 왕조 시대(제1-3왕조)는 기원전 3000-2700년경, 고-왕국 시대는 기원전 2700-2200년으로 분류된다(제4-8왕조). 국가가 사회와 경제를 장악하고 있다는 점은 숙련된 기술자가 설계하고, 장인이 장식했으며, 부

---

32 파라오와 이집트 관료 체제, 그리고 일반 대중들에 관하여 다음 연구를 참고하라. Janssen, "The Early State in Ancient Egypt," 218-28; Oleg Berlev, "Bureaucrats," in *The Egyptians*, ed. Sergio Donadoni (Chicago/London: Univ. of Chicago Press, 1997), 87-119.

33 이집트 상부와 하부 놈의 지도는 Baines and Málek, *Atlas of Ancient Egypt*, 154-55를 참조하라.

역으로 일하던 농부들이 지은 고-왕국 시대의 왕릉 피라미드에서 상징적으로 나타난다.

이와 반대로 분권화가 진행되면 국가 권력이 쇠퇴하는데, 왕궁에 집중되어 있던 권력에 지방 세력가들이 도전하기 시작한다. 귀금속과 목재를 수입하기 위해 시내 반도, 누비아, 시리아-팔레스타인에 있는 해안 도시와 무역을 계속했다.

무역로를 유지하기 위해 남쪽과 서쪽 국경에서 소규모 접전이나 습격을 벌이는 경우를 제외하면 본격적으로 전쟁을 벌이는 경우는 별로 없었다. 주변에 위협적인 세력을 가진 국가도 없었고, 영토 안에는 자원도 충분하였으며, 무역을 통해 필요한 물품을 수입할 수 있었기 때문에 이집트는 더 넓은 영토를 소유하려는 제국주의를 꿈 꿀 필요가 없었다.

기원전 2200-2000년을 제1중간기(제9-11왕조)라고 부르는데, 이 시기에 중앙 집권 체제가 무너지고 다양한 지방 왕조가 권력을 잡기 위해 힘을 겨루었다. 이 시대는 사회적 무질서와 경제적 쇠퇴의 시기로 기억되는데, 사실 이렇게 끔찍하게 평가 때문에 후대에 이집트에 통일 정부를 재건한 왕들이 스스로 자랑스러워하게 되었다는 것을 잊어서는 안 된다.[34]

이집트가 다시 통일된 시기는 기원전 2000-1750년 중-왕국 시대로, 이집트 상부 테베를 중심으로 일어난 왕조가 새 시대를 열었다(제12-13왕조). 이 왕조의 왕들은 멤피스 남쪽에 있던 새 수도에 거주하고 있었지만 테베에 신전과 무덤을 건설하였고, 이런 건축 사업은 신-왕국 시대에 절정에 달하였다.

테베의 주신 아몬은 헬리오폴리스의 주신 라와 융합되어 가장 뛰어난 국가의 수호신 아몬-라(Amon-Ra)가 되었다. 중-왕국 시대에는 왕들이 누리던 독립적인 권력을 제한하기 위해서 많은 노력이 있었다. 무역이 확대되

---

34 고-왕국 시대와 제1중간기에 관해서는 다음 연구를 참고하라. Kuhrt, *The Ancient Near East*, 1:135-60; Baines and Málek, *Atlas of Ancient Egypt*, 30-35.

었고, 이집트가 처음으로 제국주의적인 침략을 감행하여 누비아를 공격했다. 중앙 정부가 점점 강화되면서 '전문적인' 관료와 필경사, 군인, 장인, 상인 계급이 강화되고 지방 권력과 경쟁 관계를 형성하였다.[35]

기원전 1750년부터 1550년까지 이집트는 제2중간기로 접어들어 다시 한 번 지배 세력이 여럿으로 갈라지는 현상을 보여 준다(제14-17왕조). '힉소스'(Hyksos)라고 부르는 '아시아인들'이 삼각주 지방에 있는 아바리스(Avaris)를 중심으로 나일 강 계곡 중류까지 세력을 확장했으나, 테베에 자리한 이집트 상부 왕조까지 점령하지는 못했다.

이렇게 힉소스라는 집단이 팔레스타인에 있는 근거지에서 대규모로 침입해 들어 왔다는 후대의 주장이 있지만, 이제는 그 신빙성이 의심받고 있다. 그 보다는 삼각주 지방에 살던 시리아-팔레스타인 지역의 상인과 모험가가 점점 인구가 증가함에 따라 이집트식 셈족 왕조를 창건했다고 보는 편이 더 나을 듯하다.

그 결과 아시아와 이집트 문화가 혼합된 공동체가 탄생하게 된다. 그러나 테베 왕조가 '정통파' 이집트 통치를 재건하면서 자신들이 무너뜨린 삼각주의 왕조를 야만스러운 '외국인'으로 낙인찍는다. 그리고 다음 세대 이집트 '본토인' 지도자들이 시리아-팔레스타인까지 세력을 확장하기 시작하면서 자신들의 제국주의 정책을 정당화하기 위해서 외국인 혐오증이 묻어나는 '야만적' 힉소스 신화를 더욱 유용하게 이용한다.[36]

이집트 정치의 첫째 궤적을 통해 일어난 주요 발전 사항은 다음과 같이 요약할 수 있다.

---

35 중왕국 시대에 관해서는 Kuhrt, *The Ancient Near East*, 1:161-73; Baines and Málek, *Atlas of Ancient Egypt*, 40-42.

36 제2중간기와 힉소스에 관해서 다음 연구를 참고하라. Kuhrt, *The Ancient Near East*, 1:173-82; Donald B. Redford and James M. Weinstein, "Hyksos," *ABD* 3:341-48; Thomas L. Thompson, *The Mythic Past: Biblical Archaeology and the Myth of Israel* (New York: Basic Books, 1999), 138-49.

① **기록된 사료가 등장하는 시점부터 이집트의 국가는 이미 나일 강 계곡을 아스완까지 모두 통일한 정권으로 묘사되어 있다.** 수메르 정치를 기록한 초기 사료들과 달리, 역사 시대가 시장하면서 서로 경쟁하던 이집트의 정치 중심지들은 모두 그 힘을 잃은 것처럼 보인다.

이런 현상은 농업, 목축, 소규모 산업, 상업적 경제권을 다양하게 조정하면서 활성화하는 도시 중심 정권이 성취한 업적이 아니라, 사막과 접하고 있어서 제한된 지역 안에 인구가 집중되어 있고 탈출할 가능성이 없는 '사회적 새장'(social cage) 속에서 근본적으로 동질적인 거주민을 다스리는 세습적인 정치 질서가 있었기 때문에 가능했다.

② **이집트의 동질적인 생태계를 내세우는 주장의 가장 큰 약점은 상부 이집트에서 하부 이집트까지 400마일을 흐르는 좁은 나일 강 계곡에 존재하는 다양성인데, 농경지와 목초지, 늪이 이어지며 바다를 향해 구불구불 흐르는 나일 강에 넓게 펼쳐진 지류가 몇 개 있기 때문이다.** 삼각주 지역은 규모가 큰 정치권력을 창출해 낸 중심지가 별로 없지만 효과적으로 지배하기도 어려운 지역이며, 이집트 상부를 중심으로 통치하는 통일 왕조에게는 항상 정권의 불안정을 초래할 수 있는 요인으로 간주되었다.

통일 왕조가 없던 시절에 경쟁 관계에 있던 지역 정권은 삼각주와 강 유역 사이에 존재하는 지리적 단층선을 경계로 맞서곤 했다. 티그리스-유프라테스 강 중류와 하류에 메소포타미아의 권력 중심지 두 곳이 있었던 것은 이집트 상부와 하부에 권력 중심지가 있었던 것과 미묘한 유사성을 보여 주지만, '변경 지역 영주들'이 이주해 오거나 침입할 때 메소포타미아의 중심 권력층이 바뀌었던 것과 달리 이집트는 앗수르 시대 후기가 되기 전까지는 그런 경우가 없다는 것이 가장 큰 차이점이며, 힉소스가 거의 유일한 예외가 될 것이다.

삼각주 지역은 신-왕국 시대가 끝날 때까지 이집트 하부에 근거지를 가지고 있는 왕조가 쇠약해져서 패망시킬 수 있는 충분한 권력을 가지고 있을 때조차 자기만의 중앙 집권적인 지배 체제를 확립하지 못했다. 삼각주 지역에서 200년에 걸쳐 이집트를 다스렸고 과거에 생각했던 것과는 달리 토착적인 성격이 강했을 힉소스 왕조도 그 세력을 나일 강 계곡 전체로 확장시키지는 못했다.

③ **이집트 국가는 파라오를 신들의 화신(avatar)이요 이집트 전체의 주인으로 보는 지극히 '높은' 개념을 기초로 발전했기 때문에 초기 왕조들은 왕의 인척 중에서 주요 정부 관료를 임명하기 위해 애썼다.**

메소포타미아와 크기가 비슷하거나 더 클 수도 있는 대규모 관료 체제는 시간이 지날수록 속주 총독과 전문 왕궁 관료가 참여하며 더욱 규모를 확대하게 되었다. 관료 체제가 이렇게 확대되면서 권력을 집행하는 사람도 확대되자 제1, 2중간기처럼 중앙 정권을 약화시키는 결과를 가져오게 되었고, 서로 경쟁하는 왕조가 권력을 차지하기 위해서 다투는 상황이 연출되었다.

그런데 메소포타미아와 달리 이집트의 행정 기관에 대해서는 정보가 별로 없다. 수상(vizier) 직위는 파라오 다음으로 높은 고관으로 다른 모든 관리도 수상을 통해야 왕과 의사소통을 할 수 있었으며, 고대 근동 지역에는 없던 직책이었으며, 아마도 독립 관료의 권력을 제어하는 수단으로 이 직책을 사용하지 않았을까 여겨진다.[37]

④ **이집트 국가의 계획 경제 체제는 메소포타미아와 비교해 볼 때 훨씬 더 포괄적이었고, 국가와 관련이 없는 독립된 경제 체제에 관해서는 알려진 바가 거의 없다.** 물론 그렇다고 해서 왕궁이 언제나 모든 경제 분야를 효과적으로 통제하고 있다고 말할 수는 없을 것이다. 그러나 속주 총독들이 독립적인 권력을 얻을 수 있었고 나아가 독립 왕조를 형성할 수 있었다는 사실은 중앙 집권적 국가 기관이 광대한 영토 전체에서

---

37 이집트 정부 권력의 집중과 분산 원칙에 대하여 다음 연구를 참조하라. Barry J. Kemp in Trigger et al., *Ancient Egypt*, 174-82.

나오는 경제적 생산물을 엄중하게 통제하는 것이 매우 어려웠음을 반증해 준다.

다른 말로 하자면, 개인 경제의 존재를 보여 주는 아무런 증거가 없기 때문에 이집트인들이 부를 확보하기 위해서 선택 가능한 방법은 중앙 집권적 행정 체계를 확립하는 방법과 중앙 정부에 대항하여 다른 권력 중심지를 설립하는 방법으로 인력과 천연자원을 지방이나 지역에서 통제하는 경우도 있었던 것이다.[38]

⑤ **신전은 왕권 신수설이라는 이념을 제공하고 국가를 향한 충성심을 진작시키며 이집트 정치에서 두드러지게 중요한 역할을 감당했다.** 메소포타미아의 종교와 유사한 점은 원래 특정한 신전과 관련되었던 많은 신들이 이집트 백성에게 잘 알려져 있었고, 다양한 제의를 통해 숭배되었으며, 가끔은 정권의 정당성을 보호하기 위해서 혼합되기도 했다는 점이다.

그러나 메소포타미아 신전처럼 왕권에서 어느 정도 자유롭게 운영되지는 않았던 것으로 보인다. 사실 이 두 지역에서 신전과 국가의 관계는 서로 반대 방향으로 변하였다. 메소포타미아에서는 원래 독립적이었던 신전이 점점 국가의 통제를 받게 되었는데, 이집트에서는 원래 국가의 통제 아래 있었던 신전이 시간이 지나면서 상당한 자유를 누리게 되었고, 제사장 중에 파라오의 자리를 놓고 다툼을 벌이는 후보자가 생겨나 역사의 중요한 부분을 맡기도 했다.[39]

---

[38] 이집트의 공공 경제와 개인 경제에 관한 논쟁은 다음 연구를 참조하라. Michael Hudson and Baruch Levine, eds., *Privatization in the Ancient East and Classical World: A Colloquium Held at New York University, November 17-18, 1994*, Peabody Museum Bulletin 5 (Cambridge, Mass.: Peabody Museum of Archaeology and Ethnology, 1996).

[39] H. Goedicke, "Cult-Temple and 'State' during the Old Kingdom in Egypt," in Lipiński, *State and Temple Economy*, 1:113-32.

⑥ 이집트 국가는 일면 전체 이집트 사회나 문화와 조화로운 관계를 유지하고 있는 것으로 보인다. 메소포타미아 사회의 이질성과 비교해 볼 때 나일 강 유역 전체에 걸쳐 언어와 문화가 어느 정도 유사하다는 사실은 강력한 통치권을 주장하는 세력이 다양하게 등장하지 않는 정치 문화에 큰 기여를 했다.[40]

그러나 통합된 정권이 붕괴되는 일이 흔하고 그 뒤를 계승하려는 왕조 간 경쟁이 심했던 것을 보면 이집트 국가 기관이 반복되는 분열 현상과 더 효과적인 지배 체제를 위해 왕조를 교체하려는 세력 앞에서 취약했다고 볼 수도 있다. 이집트 국가가 겪은 정치적인 혼란과 격변은 이집트 상부와 하부 사이에 있었던 문화적 차이가 획일적인 정치 수사학에 의해 가려진 것이 아닌가 하는 의문이 생긴다.

그러나 사회와 문화가 정치와 어떤 관계에 있었는지에 관한 질문은 답을 찾아내기가 매우 어려운 상태이니, 우리가 메소포타미아에 관해 알고 있는 것과 비교하면 이집트의 일상생활에 관한 정보가 거의 없기 때문이다.

힉소스 왕조 이전까지 왕조 간 세력 다툼은 '가정불화'(family fights)로 묘사되는 것이 흔한 일이었다. 후대의 왕조가 대규모 침략 외국인으

---

[40] 이집트의 문화적 동질성에 관하여 Mann은 "파라오가 경제, 정치, 이념, 약간의 군사적 권력을 통합하여 나일 강을 중심으로 하나가 된 '조직도'(organization chart)를 통제하였다. … 사회적 영토적 통제를 놀라울 정도로 강요한 결과 이집트 문화는 거의 일원화되었다. … 이집트 사회 구성원들이 하나의 (그리고 매우 불평등한) 사회에 문화적으로 동화되었던 것은 매우 독특한 현상이 아닐 수 없다. 필자는 이런 사회 모형에 찬성하지는 않지만, 기록에 남아 있는 역사를 전체적으로 고려해 볼 때 통합된 사회 체제에 가장 근접한 경우라고 할 수 있다"라고 말했다(Mann, *Sources*, 113-14).
Smith는 "두 왕국의 통합과 멤피스 제사장의 강력한 종교적 영향력을 통해 모든 지역 문화를 지도자가 내세우는 전국가적인 이집트 문화에 복속시켰다. 아마도 고대 세계에서 이렇게 획일적이고 동질적인 문화적 특징을 보여주었던 예를 다시 찾기는 어려울 것이며, 상위층의 문화가 하위층의 사회 경제적 삶에 너무나 깊이 침투해 있었다"라고 주장했다(Anthony Smith, *The Ethnic Origins of Nations*, 89). 필자는 이런 주장에 특별히 반대하지는 않으며, 특히 근동과 비교할 때 이런 특징이 잘 드러난다. 다만 이런 사실을 지나치게 강조하지 않으려고 주의하고 노력한다.

로 묘사하는 힉소스 왕조는 이집트 사람들에게 큰 충격을 안겨 주었는데, 사실 아시아의 부족과 그 문화가 이집트의 하부에 영향을 주기 시작했다는 것과 이 사건 이후로 이집트 역사가 시리아-팔레스타인과 아시아 지역에서 일어나는 사건에 더 긴밀하게 관련될 것임을 보여 주는 사건이었다.

3) 메소포타미아, 아나톨리아, 시리아-팔레스타인, 기원전 1500-538년

고대 근동 지역에는 기원전 1500년경부터 완전히 새로운 정치적 정황이 등장하기 시작한다. 서로 다스린 기간은 다르지만 그 동안 아카드와 우르 제3왕조, 구-바빌론 '제국'이 메소포타미아를 다스리는 유일한 정권으로 군림해 왔는데, 이런 시대가 이제 지나가 버렸다. 메소포타미아에서는 카슈인이 다스리는 바빌론과 앗수르, 미탄니(Mitanni) 왕국이 서로 경쟁하고 있었으며, 아나톨리아에서는 핫티(Hatti) 왕국이 일어서고 이집트 신-왕조 왕들은 시리아-팔레스타인까지 영향력을 확대하였다.[41]

고대 왕국의 군대는 보병과 야생 나귀가 끌고 일체형 바퀴를 달아 다루기 어려운 구식 전차병으로 구성되어 있었는데, 유목민들이 메소포타미아 북부와 동부에 침입하며 말이 끄는 가벼운 전차를 선보인 후 신식 전차가 널리 퍼지면서 절대적인 군사적 우위를 주장하는 세력이 나오는 것이 불가능해졌다. 무기와 전술의 변화는 내부 갈등이 심화되는 데도 큰 영향을 미쳤다.

고대 근동 역사에서 한 국가가 아주 넓은 영토를 다스리는 체제가 1500년 동안 지속되었으나 이제 그 수명을 다하게 되었다. 복잡하고 느리기만 한 행정 체계 때문에 방해를 받고 초기 제국 치하에서 무역과 군사 원정을

---

41   기원전 1500년부터 1200년 사이에 카슈인들과 앗수르인들, 미탄니인들, 힛타이트, 그리고 이집트 국가들 사이에 벌어졌던 복잡한 상호 관계는 로프의 책에 사료와 지도를 통해 자세히 설명되어 있다(Roaf, *Cultural Atlas*, 132-48).

주도하며 정치 세력으로 성장한 새로운 정치 세력이 기존 질서를 위협하면서, 중앙 집권적으로 운영되던 정치권력은 이제 분권화되고 서로를 견제하는 정치 기관으로 다각화되었다.

이런 국가들은 다양한 통로를 통해 외교 관계를 유지하였는데, 동맹을 맺고 연합체를 세우기 위해서 '조공' 바치기와 상호 결혼을 하기도 하였으며, 자기 영역 내에 있는 미약한 정권을 봉신 조약을 통해 지배하였다. 시시각각 정치권력의 균형이 변할 때마다 전쟁이 발발하는 일도 드물지 않았다.

기원전 1200년경이 되면 서로 경쟁하던 권력 중심지들은 아람 유목부족(Aram pastoralists)들과 에게 해(Aegean Sea)에서 출발하여 시리아-팔레스타인 해안에 정착한 해양 민족들(Sea Peoples)에게 밀려 세력이 줄거나 멸망하게 된다.[42] 히타이트 왕국은 우가릿(Ugarit) 같은 더 작은 해안 국가와 함께 멸망하였고, 이집트는 바다에 사는 페니키아 도시 국가들과[43] 카르케미쉬(Carchemish)나 다마스쿠스(Damascus) 같은 시리아 내륙 지역의 작은 아람 국가를 버려둔 채 아시아 땅에서 물러났다.

---

[42] 후기 청동기 시대 국가의 '멸망'을 연구하면서 자연 재해와 문화적 붕괴를 강조하는 학자들이 주를 이루었으나, 사실 이런 재앙이 결정적인 수준은 아니었다. 물론 기존의 지역 통치 체제가 붕괴하였고 국가 권력은 완전히 사라지거나 심하게 감소하였으나, 최근의 연구는 이런 변화가 공동체 생활을 마비시킬 정도는 아니었으며 새로운 권력 체제로 창조적인 이전을 했을 뿐이라고 주장한다. William H. Hallo, "From Bronze Age to Iron Age in Western Asia: Defining the Problem," in *The Crisis Years: The Twelfth Century B.C. from beyond the Danube to the Tigris*, ed. W. A. Ward and M. S. Joukowsky (Dubuque, Iowa: Kendall/Hunt Publishing Co., 1989), 1-9; J. D. Muhly, "The Crisis Years in the Mediterranean World: Transition or Cultural Disintegration?" in Ward and Joukowsky eds., *The Crisis Years*, 10-26; Mario Liverani, "The Collapse of the Near Eastern Regional System at the End of the Bronze Age: The Case of Syria," in *Centre and Periphery in the Ancient World*, ed. M. Rowlands, M. T. Larsen and K. Kristiansen (Cambridge: Cambridge Univ. Press, 1987), 66-73.

[43] Bikai는 페니키아 도시 국가가 어떻게 해양 민족의 침입을 견뎌냈는지에 대해 말하면서 이들이 무역 관계를 활성화하겠다는 관심 때문에 해양 민족들과 동맹을 맺었을 것이라고 제안한다(Patricia M. Bikai, "The Phoenicians," in Ward and Joukowsky, *The Crisis Years*, 132-41).

이렇게 지역과 지방으로 권력이 분산되었던 시대적 배경 속에서 이스라엘과 암몬, 모압, 에돔이 강대국의 간섭에서 벗어나 팔레스타인 내륙 산지나 고원에 국가의 기틀을 세웠다. 고대 왕국 중에는 앗수르만 명맥을 유지하였고, 기원전 9세기가 와서 부흥하기 전까지는 바빌론을 지배하는 데 만족해야 했다.

이 시기에는 과학 기술이 발전하면서 정치에 지대한 영향을 미쳤다. 철은 청동을 대체하면서 무기나 농기구를 만드는 주요 금속으로 자리를 잡기 시작했다. 청동과 달리 철광석은 거의 어디서나 구할 수 있었기 때문에 국가가 철 생산을 독점할 수 없었다. 철제 농기구가 널리 사용되면서 관개 시설이 있는 계곡 뿐 아니라 빗물에 의존해야 하는 지역에서도 풍부한 농업 생산물을 얻을 수 있게 되었고, 농부들이 여유가 생겼으며, 지역 상거래와 중거리 무역이 활발해졌다.[44]

동시에 알파벳을 이용한 필기 체제가 발명되면서 직업적인 필경사만 읽고 쓸 줄 알던 시대를 벗어나서 더 많은 사람이 문맹을 면할 수 있었다.[45] 물론 읽고 쓸 수 있는 능력이 얼마나 널리 퍼졌는지 확신할 증거는 없지만, 더 이상 국가 정권이 문화를 독점할 수 없게 되었다. 고대 근동 지방 전역에 걸쳐서 문화적 혜택을 받는 집단 사이에는 "국제적인"(cosmopolitan) 문화가 퍼지고 있었고, 이집트에도 영향을 미쳤으며, 국가의 보호주의 장벽에 방해받지 않고 더 자유롭고 더 넓은 범위에서 집중적인 교류를 가질 수 있게 되었다고 말할 수 있다.[46]

---

44 철기 문화가 농업과 상업에 미친 영향에 대해서는 다음 연구를 참고하라. James D. Muhly, "Mining and Metalwork in Ancient Western Asia," *CANE* 3:1501-21.

45 알파벳의 발명과 읽고 쓸 줄 아는 능력에 관해서는 다음 연구를 참고하라. Herman Vanstiphout, "Memory and Literacy in Ancient Western Asia," *CANE* 2:197-209; William Whitt, "The Story of the Semitic Alphabet," *CANE* 4:2379-97.

46 McNeill은 기원전 15세기에 조성된 '국제적 문명'(cosmopolitan civilization)에 관해 논하면서 국가가 '외교적 상업적 문화적 교류를 자유롭게' 진행했기 때문이라고 설명했다 (McNeill, *Rise of the West*, 110-12).
그러나 Liverani는 청동기 시대의 교류는 왕궁 정권이 독점했다고 지적하였다. 기원

세계를 주름잡던 거대 제국들(empires of dominion)이 멸망하고 살아남은 경우도 그 세력이 쇠약해진 후에는 다양한 권력 관계망이 훨씬 더 자유롭게 운신할 수 있는 공간을 얻었고, 더욱 적극적인 장인이나 상인도 제약이 심한 국가 대신 정치적으로 '유연한' 사회나 '여러 분야에서 권력을 소유한 권력자들'(multipower actors)이 다스리는 정치 기관을 선호하였다.[47]

페니키아나 시리아 내륙에 새로 설립된 아람 왕국을 다스리는 과두 정부는 왕정 체제보다는 연맹 체제 정치 기관의 성격을 도입하였다. 유일하게 살아남은 대국 앗수르에서도 귀족과 상인이 정부를 향해 더 큰 목소리를 낼 수 있었다. 농부와 유목민 공동체는 시리아-팔레스타인에서 메소포타미아 북부까지 넓은 지역에 걸쳐서 상당한 자치권을 누리면서 살았지만, 공업과 상업은 '자유롭게 떠도는' 장인과, 선원, 상인, 떠돌이 무역상의 손에 달려 있었다.

이렇게 '다양한 계층의 권력자'(multiactor)이 등장하는 정치 체제가 나중에 그리스에서 나타났던 민주주의는 아니었으나, 도시 거주민과 유목민에

전 1200년 이후 거대한 중앙 집권적 국가가 멸망하거나 쇠퇴하면서 도시나 작은 마을에서 '자유롭게 떠돌던' 장인과 상인이 국가 정부가 방치하던 내륙 지역에 정착하였다. 이렇게 Liverani는 시리아 지역에서 청동기 시대 말과 철기 시대 초의 사회 경제적이고 정치적인 정황이 어떻게 변해 가는지 잘 설명해준다(Liverani, in *Centre and Periphery*, ed. Rowlands, Larsen, and Kristiansen, 67-68, 72).

[47] Mann은 고대 근동 역사를 분석 정리하면서 "분권화된 권력자가 누구나 인정하는 규칙의 틀 안에서 서로 경쟁하는" 여러 분야의 권력을 소유한 권력자의 국가(the multipower-actor state)와 "주로 군사적 강제력을 통해 국가 영토를 중앙으로 집중시키고 지정학적인 주도권을 독점하려는" 지배 제국(the empire of domination)이라는 개념을 사용하였다 (Mann, *Sources*, 532-38, esp. 533-34).
Mann은 이 두 극단 가운데 집단적인 권력 발전 단계가 불규칙하게 분포되어 있다고 간주한다. Mann은 여러 분야 권력자의 국가로는 수메르, 페니키아, 아나톨리아, 그리스 도시 국가를 거론하고, 아카드, 앗수르, 페르시아, 후대의 로마를 '전형적인' 지배 제국으로 분류하였다. Mann은 이 두 종류의 권력 기관이 변증법적으로 발전한다고 생각했으나, 그 발전 결과는 미리 정해져 있지도 않고, 과거를 반추하여 얻을 수 있는 간단한 설명으로도 그 발전 과정을 짐작할 수 있는 것이 아니라고 말했다. 이스라엘과 유다 왕국도 Mann이 제시하는 여러 분야 권력자의 국가였다고 말할 수도 있는데, 정치 중심지나 왕궁 신학과 분리되거나 그런 권력자와 갈등 관계에 있는 3나 율법 조항이 발견되기 때문이다.

게 자유롭게 이동하고 장사를 할 수 있도록 보장해 주면서 땅을 갈며 노동하는 사람에게도 어느 정도 혜택이 돌아갔을 것이다. 이렇게 농업 생산이 늘어나고, 지역 상거래가 활성화되며, 국가가 높은 세금을 거두어 대규모 공공 사업에 인력을 동원하는 일이 적어지자, 이 시대 농부는 정치 권력이 '분권화된' 덕을 톡톡히 보게 되었다.

물론 일반 백성이 국가의 정치 행위에 얼마나 영향을 받았는지 또는 일반 백성이 자기가 속한 국가에 관해 무슨 생각을 가지고 있었는지는 전혀 알지 못하기 때문에, 이런 종류의 평가는 추측을 넘어설 수 없다. 이스라엘의 국가 성립 이전 전승에 나타나는 간접적인 증언에 부분적이나마 예외가 되는 경우가 나오는데, 바로 이 시대에 이스라엘의 지파 연합체가 등장하는 과정을 묘사하고 있기 때문이다.

제국주의 국가가 사라졌다고 해서 작은 나라가 서로 싸울 이유가 없어지는 것은 아니며, 어떤 국가가 그럴 만한 기회를 얻었고 또 그럴 만한 힘이 생겼을 때 더 큰 영토를 지배하기 위해 노력하는 것을 막을 결정적인 장애물이 생긴 것도 아니다.

기원전 12세기에 앗수르가 시리아 북부를 잠시 지배했던 적이 있었지만, 무력한 지배자는 왕위를 계승하면서 영토를 유지하는데 실패하였다. 앗수르는 기원전 9세기가 되어서야 제국주의적 영토 확장을 위해 지속적인 노력을 경주할 수 있었고, 메소포타미아 남부와 아나톨리아 동부 산지, 이스라엘과 다마스쿠스 왕국을 포함한 시리아-팔레스타인 지역 깊숙한 곳까지 그 세력을 뻗치게 된다.[48]

그 후 이 세력권이 또 한 번 움츠러들었다가 기원전 740년 티글랏필에셀(Tiglath-pileser III) 시대에 신-앗수르 제국으로 크게 도약할 기회를 얻

---

48 Israel Eph`al, "On Warfare and Military Control in the Ancient Near Eastern Empires: A Research Outline," in *History, Historiography, and Interpretation: Studies in Biblical and Cuneiform Literature*, eds. H. Tadmor and M. Weinfeld (Jerusalem: Magness Press/Leiden: E. J. Brill, 1983), 88-106; H. W. Saggs, "Assyrian Warfare in the Sargonid Period," *Iraq* 25 (1963): 145-54.

게 되고, 계속해서 강력한 왕이 왕위를 계승하며 영토가 가장 크고 행정적으로 가장 성공적인 고대 근동 제국을 100년 이상 유지하게 되어, 제국의 힘이 절정에 이르렀을 때는 이집트에 침입하여 이십여 년 동안 지배하기도 한다.[49]

보병이 사용하는 철제 무기와 말이 끄는 전차 등 최신 기술로 무장하고 포위전을 위한 새로운 전략을 보강한 앗수르 군대는 가공할 만한 위력을 발휘하였다. 앗수르 군대는 점령 지역에서 예비군을 징집하여 군사를 보강하였으며 용병도 사용하였다. 제국이 말기에 접어들어 이런 비-앗수르 군대가 급격하게 증가하였으며, 엄정했던 군기와 사기가 땅에 떨어지게 된다.

앗수르 정부는 잘 조직된 관료 체제와 정부에 필요한 인력과 자연 자원을 조달할 수 있는 물류 지원 체제로 운영되었다. 백성 중에는 자유 지주 계층이 상당수를 차지하였고, 이들이 국가 권력을 지탱하는 중요한 역할을 맡았다. 메소포타미아 국가 중에 가장 북동쪽에 위치했던 앗수르는 국경 너머에 있는 산지 부족과 무역 거래를 하거나 전쟁을 벌이며 많은 경험을 쌓아 왔다.

앗수르 중심지는 메소포타미아 중남부처럼 농산물이 풍부한 지역은 아니었지만 지리적인 입지 조건이 매우 좋았으며, 국외로 영토를 확장하는 데 든든한 기초가 될 만큼 정치, 군사, 사회, 이념의 관계망을 한 곳에 집중시킬 수 있었다.

---

[49] 앗수르가 제국 정책의 약점을 보완하여 '다시 활성화된 지배 제국'(revitalized empire of domination)이 된 성공적 과정에 관하여 Mann의 연구를 참조하라(Mann, *Sources*, 231-37). van der Spek은 이 세 국가를 군국주의와 제국주의 확장으로 몰고 간 국제적이고 국내적인 권력 다툼의 역학을 설명한다(R. J. van der Spek, "Assyriology and History: A Comparative Study of War and Empire in Assyria, Athens, and Rome," in *The Tablet and the Scroll: Near Eastern Studies in Honor of William W. Hallo*, ed. M. E. Cohen, D. C. Snell, and D. B. Weisberg [Bethesda, Md.: CDL Press, 1993], 262-70). Kautsky는 농업과 목축 생산물을 확보할 기술이나 국가 시책이 없는 상태에서 세수의 감소가 계속되면 정권은 세입을 늘이기 위해서 영토 확장을 위한 전쟁에 내몰리며, 많은 경우에 실패하게 된다고 말한다(John Kautsky, *The Politics of Aristocratic Empires*, 7).

점령지를 안정시키고 그들을 경제적으로 국가 재정에 도움이 되도록 통합하기 위해서 앗수르는 그동안 성공적인 제국을 건설하려던 선행 국가가 실패했던 단점을 극복해야 했다. 이 목적을 달성하기 위해 앗수르는 경제적 잉여를 주변부에서 제국 중심부로 이전하는 일과 군사 원정을 긴밀하게 결합하는 정치 수단이나 정책을 개발하는 데 성공하였다.[50]

앗수르가 다른 나라 영토로 침입해 들어가서 그들의 정부를 굴복시킬 때, 정복당한 왕이나 그를 대체하기 위해 임명된 원주민 지도자는 제국에 충성을 다하며 제국 정부에 매년 정해진 조공을 바치겠다고 약속하고 봉신의 지위를 받아들인다. 정해진 조공을 바치고 반란을 일으키지 않는 한 국내 정치는 그 봉신 지도자의 손에 전적으로 맡겨진다.

조공 납부가 지연되거나 감소되고 반란이 일어나기 시작하면, 앗수르는 문제 지역을 제국의 속주로 개편하고 앗수르인 총독을 파견한다. 이런 방식으로 사회적 정치적 안정화를 꾀하고 왕에게 바치는 세금을 더 규칙적으로 징수할 수 있게 된다.

시간이 갈수록 이런 방향으로 행정 개편이 이루어져서 제국 발전이 최고점에 이르렀을 때는 거의 모든 앗수르 영토가 속주로 개편되었으며, 변방에 있는 소수의 지역만 봉신 지위를 지키고 있었고, 유다도 이 중 하나였다. 봉신 지도자와 속주 주민을 복종시키려면 막강한 군사력을 보유하거나 이런 군사력을 보유하고 있다고 믿을 만한 위협을 할 수 있어야 한다.

사실 앗수르를 포함하여 어떤 고대 근동 제국도 모든 점령지를 영구적

---

50 앗수르의 제국 행정 체계에 관하여 다음 연구를 참조하라. A. Kirk Grayson, "Assyrian Rule of Conquered Territory in Ancient Western Asia," *CANE* 2:959-68; Kuhrt, *The Ancient Near East*, 2:531-40; Peter Machinist, "Palestine, Administration of (Assyro-Babylonian)," *ABD* 5:69-76; Simo Parpola and Kazuko Watanabe eds., *Neo-Assyrian Treaties and Loyalty Oaths*, SAAS 2 (Helsinki: Helsinki Univ. Press, 1988). 앗수르 제국의 경제 정책에 관해서는 다음 연구를 참조하라. N. B. Jankowska, "Some Problems of the Economy of the Assyrian Empire," in Diakonoff, *Ancient Mesopotamia: Socio-Economic History*, 253-76; J. N. Postgate, "The Economic Structure of the Assyrian Empire," in Larsen, ed., *Power and Propaganda*, 193-221.

으로 유지시킬 수 있는 군사력을 보유한 적이 없다. 앗수르는 주요 거점에 수비대를 주둔시켜 반감을 품고 있거나 대놓고 반란을 일으키려는 원주민을 감시하는 역할을 맡겼으며, 일단 반란이 일어나면 이를 평정하기 위해 상비군에 징집한 군사를 보충하여 원정군을 구성하였다. 이런 대군은 작전 지역으로 행군하는데 시간이 많이 걸렸는데, 지역 속국과 속주가 먼 전쟁터로 이동 중인 군대에 보급품과 지원군을 조달하게 하였다. 그리고 앗수르 사람들은 반감을 가졌거나 반란을 일으켰던 지역에서 곡물과 가축을 마음대로 징발하여 '먹고 살았다.'

점령지가 반란을 일으킬 능력과 의지를 꺾기 위해 지배층 인사와 숙련된 기술자를 대규모로 강제 이주시키는 정책을 사용하였는데, 이들은 멀리 떨어진 제국의 다른 지역으로 잡혀가서 살게 된다. 수 백에서 수 천에 이르는 사람들이 한 지역에서 다른 지역으로 대규모로 이주당했는데, 예를 들어 메소포타미아 사람들은 시리아-팔레스타인 지역으로 잡혀가고, 시리아-팔레스타인 사람들은 메소포타미아에 정착되는 식이었다.

기원전 722년에 이스라엘 지도층에게 바로 이 정책이 적용되었던 것이다. 이 정책은 제국 주민 중 다수, 특히 앗수르 제국에 반감을 가진 자들이 기존의 사회적 유대감을 잃고, 완전히 다른 말을 쓰며, 다른 문화권에 속한 세계 속에 던져져서 결국 체제 전복을 위해 서로 협조할 가능성을 처음부터 무력화시키려는 목적으로 시행하였다. 또한 이런 대규모 인구 이동 정책은 제국의 경제적 필요를 위해서도 장점을 많이 가지고 있었다.

이렇게 강제로 끌려가서 타지에 정착한 사람 중에는 행정, 군사, 예술적 경험이 풍부한 사람이 많아서 앗수르 정부가 필요한 곳에 파견할 수 있는 숙련된 노동력으로 이용할 수 있었다. 이렇게 앗수르 사람들은 본국의 인력을 보충하기 위해서 포로 중 뛰어난 인재를 등용하였다.[51]

---

51 앗수르의 강제 이주 정책에 관해서는 다음 연구를 참고하라. Busteney Oded, *Mass Deportation and Deportees in the Neo-Assyrian Empire* (Wiesbaden: Reichert, 1979).

마지막으로 앗수르 정부의 이념적인 정당성은 독특한 종교관에 기초하여 확립되었으니, 고대 수메르-아카드 전통에 의지하면서도 '공포에 떨게 만드는' 앗수르 신을 만신전의 주인으로 받들어 군국주의의 지배 이념으로 삼았다. 앗수르 왕은 이 신의 이름에 의지하여 제국의 힘이 닿는 곳이면 어디든지 자신의 패권을 주장하였으며, 앗수르 왕의 행동은 앗수르 신의 무섭고 강력한 주권의 직접적 표현으로 간주하였다. 봉신 조약은 바로 이 제국의 신 앞에서 맹세하여 체결하였으며, 그의 뜻을 거스르는 반역은 바로 응징을 받게 된다.

그러나 앗수르 신은 자기 이름을 따서 건국한 나라와 동일시되는 상황을 극복하지 못했다. 고대 메소포타미아의 이쉬타르나 에아 신처럼 다른 문화권으로 널리 전파되어 숭배되는 신이 될 수 없었다. 정치적인 관계에서 앗수르 신에게 존경을 표하는 일 이외에는 앗수르 숭배를 외국인에게 강요하거나 전도하지는 않은 것으로 보인다.

앗수르 왕은 선행 문화나 종교와의 연속성을 주장하기를 원했고 앗슈르바니팔의 도서관으로 고대 문헌을 수집하기도 했지만, 앗수르 역사 말기가 될 때까지 고대 메소포타미아의 문화적 종교적 세계주의(cosmopolitanism)를 보여 준 경우가 없었으며, 이런 이유로 앗수르 사람을 최초의 이념적인 '민족주의자'로 불러야 할지도 모른다. 앗수르 상류 지도층은 외국인 혐오증이 심했으며, 일반 앗수르 백성도 포괄하는 일관적인 민족 문화를 창조해 내지 못하였다.[52]

극히 통합적인 군사 행정 체계를 발전시켜 왔음에도 불구하고 앗수르 제국은 뜻밖에 갑자기 멸망하고 말았다. 앗수르에서 왕위 계승이 안정적

---

52 앗수르의 이념에 관해서는 다음 연구를 참조하라. Kuhrt, *The Ancient Near East*, 2:505-19; Mario Liverani, "The Ideology of the Assyrian Empire," in Larsen ed., *Power and Propaganda*, 297-317. Smith가 주장하는 집단 이념의 '수평적-귀족주의'(lateral-aristocratic form)가 앗수르 지배층을 잘 표현하고 있으며, 특히 앗수르 제국의 마지막 200년을 이 용어로 설명하기가 용이하다(Anthony D. Smith, *The Ethnic Origins of Nations*, 100-105).

으로 이루어진 적은 많지 않으며, 다음 왕으로 왕위가 넘어가는 동안에 혁명이나 암살이 벌어지는 일도 드물지 않았다. 그러나 앗슈르바니팔이 반란을 일으킨 형제와 왕위를 다투고 있을 때 외국 동맹군이 앗수르를 위협하기 시작했다.

앗수르 군대는 외국인 지원병과 용병이 점점 늘어나는 상태로 이미 너무 넓은 지역으로 퍼져 있었고, 앗슈르바니팔의 선왕 때는 이집트에서도 버티지 못하고 밀려나기도 했다. 전에는 잘 통솔되던 행정 조직도 압박감에 시달리며 수도로 보내는 조공을 점점 줄이기 시작했다. 새로운 점령지가 없었기 때문에 앗수르는 이미 과도하게 세금을 부과한 영지가 '제국의 짐'을 나눠지도록 강요할 수밖에 없었다.

이런 위태로운 상황에서 위협적인 나라 두 개가 변방에 등장하며 변화의 촉매가 되었다. 하나는 메소포타미아 남부 갈대아(Chaldea)에서 일어난 아람 왕조로 신-바빌론의 부흥을 이끌었고, 다른 하나는 이란 지역에서 일어난 유목 부족의 군사 연맹체로 메데(Medes)라고 불렸다. 이 두 '변경 지방 영주'가 동맹을 맺고 앗수르 수도를 공격해 오자, 기원전 612년에 앗수르가 멸망하고 말았다. 살아남아 서쪽 하란(Harran)에 자리를 잡았던 앗수르 군대와 관리도 3년 후에는 모두 패배하고 말았다.

갈대아 왕조는 바빌론에 수도를 정하고 이를 자기들의 행정 중심지로 삼았으며, 메소포타미아의 정치 중심은 다시 아카드인과 구-바빌론인, 구티인, 카슈인을 이어 이제 바빌론인이 통치하는 메소포타미아 중부로 옮겨 가게 되었다.[53]

느부갓네살(Nebuchadnezzar)은 도시 바빌론을 화려하게 재건하였으며, 수메르와 아카드 문화에 앗수르의 기념비적 건축과 벽장식 문화를 추가하여 새로운 도시를 만들어 냈다. 앗수르 사람들은 자신들의 수호신 앗수르

---

[53] 신-바빌론에 관해서는 다음 연구를 참조하라. Kuhrt, *The Ancient Near East*, 2:589-622; D. J. Wiseman, *Nebuchadrezzar and Babylon* (Oxford: Oxford Univ. Press, 1983); Roaf, *Cultural Atlas*, 192-93, 198-203.

가 건축가이며 동시에 빠르게 확장되는 제국의 주인이라고 주장했다.

신-바빌론 사람들은 '한 걸음 더 나아가서' 중-바빌론 시대의 창조 신화를 각색하여 마르둑 신이 고대 수메르 신의 권위와 능력을 모두 장악하고 사회적 정치적 혼돈 상태에서 '새 창조'를 성취하며 바빌론을 재건하였다고 주장하였다. 이리하여 신-바빌론 사람들은 우주의 질서와 정치 질서 사이에 틈새 없이 매끄러운 연관성을 만들어 냈다.

그러나 이 왕조의 마지막 왕 나보니두스(Nabonidus)는 마르둑 제의에 등을 돌리고, 메소포타미아 북부 하란에 뿌리를 둔 달의 신 씬(Sin) 제의를 옹호하고 제국의 최고신으로 옹립하는 이상한 선택을 하고 말았다.[54]

신-바빌론 제국의 거창한 주장에도 불구하고 이 제국의 통치는 한 세기도 버티지 못했다(기원전 612-538년). 상대적으로 짧았던 이 기간 동안 신-바빌론 제국은 앗수르 제국의 군사적 행정적 체제를 적절하게 차용하여 점령지를 주의 깊게 감시하였으며 반란을 일으킬 가능성이 있는 국가 지도자는 강제로 이주시켰다.

그러나 신-바빌론 사람들은 앗수르 사람들처럼 점령지 인구 집단을 의도적으로 교환 정착시키지는 않았으며, 강제 이주도 훨씬 소규모로 진행하였다. 따라서 유다 지도자가 바빌론으로 잡혀가기는 했지만, 앗수르 치하에서 이스라엘에 외국인이 정착한 것처럼 외국인 포로를 예루살렘에 정착시키지는 않았다.

신-바빌론 제국이 짧은 시간 안에 명운을 다한 데는 두 가지 이유가 있었다.

첫째, 앗수르에 대항하기 위하여 신-바빌론과 메대가 맺었던 '편의 협정'(the alliance of convenience)이 오래 가지 않았다. 양측은 앗수르 멸망 후 서

---

54 P.-A. Beaulieu, *The Reign of Nabonidus, King of Babylon 556-539 B.C.*, Yale Near Eastern Researches 10 (New Haven, Conn.: Yale Univ. Press, 1987).

로의 길을 가다가 결국 정면으로 대결하게 되었다. 신-바빌론 사람들은 티그리스-유프라테스 계곡과 시리아-팔레스타인 지역을 지배했고, 메대는 이란과 아나톨리아 산지와 고원 지역을 통치했다.

그런데 이 지역은 비옥한 초승달 지대의 동북부 경계선을 이루고 있었기 때문에, 신-바빌론 제국은 앗수르 인이 자연 자원을 수입하여 제국을 건설했던 중요한 교역로를 잃게 되었던 것이다. 오래지 않아 메대 연맹 '주변 지역 영주'였던 안산(Anshan)의 키루스(Cyrus)가 느슨하게 동맹을 유지하고 있던 세력을 결집하여 강력한 군대를 결성하였으며, 그의 칼끝은 곧 바빌론을 향하게 되었다.

둘째, 신-바빌론 제국이 쉽게 무너진 둘째 이유는 지배층 안에서 심화된 갈등 상황 때문이었다. 이 시대에 기록된 논쟁적인 기록에 따르면 키루스가 수도를 점령하고 갈대아 왕조를 무너뜨리는 데 바빌론 제사장들이 큰 도움이 되었다고 한다.

그 이유는 나보니두스가 마르둑 제의를 소홀히 하면서 이 제사장들을 무시하였기 때문이다. 아니면 나보니두스가 수도를 오랫동안 비워 두었기 때문에 국가 행정 체계와 군사력이 약화되어 수도 방어력이 현저하게 떨어지고 수도를 지켜야 하는 결정적인 순간에 바빌론 총독과 군사령관이 키루스에게 투항하는 계기가 되었을 수도 있다.

4) 이집트, 기원전 1500-538년

힉소스 통치를 내쫓고 나서 신-왕국(제18-20왕조)은 다시 이집트를 통일하고 팔레스타인과 시리아 남부로 군사 원정을 감행했다. 그러나 당시 시리아 북부를 지배하고 있던 히타이트(the Hittites) 사람들에게 부딪쳐 더 이상 북상하지 못하고 교착 상태에 빠지고 말았다.

신왕국 시대가 기울어 가고 또 다른 분열의 시대가 따라 왔으니, 타니스와 테베에 자리를 잡은 경쟁국이 때로 협력하고 때로 권력을 잡기 위해 다투기도 하였다(제21-24왕조). 후대 왕조가 일시적으로 이집트를 통일하기도 했지만(제25-26왕조), 그 영향력을 아시아까지 미치지는 못하였고, 앗수르나 신-바빌론 제국에 대항하는 시리아-팔레스타인 세력을 부추기거나 뒤에서 돕는 정도의 역할을 감당하였다.

이렇게 방어적 입장을 고수하던 이집트는 기원전 7세기에 앗수르에게 침략을 받아 지배를 당하기도 했다. 고대 이스라엘이 건국된 것은 신왕국 시대의 폐망과 때를 같이 한다. 이집트는 지리적으로 이스라엘과 근거리에 있기 때문에 이집트 왕조가 쇠약하다는 사실이 팔레스타인에서 벌어지는 사건에 일정한 역할을 맡았다고 볼 수도 있으나, 이 시대에는 이집트가 결정적인 지정학적 요인이 되지 못했다.

거리가 가까운 아시아로 제국주의적인 야망을 펼치기 위해서 신왕국 이집트는 군사적 경제적 전략을 구사했는데, 각 정책이 유기적으로 긴밀하게 연결되어 성공을 거두지는 못했다.[55] 시리아-팔레스타인 지역에 완충 지대를 건설하면서 이집트는 힉소스인 때문에 겪었던 아시아인의 진입이나 침략을 막아 보려 하였다.

이런 과정 속에서 이집트는 봉신국이 바치는 조공이 규칙적으로 전달되도록 지역 안정에 신경을 썼고, 특히 육로와 수로를 통해 진행되는 수익성이 높은 국제 무역을 장악하려고 하였다.

이집트 제국 행정 체계는 당대 히타이트나 후대 앗수르인에 비하여 정밀하지 못하고 좀 더 헐거운 성격이었다. 이집트가 군사 원정을 감행하고 난 후에 점령당한 도시 국가 지도자는 이집트 왕의 '섭정'(regent) 지위를 얻었으며, 매년 조공을 바치는 책임을 감당하였다. 가끔은 이집트의 행정 관료가 이런 섭정을 관리 감독하기도 하였다.

---

55 신왕국 이집트에 관해서는 다음 연구를 참고하라. Baines and Málek, *Atlas of Ancient Egypt*, 42-48; Paul J. Frandsen, "Egyptian Imperialism," in Larsen, ed., *Power and Propaganda*, 167-89; Kuhrt, *The Ancient Near East*, 1:185-224, 317-30; David O'Connor, *Ancient Egypt*, 183-232; G. Steindorff and K. Seele, *When Egypt Ruled the East*.

점령지 주요 도시에 주둔한 이집트 군대는 서로 전쟁을 일삼는 섭정을 관리하는 데 효과적으로 기능하지는 못했다. 봉신의 충성심을 확인하고 국가 건축 사업에 필요한 전리품과 포로를 확보하기 위해서 이집트는 때때로 큰 군사 원정을 감행하였으나, 그 결과가 오래 지속되지는 못하였다.

신 왕국 이집트는 내부적인 문제로 불안한 상태를 경험했는데, 태양 원반으로 상징되는 아톤 신을 유일한 국가 수호신의 자리에 옹립하려 했던 개혁주의자 파라오 아크나톤(Akh-en-Aton) 때문에, 그리고 아몬 신을 섬기던 테베 신전의 제사장이 벌인 정치적 투쟁 때문이었다.[56]

종교 개혁이 실패하자 그 뒤를 이은 라암세스 왕조 지도자들은 수도를 삼각주 지역으로 옮겨 아시아에 있는 왕국을 감시하고, 아크나톤이 끊었던 개혁 이전의 아몬-라(Amon-Ra) 제의 전통을 충실하게 부활시키며 상부와 하부 이집트가 전통적으로 보여 주었던 종교적 중심을 재확인하였다.

람세스 왕조의 파라오들은 아시아를 향한 이집트의 제국주의적 식민 정책을 다시 추진하려하였으나, 국제적인 장악력이 약해지고 에게 지역 이주자에게 밀려서 점령지를 포기해야 했으며, 히타이트 제국과 시리아-팔레스타인 지역이 이런 이주자에게 멸망당하고 점령당하는 모습을 지켜봐야 했다.

그 뒤를 이었던 이집트 왕조는 서쪽에서 삼각주 지역으로 침입해 들어온 리비아 사람들이나 아프리카 내륙에서 나일 강 지역까지 지배력을 확장했던 누비아 사람들이 지도자였다.[57] 정치판에 새로 등장한 이 주인공들은 야만족 오랑캐가 아니었는데, 왜냐하면 이들이 왕좌에 오르기 전에 이미 이집트 문화와 종교에 큰 영향을 받아 자신들의 생활 양식을 조절한 후였기 때문이다.

56　Donald B. Redford, "Akhenaten," *ABD* 1:135-37; Cyril Aldred, *Akhenaten, Pharaoh of Egypt: A New Study*, rev. ed. (London: Thames & Hudson, 1988).

57　리비아와 누비아 왕조, 후대의 이집트 왕조에 관해 그리고 앗수르와 페르시아의 이집트 지배에 관해서 다음 연구를 참조하라. Kuhrt, *The Ancient Near East*, 2:623-46; David O'Connor and Alan B. Lloyd in Trigger et al., *Ancient Egypt*, 249-348; Baines and Málek, *Atlas of Ancient Egypt*, 42-48.

이렇게 볼 때 이들은 힉소스 왕조와 크게 다르지 않았으나 그 때 같은 '힉소스 공포 상황'은 반복되지 않았는데, 이집트는 이미 다문화 사회로 접어들고 있었기 때문이다. 그리고 신왕국 시대에 전반적으로 '아시아에 개방적'이었고, '순수한' 이집트 토박이들이 '과거의 황금기'를 재현해 낼 능력이 없었기 때문이기도 했다.

일시적으로 권력이 강화되어 이집트 전역을 통일하는 순간도 있었고 시리아-팔레스타인에 가끔 침입하여 앗수르와 신-바빌론 제국에 대항하는 시리아-팔레스타인 반군을 돕겠다고 미약한 약속을 하기도 했지만, 이 시대 이집트 왕국은 아시아 정치 세력에게 전혀 위협적인 요인으로 간주되지 않았다.

오히려 반대로 앗수르가 이집트를 침입하여 이십여 년 동안 다스렸으며, 그 후 페르시아는 나일 강 계곡 지배권을 100년 이상 보유할 수 있었다. 기원전 609-605년에 이집트가 제국주의의 꿈을 잠깐 성취하는데, 정치적 주도권이 앗수르에서 신-바빌론 제국으로 바뀌는 사이에 팔레스타인에는 잠깐 동안 정치적 진공 상태가 조성되었기 때문이다.

사이스 왕조의 파라오 느고(Neco of the Saite Dynasty)는 유다 왕 여호아하스를 폐위시키고 여호야김을 대신 임명하며 조공을 받아갔는데, 카르케미쉬 전투(the Battle of Carchemish)에서 신-바빌론 제국에게 패배한 후에는 곧 팔레스타인에서 내몰리고 말았다. 그럼에도 불구하고 이스라엘과 유다 왕국이 멸망할 즈음에 두 나라의 지도층은 앗수르와 신-바빌론의 맹공격을 피하기 위하여 이집트에 희망을 걸고 원군을 요청하기도 하였다.

많은 이스라엘과 유다 사람들이 기원전 7세기와 6세기에 용병이나 피난민이 되어 이집트로 이주하였는데, 이들은 헬레니즘 시대에 크게 확장하여 야훼를 섬기는 공동체가 폭넓게 분포하게 되는 원천이 되었다.[58]

---

[58] Joseph M. Modrzejewski, *The Jews of Egypt: From Rameses II to Emperor Hadrian* (Princeton, N.J.: Princeton Univ. Press, 1995), 21-26.

5) 메소포타미아, 이집트, 아나톨리아, 이란, 마케도니아, 기원전 538-63년

지금까지 우리는 메소포타미아와 이집트 정치를 구분해서 따로 다루어 왔다. 그러나 이제 이 두 지역을 하나의 커다란 정치 관계망의 하부 요인으로 보고 분석해야 할 때가 왔다. 이 정치 관계망 안에는 메소포타미아와 아나톨리아, 시리아-팔레스타인은 물론이고, 이란과 지중해 동부 해안에 퍼져 있는 그리스 문화와 정치의 중심지가 포함되어, 고대 근동에서 역사 사건과 정치 제도를 통해 서로 영향을 미치게 된다. 이런 상호 작용의 끝에는 로마 제국이 나타나 근동 지방 전체를 호령하게 된다.

페르시아 제국의 창시자 키루스는 신-바빌론 제국과 메대 왕국의 영토를 물려받아 앗수르 제국이 전성기였을 때보다 더 넓은 지역을 다스리는 통치권을 얻었다.[59] 그의 후계자들은 제국을 더욱 확장하여 동쪽으로는 인더스 계곡, 북서쪽으로는 아나톨리아 반도 전체, 그리고 남쪽으로는 나일 강 계곡까지 확장하였다. 이렇게 넓은 제국을 다스리기 위해 꼭 필요했던 정치 기관이나 행정 체계를 갖추는 일은 페르시아 사람들에게 아주 심각한 숙제였음이 분명하다.

그러나 그들은 이백여 년 동안 이 작업을 훌륭히 해 낸 것으로 보이며, 근동 지방에서 일어났던 어떤 제국보다 더 넓은 영토에 거주하는 다양한 인구 집단을 효과적으로 통제하였다. 페르시아인은 앗수르인이 발전시킨 정책을 기반으로 제국을 건설했으나, 앗수르의 주요 무기였던 군사적 위협 대신에 문화적 이념적 장려책을 도입하였으며, 자기들만의 행정 개혁안도 많이 사용하였다.

그들은 군사적 상업적 목적으로 이동하는 사람을 돕기 위해 도로 체계를 개선하였으며, 페니키아와 그리스 도시 국가의 도움을 받아 해로를 통

---

[59] 페르시아 제국에 관해서 다음 연구를 참고하라. Kuhrt, *The Ancient Near East*, 2:647-791; Roaf, *Cultural Atlas*, 203-15.

한 군사 원정을 감행하거나 해상 무역을 활성화시켰다. 아나톨리아/소아시아에서 처음 주조하기 시작한 동전을 페르시아 제국에서 통화 수단으로 널리 사용하게 되어 상업이 크게 발전하였다.

키루스 대왕의 광범위한 정복 전쟁이 끝나자 그의 후계자들은 제멋대로 퍼져 나가는 제국의 행정 체계를 확립하기 위해 고심하였으며, 제국 전체를 사트랍(satrap)이라고 부르는 큰 관할 구역으로 나누어 총독과 관료들을 임명하였다.[60] 사트랍은 더 작게 하위 속주로 나누어진다.

많은 페르시아 고위층 인사가 제국 곳곳에 흩어져 거주하였는데, 정부 기관에 관련된 관리뿐만 아니라 큰 영지를 수여받은 귀족과 그 신하도 자기 영지에 거주하였다. 이 넓은 제국의 행정 관료가 정치적으로 왕에게 충성하고 경제적으로 청렴하게 일하게 하려고, 왕은 사트랍이나 자신의 신하와 독립된 보안군을 주둔시켰으며, 이들은 제국의 관리가 자기가 맡은 일을 충실히 완수하는지 감독하고 감시하는 책임을 맡았다.

페르시아 정부는 될 수 있는 한 설득을 통해 지배하려는 경향이 있었기 때문에 각 지역과 지방의 사회 문화 종교적 유대를 강화하려고 노력하였다.

---

60 페르시아 제국의 행정 체계에 관해서 다음 연구를 참조하라. J. M. Cook, *The Persian Empire*, 77-90, 102-12, 167-82; Christopher Tuplin, "The Administration of the Achaemenid Empire," in *Coinage and Administration in the Athenian and Persian Empires*, ed. Ian Carradice (Oxford: British Archaeological Reports), 109-66. 사트랍 지도는 Roaf, *Cultural Atlas*, 208-9를 보라. 페르시아 제국에 관한 연구가 계속 진행되면서 Sancisi-Weedenburg는 우리가 페르시아 제국의 각 지역에서 실제로 작용했던 행정과 이념에 관해 알고 있는 바가 거의 없다는 점을 지적한다(Heleen Sancisi-Weedenburg, "The Quest for an Elusive Empire," in *Achaemenid History*, Vol. 4, *Centre and Periphery*, ed. H. Sancisi-Weedenburg and A. Kuhrt [Leiden: Netherlands Institute of the Near East, 1990], 263-74).
"만약 누군가가 밑바닥부터 다시 조사하려고 마음먹는다면 제국을 발견하기는 어려울 것이다. 다른 말로 하자면, 아케메네스 제국의 행정 체계는 커녕 그 영향을 감지하는 것조차 쉬운 일이 아니다"(263).
제국의 통일성을 강조하는 페르시아 역사가와 제국의 문화적 정치적 다양성을 강조하는 고고학자 사이에 존재하는 간극을 좁히기 위해서 인류학 모델을 사용해야 한다고 주장하면서, Sancisi-Weedenburg는 고대 이스라엘 역사가가 사용하는 접근 방법이 서로 긴장 관계에 있거나 반대되는 상황에 있는 것처럼 아케메네스 역사학 연구 방법도 마찬가지라고 말한다.

앗수르 사람들이 포로로 잡아왔던 많은 사람들은 자기 고향으로 돌아가도록 허락을 받았고, 또 도움도 받았으며, 그들 중 유다 왕국 지배층의 후손도 있었다. 이들은 고향으로 돌아가 그동안 신-바빌론 제국 치하에서 약탈당하거나 관리 소홀로 무너진 성전과 주요 성물을 재건하려고 노력하였다. 이렇게 회복된 유다나 이집트 같은 지역 공동체는 제한적이긴 하지만 자치적인 사법 체제를 운영하기 위해 전통적인 법전을 편찬하도록 허락받기도 했다.[61]

이런 모든 유화 정책에도 불구하고 최고의 권위는 물론 페르시아 제국 정부에게 있었으며, 이 정권을 유지하기 위해 효과적으로 세금을 징수할 수 있도록 강력히 요구하였고, 반란이 일어나면 과거 앗수르 사람들이 했던 것처럼 무자비하게 정벌할 수도 있음을 보여주었다.

기원전 5세기로 접어들면서 페르시아는 그리스 도시 국가와 많은 갈등 상황을 빚기 시작했는데, 소아시아에 있던 도시는 직접 제국의 치하에 두고 통제하였으나 그리스 반도에 있는 도시, 특히 아테네는 독립을 유지하고 있었다. 그리스와 페르시아 사이에는 무역이 활발하게 이루어지고 있었는데, 때론 협력을 통해 발전하기도 했지만 때론 경쟁 관계가 되어 본격적인 전쟁이 발발하기도 하였다.

아테네는 이집트에서 페르시아에 반대하여 일어난 봉기를 후원하였다. 그리스가 운영하던 수익성 높은 해상 무역에 눈독을 들이던 페르시아는 그리스 본토를 향해 군사 원정을 두 번 시도하였는데, 대개 분열 상태였던 그리스 도시 국가가 스스로를 지키기 위해서 연합한 결과 두 번 다 페르시아를 물리치고 자기 영토에서 쫓아내는 데 성공한다(기원전 490-479년).

그 후에도 일회적인 갈등과 산발적인 전투가 이어지며 교착 상태가 계

---

61 이집트와 유다의 법전 편찬을 페르시아가 후원했다는 주제에 관하여 다음 연구를 참조하라. Gösta W. Ahlström, *The History of Ancient Palestine from the Paleolithic Period to Alexander's Conquest*, JSOTSup 146 (Sheffield: Sheffield Academic Press, 1993), 876-79; Geo Widengren in John H. Hayes and J. Maxwell Miller eds., *Israelite and Judaean History* (Philadelphia: Westminster Press, 1977), 515.

속되었는데, 페르시아가 소아시아에 있던 그리스 식민지를 다스렸고, 이들 중 일부는 아테네나 스파르타의 보복이 두려워 페르시아에 협력하고 있었기 때문에 상황은 더욱 복잡하게 돌아가고 있었다. 그 후 몇 십 년 동안 아테네와 스파르타는 펠로폰네소스 전쟁에 군사를 파견하며 서로 전쟁을 벌였고, 이집트는 페르시아의 지배를 벗어나 몇 십 년 동안 독립을 누리다가 페르시아가 멸망하기 얼마 전에 다시 정복당하기도 했다.[62]

그리스인이 보기에 많은 그리스 도시 국가는 '민주주의' 체제 아래 살고 있는데 반하여 페르시아 제국은 전혀 통제를 받지 않는 '독재 정치'를 행하고 있었다. 고대 그리스 민주주의의 정도와 성격을 조심해서 정의해야 할 필요가 있는 것처럼 페르시아 제국 전체를 유지하던 혼합적인 정치 구조와 과정을 정확하게 묘사하기 위해 획일적인 독재주의라는 말 한 마디로는 매우 부족하다.

중앙 제국 정부는 물론 든든하고 강력하게 명령하며 나라를 지배하고 있었으나, 백성의 사회 정치 생활을 앞서 존재했던 제국보다 더 강력하게 통제했던 것은 아니며, 필요할 때면 언제든지 지역과 지역 세력과 융통성 있는 관계를 유지하려고 노력했다. 전국을 다스리는 하나의 정권과 자기만의 사회적 문화적 정체성과 자기 표현을 소유한 수많은 하위 중심지가 결합하여 페르시아 사람들과 모든 속주를 다스리던 토박이 지도층을 중심으로 국제적인 문화가 탄생하였다.

이런 다문화 세계의 기초는 이란 출신의 인도-유럽인이었던 페르시아 사람들이 셈족과 이집트인, 아나톨리아에 사는 그리스인을 지배하기 시작하면서 발생하였다. 페르시아 사람들은 아람어를 자신들의 공식 언어로 채택하면서 이런 다양한 인구 집단을 통제하기 위해서는 앗수르 사람들이

---

[62] 페르시아와 그리스의 관계에 대해서 다음 연구를 참조하라. Hermann Bengston ed., *The Greeks and the Persians* (New York: Delacorte Press, 1968). Mann은 페르시아를 향한 그리스의 태도나 그리스가 전투에서 페르시아를 물리칠 수 있었던 이유에 관해 양면적인 의견을 가지고 있다(Mann, *Sources*, 214-16, 240-46).

했던 것처럼 자기들의 '민족적' 우월성을 강조하지 말고 모두를 폭넓은 문화적 이념적 지붕 아래 품어야 한다는 것을 깨달았다.

그들은 단순히 자랑스러운 메소포타미아의 유산을 수정하여 사용할 수 없었으니, 자기들도 이미 오랜 세월 동안 전해져 내려오던 메대-페르시아의 유산을 통해 제국을 설립하였고, 이집트나 아나톨리아의 그리스 사람들도 자신들의 문화적 유산을 자랑스럽게 생각하고 있었기 때문이다.

페르시아 사람들은 아후라 마즈다(Ahura Mazda)를 유일한 자비로운 신으로 섬기는 조로아스터교(Zoroastrianism)를 채택하면서 제국의 국제적인 기초를 드러내는 수단으로 삼았다. 그들은 동시에 제국 각지에서 숭배하던 다른 지역 신들을 이 신과 동일시하는 전략을 사용했는데, 지방 신전이 정치적 반란에 연루되지만 않았다면 굳이 이 지방 종교를 탄압하거나 그 신전을 파괴하지는 않았다.[63]

그리스 도시 국가는 세력이 약화되어 필립(Philip) 왕의 마케도니아 제국(Macedonian empire)에 흡수되었고, 그의 아들 알렉산더(Alexander)는 아시아 침략을 시도하여 몇 년 만에 페르시아 제국을 제압해 버렸다(기원전 334-330년). 그리스와 페르시아 간에 존재했던 힘의 균형을 깨뜨린 마케도니아 군대는 무기, 전략, 군기, 사기에 있어서 훨씬 우세한 상황이었다.[64]

너무나 많은 민족에서 징집한 '연합군' 형태의 페르시아 군대는 이집트를 탈환하려는 노력과 소아시아나 다른 지역 총독이 일으킨 반란을 진압하는 데 지쳐 있었고, 맹렬하게 침략해 오는 마케도니아인에게 대항할 만큼 한 가지 목적을 향해 능률적으로 군사를 파견하지도 못하고 능력 있는 장군도 많지 않았다.

63　페르시아의 통치 이념에 관하여 다음 연구를 참조하라. Heleen Sancisi-Weerdenburg, "The Construction and the Distribution of an Ideology in the Achaemenid Empire," in M. van Bakel et al. eds., *Pivot Politics*, 101-19.

64　Frank E. Adcock, *The Greek and Macedonian Art of War* (Berkeley, Calf.: Univ. of California Press, 1957); Donald W. Engel, *Alexander the Great and the Logistics of the Macedonian Army*, (Berkeley, Calf.: Univ. of California Press, 1978).

알렉산더 대왕이 페르시아를 점령하면서 좀 더 새롭고 적극적인 문화적 세계주의가 고대 근동 지역에 퍼지기 시작했다. 알렉산더와 그의 후계자들이 페르시아의 정치 구조를 계승하고 수용하였으나, 그리스 방식으로 지은 도시 국가와 군사 식민지를 많이 건설하면서 그리스 사상과 문화의 씨앗을 광범위하게 뿌렸으며, 이는 특정한 정권의 성패를 넘어서는 지대한 영향을 후대에 남기게 되었다.[65]

알렉산더가 후계자를 남기지 않고 일찍 사망하는 바람에 서로 전쟁을 계속하던 그의 장군들이 그의 광대한 제국을 나누어 가지게 되었으며, 그중 세력이 컸던 두 사람을 들자면 이집트와 팔레스타인을 다스리던 프톨레미(Ptolemy)와 시리아, 소아시아, 메소포타미아를 다스리던 셀류커스(Seleucus)를 들 수 있다.

마케도니아 사람들은 언어나 문화에 있어서 그리스인이 분명했지만, 그리스의 민주주의 정치 체제는 그들이 공유하지 않던 생활 방식이었다. 마케도니아 왕 필립은 그의 아들 알렉산더가 페르시아를 치러 떠나기 전에 분열된 그리스 도시 국가를 점령하여 자기 왕국에 편입시켰다. 마케도니아는 그리스 도시 국가 정치 조직을 인정하고 제한적인 자치권을 허락하였으며, 자기의 제국 정책에 도움이 될 때는 도시 국가를 건설하기도 하였다.

그러나 이들을 왕의 지배를 위한 신하와 도구로 취급하였으며, 이런 관계는 페니키아와 아나톨리아 지방 그리스 도시 국가가 페르시아 왕에게 협력한 것과 크게 다르지 않았다. 비교한다면 페르시아의 정치적 '독재 정치'와 헬레니즘 왕국의 정치적 '독재 정치' 사이에 질적인 차이는 거의 없었다.

---

65 마케도니아 제국과 헬레니즘 문화에 관하여 다음 연구를 참고하라. Samuel K. Eddy, *The King Is Dead: Studies in the Near Eastern Resistance to Hellenism 334-31 B.C.* (Lincoln, Neb.: Univ. of Nebraska Press, 1961); F. E. Peters, *The Harvest of Hellenism: A History of the Near East from Alexander the Great to the Triumph of Christianity* (New York: Simon & Schuster, 1970); W. W. Tarn, *Hellenistic Civilisation*, 3rd ed. (New York: New American Library, 1952).

이집트에서는 고대 이집트의 유산을 이어받은 프톨레미 왕조 왕들이 매우 정교한 관료 체제를 확립하여, 백성들로부터 매우 능률적으로 세금을 걷고 노동력을 징집할 수 있었으며, 기원전 3세기 내내 그들의 지배 아래 있던 팔레스타인 사람들도 이런 식으로 지배하였다.[66]

그들은 그리스 문화를 열심히 후원했고, 알렉산드리아에 그 유명한 도서관을 건립하기도 했다. 그들은 그리스 문화의 여러 요소를 이집트 전통과 혼합하였으며, 이집트 신들을 인정하고 스스로를 파라오의 후계자라고 불렀다. 시리아 안디옥(Antioch)을 수도로 다스렸던 셀류커스 왕조는 훨씬 더 넓은 영토를 다스렸는데, 프톨레미 왕조에 비해 정교한 행정 체계를 형성하지 못했고, 재정 위기에 빠지는 일도 드물지 않았다.

프톨레미 왕조와 셀류커스 왕조는 팔레스타인 통치를 놓고 여러 번 전투를 벌였는데, 초기에는 프톨레미가 승리했으나 기원전 2세기가 시작되면서 셀류커스가 승기를 잡았다.

여러 제국의 지배를 받던 팔레스타인에는 유다와 오래된 페니키아 도시, 블레셋 도시 국가, 새로 생긴 그리스 도시 국가가 위치해 있었다. 프톨레미와 셀류커스가 팔레스타인을 통치하기 위해서 서로 싸울 때는 팔레스타인 정치 조직의 환심을 사기 위해 다양한 편의를 봐주거나 선물 공세를 펴기도 하였다.

팔레스타인을 다스린 셀류커스 왕조의 첫째 왕은 유다에게 매우 자비로운 정책을 폈으나, 그의 후계자는 헬레니즘 문화에 찬반을 놓고 유다 내부 정파 사이에 일어난 다툼에 개입하였고, 예루살렘 대제사장 직을 노리는 경쟁자를 특정하여 후원하기도 하였다.

안티오쿠스 에피파네스(Antiochus Epiphanes)는 유다의 친-헬레니즘 계파를 전적으로 후원하면서 그리스 문화와 혼합된 야훼 제의를 장려하였으며,

---

66 Roger S. Bagnall, *The Administration of the Ptolemaic Possessions outside Egypt* (Leiden: E. J. Brill, 1976), 11-24, 180-83, 213-51; Peter Schaefer, "Palestine under Ptolemaic Rule," in Miller and Hayes eds., *Israelite and Judaean History*, 571-75.

할례나 안식일 지키기, 성전 제사, 성경(Torah) 읽기 등 관습적인 종교 행위를 금지하였다. 이로 인해 발생한 갈등은 유다 사람 사이에 내전으로 발전했으며, 셀류커스 왕조의 개입에 저항하는 식민지 게릴라 반군이 우후죽순처럼 생겨났다.

유다의 집요한 반란과 셀류커스 정권의 내분으로 인해 몇 년 후에는 유다가 종교적인 자유를 되찾을 수 있었으며, 얼마 지나지 않아 유다인은 자치적인 하스모니아 왕국(Hasmonean kingdom)을 설립하게 되었다. 이 왕국은 로마가 쳐들어와서 멸망시킬 때까지 약 100년 동안 지속되었다. 하스모니아 왕국은 이렇게 반-헬레니즘 운동을 통해 형성되었으나, 그 왕은 소규모 그리스 도시 국가처럼 나라를 운영했으며, 유다 사람들 외에 팔레스타인에 살던 다른 민족도 지배하였다.[67]

프톨레미와 셀류커스 시대에 많은 유다 사람들이 이집트로 이주하였는데, 정치적 이유로 피난을 간 사람들도 있었지만 대부분 경제적인 이유로 이민을 선택했다. 그들의 일상 용어는 그리스어였다. 비록 자신들의 종교적 관습은 아직 유지하고 있었지만, 헬레니즘 문화에 깊이 영향을 받으며 살았다.[68]

셀류커스와 프톨레미 왕국은 기원전 1세기까지 명맥을 유지하다가 로마 제국에게 멸망당했으며, 셀류커스는 기원전 64년에 프톨레미는 기원전 30년에 폐망하였다. 하스모니아 왕국은 기원전 63년에 로마에 흡수되었다. 이렇게 해서 이스라엘과 유다 정치가 진행되던 배경으로

---

67 Norman K. Gottwald, *The Hebrew Bible – A Socio-Literary Introduction* (Philadelphia: Fortress, 1985), 439-56; Peter Schaefer, "Palestine under Seleucid Domination" and "The Hasmonean Dynasty," in Miller and Hayes eds., *Israelite and Judaean History*, 576-611; Solomon Zeitlin, *The Rise and Fall of the Judaean State: A Political, Social and Religious History of the Second Commonwealth*, Vol. 1, *332-37 B.C.E.* (Philadelphia: Jewish Publication Society of America, 1962).

68 Elias J. Bickerman, *The Jews in the Greek Age* (Cambridge/London: Harvard Univ. Press, 1988); Victor Tcherikover, *Hellenistic Civilization and the Jews* (Philadelphia: Jewish Publication Society of America/Jerusalem: Magness Press, 1961).

고대 근동 정치의 궤도를 따라오던 우리의 연구를 접기에 적절한 시점에 이르게 되었다.

3. 고대 근동 정치의 요약과 평가

삼천 년이 넘는 기간 동안 중앙 집권적 정권이 메소포타미아와 이집트, 이 두 지역을 연결하는 시리아-팔레스타인 지역, 아나톨리아 반도에 여럿 나타났다가 사라졌다. 그리고 이란과 그리스의 마케도니아에서 발생한 정권이 고대 근동 지역의 패권을 거머쥔 때도 있었다. 이 정권과 관련된 수많은 역사 사건 중에서 이런 국가 정치 조직의 구조와 전략을 특징짓는 세목을 정리해 보고자 한다.

1) 국가 권력의 최고 권위

이런 정치 세력은 그 사회 안에서 가장 종합적이고 권위 있는 기관으로 군림하며, 그 사회 각 분야의 기능과 자원을 지시하고 조직할 권리와 권력을 소유하였다. 국가는 경제적 잉여 생산물이 그 조직을 유지할 수 있을 만큼 충분할 때, 그리고 사회가 다변화되고 불평등이 심화되어 경제적 자원과 사회적 지위를 조직하고 분배할 공공 기관이 필요할 때 건립되고 영구화되었다.

2) 국가 권력 유지하기

사회 관계망을 지시하고 조직하는 공적인 자격을 현실 속에 시행하면서 이런 국가가 얼마나 효과적으로 기능할 수 있느냐 하는 문제는 국가의 정치 행위에 영향을 미치는 수많은 변수에 달려 있었다.

국가의 권위라는 것이 한 번 주어졌다고 끝나는 것이 아니기 때문에, 군주는 매 순간마다 혹은 한 세대가 다음 세대로 넘어가면서 자기 권위를 재확인해야 했다. 중앙 집권적인 '집권 세력'(executive power)은 대부분 다른 내부 권력 중심 세력과 경쟁을 해야 했으며, 때로 상인이나 지주, 제사장, 집권 정부 내부의 관리도 경쟁 관계의 상대역이 되었다. 정치권력을 안정시키고 유지하기 위해서 국가 지도자는 설득과 강제를 적절히 섞어서 사용했다.

정치적인 성공은 많은 변수가 복잡하게 상호 작용을 하면서 결정되는데, 예를 들어 국가의 의무를 믿을 만한 행정 관료 체제에 적절하게 위임하는 일, 인력과 자원을 부족하지 않게 보급하는 일, 국내 사회적 경제적 이념적 권력 관계망이 서로 협조하거나 저항할 때 조절하는 일, 변화무쌍한 외교 관계, 다른 국가와 벌이는 전쟁 등이 이런 변수다. 이런 요인의 상호작용 속에서 고대 근동 국가가 '형성'되고 또 '멸망'하는 것을 위에서 언급한 정치사의 요약 속에서 반복해서 볼 수 있었다.

3) 국가 경제

고대 근동의 주요 국가는 행정과 제의의 중심지인 수도를 기초로 대개 군주제 관료 국가를 운영하고 있었지만, 작은 국가는 자기들이 보유하고 있는 자원을 조직하는 지역적 형태에 맞추어 살았다. 국가 재정을 충당하는 주요 재원으로는 지방 백성이 농업과 목축업에서 나오는 잉여 생산물을 바치고, 국가 소유 영지에서 소득이 생기며, 무역을 통해 얻는 수익과 점령한 나라가 바치는 조공이 있었다.

국가가 휘두를 수 있는 권력의 차이는 국내에서 모을 수 있는 자원의 최대치를 결집시켜서 다른 나라나 지역을 지배할 수 있는지 여부에 달려 있었으니, 그런 나라가 조공을 바치고 또 그 지역 무역의 흐름을 통제할 수 있었기 때문이다.

안정적인 재원을 확보하고 자기 백성을 보호하고 봉사한다는 주장을 실현하기 위해서 국가는 농업과 공업 생산력을 향상시키고, 구성원 간의 갈등을 중재하며, 국내 불안 요소와 반란을 진압하고, 외부 공격에서 국경을 보호할 책임이 있었다. 세금 징수와 노동력 징집에 필요한 재원과 백성을 통제하는 데 드는 다른 국가 비용이 있고, 국가 전체가 안정되고 원활하게 재화를 생산해 내어 이득을 얻는데, 이 비용과 이득 사이의 균형을 어떻게 잡느냐에 따라 어떤 정권이 강화될지 약화될지가 결정된다.

4) 국가 행정

정치권력은 정부 중심지에서 국가의 주변부로 발산된다.[69] 이 때 '주변부'는 공간적 의미 뿐 아니라 사회 경제적 의미에서 소외된 지역을 가리킨다. 일반적으로 국가의 영토란 지리적인 접근 가능성과 명령 계통의 유효성 등에 의해 경계가 결정되고 정부의 정책이 수행되는 장이기 때문에, 국가 권력은 이 영토 전체를 통제하는 능력을 통해 공간적으로 표현된다.

역시 일반적으로 국가 권력은 국가의 요구를 수행하는 관료는 물론 정부 외부에 권력 기반을 가지고 있는 귀족이나 상인, 제사장의 행위, 즉 다양한 사회적 경제적 관계망을 통제하는 능력을 통해 사회 경제적으로 표현한다. 어떤 정권이 공간적이거나 사회 경제적인 주변부를 통제할 수 없게 되면, 그 세력이 쇠약해지고 결국 폐망하고 만다.

국가 행정 체계에 속한 관리의 칭호와 기능에 관해 다양한 사료를 통해 얻은 정보가 적지 않지만 이 정보가 여러 곳에 분산되어 있고 산발적이며 어떤 경우에는 서로 모순되어 있어서, 고대 근동 정치 조직의 국가 행정 조직을 완벽하게 재구성하는 일이 불가능하다. 초기 수메르 국가와 후대 프

---

69 중심과 주변부에 대한 정치 이론에 대해 반대 의견도 많지만, 너무 엄격하게 기계적으로 적용하지만 않으면 아직은 분석 도구로 유용하다. Rowlands et al. eds., *Centre and Periphery*, 1-73.

톨레미 제국에 관해서는 거의 전반적인 재구성이 가능한 시점에 다가서고 있지만, 이런 경우에도 아직 전혀 알려지지 않은 부분과 불분명한 구석이 많이 있다. 만약 고대 근동 왕궁에서 관리의 책임을 상세히 설명해 주는 안내서나 행정 조직을 정리한 도표를 만든 적이 있다면, 이런 자료는 사라지고 남아 있지 않다.

고대의 행정 관리는 아마도 현대 서양 사회에서 말하는 관료 체제의 정교한 '합리성'을 추구하지 않았던 것으로 보이며, 정부 교체와 상관없이 지속되는 공무원 조직의 형태는 필경사나 제사장처럼 소수의 특정한 직책으로 한정되어 있었다. 이런 고대 국가의 행정 체계를 연구하는 학자 중 이들을 '관료주의적'이라고 부르기 보다는 '세습적'이라고 부르는 사람이 있는데, 그 이유는 이 행정 관리가 어떤 추상적인 '국가'를 위해 일을 했다기 보다는 특정 왕의 개인적인 신하로 일했기 때문이다.

어쨌든 정부의 특정 기능은 어떤 방법을 쓰건 그 일을 완수하도록 임명한 사람이 성공해야 제대로 발현될 수 있다. 만약 그 사람이 자기 임무를 다하지 못하면, 그 국가를 지배하는 '중심부'는 '주변부'에 권위와 권력을 행사할 수 없게 된다.[70]

---

[70] Morony는 고대 국가의 행정 기관을 단단히 잘 조직되고, 특정 개인과 관계없이 운영되며, 일정한 규칙에 따라 움직이는 현대적 의미의 '관료 체제'라고 안이하게 상상하지 말라고 경고한다(Michael G. Morony, "In a City without Watchdogs the Fox Is the Overseer': Issues and Problems in the Study of Bureaucracy," in Gibson and Biggs eds., *The Organization of Power*, 5-14). 관료 체제에 대한 사회 정치적 이론을 통해 Morony는 관리 임명을 통해 운영하는 고대 근동의 통치 형태에 의문을 제기한다. 어떤 분야에 대해서는 불연속적인 증거가 다양하게 나오지만, 관료 체제와 관련해서는 고대 자료가 놀랍게도 침묵하고 있고, 어떤 경우에는 매우 유연하고 거의 무계획적인 조직 형태가 나타나서 Weber가 말하는 '관료주의적'인 조직 보다는 '세습적'인 조직이라고 보는 것이 타당하다고 결론짓는다.

5) 국가 이념

정치권력은 종교를 기초로 한 이념적 권력에 지지를 받는다. 신, 신화, 제의가 다양했던 세계에서 국가가 백성을 다스릴 자격을 정당화하고 그들의 지지를 끌어내기 위해 토착 종교에 의지했다는 사실은 언제 어디서나 변함없는 진실이었다. 이집트를 비롯한 몇몇 나라에서 정치 지도자는 제의적인 역할을 맡으며 신격화되었다. 그 외 다른 곳에서는 대부분 신들이 보장한 특권을 가진 대리인으로 간주되었다.[71]

신전에서 일하는 제사장은 정치 질서 유지를 위해 필수적이었지만 지도자와 제사장 사이의 관계는 우호적일 수 없었다. 왜냐하면 국가는 종교적 이념을 통해 이득을 보려고 하면서도 종교 기관이 경제 사회적 권력을 소유하는 것을 막으려 했기 때문이다. 메소포타미아나 이집트에서 새롭게 등장하는 정권은 존경받는 그 '문화의 대표 신'에게 인정받고 지지를 얻곤 했으며, 아나톨리아나 시리아-팔레스타인에서 일어난 나라는 이와 유사한 지역 수호신의 도움을 받았다.

왕을 위한 종교적 축복이 언제나 왕좌를 보호하는 기능을 하지 않았던 것은 이런 나라에 반란이나 암살이 자주 일어났기 때문이다. 왕좌를 차지한 다음 왕은 폐위된 왕을 종교적 책임을 다하지 못한 게으른 이단자로 낙인찍곤 했다. 국가가 확장되어 제국이 되었을 때 점령자의 신에게 특별한 지위를 보장하는 것은 물론 점령을 당한 나라의 신도 만신전에 자리를 만들어 포함시키기도 했다.

---

71 Henri Cazelles, "Sacral Kingship," *ABD* 5:863-64; John Baines, "Ancient Egyptian Kingship: Official Forms, Rhetoric, Context," in *King and Messiah in the Ancient Near East: Proceedings of the Oxford Old Testament Seminar*, ed. J. Day, JSOTSup 270 (Sheffield: Sheffield University Press, 1998), 16-53; W. G. Lambert, "Kingship in Ancient Mesopotamia," in Day ed., *King and Messiah*, 54-70.

6) 국가의 위기

많은 사람이 고대 근동 국가를 완전히 '동양식 폭정'으로 생각하는데 이는 분명히 잘못된 생각이다.[72] 이 고대 정권이 지도자의 절대적 통제 아래서 고정적이고 획일적인 나라를 만들었다는 인상과는 반대로 이런 나라가 후세에 남긴 칙령이나 명문, 예술 작품, 건축물에서 자부하는 것처럼 자기 사회를 완전히 지배했던 적은 별로 없었다.

사실 국가 권력은 경쟁적인 이해관계를 가진 다양한 사회 집단과 경제 집단을 '일시적으로' 집중시킬 힘을 가졌을 뿐이었다. 이런 집단 사이의 균형이 동요될 때 그 정권은 흔들리고 넘어지게 된다. 이런 정치 질서가 유지되는 '순간'은 어떤 나라 안에서 몇 십 년 동안 지속될 수도 있고 100년 이상이 될 수도 있다. 국내외의 반대 세력이 약하고 분열되었을 때 쇠약해진 정권도 권력을 유지할 수 있지만, 전체적으로 봤을 때 이런 정권이 방해받지 않고 지속되거나 오래 지속되는 예는 많지 않았다.[73]

---

[72] Wittfogel은 고대 국가가 '수자원이 중요한 사회'에서 복잡한 관개 시설을 관리하기 위해서 발생했다는 식으로 한 가지 원인만으로 설명하는 이론은 경험적으로 취약하다고 지적하고, 스탈린 치하의 소련처럼 이런 나라가 '총체적 권력'을 행사했을 것이라고 상상해 본다(Karl A. Wittfogel, *Oriental Despotism: A Comparative Study in Total Power* [New Haven, Conn./London: Yale Univ. Press, 1957]). 서양 학자들이 아시아와 중동 지역에 관하여 가졌던 왜곡된 생각의 지적 정치적 연원에 관해서는 다음 연구를 참조하라. Edward W. Said, *Orientalism* (New York: Random House, 1978).

[73] Michalowski는 초기 메소포타미아에서 국가 권력 사이에 큰 분열과 단절이 있었다고 주장하며 다음과 같이 말했다(Piotr Michalowski, "Charisma and Control: On Continuity and Change in Early Mesopotamian Bureaucratic Systems," in Gibson and Biggs eds., *The Organization of Power*, 45-47). "메소포타미아 역사는 더 발전되고 더 큰 '제국'이 번갈아가며 등장하여 목적론적으로 민족적 위대성을 성취하려는 지속적인 과정으로 생각하는 경향이 있어왔다. 이런 연속체는 '암흑시대'가 여러 번 개입하면서 깨졌고, 이를 다시 극복하면서 재건의 시대가 왔고, 그런 식으로 역사는 진행되었다. 내가 생각하기에 아직도 이런 견해를 지지하는 학자는 별로 없어 보인다. 이미 잘 알려진 것처럼 … 기원전 3,000-1,500년경에 존재했던 정치 기관은 도시 국가와 아카드 제국, 우르 제3왕조 제국, 그리고 잠깐 동안 영광을 누린 함무라비와 삼수-일루나의 왕국이었는데, 이들은 각각 몇 세대 정도 지속되었을 뿐이다. 사실 구-바빌론 시대 마지막까지 수메르와 아카드가 성취한 통일된 시대는 길어야 230년에 불과하다. … 이런 분열과 단절을 강조하는 태도는 관료 체제를

군사적 성취를 기초로 새로운 정권이 건국을 할 수도 있지만, 이 정권의 지배하에 있는 경제 사회적 주요 세력 사이에 균형을 형성하고 관리할 수 있어야만 나라를 지속시킬 수 있었다. 간단히 말해서 고대 근동 지역의 특정한 나라가 권위주의적(authoritarian) 통치를 했지만, 모든 나라가 '전체주의적인 폭정'(totalitarian despotism)을 했던 것은 아니다.

상류층이 위원회나 의회를 조직해서 왕궁 자문 기관으로 활동했던 나라도 있었는데 이런 정권을 '민주주의'나 '공화정'이라고 불러서는 안 된다. '주인공이 많은' 사회에서 중앙 집권적인 통제에 대항하는 경향은 정치권력의 원천이 더 심각하게 분산되어 있을 때 발생한다는 사실을 인정해야겠지만, 뒤를 이어 일어난 앗수르나 페르시아처럼 패권적인 제국은 자신들의 행정 구조와 이념적인 입장을 넓히고 재정비하여 그 사회의 다른 주인공과 정치권력을 공유하는 일을 최소화할 수 있었다.

7) 국가가 제국으로 성장

메소포타미아에서는 아카드 왕국부터, 이집트에서는 중왕국 시대부터 강한 국가가 주변의 약한 국가를 지배하면서 국경 밖에 실재하거나 그럴 가능성이 있는 위협에 대처하고, 재정을 보충하며, 국내 반대 세력을 진압하여 지배의 정당성을 확립한다.[74]

그러나 앗수르 사람들이 군사 원정과 행정 전략을 효율적으로 조화시키며 통치하기 전까지 이런 제국주의 정책은 간헐적 부분적으로만 성공을

연구할 때 매우 중요한데, 이런 시대가 지나가면 이런 국가가 어느 정도 새로운 통치 체제를 고안하기 위해서 노력했기 때문이다. 이런 고대 국가의 형성에 관해 우리가 가진 정보가 별로 없다는 사실이 안타까울 뿐이다"(46-47).

[74] van der Spek은 국가 지도자를 현명하지 못한 전쟁으로 밀어 넣는 심각한 국내외적 압력을 통찰력 있게 분석한다(R. J. van der Spek, "Assyriology and History," in M. E. Cohen et al. eds., *The Tablet and the Scroll*, 262-570). 앗수르, 아테네, 공화정 상태의 로마는 모두 이런 파괴적인 전쟁에 휘말린 경험이 있다.

거두었다. 그 뒤를 이었던 페르시아와 그리스 제국은 앗수르의 전략을 더 정교하게 개선하였다.

제국은 아직 확장되지 않은 국가 같은 국내 문제를 떠안고 있으면서 동시에 추가적인 문제도 해결해야만 했다. 제국의 주변부가 공간적으로 확장되었기 때문에 통신과 군사 원정과 관련된 많은 문제가 있었다. 점령 지역 안에 있는 경제적 생산망과 사회적 재생산망을 골고루 재정원으로 삼기 위해서 사회 경제적 주변부를 확대하였으며, 제국에 협력하는 매판 집단을 동원하여 제국의 지배를 '정상화'하는 데 이용하였다.

그러나 점령지 거주를 통한 권력 확대 정책은 협조를 거절하거나 수동적으로 저항하는 세력을 키우는 부작용을 낳을 수도 있으며, 어떤 경우에는 전면적인 반란으로 이어질 가능성도 있었다. 특히 제국 군대가 멀리 떨어진 전선 몇 군데에서 동시에 작전을 수행하거나, 왕이 사망했는데 그 후계자가 자기 권력 기반을 다지지 못했을 경우 제국 중심부의 장악력이 떨어지고 반란의 빌미를 주게 된다.

제국 권력이 넓게 확장되면 될수록 복속된 집단이나 제국 관리가 반항하거나 반란을 일으킬 위험이 커졌다. 안정적인 정국과 점령지에서 얻는 추가 세수, 이에 따르는 명망 등은 관리들에게 지불하는 비용과 제국의 평화를 지키고 행정적으로 유지하는데 필요한 자원으로 인해 쉽게 상쇄되곤 했다.

8) 일시적인 국가와 계속되는 문화

고대 근동의 이런 정치 관계망, 넓은 의미에서 이 '문화' 또는 '문명'에 속한 사회적 경제적 이념적 관계망이 뿌리를 내리고 있는 기반이 무엇인지는 분명하다. 메소포타미아에서는 초기 수메르-아카드 전통이 신-바빌론 시대에 이르기까지 계속 유지되었고,[75] 이집트 문화 전통도 프톨레미 왕조가 끝날 때까지 계속되었다.[76]

이러한 문화적 집합체는 종교적 신념과 관습, 문학적 기록, 예술적인 관행, 한 정권에서 다음 정권으로 계속 이어지는 민속 등으로 이루어졌다. 우리는 이런 문화적 집합체를 계승하고 영속시키는 주요 세력이 정부나 신전 관료 체제에 속한 관리와 전문가라고 생각한다.

우리 손에 남아 있는 자료가 미미하고 대중적인 구전 문화에 대해서는 간접적인 정보만 있기 때문에, 우리가 알고 있는 '고급 문화'(high culture)가 일반 대중에게 얼마나 깊이 전파되었는지 그리고 지도자와 백성 사이에 암묵적으로 동의하는 유대감으로 작용할 수 있었는지 알 길이 없다. 지도자는 스스로를 전래된 문화 전통에 끼워 맞추고 그 문화를 수용하려고 노력하였으며, 가끔 이것을 확장하거나 개조하려는 시도도 하였다.

그러나 '밑에서부터'(from below) 밀려 올라오는 문화적 압력이 어느 정도였는지는 전혀 알 수 없다.[77] 메소포타미아와 이집트 문화 전통이 페르시아 치하에서 만났을 때, 페르시아와 메소포타미아, 이집트, 그리스 문화가 서로 접촉하고 상호 작용하면서 더욱 포괄적인 국제적 문화가 탄생하였다. 고대 근동 세계가 헬레니즘 문화를 접하면서 특정한 정권과 관계없는 다른 문화적 지평을 열었고, 보편적으로 발전할 수 있는 잠재력이 있는

---

75 Norman Yoffee, "The Late Great Tradition in Ancient Mesopotamia."
76 Baines and Málek, *Atlas of Ancient Egypt*, 52-55.
77 Smith는 고대에 정치 지도층의 고급 문화와 이념이 일반 대중에게 얼마나 많은 영향을 받았는지에 관해 우리가 아는 바가 매우 적다고 지적하였다(Smith, *The Ethnic Origin of Nations*, 70-73). Gottwald는 다음과 같이 말했다(Norman K. Gottwald, "Early Israel and the Canaanite Socio-Economic System," in *Palestine in Transition: The Emergence of Ancient Israel*, eds. D. N. Freedman and D. F. Graf, SWBA 2 [Sheffield: Almond Press, 1983], 25-37).
"아직도 대답할 수 없는 질문은 고대 근동의 중앙 집권적 국가가 표방하는 이념이 백성을 공통적인 세계관으로 통합시킬 대중문화를 창조하는데 얼마나 성공적이었는가 하는 것이다. 우리가 순진하게 유대교나 기독교, 이슬람교, 힌두교, 불교 같은 후대 종교를 대하는 것과 같은 수준과 규모로 이런 고대 사상의 이념적 일관성을 가정해도 될 것인가?"(32)

문화가 모든 '합리적인/개화된' 민족에게 공개되었다. 실제로 이렇게 국제적인 헬레니즘 문화는 고대 근동의 토착 문화와 다양한 방식으로 충돌하고 또 융합되면서 발전하였다.

9) 여러 언어를 사용하는 외교와 국가

문화와 정치가 복잡하게 서로 접촉하는 현상은 고대 근동 정치의 사회적 정치적 관계망 속에서 소통을 위해 사용하는 언어를 보면 분명하게 나타난다.[78] 우리는 원칙적으로 다음과 같은 언어 사회학 영역을 구분해야 한다. 국내 정치를 수행하기 위해서 사용하는 공식 언어, 국제 외교를 위해 사용하는 언어, 정치 사회 지도층이 사용하는 언어, 일반 백성이 사용하는 언어가 그것이다. 확실한 증거는 없지만 한 나라 안에서 서로 다른 언어가 사용된 경우도 적지 않았다.

짐작컨대 사용하는 언어만 보았을 때 동질성이 가장 컸던 사회는 수메르 도시 국가와 중왕국 시대 이전의 이집트를 들 수 있을 것이다. 메소포타미아 중부에 아카드어(Akkadian)를 말하는 사람들이 세력을 잡은 후 그들이 사용하는 언어는 고대 근동 지방에서 천 년 이상 외교 활동을 위한 공용어(lingua franca)로 사용되었다.

아모리 사람도 메소포타미아 문화에 새로운 언어를 소개하였으나, 그들의 언어는 행정 언어도 외교 언어도 되지는 못했다. 아람 이주민은 후대 메소포타미아 정권의 주요 구성원으로 등장했으며, 아람어는 아카드어를 대체하면서 국제 정치의 소통수단으로 자리를 잡았고, 나중에 헬레니즘 왕국이 들어서서 주로 그리스어가 사용되기 전까지 그 자리를 지켰다.

---

[78] 고대 근동 세계에서 사용된 언어의 역사적 맥락을 간단하게 요약한 연구는 Kuhrt의 책을 참조하라(Kuhrt, *The Ancient Near East*, 4-6). Kuhrt는 여러 시대에 걸쳐서 사용된 언어가 모두 15개, 그리고 필기 체계가 약 7개 정도 된다고 말한다. 수메르어, 셈어, 이집트어, 인도-유럽어, 그 외 여러 언어를 더욱 자세하게 설명한 연구로는 다음과 같은 것이 있다. *CANE* 2:107-79; "Languages," *ABD* 4:155-229.

그러나 국가 간 의사소통 외에는 특정한 정권이 자기 나라 언어를 공식적인 일에 사용하는 경우가 많았고, 이 때 전문적인 필경사가 기록으로 남긴 정치 지도층의 언어와 다른 언어일 때도 있었다. 사회적 지위가 낮은 계층에 속하는 백성은 자신들을 다스리는 자의 '정치적 언어'와 다른 하나 또는 그 이상의 언어를 사용하기도 했다.

이렇게 다양한 언어가 동시에 사용되었던 당시 상황은 정치권력 관계망 아래에도 다양한 민족과 문화를 '쓸어 담아' 놓았음을 보여 주고 있으며, 지배자와 피지배자가 공유하는 독특한 민족 정체성을 기초로 '민족 국가'를 형성하는 데 실패했다는 좋은 지표라고 볼 수 있다.

일반적인 수메르-아카드 문화를 기초로 독특한 '국가' 정체성을 구성하려고 가장 열심히 노력했던 자들은 앗수르 지배층이었다고 말할 수 있는데, 앗수르 제국이 군사와 행정 체계를 통해 피지배자를 하나의 통합된 민족으로 녹여내려고 경주한 노력은 그 제국의 멸망과 함께 무위로 돌아가고 말았다.[79]

4. 고대 근동 국가인 유다와 이스라엘

위에서 설명한 고대 근동 지방의 정치적 궤도와 비교해 보면, 고대 이스라엘 정치의 특징은 동일 지역 내의 대규모 정치 집단에 소속된 부분 집합으로 요약할 수 있다. 역사적 사실을 무시하지 않고, 이스라엘 정치에 나타난 혁신도 놓치지 않으면서 이스라엘 국가가 다른 고대 근동 정체와 공통적으로 가지고 있는 구조와 전략을 묘사할 수 있다. 논의를 이러한 방향으로 진행시킬 때 이스라엘 정치를 기록된 본문으로만 분석하거나 고대 근

---

[79] Smith는 앗수르의 국가 정체성이 국가의 멸망과 함께 완전히 사라진 이유는 제국이 망하기 전 200년 동안 문화적인 혼합주의를 표방했고 앗수르 사람들과 다른 민족을 뒤섞는 정책을 시행했기 때문이라고 주장한다. Smith, *The Ethnic Origins of Nations*, 100-5.

동 지방의 특징을 고려하지 않은 일반적인 정치학 이론에 따라 연구할 때 얻을 수 없는 새로운 관점을 찾을 수 있다.

1) 연대적 배경

연대를 가지고 비교해 본다면 이스라엘 정치는 우리가 묘사했던 역사적 서술 중 마지막 삼분의 일 정도가 되는 시대에 존재했는데, 기원전 1200년경에 부족 공동체의 형태로 등장했고 기원전 1000년경에 국가의 형태를 갖추었다. 한편 메소포타미아나 이집트 국가는 이스라엘보다 2000년 정도 먼저 시작되어 기원전 3000-2800년까지 거슬러 올라간다.

이런 엄청난 시간 차이가 무시되는 경우가 많은데, 성경이나 고대 이스라엘을 다루는 많은 연구에서 고대 근동 지역의 초기 정체나 문화를 피상적으로 묘사하여 '축소' 효과를 초래하기 때문이다. 다른 한편 성경 전승은 그들의 조상 아브라함을 우르와 시리아 북부 하란에 관련시키고 그의 생존 연대를 이스라엘 왕정 설립 시기보다 천년 이상 높여 잡음으로써 이스라엘이 상대적으로 '젊다'는 사실을 '고백한다.'

2) 공간적 배경

공간적인 관점에서 본다면 이스라엘 정치 조직은 고대 근동에서 시리아나 팔레스타인에 있던 나라의 영토와 비교할 때 작거나 중간 크기 정도의 나라였다. 이스라엘이 주위에 있던 작은 나라를 지배하던 시절이 있었는데 이는 그리 길지 못하였고, 이집트나 메소포타미아를 정복하려고 시도해 본 적도 없다(시도했더라도 성공할 가능성은 매우 적었을 것이다).

다양한 지역 생태계와 기후 조건으로 보았을 때 중간 정도 크기의 거주 문명이 발전할 만한 조건이었으며, 이스라엘 영토에서 구할 수 있는 자연 자원과 인력은 다른 지역까지 지배할 거대한 정치 세력을 키워내기에는 부족한 편이었다. 이렇게 이스라엘 국가가 매우 제한적인 잠재 권력만을 가지고 있었다는 사실은 솔로몬의 제국을 거창하게 묘사할 때나 시편에 나오는 왕의 시를 문자적으로 해석할 때 아주 쉽게 간과되고 만다.

3) 독립과 식민지 지배

이스라엘 국가는 위에서 살펴 본 1200년간의 역사 속에서 약 500년간 자치권을 가진 독립국의 지위를 누릴 수 있었다. 약 400년 동안 왕정 체제가 지속되었는데, 처음에는 통일 왕국이었다가 나중에 북부와 남부 왕국으로 나뉘었다. 나머지 100년은 유다의 하스모니아 왕조 치하에서 독립을 유지하였다. 북 왕국은 남 왕국에 비하여 자치권을 가지고 있었던 시간이 100년 이상 짧은데, 그 이유는 북 왕국이 기원전 722년에 멸망하였기 때문이며, 앗수르와 신-바빌론 제국의 봉신국으로 존재하던 150년 동안 남 왕국보다 많이 쇠약해졌다.

그러나 독립 국가라는 개념이 이스라엘이라는 정체성을 드러내는 유일한 잣대는 아니다. 이스라엘 공동체는 탄생하던 순간부터 여러 부족 연맹체였으며, 각 지파가 외부의 통제에서 자유를 누리며 실제적인 국가를 형성하지 못하였다. 그리고 기원전 586년에 유다 왕국이 멸망하고 기원전 145년에 하스모니아 왕국이 성립될 때까지 상당한 공백 기간이 있었는데, 그 동안 유다 공동체는 신-바빌론과 페르시아, 헬레니즘 제국의 지배를 받았다.

그러므로 고대 이스라엘의 정치 궤도 전체를 놓고 볼 때 기원전 8세기 후반 이후로는 이스라엘 정치가 그들을 지배하거나 위협하는 훨씬 강력한 패권국의 그늘 아래 있거나 그들의 직접적인 통치를 받았던 것이다. 기원전 7세기 유다 왕 요시야가 잠깐 동안 이스라엘 정치를 부흥시켰던 일이나 기원전 2-1세기에 하스모니아 정권이 좀 더 오래 독립을 지킬 수 있었던 이유는 당시 제국 권력이 약화되었기 때문이다.

지역 정치의 맥락에서 이스라엘은 다른 시리아-팔레스타인 국가와 동등한 세력으로 상당히 중요한 역할을 맡아 수행하였지만, 국제 정치의 맥락에서 보자면 주요 정치 세력으로 군림한 적이 한 번도 없었다.

4) 지정학적 배경

지정학적 측면에서 생각할 때 이스라엘은 자신이 가진 미약한 정치적 권력에 비해 전략적으로나 지리적으로 매우 중요한 위치를 점유하고 있었다. 이스라엘의 전략적 가치는 상업 분야와 군사 분야에서 특히 잘 드러난다. 나일 강과 티그리스-유프라테스 강 계곡을 연결하는 주요 도로망과 아라비아 반도 남부와 지중해 해안을 연결하는 주요 도로가 바다와 사막 사이에 좁게 조성된 팔레스타인 남부 지역을 통과하고 있기 때문이다.

이런 길을 지배하는 지역 정권이나 제국 정부는 이 길을 통과하는 상품에 통행료를 부과하여 이득을 얻을 수 있고 중계 무역을 '억제'하는 전략을 행사할 수도 있다.

이스라엘과 유다는 확장 정책이 성공하던 매우 짧은 기간 동안에만 이런 길을 통제할 수 있었고, 그 길에 가깝다는 이유로 국제 무역에 큰 이해관계를 가지고 있던 강대국의 간섭을 감내해야 했다. 이집트에서 아시아로, 또 메소포타미아나 시리아에서 이집트로 향하던 강대국의 군사도 같은 길을 통해 이동하였다.

시내 반도 사막에 들어서기 전에 존재하던 서아시아의 마지막 거주 지역이었기 때문에 팔레스타인은 이집트를 침입하는 외국 세력을 막아 주는 완충 지대였을 뿐만 아니라 이집트 침략을 준비하는 아시아 제국군의 마지막 숙영지 역할을 했다. 그러므로 시리아-팔레스타인 지역을 지나가는 길을 통제하려는 제국 정부는 이스라엘과 유다에 영향력을 미치거나 직접 지배하는 것을 중요한 목표로 삼았다.

5) 정치적 분열과 국가 권력의 축소

고대 이스라엘이 가지고 있던 정치권력의 잠재력은 기원전 930년 이후 두 왕국으로 갈라지면서 사라지고 말았다. 북 왕국 이스라엘은 인구가 더 많았고 경제적으로 풍요로웠으나, 지리적으로 방어하기에 어려웠고 사회적 통합도가 떨어지는 상태였다. 두 왕국은 문화적 언어적 전통은 물론 야훼 신을 섬기는 제의적 요소를 공유하였음에도 불구하고 서로 호의적인 관계를 유지했던 기간은 그리 길지 않았으며, 한 번 갈라지고 난 후에는 한 왕조를 인정하고 통합하려는 시도를 하지 않았다.

위에서 살펴본 고대 근동 지방의 정치 집단은 쉽게 더 작은 정치 집단으로 분열되는 경향이 있었으므로, 다윗의 왕국이 솔로몬의 사망과 함께 분열된 것은 그리 의외는 아니다.

두 왕국이 다시 통일하는 데 실패했다는 점도 사실 전형적인 현상이며, 큰 제국 내 속주의 경우를 제외하면 한 번 분리된 정치 집단이 다시 결합하는 것은 매우 어려운 일이었기 때문이다. 사실 북 왕국과 남 왕국을 문화적 종교적 이스라엘이라는 하나의 공동체로 묘사한 성경 전승이 아니었다면 이 두 정치 집단을 함께 다루어야 할 이유가 전혀 없으며, 소규모 시리아-팔레스타인 국가가 외교나 전쟁을 하는 중에 서로 동맹을 맺고 연합하거나 경쟁하던 현상을 다룰 때만 이 두 왕국을 함께 언급하는 것이 타당할 것이다.

엄격하게 정치적인 문맥에서 말한다면 수많은 성서학자가 이스라엘과 유다라는 두 국가를 주변 국가와 구분하여 하나의 공동체로 함께 다루는 일은 원칙에 어긋나는 독단적인 처사이며, 이스라엘과 유다가 같은 종교를 가지고 있기 때문에 정치적으로도 '자연스러운 쌍둥이'라는 기본적인 전제를 가지고 연구에 임하는 것이다.

두 나라가 문화와 종교를 공유하고 있다는 사실을 인정하고 지리적으로도 서로 연결되어 있음을 인정한다 해도 이런 방식으로 그들의 정치사를 재구성한다면 시리아-팔레스타인 국가가 함께 상호 작용하는 더 큰 무대에서 이스라엘과 유다 왕국을 '인위적으로' 고립시키는 결과를 가져올 것이다.

6) 국가 성립 이전 전통의 국가적 계승과 함양

이스라엘과 유다가 서로 다르다는 점을 보여 주는 증거로 그들이 국가 성립 이전 사회에 관해 보존하고 있는 전승의 양과 국가 체제로 이양하는 단계를 들 수 있다. 이런 종류의 정보는 다른 고대 근동 국가의 경우에 거의 남아 있지 않은데, 국가 성립 단계의 상황은 대부분 문자가 발명되기 이전 또는 문자가 아직 널리 퍼지지 않았을 때 일어나기 때문이다. 고대 근동에서 국가 성립과 관련된 정보가 남아 있을 경우에는 애매한 신화적인 묘사를 읽게 되거나 국가를 수립한 사람의 영웅적 위대성을 찬양하는 시를 읽게 된다.

고대 근동의 예와 비교해 볼 때 국가 성립 이전 상태에 관한 이스라엘의 전승이 어느 정도 신빙성을 가지고 있는지는 아직도 이견이 분분한 문제다. 역사적으로 유추하기 위해서 고대 근동을 벗어나 국가 성립 이전 상태에 관한 정보를 보유하고 있는 다른 사회를 참고한다면, 시간과 공간적으로 구별되는 이런 사회가 고대 이스라엘과 얼마나 관련이 있을지 확신할 수 없다.[80]

---

80 Norman K. Gottwald, "Icelandic and Israelite Beginnings: Comparative Probe," in *The Labour of Reading: Desire, Alienation, and Biblical Interpretation: Essays in Honour of Robert C. Culley*, ed. F. C. Black et al., SemeiaSt (Atlanta: Scholars, 1999), 209-24 참조. 사회 정치적 기관을 대상으로 비교 문화적 연구를 진행하면서 고대 이스라엘을 포함시키는 경우는 매우 드물다. 예외적인 경우로 Swanson의 연구를 들 수 있다. Guy E. Swanson, *The Birth of the Gods: The Origin of Primitive Beliefs* (Ann Arbor, Mich: Univ. of Michigan Press, 1960).
Swanson은 종교적 신념의 사회적 연원에 관한 Durkheim의 이론을 검증하기 위하여 사회 정치적 복잡성과 신념의 다양성(유일신론도 포함)을 조사하는 데, 중왕국 시대 이집트와

이런 비교와 함께 다른 나라는 국가 성립 이전의 정치적 상황에 관해 많은 정보를 보존하지 않고 있는데, 이스라엘과 유다는 엄청난 양의 정보를 아직도 가지고 있는지 그 이유에 대해 질문을 제기하지 않을 수 없다.

7) 소규모 종속 왕국

구조의 측면에서 볼 때 이스라엘과 유다 왕국은 소규모 왕국이었으며, 백성이 바치는 농업과 목축 잉여 생산물을 기초로 왕과 관료가 특권층의 생활 방식을 유지하고 국내 정치와 국가 간의 외교를 진행시키는 종속국가(tributary state)였다. 그런 이유로 이스라엘과 유다는 시리아-팔레스타인 지역에 위치한 다른 나라의 '복사판'(duplicates)이라고 할 만큼 독특한 점이 없었으며, 자기 영토를 자주 침략했던 강대국이나 제국과 유사한 체제를 취하되, 국가 행정 조직의 규모나 강도를 조절하거나 축소하여 운영하였다.

한편 이스라엘에 비해 유다 왕국의 행정 체계에 관해서 더 풍성한 정보를 보유하고 있음을 간과하면 안 된다. 그리고 이스라엘에 관한 정보는 사마리아가 멸망한 이후에 그 때까지 보존된 북쪽 전승을 유다 측 편집자가 '고쳐 쓴' 결과임을 인정해야 한다. 이스라엘과 유다 왕국의 실제 권력은 영향력 있는 지주와 상인이 정부에 협조하거나 최소한 명령에 따르도록 안정화시킬 수 있는지 여부에 달려 있었다.

이런 고위층 시민이 위원회를 구성하여 왕의 결정에 공식적인 영향을 미칠 수 있었는지 여부는 고대 근동 지방에서 비슷한 예를 찾을 수는 있지만 아직까지 학자 사이에 합의점에 이르지 못했다. 왕은 왕궁 소유 영지 외에 다른 땅을 소유하지 않았는데, 왕궁 영지는 부동산 거래나 여러

아우구스투스 치하의 로마, 사사 시대의 이스라엘을 포함한 50개 사회를 연구한다. 그의 연구 방법과 결론에 관한 요약과 비평은 다음을 참고하라. Gottwald, *Tribes*, 625-27, 639-41.

다른 방법을 통해 확장시킬 수 있었다. 선왕의 유산을 물려받거나, 지주가 떠난 땅을 접수하거나, 범죄자의 재산을 압수하거나, 이스라엘 백성이 땅을 왕궁에 헌납 또는 매매하거나, 외국 영토를 점령하거나 합병하는 방법을 사용할 수 있었다.[81]

그러나 이런 종속 국가 경제 체제의 효과는 왕의 영지 밖에서도 큰 힘을 발휘하는데, 국가의 이해관계에 따라 세금을 부과하는 국가 권력 행사를 통해 생업 경제의 외형을 결정한다든가 지배층에게 유리하도록 상업 장려금을 지급하여 생산이나 교환 행위를 왜곡시킬 수 있기 때문이다.[82]

---

81 Mettinger는 왕들이 관습이나 법을 어기지 않고 재산을 축적할 수 있는 방법에 관해 자세하게 연구하였다. Mettinger, *Solomonic State Officials: A Study of the Civil Government Officials of the Israelite Monarchy*, ConBOT 5 (Lund: Gleerup, 1971), 80-87.

82 Chaney는 예언서 본문을 철저하게 분석하여 기원전 8-7세기 동안 국가 간섭에 의해 운영되던 경제 체제의 흔적을 밝혀냈는데, 미리 계산된 전략에 따라 자급용 농작물 대신 수출용 포도주와 기름을 생산하는 농업 정책을 시행하여 농부의 생존 능력에 지대한 영향을 미쳤다. Marvin L. Chaney, "Bitter Bounty: The Dynamics of Political Economy Critiqued by the Eighth-Century Prophets," in *The Bible and Liberation: Political and Social Hermeneutics*, ed. N. K. Gottwald and R. A. Horsley (Maryknoll, N.Y.: Orbis, 1993), 250-63; "Whose Grapes? The Addressees of Isaiah 5:1-7 in the Light of Political Economy," in *Semeia 87: The Social World of the Hebrew Bible: Twenty-Five Years of Social Sciences in the Academy*, ed. R. A. Simkins and S. L. Cook (Atlanta: SBL, 1999).
    고대 근동 도시가 필요한 물품을 공급하기 위해서 관료의 행정적 간섭 행위가 꼭 필요했으며, 생산, 추수, 수송, 저장, 가공, 분배의 모든 과정을 매우 조심스럽게 계획하고 진행하였다. Robert C. Hunt, "The Role of Bureaucracy in the Provisioning of Cities," in Gibson and Biggs eds., *The Organization of Power*, 141-68. Hunt는 초기 메소포타미아 문명에 관해서 경제 관련 정보를 꽤 자세하게 얻을 수 있었다. 이스라엘 국가도 같은 종류의 공급 정책을 시행한 것이 분명하지만, 이스라엘이나 유다와 관련된 기록 자료나 고고학 유물은 비교 연구를 하기에 부족한 상황이다.
    참고 자료로 사용할 수 있는 고고학 자료는 다음 연구를 참고하라. John S. Holladay Jr. "The Kingdom of Israel and Judah: Political and Economic Centralization in the Iron IIA-B (ca. 1000-750 B.C.E.)," in *The Archaeology of Society in the Holy Land*, ed. T. E. Levy (New York: Facts on File, 1995), 368-98. Holladay Jr.는 계층과 부의 격차가 심해질수록 생산력이 증가하는 집단 184개의 법률 체제를 분석한 인류학적 연구를 이용해서 고고학 유물을 "검증"하였다(Katherine S. Newman, *Law and Economic Organization: A Comparative Study of Preindustrial Societies* [Cambridge: Cambridge Univ. Press, 1983]).
    고고학 유물을 분석한 결과 부의 축적을 향한 분명한 경향이 보이기는 하지만 백성에게 미

강한 정부가 들어서서 다스릴 때는 이스라엘과 유다의 국가 권력과 사회적 관계망이 잘 들어맞아서 강한 국가가 더 강력한 명령권을 가지고 있었던 이집트의 형태보다는 정치적 경제 체제를 운영하던 메소포타미아에 더 부합하는 것으로 보인다.

8) 참여 정부에 관한 모호한 주장

성서학자를 포함해서 서양 역사가와 정치 이론가가 이스라엘을 민주적 자유와 시민권을 보장하던 나라로 묘사하는 것은 진실을 오도하는 일이다. 이런 판단은 성경 법률 조항 중 일부만 읽고 후대 서양의 정치 이론 중 '사회 계약설'에 포함된 성경의 계약 관련 표현을 시대착오적으로 적용한 결과다.[83]

친 경제적 영향을 분석하기 위해 필수적인 이스라엘과 유다의 지방 경제에 관한 정보가 턱없이 부족하여 농경지의 집중 현상이나 농업 생산력 증대 등을 논할 수 없다고 결론을 내렸다(391-92). Dever는 기원전 7세기와 6세기 초 고고학 유적을 분석하며, 결정적인 증거가 부족하긴 하지만, 고고학 자료와 성경 본문을 함께 고려할 때 국가가 통제하는 경제 체제가 존재했다고 주장한다. William G. Dever, "Social Structure in Palestine in the Iron II Period on the Eve of Destruction," in Levy ed., *The Archaeology of Society*, 416-30, esp. 418-20.
요약하자면 기록 자료와 고고학 유물은 농업 발전의 정도와 세목에 관하여 충분한 정보를 제공하지 않고 일관된 결론을 도출할 수 있는 증거가 될 수 없다. 그러나 이스라엘의 농업을 노동의 위험 분산과 최적화 전략에 의존하고 있는 소규모 지주가 산악 지대에서 짓는 농업과 인류학적 방법을 통해 비교해 본다면(David C. Hopkins, *The Highlands of Canaan: Agricultural Life in the Early Iron Age*, SWBA 3 [Decatur, Ga.: Almond Press, 1985]), 이런 작은 규모의 농부는 국가가 징수하는 세금이나 이스라엘과 유다 정부가 시행했으리라 보이는 수출입 정책 때문에 큰 위협을 받았을 것이라고 짐작할 수 있다.

83 Elazar는 계약에 근거한 현대 정치 개념은 고대 이스라엘의 계약 신앙과 관습에 기초하고 있다고 매우 설득력 있게 주장한다. Daniel J. Elazar, *The Covenant Tradition in Politics*. Vol 1, *Covenant and Polity in Biblical Israel: Biblical Foundations and Jewish Expressions* (New Brunswick, N.J./London: Transaction Publishers, 1995). 그는 "온전히 계약에 의거한 문명에 관해 우리가 가진 유일한 기록은 성경에 묘사되어 있는 고대 이스라엘의 기록이다"라고 말했다(10).
성경을 역사 비평적으로 연구하는 Sharkansky는 고대 이스라엘과 현대 세계(예를 들어 현대 국가 이스라엘)의 정치적 위기 사이에는 연속성이 거의 없거나 문제가 많다고 말하며 굉

성경 전승이 묘사하고 있는 사회의 실제 정치 관습을 고려해 본다면 당시에 존재했던 다른 나라와 비교할 때 이스라엘과 유다가 '더 자유로웠다'든지 '시민권'을 더 주의해서 보호했다는 식으로 결론지을 증거가 없다. 최소한 유다 왕국에는 국가 권력을 통제하는 자유 시민의 위원회나 어떤 기구(the people of the land '땅의 백성들')가 있었다는 주장 역시 확증할 수 없다.[84]

성경 전승 속에서 왕정 체제가 상당히 부정적으로 비춰지는 이유는 후대 전승이 시대착오적으로 유일신교 관점에서 평가했기 때문이지만, 왕이 직접 초래하거나 허락한 사회 경제적 부당성에 대한 비판은 상당히 많이 있었던 것으로 보인다. 주로 예언 문학과 신탁에 나오지만 지혜 문학에도 간접적으로 반영된 이런 비판은 종속적 국가의 관습 속에서 주목할 만한 제도적이거나 정책적인 변화를 생산해 내지 못한 것으로 보인다.

선지자의 부추김 때문에 시작되었다는 예후의 '혁명'은 북 왕국에 아무런 긍정적 이익을 가져오지 못했다. 성경 법전은 요시야의 경우처럼 왕정 내부에서 시도되었으나 결국 오래 지속되지 못한 법적 개혁을 반영하고

장히 조심스러운 의견을 내어놓고 있다. Ira Sharkansky, *Ancient and Modern Israel: An Exploration of Political Parallels* (Albany, N.Y.: State Univ. of New York Press, 1991).

성서학 분야에서 이스라엘 왕권을 제한하는 계약적 법적 제약이 있었다는 주장은 von Rad(Gerhard von Rad, "The Royal Ritual in Judah," in *The Problem of the Hexateuch and Other Essays* [New York: McGraw-Hill, 1966], 222-31)와 할펀(Baruch Halpern, *The Constitution of the Monarchy in Israel*, HSM 25 [Atlanta: Scholars, 1981], 175-256)이 개진하였다.

Whitelam은 von Rad와 Halpern이 인용한 "많은 성경구절이 매우 모호하고 결정적으로 시대를 추정할 수 없다"고 지적하면서, 이들 구절이 "왕의 의무에 관한 이상적인 묘사와 매우 중앙 집권적이고 농업을 기초로 한 왕권의 권력 아래 있는 사회의 삭막한 실정 사이에 큰 차이가 있음"을 보여 준다고 주장하였다. Keith A. Whitelam, "King and Kingship," *ABD* 4:46 그리고 아래 각주 89번 참조.

84 Tadmor는 왕의 권위는 백성에게서 나오는 궁극적인 통치권을 기초로 하고 있다고 주장하면서도, 왕을 선택하거나 정책에 영향을 미치는 등 큰 소리를 낼 수 있는 대표성 있는 정치기구가 존재했다는 증거를 찾을 수 없으며, 성경에 언급된 '땅의 백성들'은 임의적인 존재이며 입헌적 체제와는 거리가 멀다고 주장했다. Hayim Tadmor, "'The People' and the Kingship in Ancient Israel: The Role of Political Institutions in the Biblical Period," *Journal of World History* 11 (1968): 3-23.

있는지도 모른다. 이런 개혁의 사회 정치적 연원이나 수입처는 전혀 알려진 바 없다.

왕의 권력을 '제한하려는' 사회 계층이 이런 개혁을 시도했는가?

아니면 국가의 권력을 제한하기 위한 노력을 국가가 일단 '받아들이고' 그 강도를 약화시킨 경우인가?[85]

어쨌든 성경 본문 속에 폭 넓게 표현된 국가 통치에 대한 비판은 국가가 멸망한 후에도 살아남아 페르시아 제국 치하에서 종교적 문화적 소집단을 형성한 후대 유다 사람들의 편향적인 시선 때문이었을 것이다. 이에 비교할 만한 경향으로 이미 폐망한 정권의 생존자들이 원래 소속되었던 사회에 반대하는 관점에서 고대 근동 국가가 그 백성을 보호하는 데 무능했고 실패했음을 전면적으로 고발하는 글을 찾아보기는 어렵다.

고대 근동 왕조나 정권을 비난하는 글이 많기는 하지만 주로 다음으로 권력을 잡은 왕조나 정권이 스스로 선대 정치인보다 훨씬 '낫다고' 자부하는 작품이 대부분이다. 자기 나라 왕을 비판하는 이스라엘의 전통과 가장

---

85 이런 '왕들의 개혁'을 해석하는 학자 사이에 강조점의 차이가 존재한다. Cross는 신명기 자료(D)와 제사장 자료(P)에 언급된 개혁 계획이 '상위층 유다'의 왕권 이념을 반박하기 위하여 고대 지파 동맹체의 계약적 기관을 재구성하고 부활시키려는 시도였음을 강조하지만(Frank M. Cross, "Kinship and Covenant in Ancient Israel," in *From Epic to Canaan: History and Literature in Ancient Israel* [Baltimore/London: Johns Hipkins, 1998], 3-21), 다른 사람들은 어떻게 왕이 자신의 입지를 강화하기 위해서 그런 개혁 정책을 받아들였는지를 강조한다. 빚 탕감 정책에 관해서는 다음 연구를 참조하라. Marvin L. Chaney, "Debt Easement in Israelite History and Tradition," in *The Bible and the Politics of Exegesis: Essays in Honor of Norman K. Gottwald on His Sixty-fifth Birthday*, ed. D. Jobling et al. (Cleveland: Pilgrim Press, 1991), 127-39.
여성과 가족에 관한 신명기 법전 조항에 관해서는 다음 연구를 참조하라. Naomi Steinberg, "The Deuteronomic Law Code and the Politics of State Centralization," in D. Jobling et al. eds., *The Bible and the Politics of Exegesis*, 161-70. 유월절을 예루살렘에 와서 지키라는 신명기 법전 조항에 관해서는 다음 연구를 참조하라. Shigeyuki Kakanose, *Josiah's Passover: Sociology and the Liberating Bible* (Maryknoll, N.Y.: Orbis, 1993), 32-112.
그러나 개혁을 원하는 이 두 가지 목적은 서로 배타적이지 않으며, 변증법적으로 같은 방향을 지향하고 있다. 개혁을 원하는 세력이 왕궁 밖에서 일어났을 때 영악한 지도자라면 국가적 이해관계를 관철하기 위해서 개혁 정책을 선포할 수도 있기 때문이다.

유사한 고대 근동의 관습으로 과거에 일어난 오류가 지금도 계속되고 있음을 알고 이를 고치고자 하는 현재 파라오에게 '선지자처럼' 과거의 이집트 왕조를 소급해서 비판하는 작품을 들 수 있다. 그러나 이런 극단적인 비판을 생산해 낸 사회적 문맥이 무엇인지 전혀 밝혀져 있지 않다(이푸베르의 경고 참조, "The Admonitions of Ipu-wer," *ANET* 441-44).

9) 왕조 연속성을 위한 투쟁

왕조의 연속성을 유지하는 데 방해가 되는 요소는 성경 본문에 자주 언급되어 있으며, 북 왕국의 경우 특별히 잘 나타나 있다. 그러나 300년 이상 다섯 왕조를 유지하는 데 성공했던 유다 왕국조차 왕위 계승이 끊어질 뻔했던 위험했던 순간이 있었다. 가장 강력했던 왕국과 제국도 유사한 '연속성의 위기'를 겪었으며, 특히 강한 지도자를 잇는 후계자가 약할 때, 왕족이 왕좌 계승권을 놓고 다툴 때, 또는 반란자가 왕권을 찬탈하고 새로운 왕조를 세울 때 이런 상황이 연출된다.

어떤 나라에서는 장자가 왕위를 잇는 규칙이나 전통이 있었으나 언제나 잘 준수된 것은 아니었고, 다른 나라에서는 그런 관례조차 없었기 때문에, 왕은 자기 후계자를 지명하고 신하와 백성이 그 선택을 따라주기를 바라는 수밖에 없었다. 이스라엘과 유다 왕조의 경우에는 왕위 계승과 관련된 특별한 규칙이 존재했었다는 증거가 없다. 만약 장자가 권력을 물려받아야 한다는 막연한 생각이 있었다고 해도 왕족 내외부에서 일어난 다른 후보자가 왕권을 주장하는 것을 막을 방법도 없었다.[86]

---

[86] 이스라엘과 고대 근동 지방에서 왕위 계승과 관련된 규칙과 관례를 주제로 한 연구로 Tomoo Ishida, *The Royal Dynasties in Ancient Israel*, BZAW 142 (Berlin/New York: W. de Gruyter, 1977), 151-79 passim를 참고하라

10) 국가와 사법 기관

이스라엘 국가가 왕에게 사법권을 수여한 사실은 고대 근동 지역에서 왕을 정의를 실현할 책임이 있는 '최고 법관'으로 간주하던 관습과 잘 부합된다.[87] 그러나 재판은 대부분 마을 단위로 배치된 법관을 중심으로 기존의 시민 행정 체계를 통해 진행되었고, 왕은 직접 재판을 진행하기 보다는 항소할 수 있는 최고 법정의 법관으로 상징적인 지위를 지켰던 것으로 보인다. 메소포타미아 법전은 왕의 이름으로 선포되었으나, 이 법전은 완전히 새로운 규범적 법전이라기보다는 관례적인 절차와 판례를 공식화하고 홍보하는 기능을 담당했던 것으로 보인다.

반대로 성경의 법 모음집은 특정한 왕과 관련된 부분이 전혀 없는데, 이것은 아마도 이런 모음집이 후대의 편집을 통해 형성되었기 때문이라고 설명할 수 있으며, 이스라엘 국가가 모두 사라졌기 때문에 야훼 하나님이 이스라엘의 유일하는 '왕'이라는 이념을 반영하는 관점이 잘 나타나고 있다. 성경의 법 모음집을 모세의 업적으로 돌리며 이스라엘 정치 기관의 창설자로 묘사하는 전통은 이스라엘의 연원이 국가의 창건보다 앞선다고 주장하는 국가 성립 이전 전승의 흔적이다.

이것은 아직 논란이 많은 주제이긴 하지만 실제로 고대 이스라엘의 일상생활에서 법을 시행하는 관행이 다른 나라의 법률 관습과 그 형태나 내용에서 다르다고 가정할 이유는 전혀 없다. 필자의 의견으로는 이 결론이 성경 법률의 내용과 가장 잘 조화된다고 생각한다. 이스라엘 법률이 다른 나라의 법률보다 인간의 생명을 보호하려는 경향이 강하고 재산권을 지키는 방법은 잔인하지 않게 나타나긴 하지만, 고대 근동 역사를 통해 알려진 법률과 훨씬 공통점이 많기 때문이다.[88]

---

87 Keith A. Whitelam, *The Just King: Monarchical Judicial Authority in Ancient Israel*, JSOTSup 12 (Sheffield: JSOT Press, 1979).

88 고대 근동과 이스라엘 법 사이의 관계에 대해서는 다음 연구를 참조하라. Samuel Greengus,

11) 종교 문화적 공동체가 된 국가

유다가 페르시아와 헬레니즘 제국의 지배 아래 종교 문화적 소집단을 형성하며 누렸던 지위는 이런 후대 제국이 사용하던 지배 전략을 잘 드러내 준다. 페르시아와 헬레니즘 제국은 앗수르인이 시행하던 것처럼 지역 지배층의 뿌리를 뽑고 제국 정부를 향한 공포를 심어 주는 정책을 지양하고 가능한 한 기존 사회에서 응집력을 가진 사회 집단을 제국의 정치를 위한 도구로 흡수하여 사용하려고 노력하였다.

유다 지역에서 종교적 관습과 관례적인 법률을 포함한 국내 정치 분야의 '자치권'을 허용하면서 제국 정부는 이런 지역 정부에게 최고의 협조와 충성심을 요구하였다. 페르시아 제국과 프톨레미, 셀류커스 왕조는 민간 정부와 대제사장이 함께 다스리는 이중적 지방 지배 체제를 허용하였다.

이런 방법으로 지방 집단의 이해관계와 가치가 제국의 통치와 연결되며 통합된 제국 내에서 다양성이 보호받는다는 이미지로 비춰졌다. 이러한 식민지 정책은 유다 문화와 종교가 이스라엘을 '비정치적'(apolitical)이고 '초정치적'(transpolitical)인 개념으로 수정하는 작업이 뿌리를 내리고 성장할 수 있도록 모태 역할을 감당하였다. 동시에 지방 정치는 회복된 공동체가 내부적인 정의를 규정하는 과정을 마무리할 수 있도록 꾸준히 노력하였다.

"Biblical and ANE Law," *ABD* 4:242-52; Frank Crüsemann, *The Torah: Theology and Social History of Old Testament Law* (Minneapolis: Fortress, 1996), 9-13; Raymond Westbrook, "Biblical and Cuneiform Lawcodes," *RB* 92 (1985): 247-65.

12) 국가와 종교 이념

이스라엘 국가가 보여 주었던 종교적 이념은 다른 나라의 이념과 그 구조나 효과 면에서 유사한 점을 많이 가지고 있다. 사실 완성된 형태의 히브리 성경이 묘사하고 있는 유일신교 신앙 안에서 이스라엘의 국가 이념을 발견해 내는 것이 쉬운 일은 아니다. 이런 유일신 신앙을 어떻게 제도적으로 표현해야 할지에 관해 논쟁이 있을 수 있겠지만, 페르시아와 헬레니즘 제국 시대의 유다 소집단이 근본적으로 야훼만 섬기는 유일신 신앙을 가지고 있었다는 점에 의문을 제기할 수는 없다.

그럼에도 불구하고 이스라엘과 유다의 초기 왕정 체제 안에서 종교적 이념이 어떠했는지 이해하는 데 문제가 많다. 유다 왕국의 경우에는 특정 시편이 왕정 시대에 발생하였고 다윗 왕조의 왕을 지상에 거하는 하나님의 대표자로 '높이' 평가하는 '왕궁 신학'(royal theology)을 대변하고 있다고 간주되는데, 이런 면에서 고대 근동 지방에서 널리 발견되는 유사한 왕의 신격화 현상과 유사하다(예를 들어 시 2; 18; 72; 89; 110편).[89]

---

[89] David Jobling, "Deconstruction and the Political Analysis of Biblical Texts: A Jamesonian Reading of Psalm 72," *Semeia* 59 (1992): 95-127; Walter Houston, "The King's Preferential Option for the Poor: Rhetoric, Ideology, and Ethics in Psalm 72," *BibInt* 7 (1999): 341-67. 마르크스주의 문학과 정치 경제 해석법을 사용하는 Jobling과 해방신학과 정치 신학에 기초를 둔 해석법을 사용하는 Houston은 시편이 전제하고 있는 경제 체제 등과 같은 문제에 관하여 서로 다른 의견을 피력하고 있지만, 왕이 가난한 자에게 정의를 베풀어야 한다는 생각이 시 72편에 깔려있다는 모호한 주장을 하고 있다는 점에서 서로 유사하다.
Houston은 "왕이 자기 백성 중 가난한 자를 돌보지만 외국에서 조공을 거둔다는 이념은 일련의 도덕적 모순을 내포하고 있으며, 왕이 자기 백성을 착취하여 왕권을 유지한다는 사실을 감춘다"고 결론을 내린다. 그러나 시편은 왕의 이해관계와 가난한 자의 이해관계를 조정하기 위하여 "신께서 조건 없이 왕을 선택했다는 교리를 동원하여, 왕이 '가난한 자를 위한 선택'을 하면서 신의 뜻을 실천함으로써 왕권의 정당성을 얻는다고 주장한다(363-64)." 이스라엘의 경제 체제를 살펴보면서 아시아 국가나 종속 국가의 변형된 형태라고 파악하는 Jobling은 시 72편에 내포된 사회적 모순이 "주도적인 종속 국가 형태와 억눌린 공산주의 생산 방식의 공존"에서 나왔거나 "종속 국가 형태는 이스라엘처럼 **작은** 사회 안에서 시행될 수 없다"(95)는 현실과 관련 있을 것이라고 추정하였다.

그러나 고대 근동 국가에서 정권이 인정하고 후원하는 제의는 그 국가의 의례와 제의가 시행되는 영토 밖에 사는 백성에게 강제하지 않는 것이 상례였기 때문에 이런 왕궁 신학 이념이 유다 사람에게 얼마나 넓게 인정받고 있었는지는 전혀 확신할 수 없다. 어차피 수많은 신과 여신이 존재한다고 생각했기 때문에 백성이 다른 제의적 의례를 지키는 것은 당연한 결과였다.

이렇게 다양한 제의의 안팎에 폭넓은 신앙과 관습의 범위를 인정할 때 이스라엘과 유다의 '종교적 통계'(religious demographics)를 가장 정확하게 이해하는 방법이 될 것이며, 요시야의 개혁이 발생하기 전에 존재했던 이스라엘과 유다 정권도 이런 현상을 환영하거나 최소한 암묵적으로 동의했을 것이다. 성경의 다양한 전승 속에 남아 있는 반국가적인 정서는 북 왕국에 분명히 존재했고 아마 남 왕국에도 있었을 텐데, 이런 정서와 야훼를 변함없는 국가 수호신으로 간주하는 왕궁 신학이 병존할 수 있었을지, 왕궁의 많은 신하 중에 이런 신학에 의심을 품거나 반대하는 세력이 존재하지 않았을지 묻지 않을 수 없다.

더구나 종교적 정서와 관습이 국가 성립 이전 시대에 형성되었다면, 야훼 제의에 왕이 간섭하고 수정을 요구하는 일에서 자유롭고 독립적인 지위를 보장받고 싶었을 가능성이 높다. 이스라엘과 유다 국가는 가끔 바알 제의를 후원하기도 하였지만 대체로 야훼 제의를 공식적인 종교로 천명하였는데, 사실 백성은 다른 종교를 선호하였고 야훼 신앙은 다른 종교의 제의를 포함하고 있었다는 증거가 많이 발견되고 있다. 물론 이런 혼합적인 종교 행위는 후대에 성경 전승을 마지막 문학적 형태로 확정한 유일신교 지지자에 의해 불법적인 행위로 지탄을 받았다.

간단히 말해서 페르시아 시대 이전의 이스라엘 사회에서 종교와 정치가 만나서 상호 작용을 하던 상황은 다른 고대 근동 국가에서 국가와 종교가 결합되어 존재했던 상황과 기본적으로 유사하다고 말할 수 있다. 페르시아 시대 이전의 이스라엘에 관해 '다양한 제의'가 존재했다고 보는 관점은 성경의 기본적인 관점에 분명히 위배된다. 왜냐하면 성경은 이스라엘이 탄생하던 순간부터 근본적으로 유일신교 전통을 가지고 있었고, '이런 진정한 신앙'에서 탈선했던 역사적 사건은 부끄럽기 그지없는 배교 행위로 '해석해야'한다고 가르치기 때문이다.

아브라함 이래로 이스라엘이 유일신교를 신봉해 왔다는 성경의 주장을 전통적으로 유대교뿐만 아니라 기독교도 받아들이고 있기 때문에, 이 문제와 관련해서 우리가 가진 생각을 고치기는 매우 어렵다.

제5장

고대 이스라엘 정치에 관해 비판적으로 상상하기

성경 본문에 기록된 정치에 관한 묘사를 고대 근동 정치라는 문맥에서 살펴보고, 관련 있는 고고학 유물이나 비교사회학과 인류학 자료의 도움을 받아서 필자는 이제 비판적 상상을 통해 이스라엘 정치를 읽는 시도를 시작한다. 이 작업이 **비판적**이 되기 위하여 일반적으로 인정받는 역사학적 추론의 방법론을 따라 진행할 것이다.

그렇지만 이 작업이 **상상**의 산물이기 때문에 역사가의 상상력을 통해 비판적인 재구성의 결과가 결정될 수밖에 없음을 인정한다. 역사적 상상 (historical imagination)은 사용 가능한 자료를 세심하게 참고하고 특별한 이유를 설명하지 않은 채 알려진 정보를 임의로 변형시키지 않는다는 점에서 역사적 공상(historical fantasy)이나 역사적 허구(historical fiction)와 구별된다.

역사적 상상은 어떤 주제와 관련해서 특정 본문을 대체적인 외형에 맞게 직감적이고 의미 있는 해석을 한다는 점에서 공통점이 있지만, 다양한 형태의 증거를 끊임없이 참고하여 이런 증거가 새로운 해석과 어떻게 연결되는지 설명하면서 작업을 진행한다.

역사적 상상은 연쇄적인 사건과 관계망을 추적하고 서로 연결하여 여러 방향으로 발전시킬 수 있는 '실험적인 생각'(thought experiment) 또는 '가정적 모형'(provisional model)이라는 구성 방식 안에서 다양한 분석 방법과 잠정적

인 전제를 사용한다.¹

1. 분권화된 이스라엘 정치

위에서 우리가 살펴본 것처럼 족장과 모세, 출애굽한 이스라엘 사람들, 여호수아와 여러 사사가 이끌던 지파 공동체에 관한 성경 전승은 국가가 성립되기 전에 이스라엘이 어떻게 살아왔는지를 들려주려는 목적으로 기록되었다. 창세기부터 사사기에 걸쳐 기록되어 있는 이런 전승은 히브리 성경 안에서 상당히 큰 부분을 형성한다. 우리는 또 이런 전승이 오롯이 남아 있다는 사실이 고대 근동 지방에서 매우 독특한 경우임을 살펴보았다.

그렇다고 해서 다른 정체(polity)가 이런 전승을 전혀 보존하고 있지 않다는 말은 아니지만, 다른 정체가 남긴 기록 자료에는 국가 성립 이전의 전승이 개략적인 언급에 불과하다는 것이다. 역사적 기억을 글로 남길 시점이 되었을 때 국가 성립 이전 전승이 이미 잊혔거나, 아니면 이런 전승은 그 국가의 지도자와 지식인이 글로 남기고자 했던 역사적 사건과 무관한 것으로 간주되었을 것이다.

---

1 Carney는 실험적 생각과 가정적 모형에 관해 다음과 같이 설명한다(T. R. Carney, *The Shape of the Past: Models of Antiquity* [Lawrence, Kans.: Coronado Press, 1975], xvi-xvii, 21-23).
"이런 방법은 어떤 사람이 대량의 정보 속에서 어떤 패턴을 찾고자 할 때 사용하며, 특히 그 패턴이나 정보가 매우 복잡하고 혼란스러울 때 사용한다. … 이런 경우 연구 대상이 인과관계로 연결된 한 가지 논리적 사슬이나 그런 사슬 몇 가지를 추적하는 것으로는 부족하다는 것이 문제다. 그 보다는 상호 관련된 변수나 관계의 집합체를 몇 가지로 동시에 연구해야 한다. 이런 집합체는 계속 가지를 치며 확장되는 인과관계 속에 위치해 있으며, 반얀 나무 뿌리처럼 모든 방향으로 들어오거나 나간다. … 분석은 전반적인 관점에서 시도해야 하며, 부분적인 분석은 의미가 없다. 어떤 종류이든 패턴매칭(pattern matching)이 필요하다"(21).
Bagnall은 고대 문서에 관한 문헌학적 주석학적 연구는 그 문서의 역사적 문화적 사회적 배경에 관한 전제를 세우고 검증하는 일을 "쌍방향으로"(interactively) 그리고 "반복적으로"(recursively) 진행해야 한다고 통찰력 있는 주장을 하였다(Roger S. Bagnall, *Reading Papyri, Writing Ancient History* [London/New York: Routledge, 1995], 1-8).

메소포타미아와 이집트 등 고대 근동 국가가 자기 지도자가 신의 도움을 받아 자연과 사회의 무질서를 극복하고 사회의 '문명화된' 질서를 확립한다고 내세웠던 것을 생각하면, 국가 성립 이전에 일어났던 사건을 다시 기억할 가치가 없다고 여겼을 가능성이 높다. 그들이 생각하기에 국가가 확립되기 전에 무질서했던 상황은 글로 써서 남겨야 할 만한 지적인 역사가 아니었던 것이다.

만약 우리가 고대 근동 지역에서 국가 성립 이전 전승이 잘 보존되지 않은 상황을 이런 식으로 해석한다면, 고대 이스라엘은 왜 다른 국가가 걷는 일반적인 대열에서 이탈하여 국가 성립 이전 전승을 꽤 많이 보존하였는지 묻지 않을 수 없다. 이 질문에 답하려면 이런 전승이 고대 이스라엘의 공식적인 생활 속에서 어떤 배경이나 기능을 하였는지 결정하기 위해서 성경의 국가 성립 이전 전승이 언제 기록되었는지 밝혀 둘 필요가 있다. 성경 본문의 기록 시기나 배경에 관련된 문제는 극도로 복잡하기 때문에 성경 역사가 사이에 학문적으로 합의가 이루어지지 않고 우리가 믿고 사용할 수 있는 결론도 없다.

그래서 몇 가지 전제를 제시하고 왜 그런 전제를 지지하는지 그 이유를 밝혀야 한다. 이런 전제를 제시할 때 국가 성립 이전 전승의 신빙성에 관해서는 논의하지 않을 것이다. 그 질문은 나중에 다시 논의할 예정이다. 현재 논의는 누가 이런 전승을 창작해 내고 보존해야 할 필요가 있었는지 그리고 무슨 목적에서 그렇게 했는지 이해하는 데 초점을 맞출 것이다.

1) 국가 성립 이전 전통은 어디서 왔나?

성서학자가 이 질문에 대해 하나씩 또는 몇 가지 가능성을 들면서 대답을 제시하려고 노력해 왔다.

(1) 실제로 국가 성립 이전에 형성

첫째 제안은 최소한 이런 전승 중 일부는 국가가 성립되기 전에 살았던 이스라엘 사람이 직접 기록한 것이며, 이런 전승 중 일부가 후대의 문학적 모음집 안에 살아남았다는 것이다.

(2) 초기 왕정 시대에 형성

둘째 제안은 이런 전승의 대부분이 왕정이 시작되던 초기 시대에 국가의 지원을 받아 창작되었으며, 이스라엘과 유다 국가의 건국 신화로 기능했다는 것이다(역사 비평적 분석에 의하면 오경 또는 육경[hexateuch] 전승 속에서 야훼 자료[J]와 엘로힘 자료[E]라는 이름으로 부른다).

(3) 후기 왕정 시대에 형성

셋째 전제는 이런 전승의 대부분이 왕정 시대가 끝나갈 무렵 즉 유다 왕국이 멸망하기 몇 십 년 전에 왕국을 개혁하고 확장하기 위한 노력의 일환으로 국가의 지원을 받아 창작하거나 멸망 직후에 나라가 망할 수밖에 없었던 이유를 설명하기 위해 창작되었다는 것이다(일반적으로 여호수아서에서 열왕기에 이르기까지 신명기 역사라는 이름으로 한두 가지 흐름이 존재한다).

(4) 식민지 시대에 형성

넷째 가능성은 이런 전승의 대부분 혹은 전체가 페르시아나 헬레니즘 제국에서 소규모 인구 집단을 형성하고 있던 재건 유다 사회에 의해 필경사나 제사장의 지원을 받아가며 창작되었다는 가설로, 이 종교 문화적 공동체의 창설 신화로 기능했다는 것이다(일반적으로 오경의 제사장 자료[P]와 열왕기를 받아쓰면서 새로운 정보를 보충하는 역대기의 역사를 가리키고, 어떤 학자는 오경 전승 전체와 신명기 역사까지 이 시대 작품으로 간주한다).

이런 제안을 지원하기 위해서 믿을 만한 증거가 많이 제시되었다.[2] 위의 설명에서 성경 전승을 묘사하며 '최소한 일부분,' '대부분,' '모든'이라는 한정사를 사용하였는데, 그 이유는 성서학자가 네 가지 제안 중 두 가지 이상을 다양한 의미로 섞어서 사용하고 있기 때문에 그들의 의견을 최대한 반영하기 위한 것이었다.[3]

각 자료의 연대와 신뢰성을 평가하는 일이 복잡한 작업인 것은 성경 전승이 오랜 세월 동안 누적되고 시간적인 차원이 깊다는(cumulative and

---

[2] Lemche는 오경 전승을 각각 기원전 10세기, 7세기, 6세기, 5-3세기 작품으로 분류하는 찬성과 반대 논쟁을 균형 있게 요약하고 다음과 같은 결론을 내린다(Niels Peter Lemche, *Prelude to Israel's Past: Background and Beginnings of Israelite History and Identity* [Peabody, Mass.: Hendrickson Publishers, 1998], 219-25). "오경 기록 연대에 관한 이런 제안은 모두 일리가 있는 논거를 동원한다. … 본인은 기원전 4세기(5-3세기) 제안이 설득력이 있다고 생각하지만, 각 제안마다 각자의 내부적 논리를 따라 우리가 주목할 만한 이론을 펼치고 있다"(225).

[3] Friedman은 오경 형성에 관련된 최근의 논쟁을 요약하고 대체로 전통적이고 비판적인 결론을 제시하고(Richard Elliott Friedman, "Torah [Pentateuch]," *ABD* 6:605-22), de Pury는 Friedman처럼 현재 상황을 검토한 후 문서 가설 자체에 회의적인 의견을 표시한다(Albert de Pury, "Yahwist ['J'] Source," *ABD* 6:1012-20).
오경 연구의 새로운 경향으로 van Seters는 오경의 가장 초기 전승이 포로기에 형성되었다고 주장하고(John van Seters, *Abraham in History and Tradition* [New Haven, Conn.: Yale Univ. Press, 1975]), Rendtorff는 오경 전승이 독립적인 '덩어리'(blocks)로 따로 전승되다가 최종적으로 편집되었다고 말한다(Rolf Rendtorff, *The Problem of the Process of Transmission in the Pentateuch*, JSOTSup 89 [Sheffield: JSOT Press, 1990]).
Rendtorff는 또 오경 형성에 관한 새로운 제안이 역사적 자료를 사용하는 방법을 더 복잡하게 만들고 있음을 지적한다(Rolf Rendtorff, "The Paradigm Is Changing: Hopes and Fears," *BibInt* 1 [1993]: 34-53).
신명기 역사에 관한 전통적인 비평적 견해가 무너지고 있는 상황은 Steven L. McKenzie, "Deuteronomistic History," *ABD* 2:160-68와 A. Graeme Auld, "The Deuteronomists and the Former Prophets, or What Makes the Former Prophets Deuteronomistic?" in *Those Elusive Deuteronomists: The Phenomenon of Pan-Deuteronomism*, ed. L. S. Schearing and S. L. McKenzie, JSOTSup 268 [Sheffield: Sheffield Academic Press, 1999], 116-26가 잘 설명해 준다.

temporally depth-dimensional) 증거가 보이기 때문이다. 다시 말해서 관례적으로 어떤 특정한 시대로 분류되는 자료 속에 훨씬 더 먼 과거의 글이 포함되어 있다는 말인데, 그렇다면 과연 후대 전승이 고대의 정보와 역사적 문맥을 얼마나 정확하게 전하고 있는지에 관한 비판적 질문이 제기된다.

이 문제에 관한 다양한 관점 중에 국가 성립 이전 전승이 페르시아와 헬레니즘 제국 시절, 즉 성경의 문학적 전승이 마지막 마무리 단계에 있던 때에도 아직 창작되는 중이었다는 의견에 폭넓게 동의하는 것 같다.

그러나 이런 왕정 시대 이전 이스라엘에 관한 국가 이전 전승이 얼마나 오래 전에 형성되었다는 말인가?

국가 성립 이전 전승은 모두 이스라엘이 더 이상 정치적인 독립을 유지하지 못하던 시절에 창작되었는가(위에서 언급한 넷째 제안)?

아니면 국가 성립 이전 전승의 일부는 아직 독립 왕국이 존재하던 시절(둘째와 셋째 제안)이나 그 보다 먼저 실제로 국가가 없었던 시절(첫째 제안)에 창작되었는가?

2) 왜 국가 성립 이전 전통이 보존되었나?

이미 제3장에서 밝힌 것처럼 이 연구는 몇 가지 전제를 가지고 있다. 먼저 국가 성립 이전 전승의 대부분이 정말 국가가 성립되기 이전에 발생했다고 가정한다. 그리고 이런 전승이 히브리 성경이 최종적으로 확정되던 시기까지 보존될 수 있었던 주된 이유는 이미 이스라엘 국가가 사라진 상황에서 국가가 없었던 시원적인 시대와 문화적 종교적 관계를 유지하고 싶은 강한 욕망이 존재했기 때문이라고 생각한다.

가장 오래된 고대의 전승을 내세우는 데는 정당성을 위협받는 이런 상황이 큰 역할을 했는데, 회복된 유다의 지식층 지도자들이 그 연원을 아주 먼 과거까지 거슬러 올라갈 수 있는 이스라엘 공동체 안에서 자신들의 지배권을 확보하고자 했기 때문이다.

그러나 만약 이런 '오래된' 전승이 당시의 필요를 충족시키기 위해서 완전히 날조된 것이 아니라면, 국가가 없던 시절에 발생한 전승이 어떻게 이스라엘의 왕정 시대를 거치면서 그대로 보존될 수 있었나?

다른 고대 근동의 지식인은 그렇게 하지 않는 상황에서, 이스라엘 국가의 지식층 지도자나 정부에 속하지 않은 지식인이 어떤 이유에서 국가 성립 이전 전승의 가치를 평가하고 계승했던 것인가?

필자가 판단하기에 국가 성립 이전 전승은 왕정 시대에 주로 두 가지 정치적 역학 때문에 살아남을 수 있었다. 첫째는 **국가를 확립하려는** 노력과 관련되어 있고, 둘째는 **국가를 개혁하려는** 노력에 닿아 있다. 국가 확립이라는 측면에서 통일 왕국의 '지식 계급'(intelligentsia)은 현재 단일 국가로 통합되어 있는 남쪽 유다와 북쪽 이스라엘이 원래 이질적인 산지 부족이었다고 생각하기 쉽지만 원래부터 한 민족이었고 중앙 집권적인 단일 정부 아래서 하나의 공동체로 사는 것이 당연하다는 '건국 신화'(foundation myth)를 천명하고자 했던 것이다.

북쪽 지파가 분리되어 이 통일 왕국이 무너졌을 때 북쪽 지방에 새로 선 북 왕국 이스라엘은 또 다시 이 국가 성립 이전 전승에 의존하여 자기만의 '선사 시대'를 제시하며, 유다를 제치고 북쪽 지방 지파의 관심을 빼앗아 갔다.[4]

국가 개혁이라는 측면에서 북 왕국이 멸망한 다음 유다의 개혁은 한때 다윗과 솔로몬이 예루살렘을 중심으로 다스렸던 광대한 영토를 회복하고자 하는 목적이 있었으며, 이런 계획과 관련해서 국가 성립 이전 전승이 필요했던 또 다른 이유는 모든 백성의 통합을 위해 고대 지파 공동체 시절을

---

4 현재 성서학계는 이스라엘의 연원에 관한 엘로힘 자료의 설명은 존재하지 않거나 아니면 최소한 다시 재구성할 수 없다고 생각하지만, 엘로힘 자료의 가능성을 강조하는 연구도 존재한다. Alan W. Jenks, *The Elohist and North Israelite Traditions*, SBLMS 22 (Missoula, Mont.: Scholars, 1977); Robert B. Coote, *In Defense of Revolution: The Elohist History* (Minneapolis: Fortress, 1991). Coote가 언급하는 혁명은 여로보암 1세가 다윗 왕조에 대항하여 일으킨 반란을 가리킨다.

상기시키려 한 것이다. 그 후 이 개혁을 지지했던 사람들은 유다가 멸망한 후에도 살아 남았고, 이스라엘 지파 공동체가 국가 성립 이전부터 통합된 세력이었다는 개념을 영속화시켰다.

종합적으로 생각해 볼 때 이렇게 국가 체제 안에서 국가 성립 이전 전승을 필요로 했었다는 사실은 그 전승이 국가에 우호적이든 비판적이든 상관없이 이스라엘 국가가 '하늘에서 내려 주신' 왕실의 지배권이라는 개념만 가지고는 국가를 확립할 수 없는 불안정한 상태였음을 가리킨다.[5]

이스라엘 국가는 백성이 가진 지파를 우선시하려는 감정과 그런 관습과 겨루기 위해서 국가 체제가 지파 체제로부터 정당한 방법으로 성장해 나온 결과이며 모든 백성의 이해관계를 가장 잘 대표하거나 최소한 그런 기능을 한다고 주장하는 제도임을 보여 주고자 하였다.

두 왕국으로 갈라져 나뉜 후 계속해서 국가 성립 이전 시대에 관해 논쟁을 벌였기 때문에 이런 국가 성립 이전 전승이 계속 살아남는 데 큰 역할을 감당했지만, 동시에 양쪽 국가가 인정하는 공통의 연원에 관한 전승이 달라서 매우 다양하고 서로 충돌하는 전승이 나타나는 이유가 되기도 했다.

그러므로 고대 이스라엘에서 국가 성립 이전 전승이 중요성을 가지는 이유에 관해 본 연구가 택한 가설은 다음과 같다.

실제 국가 성립 이전 시대에 형성된 전승(첫째 제안)이 왕정 시대에도 보존되었던 이유는 이 전승이 통일 왕국과 분열 왕국(둘째 제안), 재통일 왕국을 염원하던 공동체(셋째 제안)의 정당성을 변호할 무기였기 때문이며,

---

[5] 이스라엘에서 왕권이 발생한 과정은 상대적으로 '세속적'인데 반하여 수메르 왕명록(Sumerian King List)은 완전히 다른 관점을 보여 준다. 이 문서는 구티인(Gutians)을 추방하고 찾아온 수메르 문명의 부흥기 초기에 창작되었는데, 왕권을 신들이 하사하셨고 (한 도시에서 다른 도시로 이전되기는 했어도) 홍수 이전 시대부터 끊임없이 계승되어 내려왔다고 주장한다. 이 목록은 "왕권이 하늘에서 내려왔을 때 …"라는 말로 시작하며, 홍수로 잠깐 왕권이 끊어진 이후에 같은 표현이 다시 반복되며 "홍수가 (온 땅을) 쓸고 지나간 후 왕권이 (다시) 하늘로부터 내려 왔을 때 …"라고 기록하고 있다("The Sumerian King List," *ANET*, 265-66).

이런 다양한 국가 성립 이전 전승은 회복된 유다 공동체가 과거 지파 공동체에서 연원했음을 주장하기 위해 심혈을 기울여 보존하고 보충하고 편집하였고(넷째 제안), 결국 왕정 체제는 실패했으며 시대에 뒤떨어진 방법이어서 이스라엘의 정치적 자치권이 없어도 번창할 수 있는 종교 문화적 공동체에 더 이상 필요가 없는 통치 체제라고 격하시키게 된다.

식민지 시대에 전승 계승자들은 왕정 시대에 관한 기록이 과거와 자신들의 세계를 잇는 교량의 역할을 감당하는 데 필수적이라고 생각하며 보존하였는데, 이것은 왕정 시대에 참된 이스라엘의 규범과 관습이 '전복되고'(subversions) 또 '전도된'(inversions) 것은 결국 자기들이 스스로 그런 규범과 관습을 '복원하려는'(restitution) 노력을 정당화하며, 이 모든 논리가 국가 성립 이전 시대에 뿌리를 두고 있다고 본 것이다.

3) 보존된 국가 성립 이전 전통은 얼마나 믿을 수 있나?

고대 이스라엘에 존재하던 국가 성립 이전 전승을 이런 방식으로 설명한다면, 국가가 나타난 이후로는 국가 성립 이전 전승을 창작하거나 보호하게 된 **모든** 맥락이 매우 논쟁적인 배경을 가지고 있었다는 사실을 분명히 알 수 있다. 물론 국가 정권에 소속되지 않았어도 국가 성립 이전 전승을 보존했던 세력도 있었을 것이지만, 그들 역시 논쟁적 이해관계를 가지고 있었다. 왜냐하면 그들은 국가가 성립되면서 약화된 부족 중심의 문화와 사회를 지지하고 싶었기 때문이다.

그러나 왕정 시대 정부의 이해관계와 전승의 최종 형태를 결정한 제사장의 이해관계는 이런 부족 중심의 관계를 국가나 회복된 유다 공동체와 같은 후대의 종교적 문화적 공동체에 복속시키려는 분명한 경향을 보여 준다. 그러므로 우리는 그 다음 질문을 물을 수밖에 없다.

국가주의자와 식민주의자가 다듬고 계승시킨 이 국가 성립 이전 전승이 과연 실제로 국가가 창건되기 전 상황에 관해 믿을 만한 증거를 제시해 준다고 확신할 수 있는가?

만약 이런 전승의 최종 형태가 결정되기 전에 오랜 시간에 걸쳐 전승되며 재해석 과정을 겪었다면, 또 이 전승이 몇 백 년 동안 정치적 맥락 속에서 이념적인 무기로 사용되었다면, 국가 성립 이전 상황에 대해 신빙성 있는 정보를 제공하는 전승과 대체로든 완전히든 후대에 형성된 전승을 구분하는 것이 가능한가?

간단히 말해서 국가 성립 이전 시대부터 내려오는 전승이 왕정 시대를 통해 전승되었고 최종적으로 회복된 유다 공동체 안에서 보존되었다는 가정이 이 전승에 신빙성을 보장해 주는 것은 아니며, **믿을 만 하다고 평가할 가능성**을 열어 줄 뿐이다.

결국 자료의 신빙성은 명령이나 지시가 아니라 비판적 안목으로 가려내야 한다. 그렇다면 우리가 해야 할 첫 번째 작업은 분권화된 지파 정치에 관해 무슨 기록이 남아 있는지 확인하고 국가 성립 이전 전승이 모든 논쟁의 회오리바람 속에서 한 세대에서 다음 세대로 전래되면서 신빙성을 지키며 생존했다고 믿을 만한 이유를 제시하는 것이다.

제3장에서는 왕정이 시작되기 전 고대 이스라엘을 묘사한 전승이 그 공동체의 순차적인 역사에 관해 믿을 만한 정보를 제공하지 않으며 당시에 존재했던 사회 기관의 형태를 자세히 묘사하지도 않았다는 점을 확인한 바 있다. 성경 기사는 시조 가족이 처음에는 가나안으로 그 다음에는 이집트로 이주하였으며, 거기서 열두 지파로 성장했다고 보도한다.

그 후 이집트에서 탈출한 지파들은 가나안에 정착한다. 이런 단계의 연대기적 순서는 매우 도식적이고, 언급된 사건을 확인해 줄 외부 자료는 전혀 없다. 이런 국가 성립 이전 전승의 전체 구조는 아브라함과 함께 처음 시작할 때부터 스스로 한 핏줄이라고 인식하던 사람들이 자기 연원에 관해 생각했던 문학적 시조 신화의 형태를 띠고 있다.

만약 우리가 국가 성립 과정의 역사에 대해 아는 바가 없고 '지파'가 생겨난 일에 대해 변변찮은 정보밖에 없다면, 국가 성립 이전 시대의 이스라엘에 대해 납득이 되는 이해를 도출하는 것이 가능한가?

만약 우리가 이 전승 바깥에 일정한 '기준점'(fixed point)을 설정할 수 없다면, 국가 성립 이전 전승의 진정성을 증명하는 작업은 모든 희망을 잃게 될 것이다.[6] 이런 전승을 증명하려는 영웅적인 노력이 있었음에도 불구하고 아직 족장 전승과 모세 관련 전승을 평가할 수 있는 기준점을 발견하지 못하였다. 그러나 여호수아와 사사 시대 전승을 평가할 수 있는 아르키메데스의 점은 두 가지 정도 발견하였다.

첫째 고정점은 이집트 자료와 다양한 고고학 유물을 통해 결정되었다. 이집트 파라오 메르넵타(Merneptah)의 기념비에 의하면 그의 군대가 기원전 1207년경에 가나안으로 원정을 떠났을 때 "이스라엘"이라고 부르는 사람들과 싸워 이긴 적이 있다.[7] 물론 이 인구 집단의 크기나 위치, 사회적 구성 등에 관해서는 아무런 정보도 남아 있지 않지만, 왕정이 200년 전 가나안에 이미 "이스라엘"이라고 부르는 단체가 존재했음을 보여 준다.[8]

---

6   Lemche는 왕정 시대 이전 이스라엘에 관한 성경의 기록을 평가하기 위해 외부적인 평가 기준을 마련하는 것이 얼마나 어려운 일인지 자세히 설명하고 있다. Lemche, *Prelude to Israel's Past*, 1-65.

7   "Hymn of Victory of Mer-ne-Ptah (The 'Israel Stela')," *ANET*, 376-8,『고대 근동 문학 선집』, 621-2.

8   이 기념비에 나오는 '이스라엘'이라는 용어가 '땅/나라'를 가리키는 표시가 아니라 '민족/사회 집단'을 가리키는 표시를 달고 있다는 사실은 매우 의미심장하다. Wilson은 다음과 같이 말했다(위 각주 7번 참조).
    "이 주장(즉, 이 비석에 나오는 이스라엘이 장소가 아니라 민족이라는 주장)은 정당하며, 이 표시는 그 의미를 제대로 평가받아 마땅하다. … 이 논거가 타당하긴 하지만 결정적인 것은 아니다. 왜냐하면 후대 이집트 필경사들은 부주의하기로 악명이 높고 이 기념비에도 벌써 몇 가지 실수를 범하고 있기 때문이다(*ANET*, 378, n. 18,『고대 근동 문학 선집』, 622, 각주 13)."
    Yurco는 원래 람세스 2세의 유물로 분류했던 벽화가 사실은 이 기념비가 묘사하고 있는 메르넵타 원정을 묘사하고 있다고 주장하면서, 이 벽화의 일부는 이스라엘과 이집트 군대가 전투를 벌이는 장면을 그리고 있다고 해석한다(Frank J. Yurco, "Merneptah's Canaanite Campaign," *Journal of the American Research Center in Egypt* 23 [1986]: 189-215).
    이 벽화에 관해서는 두 가지 문제를 놓고 논쟁이 계속되고 있다. 과연 이 벽화가 정말로 메르넵타의 원정을 묘사하고 있느냐와 이스라엘이 이 그림에 나오는가의 문제이다. Redford

그리고 바로 이 200년 동안 이스라엘 민족이 정착했다고 성경에 기록되어 있는 지역, 즉 가나안 산지의 소규모 농업/목축업 중심 거주지가 넓게 확산되고 있음을 고고학 연구를 통해 확인할 수 있다. 어떤 고고학 유물도 이 거주지가 이스라엘 정착지라고 '증명해' 주지는 않지만, 이 지역과 거기 사는 거주민이 처음으로 창건된 이스라엘 국가의 백성이 되고 물질적 기초가 되었음은 자명한 사실이다.[9]

한 가족이 거주할 수 있는 집이 대부분이고 마을을 보호할 요새나 공공건물이 없다는 사실은 이 지역 사회 기관이 자영농업과 목축업에 종사하는 사람의 주변 지역에 정착하기 위해 조성되었을 가능성을 시사한다. 지배권이 한 지역에서 다른 지역으로 넘어가기도 하는 '지파'를 묘사한 성경 전승은 넓게 볼 때 이런 고고학 연구 결과와 조화를 이룬다. 물론

는 Yurco의 주장을 부인하는 것은 물론 이 기념비에 나오는 가나안 목록이 역사적 신빙성이 있는지에 대해서도 심각한 의문을 제기한다(Donald B. Redford, "The Ashkelon Relief at Karnak and the Israel Stela," *IEJ* 36 [1986]: 188-200). Singer는 Yurco의 주장을 조심스럽게 지지하면서 메르넵타가 팔레스타인에 원정을 갔고 산지에도 올라갔을 가능성이 있다고 기념비 내용의 역사적 신빙성을 인정한다(Itamar Singer, "Egyptians, Canaanites, and Philistines," in *From Nomadism to Monarchy: Archaeological and Historical Aspects of Early Israel*, ed. I. Finkelstein and N. Na'aman [Jerusalem: Israel Exploration Society/Washington, D.C.: Biblical Archaeology Society, 1994], 286-89).

9   Israel Finkelstein, *The Archaeology of the Israelite Settlement* (Jerusalem: Israel Exploration Society, 1988); "The Great Transformation: The 'Conquest' of the Highlands Frontiers and the Rise of Territorial States," in *Archaeology of Society in the Holy Land*, ed. T. E. Levy (New York: Facts on File, 1995), 349-63; William G. Dever, "The Israelite Settlement in Canaan: New Archaeological Models," in *Recent Archaeological Discoveries and Biblical Research* (Seattle/London: Univ. of Washington Press, 1990), 37-84; "Israel, History of (Archaeology and the 'Conquest')," *ABD* 3:545-58.
    많은 점에서 서로 차이점이 있지만 Finkelstein과 Dever는 고고학 연구 결과가 성경 본문에 묘사된 왕정 이전 사회와 넓은 의미에서 일치한다고 본다. 고고학과 성경의 역사 사이에 너무 가까운 상관 관계를 강조하는 것에 반대하는 학자 중에도 지난 삼십여 년 간 진행되고 발달해 온 고고학 발굴이 팔레스타인 산지의 거주지 분포와 인구 변동, 경제와 생태계 변화에 관해 매우 유용한 정보를 제공한다는 점을 인정하며, 그래서 왕정 이전의 사회생활을 재구성할 때 이런 자료를 참고하는 것이 필수적이라는 데 동의한다. 예를 들어 Niels Peter Lemche, *The Israelites in History and Tradition* (Louisville, KY: Westminster John Knox/London: SPCK, 1998), 65-85 참조.

그렇다고 해서 이런 전승에 남아 있는 정보의 역사적 정확성을 보장할 수 있는 것은 아니다.

확실한 정보를 담은 기록 자료가 없는 상황에서 물질적 유적과 유물을 기초로 사회 정치적 기관을 재구성하는 일이 다루기 힘든 문제라는 점은 이미 잘 알려져 있다. 지방 기관이 마을이나 부족/혈통 관계망에 기초를 두고 있는지 여부와 인류학 연구에서 밝혀진 것처럼 전체 사회가 어떤 식으로 단절된 씨족 체제를 형성하고 있는지 여부는 확실한 판단을 내릴 수 없다.

'지파'라는 호칭이 단순히 지역에서 사용하는 이름인지 여부도 확정지을 수 없고, 어떤 과정을 통해서 여러 '지파'가 서로 협의하고 협력하였는지도 정확하게 말할 수 없다.

메르넵타 기념비와 유다 산지를 대상으로 한 고고학 연구를 통해 확정할 수 있는 것은 최소한 일부는 스스로를 이스라엘이라고 부르며 농업이나 목축업에 종사하던 사람들이 후대에 이스라엘 국가가 발생하게 될 가나안 산지에 살고 있었다는 사실과, 이 사람들이 정치적으로 분권화된 상태였지만 사회적으로 서로 관련이 있는 마을과 씨족 연맹체를 이루며 살고 있었다고 보도한 성경의 묘사가 어느 정도 신빙성이 있다는 사실이다.

초기 이스라엘 전승 속에서 여인들이 감당했던 지위와 역할을 보면 융통성 있는 통치 체제 양식(a model of flexible leadership)에 잘 들어맞는데, 그래서 미리암(출 15:20-21; 민 12:1-2)이나 드보라(삿 4:4-10; 5:1, 12) 같은 여인이 제의적, 사법적, 군사적 권력을 소유하고 있었다. 이런 전승은 남자와 여자가 노동 과정과 노동을 통한 잉여 생산물을 거의 공평하게 공유하던 분권화된 농업 사회의 상황을 반영하고 있다.

마을 소집단의 가정은 아직 국가 권력에 의해 조직되지 않았지만 대부분의 사회적 행위와 공공 영역의 중심을 형성하고 있었으며, 집단적인 가정의 이해관계를 확장해 간다는 의미에서 여자와 남자에게 지도층의 역할에 참여할 수 있는 기회를 더 쉽게 제공하였다. 중앙 집권적인 왕정치하에서 여성은 정부나 종교와 관련해서 공식적인 직임을 맡을 기회를 박탈당하였다. 이스라엘 사회에서 여성이 차지했던 지위와 관련하여 두 가지 점을 확실히 지적할 필요가 있다.

첫째, 성경에 남아 있는 많은 기사 속에서 여성은 지파 공동체 시대나 왕정 시대에 가족 내외적으로 어떤 사건에 결정적인 영향을 미치는 일을 주도적으로 수행한다.

여성이 이렇게 사건의 향방을 결정하는 데 중요한 역할을 했다는 사실을 설명하기 위해서 '결정을 내리고 명령에 복종시키는 문화적으로 정당화된 권리'라고 정의할 수 있는 **권한**과 '공식적인 권한과 관계가 없거나 그에 불구하고 어떤 사건을 조정할 수 있는 능력'이라고 정의할 수 있는 **권력**을 구분할 필요가 있다.

근본적으로 가부장적인 이스라엘 사회에서 남성이 공식적인 권한을 가지고 있었지만, 그럼에도 불구하고 여성도 여러 맥락과 상황 속에서 비공식적인 권력을 휘두를 수 있었다.[10]

둘째, 여성이 제한적이고 임의적으로 비공식적인 권력을 행사했다고 해도 결국 자기 가족의 남자 가부장이나 멀게는 국가의 권한에 예속되어 있었다는 사실이 변하지 않으며, 그들이 행사하는 권력은 결국 각각 가부장적 가족을 강화하는 것을 목적으로 하고 있었다. 그 후 가족 체제는 지파 공동체 시대를 대변하던 씨족 관계망에서 점점 고립되어 간다.[11]

---

10 Weber가 처음 제안하고 이제 민속학 연구(Michelle Rosaldo and Louise Lamphere eds., *Women, Culture, and Society* [Stanford, Calif.: Stanford Univ. Press, 1974])에 잘 드러나는 이 권한/권력 구분은 Meyers가 고대 이스라엘을 연구할 때 적용하였다(Carol Meyers, *Discovering Eve: Ancient Israelite Women in Context* [New York/Oxford: Oxford Univ. Press, 1988], 41-42). Meyers는 고고학과 인류학 자료를 이용하여 여성이 후대보다 지파 공동체 시대에 사회적 권력을 더 많이 소유할 수 있었던 경제적 이유도 밝혀낸다.

11 Lerner는 여성이 성경적 사회와 이념 속에서 남성에게 완전히 복속되었던 상황은 고대 메소포타미아 사회에서 여성이 가졌던 지위의 연장선상에 있으며 아리스토텔레스가 여성을

고고학 유물을 통해서 이런 산지 거주민의 종교적 신념이나 관습에 관한 정보를 얻기는 매우 어렵다.[12]

종교와 관련된 명문이나 종교적 유물을 포함한 무덤이 발견된 적이 없으며, 논쟁의 여지가 없는 종교 관련 건축물이나 제의용품도 거의 보존되지 못했다. 세겜 북부 므낫세 산지의 돌을 둥글게 두른 야외 시설에서 작은 청동 황소상이 발견되었는데, 이 시설은 아마도 제의적 용도로 사용되었을 것이다. 그러나 에발 산(Mt. Ebal) 위에서 발견된 구조물이 희생 제사를 드리는 시설이라는 주장에 모든 학자가 동의하는 것은 아니다.[13]

작은 여인상도 많이 발견되는데 아마도 여성이 임신하고 출산할 때 귀하게 여기던 신상으로 보이며, 아마도 아세라(Asherah) 같은 여신을 대표하는 물건일 것이다.[14]

발견되지 않는 것은 단지 종교 관련 명문만이 아니며, 토기 조각이나 화살촉에 알파벳이나 개인의 이름이 새겨져 있는 것 외에는 별다른 기록 자

'거세된 남성'이라고 격하시킨 것과 유사하다고 주장한다(Gerda Lerner, *The Creation of Patriarchy* [New York/Oxford: Oxford University Press, 1986], 161-98). 여성이 가진 지위나 권력은 사실 그만한 지위와 권력을 가진 남성과 직간접적으로 관련이 있었기 때문에 가능했다. Harold C. Washington, "Violence and the Construction of Gender in the Hebrew Bible: A New Historicist Approach," *BibInt* 5 [1997]: 324-63.

12 Michael David Coogan, "Canaanite Origins and Lineage: Reflections on the Religion of Ancient Israel," in *Ancient Israelite Religion: Essays in Honor of Frank Moore Cross*, ed. P. D. Miller Jr. et al. (Philadelphia: Fortress, 1987), 115-24; William G. Dever, "The Contribution of Archaeology to the Study of Canaanite and Early Israelite Religion," in Miller et al., *Ancient Israelite Religion*, 209-47; Mark S. Smith, *The Early History of God: Yahweh and the Other Deities in Ancient Israel* (San Francisco: Harper & Row, 1990); Herbert Niehr, "The Rise of YHWH in Judahite and Israelite Religion: Methodological and Religio-Historical Aspects," in *The Triumph of Elohim: From Yahwisms to Judaisms*, ed. D. V. Edelman (Grand Rapids, Mich.: Eerdmann, 1995), 45-72.

13 Amihai Mazar, *Archaeology of the Land of the Bible 10,000-586 B.C.E.* (New York/London: Doubleday, 1990), 348-52.

14 Saul Olyan, *Asherah and the Cult of Yahweh in Israel*, SBLMS 34 (Atlanta: Scholars, 1988); Smith, *The Early History of God*, 80-97.

료가 발견되지 않았다. 그리고 종교 관련 건축만 아니라 공공 건축물도 전혀 발견되지 않았다.[15] 무덤을 만드는 구덩이도 매우 얕았던 것으로 추정되며, 결국 현재까지도 남아 있지 않다.

그러므로 종교에 관련된 유적이나 유물이 거의 없다는 사실은 사법 제도, 군사 조직, 사회 기관 관련 물질 문명의 흔적이 적다는 것과 같은 맥락이다. 그러나 종교 관련 유적이 적다고 해서 이 사람들이 종교를 신봉하지 않았다는 것은 아니다. 고대 근동 지역 거주민이 모두 그랬던 것처럼 초기 이스라엘 사람에게 종교가 있었다는 것은 의심할 여지가 없다.

이스라엘의 국가 성립 이전 사회는 틀림없이 구두 소통에 의존하고 있었을 것이며, 필기 체제나 특정한 건물에 설치된 행정적 제의적 중심지가 따로 필요 없는 방법으로 사회 종교 생활을 영위했을 것이다.

이런 종교는 각자의 집이나 야외에서 제의를 시행했을 가능성이 높다. 넓게 보았을 때 이런 고고학 연구 결과는 성경 본문에 묘사된 단순한 제의적 상황과 잘 조화된다. 희생 제사는 일반인이나 각 지역에 흩어져 사는 제사장도 집전할 수 있었고, 명절은 계절에 따른 농업 축제와 관련되었으며, 종교적 의미가 있는 전쟁을 기억하는 제의도 있었다.[16]

신의 이름도 발견된 적 없고, 특정 신과 관련이 분명한 고고학 유물도

---

15 네게브 북부 텔 마소스(Tel Masos)에서 상당히 큰 건물 유적이 발견되었는데, 상업이나 행정적인 용도로 사용되었을 가능성이 있다. 그러나 이 거주지가 이스라엘 지배하에 있었는지 확신할 수 없다. Israel Finkelstein, "Arabian Trade and Socio-Political Conditions in the Negev in the Twelfth-Eleventh Centuries B.C.E.," *JNES* 47 (1988): 241-52 참조.

16 고대 이스라엘 지파 공동체의 신앙과 왕정 시대 신앙의 차이점에 관련해서 다음 연구를 참조하라. Gary A. Anderson, *Sacrifices and Offerings in Ancient Israel: Studies in Their Social and Political Importance*, HSM 41 (Atlanta: Scholars, 1988). 명절이 농업 경제 사회에서 규제력을 가진 규율이었을 가능성에 관하여 다음 연구를 참조하라. Frank S. Frick, "Religion and Sociopolitical Structure in Early Israel: An Ethno-Archaeological Approach," in *Community, Identity, and Ideology: Social Science Approaches to the Hebrew Bible*, ed. C. E. Carter and C. L. Meyers (Winona Lake, Ind.: Eisenbrauns, 1996), 465-66.

발굴되지 않았다. 야훼 신앙이 이들의 주요 종교였다는 사실은 성경 본문에만 등장하는 사실이며, 이 사람들은 다른 종교, 특히 바알 신앙도 신봉하였을 것이다.

고고학 지표 조사 결과에 의하면 에브라임과 므낫세 중앙 산지의 생태계와 거주 형식은 남부 유다 산지와는 매우 다르다.[17] 이 두 지역 중 유다는 지형적으로 더 고립되어 있고, 거주 인구가 적으며, 목축업 종사자가 더 많다. 이런 차이는 성경 전승에 나타나 있는 묘사에 어느 정도 잘 맞으며, 다른 지파가 협력하여 일을 할 때 유다는 지파 공동체 시대 말이 될 때까지 혹은 심지어 사울이 왕이 되던 시기까지도 혼자 거리를 두고 떨어져 있을 때가 많았다.

처음부터 중앙과 남부 지파의 국가 성립 이전 역사가 독립적이었다는 사실은 통일 왕국이 분열할 때 남 왕국과 북 왕국 두 지역으로 갈라진 상황을 설명하는 데 도움이 된다. 성경은 갈릴리와[18] 길르앗에[19] 있는 이스라엘 정착촌에 관해서도 많이 언급하는데, 이런 사실은 고고학 연구 결

---

[17] Finkelstein의 연구는 이런 모든 지역의 제1철기 시대 발굴과 지표 조사 결과를 요약해서 보여 주는데(Finkelstein, *Archaeology of the Israelite Settlement*, 27-117), 특별히 에브라임 산지에 관심을 집중하고 있다(119-234). 다음 연구도 참조하라. Israel Finkelstein and Zvi Lederman eds., *Highlands of Many Cultures: The Southern Samaria Survey – the Sites*, 2 vols., Monograph Series 14 (Tel Aviv: Institute of Archaeology, Tel Aviv Univ., 1997). 이 주제에 관련된 연구는 역사적, 경제적 인구 구성에 관한 정보까지 갖춘 다음 글로 완성된다. Adam Zartal, "To the Land of Perizzites and the Giants': On the Israelite Settlement in the Hill Country of Manasseh," in Finkelstein and Na'aman eds., *From Nomadism to Monarchy*, 47-69; Amihai Mazar, "Jerusalem and Its Vicinity in Iron Age I," in *From Nomadism to Mnarchy*, 70-91; Avi Ofer, "'All the Hill Country of Judah': From a Settlement Fringe to a Prosperous Monarchy," in *From Nomadism to Monarchy*, 92-121.

[18] Rafael Frankel, "Upper Galilee in the Late Bronze Age-Iron I Transition," in Finkelstein and Na'aman eds., *From Nomadism to Monarchy*, 18-34; Zvi Gal, "Iron I in Lower Galilee and the Margins of the Jezreel Valley," *From Nomadism to Monarchy*, 35-46.

[19] Magnus Ottosson, *Gilead: Tradition and History*, ConBOT 3 (Lund: Gleerup, 1969); "Gilead (Place)," *ABD* 2:1020-22.

과로 확인할 수 없다. 그러나 이런 지역도 중앙 산악 지대와 유사한 산악 거주지의 특징을 가지고 있기 때문에, 이스라엘 집단이 거기도 거주했을 가능성이 있다.

메르넵타 기념비는 출애굽과 정착 과정에 관한 성경 전승을 평가하는 데도 매우 유용한 자료가 될 수 있다. 물론 이 기념비에 묘사된 사건과 이집트에서 탈출하여 가나안을 정복한다는 성경의 설명을 뜯어 맞추려는 노력은 별 성과가 없었다. 메르넵타 기념비는 이스라엘 사람들이 이집트에 살았다는 사실에 관해 아무런 언급도 하지 않으며, 파라오의 전투가 가나안에서 벌어졌지만 성경이 말하는 정복 기사와 연관시킬 수 있는 자세한 정보가 부족하기 때문이다.[20]

이 기념비가 입증해 주는 것은 이집트가 산지에 퍼져 있는 거주지를 향해 접근하다가 호전적인 이스라엘 사람과 만났다는 점이다. 또한 메르넵타가 이스라엘을 파괴했다고 주장하는데, 군사적으로는 이들을 제압했을지 몰라도 이 사람들이 전투 이후에 생존했을 가능성이 높다는 점에 유의해야 한다.

더구나 메르넵타의 원정은 팔레스타인을 통제하고자 하는 제19왕조의 지속적인 노력의 일환이었고, 이 지역에 대한 이집트의 영향력은 갈수록 약해져서 채 100년이 지나지 않아 끝이 날 상황이었다.

기원전 12세기 전반에 팔레스타인을 향해 감행했던 메르넵타의 원정을 비롯한 이집트의 여러 노력은 아마도 이스라엘이 노예 생활과 이집트에서 탈출했다는 전통적인 주제의 역사적 배경이 되었을 것이다. 가나안을 통제하려던 이집트의 제국주의 정책은 팔레스타인 거주민에게 서로

---

20 Gösta W. Ahlström, *Who Were the Israelites?* (Winona Lake, Ind.: Eisenbrauns, 1986), 37-42과 Lemche, *Israelites in History and Tradition*, 35-38는 메르넵타 기념비가 광야 생활과 출애굽 전승의 역사성을 증명하는 데 전혀 도움이 되지 않는다는 사실에 동의한다. 기념비에 가나안 산지에 거주한다고 기록된 이스라엘에 관하여 Ahlström은 이 용어가 지역을 가리키는 이름이라고 주장하고, Lemche는 어떤 인구 집단이었을 것으로 추측한다.

다른 영향을 미쳤다.

지리적으로 노출되어 있는 저지대 도시 국가는 주요 무역로에 위치해 있고 농업 생산물도 풍부했기 때문에 이집트가 아시아에서 세력을 유지하는 한 제국의 봉신국으로 복종하며 살았다. 주요 무역로에서 벗어나 있고 자원도 풍부하지 못했던 산악 지역 거주지는 이집트가 직접 개입할 만큼 매력도 별로 없었고 군사적으로 그리 호락호락하지도 않았다.

그런데 서로 자주 다퉜던 도시 국가 지도자들은 도시 국가의 어려운 상황을 피해 도망한 사람들 때문에 증가하고 있던 산악 지역 거주자를 다시 지배하에 두고 싶은 욕심이 생겼다. 그러나 도시 국가는 통합 세력을 구축하지 못했기 때문에 산악 지대 거주지를 진압하거나 그들에게 조공을 부과할 수 없었다. 이런 식으로 군사 정치적 진공 상태가 형성되자, 산악 지역 거주자들은 이집트와 도시 국가를 모두 저지하기 위하여 영악하게 협력했을 가능성이 있다.

이스라엘의 관점에서 본다면 이집트의 봉신국이었던 도시 국가의 즉각적인 위협이 좀 더 멀리에서 오는 이집트의 위협과 겹쳐지며 강화되었을 것이며, 도시 국가와 이집트 모두 조공을 요구하는 정책을 시행하고 있기 때문에 산악 지대에서 자유롭게 농업과 목축업에 종사하고 있는 독립된 정체에게 큰 타격이 되었을 것이다.

이렇게 이집트가 가나안에 행사하던 패권은 결국 블레셋(Philistines)에게 넘어갔으며, 이들은 기원전 12세기 초에 팔레스타인 남부 해안에서 세력을 확대하면서 다음 150년 동안 고대 가나안 도시 국가를 영향 아래 넣었다.

그러므로 이스라엘은 이집트와 가나안과 블레셋으로 넘어가는 패권주의적 위협을 견뎌내야 했으며, 이런 중앙 집권적 국가와 도시 국가 사이에 권력의 균형이 어떻게 기우느냐에 영향을 크게 받았다. 이스라엘의 초기 전승 형성 과정과 관련하여 이런 상황을 다시 서술한다면, 이집트와 **가나안에 있는** 이집트의 대리자와 맺었던 호전적인 관계가 '모여서' 모두 함께 이집트에 잡혀 있던 경험으로 양식화되었다고 말할 수 있다. 비슷한 논리로 이스라엘이 **가나안에서** 이집트와 가나안과 블레셋의 지배를 벗어나는 데 성공했던 모든 경험이 한 사건으로 농축되어, 모두 함께 **이집트에서** 구원 받았던 역사적 사건이라는 양식으로 투사된 것이다.[21]

물론 이런 억압과 탈출이라는 주제가 발생한 모체에 관한 가설은 이스라엘을 형성한 인구 집단 중 일부가 실제로 이집트에 거주했었을 가능성까지 배제하지는 않는다. 그보다는 이런 주제가 발생하는데 이스라엘이 실제로 이집트에 거주했는지 여부가 그리 중요하지 않다고 말해야 할 것이며, 실제 상황이 어떠했는지를 증명하기는 매우 어렵다는 것이다.

그러나 이집트의 억압과 탈출이라는 주제가 이스라엘 역사의 어느 시기에 형성되었는지는 분명히 알 수 없다. 초기 성경학자는 이런 주제가 실제로 왕정 시대 이전에 발생하였다고 주장하곤 했으나, 이런 주장은 출애굽기 초기 자료층의 연대를 어떻게 추정하느냐 하는 문제와 출애굽기 15장에 있는 바다의 노래가 왕정 시대 이전의 제의를 반영하는지 여부를 어떻게 결정하느냐에 따라 달라질 수 있다.[22]

---

21 육경(the hexateuchal) 전승에서 출애굽과 정복이라는 주제가 이스라엘이 가나안에서 겪은 초기 경험의 '근본적 주제'(root metaphor)라는 주장에 관해서 다음 연구들을 참조하라. Gottwald, *Tribes*, 214-15, 417, 508-9; "The Exodus as Event and Process: A Test Case in the Biblical Grounding of Liberation Theology," in *The Future of Liberation Theology: Essays in Honor of Gustavo Gutiérrez*, ed. M. H. Ellis and O. Maduro (Maryknoll, N.Y.: Orbis, 1989), 250-60 = Gottwald, *The Hebrew Bible in Its Social World and In Ours*, SemeiaSt (Atlanta: Scholars, 1993), 267-79.
Whitelam은 아프리카와 잉카에서 민족의 연원을 이주로 묘사하는 전승을 인용하면서, 그들은 자기 조상들의 지리적 연원에 관해 분명히 잘못 생각하고 있다고 지적한다(Keith W. Whitelam, "Israel's Traditions of Origin: Reclaiming the Land," *JSOT* 44 [1989]: 23-27, 31). 이런 전승은 두 민족이 만나는 정치적, 상업적, 그리고 그 외 다른 관계를 공간적인 "이주"의 개념으로 전환시킨 결과라고 설명한다.

22 출 15장이 왕정 시대 이전 작품이라는 점을 언어학적 논리에 따라 증명한 연구는 Cross와 Friedman의 글이 있다. Frank M. Cross Jr. and David N. Freedman, *Studies in Ancient Yahwistic Poetry*, 2nd ed. (Grand Rapids, Mich./Cambridge, UK: Eerdmans/Livonia, Mich.: Dove Booksellers, 1997), 31-45; "The Song of Miriam," *JNES* 14 (1955): 237-50.

오경 형성사와 관련된 현대 이론은 대부분 이런 억압과 탈출이라는 주제가 왕정 시대 후반에 발생했다고 간주한다. 이런 주제가 과장된 표현에 의해 왜곡되어 현재의 형태를 가지게 된 것은 상대적으로 후대의 일일 수 있지만, 국가 성립 이전 시기의 이스라엘이 처한 상황에서 이집트가 가장 큰 위협 요인임을 지적한 것은 정확한 분석이며, 이런 위협의 주체는 그 후 가나안과 블레셋 도시 국가, 앗수르, 신-바빌론, 헬레니즘 제국, 로마까지 확장될 수 있다.

이런 억압과 탈출에 관한 주제가 고대에 발생했을 가능성에 관해 말하자면, 시리아와 팔레스타인까지 지배하던 이집트 제국은 기원전 12세기 말이 되기 전에 무너졌고, 기원전 3세기 헬레니즘 시대의 프톨레미 제국이 나타나기 전까지 이집트는 이스라엘을 위협하는 일시적인 요인 이상이 될 수 없었다.

사실 이집트는 왕정 시대 동안 이스라엘과 유다 왕국이 앗수르나 신-바빌론 제국에 대항하려 할 때마다 동맹 세력이 되어 주지 않을까 하고 기대하던 나라였다. 앗수르와 신-바빌론 제국이 교체되던 권력의 공백기 중 약 5년 동안(기원전 609-604년) 이집트가 유다를 지배하기도 했으나, 그 기간이 너무 짧아서 출애굽 전승이 발생하는 모체가 될 수는 없었다.[23]

Friedman은 출 15장과 삿 5장이 초기 시문이었는데 이 시가 포함된 문맥에 맞추어 "산문화"되었다는 가설이 역사적으로 어떤 의미인지 잘 설명해 준다. Freedman, "Early Israelite History in the Light of Early Israelite Poetry," in *Unity and Diversity: Essays in the History, Literature, and Religion of the Ancient Near East*, eds. H. Goedicke and J. J. M. Roberts (Baltimore: Johns Hopkins, 1975), 3-35.
필자가 판단하기에 Cross와 Friedman이 언어학적인 이유로 이 시들이 고대의 작품이라고 주장한 것은 일리가 있지만, Friedman이 제시한 역사적 재구성은 그럴듯하지만 대체적으로 추측에 불과하다. Weitzman은 이 시들의 연대 추정에 관해 확실한 제안을 제공하지는 않지만, 이 시들이 산문 문맥에 이차적으로 삽입된 제의적 용도의 작품이며 기원전 8세기 이집트의 피예 기념비(Piye Stela)에 나타난 필경사의 전통과 유사한 점이 많다고 지적한다. Steven Weitzman, *Song and Story in Biblical Narrative: The History of a Literary Convention in Ancient Israel*, Indiana Studies in Biblical Literature (Bloomington/Indianapolis: Indiana Univ. Press, 1997).

23 만약 기원전 630년경 앗수르가 쇠퇴의 길에 들어서고 프삼틱 1세(기원전 664-609년)를

국가 성립 이전 전승은 후대에 세워질 이스라엘 영토 근처에서 다른 민족과 군사적인 충돌이 있었다고 증언하고 있으며, 요단강 동편의 모압 사람과 암몬 사람, 가나안 동남부 사막 주변에서 유목 생활을 하며 상업 제국을 건설했던 미디안 사람과 적대 관계에 있었다고 말한다. 성경 전승은 모압과 암몬은 이스라엘과 '혈족' 관계에 있다고 주장하는데, 고대 모압과 암몬 지역에서 발견되는 고고학 유물은 아직 확실한 결론을 내놓을 만큼 충분한 정보를 주지 않는다.

왕정 시대에 이 세 나라는 분쟁에 휘말린 적이 많고, 국가 성립 이전 시대에도 요단강 동편 영토를 놓고 군사적 충돌이 벌어졌을 가능성이 없지 않다. 후기 청동기 시대가 끝나가면서 무역 거래가 둔화되고 주변 지역을 대상으로 한 지배권이 약화되기 시작하자 미디안 사람들이 가나안을 향한 통제와 영향력을 강화하려고 시도했다가 이스라엘 부족의 저항으로 실패했을 수도 있다.[24]

시작으로 사이스 왕조(the Saite Dynasty) 시절에 이집트가 부흥하여 유다를 이집트의 패권 아래 두었다고 가정한다면, 출애굽과 억압이라는 주제가 이집트의 패권에 대항하기 위한 민족 해방의 정신으로 요시야 왕 때 발생했다고 주장할 수 있다. 그러나 요시야 시대 이전에 창작된 예언서나 시편에 이미 출애굽 전승이 인용되고 있기 때문에 이런 가정은 힘을 잃는다. Lemche는 이런 생각에 동의하지 않는 것으로 보이는데, 그는 예언서나 시편은 오경에 묘사된 출애굽 전승을 제대로 알지 못한다고 주장한다(Niels Peter Lemche, *Early Israel: Anthropological and Historical Studies on the Israelite Society before the Monarchy*, VTSup 37 [Leiden: E. J. Brill, 1985], 306-85).

그러나 오경의 묘사와 다를지는 몰라도 이미 기원전 8세기에 이집트에서 구원 받았다는 주제가 잘 알려져 있었음은 분명하며, 그러므로 이 주제가 요시야 시대에 처음 나타났다고 주장할 수는 없다. 어쨌든 기원전 7세기 말에 유다와 이집트가 적대적인 관계에 있었으므로 이런 문학적 주제가 더 강화되고 신명기 전승 속에서 더 세밀한 부분까지 발전했을 가능성은 계속 존재한다.

24 미디안이 넓은 지역에 걸쳐 거주하던 '보호국'(protectorate)이거나 상업에 종사하던 유목민의 '동맹'이라는 주장에 관하여 다음 연구를 참조하라. Otto Eissfeldt, "Protektorat der Midianiter über ihre Nachbarn im letzten Viertel des 2. Jahrtausends v. Chr.," *JBL* 87 (1967): 383-93; William J. Dumbrell, "Midian – A Land or a League?" *VT* 25 (1975): 323-37; Ernst A. Knauf, "Midianites and Ishmaelites," in *Midian, Moab, and Edom: The History and Archaeology of Late Bronze and Iron Age Jordan and North-West Arabia*, ed. J. F. A. Sawyer and D. J. A. Clines, JSOTSup 24 (Sheffield: JSOT Press, 1983), 135-46.

여호수아서와 사사기 전승의 내용과 구성은 대체로 군사적 충돌이 주를 이루고 있는데, 성벽이 없던 이스라엘 거주지 발굴 결과와 정확하게 들어맞지 않는다. 국가 성립 이전 전승은 통합된 이스라엘이 가나안 전체를 점령한다는 그림을 제시하고 있기 때문에 전투의 빈도나 규모를 과장해서 기록했을 가능성이 높다.

더구나 이스라엘이 거둔 승전은 모두 넓은 들에서 백병전을 벌여 얻었으며 공성전을 벌인 적이 없다. 여리고 전투의 경우 예외적이라고 말할 수 있는데, 도시를 점령하는 상황을 묘사한 다른 전승과 잘 조화되지 않는다.[25]

전투에 참여했던 이스라엘 군사들은 대체로 수천 명에 이른다고 기록되어 있는데, 이스라엘 민병대의 실제 규모에 대해 어떤 전승은 모든 지파들이 참여하여 징집한 군대의 수가 오천 명을 넘지 못한다고 보도한다.[26] 더구나 사울이 인도하여 블레셋과 전쟁을 벌이기 전에는 모든 지파가 다 참

이런 주장에 반대하는 입장으로 미디안 사람이 기원전 2000년을 넘어 서면서 정착해 살기 시작했다는 주장도 있다. Elizabeth J. Payne, "The Midianite Arc in Joshua and Judges," in Sawyer and Clines eds., *Midian, Moab, and Edom*, 163-72. Schloen은 삿 5:10b를 "미디안을 다스리는 너희"라고 번역하고 삿 5:6에 나오는 대상은 바로 미디안 사람을 가리킨다고 보아 국가 성립 이전에 이스라엘과 미디안이 동맹 관계에 있었다고 주장한다. David Schloen, "Caravans, Kenites, and *Casus Belli*: Enmity and Alliance in the Song of Deborah," *CBQ* 55 (1993): 18-38.

[25] 이스라엘이 여리고를 점령한 기사는 포위전으로 소개되고 있지만(수 6:1), 실제 전투는 기적적으로 성벽이 무너지면서 승패가 결정되었다(6:2-21). 특히 라합과 협상했던 이스라엘 염탐꾼의 이야기는 이 도시를 이스라엘의 손에 넘기는데 여리고 성 내부에서 협력했던 세력이 존재했을 가능성을 암시한다(2:1-24). 성경이 마지막으로 편집될 때 이런 협력 세력에 관한 전승은 기적 기사 속에 흡수되었을 것이다(6:17b, 22-23, 25).

[26] George E. Mendenhall, "The Census Lists of Numbers 1 and 26," *JBL* 77 (1968): 52-66; Gottwald, *Tribes*, 270-76. Klein은 큰 숫자에서 '천' 단위를 줄이는 극단적인 방법이 왕정 이전과 왕정 시대 사건을 묘사하는 역대기 기사에도 사용된다는 Mendenhall의 주장에 반대한다. Ralph W. Klein, "How Many in a Thousand?" in *The Chronicler as Historian*, eds. M. P. Graham, K. G. Hogland and S. L. McKenzie, JSOTSup 238 (Sheffield: Sheffield Academic Press, 1997), 270-82. 그러나 Klein도 포로기 이전 문서에 나오는 '천' 단위 숫자 일부에 관해서는 Mendenhall의 주장이 옳을 수도 있다고 인정한다.

여한 전쟁에 관한 기록도 존재하지 않는다. 아마도 군사적 충돌의 대부분은 소규모 습격이거나 접전에 불과했을 것이다. 그리고 산악 지대 이스라엘 농민들이 이렇게 끊임없이 대규모 전쟁을 겪었다면, 200년 만에 인구가 크게 증가하거나 두 배로 늘어날 수는 없었을 것이다.

국가 성립 이전 전승들이 히브리 성경의 최종본 속에 보존되었다는 점을 지지하는 증거가 또 하나 있다. 이 증거는 시와 산문에서 이스라엘 산악 거주민들이 문학적으로 묘사된 이미지와 관련이 있다. 창세기에서 사사기까지의 본문에 포함된 시들 중 일부는 후대 편집자의 손을 거쳐서 개작되었을 테지만 대체로 왕정 이전 시대 작품으로 알려져 있다.[27]

이런 작품들 속에는 적을 향한 격렬한 호전성과 출신 집단을 향한 강한 충성심, 큰 가문을 선호하는 경향, 농업과 목축업 생산물 축하, 그리고 그들의 신이 자신들의 일과 전쟁에서 자신들을 지켜 준다는 순진한 확신이 포함되어 있다. 문학적 구조나 특징이 비슷한 이야기와 고대 작품의 특징이 여실히 드러나는 역대기와 목록이 첨가되며 이들이 묘사하는 사회의 모습이 확실히 진정성을 획득하게 된다.[28]

거기에는 신중하게 계획해서 '발명했다'기 보다는 문화적인 경쟁에서 '생존한' 것으로 보이는 불가사의한 상징과 특이한 행위가 포함되어 있다. 이런 특징이 전승을 엮어낸 편집의 틀을 이겨내고, 이스라엘 지파가 통합된 때보다 분열되어 있을 때가 많았고, 서로 싸울 때도 있었으며, 가나안 지역 거주민과 금지된 계약을 맺었으며, 후대 성경 전승에 의해 불법행위로 규정된 종교적 관행도 시행했음을 기록하고 있다.

---

27 왕정 시대 이전의 시에 관해서는 다음 연구를 참조하라. Cross and Friedman, *Ancient Yahwistic Poetry*; Gottwald, *Tribes*, 47-48, 278-82, 503-15; Lawrence E. Stager, "Archaeology, Ecology, and Social History: Background Themes to the Song of Debrah," *Congress Volume: Jerusalem, 1986*, ed. J. Emerton, VTSup 40 (Leiden: E. J. Brill, 1988), 221-34.

28 왕정 시대 이전의 사회 정치 종교적 조건을 드러내는 이야기와 연대기적 기술과 목록에 관해서는 Gottwald, "Compendium of Historical Sources," *Tribes*, 48-56와 같은 책에 포함된 본문 주석을 참조하라("Index of Biblical References"를 보라).

물론 이런 내용이 왕정 시대 이전 작품임을 증명한다고 확실하게 결론을 내릴 수는 없다. 왜냐하면 고대 문학 자료와 후대 자료가 제멋대로 섞여 있다거나 왕정 시대 이스라엘의 시골 생활이 최소한 기원전 7세기에 신명기 개혁이 일어날 때까지는 고대 생활 양식과 크게 다르지 않아 유사한 특징을 유지했을 가능성이 있기 때문이다.

그럼에도 불구하고 이런 정보가 여럿 남아 있다는 상황을 참고할 때 이런 시와 이야기 안에 국가 성립 이전 이스라엘의 생활 조건과 환경이 어느 정도 반영되어 있다고 믿을 수 있다.[29]

그러나 이런 가능성을 모두 인정한다 할지라도 이런 모든 정보를 통합하여 앞뒤가 맞는 역사를 재구성하는 것은 아직 불가능하며, '이스라엘 지파들' 사이에 존재했던 사회 기관이나 이들의 상호 작용을 그려낼 수도 없다. 남아 있는 전승은 역사적으로 상세한 묘사를 남기기보다 사회 문화

---

[29] Gunkel은 족장 전승이 상상의 산물이지 역사 기록이 아니라고 줄기차게 주장하면서도 창 34장이나 38장 같은 이야기는 '실제로 일어난 사건을 묘사한 전승의 일부'로 '역사적 알맹이'(historical kernel)를 지니고 있다고 주장한다. Hermann Gunkel, *The Stories of Genesis: A Translation of the Third Edition to Hermann Gunkel's Commentary on the Book of Genesis*, trans. J. J. Scullion, ed. W. R. Scott (German Org. 1910; Vallejo, Calif.: BIBAL Press, 1994), 1-19.
Gunkel의 주장은 어떤 면에서 매우 역설적이다. 우리는 이런 사건의 연대를 추정할 수 없고, 자세하게 재구성할 수도 없지만 실제 경험과 생활 조건의 흔적이 남아 있다는 사실을 무시하면 안 된다.
"역사적 기록과 상상을 통한 문학적 자료가 하나의 통합된 작품으로 녹아들어간 결과를 현재 우리가 보고 있는 것이다."
Gunkel은 상상의 결과가 실제 사건을 둘러싸고 있는 역사적 이야기(historical stories)와 민족 간의 관계를 설명하기 위하여 완전히 허구의 사건을 창작하여 기록으로 남긴 민속학적 이야기(ethnological stories)를 구분하기도 한다(18-19). Lambert는 지파 공동체와 도시 국가의 사회 기관에 대한 왕정 시대 이전 전승이 생존한 이유가 국가 이전 상황 혹은 왕정 시대를 묘사하는 성경 본문들이 관료 체제 용어와 지파 공동체 용어를 섞어서 사용하고 있기 때문이라고 설명하였다. Frith Lambert, "The Tribe/State Paradox in the Old Testament," *SJOT* 8/1 (1994): 20-44.
그는 다음과 같이 말한다.
"우리가 가지고 있는 것은 관료 체제가 틀이 되고 지파 공동체 전승이 주제의 핵심이 된 표현들이다. 지파 공동체의 핵심 주제는 사실 거룩한 역사라는 틀을 제공하는데, 이런 틀이 다시 국가 조직(state apparatus)에 의해 어떤 방식으로든 행정적으로 **관리**되거나 그렇게 표현된다. 이런 방식으로 역설의 순환이 이루어진다"(23, 강조는 Lambert의 것).

적 콜라주를 그려내거나 또는 부서진 모자이크를 보여 줄 뿐이다.

　논의를 정리하며 필자는 국가 성립 이전 시대의 이스라엘이 다음과 같은 특징을 가지고 있었다고 주장한다.

① 기원전 13세기 말이 되기 전에 가나안에는 스스로를 '이스라엘'이라고 부르며 농업과 목축업에 종사하는 산악 지대 거주민이 존재했고, 그 후 이들의 거주지는 200년 동안 중앙 산악 지대로 퍼져 나갔다.

② 국가 성립 이전 이스라엘의 사회 조직은 마을과 혈통 집단 같은 지역 중심으로 운영되었고, 간헐적으로 좀 더 넓은 지역 지파와 협력하기도 했다. 이런 사회 조직에 관해 고고학 유물을 통해서 상세한 정보를 얻기는 어렵고, 성경 본문도 대략적이어서 당시 사회에 관한 종합적인 이해를 얻을 수 없다.

③ 숭배하던 신이나 신들에 관한 고고학 유물이나 국가 성립 이전 이스라엘의 종교행위에 이용된 장소, 제의, 종교시설 등이 많이 발견되지 않는다는 사실은 일반인이 인도하거나 아니면 별로 잘 발전되거나 세력이 크지 않던 제사장의 인도 아래 야외에 모여 노래하며 희생 제사를 드리고 명절을 지키던 성경 전승들의 묘사와 어느 정도 들어맞는다.

④ 남부 산지에 위치한 유다는 왕정이 성립되기 직전까지 중부 지역 지파와 긴밀한 관계를 맺지 않고 있었을 가능성이 있다. 길르앗과 갈릴리에 있는 이스라엘의 거주지는 중부 지파와 모종의 관계를 유지하고 있었던 것으로 보인다.

⑤ 산지에 거주하던 이스라엘 사람은 이집트의 제국주의적 위협에 대항하여 자치권을 지키려고 노력하였으며, 최소한 한 번 이상 군사적으로 충돌하였고, 같은 이유로 가나안과 블레셋 도시 국가의 패권주의와도 갈등을 빚게 되었다. 이스라엘이 가나안에서 이집트와 무력 충돌을 겪었던 경험은 아마도 이스라엘 온 민족이 이집트에 잡혀 있다가 나중에 구원받았다는

신화적 틀이 발생하는 역사적 문맥을 형성하였을 것이며, 이런 틀은 국가 성립 이전에 이미 확립되었을 것이다.

⑥ 이집트와 가나안, 블레셋 도시 국가의 위협 이외에도 이스라엘은 모압이나 암몬과 국경 분쟁을 겪었고, 유목 생활을 하던 미디안 족속의 습격을 받기도 했다. 이런 분쟁은 대부분 소규모 접전이었을 것이고, 이스라엘이 농업과 목축업을 기초로 한 경제를 발전시키고 인구가 증가하는 데 큰 방해를 하지 않았다.

⑦ 국가 성립 이전 상황을 묘사하는 노래와 이야기는 대부분 고대의 독특한 특징을 반영하고 있으며, 이스라엘 사회 문화 초기 단계의 전승이 생존한 예라고 보아도 좋다. 그렇지만 이런 전승이 당시의 역사를 설명해 주거나 사회적 구조와 과정을 충분히 묘사하고 있는 것은 아니다.

간단히 말해서 국가 형성 이전 이스라엘에 관한 성경의 전승은 지역 사정에 맞게 널리 분포되어 있던 사회적 권력을 어느 정도 누리던 사람을 '짧게 관찰'할 수 있도록 허락하고서 희미한 '메아리'만 들려주는 셈이다. 이런 분권적인 권력은 가혹한 환경과 잔혹한 정치 세력에 대항하여 확고하게 조직되지 않은 농업/목축업 중심 공동체를 보존 발전시키려는 목적을 가지고 있었다.

이런 공동체가 내부적으로 결속을 다지거나 공동체 상호 간에 협력할 필요가 있었으니, 노동 생산력을 최대화시키고, 자체 사법 질서를 확립하며, 스스로를 지킬 수 있는 군사력 확보를 위해 공조하였다. 인류학과 사회사 연구를 참조할 때 국가 성립 이전 이스라엘을 분석할 틀로 쓸 수 있는 몇 가지 사회 모형을 제안한 학자가 있었으나, 이 중 하나를 최종적인 모형으로 결정할 수도 없고 이런 모형이 서로 완전히 배타적인 것도 아니다.

국가 형성 이전 이스라엘을 이해하기 위해 사용할 수 있는 이론적 모형 중 하나로 산악 지대 이스라엘을 **개척 사회**(frontier society)로 보려는 시도가 있는데, 자유를 찾아 경제적으로 더 발전했던 해안 지방 도시 국가를 탈출한 정착민이 국가 권위에 복종할 필요가 없는 새로운 환경에 적응하려고 노력하던 사회를 가정한다. 이런 정착민은 경제적 정치적으로 쇠퇴하던 도시 국가에서 '밀려나고' 산악 지대에서 새로운 삶을 건설할 기회를 향해 '끌려들었던' 것이다.[30]

그런데 국가 권력이 없는 사회 질서를 확립한다는 필요에 부응하는 또 다른 해석 모형이 존재한다. 바로 이 **부족 체제로 돌아가는 사회**(retribalizing society) 개념은 정착민이 미리 존재하던 사회 조직을 하나도 가지고 있지 않지만 다양한 이주 집단의 친족 관계를 기초로 필요한 추가적 사회 관계망을 개발하여 자기들 나름대로의 사회 조직을 발전시켰다는 사실을 강조한다.[31]

---

30 이스라엘을 개척 사회로 보는 견해에 관해서는 Gerhard Lenski, "Review of *The Tribes of Yahweh*," in *RelSRev* 6 (1980): 275-78와 Gottwald, "Two Models for the Origins of Ancient Israel: Social Revolution or Frontier Development," in *The Quest for the Kingdom of God: Studies in Honor of George E. Mendenhall*, ed. H. Huffmon et al. (Winona Lake, Ind.: Eisenbrauns, 1983), 5-24 사이의 논쟁을 참고하라.

31 '부족 체제로 돌아가는 사회'(retribalization)라는 개념은 Gottwald, *Tribes*, 323-28)가 지파를 침략적인 국가 정체에 대항하며 생긴 '이차적인 단체'로 보는 Morton H. Fried, *The Evolution of Political Society: An Essay in Political Anthropology* (New York: Random House, 1967), 170-74의 개념에 관해 토론하는 중에 제안하였다. 이 개념은 즉흥적이고 '날림으로 지은'(jerry-built) 이스라엘의 '지파'라는 사회 구조를 모형화한 것이다 (*Tribes*, 237-86).
어떤 면에서 이 조직은 뉴욕 주 이로쿼이 족(Iroquois)의 핸썸 레이크 운동(the Handsome Lake movement)과 같은 '부흥' 운동(소위 원주민 문화 보호주의, 메시아 주의, 또는 천년 왕국 공동체라고 부르는 운동)과 관련이 있는데, Wallace의 연구를 참조하라(Anthony F. C. Wallace, *Religion: An Anthropological View* [New York: Random House, 1966], 30-39, 157-66, 209-15). 필자가 생각하기에 이스라엘에서 부족 체제로 돌아가려는 운동이 일어난 과정과 그 영향은 다양한 배경을 가진 사람이 모여 '합성 부족'(composite tribes)을 형성했던 평원 인디언(the Plains Indians)의 즉흥적인 사회 조직과 비교 연구할 가치가 있다. 가끔은 말을 타고 들소를 사냥하는 정치적 경제 체제를 개발하기 위해 동쪽 삼림 지대와 서쪽 그레이트 베이슨(Great Basin) 지역에서 이주해 온 같은 언어를 사용하던 부족도 참여하였으며, 1750-1850년 사이에 최고조에 이르렀다.
어떤 경우에는 씨족과 혈통 구조가 미약하기도 하였으나, 이 부족은 의례적 사회적 군사적 연맹을 통해 연합하였고 돌아가면서 부족장의 자리를 맡았다. 19세기 말 말을 타고 이동하는 생활 양식이 쇠퇴하면서 네바다에서 시작된 고스트 댄스 부흥 운동(the Ghost Dance

이스라엘이 **환절 사회**(segmentary society)라는 개념은 우두머리가 없는 이스라엘의 사회 구조가 국가 성립 이전 사회를 연구한 많은 인류학 연구에 나타나는 예와 유사함을 강조한다.[32] 초기 이스라엘을 족장 국가(chiefdom) 또는 족장 국가의 연맹으로 보자는 제안은 지도자 간에 존재하는 계급에 주목한다.[33]

평등주의와 계급주의 사회 질서 중 하나를 골라야 한다는 냉엄한 선택을 지양하고, 고고학 유물에 기초하여 초기 이스라엘이 발전된 족장 국가가 시행되던 지역과 아직 사회 질서가 분권적이었던 지역이 섞여있는 **이질적 지배 체제**(heterarchy)로 보아야 한다는 제안도 있었다.[34]

---

revivalist movement)이 평원 인디언을 휩쓸었다. Marshall D. Sahlins, *Tribesmen*, Foundations of Modern Anthropology Series (Englewood Cliffs, N.J.: Prentice-Hall, 1968), 41-42; Peter Farb, *Man's Rise to Civilization as Shown by the Indians of North America from Primeval Times to the Coming of the Industrial State* (New York: E. P. Dutton, 1968), 112-32; Thomas W. Overholt, "The Ghost Dance of 1890 and the Nature of the Prophetic Process," *Ethnohistory* 21 (1974): 37-63.

32 이스라엘을 환절 사회로 보는 견해는 Crüsemann의 연구(Frank Crüsemann, *Der Widerstand gegen das Königtum: Die antiköniglichen Texte des Alten Testaments und der Kampf um den frühen israelitischen Staat*, [Neukirchen-Vluyn: Neukirchener Verlag, 1978])를 참조하라. 그는 인류학자 Sigrist의 연구를 자료로 사용하고 있다(Christian Sigrist, *Regulierte Anarchie. Untersuchungen zum Fehlen und zur Entstehung politischer Herrschaft in segmentaren Gesellschaften Afrikas*, [Olten u. Freiburg im Breisgau: Walter, 1967). 참고, Gottwald, *Tribes*, 321-37; Frank S. Frick, *The Formation of the State in Ancient Israel: A Survey of Methods and Theories*, SWBA 4 (Sheffield: Almond Press, 1985).
이스라엘은 환절 사회라기보다는 '족장 국가 연맹'이었다고 주장하는 반대 의견을 제기한 사람은 Rogerson이었는데(John W. Rogerson, "Was Early Israel a Segmentary Society?" *JSOT* 36 [1986]: 17-26), 족장이 제한적인 권력만 가지고 있다는 가정 하에서 환절 사회와 부족 국가가 얼마나 분명하게 구분될 수 있을지는 미지수다. 물론 초기 이스라엘을 환절 사회로 규정한다고 해도 그 사회 조직을 상세히 밝혀낼 수 없다는 사실은 항상 염두에 두어야 한다.

33 초기 이스라엘을 족장 국가로 보는 견해는 다음 연구를 참조하라. James W. Flanagan, "Chiefs in Israel," *JSOT* 20 (1981): 47-73; Frick, *The Formation of the State*, 71-97.

34 초기 이스라엘에 관한 최근의 고고학 연구를 볼 때 거주 지역 간에 사회적 정치적 복잡성이 매우 다르게 나타난다는 사실(R. D. Miller III, "A Social History of Highland Israel in the 12th and 11th Centuries B.C.E." [Ph.D. diss., Univ. of Michigan, 1998])에 착안한 Meyer는 계급주의보다는 이질적인 지배 체제(heterarchy)라는 개념이 이런 권위와 권력

이런 개척 사회나 부족 체제로 돌아가는 사회, 환절 사회, 족장 국가, 이질적 지배 체제 등의 개념은 이미 유동적이어서 서로 다른 사회 조직의 형태를 아우를 수 있다. 특히 이질적 지배 체제라는 개념은 이스라엘 사회 각 분야의 사회 조직이 전부 같은 수준으로 발전되어 있으리라는 우리의 전제가 잘못된 것일 수도 있음을 지적해 준다.

그러므로 초기 이스라엘에 관한 사회적 정보가 충분하지 못한 상태에서 이러한 모형은 당시 사회를 자세하게 묘사하기 보다는 초기 이스라엘이 발생했던 요동치는 조건과 위태로운 과정을 이해하기 위하여 비판적인 상상력을 펼칠 방법으로 제안된 대략적이고 기술적인 용어라고 보아야 할 것이다.

국가 성립 이전 시대에 이스라엘이 발생하면서 종교는 성경 전통이 전하는 대로 결정적이지는 않았지만 그럼에도 불구하고 상당히 중요한 역할을 맡았던 것으로 보인다. 산지 거주자들은 그들 나름대로의 종교적 신념과 관습을 유지하고 있었는데, 우리는 성경 전승 안에 남아 있는 정보와 성경 외의 자료에 보존된 가나안 종교에 대한 정보를 토대로 넓은 그림을 얻을 수 있다.

이런 제의적인 관습 속에서 야훼를 섬기는 신앙이 일어났다. 이들은 다른 신이 존재한다는 사실을 부정하지 않았다. 야훼 제의는 신자에게 야훼만 배타적으로 섬겨야 한다고 요구하지 않았을지도 모른다. 야훼 신자 중

의 이질적 분포를 가장 잘 표현한다고 주장한다(Carol Meyer, "Tribes and Tribulations: Retheorizing Earliest 'Israel'," in *Tracking the Tribes of Yahweh on the Trail of a Classic*, JSOTSup 351, ed. Roland Boer, [Sheffield: Sheffield Academic Press, 2002], 35-45).
지파 체제를 유지하던 이스라엘은 지역에 따라 권위와 권력이 서로 다른 방법으로 표현되는 '수평적'(lateral) 관계망을 형성하며, 생활의 모든 부분을 '위에서 바닥까지'(top down) 통제하는 계급주의가 아니라 다양한 사회적 역할이 들어설 공간을 남겨 두고 있었다. Meyer는 "이질적 지배 체제는 '평등주의' 사회는 아니었지만, 훨씬 '덜 계급주의적인' 사회였을 것이다. … 그리고 이렇게 '덜 계급주의적인' 이질적 지배 체제라는 모형에 따라 초기 '이스라엘' 생활을 이해할 수 있는 새로운 가능성이 열린다"라고 결론짓는다.

일부는 그런 주장을 폈는지 몰라도, 야훼 제의가 모든 이스라엘 사람의 지지를 얻지 못했던 것은 분명한 사실이다.

국가가 없었기 때문에 야훼 신앙을 '공식적인 종교'라고 부를 수도 없다. 야훼 제의와 함께 다른 종교와 제의도 번창하였다. 므낫세 지역에서 발견된 청동 황소 상과 어디서나 발견되는 여신상은 바알과 아세라 제의가 유행하고 있었음을 보여 주는 실제적인 증거이며, 이런 제의는 독립적으로 시행되었을 수도 있고 야훼 제의에 통합되거나 도용되어 시행하였을 가능성도 있다.

야훼 제의가 이스라엘 사람 중에 성공적으로 자리를 잡게 된 이유를 추측해 본다면 이스라엘 사회가 가진 필수적인 이해관계 세 가지를 신의 계획과 능력으로 해결할 수 있다고 주장했기 때문이다. 이것은 야훼가 풍요의 신으로 농경지와 여인이 풍성한 생산을 얻게 해 줄 수 있고, 야훼가 사회 정의를 지킬 수 있는 존재이며, 야훼가 군대를 승리로 이끌 수 있다는 주장이다.

다른 종교도 이 중 한두 가지 분야에서 유용하다고 주장할 수 있었지만, 야훼는 더욱 '포괄적인 능력'(inclusive coverage)을 보여 주었기 때문에 이스라엘 사람에게 매력적으로 다가설 수 있었으며, 일상생활의 모든 분야에서 자기를 지켜 줄 신을 찾던 이스라엘 사람에게 주요 신으로 그리고 배타적인 신앙까지 요구할 수 있었을 것이다.[35]

---

35 Gottwald는 야훼 신앙이 매력적이었던 이유는 산악 지대 지파 사이에서 농업에 기초한 생활 양식을 정당화하고 강화하는 역할을 맡았기 때문이라고 주장한다(Gottwald, *Tribes*, 903-13).
   "초기 이스라엘의 '계약적' 사고방식은 단순히 문화에 대항한 신앙이 아니라 가나안 지역의 계급주의적 문화에 대항하여 이스라엘이 부족 체제로 돌아가는 문화를 유지할 수 있도록 도와주는 신앙이었다. … 먼저 이스라엘의 야훼 신앙은 대안적인 문화를 통해 자연 자원과 사회적 부를 사용하는 대안적인 방법이 있음을 확증하고 계속 유지시켜 준다"(910).
   이 주장에 한 가지 덧붙이자면, 이스라엘을 형성한 사람이 서로 출신이 달랐던 것처럼 야훼 제의도 근본적으로 다양한 특성을 보유하고 있었으며, 야훼 제의는 왕정 이전 시대는 물론 왕정 시대에도 다른 종교와 공존하면서 경쟁 관계에 있었음을 강조하고 싶다(Gottwald, "Recent Studies of the Social World of Premonarchic Israel," *CurBS* 1 [1993]: 182-85;

고대 근동 정치를 세계사적 시간 관점에서 본다면 이스라엘이 지역에서 발생한 사건은 '중심과 주변'(center and periphery)이라는 틀 안에서 경쟁 관계에 있는 권력 중심지 중 하나로 설명할 수 있다. 고대 근동 정치 개관을 통해 권력 중심지가 확장되고 수축되는 현상을 되풀이하며 그들의 주변 지역 영토와 민족을 지배했다가 또 그 지배권을 잃는 일을 반복했음을 살펴보았다.

어떤 정치 중심지가 쇠약해질 때 주변 지역은 새로운 권력의 중심지가 등장하여 패권을 주장할 때까지 상당히 긴 기간 동안 자치권을 누리는 경우가 있었다. 국가 성립 이전의 이스라엘은 바로 이런 권력의 공백기에 나타나는 '사이 발생'(interstitial emergence) 현상을 잘 보여 주고 있으며, 고대 근동 역사의 격변 속에 일어난 '권력 이양'(devolutions) 과정의 일부였던 것이다. 이스라엘이 일어났던 시점은 시리아 팔레스타인 전체와 아나톨리아, 메소포타미아 북부에서 점점 더 많은 청동기 말의 국가 권력이 광범위하게 소모되고 축소되던 시절과 일치한다.[36]

다시 패권주의 국가가 나타나서 고대 근동을 지배할 때까지 거의 300년에 걸쳐 지속되던 기간이다. 국가 성립 이전 이스라엘이 특이한 경우인 이유는 이들의 독특한 '목소리'가 후대 국가의 문맥이 반영된 문학적 작품 속에 남아 있다는 것이다. 더구나 이런 국가 성립 이전 상태에 관한 기억은 고대 사회를 향한 단순한 호기심 때문에 남아 있는 것이 아니라 후대 이스라엘의 문화적 종교적 전통으로 이어지는 필수적인 부분으로 자라났다.

Tribes, Preface to the Reprint, 1999, xl-xlvi).

36 시리아 팔레스타인 지역의 중심과 주변 관계에 관해서는 다음 연구를 참조하라. Mario Liverani, "The Collapse of the Near Eastern Regional System at the End of the Bronze Age: The Case of Syria," in *Centre and Periphery in the Ancient World*, ed. M. Rowlands, M. T. Larsen, and K. Kristiansen (Cambridge: Cambridge Univ. Press, 1987), 66-73; M. B. Rowton, "The Topological Factor in the *Hapiru* Problem," in *Studies in Honor of Benno Landsberger on His 75th Birthday*, Assyriological Studies 16 (Chicago: Oriental Institute, 1965), 375-87; "Dimorphic Structure and the Parasocial Element," *JNES* 36 (1977): 181-98.

특히 이런 전승은 국가 권위와 권력에 관한 이스라엘 사상의 사회적 종교적 '견제' 또는 '조절판' 역할을 하였으며, 이스라엘 국가의 구조와 전략을 제한하고 그 외형을 형성하는 데 분명한 역할을 감당하였다.

2. 한 국가로 중앙 집권화된 이스라엘 정치

1) 국가를 세운 이유는 무엇인가?

최근까지 한 가지 설명으로 만족하고 있던 성경 역사가들은 고대 이스라엘에서 국가가 발생했던 조건을 규정하는 데 아무런 어려움이 없다고 생각했다. 성경 전승은 블레셋 사람들이 초래한 외부적 위협에 대항하기 위해서 통합된 군사 지휘관이 긴박하게 필요했던 상황이 사울을 군사령관 겸 왕으로 선출하였던 주요 이유라고 보도하고 있다. 그리고 이런 상황은 이스라엘 국가가 형성되는 데 필수적이고 충분한 설명으로 보인다.

그러나 국가 형성 이론에 비추어 본다면 다른 요인과 관련 없이 군사적인 요인만 기능한다는 것은 불가능하다. 수많은 '이차' 국가의 발생 과정을 비교 연구한 결과 이런 정체가 외부적인 위협만으로 발생한 경우는 전혀 없거나 매우 드물다. 다른 나라에 의해 점령당한 후 국가 조직이 강제로 형성된 경우 정도를 예외적인 예로 들 수 있다.

어떤 집단을 국가 형태로 전이되도록 내모는 내부적 조건이 있으니, 예를 들자면 경제 사회적 불균형이 점점 커져 갈 때, 사법 체제가 기능하지 않을 때, 시민의 소요가 심해지거나 어떤 형태의 인구 변화가 사회를 압박할 때 이런 변화가 가능하다. 특정 사회 안에서 외부적 위협이나 위에서 언급한 내부적 소란 한 가지가 보도된 사건의 표면에는 나타나지 않을 수 있는 부수적인 요인에 의해 가능하게 된 국가 형성을 가속하는 '촉매'로 작용할 수는 있다.

더구나 부족 체제로 조직된 사회나 족장 국가가 국가로 진화하는 상황이 '자연스럽다'는 인상은 정치적 인류학의 관점에서 정당화될 수 없다. 사실 균형 잡힌 부족 체제나 재분배가 잘 되는 족장 국가의 경우 분산된 사회 권력을 국가 조직으로 집중시키는 것에 저항할 가능성이 높다.

부족 체제나 족장 국가가 '진화의 막다른 골목'이 될지언정 '국가로 가는 계단'이 되는 경우는 많지 않다. 자생적인 국가는 분권화된 사회의 권력 관계망이 근본적으로 제자리를 지키지 못하거나, 오래된 체제가 더 이상 기능을 하지 못하여 권력이 새로운 세력에게 넘어갔을 때에만 발생한다. 부족은 기존의 사회 권력을 개편하고 강화하여 그 효율성을 증가시키는 방법에 동의하지 않으며, 국가가 기본적으로 오래된 '동일한' 권력의 '강화된' 상태로 태어나는 것도 아니다.

국가란 '새로운 종류의 권력'이며, 완전히 새로운 방법으로 구성되고 강제되는 권력이어서, 결국 '부족에서 독립적인' 권력이며 '부족 위에 군림하는' 권력이 된다. 그러나 위에서 이미 언급한 것처럼, 정치적 중앙 집권화의 지대한 영향은 국가가 제대로 운영한 지 어느 정도 시간이 지나기 전까지는 분명히 나타나지 않기 때문에, 중앙 집권적인 정치권력을 제도화시킨 사회의 주역이 자신들이 시도하는 이런 '큰 변화'를 인식하고 있었다고 말할 수는 없다.

국가 성립 이전 사회에서 기존의 지도 체제를 가지고는 대응할 수 없는 도전과 위기에 맞서기 위해서 특정한 임무를 맡길 지도자를 선출할 수도 있다. 이스라엘 전승에서 군사 지도자로 선출된 '사사'가 바로 이런 '특정한 임무'를 맡은 전형적인 지도자다. 이런 지도자는 일시적으로 지배권을 행사할 뿐인데, 해당 임무를 완수하면 지배권을 잃는다. 그러므로 지파가 사울을 이스라엘 군대의 총사령관으로 지명했다면, 그 군사적 위협이 지나가고 난 후에는 더 이상 다른 권력을 부여할 이유가 없으며 그의 지배권을 계속 지속시킬 '왕'이라는 직책도 없었을 것이다.

분권화된 부족이 군사적 필요에 따라 통합되었다가 국가 조직으로 재편성되지 않은 경우는 굉장히 많다. 예를 들어 로마에 대항하여 동맹을 맺었던 게르만과 켈트 족이 그러하며, 유럽인의 이주에 대항하던 아메리카 원주민이 그랬다.

외부 위협이 대단히 심각하긴 했지만 다른 사회 요인에 영향을 주어 중앙 집권적인 정치 체제를 확립하는 '방아쇠' 역할을 하지는 않았다. 그러므로 사울이 군사 지도자로 선택된 일이 이스라엘 국가 성립으로 이어진 사건에 '필연적'이었던 것은 아니다. 사실 다윗의 경우에도 초기에는 그가 매우 능력 있는 군사령관이었다는 사실 이상의 다른 권력 집행 사건이 묘사되지 않으며, 왕이라기보다는 좀 더 정의로운 재분배를 시행한 족장에 더 가깝게 등장한다.

국가가 성립되는 과정에서 오래된 국가 이전 질서와 현재 가동 가능한 국가 질서 사이에 '한계 영역'(a liminal zone)이 발생하는 경우가 종종 있는데, 새로운 양식의 권력이 단속적으로 그러나 지속적으로 효력을 발휘하고 있지만 아직 오래된 방식이 사라지지 않고 생명을 이어가기도 한다.

성경 전승에 묘사된 사울과 다윗과 솔로몬의 '통치'가 발전되는 상황은 지파 체제에서 국가로 넘어갈 때 생기는 이런 종류의 단속적인 현상을 잘 드러내고 있는 것으로 보인다. 국가로의 전환을 묘사하는 전승은 '뛰어넘기'(leap)가 아니라 지파 체제가 '침식/풍화되며'(eroding) 서서히 '잠식해 들어오는'(creeping) 또는 '확장되는'(incremental) 국가 체제의 모습을 담고 있다고 말해야 한다.[37]

이스라엘의 국가 성립 이전 사회가 어떤 발전 과정을 통해서 국가가 발생하는 방향으로 선회하게 되었을까?

우선 소유하던 토지의 크기와 생산량이 갈수록 차이가 나서 균형이 깨졌을 것이다. 정착 초기에는 사회가 상대적으로 평등하여 모든 가족이 땅

---

[37] Gottwald, "The Participation of Free Agrarians in the Introduction of Monarchy to Ancient Israel: An Application of H. A. Landsberger's Framework for the Analysis of Peasant Movements," *Semeia* 37 (1986): 77-106.

을 소유할 수 있는 동등한 권리를 보장받았을지 모르지만, 지파 동맹체의 토지 정책은 모두에게 같은 정도의 생산력을 지닌 땅을 같은 크기로 분배할 만큼 계획적으로 시행되지 않았을 것이다. 혹자가 믿는 것처럼 때에 따라 소유 토지를 재분배하는 경우가 있었다고 하더라도, 이런 정책은 그리 크지 않은 마을 공동 소유 토지에 제한적으로 시행되었을 것이다.[38]

더구나 다양한 지형이나 토질, 기후 조건이 농부나 목축업자가 성공하느냐 실패하느냐를 결정하는 중요한 요인으로 작용했으며, 기근이나 질병, 때 이른 사망으로 인해 어떤 가족은 다른 가족보다 더 힘든 짐을 지고 살아야 했을 것이다. 이런 불평등한 상황 속에서 부와 특권을 가지게 된 사람은 다른 사람보다 지명도가 더 높았을 것이며, 성경에 간단하게 나오는 소사사(minor judges) 목록은 이런 사람을 가리키고 있을지도 모른다.

많은 부족 사회가 성경의 초기 '법률' 조항처럼 가난한 동족을 서로 도와야 한다는 도덕률을 강조하지만, 장로가 운영하는 마을 단위 사법 체제가 폭력적인 범죄자에게 이런 도덕률을 평등하게 강제할 수 있었을지 의문이다. 야훼 제의와 동반된 공동체 윤리가 모든 가족 집단을 온전하

---

[38] 성경 본문이 고대 이스라엘의 가족에게 땅을 분배하는 일을 굉장히 강조하고 있기 때문에 마을 공동 소유의 땅을 정기적으로 재분배했는지 여부는 사실 고려할 가치가 없는 문제다. 재산의 재분배설을 주장했던 학자는 대부분 초기 이스라엘이 유목민이었고 유목민은 이런 재분배 정책을 시행하는 관습이 있다고 추정하였으나, 최근 들어 이 두 가지 전제를 지지할 수 없음이 밝혀졌다.
Chaney는 유럽과 중동 지방에 정착한 소작농 공동체에 관한 자료를 기초로 하여 토지 회복에 관한 성경의 묘사가 '재분배 영역'(repartitional domain) 즉 '모든 토지를 마을이 공동으로 소유하고 정기적으로 마을 거주민에게 재분배하여 인구 변화에 대처하는 소작 형태'에 근거한다고 결론을 내렸다(Marvin L. Chaney, "Ancient Palestinian Peasant Movements and the Formation of Premonarchic Israel," in *Palestine in Transition: The Emergence of Ancient Israel*, ed. D. N. Freedman and D. F. Graf, SWBA 2 [Sheffield: Sheffield Academic Press, 1983], 64-65).
이러한 토지의 재분배가 시 16:5-6과 미 2:5에 반영되어 있다고 말할 수 있다. Wright는 모든 이스라엘 토지가 정기적인 재분배 대상이었다는 주장을 받아들이지 않지만, 토지와 목초지의 일부는 그런 방식으로 분배되는 '혼합 경제'(a mixed economy)였을 가능성은 있다고 인정한다(Christopher J. H. Wright, *God's People in God's Land: Family, Land, and Property in the Old Testament* [Grand Rapids, Mich.: Eerdmans/Exeter: Paternoster Press, 1990], 66-70).

게 보존하는 것을 전제하고 있다고 해도, 확실한 강제력이 없으며 야훼 제의를 신봉하지 않는 구성원은 별로 존중하지도 않는 도덕적 설득과 종교적 제재만 가지고 이런 윤리적 행위를 강제하는 일은 그리 호락호락하지 않았을 것이다.

오히려 대지주와 야심에 찬 지파의 우두머리는 서로 도와야 한다는 이상적인 덕목을 이용해서 '결정적인 때가 오면' 다른 지주와 분쟁이 벌어졌을 때 '사병'(private gangs)이 될 수 있는 자신의 추종자(a following of clients)를 끌어 모으고, 또 지파 공동체의 의사 결정에 정치적 지렛대로 사용하고자 하는 마음이 컸을 것이다.[39]

그러나 어떤 사법적 종교 관료는 그들의 의뢰인/추종자(clients)를 보호하지 않고 희생시켰다는 증거가 있다. 이와 함께 이집트의 패권이 쇠퇴하면서 함께 중단되었던 지역 간 무역도 다시 살아나기 시작했고, 번창하고 있던 이스라엘 사람은 상업적 이익에도 눈을 뜨기 시작했다. 그리고 마지막으로 신뢰할 수 있는 사법 체제를 유지하려는 협력 관계를 방해하고 적절한 때에 맞추어 효과적으로 지파 부대를 소집하여 자기를 방어하려는 노력을 간섭하려는 지역 왕족과 적들이 경쟁 관계를 조성하기 시작하였다.

이렇게 지파 공동체의 사회적 경제적 연대 안에 생겼으리라 가정하는 '균열'이 기원전 10세기가 시작되기 전까지 국가 형성을 촉발시킬 만큼 충분히 심각하지 않았을 가능성도 있다. 이스라엘 산악 지대를 둘러싼

---

39 필자가 '사병'(private gangs)이라고 부른 집단을 좀 더 정확하게 묘사하자면 아비멜렉(삿 9:4), 입다(삿 11:3), 다윗(삼상 22:1-2) 주위에 모였던 사회의 외부인들이 될 것이다. 한편 이런 집단은 Lemche가 말한 후원자-예속 평민(patron-client) 관계 속에서(Niels Peter Lemche, "From Patronage Society to Patronage Society," in Fritz and Davies eds., *The Origins of the Ancient Israelite States*, JSOTSup 228 [Sheffield: Sheffield Academic Press, 1996], 106-420)나 Chaney가 주장하는 사회적 도적떼(social banditry)라는 개념으로 이해할 수도 있다(Chaney, "Ancient Palestinian Peasant Movements," 72-83). 요점은 이런 즉흥적인 집단이 기존의 혈연 집단과 관습적인 사회적 권위 사이에서 존재하는 빈틈에서 발생했다는 것이다.

주변 지역에서 위협적인 세력이 나타나지 않았다면, 지파 체제는 더 오랜 기간 동안 지속되었을지도 모른다. 가나안에 있던 중앙 집권적 국가 권력은 이스라엘이 산악 지대에 정착한 시기에 약 백여 년 동안 굉장히 쇠약해져 있었다.

이집트는 아시아까지 그 영향을 미치는 제국의 지위를 잃어 가고 있었고, 가나안의 도시 국가들은 경제적으로 위축되고 해안 지역으로 침입해 온 해양 민족으로 인해 쇠약해져 있었다. 블레셋 사람들이 가나안 평야 지역에 입지를 굳힌 것은 매우 점진적인 과정이었다. 암몬과 모압이 요단강 동편에 있던 이스라엘 정착민을 위협할 수는 있었으나, 요단강 서편 산악 지대에 정착한 사람에게는 심각한 위험 요소가 될 수는 없었다. 미디안족 침입자가 이스라엘을 괴롭힐 수 있었겠지만 지배하지는 못했다.

이런 '권력의 공백'은 분권화된 지파 공동체가 이주하여 정착할 기회가 되었으나, 기원전 11세기 말엽에 가까워질수록 이 '절호의 기회'는 빠른 속도로 사라지기 시작한다. 가나안 문화에 동화된 군벌 귀족이 이끄는 블레셋 도시 국가는 해안 평야 지역 전체를 점령하고 이즈르엘 평야(Esdraelon valley)를 통해 요단강까지 세력을 확장하기 시작했다.

엄정한 군기와 개선된 갑옷과 이전 시대 도시 국가보다 산악 전투에 적합한 무기와 전략을 겸비한 블레셋 사람들은 이스라엘에게 불길한 그림자를 드리웠다. 그들의 전략적인 목표는 이스라엘을 봉신국으로 지배하면서 산악 지역에서 곡식을 기르던 곡창 지대를 손에 넣는 것이었다.[40] 그러는 동안 암몬과 모압도 요단강 동편에 거하던 이스라엘 정착민에게 점점 더 공격적인 태도를 취하기 시작했다.

---

40 Gottwald, *Tribes*, 414-17; Chaney, "Systemic Study of the Israelite Monarchy," *Semeia* 37 (1986): 66-67. Chaney는 이 연구에서 Alt의 제안을 발전시켰다(Albrecht Alt, "Micha 2, 1-5, ΓΗΣ ΑΝΑΔΑΣΜΟΣ in Juda," in *Kleine Schriften zur Geschichte des Volkes Israels* [Munich: Beck, 1959], 3: 373-81.

국가 성립 과정을 이해하기 위해서 '환경적 사회적 한계'(environmental and social circumscription) 이론을 제안한 사람도 있다. 이 이론은 인구 증가에 따른 압력과 토지 부족 현상 때문에 공동체 내부의 다양한 영역 사이에 경쟁이 치열해지고 결국 확실한 해결책을 결정하고 정당화하여 강제할 수 있는 단일한 주권을 요구하게 되었다고 주장한다. 그러므로 자원 부족과 인구 증가 문제가 결합하여 중앙 집권적인 정부의 개입이 있어야만 '해결'될 수 있는 심각한 사회적 경제적 '압력'을 형성했다는 것이다.

이스라엘의 인구가 약 200년 동안 현저하게 증가한 것은 사실이지만 이 지역 인구는 매우 낮은 기준치로부터 출발했음에 유의해야 한다. 그러므로 이 지역의 인구 수용력이 풍요로운 강 주위 계곡에서나 가능했던 완벽한 '과부하'(overload) 상태에 이르렀던 적이 있는지 의문을 제기하게 된다.

그러나 초기 정착촌은 농사를 짓거나 가축을 기르기에 가장 적합한 지역에서 시작했지만, 시간이 지나 확장 단계에 들어서자 많은 노동력과 농사와 목축 분야의 신기술을 동원하여 처녀지를 개척해야 했을 것이다. 그런 식으로 변경의 개척지는 지리적으로나 사회적으로도 '사라지고' 있었고, 새 출발이 필요했던 사람이 도망할 장소도 줄어들게 되었다.

사실 '한계'(circumscription) 개념보다는 '사회적 새장'(social caging)이라는 개념이 초기 이스라엘에 적용하기에 더 적절해 보인다. 왜냐하면 이 개념은 인구 증가에 의한 자원 부족 때문에 경쟁 관계를 가정하지 않아도 되고, 더욱 복잡해지는 사회 경제적 관계를 조절하고 조직화해야 할 필요만 강조하기 때문이다.

그렇다면 어떤 면에서 '한계' 이론과 '새장' 이론은 모두 오래된 지파 체제에 압박을 가하는 요인에 집중하고 있다. 내부적으로 이스라엘 사람은 경작지의 축소와 더욱 복잡해진 사회관계 때문에 제약을 받고 있었고, 외부적으로 그들의 생산물에 세금을 부과하려는 공세적인 다른 나라들 때문

에 위협을 받고 있었다.[41]

고대 이스라엘에서 중앙 집권화 된 정치의 첫 단계를 가늠하기 위해 비판적 상상력을 발휘해야 할 몇 가지 질문이 남아 있다.

> 위에서 이스라엘에서 국가가 형성되는데 도움이 되는 요소로 제안된 것이 이런 질문 중 하나에 해답을 제공한다. 이스라엘은 부족 체제 사회로 200년 동안 번창하고 있었는데, 왜 갑자기 국가 정치로 전환해야 했을까?

그 외에도 비슷하게 도전적인 질문이 있다.

① 국가를 확립하고 강화하기 위해서 어떤 단계를 거쳐야 했는가?
② 이런 과정 중 어느 시점에 이스라엘은 국가가 되었고, 어떤 국가가 되었는가?
③ 그 사회의 무슨 영역 안에서 국가가 주권을 행사할 수 있었으며, 사회 전반에 걸쳐 어떤 영향과 변화를 초래하였는가?
④ 국가가 주도하는 사회적 권력망은 중앙 집권적 권력이 기능하는 데 어떤 영향을 미치는가?
⑤ 국가 행정 체계는 어떤 형태로 조직되었는가?
⑥ 야훼 제의는 정치 조직과 이념 속에서 무슨 역할을 맡게 되었는가?

---

41 Robert Cameiro, "A Theory of the Origins of the State," *Science* 169 (1970): 733-38; "The Chiefdom: Precursor of the State," in *The Transition to Statehood in the New World*, ed. G. D. Jones and R. R. Krautz (Cambridge: Cambridge Univ. Press, 1981), 37-79. Mann은 Cameiro의 견해가 인구 증가와 군사적 영향을 과대 평가하고 있기는 하지만 자신의 '사회적 새장' 모형과 부분적으로 통하는 면이 있다고 생각한다(Michael Mann, *The Sources of Social Power*, Vol. 1, *A History of Power from the Beginning to A.D. 1760* [Cambridge: Cambridge Univ. Press, 1986], 75, 100). Coote와 Whitelam은 국가의 연원에 관한 Cameiro의 가정이 이스라엘 국가의 발생을 이해하는데 가장 적절한 이론이라고 간주한다(Robert B. Coote and Keith A. Whitelam, *The Emergence of Early Israel in Historical Perspective*, SWBA 5 [Sheffield: Almond, 1987], 144-147, 160, 165, 187).

⑦ 국가 지배권을 지지한 계층과 반대한 계층은 누구였는가?
⑧ 국가 형태로 전이하면서 이스라엘이라는 사회적 공동체가 얻은 이득과 손실은 무엇인가?
⑨ 이스라엘 국가의 성립은 주변 민족에게 어떤 영향을 미쳤는가?

성경 전승은 이 중 특정한 질문에 관해서 거의 완벽에 가깝고 매우 설득력 있는 대답을 제공하고 있으며, 다른 질문에 관해서는 추론이나 유추에 가까운 대답을 준다.

2) 국가 체제가 어떻게 확립되었나?

국가 성립 과정에 관해 사무엘서에서 열왕기 본문에 기록된 바를 살펴보면 국가 권력이 점진적으로 확장되고 강화되는 과정을 잘 보여 준다. 사울은 산악 지대에 전초기지를 짓고 주둔군을 파견하며 침입해 들어오는 블레셋을 물리치기 위해 각 지파에서 징병한 군사를 지휘할 사령관으로 임명 받았다. 그가 머물던 본진은 그의 가문 영지가 있는 기브아에 있었다.

현재 기브아로 추정하는 지역에서 발견된 큰 건물터는 정확하게 사울 시대의 유적으로 분류하는 데 문제가 있지만, 만약 그렇게 분류한다 해도 이 건물은 왕궁이 아니라 요새에 더 가까웠다. 그는 자신을 따르는 자들에게 영광스런 직위를 하사하거나 작은 영지를 주어 치하하는 것 외에는 군사 지휘권과 관련이 없는 권력을 행사했다는 기록으로 남아 있는 것이 없다.[42]

---

42 다윗이 사울의 신하들을 자기편으로 끌어들이기 위해 영지를 하사하겠다고 약속했냐고 사울이 빈정거리던 말을 기초로 사울이 이미 자기 신하에게 영지를 수여하고 있었는지를 판단하기는 어렵다(삼상 22:7-8a). 그러나 왕이 소유하고 있던 재산을 주제로 한 Mettinger의 연구에 따르면(Mettinger, *Solomonic State Officials*, 81-89), 사울은 자기 가문의 영지 만을 소유하고 있었으며, 그의 신하에게 영지를 수여하기 위해서는 놉 성소의 영지와(삼상 22:18-19) 기브온 사람의 영지를(삼하 21:1-6) 압수한 것을 이용해야 했다. 심지어 다윗

지파별로 징병한 군인을 위한 경비와 보급품을 넘어서는 세금을 부과하거나 군대를 소집했다는 기록도 찾아 볼 수 없으며, 이런 경비나 보급품 충당도 심각한 블레셋의 위협에 대항하기 위해서 각 지파가 자발적으로 준비했을 가능성이 높다. 사울이 행정 업무를 위해 장부를 남겼다거나, 사법 체제 최고 책임자 직함을 가졌다거나, 공식적인 종교 제의의 수장이 되었다는 이야기도 남아 있지 않다. 이런 제한적인 권력을 행사하기 위해서 국가 관료 체제를 확립할 필요가 없었을 것이며, 사울이 맡은 기능만 놓고 보자면 그는 군대 사령관 이상의 권력을 소유한 적도 없었다.

다른 한 편 성경 전승은 사울과 그의 지지자들이 사울의 권력이 그의 후계자들에게 계승되는 것으로 가정하고 있는 것으로 묘사하는데, 이것은 왕조가 확립되어 있고 블레셋의 위협을 넘어서서 영속적인 지배를 지향하고 있었다는 인상을 준다.[43]

이런 이야기가 단순히 과거로 소급하는 경우가 아니라면, 실제로 사울에게 부과된 권력을 넘어서는 이런 열망은 사울이 속한 베냐민 지파와 여기서 가까운 에브라임과 므낫세 지파의 세력자가 사울 밑에서 확보한 관직을 강화하고 영속화하고자 하는 의도를 반영한다. 사울과 다윗의 '다툼'은 왕조의 왕위를 놓고 벌어진 경쟁이라기보다는 좀 더 능력 있고 충성심을 불러일으킬 수 있는 군사 지도자가 누구냐를 결정하려는 싸움이었다.

사울이 전사하고 난 이후 이스라엘 군대 사령관 직은 다윗에게 넘어가게 되고, 군벌로 경험이 풍부했던 다윗에게 아주 적합한 직책이었다. 그는 먼저 유다의 최고 지배자로 지위를 확립하였고, 북부 지도자에게 모든 지파를 다스릴 사람으로 인정받을 때까지 조용히 기다렸다. 그러나 다윗이

이 권력을 잡은 초기에도 다윗이 왕의 신하들에게 영지를 수여할 수 있을 만큼 충분한 재원을 확보할 수 있을지 확신할 수 없는 상태였다.

43 사울과 왕조 성립에 관해서는 다음 연구를 참조하라. Tomoo Ishida, *The Royal Dynasties in Ancient Israel: A Study on the Formation and Development of Royal-Dynastic Ideology*, BZAW 142 (Berlin/New York: Walter de Gruyter, 1977), 26-54.

수도로 삼기 위해 예루살렘을 점령하기 전까지는 사울이 다스리던 때와 비교할 때 다윗이 백성을 조직하고 그들에게 세금을 부과하려고 특별한 노력을 기울였다는 아무런 증거도 남은 것이 없다. 우리는 아직까지 군장의 지배를 목격하고 있는 것이다.

물론 이들이 속으로는 군사 영역 너머로 자기 권력을 확장하여 더 상위의 지도자가 되고자 하는 야망과 그 목적을 성취하기 위한 다음 수를 계산하고 있었을 것이다. 다윗은 결정적으로 블레셋의 침입을 물리쳐서 더 큰 권력을 향한 첫 발을 내디뎠고, 자기 정부가 모든 지파를 다스리는 주권을 주장하는 영토적 기초로 삼기 위해 예루살렘을 점령하면서 탄탄대로에 올라섰다.

다윗의 신하를 기록한 목록을 보면 다윗이 블레셋 용병을 포함한 상비군을 운영하고 있었으며, 외교 관계를 확립하였고, 국가 행정과 관련된 기록을 보존하였으며, 국가 공식 제의를 위해 제사장을 임명했다는 사실을 알 수 있다. 더구나 왕은 복잡한 법률 논쟁이 벌어졌을 때 항소할 수 있는 '대법관'의 역할도 맡고 있다고 나온다(삼하 15:2; cf. 4:4-11; 21:3-6).

다윗의 통치는 예루살렘에 자리를 잡은 후 확실한 국가 권력을 상징하는 흔적을 품고 있지만, 관례적인 국가 정치의 특징이 몇 가지 보이지 않는다. 다윗은 화려한 건물을 건축하지 않았고, 국가 재정을 충당하기 위해 백성에게 세금을 부과하지 않은 것으로 보인다.

다윗이 성전을 짓고자 하였으나 그 정책을 시행하지 못했고 아마 세수를 확보하기 위해 인구 조사를 실시하였으나 그로 인해 저주를 받았다는 전통적인 보도는 다윗이 품었던 야망이 지파를 기반으로 독립성을 포기하지 못한 귀족의 사회적 종교적 감정에 막혀 좌절되었을 가능성을 내포한다. 아마 다윗은 백성에게 제한적인 징병제와 부역을 요구하여 군대를 유지하고 그리 크지 않은 공공건물을 건축하고자 했을 것이다.

다윗은 눈에 보이는 성공을 거두었고 이스라엘 지파를 아주 '점잖게' 대우했음에도 불구하고 반란이 두 번이나 일어나서 다윗의 통치를 흔들었다. 한 번은 집안 사람이 다른 한 번은 북부 지파가 반란을 일으켰다. 개인적인 야망이 넘치던 다윗의 아들 압살롬은 왕이 운영하던 조악한 사법 체제에 불만을 품었던 백성을 등에 업고 일어났으며, 세바의 반란은 다윗이 유다 지파 사람들을 편애한다고 믿는 북쪽 지파의 분노에 뿌리를 박고 있었다.

왕위 계승 자격에 관해서 말하자면 고대 근동 국가는 각각 다른 관습을 따르고 있었다. 장자가 왕위를 계승하는 방법이 가장 흔한 관습이었지만, 그렇지 않은 경우도 적지 않았다.[44]

다윗은 자신의 후계자가 누가 될지 분명하게 지명한 적이 없으며 사후 유언을 통해서 다윗의 뜻이 밝혀졌는데, 사실 이 후계자 지명이 실제로 다윗의 선택이었는지 여부는 확인할 수 없다. 앞에서 이미 언급한 것처럼 이스라엘 왕정 시대에는 왕위가 바뀔 때마다 왕의 친족이나 왕조 내부에서 불안정한 상황이 조성되는 경우가 많았는데, 이는 가장 강력한 메소포타미아와 아나톨리아와 이집트의 제국을 포함한 근동 지방 국가도 모두 안정적인 왕위 계승을 진행하는 데 어려움을 겪었던 사실과 비교할 수 있다.

다윗 왕으로 다스리던 통치 체제에 관해 성경 전승이 자세히 묘사하지 않는 영역이 하나 있는데, 그것은 다윗이 다양한 인구 집단으로 구성된 백성을 다스렸고 그의 신하도 역시 출신이 다양하다는 점이다. 이러한 경향은 이스라엘 국가의 영토는 원래 지파에게 분배했던 기업 전체를 포함한다고 이해했던 후대 편집자의 관점에서 비롯된다.

그러나 이스라엘이 정착할 때에도 점령하지 못했고 가나안 도시 국가의 영토와 백성이 있었던 평야와 계곡지역도 다윗 왕국이 그 지배하에 두었다고 주장한다. 이렇게 다윗 왕국 이전까지 이스라엘에 속하지 않았던 지역을 통제할 때 다윗을 지지하던 이스라엘 지파의 영지 등 행정 조직을 통해 지배하였는지 여부는 알 수 없다. 이스라엘 지파가 영지와 달리 이런

---

44 장자 상속 제도에 관해서는 다음 연구를 참조하라. Ishida, *The Royal Dynasties*, 8, 155.

지역에는 세금을 부과했다는 주장이 제기되었지만, 이를 증명하거나 부인할 확실한 증거가 남아 있지 않다.

분명한 사실은 이렇게 법이나 문화 그리고 야훼 종교 등과 같은 특징적인 이스라엘 전통을 공유하지 않은 큰 규모의 외부 집단이 국가에 편입되면 왕궁의 신하도 다양한 출신의 지도자로 구성되었을 것이며, 이 중 일부는 현재 다윗의 이스라엘 왕국에 복속되어 있다는 정치적인 의미에서만 '이스라엘' 사람일 수도 있다는 것이다.[45]

이스라엘 국가 안에 존재했던 두 가지 서로 다른 인구 집단은 그 차이가 분명했고 한 번도 극복된 적이 없었음이 분명하다. 어쨌든 야훼를 국가 공식 수호신으로 섬기던 제의는 새로 건국된 이스라엘 국가의 모든 백성이 즉각적 보편적으로 인정하는 종교는 아니었을 것이다.

전통적인 지파 공동체 안에서 다른 종교를 신봉하는 자들이 있었던 것

---

45 Eberhard는 '사회 제도와 다원 사회'(Social System and Multiple Society)에 관해 논의하면서 아시아 정체는 정치 지도자와 문화적인 연계성이 거의 없고 백성 사이에 의사소통도 그리 원활하지 못한 다양한 '사회 계층'을 다스리는 경우가 많다고 지적한다(Wolfram Eberhard, *Conquerors and Rulers: Social Forces in Medieval China*, 2nd rev. ed. [Leiden: E. J. Brill, 1965], 2-13).
성경 전승은 '가나안' 사람이 '순수한' 이스라엘 사회와 종교를 변질시킨다고 묘사하면서 이스라엘 국가의 거주민이지만 국가 성립 이전 이스라엘이 살던 산악 지대 주민이 아닌 가나안 사람이 이스라엘 정부의 지배 속에 완전히 하나로 동화되지 못한 상황을 감추고 있다. Gottwald는 국가 형성 이전 시대에 가나안 사람을 향한 적대감은 가나안의 일반 백성이 아니라 가나안 왕이나 군사 지도자를 표적으로 하고 있었다고 주장하고(Gottwald, *Tribes*, 498-554),
Engelken은 '가나안' 사람이란 말은 초기 이스라엘 사람이 반대하던 도시화된 생활 방식을 가리킨다고 이해한다(Karen Engelken, "Kanaan als nicht-territorialer Terminus," *BN* 52 [1990]: 47-63). Lemche는 성경 외부 자료가 애매하게 시리아-팔레스타인 해안을 가나안이라고 가리키고 있지만, 성경 전승에서 이 말은 '상인'이며 '페니키아' 사람을 가리키거나 (주로 예언 문학에서) 아니면 이스라엘 정착 이전에 이 땅에 살았고 이스라엘의 온전함을 오염시키는 비-이스라엘 사람을 가리킨다고(주로 오경과 신명기 역사에서) 주장한다(Niels Peter Lemche, *The Canaanites and Their Land: The Tradition of the Canaanites*, JSOTSup 110 [Sheffield: JSOT Press, 1991]).
Lemche의 주장에 반대하는 학자도 많이 있지만, 가나안 사람이 통합된 민족적, 문화적, 정치적 공동체를 형성한 적이 없다는 점과 성경에서 '가나안' 사람이라는 말이 사용될 때 대부분 이스라엘 입장에서 이념적으로 형성된 개념을 상징한다는 점은 의심할 여지없이 정확한 지적이다.

은 물론 다윗이 그의 왕국에 새로 편입시킨 도시 국가 주민은 대개 다양한 가나안 신을 섬겼을 것이다. 다윗이 그의 모든 백성에게 야훼 제의를 의무적으로 강요하려했다는 증거도 전혀 없다. 그러므로 지파 공동체 일원도 어느 정도 이질성을 가지고 있었는데, 지파 공동체 일원에 원래 이스라엘 사람과 따로 떨어져 살았던 도시 국가나 그 주변 지역 거주민을 통합시켜 더 큰 국가의 백성이 되면서 그 이질성이 증폭되었다.

블레셋의 위협을 무력화시킨 후 다윗은 외국으로 군사 원정을 떠나 요단강 동편 지역과 북쪽 시리아 남부를 섭렵했다. 다윗이 암몬과 모압, 에돔을 점령한 것은 국가를 건국하는 과정의 일부였는데, 이 전승을 통해 많은 전리품을 획득했고 조공도 부과할 수 있었다. 요단강 동편 국가들을 돕기 위해 파견된 시리아 원군들 맞서 싸웠던 이야기는 매우 혼란스럽게 기록되어 있으며, 다윗이 시리아 국가들을 실제로 지배하기 위해 취한 정책이나 어떤 영향력에 관해서도 매우 모호하게 보도되어 있다.[46]

다윗이 요단강 동편에서 탈취했던 전리품과 조공은 그의 백성들에게 세금을 부과하지 않고 재정을 보완할 수 있었을 것이며, 특히 다윗이 대규모 건축 사업을 벌이지 않았기 때문에 이 정도의 재원으로도 왕국을 유지할 수 있었을 것이다. 만약 우리가 제안하는 다윗 왕국의 모습이 정확하다면, 다윗이 이스라엘을 군사적으로 그리고 사회/경제적으로 '구원한' 왕으로 각별하게 기억된다는 사실을 이해할 만하다.

다윗 치하에서 국가 주권의 외형과 주권을 강제하는 정부 구조가 틀을 잡아가기 시작했다. 다윗의 왕국은 화려한 건축물이나 호화로운 귀족들이 없고 새로 편입된 백성들에게도 많은 요구 사항이 없는 '날씬한'(lean) 국가였다.[47]

46　다윗이 요단강 동편과 시리아에서 벌인 전쟁에 관해서는 다음 연구를 참고하라. Baruch Halpern, "The Construction of the Davidic State: An Exercise in Historiography," in Fritz and Davies eds., *The Origins of the Ancient Israelite States*, 44-75; Nadav Na'aman, "Sources and Composition in the History of David," in Fritz and Davies eds., *The Origins of the Ancient Israelite States*, 170-86.

다른 나라와 벌이는 전쟁은 이런 종류의 정부에게 큰 부담이 될 수도 있었다. 그러나 이 왕국은 우두머리의 빈틈없는 통찰력에 의해 유지되는 나라였으며, 북쪽과 남쪽 지파들 사이에 존재하던 차이와 고대 지파 공동체의 구성원들과 새로 편입된 도시 국가 거주민들 사이에 존재하던 분열을 개인의 능력으로 봉합하며 끌어가고 있었다.

이 나라의 공식 종교는 야훼 제의였으나 모든 백성들이 예외 없이 야훼를 섬기지는 않았고, 국가가 지원하는 야훼 제의의 이념이 백성들 중 다수의 신앙이나 관습과 동일하거나 깊은 동질성을 가진 것도 아니었다.

솔로몬은 자기 아버지 다윗처럼 조심스럽게 행동하지 않고 국가 권력을 강화하고 그 위치를 굳히기 위해서 좀 더 공격적인 정책을 채택했지만, 그러는 와중에 생산 능력을 초과하는 요구로 자기 백성들을 혹사시켰고, 다윗이 성공적으로 유지해 오던 사회적 그리고 문화적 균형을 무너뜨리기에 이르렀다.

솔로몬의 주요 정책은 왕궁 건립, 군사력 확장, 세금이나 무역 그리고 외교 관계의 확대, 국가 이념의 확립 등이 포함된다. 솔로몬은 왕궁과 성전을 지어서 예루살렘을 두 배로 크게 확장하였고, 다윗이 점령한 영토를 보

---

47 Schäfer-Lichtenberger는 Claessen과 Skalnik의 유형 분류 기준을 사용하여(Henri J. M. Claessen and Peter Skalnik, *The Early State* [The Hague: Mouton Publishers, 1978]) 다윗의 정부가 다스리던 국가는 각각 발달 정도가 다른 다양한 분야가 있었으며, 그 중에서 가장 '날씬한' 분야는 행정과 계층화(stratification) 그리고 국내와 국외의 잉여 생산물 분야였다고 결론을 내린다(Christa Schäfer-Lichtenberger, "Sociological and Biblical Views of the Early State," in Fritz and Davies eds., *Origins of the Ancient Israelite States*, 78-105).
Schiedewind는 다윗의 통치가 후대 해석사를 통해 다양한 방법으로 이상화된 완벽한 국가 체제를 향해 나아가는 첫 발자국이었다고 이해하며, 문학적인 독자 수용 이론에 의거하여 논의를 제기한다(William M. Schiedewind, *Society and the Promise to David: The Reception History of 2 Samuel 7:1-17* [Oxford/New York: Oford Univ. Press, 1999], 18-26). 그는 다음과 같이 자기 주장을 요약한다.
"다윗과 솔로몬의 왕국은 당시 역사적 정황과 개인적 성격이 독특하게 상호 관계를 맺었기 때문에 탄생할 수 있었다. 이 왕국은 한 세대 이상 지속되지 못했는데, 성경 전승도 그렇게 묘사하고 있다. 그러나 다윗과 솔로몬 시대를 황금기로 간주하며 향수를 불러일으키는 문학 경향 덕분에 이 전승은 생존할 수 있었고 더 발전하게 되었다"(17).

존하기 위한 방어책으로 주요 거점마다 요새를 지었다고 기록되어 있다.

다윗은 주로 보병에 의존했다면, 솔로몬은 전차병을 설치하여 자기 군대의 기동력을 확보하고 타격력도 강화하였다. 다윗은 자기 백성에게 세금을 부과하려는 시도를 중도에 포기해야만 했으나, 솔로몬은 왕궁의 세수를 확보하려는 확실한 목적을 가지고 자기 왕국을 여러 구역으로 나누어 지배하였다. 다윗도 노동력을 확보하기 위해서 부역을 강요했지만, 솔로몬은 공공 건축 사업의 규모를 엄청나게 늘렸기 때문에 건축 자재를 운송하고 공사장에서 직접 일을 할 노동자가 대단히 많이 필요했다.

솔로몬은 이집트와 시리아-팔레스타인, 아라비아 남부 사이에서 중계 역할을 할 수 있다는 전략적 위치를 십분 활용하여 상단에게 통행료를 받거나 말과 전차의 중계 무역에 참여하였다. 외교 정책으로는 솔로몬이 이집트와 통혼 외교를 펼친 바 있으며, 자신의 공공건물을 설계하고 건축하기 위해서 이스라엘의 곡물을 주고 두로의 목재와 조선업자, 각종 장인들을 초청해 왔고, 아라비아 남부로부터 올라오는 사치품 무역에도 손을 댔다.

국가 이념을 확립하기 위해서 솔로몬이 지은 야훼 성전은 신께서 국가 권력에게 복을 주신다는 개념에 초점을 맞추고 그 상징으로 기능하였다. 이렇게 국가 권력을 증대하기 위해서 솔로몬은 국가 관료 체제도 보강해야 했다.

솔로몬의 왕국은 그의 사망과 함께 급격한 쇠퇴의 길로 들어선다. 성경 전승에 나타난 다양한 정보를 짜 맞추면 국가 권력을 확대하고 강화하려 했던 그의 정책에 어떤 약점이 있었는지 알 수 있다. 건축 사업과 군 무장 그리고 대규모 관료 체제를 유지하기 위하여 세수를 늘이려면 결국 백성이 생산하는 잉여 생산물에 세금을 더 부과하고 다른 나라와 무역을 하여 흑자를 남기는 수밖에 없다.

그런데 솔로몬이 수입품 대금을 지불하기 위하여 두로 왕에게 자기 영토를 이양했던 사실은 심각한 재정 적자에 시달리고 있었음을 시사한다.

자기 영토를 포기할 만큼 솔로몬이 보유하던 금괴나 은괴의 양이 줄었고, 필요한 자재를 바꿀 수 있는 곡물이나 기름 생산량이 모자랐다는 말이다.

농업 생산량이 줄어든 이유는 아마도 많은 백성이 부역에 동원되었기 때문이 아닐까 추정할 수 있다. 이스라엘 농민들과 소작농들은 부역에 동원되어 운송이나 건축 같은 일을 하는 동시에 들에서 농사를 짓거나 가축을 쳐야 하는 이중적 부담을 지고 있었기 때문이다. 다메섹과 에돔에서 일어난 반란 때문에 중계 무역을 통해 얻는 수익도 크게 줄어들었을 것이다.

그렇다면 솔로몬은 자신이 보유한 인력과 자연 자원으로 충당할 수 없는 너무 야심찬 '발전' 계획을 국가 주도로 추진했다고 평가할 수 있다. 이렇게 솔로몬의 왕국이 쇠약해지자 다메섹과 에돔이 반사 이익을 얻었으나, 주변에 전쟁을 일으켜서 무력으로 솔로몬의 정부를 위협할 만큼 강한 나라는 존재하지 않았다. 그의 거창한 계획을 종료시키는 역할은 결국 왕에게 불만을 품은 그의 백성이 맡게 된다.

솔로몬이 달성한 정치적 업적을 상세하게 묘사하는 성경 전승 뒤로 그의 재산과 지혜를 칭송하는 전승과 그가 성적인 욕망을 제어하지 못하여 실패했다는 전승이 따라 온다. 솔로몬은 외국인 아내와 첩을 궁전에 너무 많이 들였고, 이런 외국 여인이 우상숭배를 하면서 다른 영역에서 나무랄 데 없던 그의 통치를 오염시켰다는 것이다. 이렇게 성경의 문맥은 성문제와 우상숭배에만 초점을 맞추면서 솔로몬 왕국이 쇠퇴하게 된 사회적 정치적 이유에 관해서는 주의를 기울이지 않는다. 그래서 솔로몬이 강제로 벌인 대규모 건축 사업이 이스라엘 사회에 미친 사회적 경제적 영향에 관해서는 침묵한다.[48]

그럼에도 불구하고 솔로몬이 부유하고 지혜로웠다는 미화된 전승 속에

---

48 David Jobling, "'Forced Labor': Solomon's Golden Age and the Question of Literary Representation," *Semeia* 54 (1991): 57-76. Jobling은 이후에 역사적 이념적 그리고 해석학적 분석을 보강하여 새로운 논문을 발표하였으니, "The Value of Solomon's Age for the Biblical Reader," in *The Age of Solomon: Scholarship at the Turn of the Millennium*, ed. Lowell K. Handy (Leiden/New York/Cologne: E. J. Brill, 1997), 470-92.

어느 정도의 역사적 진실이 포함되어 있을 가능성도 있다. 솔로몬의 재물에 관해 말하자면, 그는 이스라엘 백성이 보았던 어떤 정치 지도자보다 더 많은 재산을 축적했고 그 사실을 눈에 띄게 과시했을 것이다. 그와 함께 관료, 상인, 대규모 지주도 번창하였을 테지만, 국가에 노동력과 생산물을 바치기 위해서 몸부림쳐야 했던 소작농이나 목동은 대체로 생활 수준이 떨어지는 상황을 견뎌야 했다.

솔로몬의 '지혜'와 관련된 현상으로 그의 왕국이 여러 영역에서 기능이 확장되었기 때문에 다윗 시대에 처음으로 시작된 공식 문서 사용과 서기 계급의 확대가 필요했다. 메소포타미아와 이집트 정부에서 이런 서기 계급은 지혜 문학 전승을 발전시키는 대표자였기 때문에 솔로몬 왕궁의 서기도 같은 역할을 했을 가능성이 높다.

그러나 솔로몬 본인이 잠언과 우화와 시편을 창작했다는 주장은 그가 서기의 창작 활동을 후원하는 너그러운 왕이었다는 사실을 비유적으로 표현한 것이며, 솔로몬이 원래 매우 지혜로운 사람이었다는 주장 역시 본인이 실제로 가진 능력보다 더 많은 지혜를 갈망하던 그의 마음을 돌려 말한 것에 불과하다.

솔로몬이 '성적 욕망과 우상숭배'에 사로잡혔다는 주장은 사실 그의 외국인 아내와 첩들의 수를 극도로 과장해서 적고 있으며, 이런 여인의 존재는 솔로몬이 심혈을 기울이며 유지하던 외교 관계의 결과이며 이런 정책으로 인해 솔로몬이 국제적인 지위를 유지하고 있다는 증거임을 완전히 무시하고 있다. 당시 왕가들 사이에 혼인 관계를 맺고 공식적인 국가 제의와 함께 외국 제의를 인정하고 시행하는 관습은 고대 근동 정치의 기본적인 요소였기 때문이다.

솔로몬의 신하와 백성이 솔로몬의 통치에 불만을 품었던 이유는 왕비의 수나 우상숭배와 아무런 상관이 없었고, 그가 백성들에게 강요한 강제 노동과 자기의 통치를 정당화하는 이념으로 삼기 위해서 야훼 제의를 예루살렘에서 독점했던 사실 때문이었다.

3) 기원전 10세기 이스라엘은 국가였나?

위에서 말한 사울과 다윗과 솔로몬의 특징적인 통치는 고대 근동 정치와 정치적 인류학이라는 문맥 속에서 성경의 기록을 비판적 상상력을 통해 읽을 때 드러난다. 성경 전승 속에 수많은 문학 층이 덧씌워져 있고 왜곡된 부분이 있다고 할지라도 이스라엘에서 국가가 형성되던 과정을 충실하게 묘사한 부분도 있다. 그러나 성경 본문은 물론 고고학 유물도 완전히 신뢰할 수 없다는 회의적인 학자도 존재한다.[49]

이런 반대자는 성경 전승에 문학적 윤색과 환상이 너무 많이 포함되어 있어서 소량만 있던 '사실적' 정보를 집어 삼켜 버린다고 주장하며, 혹자는 다윗과 솔로몬을 역사 속에 존재하지 않던 '통일 왕국'을 내세우기 위한 상상의 인물로 주장하는 데까지 나아간다. 게다가 솔로몬의 경우에는 그가 지은 기념비적 건축물의 흔적이 남아 있어야 하는데 그의 통치를 증명할 고고학 유물이 너무 미미하게 발견되고, 그의 놀라운 재력도 아무런 흔적을 남기지 않았음을 강조하기도 한다.

고고학자들은 대부분 기원전 10세기에 예루살렘은 고고학적 공백 상태라고 본다. 사실 그 전에 솔로몬 시대의 유물이라고 분류했던 건축물과 철을 가공하는 용광로(실수로 확인)와 마구간(추측의 결과)이라고 믿었던 유적도 사실 후대 유적이라는 사실에 전반적으로 의견이 일치되고 있다.

---

49 다윗과 솔로몬이 거대한 제국을 건설했다는 성경 전승이 신빙성이 있는지에 관한 찬성과 반대 의견은 다음 연구를 참조하라. Handy ed., *The Age of Solomon*, with foreword by D. V. Edelman and postlude and prospects by the editor; Fritz and Davies eds., *The Origins of the Ancient Israelite States*, with introduction by Davies. 기원전 10-9세기 고고학 유물의 연대 추정과 관련된 논쟁에 관해서는 다음 연구를 참조하라. Israel Finkelstein, "The Archaeology of the United Monarchy: An Alternative View," *Levant* 23 (1996): 177-87; Finkelstein, "Hazor and the North in the Iron Age: A Low Chronology Perspective," *BASOR* 314 (1999): 55-70; and William G. Dever, "Archaeology and the 'Age of Solomon': A Case Study in Archaeology and Historiography," in Handy ed., *The Age of Solomon*, 217-51.

지역 중심지에서 발견된 건물 유적도 기원전 10세기 중반에서 9세기 중반 정도로 연대를 추정할 수 있을 뿐 더 정확하게 건축 시기를 정할 수 없다. 마지막으로 고대 이스라엘은 백성 수가 적고 사회적 경제적으로 발전 단계가 낮아서 다윗과 솔로몬이 건설했다고 기록된 '제국'을 유지 경영할 수 없었다고 주장하는 사람들도 있다.[50]

그러므로 질문은 해결되지 못한 채 남는다. 다윗과 솔로몬이 달성한 정치적 업적에 관한 기록은 얼마나 신빙성이 있는가?

이런 반대 의견을 조심스럽게 살펴보면 성경 전승의 신빙성에 관하여 진지하게 생각할 필요가 있음을 알게 된다. 특별히 이런 의견에 비추어 볼 때 다윗과 솔로몬이 정의롭고 부유한 통치의 전형적인 창시자라고 추켜세우는 후대 성경 전승에 기록된 통일 왕국 영토의 크기, 사회 정치적 복잡성, 왕궁의 재력 등에 관한 기록의 무게를 '낮추어' 보아야 할 필요도 있음을 알 수 있다.

그러나 이 통치 기간에 관한 '수정된' 평가가 국가 성립 이전 이스라엘에 관한 고고학 자료나 인구 그리고 사회경제적 사회 기반의 추정치와도 잘 맞아 떨어지느냐는 또 다른 문제다. 특히 이 시기에 관련된 고고학 자료가 매우 드물기 때문에 이 쪽이나 저 쪽으로 결론을 내릴 수 없게 만드는 주요 요인이 된다.[51]

물론 예루살렘은 그 후로 파괴와 재건축이 계속 반복되기 때문에 기원

---

50 David W. Jamieson-Drake, *Scribes and Schools in Monarchic Judah: A Socio-Archaeological Approach*, SWBA 9/JSOTSup 109 (Sheffield: Almond Press, 1991); Hermann M. Niemann, *Herrschaft, Königtum, und Staat. Skizzen zur soziokulturellen Entwicklung im monarchischen Israel*, FAT 9 (Tübingen: J. C. B. Mohr, 1993); 반대 의견으로는 Baruch Halpern, "The Construction of the Davidic State: An Exercise in Historiography," 44-75; Christa Schäfer-Lichtenberger, "Sociological and Biblical Views of the Early State," in Fritz and Davies eds., *The Origins of the Ancient Israelite States*, 78-105.

51 공공건물과 기념비적 명문들, 기록 자료들이 발견되지 않는 상황에 관해 다르게 해석하는 학자도 있다. Schafer-Lichtenburger, "Sociological and Biblical Views," 79-82.

전 10세기의 기록이나 왕궁 유적이 남아 있지 않다고 해도 그리 놀라운 일은 아닙니다. 예루살렘 이외에도 솔로몬은 군사나 행정적 중심지에 전략적으로 건축물을 건설하였다. 하솔이나 므깃도 그리고 게젤 등 이런 장소들을 발굴한 결과 중앙 집권적인 국가가 계획해서 건설한 포곽형 성벽ㅓㅓ(casemate walls), 엄청난 성문, 공공건물 등이 발굴되었다.

그러나 고고학자들은 이런 유적들이 기원전 10세기에 속하는지 아니면 9세기에 속하는지를 놓고 의견차를 좁히지 못하고 있다. 역시 해석자들 사이에 논란이 있지만, 기원전 9세기 단(Dan)에서 발견된 아람어 기념비 조각이 '다윗의 집/왕조'를 언급하고 있다는 것이 다수의 의견이며, 그렇다면 다윗이 완전히 상상의 인물에 불과하다는 주장은 배제해도 무리가 없을 것이다.[52]

그러나 이런 사실을 인정한다 하더라도 이 기념비에 나오는 짧은 언급 만으로는 '다윗의 집/왕조' 지배의 성격이나 그 범위에 관해서 아무런 정보를 얻을 수 없으며, 솔로몬이 다스리며 축적했다는 부와 영광을 증명할 수도 없다.

기원전 10세기 이스라엘 국가가 생존하기 위해서 아마도 보통 정도의 생산력을 지닌 지역 거주지에 흩어져 살고 있는 그리 많지 않은 수의 백성이면 충분했을 것이다.

① 그런데 이런 환경에서 중앙 집권적 국가가 발생할 수 있었을까?
② 더구나 유다 지방은 북부 지파에 비하여 인구도 훨씬 적고 경제적 발달도 부족했는데, 유다를 기반으로 그런 국가를 건국할 수 있었을까?

---

52 Avraham Biran and Joseph Naveh, "An Aramaic Fragment from Dan," *IEJ* 43 (1993): 81-98; "The Tel Dan Inscription: A New Fragment," *IEJ* 45 (1995): 1-18; Baruch Halpern, "The Stela from Dan: Epigraphic and Historical Considerations," *BASOR* 296 (1994): 63-80; Frederick H. Cryer, "On the Recently-Discovered 'House of David' Inscription," *SJOT* 8/1 (1994): 3-19.

이런 질문에 관해서 고대 근동 역사와 정치적 인류학이 도움이 된다. 사회 기반이 이렇게 미약한 상태에서도 작은 규모의 국가는 발생할 수 있고 또 그런 선례가 있으며, 특히 주변 지역에 있던 더 큰 나라에서 권력을 이양하며 과도기가 생겼을 때 그럴 가능성이 더 높아진다.

예를 들어 요단강 동편 지역에서 암몬과 모압과 에돔은 이스라엘보다 인구도 훨씬 적고 경제적 기반도 '미약'했지만 부족 국가(tribal kingdoms)를 발전시키는 데 성공했다. 그들이 '왕국'을 세운 것은 이스라엘보다 약 100년 이상 후대의 일이었지만, 소규모 국가 형태를 꾸준히 지켜 나갈 수 있다는 사실을 보여 주었고, 차후에 성장하기도 하였으며 또 쇠퇴하여 멸망하기도 하였다.[53]

---

[53] 요단강 동편 정체의 느슨한 국가 조직에 관해서는 다음 연구를 참고하라. Øystein S. LaBianca and Randall W. Younker, "The Kingdoms of Ammon, Moab, and Edom: The Archaeology of Society in Late Bronze/Iron Age Transjordan (ca. 1400-500 B.C.E.)," in *The Archaeology of Society in the Holy Land*, ed. T. E. Levy (New York: Facts on File, 1995), 399-415.
LaBianca는 이스라엘, 암몬, 모압, 에돔의 정치 조직이 넓은 의미에서 유사하다고 보고 분석한다(LaBianca, "Excursus: Salient Features of Iron Age Tribal Kingdoms," in *Ancient Ammon*, ed. B. MacDonald and R. W. Younker, Studies in the History and Culture of the Ancient Near East 17 [Leiden/Boston/Cologne, 1999], 19-23). Knauf는 모압과 에돔 국가 형성과 관련된 고고학 유적들이 상대적으로 후대에 속한다는 사실은(기원전 9세기와 8세기로 추정) 그들이 경제적으로 의존하고 있던 가까운 요단강 서편이나 시리아 남부 국가를 모방하고 있었음을 가리킨다고 주장한다 (Ernst A. Knauf, "The Cultural Impact of Secondary State Formation: The Cases of the Edomites and Moabites," in *Early Edom and Moab: The Beginning of the Iron Age in Southern Jordan*, ed. P. Bienkowski, Sheffield Archaeological Monographs 7 [Sheffield: J. R. Collis, 1992], 47-54).
그렇다면 블레셋 도시 국가에서 시작하여 이스라엘로 확대되고 최종적으로 요단강 동편까지 영향을 미친 점진적인 국가 형성의 '물결'을 가리킬 수도 있다. 우리의 논의와 관련해서 이스라엘과 요단강 동편 공동체가 도시 국가의 정치 조직을 단순히 모방한 것이 아니라 기존의 부족 체제를 아우르기 위해 나름대로 각색하여 수용했다는 점을 강조해야 한다. 그러므로 부족 국가(tribal kingdoms)는 도시 국가와 달리 다양한 출신의 백성을 포함하고 있고 국가 안에 계속 존속하고 있는 부족 관계망의 허락과 협조를 받아야 했었다. Flanagan은 다윗과 사우디 아라비아의 창건자 이븐-사우드(Ibn-Saud) 사이에 공통점이 있음을 지적하면서, 강력하고 노련한 지도자는 원래 분열되고 적대적이었던 부족의 충섬심을 끌어내어 더 큰 정치 공동체를 건설할 수도 있다고 주장하였다(James W. Flanagan, *David's Social Drama: A Hologram of Israel's Early Iron Age*, SWBA 7 [Sheffield: Almond

내외적 요소가 복합적으로 작용하면서 국가 성립을 향해 시작했던 이 운동이 실패할 수도 있었고, 소규모 국가에 머물 수도 있었으며, 예외적인 상황에서는 다른 나라를 짧게라도 지배하면서 대규모 제국을 건국하여 지속할 수도 있었을 것이다. 이제 막 시작된 국가가 완전한 국가로 이행하는 과정에는 수많은 단계가 있으며, 그 과정 중에 발전이 멈추거나 후퇴하거나 아예 멸망할 가능성도 존재하기 때문이다.

고고학과 인류학 연구 결과와 비교해 볼 때 다윗과 솔로몬은 강력하게 중앙 집권화된 국가를 확립하려고 노력하였으나 결국 목적을 성취하지 못했다는 추정이 가능하다. 왜냐하면 백성 대다수가 지역 지도자에게 끈덕지게 충성을 바치고 있었고 중앙 집중적인 국가를 건설하는 데 미온적이어서 다윗과 솔로몬의 의도와 충돌할 수밖에 없었고, 국가가 자기들의 생업 경제(subsistence economy)까지 침범하여 이를 통제하고 이용하기 시작하자 반감을 가지게 되었기 때문이다.

성경 외부 자료가 분명한 증거를 주지 않고 성경 전승은 다윗을 이상적인 왕이요 훌륭한 음악가로, 솔로몬은 부와 지혜를 겸비한 전형적인 왕으로 찬양하는 식으로 의도가 분명한 기록만 남기고 있는 상황에서 그들이 성취했다고 보도된 정치적 업적을 부분적으로나마 이해할 수 있는 또 다른 방법이 있다.

사실 후대 북 왕국과 남 왕국 왕들이 시행했던 정책을 왕조의 창건자인 다윗과 성전 건축자인 솔로몬에게 소급하여 돌리고, 그들의 영광스러운 전설에 구체적인 세부 사항을 추가할 수 있다고 제안하는 사람도 있다.[54]

Press, 1988], 304-8, 325-41).

[54] 후대 왕정 시대의 발전 사항을 솔로몬 시대로 소급하여 이상화했다는 견해를 주장한 학자는 다음과 같다. David C. Hopkins, "The Weight of the Bronze Could Not Be Calculated: Solomon and Economic Reconstruction," in Handy ed., *The Age of Solomon*, 300-311; Herman M. Niemann, "The Socio-Political Shadow Cast by the Biblical Solomon," in *The Age of Solomon*, 252-99; and Ernst A. Knauf, "Le roi est mort, vive le roi! A Biblical Argument for the Historicity of Solomon," in *The Age of Solomon*, 81-95.

다윗이 요단강 동편과 시리아를 정복했다는 이야기는 후대 왕들이 이런 지역으로 나섰던 군사 원정을 반영하는 것으로 시대착오적인 기록이라는 것이다. 솔로몬이 그의 왕국을 모두 열두 지역으로 나누었으나 유다를 제외시킨 것은 북 왕국 왕이 실시했던 정책으로 볼 수 있으며, 실제 솔로몬이 북부 지역을 행정적으로 통제하려고 실시했던 정책은 그렇게 성공적이지 못했을 가능성도 있다. 만약에 실제 상황이 그러했다면 솔로몬은 세금을 거두고 부역자를 징집하는 일과 관련해서 전승이 묘사하는 것보다 더 많은 어려움에 부딪쳤을 것이다.

더 나아가서 다윗과 솔로몬의 왕궁에서 일하는 관료의 목록에 이름을 올린 사람들은 아마도 유명무실한 관직을 꿰차고 있었거나 아니면 후대에 가서야 창설될 가상의 관직을 소유했던 것이라고 말할 사람이 있을지도 모른다. 다윗과 솔로몬이 두로와 맺었던 외교 관계, 솔로몬과 이집트와 아라비아의 관계, 그리고 솔로몬의 무역 사업도 모두 후대 왕들이 성취했던 업적을 소급한 기록이라고 설명할 수도 있다는 말이다.

그러나 다윗과 솔로몬의 업적을 깎아내리는 가설을 그렇게까지 심각하게 확대할 수는 없다. 왜냐하면 솔로몬이 죽고 난 후 대변동을 일으키며 북부가 갈라져 나간 이유는 솔로몬이 공공 건축 사업 때문에 노동력을 징집했고 그래서 북부 거주자에게 깊은 분노를 불러일으킨 것이 사실이기 때문이다. 그리고 이스라엘이 두로와 우호적인 관계를 유지했던 것은 오므리 왕조보다 더 후대가 될 수 없으며, 이집트나 아라비아 남부와 외교 관계를 유지한 것을 후대 분열 왕국 시대라고 보기는 어렵기 때문이다.

어쨌든 이스라엘의 '통일 왕국'이라고 부르는 정체는 막 시작된 초기 국가의 형태를 하고 있었고, 대중적인 지지를 받던 유다 출신 군사 지도자가 '권력을 움켜쥐고,' 지파 간 경쟁 관계에 영향을 받지 않는 새로 건설된 수도를 중심으로 그의 치하에 모인 이질적인 집단 사이에서 노련하게 균형을 잡는 능력을 발휘할 때 탄생할 수 있었다.

다윗은 가드 왕 아기스에게 몸을 의탁하고 있을 때 배운 블레셋 도시의 모형을 헤브론을 다스리며 적용하려 했을지도 모른다. 그러나 다윗은 예루살렘으로 천도하면서 자신에게 굴복하기는 하였지만 그 사회적 기반과 잠재적인 권력을 완전히 제거할 수 없었던 전통적인 지파 지도층과 타협을 해야 했을 것이다.[55]

다윗은 지파에게 지나친 요구를 하는 대신 왕국 군대를 양성하여 주변에 있던 미약한 나라를 점령하고 전리품과 조공을 거두는 방법을 사용하여 내부적인 반대 세력을 진정시킬 수 있었다. 그의 후계자 솔로몬은 세금과 부역 제도를 통해 정권을 더 강화하고 합리적으로 경영할 수 있다고 생각했으나, 자연 자원이나 반대파 세력의 형태로 그의 노력을 방해하는 장애물과 맞닥뜨리기 시작했다.

그가 원하는 중앙 집중적인 정치와 경제 권력을 휘두르기에 가진 천연 자원이 너무 적었고 대중적인 지지 기반도 부족했기 때문이다. 야훼 제의를 국가 이념으로 사용하려는 시도는 충분히 많은 신하를 설득하지 못했고, 특히 북부 거주민을 회유하여 나라를 온전히 보전하는 데 실패하고 말았다.

이렇게 볼 때 블레셋의 위협을 격퇴하고 난 이후 국가를 창건하려는 모험이 시작되었으나, 다윗의 통치 하에 느슨하게 '통합된' 부족 국가(tribal

---

55 Portugali는 "새로운 사회-공간적 환경 몇 가지가 이스라엘 사회 제도 안에 형성되었고 상호 작용과 경쟁 관계를 통해 공존하고 있었다. 예를 들자면 전통적인 사회(traditional societas), 사울의 족장 국가(chiefdom), 다윗의 도시 국가(urban civitas) 등이 있었다. 이 중에서 다윗이 이스라엘 사회를 '노예화'시키면서 승리하였다"라고 추정한다 (Juval Portugali, "Theoretical Speculations on the Transition from Nomadism to Monarchy," in Finkelstein and Na'aman eds., *From Nomadism to Monarchy*, 17).
다윗이 헤브론에 세운 최초의 공동체는 '블레셋 모형을 모방한 것이었다.' Portugali가 '추측'이라고 인정한 제안 중 가장 흥미로운 점은 그가 Morgan, Engels, Durkeim 같은 사회 정치 이론가를 인용하면서 "사회(societas)에서 도시 국가(civitas)로 이행하는 중에 일어나는 전체적인 분열"을 강조한다는 사실이며, 그에 따르면 바로 다윗이 이런 결과를 가져왔다고 한다. 필자는 전체적인 분열이라는 개념에 찬성한다.
그러나 다윗의 지배는 더 많은 '틈(cracks)과 '균열'(fissures)로 점철되어 있었을지라도, 솔로몬과 르호보암 정부를 '개혁하려는' 대중의 바람이 불가능하다는 것이 밝혀졌을 때 최종적인 분열이 발생했다고 본다. 결국 실망한 백성은 자신들이 새 도시 국가(civitas)를 건설하여 이 국가는 이스라엘 사회(societas)를 좀 더 존중해 주기를 바라는 수밖에 없었다.

kingdom)를 세우는 데 성공했을 뿐이라고 이해할 수 있다. 솔로몬이 지파를 더욱 강력하게 복속시키며 그 나라를 영토 국가(territorial kingdom)로 강화하려고 시도했으나, 그의 사후 정부는 백성에게서 정당성을 잃고 이 시도도 실패로 돌아가고 말았다. 그 후 세력이 약한 두 나라가 탄생하였지만, 이 둘은 일시적으로 동맹을 맺은 경우를 제외하고는 다시는 하나로 통일되지 못하였다.

물론 다윗과 솔로몬이 보여 준 주권을 향한 주장은 이스라엘과 유다의 미래 세대에게 중앙 집권적인 국가의 통치를 확보해야 한다고 느끼게 만드는 강력한 정치적 선례로 남게 되었지만, 그들의 치하에서 북부와 남부가 자랑스럽게 이루어 낸 정치적 '통일'은 사실 제도적으로는 불안정했다고 볼 수 있다. 간단히 말해서 100년이 못되는 기간 동안 '하나의' 정부가 이스라엘 전체를 다스렸지만, 이 하나의 정부 아래에서 시행된 정치는 매우 불안하게 '통합되어' 있었다.

3. 두 경쟁 국가로 중앙 집권화된 이스라엘 정치

앞에서 우리는 이스라엘과 유다 왕국의 정치에 관한 정보를 가끔씩 전해 주는 성경 자료를 살펴보았다.

이렇게 얻은 정보는 성경 외부 자료나 고고학적 유물, 더 넓은 관점에서 살펴본 고대 근동 정치의 발전 궤도, 사회사나 정치적 인류학 연구에서 도출한 결론과 비교할 때 어떻게 이해될 수 있을까?

간단히 말하자면 성경 자료는 많은 경우에 신뢰할 만한 정보를 제공하고 있으며, 몇몇 경우에는 매우 정확하지만 모든 경우에 한결같이 그런 신뢰를 유지하지는 않는다. 성경 자료가 보여 주는 가장 중요한 장애물이라면 후대의 종교적 판단과 해석을 고대의 상황에 적용하려는 의도를 뚜렷하게 내비친다는 것이다.

이런 기록 의도는 어떤 사건이나 동기를 '오보하는' 실수를 유발하기도 하지만, 기록에 포함시킬 사건이나 자료를 선택하는 단계에도 강한 영향을 미치기 때문에, 무엇보다 '종교적인' 의의가 있다고 판단되는 왕이나 역사적 사건이 더 큰 주목을 받게 된다. 그럼에도 불구하고 종교란 정치와 밀접하게 연관되어 있기 때문에, 종교를 강조하는 설명도 의도적으로 또는 무심코 어떤 사건의 '세속적인' 의미를 드러낸다.

그러나 우리는 성경 외부 자료나 고고학, 고대 근동 정치, 비교 사회학 연구가 성경의 설명을 '확인해 주는지' 아니면 그 '부당성을 증명하는지' 묻는 협소한 연구 주제에는 관심이 없다. 왜냐하면 이런 연구는 주제를 일관성없이 반동적으로 다루는 함정에 빠지기 쉽기 때문이다. 우리가 이런 비교 연구에 관심을 가지는 이유는 이런 '외부 자료'가 고대 이스라엘 정치를 이해하는 데 어떤 추가적인 정보를 제공할 수 있는지, 특히 오래되고 새로 얻을 수 있는 정보를 취합하여 해석할 때 어떤 새로운 '관점'을 열어 주는지 궁금하기 때문이다.

이렇게 기록된 본문이나 고고학적 정치학적 자료를 비교 연구하는 작업은 당시 사람이 느꼈던 것과 가장 가까운 정치적 실체를 체험할 수 있는 길을 열어 주고, 그래서 성경 전승을 독립적으로 읽을 수 있는 대안적인 방법을 제공한다는 장점을 가지고 있다. 성경 전승은 어떤 사건이 일어난 물질적 조건을 언급하기를 '회피하고,' 보도하는 정치적 사건 이면의 사상과 실제 세계를 무시하며, 심지어 의도적으로 왜곡하기도 하기 때문이다.[56]

성경과 관련 없이 이스라엘 정치를 살펴보기 위해서 먼저 기원전 10

---

56 Holladay Jr.는 고고학이 성경 연구를 위해 가장 좋은 도구가 된다는 주장을 다음과 같이 표현한다(John S. Holladay Jr., Levy ed., *The Archaeology of Society in the Holy Land*, 368).
"좀 심하게 말하자면, 고고학이 인류 문명에 관한 독립적이고 유물론적인 관점이라고 보는 견해를 비물질적인 틀로 경솔하게 감싸 안을 때 그 가치가 저하되며, 고귀한 윤리적 도덕적 원칙에 따른 틀이라고 해도 그 해악은 다를 바가 없다. 이렇게 볼 때 고고학은 성경 연구의 '시녀'로 간주하기 보다는 독립적으로 순수하게 유물론적인 연구에 적용될 때 성서학에 공헌을 할 가능성이 가장 크다."

세기부터 6세기 초까지 팔레스타인에서 복원된 고고학 유물에 대한 간략한 평가를 제시하고, 공시적으로나 통시적으로 국가 발전의 가능한 한계를 추정하는 관점도 갖게 될 것이다. 그리고 나서 이스라엘과 유다 정치의 특징을 고대 근동 국가가 남긴 기록과 비교할 때 어떻게 사실이 확인되고, 더 자세히 확장되고, 다른 의미를 얻고, 또 수정되는지 살필 것이다. 특히 이스라엘 역사와 고대 근동 역사가 같은 시공간 안에 만나는 사건에 주목할 것이다.

1) 이스라엘과 유다에서 발견된 고고학 정보

이스라엘 국가의 외형을 파악하는 데 도움이 되는 성경 외부 자료를 탐구함에 있어서 우리는 먼저 팔레스타인에서 발견된 유물과 유적과 명문에 무엇이 있는지 살펴보겠다. 사실 지금까지 발견된 고고학 자료는 방대한 양이며, 상대적으로 양이 작은 명문도 갈수록 증가하고 있기 때문에 우리는 이스라엘 정치에 가장 직접적으로 관련된 유물이나 유적으로 연구 범위를 제한할 필요가 있다.

한편 고고학이 발견해 낸 '명백한 사실'은 애매모호한 성경 본문과 비교할 때 훨씬 쉽고 확실하게 설명할 수 있으리라 믿는 사람이 있다면 고고학적 해석의 '주관적인' 면을 보고 실망하게 될 것이다.

유물이나 유적에서 정치 제도적 역사를 읽어내려는 시도는 몇 가지 걸림돌을 만나게 되는데, 먼저 최근까지 고고학자들은 자신들이 발견한 유물을 사회적 정치적 측면에서 종합하고 분석하려는 시도를 거의 하지 않았다. 그리고 유물이 내포하는 정치적 의의를 도출하는 시도를 할 때면, 성경 본문과 확실치 않은 '조화'(harmonizations)라는 타협적 태도를 취해 왔다. 아직도 많은 고고학자가 이스라엘 국가 성립 과정의 물질적 기초라는 쓸모없는 연구에 골몰하고 있다.[57]

그러나 이스라엘 국가의 정치적 구조와 범위와 권력이라는 폭넓은 주제를 국내외의 역사적 사건과 연대적으로 비교하는 연구는 대부분 고고학 자료를 매우 피상적으로 다루어 왔다. 그럼에도 불구하고 성경 외부 자료에서 도출한 정보를 통해 이스라엘 국가의 발전 궤도를 추적하는 연구는 다음과 같은 주제로 요약할 수 있다.

(1) 물질적 유물

기원전 10세기 중반부터 시작해서 이스라엘 국가의 역사 전체를 통해 도시 발전 과정은 성벽, 요새, 공공 건물, 수로, 공방, 거주지 등 많은 흔적을 남겼다. 행정이나 군사 중심지에는 중앙 집권적인 정부가 아니면 동원하기 어려운 잘 조직된 노동력이 있어야 지을 수 있는 대형 건물이 많이 발견되었다. 성벽과 성문의 배치와 건축물을 용도에 따라 배열한 점, 인위적인 도로망 건설 등 도시 계획이 발견되는 점도 특정 지역의 기능을 고려하여 조직화하려는 중앙 정부의 설계자가 존재했음을 암시한다.[58]

---

57   다음 논문집에 포함된 글을 참조하라. Levy ed., *The Archaeology of Society in the Holy Land*; Israel Finkelstein and Nadav Na'aman eds., *From Nomadism to Monarchy: Archaeological and Historical Aspects of Early Israel* (Jerusalem: Israel Exploration Society/Washington D. C.: Biblical Archaeology Society, 1994).

58   Ze'ev Herzog, *Archaeology of the City: Urban Planning in Ancient Israel and Its Social Implications*, Monograph Series 13 (Tel Aviv: Institute of Archaeology, Tel Aviv University, 1997). 팔레스타인 고고학 발굴지와 주요 연구 주제에 관해서는 다음 연구를 참조하라. Michael Avi-Yonah and Ephraim Stern eds., *Encyclopedia of Archaeological Excavations in the Holy Land*, 4 vols. (Jerusalem: Israel Exploration Society and Masada Press, 1975-78).
최신 연구 결과가 포함된 증보판은 Ephraim Stern ed., *The New Encyclopedia of Archaeological Excavations in the Holy Land*, 4 vols. (Jerusalem: Israel Exploration Society & Carta/New York: Simon & Schuster, 1993); Eric M. Meyers ed., *The Oxford Encyclopedia of Archaeology in the Ancient Near East*, 5 vols. (New York/Oxford: Oxford Univ. Press, 1997).
최근에 실시된 지표 조사와 왕정 시대 고고학 연구 분석에 관해서는 다음 연구를 참조하라. William G. Dever, *Recent Archaeological Discoveries and Biblical Research* (Seattle/London: Univ. of Washington Press, 1990), 85-166; Amihai Mazar, *Archaeology of the Land of the Bible, 10,000-586 B.C.E.* (New York/London: Doubleday, 1990), 368-530; Gabriel Barkay, in *The Archaeology of Ancient Israel*, ed. Amnon Ben-Tor (New Haven, Conn./London: Yale Univ. Press, 1992), 302-73; Vokmar Fritz,

축대 위에 지어서 도시의 다른 지역과 구별된 정부 건물과 대부분의 일반 가옥과는 확실히 다른 대형 건물은 상징적으로나 사회경제적으로도 대중과 구별된 귀족 계층이 있었음을 가리킨다.

그런데 이렇게 정치적 중앙 집권화가 이루어졌음을 증명하는 물질적 증거는 성경에 기록된 특정한 왕이나 시대로 정확하게 귀속시킬 수 없으며, 위에서 언급한 것처럼 므깃도나 하솔이나 게젤 같은 북부 도시에서 발견되는 특정한 건축물을 솔로몬이 지었는지 아니면 오므리나 아합이 지었는지 여부는 계속해서 논란의 대상이 될 수밖에 없다. 더구나 고고학 유물이나 유적의 기능이나 용도를 명확하게 설명해 주는 글이 없기 때문에 특정한 건물이 어떤 역할을 했는지는 전적으로 학자들의 짐작에 의존하게 된다.

예를 들어 몇몇 도시에서 기둥이 서 있는 직사각형 건물이 공통적으로 발견되는데, 이 건물은 마구간인가 아니면 창고, 군대 막사, 상점인가?

그 대답에 관한 합의는 요원하지만 이 건물을 짓기 위해서 필요했던 건축학적, 공학적, 기술적 수준으로 볼 때 국가적인 계획과 감독이 있었음은 의심할 여지가 없다. 이런 건축 사업이 초기에는 페니키아 건축가와 기술자에 의해서 진행되었다고 해도 이런 결론은 변하지 않는다. 외국 기술자와 노동자를 모으고 그들에게 일을 시키려면 중앙 집권적인 정부가 조직적으로 시행하는 외교 관계와 보급품을 조달할 능력이 필요하기 때문이다.

거주지 형태는 고고학적 '중심지 이론'(central place theory)을 사용해서 분석하기에 적합하다.[59] 이 이론은 거주지의 크기에 따라 등급을 매겨서 대

The City in Ancient Israel (Sheffield: Sheffield Academic Press, 1995), 76-189.

59 고고학적 중심지 이론을 왕정 시대 이스라엘에 적용시킨 연구로는 William G. Dever, "Archaeology and the 'Age of Solomon,'" 218-23을 참조하라. Johnson은 중심지 이론을 기술적으로 개념적으로 비판한 의견을 종합한 후 이 이론이 '이상적이고 전형적인' 구조를 다룬다는 한계를 지니고 있지만 아직까지는 유용한 분석 도구라고 결론짓는다(Gregory A. Johnson, "Aspects of Regional Analysis in Archaeology," *Annual Review of An-*

개 '삼단계 계층'(three-tier hierarchy)으로 분류하는데, 지배 중심지가 되는 대형 거주지, 대형과 소형 거주지 사이를 중재하며 접촉점 역할을 하는 중간 크기의 거주지, 그리고 중심지에서 시작하고 접촉점에서 중재한 정치 행위가 최종적으로 작용하는 작은 도시나 마을로 나눌 수 있다.

작은 도시와 마을이 이루는 관계망은 주로 농업과 목축업을 위주로 한 사회 기반을 형성하며, 국가 기관 전체에서 일하는 관료를 유지하고, 세수를 충당하여 일반 행정과 상업, 군사, 종교적 정책을 수행할 수 있도록 기능한다. 이런 거주지의 크기와 분포 형태 그리고 그들이 맡은 분명한 기능 등 정보는 고고학적인 자료를 생태학적 사회 정치학적 용어로 분류하고 분석하고 해석하는 틀을 제공해 준다.

아직 발굴해야 할 영역이 훨씬 많긴 하지만 유다의 예루살렘과 이스라엘의 사마리아는 각자의 국가를 다스리는 지배 중심지로 손색이 없다. 현재까지 거주자가 집을 짓고 살고 있는 예루살렘에서 유물이나 유적을 많이 발견할 수는 없었지만, 발굴된 지역 중에 왕궁이 있는 성채라고 확실하게 규정할 수 있는 지역은 없었다.

사마리아에서는 왕의 성채 중 남아 있는 부분이 발굴되었으나, 도시의 다른 지역은 아직 충분히 탐사하지 않았다. 이 두 도시의 크기만 보더라도, 기원전 9세기에 기초를 잡은 사마리아와 최소한 8세기 후반 이후의 예루살렘이 모두 가장 큰 도시였고 각자 정부의 신경 중추부를 형성하고 있었음을 알 수 있다.

사마리아 정부와 관련된 경제 활동은 기원전 9세기 말이나 8세기 초에 부서진 토기 조각 위에 썼던 영수증에 잘 나타나 있는데, 이 문서에는 감람

---

thropology 6 [1977]: 479-508).
"대부분의 위치 선정 행위에 관한 모형은 기본적으로 입증할 수 없다는 단점을 안고 있다. 보편적인 이론을 만들기 위해서 실험으로 증명할 수 없거나 실제 상황 속에서 적용될 수 없는 가정을 사용하게 되기 때문이다. 그러나 유용성과 입증 가능성이 꼭 동시에 만족될 필요는 없다. [이 글에서 살펴 본] 대부분의 학자는 이런 모형이 실제 상황에서 일어나는 일을 이해할 만한 맥락을 제공할 수 있으리라는 데 동의한다"(501).

유와 포도주 배송에 관련된 세부 사항이 적혀있으며, 이런 물품은 왕궁 창고로 보낸 세금이거나 또는 관리에게 하사된 영지에서 주인에게 보낸 생산물을 기록으로 남긴 것으로 추정한다.

사마리아 성채에서 발견된 매우 정교하게 새긴 장식용 상아 조각은 당시 수도 거주자가 어떤 사치품을 좋아했는지 그리고 이런 제품을 구할 능력이 있었는지를 보여 주고, 기원전 8세기 후반과 7세기 예루살렘 주변 지역에 호화롭게 바위를 깎아서 만든 무덤이 많다는 점은 귀족의 재력이 얼마나 컸는지를 증명한다.

중간 크기의 중심지는 두 왕국 영토에서 행정과 군사적 목적을 위해 중요한 전략적 위치에 배치되어 있고, 아마도 무역로를 보호하고 용이하게 만들려는 의도도 있었을 것이다. 이 중에 가장 큰 도시는 북부의 단, 하솔, 므깃도, 게셀이 있고, 남부의 라기스와 브엘세바가 있다. 이 중 몇몇 도시에는 일반 거주지의 크기가 상대적으로 작은 경우가 있는데, 이런 현상은 정부 관료만 성벽 안에 살았고 '일반' 백성은 주변에 위치한 소형 도시나 마을에 살았을 가능성을 시사해 준다.

이렇게 요새화되고 공공건물이 많은 지방 중심지는 국가의 결정을 전달하여 왕국 외곽 지역까지 효율적인 정책 시행이 가능하도록 만드는 '전달자'(conduits) 역할을 했고, 외부에서 침입해 오는 군대 앞에 '덫'(trip wires) 역할을 하기도 했다. 이런 중형 도시에는 종교 관련 건물이나 제의 시설은 거의 발견되지 않았는데, 단은 예외적인 장소. 단에서는 기원전 9세기에 건설한 대규모 제의 구역이 발견되어 여로보암 1세가 단을 북 왕국 '공식' 종교 중심지 두 곳 중 하나로 선택하여 예루살렘을 대체하려 했다는 성경의 기록과 잘 부합한다.

소규모 거주지에는 성벽이 있는 소형 도시와 성벽이 없는 마을이 속한다. 소형 도시는 주로 일반 백성이 거주하는 지역으로 사용되었다. 공공 목적을 위해 건축된 건물이 있더라도 중심지에 있는 건물에 비하여 규모가 작고 화려하게 장식되지도 않았다.

기름이나 포도주를 짜거나 토기를 만들고 옷감을 짜는 소규모 공방이 더 자주 발견된다. 손잡이에 마을 이름을 찍어서(모두 네 마을) 표시한 저장용 항아리는 기원전 8세기 후반 유다에서 일반 행정이나 군사적 목적을 위해 이런 도시에 보급되었거나 아니면 공방에서 제작되었을 것이다. 보석이나 질 높은 그릇, 장식용 상아 등 사치품은 발견이 어렵거나 아예 전혀 발견되지 않기도 하는데, 이런 유물은 주로 지배 중심지와 중형 도시에 집중되어 있다.

대형 도시 사이에는 작은 마을이 수백 개씩 흩어져 있다. 이런 마을에는 들과 과수원에서 일하는 농부와 목동이 산다. 이런 마을 거주자가 사는 집은 방이 서너 개씩 있고 기둥이 들어서 있으며 아마 이층도 있었을 것이다. 집 앞에는 마당과 가축 우리가 있었고 저장용 구덩이와 물 저장고를 설치하기도 했다. 이런 단순한 형태의 가옥은 인간과 동물이 함께 살면서 요리를 하고 도구와 소량의 곡물을 저장하며 빗물을 저장하는 기본적인 필요를 충족시키는 구조였다.

장식이 없는 토기와 도구도 발견되었지만 사치품이나 제의와 관련된 유물을 찾는 경우는 매우 드물다. 이런 현상은 일반적인 백성의 생활 수준을 평가하는 데 도움이 되는데, 같은 형태의 집이 대형 공공 건물이나 지배층 귀족의 집과 구분된 채 도시의 일반 거주지에도 발견된다는 사실에 유의해야 할 것이다.

소도시와 마을을 구분하는 잣대로 공간적인 차원이나 거주민의 크기와 같은 단순한 기준이 아니라 사회적 동질성/이질성이나 사회 정치적 복잡성/단순성의 정도를 고려해야 할 것이다. 어떤 부유한 마을은 실제로 소도시보다 더 많은 사람이 살 수도 있기 때문이다.

작은 도시는 반드시 가까운 혈통 관계에 의지하지 않고 다양한 사회적 지위의 사람이 섞여 사는 경향을 보이며, 방어용 성벽으로 보호 받는 행정적 군사적 명령 계통의 최종 집행지가 된다. 소규모 공업 시설이 발견되는 것으로 보아 소도시는 그 지역 시장 경제의 중심지 역할도 맡았던 것으로 보인다.

이와 달리 마을은 주변 농지나 과수원, 목초지에서 일하고, 서로 친족 관계와 공동 노동 협약을 통해 관련된 사람의 거주지 기능만 감당한 것으로 보인다. 이렇게 성벽이 없는 마을은 그 숫자가 너무 많고 또 넓게 분산되어 있어서 외적의 침입에 맞서서 방어하기 어려웠으며, 결국 적군이 접근해 올 때마다 마을 주민은 성벽이 있는 소도시로 피난을 갈 수밖에 없었다.

행정 도시와 농업 또는 목축업을 행하는 마을 사이에 조성된 이런 연속적 상호 관계는 기존의 중심지 이론에서 사용하던 '삼 단계' 계층 구조보다 수도와 지역 군사-행정 도시, 지방 소도시, 지방의 마을로 이루어진 '사 단계' 계층 구조를 사용해야 할 수도 있음을 제안한다.[60]

이스라엘 국가가 주변에 있는 가까운 나라나 멀리 떨어진 나라와 비교할 때 어느 정도 등급에 드느냐 하는 문제는 이스라엘 국가에 관한 논의에서 빠지기 마련이다. 성경에 기록된 인구 조사 결과나 전투 관련 기록에 등장하는 숫자는 정치 등급에서 한 가지 지표만 고려하며 인구를 과장하여 보도록 유도하는 경향이 있다.

최근에 고고학자와 역사학자 간에 오가는 토론에서 보는 것처럼 기원전 10세기에 이스라엘의 인구와 잉여 생산물의 양이 이스라엘에서 강력한 국가까지는 아니라 해도 어떤 형태로든 국가를 건국하여 유지할 수 있을 만큼 충분했는지 여부에 관한 의문이 제기되었다. 인구 추정은 특정한 건물 형태가 발견되는 거주지 안에서 단위 면적(에이커) 당 거주민의 숫자를 추정하는 방법, 그 지역의 식료품 생산 능력을 계산하여 유지 가능한 인구 밀도를 추정하는 방법, 유사한 형태로 구성된 거주지의 최근 인구 조사 결과와 비교하는 방법 등을 사용한다.[61]

---

60 Dever는 팔레스타인 고고학자가 거주지 계층 구조를 '느슨하게 정의하여' 서로 다른 구조를 주장하고 있으며, 삼 단계(Dever and Mazar), 사 단계(Herzog), 또는 오 단계(Holladay) 구조를 제안하고 있다고 설명한다(Dever, "Archaeology and the 'Age of Solomon,'" 222, n. 9).

이런 추정치는 오차 범위가 내우 넓긴 하지만, 인구학 연구 결과를 참고하여 개선한 결과, 초기에 추정했던 높은 숫자에서 많이 축소되었다. 이스라엘과 유다의 주요 중심지는 평균 1,500-3,000명 정도 거주한 것으로 추정되는데, 그 중 가장 규모가 큰 예루살렘과 사마리아는 아마 5,000-8,000명 정도 살았을 것이며, 기원전 8세기가 되어 인구가 급등하자 이보다 서너 배로 증가하였을 것으로 추정한다.

지역 도시는 약 500-1,000명 정도의 거주민을 보유하고 있었고, 마을에는 50명에서 수백 명 정도의 인구가 모여 살았을 것이다. 이렇게 볼 때 이스라엘과 유다에서 가장 큰 도시는 메소포타미아와 시리아 북부에 있는 정치 중심지와 비교할 때 그 크기나 인구 밀도 면에서 매우 작은 거주지였음이 분명하게 드러난다.

이스라엘에서 도시화가 크게 확대되지 못한 것은 험한 산지 지형과 적은 강우량에 기대야 하는 농업 환경과 직접적으로 관련되어 있으며, 훨씬 더 비옥한 환경에서 자라난 메소포타미아와 시리아 북부 문명과 비교할 때 큰 차이를 보인다. 이스라엘과 유다가 두 왕국으로 갈라지던 때 전체 인구는 어림잡아 100,000명 정도가 될 것이며, 그 중 약 75%가 북 왕국에 살고 있었다고 대략 짐작할 수 있다. 이 숫자는 역사적 상황이 변함에 따라 증가하기도 하고 줄어들기도 하였으나, 후대 헬레니즘 시대나 로마 시대처럼 훨씬 높은 인구 밀도에 도달한 적은 없었다.

---

61 철기 시대 인구에 관해서는 다음 연구를 참조하라. Yigal Shiloh, "The Population of Iron Age Palestine in the Light of a Sample Analysis of Urban Plans, Areas and Population Density," *BASOR* 239 (1980): 25-35; Mogen Broshi and Israel Finkelstein, "The Population of Palestine in Iron Age II," *BASOR* 287 (1992): 47-60; Israel Finkelstein, "Environmental Archaeology and Social History: Demographic and Economic Aspects of the Monarchic Period," *Biblical Archaeology Today: Proceedings of the Second International Congress on Biblical Archaeology, Jerusalem, June 1990*, eds. J. Aviram and A. Biran (Jerusalem: Israel Exploration Society, 1993), 56-66; and Dever "Archaeology and the 'Age of Solomon,'" 221-22. Dever는 "특정 정보에 대한 해석이 학자마다 다르기는 하지만, 거주지 넓이에 따른 인구를 에이커 당 약 100명 정도의 추정치로 계산할 때 가장 타당한 결과를 얻을 수 있다"고 주장한다(n. 8).

기원전 8세기 중반에 이스라엘과 유다 전체 인구는 넉넉잡아 400,000명에 이르렀을 것으로 추정할 수 있으며, 역시 북 왕국이 더 인구가 많았을 것이다. 기원전 7세기에 유다 왕국에는 약 100,000-150,000명 정도의 거주민이 살고 있었을 것이다. 이 전체 인구 중에서 대부분의 일반 백성이 작은 마을 거주민이었을 것으로 추정되는데, 정치에 민감한 도시의 경제 상황에 따라 달라질 수도 있다.

특히 도시와 지방 거주민 사이의 비율은 경제적 역사적 상황에 따라 달라진다. 예를 들어 기원전 7세기 유다는 영토를 많이 잃고 축소되었는데, 전체 인구의 약 절반 가량이 예루살렘과 그 주변에 모여 살았을 것으로 보인다.

(2) 문서와 명문

물론 팔레스타인에서 발견된 문서나 명문은 메소포타미아, 이집트, 시리아 북부의 기록 자료에 비교할 때 소수에 불과하지만, 때때로 이런 자료가 당시의 정치적 상황을 매우 생생하게 드러내 준다. 우리는 이미 단에서 발견된 기원전 9세기 아람어 석비에 관해 언급한 바 있는데, 이 비석은 이스라엘과 아람 다메섹 사이에 벌어진 전쟁을 기록하고 있으며, 대부분의 학자가 그 명문 중에 다윗 왕조를 가리키는 말이 포함되어 있다고 간주한다.[62]

또한 사마리아 토기 조각이 국내 정치 경제 상황 속에서 국가 맡았던 역할이 무엇인지 보여주고 있다는 사실도 살펴보았다.[63] 기원전 8세기 말 예루살렘 성벽 안으로 물을 끌어들이기 위해 바위를 뚫어 만든 굴 벽에 헌정문(dedicatory inscription)을 새겨 넣었는데, 이 건축 사업은 히스기야가 앗수르 군의 포위에 대비하기 위해서 추진한 것으로 해석한다.[64] 역시 기원전 8세기 말 예루살렘 성 바깥에 정교하게 바위를 깎아서 만든 무덤이 발견

62　텔 단 석비에 관해서는 위 각주 52를 참조하라.
63　"The Ostraca of Samaria," *ANET*, 321, 『고대 근동 문학 선집』, 560-2.

되었는데, 그 무덤 주인의 이름은 일부만 남아 있다. 이사야 선지자는 자기 무덤을 화려하게 준비했던 왕궁 관리인 셉나를 저주한 적이 있는데(사 22:15-19), 그 관리가 이 무덤을 지었을 가능성도 있다.[65]

유다 왕국이 아직 독립을 잃지 않았던 마지막 날은 라기스(Lachish)에서 군사적 목적으로 작성된 편지에 잘 나타나 있는데, 신-바빌론 제국이 기원전 588-586년에 침입해 왔을 때 이에 대항하려고 미친 듯이 노력하던 모습이 사실적으로 담겨 있다.[66] 이 때 유다 지도층은 거대한 제국의 패권주의 앞에서 누구의 손을 잡을지 가장 타당한 외교 정책을 결정하지 못하여 분열된 상태였다.

유다가 신-바빌론과 에돔 연합군에게 공격을 받던 당시 네게브에 있는 요새 아랏(Arad)에서 군사적 목적으로 기록된 편지가 발견되었는데, 군사에게 나누어 준 보급품과 에돔 사람을 내쫓고 영토를 유지하려는 노력이 글 속에 오롯이 남아 있다.[67]

기원전 7세기 말 가난한 추수 노동자의 목소리가 담겨있는 편지도 야브네-얌(Yavneh-Yam)에서 발견되었는데, 그는 관리가 빼앗아 간 외투를 돌려달라고 호소하고 있다.[68] 아마 대출 담보로 외투를 빼앗긴 것으로 보이는데, 이는 잘못된 일이니 돌려달라고 요구하는 듯하다.

---

64 "The Siloam Inscription," *ANET*, 321,『고대 근동 문학 선집』, 562; *ABD* 6:23-24; K. A. D. Smelik, *Writings from Ancient Israel: A Handbook of Historical and Religious Documents* (Louisville: Westminster John Knox, 1991), 64-71.

65 N. Avigad, "The Epitaph of a Royal Steward from Siloam Village," *IEJ* 3 (1953): 137-52. 이 비문은 일부가 부서져 나갔기 때문에 정확하게 셉나의 무덤인지 여부를 가리는 것이 불가능하다. 그러나 '왕궁 관리인'(royal steward)이라는 관직이 분명하게 남아 있고 무덤이 매우 호화롭게 건설되어 있기 때문에 기원전 8세기 유다 관리가 얼마나 부유하고 국가의 특권을 누리며 살았는지를 잘 보여 준다.

66 "The Lachish Ostraca," *ANET*, 321-22,『고대 근동 문학 선집』, 565-8; *ABD* 4:126-28; Smelik, *Writings from Ancient Israel*, 116-31; Dennis Pardee, *Handbook of Ancient Hebrew Letters*, SBLSBS 15 (Atlanta: Scholars, 1982), 67-114.

67 "Three Ostraca from Arad," *ANET* 568-69,『고대 근동 문학 선집』, 564-5; *ABD* 1:336-37; Smelik, *Writings from Ancient Israel*, 101-15; Pardee, *Handbook*, 24-67.

가장 많이 발견되는 기록 자료는 새겨서 만든 도장이나 도장이 찍힌 인영으로 파피루스에 쓴 문서에 찍어 봉하는 역할을 하던 유물이다.[69] 오래 전에 문서는 썩어 없어지고 인영만 남은 경우가 많다. 이런 유물에는 그림이 포함된 경우가 많고, 명문은 도장 주인의 이름과 관직을 기록한다.

이런 도장에 남아 있는 이름과 관직이 열왕기와 이사야와 예레미야에 언급된 이름이나 관직과 상당 부분 동일하기 때문에, 이런 도장 중 일부는 실제로 성경에 이름이 남아 있는 인물이 소유하고 있던 물건일 가능성도 있다.

특히 어떤 도장에 '여로보암'과 '웃시야'라는 이름이 나오는데 이들은 아마도 이스라엘 왕 여로보암 2세와 유다 왕 아사랴, 즉 웃시야를 가리키는 것으로 보인다. 물론 도장의 주인은 이 왕들이 아니라 그들의 왕궁에서 일하던 신하였다. 최근에 유다 왕 아하스와 히스기야의 인영이 발견되기도 했다.[70]

---

68 "A Letter from the Time of Josiah," *ANET*, 568, 『고대 근동 문학 선집』, 563-4; Smelik, *Writings from Ancient Israel*, 93-100; Pardee, *Handbook*, 15-24.

69 도장(seal)과 인영(seal impression), 특히 유다에서 발견된 유물은 지난 30여 년 동안 급격하게 증가하였다. Hestrin과 Dayagi-Mendels는 도장 136개를 소개하고 있는데(Ruth Hestrin and Michal Dayagi-Mendels, *Inscribed Seals: First Temple Period, Hebrew, Ammonite, Moabite, Phoenician, and Aramaic* [Jerusalem: Israel Museum, 1979]), Avigad가 더 많은 유물을 출판하였다(Nahman Avigad, *Bullae and Seals from a Post-Exilic Judean Archive*, Qedem 4 [Jerusalem: Institute of Archaeoogy, the Hebrew University, 1976; *Hebrew Bullae from the Time of Jeremiah* [Jerusalem: Israel Exploration Society, 1986]). Deutsch의 연구를 통해 현재까지 알려진 도장의 수는 500여 개로 늘었다(Robert Deutsch, *Messages from the Past: Hebrew Bullae from the Time of Isaiah through the Destruction of the First Temple* [Tel Aviv: Archaeological Center Publications, 1999]).
Avigad와 Deutsch는 자신들이 발표한 도장이나 인영의 역사적 정치적 해석을 제시하는 데 소극적이다. Avigad가 이런 유물의 역사적 의의에 관해 발표한 연구도 있으나(Avigad, "The Contribution of Hebrew Seals to an Understanding of Israelite Religion and Society," in *Ancient Israelite Religion: Essays in Honor of Frank Moore Cross*, ed. P. D. Miller Jr. et al. [Philadelphia: Fortress, 1987], 195-208), 국가 행정 체계를 배경으로 생각할 때 이런 유물이 어떤 방식으로 해석될 수 있는지에 대해서는 언급을 피하고 있다. 아래 각주 126도 참조하라.

시내 반도 북부 홍해로 내려가는 길에 있는 역참 쿤틸렛 아즈루드(Kuntileth Ajrud)는 "사마리아의 야훼와 그의 아세라"라는 명문 때문에 유명하다.[71] 헤브론 근처에 있는 무덤에서도 유사한 명문이 발견된 적이 있는데,[72] 이런 명문은 기원전 9세기 후반이나 8세기 초반에 야훼 신자 사이에도 아세라 여신을 섬기는 관행이 널리 퍼져 있었음을 알 수 있다. 이와 함께 야훼가 사마리아와 밀접하게 연관되어 있고, 이스라엘과 유다의 토기 형태가 섞여 있었으며, 남쪽으로 멀리 떨어진 곳인데도 페니키아 풍의 예술적 주제가 사용되어 북 왕국과 남 왕국 사이에 매우 우호적이고 긴밀한 관계가 형성되어 있었다는 추측도 가능하게 한다.

요단강 계곡 중류에 있는 데이르 알라(Deir Allah)에서 발견된 기원전 8세기 말의 명문 조각은 흔치 않은 아람어 방언으로 선지자 발람의 예언을 기록하고 있는데, 민수기 22-24장에 나오는 발람과 유사한 점이 굉장히 많다.[73]

이 문서가 발견된 곳이 이스라엘이 아닌데도 불구하고 두 발람 전승 사이에 주인공이나 전체 줄거리, 주제 등이 매우 유사하고 겹치는 현상을 보면, 이스라엘과 요단강 동편 민족이 공유하던 특정 종교 전승이 있었다는 사실을 알 수 있다. 종교적 전통과 정치가 통합되는 순간은 아랏 요새 속에 있던 신전 유적에도 잘 드러나는데, 이 신전은 예루살렘 성전과 그 설계나

---

70 아하스와 히스기야 왕의 인영에 관해서는 다음 연구를 참조하라. Robert Deutsch, "First Impressions – What We Learn from King Ahaz's Seal," *BAR* 24/3 (May-June 1998): 54-56, 62; Frank M. Cross, "King Hezekiah's Seal Bears Phoenician Imagery," *BAR* 25/2 (Mar.-Apr. 1999): 42-45, 60.

71 쿤틸렛 아즈루드에서 발견된 그림과 명문에 관해서는 *ABD* 4:103-9; Smelik, *Writings from Ancient Israel*, 155-62를 참조하라.

72 키르벳 엘-콤 명문에 관해서는 다음 연구를 참조하라. William G. Dever, "Iron Age Epigraphic Material from the Age of Khirbet el-Kom," *HUCA* 40/41 (1969-70): 139-204; Smelik, *Writings from Ancient Israel*, 152-55.

73 데이르 알라 명문은 다음 연구를 보라. *ABD* 2:129-30; J. Hoftijzer and G. van der Kooij, *Aramiaic Texts from Deir `Alla* (Leiden: E. J. Brill, 1976); Smelik, *Writings from Ancient Israel*, 79-88.

건축 방향에 있어서 많은 유사점을 가지고 있으며, 기원전 8세기 말까지 활발하게 사용하던 종교 시설이었다.

한편 확실한 증거를 가지고 해석하기는 어렵지만, 아랏 근처에서 기원전 7세기 말이나 6세기 초에 종교적 용도로 건설된 건물이 발견되었는데, 유다와 에돔 토기가 섞여 출토되었고 에돔의 수호신 코스(Qaus)에 대한 언급을 찾을 수 있었다.[74] 이런 현상은 유다 군인이나 정착민이 이 지역에 살면서 에돔 종교에 노출되었거나 에돔 종교 관습을 시행했을 가능성을 제기한다.

2) 이스라엘 밖에서 발견된 문서와 명문

왕정 시대 정치에 관련된 두 번째 성경 외부 자료로 이스라엘이나 유다 왕국에 관해 직간접적으로 언급하는 다른 나라에서 기록된 국가 공식 문서를 들 수 있다. 앗수르와 신-바빌론 제국 문서가 성경 전승에 관련된 사건을 보도하는 경우가 많이 있는데, 이런 경우 왕의 통치 연도만 제공하는 성경의 연대기적 자료를 실제 연도로 환산할 수 있는 연대기적 '대조 역사 연표'(synchronism)를 제공해 준다.[75]

우리의 논의와 관련해서 특별히 중요한 점은 이렇게 성경과 성경 외부 자료가 같은 사건에 관해 보도하는 경우에 '정말로 일어난 일'에 관한 양측의 관점을 모두 얻을 수 있다는 것이며, 이 때 자료 사이에 합의하는 부분도 있지만 불일치하는 주장도 나온다.

---

74 Mazar, *Archaeology of the Land of the Bible*, 496-99.
75 앗수르와 신-바빌론 문서를 기초로 왕정 시대 사건의 연대를 확정한 예는 다음 연구를 참조하라. Mordechai Cogan, "Chronology, Hebrew Bible," *ABD* 1:1007. Na'aman은 기원전 10-9세기의 성경과 성경 외부 자료에서 도출한 "대조 역사 연표"를 비교하며 열왕기 저자의 논리적인 추론이 역사적 현실과 맞지 않는 경우가 많다는 사실은 역사와 관련된 정보를 매우 적게 소유하고 있었기 때문이라고 결론 내린다(Nadav Na'aman, "The Contribution of Royal Inscriptions for a Re-Evaluation of the Book of Kings as a Historical Source," *JSOT* 82 [1999]: 3-17).

다른 나라 문서에 이스라엘과 유다가 언급된 경우를 통해 이스라엘 정치사에 관한 우리의 지식이 크게 확장될 수도 있는데, 성경이 다루지 않은 사건을 외부 자료가 보도하는 경우도 있기 때문이다.

르호보암 통치 초기 기원전 924년경에 이집트 왕 쉐숑크 1세(Sheshonk I)는 팔레스타인 남부로 대규모 군사 원정을 실시하였고 자신이 공격해서 파괴한 도시의 이름을 목록으로 남겼다. 이 파라오는 성경에서 시삭이라고 부르는데, 유다의 요새 도시를 파괴하였고 르호보암에게서 금과 은을 탈취해 갔다고 적혀 있다(왕상 14:25-28; 대하 12:1-12).

쉐숑크의 목록에 예루살렘은 포함되어 있지 않지만 네게브 지역에 있는 요새를 파괴했다고 적고 있으며, 예루살렘 북서부 근거리에 위치한 기브온까지 진출했음을 증명하고 있다. 파라오가 블레셋과 유다와 이스라엘을 휩쓸고 지나간 이유는 신왕국 시대에 이집트가 지배하고 있던 무역로를 탈환하기 위함이었다. 솔로몬의 왕국이 분열된 지 얼마 지나지 않아 군사 원정을 실시했기 때문에 팔레스타인에 있던 정치권력이 충분히 안정되기 전에 시기적인 이점을 잘 이용했다고 볼 수 있다.

쉐숑크의 목록이 역사적 신빙성이 있는지에 관해 의심을 품는 학자도 있었는데, 그가 과장된 업적을 자랑했을 수도 있기 때문이다. 그러나 므깃도에서 쉐숑크의 승전비 조각이 발견되면서[76] 그가 언급된 도시를 모두 파괴하지는 않았더라도 대규모 군사 원정을 실시했던 것은 사실임이 확증되었다.

기원전 853년 앗수르 왕 살만에셀 3세(Shalmaneser III)는 시리아-팔레스타인 지역으로 군사 원정을 몇 번 감행했는데, 첫 번째 원정 중 카르카르(Qarqar)에서 큰 승리를 거두었다고 기록하고 있다. 그는 이 전투에서 열두

---

[76] "Lists of Asiatic Countries under the Egyptian Empire," *ANET*, 242-43; "The Campaign of Sheshonk I," *ANET*, 263-64,『고대 근동 문학 선집』, 490-1; Benjamin Mazar, "The Campaign of Pharaoh Shishak to Palestine," *Congress Volume, Strasbourg 1956*, VTSup 4 (Leiden: E. J. Brill, 1957), 57-66.

개의 나라와 부족 집단이 뭉친 동맹군과 맞서 싸워야 했는데, 그 중 아합이 인도하는 이스라엘 왕국도 참여하고 있었다.[77]

동맹군 중 가장 큰 세력은 아람 다메섹(보병 20,000명)과 하맛(Hamath)과 이스라엘(둘 다 보병 10,000명)이었다. 아합은 동맹군 중 가장 큰 규모의 전차병을 이끌고 참여했는데, 어떤 학자는 그가 전차 2,000대를 이끌었다는 기록이 과장되었다고 보고 200대나 20대로 낮추어 잡기도 한다.[78]

앗수르 연대기는 자기들의 승전을 자랑하기 위해서 전사자의 수를 과장하는 경향이 있는데, 이 경우에 살만에셀은 적 동맹군을 완전히 물리쳤다고 주장한다. 이 주장은 거짓으로 드러났는데, 살만에셀은 이 전투 후에 앗수르로 돌아갔으며, 시리아 북부로 군사 원정을 세 번 더 실시했는데도 카르카르를 넘어서지 못했기 때문이다. 이스라엘과 아람 다메섹은 그 동안 여러 번 마찰과 전쟁을 반복해 왔는데, 시리아-팔레스타인 지역 나라들은

---

[77] "Monolith Inscription of Shalmaneser III," *ANET*, 278-79, 『고대 근동 문학 선집』, 512-6; Jeffrey Kah-Jin Kuan, *Neo-Assyrian Historical Inscriptions and Syria-Palestine: Israelite/Judean-Tyrian-Damascene Political and Commercial Relations in the Ninth-Eighth Centuries B.C.E.* (Hong Kong: Alliance Bible Seminary, 1995), 27-40. 시리아-팔레스타인과 관련된 신-앗수르 역사 문서의 해석과 관련해서는 다음 연구를 참조하라. A. K. Grayson, "Assyria: Ashur-dan II to Ashur-nirari V (934-754 B.C.)," in *CAH*, 2nd ed. (Cambridge: Cambridge Univ. Press, 1982), 3/1:238-81; "Assyria: Tiglath-pileser III to Sargon II (744-705 B.C.)," in *CAH*, 2nd ed., 3/2:71-102; Hayim Tadmor, "Assyria and the West: The Ninth Century and Its Aftermath," in *Unity and Diversity: Essays in the History, Literature, and Religion of the Ancient Near East*, ed. H. Goedicke and J. J. M. Roberts (Baltimore: Johns Hopkins, 1975), 36-48.

[78] Na'aman은 전차 2,000대라는 기록은 필경사가 실수로 200대를 잘못 쓴 것이라고 주장하였고(Nadav Na'aman, "Two Notes on the Monolith Inscription of Shalmaneser III from Kurkh," *Tel Aviv* 3 [1974]: 97-102), 이에 반해 Kuan은 앗수르 명문에 서기들의 실수가 많이 발견되는 것이 사실이지만, 이 명문에 포함된 여러 숫자 중 유독 아합의 전차 수만 실수라고 가정할 이유는 없다고 반박하였다(Kuan, *Neo-Assyrian Historical Inscriptions*, 35, n. 104).

물론 정확한 전차의 수보다는 아합이 어떤 다른 동맹국보다 더 많은 전차를 이끌었다는 사실 자체에 더 유의해야 할지도 모른다. 한편 아합에게 이런 거대한 전차병이 있었다는 사실은 솔로몬이 전차병 부대를 양성하기 위해 많은 노력을 경주하였다는 성경 전승을 간접적으로 증명해 준다. 솔로몬의 전차병은 대부분 북부 영토에 주둔하고 있었기 때문에, 왕국이 분열될 때 북 왕국이 그대로 물려받았을 것이다.

그들 사이에 벌어졌던 이런 모든 다툼을 잠시 제쳐두고 힘을 합하여 앗수르가 서쪽으로 세력을 넓히는 것을 거의 십여 년 동안 저지하는데 성공했던 것이다.

아합이 이 동맹에 참가했다는 사실은 성경에 언급되지 않았다. 성경이 이 전투에 관해 전혀 자료가 없어서 모르고 있었거나, 아합에게 적대감이 큰 성경 저자가 의도적으로 무시했거나, 아니면 이스라엘과 유다에서 너무 멀리 떨어진 곳에서 일어난 전투라서 특별한 의미가 없는 사건으로 치부했을 수도 있다.

살만에셀의 기록에 암몬이 자신에게 대항하였다고 적고 있지만, 모압, 에돔, 유다에 관한 언급은 전혀 없다. 당시 이런 나라들은 이스라엘 왕국의 봉신국이거나 동맹국이었기 때문에 이런 나라에서 징집한 군사가 아합의 군대로 계산되었을 가능성도 높다.[79]

기원전 841년 살만에셀 3세는 제5차 군사 원정을 통해 드디어 아람 다메섹을 점령하고 이스라엘과 시리아-팔레스타인 나라에게 조공을 부과할 수 있게 되었다. 왜냐하면 시간이 지나면서 동맹이 효과적으로 유지되지 못하여 앗수르 왕에게 맞설 수 없었기 때문이다. 연대를 확정할 수 없는 다윗 왕조에 관해 언급한 텔 단 석비를 제외하면, 예후는 외국 문서에 그 이름이 기록된 첫 번째 이스라엘 왕이며 자기 얼굴이 그림으로 남아 있는 유일한 이스라엘 왕이라고 할 수 있다.

물론 기원전 701년 유다를 침공한 산헤립(Sennacherib)은 라기스를 점령하는 모습을 방대한 벽화로 남겼고, 그 곳에 무명의 유다 군사와 포로의 모습이 새겨져 있다. 그러나 예후의 모습은 살만에셀 앞에 엎드려 있고 그의 신하가 금과 은, 금 그릇과 금 잔, 주석, 왕의 규, 투창처럼 생긴 목재 보물을 조공으로 바치는 모습이 살만에셀의 석비(the Black Obelisk) 그림판에 새

---

[79] J. Maxwell Miller and John H. Hayce, *A History of Ancient Israel and Judah* (Philadelphia: Westminster Press, 1986), 270; Kuan, *Neo-Assyrian Historical Inscriptions*, 39-40.

겨져 있다.[80]

이것은 성경에 보도되지 않은 또 다른 이스라엘의 외교 관련 사건이다. 이렇게 외국 왕에게 부복했던 사건은 예후를 이스라엘에서 다른 나라의 영향을 제거하려 했던 야훼 신의 독실한 추종자로 묘사했던 성경 전승 저자에게 매우 수치스런 일로 간주되었을 것으로 생각할 수 있다. 그러나 예후가 페니키아 나라와 외교 관계를 단절하면서 시리아-팔레스타인 동맹에 참여했던 나라에 분열이 생기는 데 일조하였고, 살만에셀이 군사 원정의 호기로 이용할 수 있는 빈틈을 만들어 주게 된다.

물론 앗수르에 대항하는 동맹이 무너진 것은 그 이전에 하사엘(Hazael)이 반란을 일으키며 아람 다메섹 왕위에 앉고 이스라엘을 공격하던 시점부터 시작되었다.[81]

모압 왕 메사의 석비는 기원전 840-820년경에 세워졌는데, 모압과 오므리 왕조가 다스리던 이스라엘 사이에 감돌던 적대적인 관계에 관하여 왕하 3:4-27에 기록된 것보다 훨씬 자세하게 묘사해 준다.[82]

두 기록은 모두 오므리나 그의 아들 아합이 모압을 점령했으나 시간이 어느 정도 흐른 뒤 메사가 반란을 일으켰다는 점에서 동일한 보도를 하고 있다. 아마도 앗수르에 대항한 하맛-다메섹-이스라엘 동맹이 깨지고 이스라엘과 다메섹 사이에 적대적인 갈등이 시작되는 것을 보고 메사가 반란을 일으킨 것으로 보인다.

그러나 두 기록은 이 역사적 틀에 살을 붙이는 방법이 매우 다르고, 심지어 같은 사건도 다르게 보도하고 있다. 성경 전승은 이스라엘의 정복 전쟁을 직접적으로 언급하지 않으며, 메사가 매 년 조공으로 바치던 양

---

80 "The Black Obelisk of Shalmaneser III,", 281, 『고대 근동 문학 선집』, 516; Kuan, *Neo-Assyrian Historical Inscriptions*, 62-66.
81 Kuan, *Neo-Assyrian Historical Inscriptions*, 53-57.
82 "The Moabite Stone," *ANET*, 320-321, 『고대 근동 문학 선집』, 558-60; *ABD* 4:108-109; Smelik, *Writings from Ancient Israel*, 29-50; J. Andrew Dearman ed., *Studies in the Mesha Inscription and Moab* (Atlanta: Scholars, 1989).

과 양모를 납부하지 않았고, 요람이 남서쪽에서 모압을 급습했다가 실패한 사건을 기록하면서 그 전에 이스라엘이 모압을 정복했음을 암시하고 있을 뿐이다.

그러나 메사는 이스라엘이 지배하던 도시 셋을 공격해서 점령했음을 정확하게 기록하고 있는데, 둘은 그의 왕국 북서쪽 변경에 있었고 하나는 왕국 중앙에 있는 그의 수도 디본(Dibon)에서 매우 가까운 곳에 있었다.

내용과 연대 면에서 서로 잘 어울리지 않는 두 설명을 화해시키며 역사를 재구성할 방법이 무엇인지 다양한 제안이 발표되었다. 메사 석비는 모압 국가 수호신 그모스(Chemosh)를 숭배하기 위해서 지은 건물의 헌정문일 것이다. 메사는 왕궁, 요새, 물 저장 시설, 도로를 새로 건설하고 무너졌던 도시와 요새를 재건하는 것은 물론 그모스 신을 위한 신전도 건축했기 때문이다.

그모스 신의 도우심을 강조하는 메사는 이스라엘 도시 둘을 점령하고 그 거주민을 모두 살육하여 신께 '헌물'로 바쳤으며, 그모스 신전으로 전리품을 가져왔는데 그 중 이스라엘의 제의 물품도 있다고 자랑하였다. 그는 그모스 신이 이스라엘에 대항하여 전쟁을 일으킬 것을 명령하셨다고 말하며, 이스라엘이 지배하던 도시를 야습했던 사건을 매우 자세히 묘사한다. 야훼 신은 승리하신 에돔의 신 그모스와 반대되는 패배자 이스라엘의 신으로 언급되고 있다.

사실 메사가 사용한 군사 작전이나 포로를 제의적인 목적으로 살육하는 관행이 성경에 기록된 '거룩한 전쟁' 개념과 현저하게 유사하기 때문에, 이 석비 발견 초기에 어떤 학자는 이 유물이 위조된 물건이라고 주장하기도 했으나, 지금은 고서체 연구(paleography) 결과에 기초해서 그 신빙성을 널리 인정받고 있다.[83]

---

[83] Thompson은 메사 석비에 포함되어 있는 문학적인 주제를 정확하게 지적한다(Thomas L. Thompson, *The Mythic Past: Biblical Archaeology and the Myth of Israel* [New York: Basic Books, 1999], 11-14). 그러나 그는 이런 관행적인 문학적 '포장' 때문에 이 석

여호수아서에 가장 뚜렷하게 나타나며 사무엘서와 열왕기에도 등장하는 이 '거룩한 전쟁' 개념은 기원전 7세기 법전인 신명기 20장이 대변하고 있는데, 과연 이런 조항이 실제로 시행되었을지는 누구도 확신할 수 없었다. 그러나 메사 석비 덕분에 포로를 제의적인 목적으로 살육한다는 개념과 관습이 신명기 20장이 기록된 시기보다 200년 전에 팔레스타인 지역에 존재했음을 확인할 수 있게 되었다.

이스라엘이 성경에 남아 있는 전쟁 기사 속에서 이런 가혹한 법조항을 얼마나 자주 무시했거나 위반했는지 상관없이, 신명기는 가끔씩 벌어지던 제의적 전쟁 행위에 착안하여 이스라엘이 지켜야 할 의무적인 조항으로 일반화시킨 것으로 보인다.[84]

아다드-니라리 3세(Adad-nirari III)가 기원전 796년경에 아람 다메섹을 공격하면서 30여 년 동안 뜸하던 앗수르 제국이 다시 시리아-팔레스타인으로 군사 원정을 시작하였다. 그는 금과 은, 철, 보석, 상아로 장식된 가구 등 무거운 조공을 받고 돌아갔다. 이 때 이스라엘 왕 요아스도 두로와 시돈 왕과 함께 앗수르 왕에게 조공을 가져다 바쳤는데, 이스라엘이 무엇을 바쳤는지는 기록에 남아 있지 않다. 이 사건도 성경에 기록되지 않았다.[85]

비가 보도하고 있는 역사적 정보마저 믿을 수 없다고 결론을 내린다. 그는 고대 근동 지방 왕의 업적을 기록한 문서는 거의 전부 판에 박힌 문구나 문학적 주제와 이미지를 사용하고 있기 때문에 어떤 자료의 역사적 신빙성을 결정할 때 어떤 자료를 일괄적으로 묵살하기보다는 각 부분을 차별적으로 평가하는 방법을 활용할 필요가 있음을 간과하고 있다.

84 포로를 전멸시켜야 한다는 법(헤렘, ḥērem)에 관하여 다름 연구를 참조하라. Walter Dietrich, "The 'Ban' in the Age of the Early Kings," in Fritz and Davies eds., *Origins of the Ancient Israelite States*, 196-210; Gottwald, *Tribes*, 543-50.

85 "The Calah Slab and el-Rimah Stela of Adad-nirari III," *ANET*, 281-82 [Calah Slab only],『고대 근동 문학 선집』, 517-8; Kuan, *Neo-Assyrian Historical Inscriptions*, 78-84. 석판 명문은 '오므리 왕조/왕국'에 부과한 조공에 관해 짧게 언급하고 있지만, 석비 명문은 아다드-니라리가 "사마리아 땅의 요아스에게 조공을 받았다"고 기록하고 있다. 이런 명문은 소위 "간략한 명문"(summary inscriptions)이기 때문에 조공 물품이나 양이 얼마나 되는지 알 수 없고, 조공을 바친 시기가 언제인지도 정확하게 추정할 수 없다. 문맥으로 볼 때 두 명문은 모두 아다드-니라리가 다메섹을 점령하고 받은 조공에 관해 언급하고 있기 때문에 기원전 803년에서 796년 사이에 일어난 일로 추정한다(Kuan, 93-106).

예후와 요아스가 앗수르에 항복한 사건은 다메섹이 주도한 무력 항쟁과 달리 자발적으로 결정한 일이기 때문에, 이스라엘 국내에 미친 영향은 주로 경제적인 영역에서만 느낄 수 있었을 것이다. 그러나 앗수르가 시리아-팔레스타인 지역에서 펼친 정책은 이스라엘과 다메섹 사이의 관계에도 꽤 큰 영향을 미쳤다. 기원전 841년에 살만에셀이 서쪽 영토에 발걸음을 끊으면서 다메섹은 군사적 위협에서 벗어나 이스라엘 영토의 일부를 쳐서 빼앗은 적이 있었다.

그러나 아다드-니라리 3세가 등극하면서 앗수르의 영향력이 강해지자 다메섹은 급격히 약화되었으며, 요아스는 몇 십 년 전에 다메섹에게 빼앗겼던 영토를 다시 찾아 올 수 있었다. 공식적으로는 앗수르의 지배를 받던 이 두 나라 사이에 이런 역사적 부침이 반복되었다는 사실은 티글랏-필에셀 3세(Tiglath-pileser III)가 제국을 단단히 조직화하기 전까지 앗수르 제국이 종속국 간에 전쟁을 벌일 정도로 방만하게 운영되고 있었다는 증거가 된다. 앗수르 제국 입장에서 보자면 이런 종속국이 하나로 뭉쳐 앗수르에 반기를 드는 것보다 정치적으로 제국에 복속된 상태에서 국지전을 벌이는 편이 훨씬 나았을지도 모른다.

기원전 744년 티글랏-필에셀의 원정 이후 앗수르가 지속적으로 시리아-팔레스타인으로 군사 원정을 시행하였는데, 이스라엘은 때로 앗수르에 복속하고 때로 반란을 일으키는 정책을 반복하였다. 므나헴은 티글랏-필에셀에게 큰 조공을 바쳤고,[86]

그 뒤를 이은 베가는 앗수르에 대항하여 반란을 일으켰다. 이스라엘의 태도가 변덕스럽게 변하는 것을 참지 못한 앗수르는 이스라엘을 점령하고 봉신국 지위를 박탈하였는데, 이것은 기원전 722년의 일로 살만에셀 5세

---

[86] "Annals of Tiglath-pileser III," *ANET*, 283-84, 『고대 근동 문학 선집』, 526-7; Kuan, *Neo-Assyrian Historical Inscriptions*, 138-51. 이스라엘 왕 므나헴에게 조공을 부과했다는 이야기는 모두 세 가지 또는 네 가지 사본으로 남아 있다. 다양한 귀금속과 사치품을 나열한 목록은 100년 전에 살만에셀 3세가 예후에게 받은 조공 물품과 유사하다.

가 시행한 마지막 군사 원정 중에 사마리아를 점령하였다. 그의 후계자 사르곤 2세(Sargon II)도 이 도시를 점령했다고 주장하였는데, 사실 그는 기원전 720년에 사마리아를 재건하고 앗수르 관리를 총독으로 파견하여 속주 행정 체계를 확립한 것으로 보인다.[87]

모두 27,000명 이상의 관료와 지배층 인사가 포로로 잡혀 갔으며 다른 점령지에서 잡혀온 포로, 특히 '멀리서 잡아온 아랍인'을 사마리아에 정착시켰다. 앗수르 문서에 남아 있는 숫자는 불분명하기로 유명한데, 앗수르 군대로 흡수된 이스라엘 전차병 부대는 그 수가 50대 혹은 200대로도 기록되어 있다. 이러한 보고서는 기원전 744년 티글랏-필에셀 치하에서 시작된 앗수르 제국주의의 강력한 통치 정책을 잘 보여 준다. 그리고 넓은 의미에서 성경 전승과도 잘 부합된다. 성경은 포로로 잡혀간 사람의 숫자를 보도하지 않는 대신 사마리아에 정착한 사람의 출신 지역을 앗수르 기록보다 훨씬 더 많이 기록하고 있다.

사마리아가 함락되기 십여 년 전 유다 왕 아하스는 앗수르에 대항하는 동맹을 맺고 유다를 압박하는 이스라엘과 다메섹을 물리치기 위해서 자진해서 앗수르에게 굴복하였다. 그의 계승자 히스비야는 사르곤 2세가 기원전 705년에 죽을 때까지 앗수르에 충성하였으나, 그 후 팔레스타인 반란군의 동맹을 지도하는 우두머리가 되었고 조공을 바치는 일을 멈추었다. 앗수르 왕 산헤립(Sennacherib)은 제국 내부 사정을 정리한 뒤 유다를 침공하여 예루살렘을 포위한다. 이 전쟁은 이스라엘이나 유다와 다른 나라 사

---

[87] "Display Inscriptions of Sargon II," *ANET*, 284-86, 『고대 근동 문학 선집』, 528-31. 살만에셀 5세는 열왕기하에서 사마리아를 파괴한 장본인으로 거론되고 있으며, 바빌론 연대기 1(Babylonian Chronicle 1)에서는 본인이 "사마리아를 황폐하게 만들었다"고 말하고 있다(Kuan, *Neo-Assyrian Historical Inscriptions*, 195-97). 그러나 그의 후계자 사르곤 2세도 자기가 사마리아를 점령하고 재건했다고 주장하였다.
Tadmor는 살만에셀 5세가 사마리아를 포위하고 공격하던 중 또는 성 함락 직후에 사망했고, 사르곤 2세가 그 포위전을 마무리했거나 함락 후 이스라엘 왕국을 앗수르의 속주로 재조직하는 일을 완성했을 것이라고 주장하였다(Hayim Tadmor, "The Campaigns of Sargon II of Assur," *JCS* 12 [1958]: 22-40, 77-100). 다음 연구도 참조하라. K. Lawson Younger Jr., "The Fall of Samaria in Light of Recent Research," *CBQ* 61 (1999): 461-82.

이에 있었던 어떤 군사적 충돌 사건 보다 더 자세하게 기록에 남아 있는데, 성경은 물론 앗수르 기록도 자세히 남아 있다.[88]

양측의 설명은 몇 가지 중요한 부분에 대해 동일한 보도를 하고 있지만, 서로 반대되는 증언이나 누락된 사항도 상당히 많다. 그리고 이 전쟁을 자기 측에 유리하게 '편향된' 관점에서 묘사하고 있다는 점은 충분히 예상할 수 있는 바다. 양측이 동의하는 사실은 히스기야가 항복하고 조공을 바쳤으며, 앗수르 측에서 포위를 풀었으고, 히스기야가 분봉왕의 지위를 지켰다는 사실이다. 성경 전승은 포위전이 끝났고 히스기야가 왕좌를 지킬 수 있었던 사실에 관하여 두 가지 이유가 있었음을 단호히 주장하고 있다.

첫째, "야훼의 천사(전염병?)"가 앗수르 군대를 전멸시켰다(왕하 19:35).

둘째, 산헤립은 군대를 물려 후퇴할 수밖에 없었으니, 앗수르 제국 내부에 정치적 내전이 벌어졌기 때문이며, 이로 인해 산헤립은 결국 암살당하게 된다(왕하 19:36-37).

그런데 이 사건은 사실 전쟁이 마무리된 후 20년 후에 벌어진 일이다. 그러나 산헤립의 연대기에는 그가 유다 영토를 떼어 블레셋 도시 국가에게 넘기고 무거운 조공을 부과하는 등 유다를 재조직하는 일이 마무리될 때까지 머물렀고, 팔레스타인을 서둘러 떠날 이유가 전혀 없었다고 보도하고 있다.

---

88 "Oriental Institute Prism of Sennacherib," *ANET*, 287-88, 『고대 근동 문학 선집』, 532-4. 유다가 입은 대대적인 손실에 관해 언급하면서 네비 유너스 석판("Nebi Yunus Slab," *ANET*, 288, col. 2)에는 다음과 같이 기록되어 있다. "내가 넓은 유다 영토를 황폐하게 만들었고, 내 (멍에) 줄을 그들의 왕 히스기야에게 걸어 매었다." 이 원정 도중 라기스를 포위하여 점령하는 장면을 그린 앗수르 부조는 야만적인 포위전과 소름끼치는 전후 처리 과정을 세세하게 묘사하고 있으며, 다음과 같은 설명도 붙어 있다. "전 세계의 왕이며 앗수르의 왕이신 산헤립이 니메두(*nimedu*)-보좌에 앉아 라기스에서 (탈취한) 전리품을 살펴보고 계신다." 이 전투에 관한 성경의 기록은 왕하 18:13-19:37에 남아 있으며, 병행구는 사 36-38장과 대하 32장에 기록되어 있다.

이 전쟁에 패하면서 유다는 막대한 손실을 입었을 것이다. 열왕기는 산헤립이 유다 지방을 폐허로 만든 사실에 대해 대략적으로 언급하는데 그치고 있지만, 산헤립의 연대기에는 성벽이 있는 요새 46개를 파괴하였다고 주장한다. 그 중 하나가 라기스였는데, 이 성을 포위하고 점령하는 과정이 극적으로 묘사된 부조는 산헤립 궁전 벽을 장식하는 벽화로 사용되었다. 성경은 백성이 포로로 잡혀갔다는 사실도 전혀 언급하지 않지만, 산헤립은 유다 백성 200,150명을 '몰아내고' 다른 백성을 정착시키지 않았다고 주장한다.

이 숫자는 물론 터무니없는 주장이다. 왜냐하면 당시 예루살렘을 제외한 유다 지방에 그렇게 많은 백성이 살았을 가능성이 별로 없으며, 이런 식으로 지방 주민을 포로로 잡아가면 히스기야 왕궁을 지탱할 수 있는 농업 기반을 완전히 무너뜨려서 앗수르가 부과한 조공을 바칠 수 없게 되기 때문이다.

사르곤이 사마리아에 실시했던 정책처럼 산헤립이 유다를 봉신국에서 속주로 전환시켜 앗수르 행정 관리를 파견하고 제국의 다른 지방에서 잡아온 사람을 이주시켰다면 이런 대규모 이주 정책을 실시했다는 주장에 설득력이 있었을 것이다. 그러나 앗수르 기록과 성경이 모두 식민지 유다의 지위가 이런 극단적인 변화를 겪었다고 주장하지 않는다.[89]

앗수르가 히스기야를 봉신으로 남겨 놓기로 하는 '관대한' 결정을 했다는 사실은 팔레스타인에서 펼치던 앗수르 제국의 정책 중 매우 이례적인 경우라고 할 수 있으며, 그 이유가 무엇인지 설명이 필요하다. 앗수르가 시

---

[89] 앗수르가 유다 백성 200,150명을 포로로 잡아갔다는 주장을 재해석하는 방법으로 서기의 실수로 원래 2,150명 또는 150명을 잘못 기록했다고 해석할 수 있다(Gray, *I and II Kings*, 2nd rev. ed., 673-74). Hayes와 Miller는 다음과 같이 주장한다(Miler and Hayes, *A History of Ancient Israel and Judah*, 362).
"산헤립에 대항하여 반란을 일으켰던 왕국 중에서 우리가 기대했던 것처럼 앗수르 속주로 개편된 곳은 한 군데도 없었다. 이런 현상은 앗수르 제국이 팔레스타인 해안 도시 국가와 유다, 모압, 암몬, 에돔 왕국에게 자치권을 일부 인정하면서 그 지역 출신자나 왕가의 일원을 왕으로 인정하던 전임자의 정책과 일맥상통하다고 말할 수 있다."

리아나 팔레스타인 중북부 국가를 점령했을 때 이스라엘처럼 제국의 속주로 개편하고 앗수르 관리를 파견하였다.

그러나 페니키아와 블레셋 해안 도시와 내륙 지방 유다, 암몬, 모압, 에돔은 그 지역 출신 왕이 다스리는 봉신국의 지위를 지킬 수 있도록 허락을 받았다는 사실에 유의해야 한다. 해안 도시 국가는 번창하는 무역항이었기 때문에 앗수르는 자신들이 원하던 이익을 얻어낼 수 있는 한 이 도시의 성공적인 무역 거래에 간섭할 필요가 없었을 것이다. 그렇다면 같은 이유로 팔레스타인 내륙 지방이 속주가 될 운명을 면한 이유도 아라비아와 이집트와 페니키아와 블레셋 항구를 이어 주며 이익이 많이 남는 무역로 역할을 할 수 있었기 때문이라고 추정할 수 있다.

어쨌든 유다가 봉신국으로 남으면서 제국 내 다른 지역에서 잡혀 온 사람들이 이주하지 않았기 때문에 북 왕국의 경우와 달리 인구나 사회, 문화, 종교적 정체성을 지키는 데 훨씬 유리하게 작용한 것이 사실이다. 유다 왕국은 최종적으로 멸망한 이후에도 똑같이 유리한 대접을 받게 되는데, 왜냐하면 신-바빌론 제국은 제국 속주 체제를 조직하면서 외국인을 유다에 정착시키는 정책을 사용하지 않았기 때문이다.

유다 왕국이 독립을 잃기 전 마지막 몇 년 동안과 관련해서 신-바빌론 연대기(the Neo-Babylonian Chronicles)를 참고하면 성경에 기록된 사건 하나를 더 분명하게 설명할 수 있고 또 대조 역사 연표 자료로 사용할 수 있는 사건도 하나 발견하게 된다.[90] 열왕기와 역대기의 묘사가 너무 짧아서 요시야 왕이 파라오 느고(Neco)의 손에 죽게 된 이유와 역사적 배경은 애매모호하게 남아 있다. 신-바빌론 연대기가 발견되기 전까지 학자들은 앗수르 제국의 명운이 다해가는 시점에 이집트 군대는 오랫동안 적대적인 관계를

---

90 기원전 616년부터 609년까지 기록한 신-바빌론 연대기는 다음 연구를 참조하라. C. J. Gadd ed., *The Fall of Nineveh* (London: Humphrey Milford, Oxford Univ. Press, 1923); 수정본은 Donald J. Wiseman, *Chronicles of Chaldean Kings (626-556 B.C.): In the British Museum* (London: Trustees of the British Museum, 1961) 참조. 연대기와 이와 관련된 자료에 관한 논의는 다음 연구를 참조하라. D. J. Wiseman, *Nebuchadrezzar and Babylon* (Oxford: Oxford Univ. Press, 1985).

이어왔던 앗수르를 공격하기 위해 시리아로 파견된 것이라고 추정했다.

파라오 느고가 므깃도에서 요시야를 죽여야 했던 이유를 설명하기가 매우 어려웠다. 왜냐하면 느고와 요시야는 모두 앗수르가 멸망하기를 바란다는 점에서 이해관계가 같았기 때문이다. 그러나 신-바빌론 연대기가 발견되자, 실제로 이집트는 국제적 권력 투쟁의 무대에서 갑자기 편을 바꾸며 약화된 앗수르를 지원하려 했다는 것이 밝혀졌다. 이집트는 무섭게 일어서는 신-바빌론 제국의 패권이 시리아-팔레스타인까지 손을 뻗는 것을 막고 싶었던 것이다.

이집트 군이 니느웨(Nineveh)가 이미 멸망한 뒤 하란(Harran)으로 피신해 있는 앗수르 지배층을 돕기 위해 북진해 오자, 이를 저지하고 싶었던 요시야는 므깃도에서 느고의 군대를 '만나러' 나간 것이 아니라(왕하 23:29) '싸우려' 했던 것으로 보인다(대하 35:20-22). 또는 양 측이 처음에는 외교 모임으로 시작했으나 도중에 폭력적인 갈등으로 비화하여 요시야가 이집트 군에게 붙잡혀 살해당하는 소규모 전투로 발전했을 가능성도 있다.

신-바빌론 연대기가 유다 역사와 대조를 이루는 역사 연표 자료가 되는 것은 기원전 598-597년 예루살렘이 포위를 당하고 함락된 일에 '집중되어' 있다. 느부갓네살이 감행한 군사 원정에 대해서는 다음과 같은 간단한 기록이 있다.

> [아카드 왕이] 유다의 도시 앞에 진을 쳤고, 아다르(Adar) 월 둘째 날에 그 도시를 점령하였으며, 그 왕을 사로잡았다. 그는 대신하여 자기가 고른 사람을 왕으로 임명하였고, 아주 무거운 조공을 받아 바빌론으로 보냈다.[91]

신-바빌론 입장에서 기록한 이 동시대 자료는 몇 가지 주요 부분에서 성경과 같은 설명을 하고 있다. 유다의 수도 즉 예루살렘이 포위를 당하고 함락되었으며, 유다의 왕이 폐위되었고, 새 왕을 임명했으며, 상당히 많은 전

---

91 Wiseman, *Chronicles*, 32-35, 73; *Nebuchadrezzar and Babylon*, 32-36.

리품을 받아 바빌론으로 가져갔다는 것이다.

이 기록은 폐위된 왕이나 새로 임명된 왕의 이름을 밝히지 않았고, 전리품 목록을 자세히 기록하지 않았으며, 반란을 일으킨 왕과 그의 신하들을 포로로 잡아왔다는 말도 하지 않아 성경에 남아 있는 자세한 기록과 대조를 이룬다(왕하 24:1-16). 안타까운 점은 신-바빌론 연대기가 기원전 595/594년 이후로 깨어져서 남아 있지 않아, 기원전 586년 예루살렘 멸망에 관하여 아무런 정보를 제공해 줄 수 없다는 점이다.

기원전 598-597년 사건에 관해 신-바빌론 연대기가 간단하게 묘사한 이유는 이 문서가 원래 정교하고 객관적인 문체를 사용하는 특징이 있기 때문이며, 앗수르 연대기가 연극 배우처럼 과장된 어투와 자세한 세목을 언급하는 것과 상반된다.

신-바빌론 연대기는 군사 원정 중에 닥친 위기와 반전에 관해서도 놀라울 정도로 솔직한 기록을 남기고 있다. 예를 들어 기원전 601-600년 이집트와 싸웠던 전쟁에 관해 다음과 같이 보도한다.

> 이집트 왕이 듣고 군대를 소집했다. 백병전이 벌어지자 그들은 서로의 가슴을 내려쳤고, 서로에게 막대한 손실을 입혔다. 아카드 왕과 그의 군대는 기수를 돌려 바빌론으로 돌아왔다.[92]

이렇게 군사적인 실패를 경험한 뒤 느부갓네살은 1년 동안 군사 원정을 나가지 않고 자기 군대를 재조직하고 재무장시키는데 주력하였으며, 그 후에 시리아-팔레스타인 지방으로 돌아온다.

---

92 Wiseman, *Chronicles*, 29-31, 71. Brinkman은 분명한 증거는 없지만 바빌론 문서가 앗수르 연대기에 비하여 이렇게 솔직하게 역사를 기록할 수 있었던 이유는 현재까지 남아 있는 바빌론 연대기 사본이 궁전이나 신전과 직접적인 관련이 없는 서기 "개인"이 필사한 문서이기 때문이라고 설명한다(J. A. Brinkman, "The Babylonian Chronicle Revisited," in Tzvi Abusch et al. eds., *Lingering over Words: Studies in Ancient Near Eastern Literature in Honor of William L. Moran* [Atlanta: Scholars, 1990], 74-75).

느부갓네살 통치 말기에 기록된 신-바빌론 배급 목록에는 유다 왕 여호야긴에게 기름을 배급했던 사실이 기록되어 있는데,[93] 열왕기를 따르면 여호야긴은 기원전 598-597년에 바빌론으로 잡혀갔으며(왕하 24:12, 25) 감옥에 갇혀 있다가 바빌론 왕과 함께 식사를 하는 영광스런 지위로 승격되었다고 한다(왕하 25:27-30). 이 배급 목록은 여호야긴이 누렸다는 특별한 지위를 밝히지 않으며, 아스글론이나 두로(Tyre), 그발(Byblos), 아르바드(Arvad), 이집트, 메데, 페르시아, 리디아, 그리스에서 잡혀온 수많은 포로와 같은 대접을 하고 있다.

3) 왕정 시대에 관한 성경의 증언과 고고학 정보의 관계

성경 외부 자료를 살펴본 결과 이스라엘과 유다에서 국가 체제가 발전해 나갔던 과정에 관하여 다음과 같은 결론과 결과를 얻을 수 있다.

(1) 소규모의 중앙 집권적 정치 공동체

지금까지 발견된 유적과 유물을 분석해 볼 때 이스라엘에서는 기원전 9세기 초, 유다에서는 8세기 말이 되면 중앙 집권적인 국가가 확실히 존재했음을 확인할 수 있다.

다윗과 솔로몬이 다스렸던 '통일' 왕국 이스라엘에 관한 증거는 관련된 고고학 유적과 유물의 연대 측정과 관련한 이견 때문에 아직 확실하지 않지만, 많은 학자가 북부에서 발견된 대규모 건축물을 기원전 10세기, 즉 솔로몬 시대로 간주하고 있는 것 같다. 그리고 텔 단 석비도 정확하지는 않지만 기원전 9세기 언제쯤에 다윗 왕조가 예루살렘에 존재하고 있었음을 가리키고 있다.

예루살렘에서 기원전 8세기 말 이전 시대와 관련된 유물이나 유적이 발견되지 않는 현상을 지나치게 강조할 필요는 없다. 왜냐하면 다윗성과 성

---

[93] "Ration List for Jehoiachin," *ANET*, 308.

전과 솔로몬의 왕궁이 있었던 자리는 그 후에도 수많은 파괴와 재건축이 반복해서 이루어졌기 때문이다. 계단처럼 생긴 석재 성곽은 다윗 성채가 있던 장소의 축대였을 수도 있지만, 역시 이 건축물의 연대 추정 때문에 문제가 되고 있으며 그 근처에서도 다윗 시대 건축물은 발견되지 않았다.[94]

북 왕국에서는 오므리 이전, 남 왕국에서는 르호보암과 히스기야 사이 기간에 만들어진 건축물이나 유물 등 증거의 '공백'이 존재하는 이유는 다윗과 솔로몬이 다스리던 시대에 시도했던 정치적 통합 정책이 실패하고 남북으로 왕국이 갈라지자 이전 정권과 관련된 요소가 약해진 데서 찾을 수 있을 것이다.

다윗과 솔로몬이 시도했던 정치적 통합은 필자가 언급한 것처럼 사회 내부적 경제적 갈등에 의해서 그 기반이 약화되었다고 결론을 내린다면, 기존의 자원을 두 왕국이 나누어야 했고 또 팔레스타인 정치에 외세의 개입이 점차 증가하는 상황에서 이런 갈등 요소는 북 왕국과 남 왕국 지배층에게 더 강화된 형태로 계승되었을 것이다.

다윗과 솔로몬의 정권이 보여 준 특징은 인구나 경제적 사회 기반이 구조적으로 한 쪽으로 기운 상태라는 점이며, 이런 불균형은 남부보다 북부에서 더 강하게 나타났는데 정치적 행정 중심지는 세력이 약한 남부에 위치했다는 사실이다. 이렇게 구조적 균형이 깨진 왕국이 갑자기 분열되자 남북 왕국 모두가 심각한 상황에 직면하게 되었는데, 그 중 유다가 더 어려운 상황에 처하게 되었다.

94　King은 1980년대까지 예루살렘에서 발견된 고고학 유적과 유물을 요약하면서 기원전 10-9세기와 관련된 증거가 매우 드물다고 지적한다(Philip J. King, "Jerusalem," *ABD* 3:748-51). 다윗과 솔로몬의 도시와 관련된 증거가 '결핍된' 현상에 관한 다양한 설명 가능성은 Amihai Mazar, "Jerusalem and Vicinity," in Finkelstein and Na'aman eds., *From Nomadism to Monarchy*, 72-73을 참조하라. 철기 시대 예루살렘에 관한 가장 최근에 발표된 종합적 보도는 Yigal Shiloh, "Jerusalem: The Early Periods and the First Temple Period: Excavation Results," in Stern, *The New Encyclopedia of Archaeological Excavations*, 2:701-11이다.

(2) 더 크고 다문화적이며 국제적인 북쪽 국가

왕국이 분열되면서 북 왕국은 더 많은 인구와 더 발전된 경제 기반을 취하였고, 남부에서 주도하던 행정 체계에서 해방되었다. 북부 거주민은 자기들이 대항하여 반란을 일으켰던 가혹한 정치 체제를 미워했던 나머지 몇 십 년 동안 매우 천천히 정치 체제를 발전시키게 된다.

나중에 오므리가 등극하고 나서야 대규모 건축물과 행정 체계를 갖춘 지배 중심지를 확립하는데, 이 도시는 솔로몬의 수도와 비슷한 규모거나 아니면 더 컸을 것이다. 또는 북 왕국 정치권력이 강화되는 과정이 지체된 이유가 왕국 분열 직후에 있었던 파라오 시삭의 파괴적인 군사 원정 때문이거나 아니면 아람 다메섹과의 충돌 때문이라고 추정할 수도 있다.

북 왕국이 제도적인 시도와 실패를 경험하며 매우 조심스럽게 정치적으로 발전해 왔다고 해석할 수 있는 또 다른 근거는 성경에 기록된 것처럼 오므리가 사마리아를 건설하기 전에 북 왕국의 수도를 두 번이나 천도했다는 사실에서 찾을 수 있다. 정치 중심지가 이렇게 지속적으로 바뀌고 권력을 잡기 위한 군사 혁명이 여러 번 일어났다는 사실은 혈연이나 문화적으로 다양했던 북 왕국 사회에서 특정 집단의 이해관계가 충돌하며 심각한 투쟁이 있었음을 반영하는 것으로 보인다.

오므리는 성경에 기록된 대로 백성의 반이 추종하던 적수를 제압한 이후에야 안정적인 정치 중심지를 확립할 수 있었는데, 이런 상황은 결국 오므리가 성취했던 강력하고 중앙 집권적인 국가를 요구했던 사람과 그보다는 좀 더 약한 정권을 선호했던 사람 사이에 분명한 차이가 존재했음을 아주 잘 반영한다.

북 왕국은 농업과 무역을 통한 이득 덕분에 남 왕국보다 훨씬 빠르게 세력을 회복할 수 있었다. 특히 이스라엘은 유다가 선택할 수 없었던 두로와의 무역 협정을 체결하며 빠르게 발전하였는데, 두로가 요구했던 농업 생산물은 이제 북 왕국 이스라엘에 집중되어 있었기 때문이다.

(3) 더 작고 단일 문화이며 배타적인 남쪽 국가

북 왕국이 남부로부터 떨어져 나가자 유다는 수도와 행정 체계는 있지만 인구와 경제적 기반은 현격하게 줄어든 상태로 남게 되었다. 그리고 파라오 시삭이 네게브와 유다 북서부를 침략해 들어오는 바람에 유다의 경제 상황은 더욱 더 약화되었다. 요단강 동편 지역에서 암몬과 모압은 이제 이스라엘의 영향권에 복속되었고, 에돔만 유다의 미약한 지배권 아래 남아 있었다.

다윗 왕조에 속한 후대 왕들이 유다 곳곳에 요새를 건설했다는 기록이 남아 있으나, 히스기야 시대 이전에 건축된 건물은 남은 것이 거의 없다. 예루살렘에 새로 건설된 건물이 얼마나 더 있었는지는 알 수 없으며, 고고학 발굴을 통해서 드러난 증거도 별로 없다.

때때로 이스라엘과 유다 사이에는 군사적인 충돌이 있었는데, 유다가 더 큰 피해를 입은 것으로 보인다. 왜냐하면 유다 왕국의 수도는 이스라엘 국경 남쪽으로 얼마 떨어지지 않았기 때문이다.

성경 전승에 따르면 북 왕국은 예루살렘을 점령한 적도 있고 포위하고 전투를 벌였다는 기록도 남아 있다. 그러나 유다는 이스라엘 영토로 깊숙이 쳐들어간 적이 없으며, 그 수도 사마리아를 위협했던 경우도 없다.

오므리 왕조 시절에는 이스라엘과 유다가 우호적인 관계를 유지하였는데, 평등한 동맹이 아니라 유다가 이스라엘에게 복종하는 관계였다. 아마도 기원전 8세기 웃시야 왕 때가 되면서 유다는 드디어 정치적 경제적 힘을 충분히 키워서 북 왕국과 남 왕국 사이에 존재하던 '발전' 단계의 차이를 좁힐 수 있었을 것이다. 이 가설은 성경과 성경 외부 기록 자료에 바탕을 둔 추론인데, 고고학 유물이나 유적이 많지 않아서 확실하게 증명하기가 불가능하다.

(4) 제국의 압력 밑에서 투쟁하던 두 국가

이스라엘이 멸망하면서 직접적인 이득을 본 것은 유다였다. 유다는 앗수르에게 자발적으로 투항하였기 때문에 아하스와 히스기야는 앗수르 제국이 지배하는 영토 전역에 걸쳐 안정적인 무역 행위에 종사할 수 있었다. 고고학 연구 결과를 참고하면 당시 예루살렘은 급속도로 팽창하였고 인구도 몇 배가 늘었는데,[95] 아마 멸망한 이스라엘 왕국에서 많은 피난민들이 남부로 내려온 것으로 추정된다. 이 때 관료와 군인과 장인이 이주하면서 남 왕국을 발전시키는데 큰 힘이 되었고, 문학적 종교적 전통도 동시에 유입되면서 유다 사회에서 문화적 꽃을 피우게 된다.

그러나 히스기야가 앗수르에 대항하여 반란을 일으키면서 유다는 심각한 어려움을 겪게 되는데, 유다의 변방은 앙갚음으로 철저하게 파괴되었고 유다 서부 영토는 그 지배권이 블레셋 도시 국가에게 넘어갔다.[96]

그러나 앗수르에게 한 번 혼이 난 히스기야가 봉신으로 충성을 다하는 동안 유다의 정치적 경제적 상황은 빠르게 안정을 되찾았고, 앗수르가 지배했던 다음 70여 년 동안 꾸준히 발전한 것으로 보인다. 물론 성경이나 고고학 연구를 통한 정보가 부족하여 확신할 수는 없다.

요시야 치하에서 유다는 앗수르의 멍에에서 벗어나 영토 확장에 나섰다. 그리고 재정적 종교적 중앙 집중화 정책을 엄격하게 시행하여 예루살렘은 다시 부유해지기 시작했으나, 당시 정치나 군사 지배층에 들지 못하던 거주민이 거주하는 유다 내륙 지방은 사회적 경제적 쇠퇴를 경험해야 했을 것이다.

---

[95] Magen Broshi, "The Expansion of Jerusalem in the Reign of Hezekiah and Manasseh," *IEJ* 24 (1974): 21-26.

[96] 산헤립의 각기둥 명문(the Prism Inscription)은 다음과 같이 증언한다. "내가 점령한 그의 도시들을 그의 나라에서 떼어 아스돗 왕 미틴티, 에크론 왕 파디, 가사 왕 찔리벨에게 주었다. 이렇게 내가 그의 영토를 축소시켰지만, 그가 바칠 조공을 늘어서 부과하였다"(*ANET*, 288, 『고대 근동 문학 선집』, 532-4). 유다의 영토가 블레셋에게 넘어간 이 사건은 사 1:7에 간접적으로 언급되어 있다.

한편 유다의 거주지와 요새는 네게브까지 확대되었는데, 홍해와 이집트로 이어지는 무역로를 보호하는 것이 주요 임무였을 것이다. 유다는 요시야 치하에서 비틀거리는 앗수르 제국에 조공을 바치지 않아도 되는 상황이었으나, 요시야가 죽고 난 후에는 다시 조공을 바쳐야 했으니, 처음에는 이집트가 그 다음에는 신-바빌론 제국이 조공을 부과했기 때문이다.

유다가 독립을 지키고 있던 마지막 20여 년 동안 정부의 최고 지배층은 당파 싸움으로 심각한 분열을 겪었으며, 한 편은 계속해서 신-바빌론 제국에 충성해야 한다고 주장하고 다른 한 편은 반란을 일으키기를 원했다.[97]

(5) 국가가 간여하는 외국 무역

국가가 얼마나 깊이 그리고 어떻게 무역에 간여했는지는 성경 외부 자료에 매우 잘 나타나 있다. 발굴 현장에서 블레셋, 페니키아, 키프로스, 그리스의 토기가 많이 발견되는 현상은 이스라엘과 유다가 주변국과 얼마나 상업 관계를 긴밀하게 유지하고 있었는지 잘 보여 준다.

네게브에 있는 거주지와 쿤틸렛 아즈루드에서 발견된 토기와 명문은 유다와 홍해에 있는 항구를 잇는 무역로가 있었음을 증명하고 있으며, 텔 카씰레(Tel Qasile)는 지중해로 나가는 출입구 역할을 했다.[98]

---

97 시드기야 치하에 유다 왕궁에서 친-바빌론 세력과 반-바빌론 세력이 당파 싸움을 벌인 일은 라기스 편지에도 언급되었고 예레미야에도 매우 자세히 기록되어 있다. Burke O. Long, "Social Dimensions of Prophetic Conflict," *Semeia* 21 (1981): 31-53; Norman K. Gottwald, 107-9; Gottwald, *All the Kingdoms of the Earth: Israelite Prophecy and International Relations in the Ancient Near East* (New York: Harper & Row, 1964), 270-93.

98 홍해에 있는 항구 도시 에시온-게벨(Ezion-geber)을 통해 '오빌(Ophir)의 금'을 수입했다는 보도는 솔로몬 치하(왕상 9:28)와 여호사밧 치하(왕상 22:48)와 관련하여 기록되어 있다. 지중해 해안에 있는 항구 텔 카씰레(Tel Qasile)에서 발견된 기원전 8세기 문서에는 "벳-호론(Beth-horon)으로 (보내는) 오빌의 금, 30 세겔"이라고 적혀있다(Benjamin Maisler [Mazar], "Two Hebrew Ostraca from Tell Qasile," *JNES* 10 [1951]: 265-67). 오빌이 어디인지는 아직 알려지지 않았으며, 어떤 학자는 오빌이 지명이 아니라 최고급 금을 가리키는 말이라고 주장하였다.

요단강 동편과 아라비아, 이집트, 블레셋, 지중해, 에게해 지역이 관련된 중계 무역 상단은 유다 영토를 지나 여행을 했으며, 이스라엘도 페니키아 해안과 요단강 동편 또는 시리아 남부 내륙 지역 사이에 상품이 오가는 중계 무역에 관여했다. 북 왕국과 남 왕국 사이의 외교 관계가 불편할 때도 있었지만, 국제 무역은 해안 길을 따라 지속적으로 진행되었다.

이스라엘과 유다는 시대에 따라 정치적 상황이 변하면서 이 길을 지배할 때도 있었고 그렇지 못할 때도 있었다. 이스라엘과 유다 사이를 오가던 직접 무역도 분명히 존재했을 테지만, 이 두 나라에서 생산되는 물품이 기본적으로 유사했기 때문에 무역 규모는 크지 않았을 것으로 짐작된다.

성경 본문에는 솔로몬이 국제적인 무역 행위를 시작했다고 기록되어 있고, 오므리 왕조는 두로와 다메섹과 외교적 상업적 관계를 확립했다고 적고 있다. 고고학 발굴 결과로 솔로몬이 무역을 장려했다는 사실을 증명하기는 어렵지만, 사마리아에서 발견된 오므리-아합의 왕궁과 거기서 발견된 사치품은 시리아-페니키아 문화의 영향을 강하게 보여 주고 있는데, 이런 현상은 이스라엘, 두로, 다메섹 등 주변국 간에 상업적 문화적 교류가 활발했음을 잘 보여 준다.

그리고 예후가 살만에셀 3세에게 바친 금과 은 등 조공품, 산헤립이 히스기야에게 받은 풍성한 사치품을 생각하면 국제 무역을 통해 왕궁 보고에 쌓아 놓은 부를 짐작할 수 있다. 이렇게 볼 때 국제 무역은 왕궁의 후원으로 진행되었거나 국가에 의해 강력하게 통제되고 있었다고 생각할 수 있다.

(6) 국가가 운영하는 국내 경제

국내 경제는 다수의 소규모 농민과 목축업자를 기반으로 하고 있었다. 이들 중 대부분은 독립된 자유민이었는데, 기근에 시달리고 대규모 지주나 상인에게 빚을 지고 갚지 못하여 세금과 부역을 부과하는 관리를 견디면서 생존을 위해 투쟁해야 했다. 빚을 갚지 못해서 농지를 잃을 경우 소규모 농민은 소작농이나, 일용 노동자, 왕궁 영지 노동자가 될 수밖에 없었다.

생산품과 노동력의 교환은 지방 시장을 통해 거래되었는데, 생산자가 직접 거래하거나 중계하는 상인을 통해 거래가 성사되었다. 당시의 금리나 상품 가격에 대한 정보는 거의 없다. 그러나 고대 근동 지방에서 얻은 정보에 비해서 판단할 때 금리나 가격은 시대에 따라 급격히 변동했던 것으로 보이며, 그럴 때마다 가장 약한 경제 계층 사람들이 손해를 입었다.

왕궁 소유 영지는 정부 관료를 위한 재원을 직접적으로 공급하였고, 상품 구매력이 있는 사람에게 판매할 수 있는 잉여 생산물을 제공하기도 하였다. 그러나 왕궁 영지와 부유한 귀족이 소유한 과수원과 포도원에서 생산한 고급 기름이나 포도주는 건축 자재, 귀금속, 사치품을 구입하기 위해 수출 물품으로 취급되는 경우도 많았다. 간단히 말해서 국내 생산과 국제 무역은 상호 영향을 주고받는 관계였으며, 다양한 계층의 백성에게 이익과 손실을 안겨 주었다.

고고학 연구 결과와 사회 경제적 조건에 관한 예언서의 언급을 참고해 볼 때 수출 무역을 확대하고 왕궁의 재원을 확보하기 위해 농업 생산을 증대시키려고 노력했음을 알 수 있으나, 소규모 농민은 이런 발전 사업에서 제외되고 이득을 얻지 못하는 부작용을 낳기도 했다.

국가가 추진하는 경제 발전 계획을 통해 국가 기관이 발전하고 사회 상위 계층이 부유해지던 시기는 이스라엘의 여로보암 2세와 유다의 히스기야, 요시야 시대에 절정을 이루었다. 기원전 8-7세기 유다에서 표준 규격에 맞는 토기와 무게가 새겨진 무게추 등이 발견되는 것으로 보아 국가가 도량형을 규제하기 위해 노력했던 것으로 짐작할 수 있다. 국가가 상품 가격도 통제했는지 여부는 정확히 알 수 없다.

(7) 국가와 문자 교육

이스라엘과 유다 백성이 얼마나 글을 읽고 쓸 줄 알았는지에 관해 서로 다른 주장을 하는 학자들 사이에서 의견 일치를 보기 어려웠는데, 최근 들어 명문이 많이 발견되면서 논쟁이 더욱 거세어졌다. 글을 읽고 쓰는 능력은 제한된 관료 계층만 소유했다고 판단하는 사람부터 실용적인 글쓰기 능력은 일반 백성 사이에도 널리 보급되어 있었다고 믿는 사람까지 다양한 의견이 존재한다. 이렇게 이견이 분분한 이유 중 하나는 '글을 읽고 쓰는 능력'을 정의하는 기준이 분명하지 않기 때문이다.

① 우리는 읽기 또는 쓰기라는 말로 무엇을 가리키는가?
② 숙련 단계가 어느 정도나 되어야 하며, 어떤 종류의 의사소통을 염두에 두고 판단해야 하는가?
③ 어떤 기술적, 문화적, 사회적 요인이 글을 읽고 쓰는 능력이 확대되는 데 도움이 되거나 이를 저해하는가?[99]

금석학(epigraphy) 연구 결과는 이런 질문에 대답하는데 크게 도움이 되지 않는다. 발견된 명문 대부분은 정부 관리와 관련되었다고 이해할 수 있으며, 서기과 비문을 새기는 장인은 글을 읽고 쓸 수 있었다고 간주할 수 있다. 소위 '서기 학교'(scribal schools)라고 부르는 기관은 전문 서기 몇 명이 나중에 자기 자리를 계승할 견습생에게 '직업' 훈련을 시키는 정도 이상은 아니었을 것이다.

그러나 관료 조직과 귀족과 사회 전반에 걸쳐서 글을 읽고 쓰는 능력이 얼마나 넓게 퍼져 있었는지는 현재 상태에서 확실한 결론을 내릴 수

---

[99] Millard는 고대 이스라엘에서 많은 사람이 글을 읽고 쓸 줄 알았다고 확신하지만(A. R. Millard, "Literacy [Israel]," *ABD* 4:337-40), 다른 사람은 좀 더 신중한 태도를 취한다. Niditch는 당시에 주로 구두로 의사소통을 했다는 사실을 강조하며 왕정 시대 후반에 발견되는 성경 외부 문서나 편지는 길이가 짧으며 실제 군사적 상업적 목적으로 기록되었고, 소수의 긴 명문은 제의적, 상징적 기념비였음을 지적한다(Susan Niditch, *Oral World and Written World* [Louisville, Ky.: Westminster John Knox, 1996], 39-77).
Warner는 알파벳 형태의 필기 체계는 배우기 쉬워서 글을 읽고 쓰는 능력도 널리 파급될 수 있었을 것이라는 가정에 반대한다(Sean Warner, "The Alphabet: An Innovation and Its Diffusion," *VT* 30 [1980]: 81-90). 왜냐하면 읽고 쓰는 행위는 사회적 경제적 그리고 정치적 조건에 의해 좌우되기 때문이며, 일반인들이 글을 읽고 쓸 줄 알게 된 것은 인류 역사에서 지난 삼백여 년 동안 일어난 일이기 때문이다.

없다. 관료와 사회 지도층 인사의 이름을 새긴 도장이 많이 발견되는데, 이 도장을 만든 장인은 물론 글을 알겠지만, 이 도장의 주인도 글을 안다고 확신할 수는 없었다.

라기스와 아라드 편지를 보면 군대 장교 중에 글을 아는 사람이 있었음을 알 수 있다. 관료 체제와 관련 없는 일반인이 글을 읽고 쓸 줄 알았는지에 관해서는 더욱 판단하기 어렵다. 일반인의 무덤에서 매우 거친 솜씨로 대충 쓴 명문이 발견되었는데, 이런 글은 일반인이나 최소한 전문적인 서기 계층에 속하지 않은 사람이 썼다고 간주할 수도 있을 것이다. 가난한 추수꾼의 말이 기록된 야브네 얌(Yavneh Yam) 탄원서는 본인이 직접 쓴 것이 아니라 구술받아 썼을 것이다.

그러나 이 문서는 특정한 경우에 글을 모르는 사람도 글로 작성한 문서를 통해 의사소통을 할 수 있었음을 보여 준다. 상거래는 대부분 구두로 이루어졌기 때문에 일반인이 글을 알아야 할 사회 정치적 필요는 그리 크지 않았을 것이다. 일반인의 사업 명세서는 글을 그리 많이 알지 않아도 작성할 수 있었으며, 관료 체제에 소속되지 않은 '개인 서기'가 이런 거래나 재정 장부를 작성해 주었을 가능성도 높다.

국가 성립 이전 시대에 예루살렘이나 기타 국가 신전에서 작성되었을 제의 문서는 처음부터 글로 작성되었을 테지만, 예배자들이 이런 문서를 직접 읽을 기회는 없었을 것이며 주로 낭독하는 것을 듣는 방식으로 접했을 것이다. 국가 성립 이전이나 이후의 제의를 제대로 시행하기 위해서 많은 수의 일반인이나 제사장이 글을 읽거나 쓸 줄 알아야 했던 것은 아니었다.

말하고 읽고 쓰는 능력은 국가 사이에 벌어지는 외교나 상업적 거래에서 그 중요성이 두드러지게 나타난다. 이스라엘과 유다가 외교, 상업, 군사적 관계를 맺고 있던 나라가 지리적으로 멀리 떨어지지 않았기 때문에 서기 외에도 정부 관리 중 다수는 다른 셈족 언어와 방언을 어느 정도는 구사할 수 있었을 것이며, 그 중 일부는 이집트어나 그리스어도 배웠을 것이다.

국제 무역에 종사하는 상인의 경우 자신들의 상거래를 진행시키는 데 필수적인 외국어를 어느 정도 유창하게 말할 수 있었을 것이다. 후대 앗수르 제국 치하에서는 제국 전역에서 아람어가 국제 공용어로 사용되었기 때문에 여러 가지 언어를 배워야 할 필요가 줄어들었을 것이다. '고위층' 인사가 구두로 어떤 중요한 문제를 합의하고 이를 증명할 문서가 필요할 때는 정부 소속 서기를 이용할 수 있었을 것이다.

고대 이스라엘과 유다에서 국가 행정과 관련하여 실제적으로 필요한 글을 읽고 쓰는 능력을 가진 사람은 있었을 테지만, 그들이 무언가를 읽고 쓸 때 얼마나 수준이 높고 실력이 뛰어났는지, 왕궁에서 일하는 관료들 이외에 얼마나 많은 일반인이 이런 능력이 있었는지의 문제는 아직까지 분명하게 대답할 수 없는 질문으로 남아 있다.

4. 이스라엘과 유다를 다른 고대 근동 국가와 비교하기

이스라엘과 유다를 다른 고대 근동 국가와 비교할 수 있는지 묻는 질문은 이스라엘 백성이 '독특하고' 또 '특별한' 공동체를 구성했다는 생각 때문에 쉽게 다룰 수 없는 복잡한 문제를 불러일으킨다.[100] 이런 비교 연구를 진

---

100 Gottwald는 John Bright의 주장에 관해 논의하고 또 Morton Smith나 Bertil Albrektson의 주장에 대체로 찬성하면서 다음과 같이 결론짓는다(Gottwald, *Tribes*, 592-99, 667-99). 이스라엘이 독특하다면 그것은 발전 단계에 있던 야훼 종교의 개념이 국가 형성 이전 시대의 사회적 정치적 평등주의와 궤를 같이하는 현상이 벌어졌기 때문이다.
한편 Machinist는 성경 전승이 이스라엘의 독특성을 주장하게 된 것은 이스라엘이 고대 근동 지방에 있던 정체 중에 후발주자에 속하는데 거대한 국가와 문명에 대항하는 "반대 정체성"(counter identity)을 추구했기 때문이라고 설명한다(Peter Machinist, "The Question of Distinctiveness in Ancinet Israel," in *Essential Papers on Israel and the Ancient Near East*, ed. F. E. Greenspahn [New York/London: New York Univ. Press, 1991], 420-42).
이 두 의견은 모두 연대 추정이 불분명한 성경 본문을 국가 형성 이전 시대와 왕정 시대 작품으로 인정하고 있으며, 또한 이스라엘 사람의 종교적 문화적 자의식이 중앙 집권적인 국가에 밀접하게 관련되어 있지 않고 오히려 반감을 가지고 있을 수도 있다는 전제를 안고 있다.

행할 때 종교적인 측면만 강조하거나 종교적 관점에서 진행하는 경우가 많았고, 또 이스라엘이 다른 나라나 사회와 비교할 때 '분명히 다르다' 또는 '우월하다'고 정해진 답을 도출하려는 의도를 가지고 있었기 때문이다. 이제 '비교' 연구를 시작하면서 필자는 물질 문명과 기술, 예술과 공예, 문학, 종교, 그리고 정치 기관을 차례로 살펴볼 것이다.

물질 문명과 기술 측면에서 볼 때 이스라엘과 유다는 암몬이나 모압, 에돔, 다메섹 같은 내륙 국가와 대체로 유사한 모습을 보여 주며, 유다는 목축업이 주를 이루고 있는 요단강 동편 국가와 더 비슷하고 이스라엘은 농업에 기초하고 있는 다메섹에 더 가깝다.

토기나 일반 가옥의 형태 등 물질 문명의 어떤 영역이 독특한 이스라엘 문화라는 주장은 더 이상 환영받지 못하는데, 그 이유는 이런 '특별한' 요인이 이스라엘 지역 밖에서도 발견되기 때문이다. 더욱 중요한 점은 이스라엘의 물질 문명을 자기 생활 환경에 맞추어 몇 가지 기술적인 혁신을 가미한 전체 팔레스타인 문화의 하위 단위로 특히 산악 지대 조건에 맞추어 특화된 경우로 보아야 한다는 것이다.[101]

이스라엘 산악 지대 거주민은 이미 존재하던 농업 기술을 영리하게 종합하여 자기들의 물질 문명을 발전시켜 나갔으며, 농사짓기에 별로 용이하지 않은 조건 속에서 최대한 많은 소출을 얻기 위해 물 저장용 웅덩이나 곡식 저장용 구덩이, 계단식 영농법 등을 사용하였다.[102]

이스라엘과 유다는 블레셋과 페니키아와도 어느 정도 유사한 물질 문명의 흔적을 공유하고 있으나, 해상 무역에 있어서 훨씬 앞서 나가던 해안 지

---

[101] London은 저지대 평야의 '가나안' 문화와 고지대 '이스라엘' 문화를 동일한 기본적 문화권의 하단위로 설명한다(Gloria London, "A Comparison of Two Contemporaneous Lifestyles of the Late Second Millennium B.C.," *BASOR* 273 [1989]: 37-55).

[102] Hopkins는 이스라엘에서 농업이나 목축업을 통해 생계를 유지하기 위해 필요했던 기술적 발전이나 공동 노동 사업의 필요성에 대해 자세히 묘사하는 연구를 발표했다(David C. Hopkins, *The Highlands of Canaan: Agricultural Life in the Early Iron Age*, SWBA 3 [Decatur, Ga.: Almond Press, 1985]).

방 도시 국가는 문화나 정치 조직 면에서 이스라엘과 현격한 차이를 보이고 있으며, 특히 상업을 통해 부를 쌓은 과두 정부 체제를 유지하던 페니키아 도시와는 그 차이가 매우 심했다.

큰 규모의 공공건물을 보자면 마름돌쌓기(ashlar masonry)나 원-아이올리스 방식 기둥머리(proto-aeolic capital)와 같은 장식 기법, 석재 난간(stone balustrades) 등이 페니키아 보다는 이스라엘이나 유다에 더 자주 발견되었고, 그래서 어떤 학자는 이런 건축술이 이스라엘에서 처음 시작되었다고 주장하기도 한다. 만약 이런 현상이 아직 미비한 고고학 발굴 결과 때문에 우연히 빚어진 상황이 아니라면, 이스라엘이 먼저 이런 건축법을 사용하였고 나중에 유다가 뒤를 이어 완성했다고 주장할 수도 있다.[103]

학자들은 필기 체계와 관련해서 기원전 1,800년 정도에 처음으로 시작되어 오랜 세월 동안 다양한 형태의 알파벳이 발전되어 왔는데, 이스라엘에서 이 필기 체계가 절정에 이르렀고 완벽하게 체계화되었다고 설명해왔다.[104] 그러나 이스라엘이 지파 공동체로 존재할 시절에 알파벳 체계가

---

[103] 석재를 깎아서 만든 마름돌쌓기와 원-아이올리스 방식 기둥머리들 중 가장 오래되고 세련된 유물들이 주로 이스라엘의 왕궁 유적에서 발견되기 때문에, Shiloh는 이스라엘이 이런 건축법의 창시자라고 주장하였고(Yigal Shiloh, *The Proto-Aeolic Capital and Israelite Ashlar Masonry*, Qedem 11 [Jerusalem: Institute of Archaeology, Hebrew Univ., 1979], 82-91), Mazar은 현재 이런 유물들이 이스라엘에서 많이 발견된다고 섣부른 판단을 해서는 안 되는 이유는 철기 시대 초기 페니키아의 공공건물이 많이 발굴되지 않았기 때문이라고 주장하였다(Mazar, *Archaeology of the Land of the Bible*, 471-75). 많은 학자들이 이런 우아한 건축술은 솔로몬 또는 오므리가 고용한 페니키아 장인들이 이스라엘에 소개한 것이라고 추정하는 반면에, 실로는 성경 본문을 볼 때 페니키아 장인들은 목공예와 금속공예 전문가들이지 건축 설계나 석공예 분야가 아니라고 주장한다.

[104] McCarter의 연구는 초기 알파벳이 발달하던 원리와 그 과정을 분명하게 묘사하고 많은 예를 들어 설명하고 있다(P. Kyle McCarter, *Ancient Inscriptions. Voices from the Biblical World* [Washington, D.C.: Biblical Archaeology Society, 1996], 67-80). 더 자세한 내용은 Cross의 연구를 참조하라(Frank M. Cross, "The Origin and Early Evolution of the Alphabet," *ErIsr* 8 [1967]: 8*-24*). 처음으로 알파벳 자모를 개발한 사람의 사회적 경제적 상황을 다룬 연구도 있다.
Diringer는 지배층이 사용하는 '신정 정치적'(theocratic) 신성 문자(hieroglyphics)에 비교할 때 알파벳은 대중적이고 '민주적(democratic)' 글자라고 평가한다(David Diringer, *The Alphabet, A Key to the History of Mankind*, 3rd ed. [London: Hutchinson,

이미 존재했고 또 바다의 노래나 드보라의 노래와 같은 초기 성경 본문을 기록하는데 일조했다고 할지라도, 초기 이스라엘이 알파벳 발전에 어떤 구체적인 역할을 했는지는 논증된 적이 없다.

이스라엘의 **예술과 공예**를 따로 연구 대상으로 삼은 연구는 거의 없었다.[105] 또 이스라엘 문화는 '이미지'보다 '말'을 선호하는 경향이 있으며 신의 형상을 만들지 말라는 금지 조항이 있어서 구상적인 예술의 발전을 저해하고 결국 예술 작품이 많이 생산되지 않은 주요 요인으로 작용했다는 생각이 지배적이었다. 게다가 사마리아 상아 조각이나 원-아이올리스 방식 기둥머리 등 예술적인 유물이 수입되었는지, 고용된 외국인 장인이 만들었는지, 아니면 외국의 기술과 스타일을 연마한 이스라엘 장인이 만들었는지 결정하기 어려운 경우도 있다.

물론 이런 어려운 문제에 관한 설명도 다양하게 개진되어 있다. 예를 들어 단순한 언어와 시각적 이분법으로 이스라엘 사람의 감수성을 포괄적으로 대표할 수 있다고 주장하는 것 자체가 어불성설이라는 주장이 있다. 신의 형상을 만들지 말라는 규정이 언제, 얼마나 널리, 얼마나 엄격하게 적용되었는지 여부는 누구도 확신할 수 없는 문제다.

실제로 이스라엘과 유다에는 예술품과 공예품이 분명히 존재했고 구상

1968], 162). 기원전 16-15세기의 유물인 원-시내 명문(proto-Sinaitic inscriptions)이 이집트 광산에서 일하던 가나안 노동자가 쓴 기록임에 유의할 필요가 있다. 그리고 이보다 몇 세기 먼저 기록된 원-알파벳 명문(proto-alphabetic inscriptions)도 최근에 이집트에서 발견되었는데, 이 명문도 셈족 상인이 기록한 것으로 보인다. 그렇다면 알파벳은 국가 기관에 소속된 전문적인 서기가 아니라 노동자, 장인, 상인처럼 국가 공공 부문에서 소외된 사회적 '외부인'에 의해서 개발된 것으로 보인다.
그러나 알파벳이 단연 효과적인 필기 체계였기 때문에 곧 국가 행정 체계에도 도입된다. Yevin은 이스라엘의 족장이 원-시내 알파벳을 발명하였거나 최소한 이 알파벳을 개발하고 확산시키는데 큰 역할을 했다고 주장했으나, 확실한 증거를 제시하지는 못한다(S. Yevin, "The Age of the Patriarchs," *RSO* 38 [1963]: 284-85).

105   Mazar은 이스라엘과 유다의 예술 작품과 공예품을 분류해서 간단하게 설명해 준다(Mazar, *Archaeology*, 502-20 등). 작품이 주위 문명권에서 유래한 주제를 모방하거나 제작 솜씨가 떨어지는 경우가 많지만, 또 어떤 작품들은 매우 독창적이고 훌륭한 솜씨를 보여 준다.

적 예술 작품도 꽤 많이 남아 있다. 예를 들어 사마리아 지역에서 발견된 청동 황소, 작은 도자기 여신상을 목걸이 형태로 만든 물품, 도장에 새긴 사람이나 동물 모양, 야훼와 그의 아내 아세라를 묘사한 것으로 보이는 거친 솜씨로 그린 그림(쿤틸렛 아즈루드 역참에서 발견)을 들 수 있다. 이런 물품이 이스라엘 사람이 만들었다는 점과 몇 가지 유물은 종교적 신념과 관습을 드러내는 우상으로 사용되었다는 점을 전적으로 부인할 이유가 없다.

물론 이스라엘의 예술품과 공예품은 메소포타미아와 이집트의 풍요로운 구상적 예술품을 따라갈 수 없다. 그러나 비교 연구는 이집트나 메소포타미아 같은 수준의 나라가 아니라 시리아-팔레스타인 국가를 대상으로 진행해야 할 것이다.

고고학 유물을 면밀하게 검토하는 종합적인 비교 연구는 별로 없지만, 사회적 복잡성의 범위나 정치적 경제적 체제가 유사한 주위 국가와 비교해 보면 이스라엘과 유다가 특별히 예술품이나 공예품이 적게 발견되는 것은 아니라고 생각한다. 사실 예술적인 측면에서 가나안과 이스라엘, 블레셋, 페니키아, 시리아 작품을 명확하게 구분할 수는 없다. 시리아-팔레스타인 나라와 문화는 분명히 서로 밀접한 상호 관계를 맺고 있었으며, 이집트나 메소포타미아, 히타이트 예술의 영향은 지중해 동쪽 해안 지방에 끊임없이 영향을 미치고 있었기 때문이다.

문학에 관해 말하자면 현재 두 가지 서로 다른 자료가 남아 있다. 그 중 하나는 히브리 성경 안에 보존된 문학이며, 필자는 주로 왕정 시대에 기록된 작품이 많다고 주장한 바 있다. 히브리 성경 안에 나타난 왕정 시대 문학 작품 대부분은 고대 근동의 다른 지역에도 잘 알려져 있는 문학 양식을 취하고 있다.[106]

최근까지 이스라엘과 메소포타미아, 이집트, 히타이트 기록을 비교하여 이들이 서로 얼마나 비슷한지 지적하고, 이스라엘이 이런 문화권에 얼마

---

[106] 고대 근동 기록을 영어로 번역한 표준적인 모음집으로는 James L. Pritchard ed., *An-*

나 큰 빚을 지고 있는지를 강조하는 것으로 충분한 연구라고 간주했다. 그래서 바빌론의 창조 서사시나 이집트의 아톤 신에게 바치는 찬양시, 히타이트의 봉신조약(suzerain-vassal treaties) 등이 많은 관심을 끌었다.

그러나 초기 비교 문학 연구가 매우 지엽적인 문제를 다루는 경우가 많았는데도 불구하고 성서학자가 고대 근동 전문가의 연구를 비판 없이 받아들임으로써, 각 문화 안에서 그 문학 작품이 차지하는 문화적 맥락을 무시하는 결과를 초래하였다. 그리고 연구 범위를 언어학적 양식-비평적 주제로 제한하거나 아니면 성경 본문이 성경 외부 자료를 직접적으로 인용하였는지 여부처럼 논증할 수 없는 질문에 천착하는 경향을 보여주기도 하였다.

어쨌든 이렇게 문학 양식이나 주제, 문학적 관습 등이 고대 근동 세계와 폭넓은 유사성을 보인다는 사실을 통해 읽고 쓸 줄 아는 이스라엘과 유다 사람 중에서 외국 문학 전통과 관습을 잘 알고 있으며 어쩌면 외국 문학 작품 자체를 읽어 본 사람이 존재하고 있었으며, 이들이 다양한 방법을 통해 외국 문학과 접하면서 외국 문학 작품의 영향을 받았다는 사실을 확인할 수 있다.

이스라엘 문학 작품만의 특징이라면 이런 작품이 결국 히브리 성경에 포함될 때까지 오랜 시간에 걸쳐 보충, 편집, 보존, 전달 과정을 거쳤으며,

---

cient Near Eastern Texts Relating to the Old Testament, 3rd ed. with supplement (Princeton: Princeton Univ. Press, 1969, 『고대 근동 문학 선집』)가 있다. 새로 세 권으로 편집된 고대 근동 자료집이 나왔는데, ANET 발간 이후에 발견된 명문을 포함하여 훨씬 더 많은 작품이 수록되었으며, 각 명문마다 자세한 소개와 주석들이 달려있다. William W. Hallo and K. Lawson Younger Jr. eds., The Context of Scripture, 3 vols. (Leiden/New York/Cologne: E. J. Brill, 1997, 2000, 2003).
이 자료집은 처음부터 성경 본문을 다른 자료와 비교하며 연구하는 가장 좋은 방법이 무엇인지에 초점을 맞추고 준비되었고, Hallo가 말한 대로 "성경 본문을 평가하는 작업은 어떤 성경 외부 자료와 유사한지 확인하는데서 끝나지 않으며 거기서부터 시작된다(xxviii)."
또한 문학 양식과 지역적 구분에 따라 발간되고 있는 다음 연구도 참조하라. Burke O. Long and Simon B. Parker eds., SBL Writings from the Ancient World Series, 9 vols. (Atlanta: Scholars, 1990-).

시간적인 지평에서 볼 때 일반적인 고대 근동 작품보다 훨씬 더 긴 수명을 자랑한다. 사실 고대 근동 작품은 살아있는 전통으로 생존하지 못했으며, 지난 이백여 년 동안 발굴을 통해서 알려지게 되었다. 그럼에도 불구하고 메소포타미아 문학 중에서도 고대 근동이 멸망하기 전에 몇 백 년에 걸쳐 매우 복잡한 수집, 편집, 재배치, 전달 과정을 거친 작품이 존재했으며, 또 이런 모음집은 '정경'(canons)이라는 명예롭고 권위 있는 지위를 얻었다고 말할 수 있음이 밝혀지고 있다.[107]

이런 인기 있는 메소포타미아 작품들이 히브리 성경과 다른 점은 성경처럼 기록을 영속화하는 조직화된 종교의 정경이 되지 않았다는 사실 뿐이다. 중요한 점은 히브리 성경의 탁월한 문학성을 무시하지 않고, 천 년 이상에 걸쳐서 기록된 성경의 다양한 내용이 주위 문화권에서 창작된 작품들과 문체나 주제 그리고 이념적으로 매우 밀접한 관계를 맺고 있음을 강조해야 한다. 그리고 이런 작품들이 고대 근동 문학이라는 더 넓은 환경 속에서 관찰할 때 히브리 성경에 포함되기 이전에 나름의 다양한 목적과 기능을 가진 독립된 작품으로 존재했었다는 사실도 매우 중요하다.

이스라엘의 또 다른 기록 자료는 성경에 포함되지 않은 본문과 명문들로, 앞에서 이미 간단하게 언급한 바 있다. 이런 기록들은 양이 적고 보존 상태도 좋지 못하지만, 아마도 히브리 성경에 포함된 작품들이 창작된 것과 동일한 문학적 환경 속에서 발생하였을 것이다. 성경과 같은 정경화된

---

[107] Hallo는 메소포타미아 쐐기 문자 문학도 체계적인 문학 작품 선별, 표준이 되는 본문 생산, 특정 내용의 배열 순서 확정, 특정 부분을 읽고 연구하는 정해진 순서 등 정경화 과정을 특징짓는 관행을 잘 보여 준다고 주장한다(Hallo, "The Concept of Canonicity in Cuneiform and Biblical Literature: A Comparative Appraisal," in *The Biblical Canon in Comparative Perspective: Scripture in Context IV*, ed. K. L. Younger Jr., W. W. Hallo, and B. F. Batto, Ancient Near Eastern Texts and Studies 11 [Lewiston, N.Y.: Edwin Mellen Press, 1991], 1-19).
Tigay는 1500년 이상 지속된 길가메쉬 서사시의 진화 과정은 오경 전승의 발전과 최종 편집 과정에 새로운 빛을 비춰 준다고 말한다(Jeffrey H. Tigay, *Empirical Models for Biblical Criticism*, ed. J. H. Tigay [Philadelphia: Univ. of Pennsylvania Press, 1985], 21-52).

모음집과 비교할 때 이런 성경 외부의 이스라엘 문학 작품들이 매우 적은 이유는 당시 이런 문서들을 기록했던 필기구가 무엇이었는지에 달려있다고 말할 수 있다.

메소포타미아나 시리아 북부 문서들은 토판이나 석비 위에 기록되었기 때문에 현재까지 보존될 수 있었다. 이집트 문서들은 벽에 새겨져서 또는 파피루스에 잉크로 썼지만 기후가 너무 건조하기 때문에 현재까지 보존되었다.

이에 반해 팔레스타인에서 벽에 글을 새기거나 토판에 문서를 기록하는 예는 매우 드물다. 팔레스타인에서 글을 쓸 때 가장 많이 사용했던 파피루스는 습한 겨울 날씨에 쉽게 분해되었으며, 문서를 매우 건조한 지역에 따로 숨기거나 또는 '성경'의 예에서 보는 것처럼 그 문서를 보존해야겠다는 강한 목적 의식을 갖고 지속적으로 필사하고 또 필사하는 등 예외적인 경우에만 후대까지 보존될 수 있었다. 현재 남아 있는 이스라엘과 유다 명문은 토기 조각 위에 잉크로 쓰거나 돌에 새긴 글과 회를 바른 벽에 쓰거나 도장에 새긴 글이다.

그러므로 이스라엘이나 유다 또 다른 시리아-팔레스타인 국가들은 지금까지 발견된 소수의 문서만을 생산했고 그 중 가장 긴 문서가 메사 석비라고 간주한다면 매우 곤란하다. 필사를 통해 후대에 쓴 판본이 남아 있는 경우가 아니라면, 파피루스에 기록한 문서는 이미 오래 전에 파괴되었을 것이며, 이런 문서가 얼마나 많았는지 여부는 영원히 대답할 수 없는 질문이 된다.

시리아-팔레스타인 국가 중에서 이스라엘만큼 많은 기록 자료를 남긴 나라가 없으며, 신화와 행정 관련 문서를 남긴 우가릿 정도가 이스라엘과 어깨를 나란히 견줄 수 있다고 주장한다면, 우리는 이스라엘 사회 안에서 누가 오래된 본문을 이렇게 많이 필사하고 재-필사하여 보존할 필요가 있었을까 묻지 않을 수 없다.

왕정 이후 시대에 성경을 정경화하려는 시도를 제외하고 당시 고대 근동 문학과 비교하여 살펴본다면, 이스라엘과 유다의 왕정 시대 문학은 고대 근동과 그 배경이나 기능이 거의 유사함을 알 수 있다. 그러므로 만약 왕정 시대 이스라엘과 유다 문학이 다른 시리아-팔레스타인 지역보다 더 다양하고 창의적이었다면, 이런 특성은 국가가 창작 활동을 지원했기 때문이 아니라 선지자, 제사장, 지혜 문학처럼 정부에 완전히 협력하지 않고 어느 정도 거리를 두면서 비판적인 대화를 할 수 있었기 때문이라고 말해야 할 것이다.

종교 분야와 관련해서 성경 외부 자료는 이스라엘과 유다에 배타적인 야훼 제의가 존재했다고 말해주지 않으며, 유일신교 신앙이 왕정 시대에 존재했음을 증명해 주지도 않는다. 남아 있는 증거가 빈약하고 불분명하긴 하지만, 왕정 시대 이스라엘과 유다의 종교가 어떤 분야에서건 주위 다른 나라의 종교와 현격하게 다르다고 보이지는 않는다.

물론 이스라엘과 유다의 공식 국교는 거의 언제나 야훼 제의였던 것으로 간주할 수 있다. 왜냐하면 왕이나 유다 신하의 이름 중에 야훼라는 말이 포함된 이름이 많고, 특히 기원전 8-7세기에 이런 현상이 급격히 증가하기 때문이다. 또한 메샤 석비는 기원전 9세기 이스라엘의 종교에 관하여 그리고 라기스와 아랏 편지는 기원전 7세기에서 6세기 초 유다의 종교가 야훼 제의임을 증명해 준다.

그렇지만 야훼 제의의 본모습은 어떠했을까?

기원전 9세기 또는 8세기 유다의 유적인 쿤틸렛 아즈루드(이스라엘 토기와 페니키아 디자인도 섞여 있음)와 키르벳 엘-콤 명문은 야훼 신이 아세라 여신과 부부 관계를 맺고 있다고 증언하고 있는데, 이런 현상은 포로기 이후 성경 전승에서 절대 있어서는 안 될 행위로 규정된 것이다. 예레미야서에는 기원전 586년 예루살렘 멸망 이후에 살아 남은 여인들이 '하늘 여신'을 향한 열렬한 신앙을 고백하는 장면이 나오는데, 이 여신은 아스타르테(Astarte)일 가능성이 높고 아세라 여신과 완전히 구분되지 않을 경우도 많다.

이집트로 피난을 가서 이집트 군대의 용병으로 일했던 유대인도 기원전

5세기경에 이와 유사한 가나안 여신을 섬겼다. 에스겔서에 의하면 야훼 제의에 속하지 않는 관습이 예루살렘 멸망 이전에 예루살렘 성전 안에서도 버젓이 거행되고 있다고 증거하고 있다.

이렇게 고고학 유적과 유물을 성경 본문과 비교하면 할수록 왕정 시대 야훼 제의의 실제 종교적 신념과 관습에 어떤 것이 있었는지 궁금해진다.[108] 왕정 시대이건 그 후대 기록이건 성경 본문은 매우 논쟁적이기 때문에 포로기 이후 시대 배타적인 유일신교가 발생하기 전의 종교적 신념과 관습에 관해 사실적이거나 균형 잡힌 설명을 제공해 준다고 신뢰하기는 어렵다. 그 보다는 이런 논쟁적인 관점에서 쓴 자료가 존재한다는 사실 자체가 야훼 제의의 구조와 내용이 항상 변화를 겪고 있었으며, 서로 다른 의견을 가진 파벌이 때로는 격렬하게 때로는 폭력적으로 충돌했음을 보여 준다고 말하는 편이 나을 것이다.

이런 종교적 갈등의 정치적 의의를 밝혀내기는 정말 어렵지만, 배타적인 야훼 신앙을 추진하던 사람은 단절된 고립주의 정책을 선호했고, 좀 더 혼합된 형태의 야훼 신앙을 추구하며 다른 종교의 외형과 관습을 수용하는데 적극적이었던 사람은 훨씬 더 세계적인 국제주의자였다고 대략적으로 말할 수 있다.

이렇게 야훼 제의에 관하여 서로 다른 이해가 충돌하게 된 주요 요인은 외국의 침입 때문에 발생하는 정치적 위기가 자주 발생하였고, 마침내 두 왕국이 이런 이유로 멸망했기 때문이다. 앗수르와 신-바빌론 제국이 유다를 침략해 올 때, 정치적 중심지마다 야훼를 정치 기구의 보호자로 선포하

---

[108] Mark S. Smith, *The Early History of God: Yahweh and the Other Dieties in Ancient Israel* (San Francisco, Calif.: Harper & Row, 1990); Robert K. Gnuse, *No Other Gods: Emergent Monotheism in Israel*, JSOTSup 241 (Sheffield: Sheffield Academic Press, 1997); Susan Ackerman, *Under Every Green Tree: Popular Religion in Sixth-Century Judah*, HSM 46 (Atlanta: Scholars, 1992); Jacques Berlinerblau, "The 'Popular Religion' Paradigm in Old Testament Research: A Sociological Critique," *JSOT* 60 (1993): 3-26.

였다. 백성은 왕궁 제의에서 섬기는 대로 야훼를 의지하거나, 선지자나 신명기 학파가 주장하는 '수정주의'(revisionist) 야훼 신앙을 선택하거나, 아니면 야훼 제의와 상관없이 또는 어느 정도 야훼 제의에 맞추어 변형된 다른 신을 섬기든지 선택해야 했다.

성경 본문은 야훼 제의가 사회 전체의 동의를 얻어 표준이 되는 데도 불구하고 많은 사람이 결정적인 순간에 이 신앙을 저버렸다고 묘사하고 있지만, 성경 외부 자료를 참고하여 본문을 더 자세히 읽어보면 야훼 제의의 권위나 이 제의의 정확한 종교적 신념과 관습마저도 아직 열띤 논쟁의 대상이었음을 알 수 있다. 왕정 시대 전체에 걸쳐 야훼는 예배의 대상이나 종교적 관념으로 그 형태를 잡아가는 과정에 있었으며, 적절한 예배 장소나 행위가 무엇인지, 제사장이 되는 적절한 자격이 무엇인지에 관한 논란은 두말할 필요도 없이 큰 논쟁거리였다.

정치 기구에 관련해서 이스라엘과 유다는 시리아-팔레스타인 지역의 다른 봉신국과 유사한 제도를 가지고 있었다고 말할 수 있다. 이 지역 전체를 통틀어서 농업이나 목축업을 기반으로 일어선 나라의 정치 행정적 체제는 별 차이 없이 매우 유사했으며, 가장 큰 예외라면 해양 무역에 기초를 둔 페니키아 도시 국가 정도를 들 수 있다. 성경 해석학자가 이스라엘과 유다의 정치가 색다른 면이 있었다고 반복적으로 주장하는 이유는 정치 지도자와 백성이 맺은 계약이 국가의 기초를 형성했다는 주장 때문이다.

이런 견해는 몇 가지 다른 관점에서 제시되고 있다. 예를 들어 이스라엘에서 짧은 시간에 많은 왕조가 바뀐 이유는 아직도 '카리스마적'(charismatic) 리더십이 존재했기 때문이며, 이러한 지도자가 선출될 때는 야훼 제의를 대표하는 종교인과 일반 백성의 의회에서 동의를 얻어야 한다는 주장이 오래전부터 제기되어 왔다.[109]

이런 가정은 여로보암이 북 왕국의 첫째 왕으로 등극하던 상황을 설명해 줄 수 있을지는 몰라도, 그 이후로 왕조가 바뀔 때는 주로 군사 혁명에 의해 왕권 찬탈이 이루어졌음에 유의해야 한다. 이들이 권력 장악을 정당화하기 위해서 종교를 겉치레로 내세우기는 했지만, 종교 세력이 권력 이양에 어떤 역할을 한 것은 아니다.

또 어떤 학자는 메소포타미아와 시리아에 존재했던 '원시-민주주의'(primitive democracy)에 착안하여 유다에서는 왕이 백성의 대표로 이루어진 의회나 위원회와 상의하에 정치 행위를 했을 가능성이 높다고 주장하였다. 다윗이 왕으로 인정받기 위해 북쪽 지파 장로의 동의를 구하는 계약을 맺었다는 사실이 이런 주장을 뒷받침한다고 생각했다.

유사한 계약이 요아스와 요시야 시대에도 다시 등장했는데, 이 때 '그 땅 백성들/국민들'(the people of the land)이라는 모호한 성격의 단체가 다윗 왕조의 후계자를 정하는 데 결정적인 역할을 했던 것도 의미가 깊다. 그러나 처음으로 정치적 중앙 집권화를 성취한 다윗이 전통적인 지파 지도자와 어떤 합의를 보아야 했던 상황은 그리 놀랄 일이 아니다.

그리고 왕정 시대 후기에 등장한 '계약'에 관한 성경 본문은 신학적으로 크게 윤색되어 있음을 간과해서는 안 되며, '그 땅 백성/국민'이 누구였는지는 전혀 알려진 바 없음에 유의해야 한다. 이 집단은 아마도 거대 지주와 상인이 주를 이루었을 것이며, 정확하게 정의된 권력을 행사하고 공식적으로 조직된 기관은 아니었을 것으로 추정된다.[110]

---

109 북 왕국에 카리스마적 왕권이 존재했다고 주장한 학자는 Alt가 대표적인데(Albrecht Alt, "The Formation of the Israelite State in Palestine," in *Essays on Old Testament History and Religion* [Oxford: Basil Blackwell, 1966], 171-237; "The Monarchy in the Kingdoms of Israel and Judah," in *Essays*, 239-59), 이에 반대하는 Buccellati와 Ishida의 주장이 훨씬 설득력이 있다(Giorgio Buccellati, *Cities and Nations of Ancient Syria: An Essay on Political Institutions with Special Reference to the Israelite Kingdoms*, Studi Semitici 26 [Rome: Istituto di Studi del Vicino Oriente, 1967]; Tomoo Ishida, *The Royal Dynasties in Ancient Israel: A Study on the Formation and Development of Royal-Dynstic Ideology*, BZAW 142 [Berlin/New York: Walter de Gruyter, 1977]).

110 Joseph P. Healey, "Am ha'arez," *ABD* 1:168-69; Ernst Würthwein, *Der `amm ha'arez im Alten Testament*, BWA(N)T 17 (Stuttgart: Kohlhammer, 1936); Ernest W. Nicholson, "The Meaning of the Expression `am ha'arez in the Old Testament," *JSS* 10 (1965): 59-66.

성경 외부 자료와 상관관계 속에서 살펴본다면 이스라엘 정치가 특별한 계약적 기초 위에 세워졌다는 것은 근거 없는 주장이며, 고대 근동 세계 전체에 걸쳐서 특정 신이 자기 왕조 설립을 보장한다고 주장하며 권력 장악을 신학적으로 정당화하던 관습은 역사 속에서 수없이 많이 찾아 볼 수 있다. 물론 이스라엘과 유다 왕국 안에 어떤 계약적 사고가 존재했음을 부인하는 것은 아니지만, 이런 생각이 정권을 설립하고 운영하는 데 실제적인 역할을 했다는 주장은 문제가 있다고 인정해야 한다.[111]

성경 전승 속에서 북 왕국과 남 왕국 왕들은 독립적인 정치 주체로 묘사되어 있으며, 제사장이나 자문 기관의 통제를 받아 정치를 한다는 내용은 찾아볼 수 없다. 종교적이거나 세속적인 계약/자문 기관에 관한 사상은 아마 지파 공동체 시절에 발생했을 것으로 보이며, 이스라엘과 유다 사상에 분명히 존재했지만, 국가 운영에는 이렇다 할 영향을 미치지 못한 것으로 보인다. 히스기야나 요시야의 예에서 보듯, 왕들이 이런 사상을 전용하여 자신의 이익을 위해 사용했을 가능성은 있지만, 종교적 전통과 종교 조직이 요구하는 계약적 의무에 두말없이 복종했을 가능성은 매우 적다.

사실 전적으로 농업과 목축업에서 나오는 잉여 생산물을 이용해서 운영하던 시리아-팔레스타인 지역의 봉신국이 이스라엘과 유다의 선지자나 제사장이 주장하는 사회적 경제적 정의를 표방하는 정책을 시행했다면, 과연 당시 정치 무대에서 발전할 수 있었을지, 아니면 그냥 생존할 수 있었을지 의문을 제기하지 않을 수 없다.[112]

---

111 성경 본문에 나타나는 계약 관습에 관해서 혹자는 국가 운영에 있어서 이런 계약은 아무런 역할을 하지 않았다고 주장하는 반면, 다른 사람은 야훼 신과 종교적 계약을 맺는다는 규정에 의해 이스라엘 지도자와 백성의 관계가 설정된다고 주장한다. 물론 국가를 다스리는 이런 규정에 관련해서 발견된 증거는 거의 없다. 왕이 신명기 법을 지킬 의무가 있다고 주장하는 성경 본문(신 17:14-20)은 특정한 방법으로 왕권을 제한하고 백성이 구성하는 자문 기관과 권력을 공유하게 만드는 관습적인 계약 규정의 전형이라고 주장하는 사람도 많다. 그러나 왕과 신하가 계약을 맺었다는 기록이 너무 적게 발견되어 이런 정치적 체제를 자세하게 논하기 어려우며, 신 17장에 나오는 '왕의 법'은 왕권을 제한하는 규정이라기보다는 도덕적인 경고에 가깝다고 보아야 한다.

5. 이스라엘과 유다의 정치적 목표

이스라엘과 유다 국가에 관련된 증거를 되새기면서 우리가 얻은 정보를 지역적 지방적 특성을 따라 또는 고대 근동 나라의 범례로 분류할 수 있을까?

정보를 조직하고 개념화하기 위해 이런 나라가 물려받은 권력 기초를 획득하고, 보호하며, 보충하고, 확장하며, 정당화하고, 영원히 다음 세대에게 물려주려는 목적을 위해 권위로 통제하는 제도적 권력망이라고 이해하는 방법이 있다. 정치 지도자는 일상적인 통치뿐만 아니라 가끔 일어나는 위기도 효과적으로 통제하기를 원하기 때문에, 자기 영토 안에서 가장 높은 권위를 유지할 수 있게 도와주는 권력의 기초, 즉 자연 자원과 인력을 보존하고, 확장하며, 이용하는 방법을 통제하려고 한다.

국가와 정부를 다스리는 지도자라면 나라가 번창하기 위해 또는 생존하기 위해서라도 누구나 꼭 시행해야 할 몇 가지 필수적인 일이 있다.

첫째, 한 지도자에게서 다른 지도자로 그리고 한 정부에서 다음 정부로 질서정연하게 **권력 이양**이 이루어질 수 있는 환경을 만드는 것이다. 현재 최고 지도자에게 이 과제는 가능한 한 빠르고 확실하게 그의 지위를 안정시키고 그의 지위가 후계자에게 안전하게 계승될 수 있게 만든다는 의미가 있다.

---

112 Gottwald는 Martin Buber를 인용하며 선지자의 정치적 의식과 그들이 비판하는 정치 지도자의 정치 의식 속에 실용적인 '현실주의'와 신정 정치적인 '이상주의'가 어떻게 섞여 있는지 분석한다(Norman K. Gottwald, *All the Kingdoms of the Earth: Israelite Prophecy and International Relations in the Ancient Near East* [New York: Harper & Row, 1964], 350-77). Gottwald는 또한 선지자의 이념이 '허위 의식'(false consciousness)이나 '비실용적 공상적 이상주의'(impractical utopianism)라는 주장을 비판적으로 분석한다(Gottwald, "Ideology and Ideologies in Israelite Prophecy," in *Prophets and Paradigms: Essays in Honor of Gene M. Tucker*, JSOTSup 229 [Sheffield: Sheffield Academic Press, 1996], 143-49).

둘째, 나라의 안정과 연속성을 위협하는 외국과 국내 위험요인에 대하여 **국가의 실용적인 능력을 온전하게 보호하는** 과업이 있다.

셋째, 시간이 지나고 상황이 변함에 따라 쇠약해진 **자연 자원과 인력을 정기적으로 보충**하는 것이며, 국가를 경영하는 데 필요한 자원을 효과적으로 모으는 것이다.

넷째, 국가 **재원의 기초를 확장**하는 과제가 있으니, 영토를 확장하거나 외교 관계를 이용하는 정책을 사용하든지 국내 생산력 확장과 효과적인 세금 징수 제도를 확립하는 정책을 사용하게 된다.

다섯째, 현 정부 **지배권의 정당화**로 현 정부가 백성 대부분에게 또는 최소한 국가 성립 이전 사회에서 권력을 행사하던 지배층 인사에게 이로운 존재임을 강조하는 방법을 쓰거나, 현 정부가 나라를 다스리고 특정 정책을 시행할 권리를 범우주적 존재에게 이양 받았다는 이념을 선전하는 방법을 쓸 수 있다.

이런 근본적인 영역에서 이스라엘과 유다는 주변 나라와 전혀 다르지 않았고, 앗수르나 이집트 같은 강대국과도 크게 다르지 않았다. 위에서 언급한 대로 서로 충분히 구별되지만 또 긴밀하게 상호 관련되어 있는 과제는 어느 나라든지 '성공적인' 정치를 구현하기 위해서 필수적으로 갖추어야 할 조건이다.

이 중 어느 한 가지 과제라도 성취하지 못하고 실패한다면 다른 과제 영역을 위협하는 파급 효과를 미치게 되고, 나라 전체가 쇠약해지거나 특정 왕이 폐위되거나 나라가 멸망하는 결과를 가져올 수 있다. 국가 권력을 보존하고 확장하려는 욕구는 모든 나라가 공통적으로 가진 목표이기 때문에, 국가 간에 벌어지는 상호 작용은 필수적으로 발생하는 승자와 패자 중에서 한 나라가 얻는 이익은 다른 한 나라 또는 많은 나라의 손해가 되는 제로섬 게임(zero-sum game)이 될 수밖에 없다.

어떤 지도자가 성취할 수 있는 최고의 업적은 자신이 다스리는 나라가 자기 통치 하에 이런 승자가 되는 것이다. 국가 간에 벌어지는 제로섬 게임은 국가 안에서 서로 경쟁하는 사회 주체가 벌이는 유사한 게임 속에 그대로 반복되며, 정부에 속한 구성원으로서 정부에 만족하거나 불만족스럽게 생각하는 정도에 따라 정부를 진심으로 지지하거나, 마지못해 순응하거나, 보이지 않게 반대하거나, 아니면 공개적으로 반란을 일으키게 된다.

어떤 면에서 국가 과제에 관한 이 모형은 너무 일반적이어서 평범하다 못해 진부하고, 인류 역사에 존재했던 모든 나라에 적용할 수 있을 지경이다. 그럼에도 불구하고 고대 근동 정체를 이해하기 위해서 이런 방식으로 근본적인 필요조건의 개요를 파악하면 어떤 국가가 하나의 권력 관계망으로 생존하기 위해서 본질적인 이런 주요 과제를 어떻게 구현하였는지 고찰하는 잣대로 사용할 수 있다. 이런 기준을 통해 관찰자는 특정 국가에 관해 기록한 자료가 문서화하거나 언급하지 않았을 수도 있는 국가 권력의 특정 분야에 관해 질문할 수 있도록 도와준다.

그렇다고 해서 이런 연구 방법이 이런 과제를 성취하는 수많은 방법을 미리 보여 주는 것도 아니고, 특정 국가가 불규칙적으로 선택하는 과정 속에서 성공할지 실패할지 정확하게 예언을 해 주는 것도 아니다. 그럼에도 불구하고 이런 국가 과제를 기준으로 사용하면 이스라엘과 유다 정치의 특색을 그들이 항상 관계를 맺으며 살던 국가의 관계망이라는 맥락 속에서 파악할 수 있도록 도와준다.

다량의 정보를 관리 가능한 형태로 축소하기 위해서 우리는 이스라엘과 유다의 국가 과제가 가지는 의의를 관찰하며 서로 상호 관련되어 있지만 분석적으로 구별 가능한 두 가지 동심원적 관계(two sets of concentric relationships)를 사용할 것이다.

첫째, 이스라엘과 유다, 그 주변 국가와 더 멀리 있는 강대국 사이에는 동심원적 **외부** 관계(concentric *external* relations)가 있다.

둘째, 이스라엘과 유다의 정치 중심지, 두 정부에게서 일차적으로 정치 경제적 이익을 얻는 계층, 정부로부터 얻는 이익이 그리 많지 않은 백성 일반, 국가 권력에 의하여 심각하게 불리한 대접을 받는 계층이 형성하는 동심원적 **내부** 관계(concentric *internal* relations)가 있다.

1) 외교: 이스라엘과 유다의 정치적 목표

(1) 이스라엘과 유다의 상호 관계

이스라엘과 유다가 별도로 독립 왕국으로 분열되어 서로 국경을 맞댄 상태가 되자 두 왕국은 각자 생존하고 발전하기 위해서 때로는 승자와 패자를 가르는 전면 경쟁에서 서로 충돌하였고 때로는 양국의 공동 이익을 위해 협력하기도 했다. 두 왕국은 분열된 후 약 오십여 년 동안 크고 작은 국경 분쟁에 휘말렸는데, 전략적으로 유리한 고지를 차지하기 위해서 끊임없이 서로 다투었다.

이런 상황은 유다에게 더 큰 위협으로 다가왔고, 유다는 북쪽 국경에 가능한 한 큰 완충지대를 확보하고자 노력했는데, 그 이유는 국경에서 그리 멀지 않은 곳에 예루살렘이 위치해 있었기 때문이다. 그러나 양국 간에 일어났던 이런 분쟁은 소규모 접전에 불과했던 것으로 보이며, 전투 결과 국경선이 변경되어도 매우 적은 범위 안에 머물렀다.

그러나 유다에게 특별히 불리하게 진행되는 경우도 있었고, 유다 왕 아사는 이스라엘을 북쪽에서 공격하여 유다를 향한 압력을 해소하려고 다메섹에 큰 액수를 지불하기도 하였다. 더 심각한 전쟁은 약 100년 후에 일어났는데, 에돔에게 승전을 거두고 자신감을 얻은 유다 왕 아마샤는 다메섹의 치하에서 벗어나 세력을 키우던 이스라엘을 대항하여 전쟁을 일으켰다.

성경 전승은 아마샤를 무모한 도전자로 묘사하고 있으며, 이스라엘 왕 요아스는 처음에 경멸하는 투로 도전을 무시하다가 마지못해 전쟁터로 나섰다고 기록한다. 이렇게 양국의 왕이 격식을 차려서 편지를 교환하는 모습은 보기 드문 상황인데, 전투가 유다 땅 벳세메스(Beth-shemesh)에서 벌어졌다는 사실 때문에 의문이 생긴다. 이스라엘이 아니라 유다가 먼저 선전포고를 했고 주도권을 장악했는데, 전투는 유다 땅에서 일어났기 때문이다.

어쨌든 결과는 유다의 완전한 패배였고, 이스라엘은 수도를 점령하여 예루살렘 성벽을 헐고 왕궁 창고를 약탈하였다. 이스라엘이 아직 독립을 지키고 있던 마지막 십여 년 동안, 이스라엘과 다메섹은 동맹을 맺고 유다를 앗수르에 대항하는 전선에 끌어들이려고 노력하였다. 그러나 유다 왕 아하스가 앗수르에 원군을 요청하는 바람에 이런 시도는 무위로 돌아가고 말았다.

이스라엘과 유다 사이에 벌어진 이런 전쟁은 장기적으로 봤을 때 양국의 이익을 위해 아무 것도 성취하지 못하였다. 그러나 양국 사이에 존재하던 적대감은 매우 격렬했으며, 결정적인 순간이 왔다고 판단했을 때는 제3국에 원군을 요청할 만큼 서로에게 공격적이었다는 사실을 확인할 수 있다.

두 왕국이 서로 맹렬하게 경쟁했다는 다른 증거를 들자면, 자주 있었던 일은 아니지만 이스라엘과 유다 사이의 분쟁으로 인해 한 국가의 왕위가 바뀐 경우를 생각할 수 있다. 가장 대표적인 예로는 예후가 자신의 주적 이스라엘 왕 여호람을 대적하면서 그와 동맹 관계에 있던 유다 왕 아하시야를 암살했던 사건이 있다.

자신감이 지나쳤던 유다 왕 아마샤는 이스라엘과 싸워서 굴욕적인 패배를 당한 후 자기 신하에 의하여 암살당했을 가능성이 있다. 이스라엘 왕 베가와 다메섹 왕 르신이 예루살렘을 포위했던 이유는 단순히 유다를 반-앗수르 동맹에 끌어들이려는 것이 아니라 아하스를 폐위시키고 다브엘(Tabeel)의 아들로 대체하려는 의도가 있었기 때문이었다.

다브엘의 아들은 북 왕국에게 충성하는 요단강 동편 지역의 유력자였을 것으로 추정한다. 이들의 계획이 성공했다면 다윗 왕조는 막을 내릴 뻔하였다. 그러나 아하스가 앗수르 제국에 원군을 요청하는 바람에 상황은 한 순간에 변하였고, 베가는 왕위를 노리던 친-앗수르 성향의 신하에게 암살당하고 말았다.

이스라엘과 유다 사이의 우호적인 관계는 오므리 왕조 시절에 발전하였으며, 이스라엘이 주도하여 참가국의 이익을 극대화할 동맹을 결성하려 하였다. 두 왕국이 맺은 평화 협정은 여호사밧의 아들 여호람이 아달랴와 결혼하면서 확립되었다. 이 동맹으로 인해 유다는 군사적으로 에돔을 제압하고, 블레셋과 아라비아를 잇는 무역로를 확보하였으며, 홍해를 통해 해상 무역로를 개척하는 계획까지 추진할 수 있게 되었다. 이스라엘도 이 동맹 덕분에 북부 국경을 압박하는 앗수르에 대항한 군사 협정을 결성하는 일에 매진할 수 있었고, 두로나 다메섹과 상업 관계를 돈독히 할 수 있었다.

오므리 왕조가 권력을 잡고 있던 시기 말에 앗수르에 대항하던 군사 동맹이 무너지고 이스라엘과 다메섹의 관계가 경색되자 유다가 이스라엘을 도운 적도 두 번 있었다. 한 번은 여호사밧 치하였고 다른 한 번은 그의 손자였던 아하시야의 통치기였다. 모압이 이스라엘의 패권에 대항하여 반란을 일으켰을 때도 이스라엘은 유다를 종용하여 모압을 치러 출병하였는데, 유다 영토에서 군사 원정을 시작하였다. 이런 기록을 통해 이스라엘이 이런 동맹 관계에서 훨씬 강한 지위를 점유하고 있었으며, 유다는 강요에 못 이겨 요단강 동편으로 떠나는 군사 원정에 참여한 것 같은 인상을 지울 수 없다.

이스라엘과 유다의 우호적이고 협조적인 관계는 오므리 왕족과 그 지지자를 말살하려던 예후가 아하시야와 유다 왕족 다수를 살해하면서 산산조각이 났다. 또한 두로와 동맹을 확정하는 표로 아합이 아내로 맞았던 이세벨도 예후에게 살해되었기 때문에, 두로와의 외교 관계도 같은 시기에 단절되고 말았다. 이스라엘과 유다 사이의 관계가 악화되면서 시리아-팔레스타인 남부 지역 전체를 하나로 묶던 동맹도 무너졌고, 북 왕국은 이제 밀려오는 앗수르에 대항하여 생존해야 하는 정황을 맞게 되었다. 앗수르는 이스라엘과 다메섹의 조공을 받고 몇 십 년 동안은 직접적인 군사 원정에 나서지 않았으며, 그 사이에 다메섹은 이스라엘과 유다 영토를 폐허로 만들었다.

이런 일련의 사건은 이스라엘과 유다 등 여러 주변 국가의 정치적 이해관계가 복잡하게 얽히며 진행되었는데, 앗수르에 대항하여 작은 나라들이 힘을 합했던 시간은 그리 길지 않았으며, 오래 묵은 갈등이 다시 불거지면서 서로 싸우게 되었고, 결국 앗수르 제국이 역사상 처음으로 시리아와 팔레스타인 북부를 손에 넣는데 성공하게 되었다.

성경이나 성경 외부 자료에 분명한 언급이 없어도 기원전 8세기 전반에 이스라엘과 유다가 평화로운 관계를 유지하고 있었던 것으로 보이며, 어쩌면 실제적인 동맹 관계였을 수도 있다. 양국이 힘을 합해서 군사 원정을 나섰거나 다른 일로 협력했다는 기록은 어디에도 없다. 그러나 다메섹의 세력이 약화되고 앗수르는 제국의 다른 지역에 정신이 팔려있는 동안 양국은 이스라엘의 여로보암 2세와 유다의 아사랴(웃시야)가 다스리며 영토를 확장하기도 하고, 무역이나 농업을 통한 소득도 크게 증대시켰다.

이렇게 이스라엘과 유다를 위협하는 외국 세력 없이 몇 십 년 동안 지속된 평화로운 시기는 이백여 년 전 다윗과 솔로몬의 왕국이 형성될 수 있었던 국제적인 권력 공백기와 비길 만하다. 과거와 마찬가지로 군사적 확장과 경제적 발전의 주도권은 이스라엘이 가지고 있었는데, 인력이나 경제적 기반이나 지정학적인 위치 때문에 이스라엘은 계속해서 유다보다 강대국으로 군림할 수 있었다.

그러나 기원전 9세기와 마찬가지로 이스라엘과 유다가 누리던 평화로운 시기는 앗수르의 제국주의적 침략 때문에 갑자기 막을 내리게 되고, 이스라엘은 아예 독립을 잃고, 유다는 봉신국으로 전락하고 만다. 이스라엘과 다메섹이 결성한 반-앗수르 동맹에 참여하는 것을 거절했던 유다는 앗수르에게 아무런 저항 없이 항복하였다.

　이스라엘과 유다의 국가 이념이 두 왕국 사이의 관계에 어떤 영향을 미쳤는지 판단할 정보는 그리 많지 않다. 성경 본문을 최종 편집한 것은 유다 쪽이기 때문에 북 왕국 왕들은 유다의 신정 정치적 기준에 비추어 배교자로 저주하였다. 그러나 이런 편집자의 의도를 제외하고 두 왕국에 관한 이야기를 재분석하면 어느 누구도 상대방을 종교적인 배교자라고 비방했다거나 양측 입장에서 모두 유리한 정치적 상황이 조성되었을 때 종교 때문에 협력을 거절했다는 기록은 찾아 볼 수 없다.

　현재까지 남아 있는 성경 전승은 분명히 유다 측 색채를 가지고 있기 때문에 우리는 북 왕국의 종교 이념에 관한 자세한 정보를 얻을 수 없다. 국가 공식 종교는 분명히 야훼 신앙이었으나, 오므리 왕조는 아합이 맞이한 두로 출신 왕비 이세벨에게 외교적 특전을 허락한다는 이유로 수도 사마리아에서 바알 제의를 시행할 수 있도록 허락하였다. 국가 공식 종교의 지위를 놓고 야훼 지지자와 바알 지지자 사이에 맹렬한 투쟁이 벌어졌다는 사실은 엘리야와 관련된 예언 전승에 잘 나타나 있다.

　성경 전승은 이세벨이 이런 갈등 관계를 시작했다고 주장하지만 자세히 살펴보면 이런 주장을 뒷받침할 증거는 그리 많지 않다. 왜냐하면 외교적 특전으로 정치적 지위를 보장 받은 외국 종교가 현지의 전통 종교를 제거하려고 나선다는 것은 상식적으로 이해하기 어렵기 때문이다.

　어쨌든 바알 제의는 예후가 등극하면서 곧 국가 제의로 누리던 지위를 잃었다. 물론 일반 백성 사이에 퍼져나간 바알 제의 관습은 계속 유지되었을 것이다. 국가에서 운영하는 신전은 남쪽과 북쪽의 국경에 가까운 단과 벧엘에 위치해 있었으며, 전통적으로 이스라엘에서 종교 중심지로 기능하던 세겜과 실로도 그 지위를 어느 정도 유지하고 있었던 것으로 추정할 수 있다. 북 왕국에서 왕궁 제의를 구성하는 특정한 요소나 왕권이 가지는 종교적 개념 등에 관해서는 자세한 것을 알 수 없다.

　남 왕국의 종교 이념에 관해서는 좀 더 많은 정보가 전승 속에 남아 있는데, 시온-예루살렘과 다윗 왕조의 신성함에 관한 전통이 남아 있다. 왕궁 공식 제의와 관련된 관습과 왕이 야훼 신의 입양된 아들이라는 개념은 여러 이야기와 시편에 남아 있다. 그러나 제의 프로그램이 온전히 남아 있는 정도는 아니다.[113]

다윗이 왕조를 안정적으로 지켜주겠다는 약속을 받고 하나님과 계약을 맺었다는 주제는 성경에서 발견되지만(삼하 7; 시 2; 110),[114] 이런 주제가 언제 유다 정치 전통 속에 유입되었는지는 분명하지 않다. 그리고 다윗 왕조에 속한 왕이 대관식을 거행할 때 왕과 유다 백성이 어떤 종류의 계약을 체결했는지 여부는 더욱 불투명하며, 우리가 이런 계약을 정치적 용어와 의미를 사용해서 재구성할 수 있는지도 미지수일 뿐이다.

사실 유다에는 '더 순수한' 야훼 신앙이 존재했다는 후대의 주장이 얼마나 신빙성이 있는지도 확신할 수 없다. 야훼 제의에 속하지 않는 종교적 제의와 관습이 성경에 많이 남아 있는 것은 물론 율법에 어긋나는 방법으로 야훼를 숭배하던 관습도 유다 왕국이 멸망하는 순간까지 왕성하게 시행되고 있었기 때문이다.

국제적 외교 관계를 확립하기 위해서 솔로몬은 왕조 간의 통혼 정책을 시행하였고 외국 왕비의 제의를 예루살렘에서 거행할 수 있도록 허락한

---

113 유다 왕이 예루살렘 성전 제의에서 맡은 역할에 관한 가장 중요한 증거가 Gunkel이 '제왕시'(royal psalms)라고 규정한 시 2; 18; 20; 21; 45; 72; 101; 110; 132; 144:1-11에 가장 잘 드러난다(Hermann Gunkel, *Einleitung in die Psalmen. Die Gattungen der religiösen Lyrik Israels* [Göttingen: Vandenhoek & Ruprecht, 1933], 140-71).
몇 가지 시는 왕의 대관식을 배경으로 창작된 것 같지만, 제의 행위가 암시되어 있는 몇 구절을 제외하면 이런 본문을 통해 특정한 제의를 재구성하는 것은 거의 불가능하다. 야훼 하나님의 왕권을 찬양하는 시까지 포함하면 논의는 더 복잡해지지만, Mowinckel이나 Kraus처럼 이런 시가 우주와 사회를 갱신하는 축제에 사용되었다고 주장하는 사람도 이스라엘 왕이 고대 근동의 다른 제의처럼 신의 역할을 맡아 연기했다고 주장하지는 않는다.

114 Schniedewind는 삼하 7:1-17에 나오는 다윗 약속의 핵심을 고찰하고 다윗 시절에 발생한 '고대 정치 문학'(early political literature)이라고 규정한 후, 이 약속이 계속 재해석 과정을 거쳐 히브리 성경과 제2성전 시대까지 이어져 내려온 과정을 추적한다(William M. Schniedewind, *Society and the Promise to David*).

바 있으며, 특히 페니키아 시돈의 종교와 암몬 그리고 모압 제의도 시행되었다.

열왕기 편집자가 배교 행위라고 규정한 종교적 관습을 제거한 유다 왕도 몇 명 있었지만, 그들의 종교 개혁은 완벽하지 못했고 또 오래 지속되지도 않았다. 엄격한 야훼 제의를 대신할 다른 종교 관습은 공식적 제의에서 완벽하게 제거된 적이 없었다고 보는 것이 타당하다.

왕이 외교적인 이유로 외국 여인과 결혼해서 그들의 제의가 예루살렘에 소개되었기 때문에, 이런 제의가 유다 왕국에서 지배적인 지위를 가진 공식 야훼 제의에 비교할 때 지엽적인 관습이고 야훼 제의에 복속되었다고 할지라도 여전히 그 명맥을 이어갔던 것이 사실이었다.

흥미로운 사실은 예루살렘에 있었던 바알 신전이 아달랴와 관련이 있다고 암시되어 있고 또 그녀가 야훼를 섬기는 장소에서 바알 제의를 행하도록 후원했다는 기록도 있지만, 그녀가 직접 그 신전을 건축했다거나 그 신전에 물질적 후원을 했다는 기록이나 그녀가 바알 제의를 유일한 공식 종교로 승격시키려 했다는 기록은 어디에도 찾아볼 수 없다. 오히려 아달랴는 야훼의 이름이 포함된 매우 전형적인 이름을 가지고 있다. 아마도 아달랴는 이세벨의 시누이라는 사실 때문에 독실하게 바알을 섬기는 사람이었다는 오명을 뒤집어 쓴 것으로 보인다.

예루살렘에 있던 바알 신전은 훨씬 더 오래된 시설도 솔로몬 시대부터 있었던 건물일 가능성이 있으며, 만약 아달랴의 집안이 바알을 섬긴다는 사실 때문에 이 신전을 새로 지었다면, 야훼 제의가 누리던 지위를 탈취하려는 의도 없이 단순히 외교적인 특권을 존중하기 위해 설치하였을 것이다.[115]

여러 가지 상황을 고려해 볼 때 이스라엘과 유다 왕국은 각자 자기 방식대로 전통을 세운 공식 야훼 제의를 가지고 있었으나, 동시에 다른 종교적

---

[115] 아달랴에 관해서는 제3장, 각주 40과 52를 참조하라.

관습도 어느 정도 인정했고, 이런 타종교 관습은 상황에 따라 그 활성화 여부가 다르게 나타났으며, 다양한 방법으로 야훼 제의에 영향을 미친 것으로 보인다.

중요한 점은 각 종교 이념이 정치적으로 국가에 종속되어 있었기 때문에 종교적 문제에 관한 분쟁은 한 종교가 다른 종교보다 절대적 우월성을 쟁취하려는 방향으로 나타나지 않는다는 것이다. 또한 두 왕국이 서로 협력해야 할 이유가 있을 때 각자가 지켜오던 종교적 신념 때문에 합의에 이르지 못하는 경우가 없었다는 사실은 정치적으로 의미가 깊다고 하겠다.

(2) 주변국과 맺은 관계

유다와 이스라엘 사이의 관계를 살펴보며 적대적, 중립적, 우호적 관계가 시대에 따라 변화하였음을 보았는데, 이런 현상은 시리아 남부와 팔레스타인에 있던 다른 국가와의 관계에서도 그대로 반복된다. 이스라엘과 유다는 때로 동맹을 맺고 이런 나라에 대해 유사한 정책을 시행하기도 했지만 그 보다는 서로 상충되는 입장에 설 때가 더 많았다. 왜냐하면 이 지역에 있던 나라는 당시 각자 자신에게 유리해 보이는 정책을 시행하는 데 망설임이 없었기 때문이다. 이 나라는 협력 관계를 유지하기 위해서 외교적 군사적 전략을 조절하기도 하였으나, 오랜 시간 동안 동맹을 유지하는 일은 극히 드물었다.

이스라엘의 오므리 왕조 왕이 주도하여 여러 나라의 협력을 이끌어 낸 동맹도 있었는데, 여기는 두 가지 요인이 동시에 작용하였다. 먼저 이 작은 나라들이 어느 누구도 기본적인 자원을 충분히 지니고 있지 못하여 국가 간 협력이 필요한 상업적 이유가 있었고, 어느 나라도 앗수르나 이집트나 바빌론에 혼자 힘으로 맞설 만큼 강하지 못했기 때문에 국가 간의 협력이 필요한 군사적 이유도 있었다.

이렇게 힘을 모아 동맹을 맺어야 할 긴박한 이유가 있었음에도 불구하고 이런 나라들은 불화 속에서 분열 상태에 머물러 있는 경우가 많았다. 그 이유는 서로가 서로에게 확장 전략이나 '미니-제국주의'(mini-imperial) 전략을 구사하며 분쟁을 벌여 왔던 역사가 있었기 때문에, 각 정권이 내부적으로 불안정했기 때문에, 일단 강대국의 위협이 목전에서 물러나면 통일성을 유지하기 어려웠기 때문에 그러했다.

물론 앗수르나 이집트나 신-바빌론 제국이 기회가 있을 때마다 이 작은 국가 사이를 틀어지게 만들어서 '분열 후 정복'(divide and conquer)이라는 영악한 정책을 구사했던 것도 이런 나라가 동맹을 유지하기 어려웠던 이유 중 하나다. 이스라엘과 유다는 이 지역 소국 사이의 정치적 관계에 휘말려 들어가면서 독립된 주권 국가로 생존할 가능성이 향상될 때도 있었고 더 많은 경우에 자기 운명을 위태롭게 만들기도 했다.

전반적으로 볼 때 오므리 왕조의 지정학적 전략을 제외하면 이스라엘과 유다는 인구, 역사, 문화, 종교 전통을 공유하고 있었다는 이유로 서로에게 편파적으로 호의를 표한 적은 없었다. 열왕기 저자가 강조한 포괄적인 이스라엘이라는 개념은[116] 길게 보았을 때 거칠게 급변하는 시리아-팔레스타인 정치판에서 각 왕국이 가진 이기적인 이해관계를 뒤엎을 만큼 강하지는 않았던 것으로 보인다.

다메섹과 두로는 각각 이스라엘의 북동쪽과 북서쪽 국경에 접해 있었기 때문에 북 왕국 권력 판도의 변화에 중요한 영향을 미쳤다. 이 두 나라와 화기애애한 관계를 유지할 때면 이스라엘은 두로와 해상 무역을 하고 다메섹과 육상 무역에 관여하면서 상업적인 이득을 얻을 수 있었다. 그리고 이스라엘과 다메섹이 동맹을 맺고 반-앗수르 전선을 형성하고 있는 동안 평화로운 지역 분위기가 형성될 수 있었고, 국내 생산성을 높이고 무역을 활성화하여 번창할 수도 있었다.

그러나 반-앗수르 동맹이 깨어지자 이스라엘과 다메섹은 요단강 동편 북부 영토를 놓고 전쟁을 벌이기 시작했고, 두로를 통해 사치품을 거래하

---

[116] 포괄적 이스라엘이라는 개념에 관해서는 제2장 각주 22-24와 제3장 각주 49를 참고하라.

던 교역도 예후가 이세벨을 살해하면서 위태로워졌다. 모압도 잃고 예후가 아하시야를 살해한 후 유다와의 관계도 소원해지자 이스라엘은 혼자 남아 이삼십 년 동안 쇠퇴의 길을 걸었으며, 공격적인 다메섹의 세력에 눌려 거의 봉신국 지위로 전락하고 말았다.

오므리 왕조가 일어서기 전 유다 왕 아사는 다메섹에 조공을 바치며 원군을 요청하여 북쪽에서 예루살렘 정권을 위협하는 이스라엘을 견제하려 하였다. 후대에 예후는 유다가 이스라엘과 맺은 동맹 관계를 무자비하게 끊어 버렸기 때문에, 유다 왕국은 이스라엘이 다메섹에게 '응분의 벌'(just deserts)을 받을 때 즐거워했을 것이다. 그러나 다메섹 군대는 이스라엘을 철저하게 완파하고 블레셋 지방까지 군사 원정을 감행하였다.

유다가 이 원정의 피해를 입지 않은 이유는 요아스가 다메섹 왕 하사엘에게 큰 선물과 조공을 바쳤기 때문이다. 요아스는 이렇게 다메섹을 향해 약한 모습을 보인 것이 원인이 되어 결국 신하에게 암살당했을 것이다. 다메섹은 그 이후 이스라엘과 연합하여 유다를 위협하였고 앗수르에 대항하는 동맹에 아하스를 참여시키려고 하였다.[117]

지중해 해안에 위치하여 해상 무역에 종사하던 페니키아 도시 국가 중에 두로(Tyre)는 해양 민족(People of the Sea)의 침입을 성공적으로 막아냈으며, 떠돌던 해양 민족 중 블레셋 사람은 갈멜산 남쪽 해안에 정착하게 되었다. 시돈(Sidon)은 처음으로 지중해 전체에 걸쳐 식민지를 건설하였고, 두로도 곧 그 예를 따랐는데, 그 중 북아프리카 카르타고(Carthage)에 있는 퓨닉(Punic) 식민지가 가장 유명하다. 두로와 시돈과 그발(Byblos)은 그리스

---

117 다메섹에 관해서는 다음 연구를 참조하라. Horst Klengel, *Syria 3000 to 300 B.C.: A Handbook to Political History* (Berlin: Akademie Verlag, 1992), 190-226 passim; Wayne T. Pitard, *Ancient Damascus: A Historical Study of the Syrian City-State from Earliest Times until Its Fall to the Assyrians in 732 B.C.E.* (Winona Lake, Ind.: Eisenbrauns, 1987); Benjamin Mazar, "The Aramean Empire and Its Relations with Israel," *BA* 25 (1962): 98-120; Emil G. Kraeling, *Aram and Israel* (New York: Columbia Univ. Press, 1918).

를 중심으로 한 지중해 세계와 고대 근동 지방을 연결해 주는 상업 교역로였고, 알파벳 글자를 만들어 퍼뜨린 주체였으며, 호화롭고 사치스러운 물품을 제작하는 솜씨 좋은 장인이었다.

페니키아는 이렇게 '예상 가능한' 길을 보여 주었는데, 건축 재료는 물론 건축, 공예, 해운 분야의 전문가를 솔로몬과 오므리 왕조에게 제공하는 대신 그 대가로 농업 생산물과 아라비아로 통하는 무역로 사용권을 보장받았다. 페니키아와 이스라엘 사이의 우호적인 관계는 예후의 고립주의 정책 때문에 파경을 맞았다. 그 후 이런 긴밀한 관계가 다시 회복될 수는 없었지만, 이스라엘과 유다가 여로보암 2세와 웃시야 치하에 어느 정도 국력을 키우게 되자, 페니키아 해변과 이스라엘 유다 내륙 지방 사이의 상거래도 다시 활발해지고 제도화되기도 했다.

시리아-팔레스타인 지역의 다른 나라와 마찬가지로 페니키아 도시 국가도 앗수르에 조공을 바쳐야 했다. 기원전 9세기 중엽부터 시작해서 티글랏필에셀 3세 이후로는 앗수르 제국에 시리아-팔레스타인 지역으로 더욱 깊이 침입해 들어왔기 때문에 계속해서 이런 요구에 응할 수밖에 없었다. 살만에셀 5세가 두로를 포위하고 공격한 적이 있었는데, 이 때 두로도 함락은 면했지만 다른 페니키아 도시 국가 위에 군림하던 지위는 잃고 말았다. 에살핫돈이 이집트 원정을 가는 도중에 두로를 공격하여 그나마 남은 두로의 국력을 더욱 쇠하게 만들었다.

그럼에도 불구하고 두로는 제 기능을 잃지 않고 봉신국으로 명맥을 유지했으며, 앗수르 제국도 두로에 관련해서는 매우 신중하게 일처리를 하였다. 왜냐하면 앗수르도 페니키아가 해상 무역을 통해 바치는 조공과 무역에 크게 의지하고 있었기 때문이다. 한편 내륙 거주지와 섬에 설치된 항구로 나뉘어 있는 두로는 바다 길을 통해 필요한 물자를 공급받을 수 있었기 때문에 군사적 위협에 저항할 수 있는 매우 유리한 조건을 가지고 있었다.

앗수르 제국의 전략을 뒤따르며 신-바빌론 제국도 이집트 원정을 준비하면서 페니키아 도시 국가를 확실하게 지배권 아래 두기 위해 노력하였다. 느부갓네살 왕은 10년 이상 두로를 포위하고 공격하였으나 점령하는 데는 실패하고, 합의하에 화친을 맺을 수밖에 없었다.

솔로몬 시대 이후 페니키아와 유다의 관계로는 신-바빌론에 대항하는 반란을 모의하기 위해 예루살렘 회의에 두로와 시돈 대표가 파견된 것을 들 수 있다. 아마도 유다 왕 시드기야가 이런 모임을 주선하였던 것으로 보이는데 결국 실패하고 말았다(렘 27:3). 페니키아 거주지는 대부분 지중해 해안에 있는 무역항이었는데, 페니키아 사람 중 일부는 시리아 북부 내륙 지방에 정착하기도 했다.

그렇지만 팔레스타인에 자리 잡은 경우는 알려진 바 없으며, 페니키아 도시 국가가 이스라엘이나 유다와 전쟁을 벌였다는 기록도 없다. 페니키아가 가진 가장 무서운 "무기"는 군사 영역이 아니라 상업 영역에 있었으며, 앗수르나 신-바빌론 패권에 굴종해야 할 때에도 페니키아 사람들은 이 무기를 매우 솜씨 있게 활용하였다.[118]

요단강 동편에 있던 암몬, 모압, 에돔 같은 나라는 이스라엘에게 매우 중요한 지역이었는데, 왜냐하면 그 나라를 가로질러 남과 북으로, 그리고 동과 서로 연결하는 길이 이어지기 때문에 지중해 해변과 시리아 북부, 이집트, 아라비아 남부를 오가는 무역이 모두 이 길을 이용해야 했다. 다윗과 솔로몬은 이 지역을 지배했다고 기록되어 있으나, 그 뒤를 이었던 이스라엘과 유다 왕들은 이 지역을 치하에 두는데 성공한 사람도 있고 실패한 사람도 있었다.

---

118 두로와 페니키아에 관해서 다음 연구를 참조하라. William A. Ward ed., *The Role of the Phoenicians in the Interaction of Mediterranean Civilizations* (Beirut: American Univ. of Beirut, 1969); Gerhard Herm, *The Phoenicians: The Purple Empire of the Ancient World* (London: Gollancz, 1975); Martha S. Joukowsky ed., *The Heritage of Tyre: Essays on the History, Archaeology, and Preservation of Tyre* (Dubuque, Iowa: Kendall/Hunt Publishers, 1992); F. Briquel-Chatonnet, *Les relations entre les cité phénicienne et les royaumes d'Israël et de Juda*, OLA 46 (Louvain: Departement Orientalistiek, 1992).

모압은 원래 이스라엘의 세력권 안에 있었지만 북 왕국 왕들이 약해져서 모압을 통제할 수 없는 시기가 있었다. 오므리 왕조가 들어선 후에 모압을 다시 정복하였고 상당한 양의 가축과 양모를 조공으로 받을 수 있었다. 오므리 왕조가 다시 쇠퇴하고 모압이 반란을 일으켰을 때 메사는 이스라엘 포로를 종교의 이름으로 무참히 살해하는데, 이것은 다윗의 장수 요압이 모압 사람을 잔인하게 살육한 것에 대한 복수일 수도 있다(삼하 8:2). 이스라엘 국력이 더 약해져서 다메섹에 굴복하게 되자 모압은 군대를 이끌고 이스라엘을 공격하기도 했다(왕하 13:20-21).

모압은 티글랏필에셀부터 앗슈르바니팔까지 앗수르 왕에게 지속적으로 조공을 바쳤으며, 그 지역 다른 나라가 꾸미는 반란에 가담하지 않았다. 모압도 앗수르의 사르곤에 대항하는 반란에 참여한 적이 있지만, 즉시 가입을 철회하여 처벌을 면하기도 하였다. 앗수르가 모압에게 요구한 사항 중에는 레바논으로 노동자를 파견하여 건축 사업에 사용할 목재를 자르고 운반하는 일을 돕는 것과 이집트나 아라비아 부족을 공격하는 군사 원정에 군대를 파견하라는 것이 포함되었다.

신-바빌론 제국은 앗수르로부터 모압의 패권을 물려받았고, 봉신국 모압은 여호야김이 느부갓네살에게 조공 바치는 것을 거절하자 바빌론 군대에 합류하여 예루살렘을 공격하기도 하였다(왕하 24:2). 몇 년 후에 유다 왕 시드기야는 신-바빌론에 대항하는 반란을 계획하며 페니키아와 팔레스타인 국가를 회유하다 실패하였는데, 모압도 그 나라 중 하나였다. 기원전 582년 느부갓네살은 모압을 점령하였다(Josphus, *Antiquities*, 10.181-82).[119]

암몬은 솔로몬의 왕국이 분열될 때 독립한 것으로 보인다. 역대기에

---

119 모압에 관해서 다음 연구를 참조하라. J. Maxwell Miller, "Moab," *ABD*, 4:882-93; A. H. van Zyl, *The Moabites*, Pretoria Oriental Series 3 (Leiden: E. J. Brill, 1960); Piotr Bienkowski, ed., *Early Edom and Moab: The Beginning of the Iron Age in Southern Jordan*, Sheffield Archaeological Monographs 7 (Sheffield: J. R. Collis, 1992); Klaas A. D. Smelik, *Converting the Past: Studies in Ancient Israelite and Moabite Historiography* (Leiden: E. J. Brill, 1992).

따르면 암몬과 모압과 에돔은 예루살렘과 사해 사이 유다 광야에서 여호사밧을 공격했다고 하는데(대하 20:1, 10, 20, 22-23), 이 전승을 그대로 받아들이는 것은 문제가 있다. 왜냐하면 암몬은 살만에셀 3세에 대항해서 동맹을 맺고 카르카르(Qarqar) 전투에 참여했던 그 지역 동맹국 중 하나였고, 역시 동맹에 참가했던 이스라엘과 우호적인 관계를 유지하고 있었을 것이기 때문이다.

한편 웃시야와 요담은 암몬이 바치는 조공을 받았다고 기록되었는데, 특히 요담은 최소한 3년 이상 이런 선물을 받았다(대하 26:8; 27:5). 그 후 암몬은 신-바빌론 제국의 봉신국 자격으로 여호야김이 다스리던 예루살렘을 점령하기 위해 전투에 참여하였다. 기원전 586년 이후 암몬 왕 바알리스가 유다 왕족 중 생존자를 부추겨서 신-바빌론 제국의 유다 총독 그달랴를 암살하라고 했다는 소문이 있었다(렘 40:14).

만약 이것이 사실이라면 암몬은 신-바빌론의 권위에 정면으로 도전을 하였고, 유다가 다윗 왕조의 후손이었던 암살자 이스마엘의 영도 아래 다시 반란을 일으키기를 바랐다는 이야기가 된다. 이런 이유로 모압도 제국에 대항하는 내란 사태에 동조했다면, 우리는 기원전 582년에 느부갓네살이 암몬과 모압을 공격한 이유를 이해할 수 있게 된다. 아마도 이 두 나라는 이 때 독립을 잃었을 것이다.[120]

솔로몬의 왕국이 분열되면서 독립한 모압이나 암몬과는 달리, 다윗이 주둔군을 배치했던 에돔은 계속 유다의 지배를 받았던 것으로 보이며(삼하 8:14), 유다의 총독이 감독하고 통치했을 것으로 보인다. 이렇게 에돔이 유다의 영향권 안에 있었기 때문에 여호사밧은 홍해를 통해 해상 무역을 재개하려 하였다. 그러나 그의 아들 치하에서 에돔이 반란을 일으켜 스스

---

[120] 암몬에 관해서 다음 연구를 참조하라. Jean-Michel de Tarragon, "Ammon, Ammonite," *ABD*, 1:184-96; Walter E. Aufrecht, *A Corpus of Ammonite Inscriptions*, Ancient Near Eastern Texts and Studies 4 (Lewiston, N.Y.: Edwin Mellen Press, 1989); Burton MacDonald and Randall W. Younker, eds., *Ancient Ammon*.

로 왕을 옹립하였다(왕하 8:20-22). 십여 년 후 아마시야가 에돔으로 군사 원정을 실시했으나 점령하지는 못하였다(왕하 14:7).

웃시야 치하에서 유다는 홍해에 있는 항구 도시 엘랏을 차지한 것으로 보이는데, 이스라엘과 다메섹이 예루살렘을 포위하여 아하스가 바쁜 틈을 타서 에돔이 다시 엘랏을 점령하였다(왕하 16:6). 에돔은 요단강 동편에 있던 다른 나라와 마찬가지로 티글랏필에셀 3세부터 앗슈르바니팔까지 앗수르 왕에게 정기적으로 조공을 바쳤으며, 모압과 함께 앗수르 왕이 이끄는 원정에 군대와 노동력을 제공하기도 하였다. 신-바빌론 제국이 예루살렘을 공격하기 위해서 소집한 봉신국 군대 목록에 에돔은 그 이름을 올리지 않았다.

성경 전승이 당시 에돔의 행위에 대하여 극심한 적대감을 보이는 이유는 예루살렘 함락 이후 유다 남부로 확산된 에돔 사람의 거주지 때문인 것으로 보인다. 사실 에돔과 유다 사이의 관계를 정확하게 재구성하는 일이 매우 어려운데, 왜냐하면 에돔 사람이 유다 왕국이 멸망하기 전 몇 십 년에 걸쳐 네게브 동쪽 지역으로 이주하였고 이런 지역도 "에돔"이라는 지명 하나로 가리켜 불렀기 때문이다.[121]

에돔과 모압이 이스라엘이나 유다를 향한 외교 정책에 있어서 언제나 통일되고 안정된 자세를 취했던 것은 아니다. 요단강 동편 나라에서 부족이나 혈통적으로 관련된 조직이 굳건한 지위를 지키고 있었고, 국가 지배 체제가 때에 따라 강력한 군장 국가와 부족 국가 사이를 오갔을 것이다. 암몬이 그 중 가장 안정적이고 발전된 왕국을 건설하였고, 모압은 북쪽 고원

---

[121] 에돔에 관해서 다음 연구를 참조하라. Burton MacDonald, "Edom," *ABD*, 2:287-301; John R. Bartlett, *Edom and the Edomites*, JSOTSup 77 (Sheffield: JSOT Press, 1989); Piotr Bienkowski, ed., *Early Edom and Moab: The Beginning of the Iron Age in Southern Jordan*. Sheffield Archaeological Monographs 7 (Sheffield: J. R. Collis, 1992); Diana V. Edelman, ed., *You Shall Not Abhor an Edomite For He Is Your Brother: Edom and Seir in History and Tradition*, Archaeology and Biblical Studies 3 (Atlanta: Scholars, 1995).

과 남쪽 산지로 세력이 갈리는 경우가 많았으며, 에돔은 어느 한 정치 중심지에 권력을 집중시키는 것도 쉽지 않은 상태였다.

유다 남서쪽 해안에 위치한 가사(Gaza), 가드(Gath), 아스글론(Ashkelon), 아스돗(Ashdod), 에그론(Ekron)은 역사 자료에 따로 언급되기도 하고 때로 '블레셋'이라는 이름으로 함께 언급되기도 한다. 이런 블레셋의 나라들은 역사 속에서 각자 자기에게 유리한 전략을 사용하였고, 사실 하나의 공동체로 통합적인 행동을 보인 적은 거의 없다.

다윗은 블레셋이 이스라엘과 유다 산지를 지배하려는 시도를 무산시키는 데 성공하였으나, 그 후 몇 백 년 동안 블레셋 도시 국가는 독립을 유지하였고, 때때로 이스라엘이나 유다와 전투를 벌이기도 하였다. 왕국이 분열되던 시기에 이들은 이스라엘을 공격하였고(왕상 15:27; 16:15), 약 백여 년 후 에돔과 아랍 부족과 연합하여 유다와 세력 다툼을 벌이기도 하였다.

블레셋은 이집트로 들어가는 마지막 '전초 기지' 위치에 있었기 때문에 앗수르나 이집트, 신-바빌론 제국의 제국주의적 군사 원정에 반복적으로 휩쓸릴 수밖에 없었고, 때로는 순응하는 위성 국가로 때로는 반란군으로 대접을 받았다.

티글랏필에셀 3세는 블레셋 도시 국가에 지역 출신 지도자를 봉신으로 임명하고 반란을 진압했으며, 사르곤 2세와 산헤립도 그 예를 따랐다. 예루살렘의 히스기야가 주도하여 산헤립에 대항한 반란이 일어났을 때 아스글론과 에그론만 참여하였는데, 이 때 에그론은 앗수르에 충성을 바치던 왕 파디를 폐위시켜 히스기야의 손에 넘겨서 옥에 가두도록 하였다. 반란을 모두 진압한 후 산헤립은 유다 서부 영토를 떼어 충성스러운 블레셋 도시 국가에게 상으로 주었다.

에살핫돈은 이집트를 점령하기 위해서 블레셋 도시 국가를 더 엄격하게 관리하였다. 블레셋은 해안길이 통과하는 요충지에 위치하고 있었을 뿐만 아니라 페니키아 항구 정도의 수준은 못되지만 블레셋 도시 국가도 바다로 나갈 수 있는 주요 거점이 되기 때문에, 유다는 이 지역을 완전히 지배하거나 아니면 블레셋과 최소한 좋은 관계를 유지할 필요가 있었다. 블레셋 도시 국가와 유다가 어떤 외교적 관계를 유지하고 있는지와 상관없이 무역에 종사하는 상인은 지배층 인사에게 이익이 되는 물품을 거래할 수 있는 통로를 확보하고 있었으리라 짐작할 수 있다.[122]

유다와 이스라엘이 주변 국가에 대항하여 세운 왕궁 이념이 가장 잘 나타난 기록은 기원전 9세기 중반에 이스라엘과 모압 사이에 일어난 군사적 충돌과 관련되어 있다. 모압 왕이 오므리 왕조에 대항하여 성공적으로 반란을 이끌었다고 기록하고 있는 메사 석비에서 화자는 그의 승리가 이스라엘의 하나님 야훼에 대적하여 모압의 신 그모스(Chemosh)가 거둔 업적이라고 묘사하고 있다. 오므리 왕조 시절에 두로의 바알과 이스라엘의 야훼 사이에 다툼이 있었다는 기록은 조금 다른 관점에서 살펴보아야 한다. 왜냐하면 이 때 두 나라는 외교적으로 우호적인 관계를 유지하고 있었고, 당시의 국제적인 관례에 따라 한 나라가 다른 나라의 신에게 일정한 외교적 지위를 보장해 줄 의무가 있었기 때문이다.

그러므로 과연 아합과 이세벨이 실제로 바알과 야훼 사이에 신 하나만 배타적으로 선택하려는 의도가 있었는지 여부는 확실히 대답할 수 없는 상태로 남아 있으며, 엘리야가 전승에 기록된 대로 국가적인 수준에서 야훼 제의만 배타적으로 시행해야 한다고 열광적으로 주장했는지 여부도 더 연구해야 할 질문이다. 국가와 국가 사이의 관계에 있어서 양국이 서로를 인정하고 우호적일 때는 서로의 종교적 제의도 존중하지만, 두 나라가 전쟁을 벌일 때는 그들의 신들도 함께 전쟁에 나서는 것으로 믿었으며, 자기를 섬기는 인간을 위해서 직접 전투에 참여한다고 생각했다.

---

122 블레셋에 관해서는 다음 연구를 참조하라. H. J. Katzenstein and Trude Dothan, "Philistines," *ABD* 5:326-33; R. D. Barnett, "The Sea Peoples," *CAH*, 3rd ed., 2/2:371-78; Trude Dothan, *The Philistines and Their Material Culture* (New Haven: Yale Univ. Press, 1982); Carl S. Ehrlich, *The Philistines in Transition: A History from ca. 1000-730 B.C.E.*, Studies in the History and Culture of the Ancient Near East 10 (Leiden: E. J. Brill, 1996).

고대 역사를 다루는 전승 중에 국가 신 간에 영향을 주고받는 문제를 언급한 자료도 있다. 예를 들어서 암몬과 이스라엘 사이의 영토 분쟁에 관해 기록하고 있는 사사기 11장은 모압의 신 그모스를 암몬 최고의 신으로 묘사하는 실수를 저지르기도 하지만, '전투라는 시련을 통한 재판' 개념을 보존하고 있다(삿 11:27). 전쟁을 해서 이기는 쪽 신이 '시험'을 통과하고 승리했다고 간주하는 관습이다.

사무엘 시대에 블레셋에게 법궤를 빼앗겼다가 나중에 다시 이스라엘로 돌아왔다는 이야기도 매우 흥미로운 전승이다. 어떤 학자는 이 이야기가 전승국이 패전국의 신상을 빼앗아가는 관습을 반영한다면서, 약탈한 신상은 전승국 수도에 전시되거나 아니면 '너그러운' 마음을 상징하는 표시로 패전국 신자에게 돌려주기도 한다고 설명한다.[123]

분열 왕국 시대를 묘사한 성경 본문이나 같은 시대의 성경 외부 자료는 이런 신들의 전쟁에 관해 거의 아무런 정보도 제공해 주지 않는다. 앗수르 관리가 히스기야와 포위된 유다 백성에 한 말(왕하 18:19-35)은 앗수르 제국의 영악한 선전 선동을 드러내고 있지만, 이 연설의 정교한 논리는 후대 유다 종교 개혁자의 관점을 따르고 있다.

물론 국가적 이념은 계약 체결과 같은 국제적인 외교 관계에서 중요한 역할을 해 왔겠지만, 현재 우리가 되짚어 보는 국제 관계의 영역에서 어떤 방식으로 힘을 발휘했는지는 자세히 알 수 없다. 오히려 예언 문학에 간헐적인 언급이 나타난다. 호세아 선지자는 앗수르가 황금 송아지를 탈취해 갈 것이라고 말하였는데(호 10:5-6), 이 예언은 블레셋이 법궤를 빼앗아 간 사건을 연상시킨다. 에스겔 선지자는 신-바빌론과 유다가 맹세를 하고 계약을 맺었는데, 양자가 섬기는 신들 앞에서 맹세를 했다고 말한다(겔 17:1-21).

---

123 Patrick D. Miller Jr. and J. J. M. Roberts, *The Hand of the Lord: A Reassessment of the 'Ark Narrative' of 1 Samuel*, JHNES (Baltimore: Johns Hopkins, 1977).

(3) 강대국과 맺은 관계

이스라엘과 유다 왕국이 고대 근동의 강대국 관계했던 역사적 사건은 앞에서 언급한 바와 같고, 또 시리아-팔레스타인에 있었던 이스라엘과 유다를 비롯한 소규모 국가가 상호 관계를 맺어왔던 크고 작은 사건도 이미 관찰하였다. 강대국이 상대적으로 잠잠하고 시리아-팔레스타인 일에 개입하지 않는 동안에는 지역 소국이 제국의 침입에 얽매이지 않고 자기의 이해관계에 따라 행동할 수 있었다.

이스라엘 지파 공동체가 발생하고 다윗과 솔로몬 치하에 국가를 건국한 것도 이런 "권력 공백기"에 일어났다. 이와 유사한 상황이 되어 외국 강대국이 잠잠할 때 이스라엘의 오므리와 여로보암 2세가 정치적으로 발전할 수 있었으며, 유다도 아사랴(= 웃시야)와 요시야 치하에서 문명의 꽃을 피울 수 있었다.

파라오 시삭(Sheshonk)은 유다와 이스라엘을 침공한 적이 있는데, 이 원정 뒤로는 이집트가 계속 아시아에 원정을 오지 않았으며, 이스라엘과 유다는 기원전 9세기 중반 앗수르가 시리아로 쳐들어 올 때까지 강대국의 위협에 떨지 않고 비교적 자유로운 시절을 보냈다. 이스라엘도 참여했던 군사 동맹 덕분에 앗수르의 진출을 일시적으로 막을 수 있었으나, 십여 년 뒤에 다시 돌아온 앗수르는 이스라엘과 그 북부에 이웃한 국가에게 공식적으제국의 패권을 공식적으로 주장하게 된다.

그 후 제국의 다른 지역에 골몰하던 앗수르는 기원전 8세기 초에 다시 돌아와 다시 한 번 통치권을 주장한다. 외국의 간섭에서 자유로웠던 시기가 또 잠깐 찾아왔으나, 기원전 8세기 중반 이후 앗수르의 지배가 다시 공고히 확립되었고, 결과적으로 북 왕국의 멸망을 가져오게 되었다.

기원전 8세기 말에 티글랏필에셀 3세가 원정을 올 때까지 유다는 앗수르 제국의 영향력 바깥에 머물 수 있었고, 약 200년 동안 강대국의 위협을 걱정하지 않고 살 수 있었다. 그러나 앗수르 제국의 영향력이 온 아시아에 확대되고 유다 지역까지 미치게 되자 자진해서 무릎을 꿇었다. 그 후 앗수르에 대항한 반란에 가담한 적도 있지만, 앗수르 제국이 그 운을 다할 때까지 앗수르의 봉신 자격으로 그 지배하에 머물러 있었다.

요시야 치하에 유다가 잠깐 동안 독립을 쟁취한 일도 있었는데, 이것은 앗수르가 시리아-팔레스타인에서 세력을 잃어가고 이집트가 그 빈틈을 노리던 시기였다. 이집트는 신-바빌론 제국을 견제하기 위해 정지 작업이 필요했고, 유다를 자기들의 지배권 아래 단단히 묶어두려고 노력했다. 그러나 결국 이집트가 전쟁에서 패배하고 나자, 신-바빌론 제국이 유다를 지배하게 되었고, 이를 받아들이지 못하고 반란을 몇 번 일으키던 유다는 독립을 잃고 말았다.

이런 강대국 때문에 이스라엘과 유다는 국가로서 수행해야 할 필수적인 기능을 집행할 때 직간접적으로 영향을 받았다. 가장 직접적인 영향은 봉신국이 제국주의적 점령국에게 바쳐야 할 연례적인 조공이라고 말할 수 있다. 앗수르 연대기에 남아 있는 조공 목록을 보면 귀금속과 사치품 등을 포함하여 상당히 큰 규모의 조공을 바쳤음을 알 수 있다.

이스라엘과 유다도 국가가 주도하는 상업, 중계 무역 수수료, 일반 백성이 바친 세금, 그리고 더 작은 나라가 바친 조공을 모아 쌓아두었겠지만, 이런 규모의 조공을 바치자면 다양한 방법으로 세금을 거두어 저장해 놓은 왕궁 창고도 쉽게 동이 났을 것이다. 이스라엘과 유다가 반란을 일으켰을 경우에는 정기적인 연례 조공 외에 더 무거운 배상금이 추가되었다.

이스라엘의 므나헴은 앗수르에게 '미리' 자청해서 조공을 바치면서 환심을 사려고 하였고, 맹주께서 관대한 처분을 내리셔서 봉신국의 지위를 확보하고자 하였다.

이스라엘과 다메섹이 예루살렘을 포위하였을 때 이 문제를 해결하기 위해서 앗수르에게 원군을 청했던 유다의 아하스도 같은 선택을 했다고 볼 수 있다. 게다가 므나헴은 재력 있는 사람들('큰 부자')에게 50세겔씩 징수하여 은 천 달란트를 모금하였다고 기록되어 있는데, 만약 이 조공을 일시불로 납부했다면 모두 60,000명에게 세금을 징수했다는 계산이 나온다. 그러나 한 해가 아니라 여러 해에 나누어서 바치는 형식이었다면 좀 적은 수의 시민이 세금을 냈을 것이다.

파라오 느고는 유다에 금 한 달란트와 은 백 달란트를 부과한 적이 있는데, 므나헴이 '큰 부자'에게 세금을 징수했던 것과 거의 비슷하게 여호야김도 '그 땅의 백성'에게 세금을 부과하여 조공을 마련하였다.

또한 제국이 이스라엘과 유다를 다스리는 동안 군사 원정 때문에 밭과 과수원과 목초지가 황폐해져서 농업과 목축업이 큰 타격을 받게 되었다. 외국의 침입과 포위전이 지속되면서 밭과 과수원과 가축을 돌보는 일이 갈수록 어려워졌는데, 일반 백성이 마을을 버리고 성벽이 있는 도시로 피난을 가거나 군사로 징집되었기 때문이다.

같은 이유로 상업과 무역도 그 규모가 줄어들 수밖에 없었다. 물론 제국 정부는 자신들이 점령한 지역에 평화를 정착시키고 남부럽지 않게 살 수 있도록 조치했다고 자랑하지만, 앗수르와 신-바빌론 정책을 고려해 볼 때 이런 주장이 믿을 만한지 의심하지 않을 수 없다.

제국 정부는 또한 점령지를 '문명화'시킨다고 선전하고 있지만, 제국이 실행하는 정책의 가장 큰 목적은 제국의 창고를 채워 줄 충성스러운 신하를 확보하고 지원하는 데 초점을 맞추고 있었다. 그러기 위해서 제국 정권은 어느 정도 사회 경제적 안정을 유지해야 했다. 그러나 제국 정부의 손익 계산은 점령당한 식민지 주민의 복리가 아니라 제국 중심부에 축적되는 부와 권력을 중심으로 계산되고 있었음은 의심의 여지가 없다.

이렇게 자기 잇속만 차리는 제국 정책은 북 왕국 이스라엘처럼 재조직하여 앗수르의 속주로 편입된 지역에서 분명하게 드러났지만, 유다 같은 봉신국에서도 같은 정책이 시행되었다. 사실 제국이 생존하고 발전하기 위해서는 점령 지역에서 유입되는 잉여 생산물을 많이 남겨서 군사 원정이나 행정 체계 확립에 들어간 투자를 상쇄하고 더 나아가서 '이익을 낼 수' 있어야 했다.

제국 정치가 이스라엘과 유다에 미친 간접적인 영향 또한 지대하였다.

제국은 그 존재감만으로 작은 나라 정권의 운명을 쉽게 좌지우지 했는데, 그런 나라 정부 내부에 자기를 위협하는 패권주의 국가에게 반기를 들 것인지 아니면 협력할 것인지를 놓고 서로 다른 전략을 주장하는 파벌이 조성되기 때문이다.

이스라엘이 독립을 지키고 있었던 마지막 몇 십 년 동안 왕들이 짧은 기간만 다스리다 교체되거나 암살당했던 것을 볼 때, 그리고 요시야 이후 유다 왕들이 동맹국을 쉽게 바꾸거나 미미한 권력 밖에 행사할 수 없었던 사실을 볼 때 외부 압력이 무거웠던 작은 왕국이 지속적이고 일관성 있는 지도력을 유지하기가 얼마나 어려웠는지 알 수 있다.

게다가 위에서 살펴 본 것처럼 강대국이 침략해 올 때 이미 복잡하게 얽혀 있는 작은 왕국 간의 외교 관계는 훨씬 더 혼란스럽고 복잡해진다. 앗수르의 위협이 점점 무거워지던 시절에 다메섹과 이스라엘은 서로 적이었다가 동맹국이 되기를 반복하였으며, 유다의 히스기야와 시드기야는 역사적으로 항상 적대적이었던 블레셋과 요단강 동편 국가와 동맹을 맺고 제국에 대항하려고 몹시 힘들게 노력하였다.

유다의 요청을 받은 국가 중 일부는 긍정적으로 대답을 하기도 했지만, 어떤 나라는 제국 권력이 반격해 올 때 가담하거나 유다가 패배한 후 그 전리품으로 이익을 보기도 했다. 특히 시리아-팔레스타인 지역 소국은 누가 친구이고 누가 적인지 판단하는 데 큰 어려움을 겪었는데, 왜냐하면 권력의 유형과 균형이 매우 자주 예측하지 못하는 방향으로 바뀌고 있었기 때문이다. 이런 이유로 이스라엘과 유다는 시리아-팔레스타인에 있던 다른 나라와 마찬가지로 매우 취약한 입장에 놓여 있었다.

제국의 군사력과 이념적인 공격 앞에서 이스라엘과 유다 정권은 그 통치권을 정당화하기도 매우 버거웠다. 기존의 정치적 질서를 정당화하려면 모든 반대 세력의 중심지와 권력에 대한 도전을 통제하고 자기 권위를 주장할 힘과 근거가 필요하다. 이런 경우에 종교가 이념적인 권력을 제공해 주는 경우가 많다. 그래서 고대 근동 세계에서 국가 간의 관계를 다루는 문서가 종교에 대해 언급할 때, 대부분 신들이 그 문서에 기록되거나 혹은 그 문서가 지지하는 어떤 국가 정책을 기뻐하신다고 직접적으로 강조하거나 또는 암시하게 된다.

군사 원정을 기록한 연대기에서 전승을 기록할 때는 승자의 신이 승리하셨다고 적고, 반대로 패배를 묘사할 때는 패자의 신들이 전투에 져서 굴욕을 당했다고 기록한다. 국가 간에 맺어진 계약 문서에는 양측의 신을 모두 불러서 증인으로 세우고 계약 조건을 준수하기로 확정하며, 이 계약을 파기하는 자는 이 신들이 직접 처벌하신다고 끔찍한 저주로 위협하는 말이 따라온다.

이런 정치적인 신학은 유다의 경우에 예루살렘 성전에서 연주하던 제왕시(royal psalms)에 잘 나타나는데, 야훼 신께서 왕과 그의 군대를 통해 자신의 위대하심을 표현하시고 다른 민족과 그들의 신을 지배하신다고 노래한다. 야훼와 그의 기름부음 받은 자가 거룩하고 온 세상 위에 뛰어나다는 주제는 다윗의 시와 시온 시편에도 잘 나타나는데, 매우 신화적인 표현을 사용하는 웅장한 문체를 보여 준다.

그러나 이런 문학 작품은 나라가 아무리 작고 약하더라도 그 지배자가 자신이 신의 의지를 따라 지배하고 있다고 선전하며 자기 정권을 종교적으로 포장하려는 노력과 같은 뿌리를 가지고 있다. 히스기야가 주도하는 반란에 가담하지 말라고 예루살렘 사람들을 설득하는 앗수르 사신의 연설은 물론 친-유다 성향으로 윤색되긴 했지만 앗수르 제국이 완벽에 가깝게 갈고 닦아온 고대 근동의 개념을 전제로 삼고 있다. 정복자 측의 신이 모든 다른 신보다 더 강력하며, 작은 나라가 섬기던 약한 신이 구원해 주리라 믿고 의지하는 것은 소용없는 짓이라는 것이다.

물론 국가와 종교 제의 사이를 간단히 일대일로 대응시킬 수는 없는 일이다. 특정 신을 향한 숭배는 이 신을 섬기는 국가보다 훨씬 오래전부터 존재했고 또 국가가 멸망한 후에도 지속되기 때문이다. 그리고 같은 신이 다른 모습으로 서로 다른 국가에서 최고신의 자리에 머물 수도 있기 때문이다. 예를 들어 시리아와 페니키아 지역 국가가 서로 다른 바알 신을 섬겼고, 이스라엘과 유다는 모두 야훼를 섬겼다.

국가와 그 신들의 운명은 끊임없이 부침을 거듭하기 때문에 외교나 군사적인 경쟁에서 패자의 입장에 서게 되면 국가의 정치적 종교적 정체성은 심각한 문제에 맞닥뜨리게 된다. 이런 위협적인 정치적 위기를 맞아 의미의 붕괴를 피할 수 있는 방법 중 하나는 신들에게 어떤 '죄'를 지어서 그 결과 신의 '처벌'을 받는다고 설명하는 것이다.

앗수르 사람들이 좌절을 경험할 때면 왕이 국가 공식 제의를 제대로 후원하지 못했거나 존경해 마땅한 거룩한 신의 신전을 파괴하는 불경을 저질러서 이런 결과를 가져왔다고 설명한다. 현재 성경에 남아 있는 이스라엘과 유다 왕국에 관한 설명도 같은 종류의 설명으로 가득하며, 대체로 유다의 야훼 신앙의 관점에서 나라가 망한 이후에 과거로 소급하며 역사를 기술하고 있다.

그럼에도 불구하고 당시의 국가 공식 신학은 특정한 정치적 후퇴가 왜 일어났는지 제의적인 위반 행위를 찾는 방향으로 논리를 전개해 왔다. 북왕국의 예후와 남 왕국의 히스기야나 요시야가 실시했다고 기록된 '숙청'과 '개혁'은 후대 편집에 의해 윤색되었다고 할지라도 최소한 그 내용의 일부는 잘못하면 야훼 신께 받을 복을 잃게 될지도 모르는 상황에서 국가의 안녕을 확립하고자 하는 목적으로 종교적 관습을 '정화'해야 한다는 운동이 있었음을 잘 보여 준다.

어떤 경우에 종교 개혁은 매우 실용적인 행정적 목적을 위해 추진되었다는 증거도 있다. 히스기야가 유다 전국에 산재한 산당을 폐쇄한 것은 앗수르에 대항한 반란을 준비하면서 모든 물자와 종교적 권위를 예루살렘으로 집중시키려는 계획을 가지고 있었기 때문이다. 요시야도 유사한 방향으로 개혁을 진행했는데, 정치 중심지에 모이는 다양한 자원을 횡령하는 중하위권 관리를 견제하고 예루살렘의 정치적 재정적 권력을 강화하려는 의도 때문이었다. 지속적으로 압력을 더해오는 앗수르 제국의 군사력과 종교적 이념에 맞서기 위해서 정부는 야훼 신 앞에서 최선의 기반을 다질 필요가 있었고, 유다 정권에게 있어서 가장 확실한 기반은 예루살렘의 야훼 제의를 정화하고 강화하는 것을 의미했다.

이런 정책이 최종적으로 유일신교를 목표로 하고 있었기 때문에 국가 공식 제의를 예루살렘으로 집중시키는 행위는 국가 권력을 최대화하고 정당화하려는 '정치적 일신교'(political monolatry) 정책으로 간주되었을 것이다. 이와 유사한 개혁이 수도 사마리아의 야훼 제의를 대상으로 일어났었는지, 또는 단과 벧엘에 있던 국가 신전에서 시행되었는지 여부는 현재 사용 가능한 사료로 대답할 수 없는데, 선지자 호세아는 바알과 야훼를 구분하지 않는 제의를 정화해야 한다고 선포한 적은 있다.[124]

2) 국내 정치: 이스라엘과 유다의 정치적 목표

(1) 정치 중심부 내부 관계

정치 중심부란 국가 안에서 지배 조직을 확립하고 보호하며 보충하고 확장하며 정당화하기 위해서 정치권력을 사용하는 원칙적인 결정을 하는 사람의 집단이라고 정의할 수 있다. 성문화된 헌법도 없고 국가 공문서 자료도 매우 적은 양만 남아 있는 상태에서 이스라엘과 유다에 존재하던 정치 중심부의 범위와 배치에 관한 논의는 구체적으로 진행할 수 없다.[125]

---

[124] Cook은 혈통과 국가 공식 제사장 직분 사이의 관계에 관한 복잡한 주제를 다루는 인류학 연구 결과를 인용하면서 호세아 선지자가 제의를 비판한 것은 그가 혈통에 따라 북부 제사장 집안 출신이었으나 국가 제의에서 제외되면서 시작되었다고 주장한다(Stephen L. Cook, "The Lineage Roots of Hosea's Yahwism," *The Social World of the Hebrew Bible: Twenty-Five Years of the Social Sciences in the Academy*, eds. R.A. Simkins and S. L. Cook, Semeia 87, [Atlanta: The Society of Biblical Literature, 1999], 145-161).

[125] 정치 중심지의 구성 요소를 규정하기 위해서는 넓은 범위에서 이스라엘과 유다 사회의 계층 분석을 선행해야 한다. 성경 주석가 대부분은 이런 분석을 무시하는데, 그것은 남아 있는 사회적 정보가 매우 개략적이기 때문이기도 하고, 또 계층 분석을 자본주의 출현 이전 사회에 적용하는 데 대한 반대 의견이 폭넓게 조성되어 있기 때문이기도 하다(Gottwald,

어쨌든 정치 중심부는 왕과 왕족, 정부의 결정을 실행하는 명령 계통에 속한 각 정부 부처의 최고 관리, 공식 직함을 받았거나 아니면 임시직으로 일하던 정부의 고문을 포함한다고 말할 수 있다. 영향력 있는 왕족으로는 먼저 어떤 경우에 왕을 도와 섭정으로 일할 수 있는 왕자가 있으며, 같은 가족에 속한 다른 남자 친척도 있고, 유다 왕을 설명할 때 항상 그 이름이 언급된 왕대비도 있다.

최고 관료 중에는 군대 최고 사령관, 국무장관, 의전 담당관, 국가 공문서와 외교 문서를 관장하는 서기장, 왕궁과 그 재산을 관리하는 집사, 조세 제도를 관리하는 행정 관리, 징집한 노동력을 관리하는 감독관, 그리고 대제사장 한두 명이 있을 것이다. 이런 관료가 맡았던 일이 무엇이었는지 알

"The Expropriated and the Expropriators in Nehemiah 5," 9-13). 이런 계층 분석의 예는 다음 연구를 참조하라. Norman K. Gottwald, "A Hypothesis about Social Class in Monarchic Israel in the Light of Contemporary Studies of Social Class and Social Stratification," in *The Hebrew Bible in Its Social World and in Ours*, SemeiaSt (Atlanta: Scholars, 1993), 139-64, with a summary chart on 164.

이 글은 다음의 미발표 논문을 기초로 하고 있다. Anthony Mansueto, "From Historical Criticism to Historical Materialism," seminar paper, the Graduate Theological Union, Berkeley, Calif., 1983.

필자는 이 계층 분석 결과를 다른 성경 본문에 적용하기도 했다. Norman K. Gottwald, "Social Class As an Analytic and Hermeneutical Category in Biblical Studies," *JBL* 112 (1993): 3-22.

Dever는 정부와 시민 사회 수십 개를 모두 열 개의 사회 계급으로 분류하였으나, 그들 사이에 조성된 지배 관계에 대해서는 상술하지 않았다(William G. Dever, in *The Archaeology of Society*, 427-29).

Simkins는 왕정 시대 동안 계층 지배 구조는 후원자-고객(patron-client) 생산 양태였고, 가정과 국가 경제가 모두 여기에 종속한다고 주장한다(Ronald A. Simkins, "Patronage and the Political Economy of Monarchic Israel," in *The Social World of the Hebrew Bible: Twenty-Five Years of the Social Sciences in the Academy*, eds. R.A. Simkins and S. L. Cook, Semeia 87, [Atlanta: The Society of Biblical Literature, 1999], 123-144).

Knight는 "중심부/주변부 정치"보다 "전국/지방 정치"라는 개념에 관해 말하는 것을 선호한다(Douglas A. Knight, "Political Rights and Powers in Monarchic Israel," *Semeia* 66 [1995]: 93-117). 그는 "이렇게 이분법적으로 이해하면 국가 권력을 실행하는 자리에 앉아있지 않은 사람의 경험을 축소할 위험이 있다. 지방에 있는 마을 주민은 자기 동네 일이 인생의 중심에 놓여 있다고 생각할 것이며, 수도나 도시의 문화는 상대적으로 중요하지 않고 비정상적이라고 생각할 것이다"라고 경고하였다(99). 중심부/주변부 모형에 대한 자세한 논의는 위 각주 36과 제4장의 각주 69-70을 참조하라.

려면 성경에 기록된 목록이나 이야기를 사용해야 하는데, 이스라엘보다 유다가 조금 더 자세히 기록되어 있기는 하지만, 결국 해석을 어떻게 하느냐에 달려있는 문제다. 물론 다른 고위급 관리도 있었는데 기록에 남아 있지 않을 가능성도 있다.

이런 최고위층 관료는 아마 직접 왕을 보좌하며 자기 책임을 져야하는 위치에 있었을 것이며, 왕이 소집했을 때 아니면 어떤 필요에 의해 자기들 스스로 모여서 서로 상의하여 정책을 결정하는 과정을 거쳤을 가능성이 크고, 이런 과정은 사료를 통해 확인할 수도 있다. 이들이 정기적으로 만나서 성문화된 규칙과 특정한 정책 방향을 가지고 일하는 내각(cabinet)을 구성했는지 여부는 정확히 알 수 없다.

또한 어떤 학자가 주장한 것처럼 정부에 조언을 하거나 특정 법규를 제정하기 위해 지배층 인사가 모여 의회나 국회를 형성했다고 확신할 아무런 증거도 없다. 유다 정치가 중요한 전환점을 맞을 때마다 중대한 정치적 영향력을 행사했던 '그 땅의 백성들'(the people of the land)이라는 집단은 공식적인 국가 기관이 아니라 백성이 일시적으로 구성한 압력 단체로 묘사되어 있으며, 때에 따라 구성원도 달라지고 그들이 공통적으로 가진 이해관계에 맞추어 국가를 운영하기 위해 활동한 것으로 보인다.

한편 어떤 최고위층 관료는 왕에게 결정적인 영향을 행사하기도 하였는데, 예를 들면 다윗의 군사령관이었던 요압이나 요시아와 그의 후대 왕들 밑에서 일했던 사반 집안 사람들을 들 수 있다. 최고위층 관료는 매우 풍요로운 보수를 지급받았는데, 일상생활을 영위할 물품은 물론 영지를 수여 받아 거기서 생산되는 소출을 개인적인 용도로 소비할 수 있었다. 관리는 이런 영지를 관직에 있는 동안에만 사용할 수 있었는지(녹읍 prebendal estate) 아니면 영원히 특정 관리의 소유가 되어 후손에게 물려줄 수 있었는지(세습지 patrimonial estate) 여부는 분명치 않다.

왕권이 약할수록 왕국 행정 체계 속에서 녹읍이 세습지로 전환되는 경향이 있기는 하지만 이스라엘과 유다 왕국에서 관료의 영지가 어떻게 운영되었는지 확정하기는 어렵다. 그러나 성경 본문과 발굴을 통해 발견된 인영을 보면 한 가문 출신 사람들이 두 세대 이상 계속해서 특정 관직을 맡는 경우도 있음을 알 수 있는데, 이것은 녹읍이 세습지로 이행하는 상황을 가리킨다고 해석할 수도 있겠다.[126]

이스라엘과 유다의 지배층 인사는 자신들의 목표를 성취하기 위해 그리고 자기 정책과 정치 행위에 뒤집어씌우는 '대중적 얼굴'(the public face)이나 '선전 선동용 의견'(propaganda spin)을 위해 정치 중심부 구성원의 관점과 행위가 통일되기를 바랐다. 그러나 그들이 바라던 통일성은 매우 심하게 등락을 거듭했는데, 국가 기관 안에서 드러나는 여러 가지 이해관계에 쉽게 우선순위를 부여할 수 없었고 또 때로는 이해관계가 서로 상충하였기 때문이다.

그리고 국가 권위와 권력에 새롭게 도전하는 세력이 생길 때마다 관료 체제 안에서 파벌과 파당을 재조직해야 했다. 국가 정권을 변화시키기 원하는 지방 세력이나 그 정권이 제국 치하에 부속되기를 원하는 외국 권력은 정치 중심부에 생기는 균열을 잘 이용해야 했다.

히브리 성경에 기록된 가장 광범위한 정치 관련 이야기는 정치 중심부에 자주 발생하는 긴장과 갈등을 잘 보여 준다. 예를 들어 다윗의 뒤를 잇는 왕위 계승 문제, 아합이 추진한 국가 종교 정책, 이스라엘과 유다가 독립을 잃기 이전 마지막 몇 십 년 동안 외국 권력의 위협에 대응하기 위한 올바른 태도가 무엇인가 하는 문제를 놓고 수많은 갈등이 있었다. 성경 본문에 남아 있는 수많은 암살과 군사 정변도 정치 중심부 안에서 발생한 것

---

126 제한적이기는 하지만 현재까지 남아 있는 도장과 인영을 통해 Yeivin은 기원전 8-7세기 유다에서 특정 가문(family dynasties)이 고위 관직을 몇 세대 동안 지속적으로 독점하는 현상이 있다고 주장하였다(Shmuel Yeivin, "Families and Parties in the Kingdom of Judah," in *Studies in the History of Israel and Its Land* [Tel Aviv: M. Nvuman, 1959], 250-93, a chart in 272-73 [Hebrew]). Avigad와 Deutsch가 발표한 도장과 인영은 그 수가 방대하나 아직 이스라엘 국가의 행정 체계를 이해하는 자료로 사용할 만큼 종합적으로 연구되지 않아서, Yeivin의 글이 오래되기는 하였지만 아직 본보기로 사용된다. 도장과 인영에 관한 연구는 각주 69를 참고하라.

으로 묘사되어 있으며, 군사령관이나 왕의 '신하,' 그리고 왕족의 일원이 주도하는 일이 많았다.

정치 중심부의 결집력은 여러 가지 이유로 약화될 수 있었는데, 쇠약하고 우유부단한 왕 때문에, 왕위 계승을 놓고 경쟁자 간에 벌어지는 논쟁 때문에, 개인적인 권력을 확장하려는 야심찬 관료 때문에, 흉년과 식료품 부족 현상 때문에, 백성 중 사회적으로 힘 있는 계층의 불만을 들어주지 못했기 때문에, 심각한 군사 정변 때문에, 그리고 외부 위협에 어떻게 대처하느냐의 문제를 두고 의견이 갈라졌을 때 비극이 벌어진다.

요컨대 어떤 지도자도 정치 중심부를 효과적으로 지배하고 있다고 당연시해서는 안 되며, 국경 내부와 그 너머에서 변화하는 상황에 맞추어 끊임없이 재평가하고 재편성하며 기초를 강화해야 한다.

(2) 정치 중심부와 주요 수혜자 간의 관계

직접 왕을 위해 일하는 관료와 이스라엘 사회와 정치 속에서 국가의 정책과 통치 행위로 인해 이득을 얻는 여타의 주요 참가자를 분명하게 구분하기는 어렵다. 중앙 정부의 관료 조직은 지방과 지역 관할권을 모두 아우르기 위해서 통치 범위를 넓히기 위해 노력한다. 현재 관료 체계의 수준이나 기능을 상세히 설명하지는 못하지만, 군대와 노동력을 위한 인력 징집과 세금 징수를 완수하려면 국가를 위해 일하는 사람이 관계망을 형성하고 있어야 한다는 것은 사실이다.

노동력 차출과 세수 확보를 위한 납세의 의무는 마을과 같은 사회 기관을 중심으로, 그리고 어떤 경우에는 자유 지주의 신분에 따라 부과되었을 것이다. 왕을 위해 일하는 상근 관료는 당연히 이런 부과금을 징수하기 위해서 노력했을 테지만, 원활한 세금 징수는 마을 장로의 협력 없이는 성공하기 어려웠다. 각 마을 장로들은 정해진 노동력을 징집하고 세금을 징수하는 책임을 맡고 있었을 것이다.

이렇게 정부가 임명한 관리가 지방과 지역 행정과 관련해서 민간 지도자와 함께 일을 해야 했던 중간 영역은 국가의 요구와 자기의 자원을 지키고 통제하려는 지방 공동체의 걱정 사이에서 논쟁이 벌어지는 현장이 된다. 흉년이 들거나 부채로 인한 압류가 실행될 때, 전쟁이 일어나거나 국가의 요구가 지나칠 때 자원 부족 사태가 빚어지고 이런 논쟁이 심각한 수준에 이르게 된다.

지방 지도자는 중앙 정부가 경제적 발전을 이룩하고, 국내 법과 질서를 유지하며, 외적으로부터 보호해 주는 등의 통치 행위를 제대로 시행하고 있는지 걱정스럽게 평가하고, 지방에서 국가에 납부하는 자원의 가격에 상응하는 상품과 가치를 제공받고 있는지 조심스럽게 주판알을 튕긴다.

물론 국가는 이념적인 도구를 통해 통치 행위를 정당화하고 백성에게 정부의 의지를 강제하기 때문에 지방 지도자는 그 다양한 요인을 모두 계산에 넣고 매우 복잡한 평가를 해야 한다. 그 뿐 아니라 국가는 협조적인 지방 지도자에게 특별한 장려책을 제공할 준비가 되어 있으니, 세금을 면제해 주거나 농업 기술 개발이나 지역 안보 확립을 후원하여 민간 지도자들이 기꺼이 사마리아와 예루살렘으로 '물품을 납부할' 수 있도록 격려하는 방법을 쓰기도 한다.

어떤 국가가 정치권력을 확립하고 보호하며 보충하고 확장하며 정당화하는 목표를 성공적으로 성취하는 한 구성원 중에 사회적 권력을 휘두르는 특정 계층은 정부의 정책과 사업으로 인해 눈에 띄게 이득을 보게 된다. 이중 가장 큰 수혜자는 거대한 지주와 상인이었다.

그러나 여기서도 민간 수혜자와 정부와 관련된 수혜자 사이에 분명한 선을 그을 수는 없다. 국가 관리는 관직을 맡으면서 수여된 영지를 소유하면서 동시에 다른 부동산을 매입하거나 '부업으로' 상업에 손을 대기도 했을 가능성이 높기 때문이다. 이 때 사회 경제 정치의 관계망은 구분하기 어렵게 서로 얽혀든다. 국가 관료가 자기가 맡은 직무 범위를 벗어나서 개인적인 이해관계를 추구하면서 이런 복잡한 관계가 형성되고 때로 충성심을 잃고 두 마음을 품게 된다.

부와 사회적 지위를 누리던 상위 계층 인사는 국가가 급성장할 때 부유해졌다가 국가가 약화되거나 자신에 대항하는 정책을 펼 때 손해를 보고 쇠퇴하기도 한다. 상황이 좋을 때는 국가와 부유한 지주와 상인 계층이 모두 만족할 수 있을 만큼 자원이 충분할 수도 있지만, 기근이나 경기 악화, 외교 군사적 위기 등의 이유로 상황이 악화될 때는 이미 축소된 자원을 나누는 문제가 정치 중심부와 이들에게 의지하고 있는 수혜자 사이에 극심한 경쟁의 이유가 될 수도 있다.

오므리 왕조와 여로보암 2세가 다스리던 이스라엘과 웃시야와 히스기야 통치 초기, 요시야의 개혁이 진행되던 유다에서는 국가가 한창 번영하고 있었고, 부유하고 사회적 지배층이었던 인사에게까지 그 이득이 흘러넘쳤을 것이다. 그러나 앗수르나 이집트에게 조공을 바치기 위해서 므나헴이 이스라엘의 자산가에게, 그리고 여호야김이 부유한 유다인에게 부담금을 부과하던 어려운 상황이 닥치면 국가가 자기의 지위를 향상시켜 주고 더 부유하게 만들어 주기를 기대하고 있던 사람들은 잔인한 실망을 경험해야 했다.

이런 상황에서 정부에 속하지 않은 인사는 별다른 대안이 없으며 국가의 정책에 따르는 수밖에 없다. 그러나 사람들이 가혹한 정권을 향한 자신감과 충성심을 잃기 시작하면 신임을 잃은 지도자 대신 공모자들의 사회경제적 이해관계를 더 잘 보호해 줄 수 있는 사람으로 교체하고자 하는 음모를 꾸밀 분위기가 무르익게 된다.

그러므로 정치 중심부의 내부 관계와 중심부가 전통적인 수혜자들과 맺은 관계는 서로 복잡하게 얽혀 있고 정교하게 균형을 잡고 있는 것이다. 정치 중심부는 지배층 인사가 지속적으로 정부의 시책에 동조하고 협조해 주기를 바라며, 지배층 인사는 국가 조직이 자신들의 부와 지위를 보호하고 향상시켜 주기를 기대한다.

그러나 중심부와 수혜자의 이해관계가 충돌하는 일이 생기면, 정치적 불안이 조성되고, 쇠약한 중앙 정부를 무력화할 주변부의 지방 권력 중심부가 형성되며, 민간 사회 지도자와 정부 관료 중에 불만이 쌓인 자의 동의를 얻어 정부를 쓰러뜨릴 가능성이 높아진다. 특히 하위 정부 관리와 지배층 자산가의 사회 경제적 이해관계는 겹치는 경우가 많고 때로는 아예 동일하기 때문에, 국가의 통치가 쇠약해지면 관리 중에서 민간인과 동맹을 맺고 현재 왕위에 있는 지도자에게 불복종하며 그를 교체하려는 모의가 시작될 수 있다.

국정이 이런 방향으로 진행되는 모습은 좀 모호하긴 하지만 성경 기록 중에 '그 땅의 백성,' 즉 지배층 인사가 반란을 획책하거나 '왕의 종,' 즉 국가 관리가 음모를 꾸며서 자신들이 반대하는 왕을 암살하고 그들의 우선순위와 정책 방향에 고분고분한 왕을 옹립하는 이야기에서 정확하게 드러난다.

관리 계층과 민간 지도층 대표자의 이해관계가 전반적으로 조정되어 통일되는 단계가 오면 국가 권력을 탈취하기 위해서 군사를 소집하는 것도 가능해진다. 국가 통치력을 쟁취하기 위해 이렇게 경쟁하는 동안 사회 전체가 분열될 수도 있는데, 이스라엘 왕위를 놓고 디브니와 오므리가 다투던 상황은 4년 동안 지속되며 거의 내전으로 발전하였고, 이스라엘 백성은 두 경쟁자를 따라 반으로 갈리게 되었다. 이런 표현이 수사학적 과장이라 하더라도, 정치적 경쟁 관계 때문에 사회적 혼란이 빚어지고 또 악화된다는 사실이 매우 잘 드러난다.

같은 이유로 사회 구조가 해체되는 상황은 이스라엘 왕국 말년에 찬탈자가 왕위를 차지하던 때라든지, 유다 왕국 말기에 친-바빌론과 반-바빌론 정치 세력 사이에 진흙탕 싸움을 벌이던 때, 그리고 예루살렘 함락 이후에도 그달랴를 살해하던 때에 매우 분명하게 드러나고 있다.

(3) 정치 중심부와 일반 백성 간의 관계

성경 전승이 공동체의 구성원 모두에게 골고루 관심을 표명하고 있다고 주장하는 사람이 많은데, 사실 히브리 성경에는 중앙 정부가 부와 사회적 지위를 누리지 못하는 백성에게 어떤 영향을 미쳤고 또 일반 백성이 그런 국가를 향해 어떤 태도를 유지하고 있었는지에 관해 거의 아무런 정보도 전해 주지 않는다.

일반 대중에 관한 기록은 매우 개략적이어서 특별히 구별해 내기 어려우며, 정치 중심부와 비교해 보면 일반 개인을 강조하는 이야기는 매우 적고, 선지자가 정치인을 만나는 이야기는 따로 살펴보아야 할 특별한 경우에 속한다.[127]

성경에는 '온 백성' 또는 '온 이스라엘'에 관해 언급하는 구절이 굉장히 많으며, 이런 표현은 중요한 사건이나 행사 때문에 모여든 일반 백성을 가리킨다. 예를 들어 성전을 봉헌할 때, 르호보암을 왕으로 인정할 것인지 의견을 모으기 위해 북쪽 지파 사람들이 모였을 때, 야훼와 바알이 싸우는 것을 보려고 갈멜 산 위에 사람들이 모였을 때, 예후가 하는 말을 들으려고 사마리아에 사람들이 모였을 때, 요아스의 등극 예식에 하객들이 모였을 때, 새로 발견한 율법책 내용을 들으라고 요시아가 백성들을 불러 모았을 때 이런 표현이 사용된다. 이중 마지막 두 경우에는 백성들이 왕과 함께 야훼에게 충성을 바치기로 계약을 맺기도 한다.

물론 '온 백성'이라는 말은 분명히 과장법을 사용하고 있다. 왜냐하면 실제로 한 나라의 백성 전체가 위에서 언급한 상황에서 한 자리에 모일 수는 없기 때문이다. 그보다 이 말이 의미하는 바는 실제로 모여 있는 사람이 보여 준 마음과 행위에 백성이 대체로 동의한다는 것이다.

사실 실제로 모여 있는 사람이 목소리를 직접 들을 수 있는 경우도 흔하지 않다. 예를 들어 르호보암에게 전달한 북쪽 지파 사람의 불만과 다윗 왕조와 결별하겠다는 선언, 갈멜 산에 모인 사람들이 야훼를 하나님으로 섬

---

[127] 고대 이스라엘 역사가 중에서 중앙 정부와 일반 대중 사이의 관계를 체계적으로 다룬 사람은 거의 없다. Knight가 예외적으로 이런 방향으로 연구를 하였고 서로 거리가 멀고 거슬리는 관계를 유지하고 있었다고 결론을 내렸는데(Douglas A. Knight, "Political Rights and Powers"), 필자도 Knight의 결론에 동의한다.

기겠다는 결심하는 말이 마치 거대한 합창단이 모두 한 목소리로 노래하 듯 표현되어 있다.

그러므로 '온 백성'이라는 용어의 유일한 기능은 그들의 정치 종교적 지도자가 하는 행동을 뒷받침하는 것이다. 북부 지파 사람들이 르호보암의 지배에 복종하지 않았다는 사실은 이 이야기를 편집한 유다 출신 저자가 보기에 정치적으로 반역이요 종교적으로 배교 행위라고 볼만한 충분한 이유가 있었던 것이다.

흥미롭게도 백성들이 왕 앞에 어떤 부당한 일을 탄원하면서 시정을 요청하는 이야기도 몇 가지 남아 있다. 드고아의 여인은 자신의 외아들에게 선고된 사형을 유예해 달라고 요청하였고(삼하 14:4-11), 한 아이를 두고 자기 자식이라고 주장하는 두 여성 창기는 그들의 문제를 솔로몬에게 가져 왔으며(왕상 3:16-28), 자기 아들을 잡아서 이웃 여자와 함께 먹은 여인은 그 이웃 여자가 똑같이 아들을 잡아먹겠다는 약속을 어기자 이스라엘 왕에게 고소하였고(왕하 6:24-31), 어떤 수넴 여인은 자신이 외국에 나가 사는 동안 어떤 사람이 자기 집과 토지를 무단으로 점거하였다고 이스라엘 왕에게 탄원하였다(왕하 8:1-6).

물론 이런 이야기는 각각 기록 목적과 기능이 다르며, 일반적으로 민담 유형의 이야기가 보여 주는 '겉치레' 식 표현이 많이 발견되기 때문에 그냥 무시해도 된다고 주장할 수도 있다.

성격이 조금 다른 이야기로 압살롬이 다윗 왕의 재판을 받으려고 왔다가 아무도 만나지 못한 민원인을 친절하게 대하며, "네 송사를 들을 사람을 왕께서 세우지 아니하셨다"고 말하는 대목이 있다(삼하 15:1-6). 이 기록은 일반 백성이 그 땅의 대법관 역할도 맡고 있는 왕에게 직접 탄원을 할 수 있었고, 왕은 자기를 대표하는 법관을 임명하여 이런 소송을 해결하곤 했다고 증언하고 있다.

그렇다면 왕이 직접 듣고 판결했던 민원은 어떤 것이었는지 이런 경우가 자주 있었는지 궁금하지만, 분명한 정보를 얻을 수 있는 자료가 부족하다. 특히 혁명을 일으키기 위해서 압살롬이 이용했던 상황에서 보듯 왕이 자기의 사법적 의무를 게을리 하면 이런 관행을 확실하게 파악할 수 없다.

이렇게 왕에게 정의로운 판결을 호소한다는 이야기는 고대 근동 지방에 널리 알려져 있는 '정의로운 왕'이라는 주제와 일맥상통하는데, 성경 전통 중에서는 시편과 예언서에도 온갖 미사여구를 사용하며 폭넓게 나타나고 있다. 그러나 왕이 직접 재판에 간여했다는 기록은 거의 찾아보기 어렵다. 아마도 법의 집행은 대부분 지방 장로가 맡아서 처리하였으며, 특별한 경우에만 왕궁까지 상고가 올라갔으리라 여겨진다.

신명기 법전에 따르면 지방 장로들이 해결하기에 '너무 어려운' 송사를 처리하기 위해서 예루살렘에 제사장(들)과 법관이 근무하는 법원을 설치하도록 규정되어 있는데(신 17:8-13), 이 때 이 법관은 왕이 임명하는 것이 아니다. 만약 이 법이 실제로 실행된 적이 있다면 요시야 치하에만 적용되었을 것이다.

유다 왕국 초기에 여호사밧이 유다 전국에 법관을 임명했고 예루살렘에 제사장과 족장을 세워 "모든 송사를 재판하게" 했다는 기록도 있다(대하 19:4-8). 그러나 이 기록은 역대기 저자의 신학이 강하게 윤색되어 있으며, 신명기에 기록된 상고 법원 제도를 훨씬 고대로 소급하여 기록한 것으로 보인다. 북 왕국 지방 법원의 사법 행위가 배경이 된 이야기로는 나봇에 대한 날조된 고소 사건을 들 수 있는데, 이즈르엘 장로들 앞에서 열린 재판에서 나봇은 사형을 선고받고 말았다(왕상 21:5-14). 아마도 나봇은 과수원을 소유하고 왕궁과 가까운 곳에 살았던 부유한 자산가였던 것으로 보인다. 아마도 이런 종류의 사법 체제는 사회적 지위와 상관없이 모든 공동체 구성원에게 적용되었을 것이다.

가난한 민원인이 부당한 판결을 바로잡는 이야기를 담은 성경 외부 자료도 하나 있다. 이 기록은 어떤 추수 꾼의 말을 받아 적은 편지인데, 본인은 모든 추수를 마쳤고 곡식을 창고에 보관하였는데도 그의 감독관이 아무 이유 없이 자기 외투를 빼앗아 갔다고 하소연하고 있다. 민원인은 이름이 밝혀지지 않은 관리에게 탄원하며, 자기 외투를 돌려 달라고 부탁하고 있다.

이 문서는 해안 평야에 있는 작은 요새에서 발견되었고 기원전 7세기 말로 연대를 추정할 수 있는데, 아마도 요시야 시절에 유다가 영토를 확장하여 블레셋 지역까지 지배하고 있던 시절에 기록되었을 것이다. 민원인은 부역을 위해 징집된 노동자였을 가능성이 높으며, 그의 외투는 맡은 일을 마칠 때까지 담보물로 잡혀있었거나 아니면 그가 맡은 일을 완수하지 않자 감독관이 벌로 압수했을 것이다. 그리고 편지를 받는 사람은 그 지역 총독이거나 아니면 요새를 책임지는 군사령관이었을 것이다.

이와 관련된 성경 법 규정을 보면 담보물로 받은 채무자의 외투를 밤새도록 붙들고 있는 것을 금하고 있으며(출 22:26-27), 선지자는 제단 옆에서 '저당 잡은 옷'을 바닥에 깔고 누워 포도주를 마시는 사회 압제자를 책망하고 있어서 흥미롭다(암 2:8). 부당한 일을 당한 노동자가 자기 감독관을 무시하고 더 높은 관리에게 민원을 접수하는 일이 부질없거나 위험한 일이라고 생각하지 않았다는 사실은 그가 정부 기관이 '옳은 일을 하도록' 종용하는 일에 어느 정도 자신감을 가지고 있었다는 것을 보여 준다.

물론 우리는 이런 노동자의 민원이 당시 상황을 얼마나 정확하게 대변해 주는지 그리고 이런 민원을 통해 실제로 문제를 해결할 수 있었는지 여부에 대해 정확한 답을 얻을 수는 없다. 어쨌든 이 문서는 '언변이 유창한 농부'(The Eloquent Peasant)라는 이집트 작품을 연상시킨다. 이 작품에서 주인공인 고소인은 유창한 언변으로 법관을 설득하여 항소하였고 결국 파라오의 궁전까지 가서 자기 사정을 호소한다.[128]

왕과 백성의 관계를 보여 주는 특별한 경우가 선지자의 기록에도 남

---

128 유다 노동자의 민원에 관해서는 위의 각주 68을 참조하라. 이집트 문학 작품은 다음의 책을 보라. "The Protests of the Eloquent Peasant," *ANET* 407-10.

아 있는데, 선지자는 왕이나 왕궁의 고관을 만나서 때로는 그들을 위로하고 격려하지만 더 많은 경우에 그들을 비판하고 저주하는 역할을 맡고 있었다. 어떤 선지자들은 스스로 이런 만남을 이용했는데, 나단, 실로의 아히야, 하나니의 아들 예후, 엘리야, 엘리사, 아모스, 이사야, 예레미야 선지자가 그랬다.

반면에 정치 중심부 사람들이 이런 만남을 요청하는 경우도 있었으며, 이믈라의 아들 미가야, 엘리사, 이사야, 예레미야 선지자가 이런 요청을 받았다. 왕과 지배층을 향한 다른 선지자의 말은 왕궁에서 직접 한 말이 아니라 다른 곳에서 선포한 말이 전달된 경우이며, 호세아나 모레셋의 미가, 스바냐 등의 비판적인 언급이 여기에 속한다. 여기서 이런 다양한 만남의 배경과 주제에 대해 자세히 논의할 수는 없다.

이 주제와 관련해서 가장 중요한 질문은 이런 선지자들이 왕의 '일반' 신하였는지 여부에 달려있다. 어떤 선지자는 왕궁이나 국가 공식 제의와 관련한 관직을 가지고 있었다는 주장이 있고, 이에 대한 이견도 존재한다. 특정 선지자의 사회 경제적 지위에 관한 질문도 많이 논의에 오르지만 분명하게 결론짓기 어렵다. 그런데 우리가 선지자의 종교, 정치, 사회, 경제적 지위를 어떻게 이해하느냐에 따라 선지자와 일반 이스라엘 백성 사이의 관계를 연구할 때 그리고 선지자가 정부의 최고 수혜자 중에 끼지 못한 신하의 감정과 걱정거리를 대표하고 있는지 여부를 물을 때 직접 영향을 미치게 된다.

선지자가 어떤 사회적 지위를 점유하고 있었는지에 관해 만족할 만한 연구는 아직 없지만, 선지자가 정치 중심부가 그 국가의 일반 백성을 무시하고 파괴적인 영향을 미치는 정책을 실시하고 있다고 계속해서 비판적인 의견을 피력하고 심판에 대한 경고를 하고 있었다는 점에 주목해야 한다. 이런 선포는 빚을 갚지 못한 사람을 노예로 삼는 경우와 소농민을 더 가난하게 만드는 농지 정책, 법관이 부패하여 희생자를 보호하거나 부당한 사건을 시정해 주지 않는 경우를 꼬집어 비판하였다.

이렇게 선지자는 부당한 일을 당한 사람을 위해 일하는 '감찰관'(ombudsmen) 역할을 감당했지만, 국가가 선지자에게 공식적으로 관직을 맡긴 것 같지는 않다. 이외에도 선지자는 종교인의 횡포도 신랄하게 비판하였으며, 백성을 전쟁과 전쟁 포로의 위기로 몰아넣는 외교 정책도 그냥 넘기지 않았다.

선지자가 남긴 비판적 선포를 자세히 살펴보면 국가 정치에 관한 이 모든 예언의 말씀이나 같은 요지의 발언을 과연 왕정 시대에 선포하였는지 의심하게 될 정도다. 왜냐하면 이런 기록을 수집, 편찬, 확정하는 작업이 분명히 국가 멸망 이후에 이루어졌기 때문이다. 뿐만 아니라 선지자의 비판 중에서 정치 지도자의 압제와 정부 기관에 소속되지 않은 지주나 상인의 압제를 명확하게 구분해 낼 수 없다. 이런 현상은 정치 중심부 인사와 정부 최고 수혜자가 서로 밀접하게 협력해 가며 활동하였음을 보여 주는 것일 수 있다.

어떤 경우이든 선지자는 정치권력을 잡은 자와 국가 권력의 수혜자가 특권층에 속하지 못한 이스라엘 백성에게도 지속 가능한 생계 수단과 정당한 대우를 해 줄 의무가 있다는 사실을 끊임없이 강조했다는 것은 사실이다. 선지자가 선포한 말 뿐만 아니라 선지자에 관한 이야기, 특히 엘리사의 이야기는 일반 이스라엘 백성이 기근과 빚과 전쟁 등 가혹한 상황 속에서 고통받고 있었다는 사실을 적나라하게 그리고 있다.

사실 엘리사 주위에 모여들었던 선지자 집단은 사회 하층민 출신이었으며, 이런 선지자 집단이 존재하는 이유 중 하나는 선지자 생도와 그 가족에게 사회 경제적 안정을 제공하는 수단이었던 것으로 보인다.[129]

전체적으로 볼 때 성경 본문에는 이스라엘과 유다와 관련된 주제에 관해 연구할 사료가 별로 남아 있지 않다. 정부는 왕궁을 운영할 세수와

---

129 Norman K. Gottwald, "The Plot Structure of Marvel or Problem Resolution Stories in the Elijah-Elisha Narratives and Some Musings on Sitz im Leben," in *The Hebrew Bible in Its Social World and in Ours*, 128-30.

국가 공식 제의를 후원할 재정, 공공 건축 사업을 진행할 노동력, 군대를 충원할 강제 징집 정책이 필요한데, 성경 전승은 이런 정책의 시행 대상과 관련되는데도 불구하고 정부 내부에 존재했던 목소리를 직접적으로 드러내지 않는다.

백성에게 부과된 이런 의무가 얼마나 무거웠는지에 관해서는 이스라엘이 처음으로 왕을 요구하자 사무엘이 왕정에 관해 설명할 때 그나마 잘 드러난다(삼상 8:10-18). 이 부분은 후대 솔로몬의 통치를 과거로 소급한 평가라는 주장이 제기되기도 했지만, 언제 기록하였는지 상관없이 왕국의 역사를 통해 항상 하층 기반 민중이었던 자영농의 의구심과 저항을 적절히 표현하고 있다.

물론 당시 세금 징수가 어떻게 제도화되고 시행되었는지, 또는 각 왕들이 정부 정책을 어느 정도 강력하게 강제하였는지 자세하게 논의할 수 없지만, 국가를 운영하기 위해서 백성에게 상당한 세금과 부역을 강제하고 또 백성이 이에 따라야 했음은 의심의 여지가 없다. 북 왕국과 남 왕국에게 치명적 타격을 입힌 것은 제국의 권력이었지만, 이스라엘과 유다가 건강하게 국내 정치를 꾸려 가기 위해서는 일반 백성이 정부가 자신들을 만족할 만큼 잘 돌보아 주고 있다고 느끼고 또 과도하게 강압적인 조치 없이 국가의 요구에 순응할 수 있어야 했다.

일반 백성이 정치 중심부를 향해 얼마나 동의하고 순종했는지 알 수 있는 증거는 여러 사료에 흩어져 있고 대부분 간접적인 암시에 불과한데, 크게 볼 때 다음 두 가지 방향으로 요약할 수 있다. 한편으로 백성은 정부에 순응하는 편이었는데, 실제로 정부 시책에 동의하기 때문인지 아니면 정부를 두려워하거나 타성에 젖어서 그랬는지는 알 수 없다. 다른 한편으로 백성이 동요하면서 저항하거나 때때로 반란을 일으키는 경우도 있었다.[130]

---

130 Carney는 고대 국가에 사회 혁명이 일어나지 않는 이유에 대한 일반적인 의견을 요약하면서 객관적인 조건이 갖추어지지 않았다는 이유와 대체로 무관심하고 분열된 백성이 계급 의식을 소유하지 못했다는 이유를 지적한다(Carney, *The Shape of the Past*, 118-23).

6. 이스라엘 식민지 정치

위에서 우리는 이스라엘의 식민지 시대 정치를 묘사한 히브리 성경 기록이 개략적이고 불연속적이며 분명하지 못하여, 식민지 시대의 문화 종교 전통이 형성된 당시 정치 상황을 이해하기 위해서는 상상력에 많이 의존해야 함을 확인한 바 있다. 식민지 시대에 관한 성경 전승은 매우 제한적인 관점을 담고 있으며, 유다의 문화 종교적 활력과 창조력은 오로지 바빌론에서 돌아온 포로에 의해 유지되었다고 주장한다. 그리고 관대한 페르시아 제국의 후원을 받아 귀환 포로가 유다를 독자 생존이 가능한 정치 조직으로 재건하였다고 말한다.

성전을 재건하고 사회 종교 질서가 확립되자 유다는 꼭 필요한 문화 종교 문제를 중심으로 통합된 사람에게 안정적인 중심지가 되었다. 이런 관점에서 식민지 정치에 관해 서술하면 포로로 잡혀가지 않았던 유다 사람과 사마리아 사람과 포로지에서 귀환하지 않고 남아 있던 유다 사람은 역사 속에 등장하지 않는다. 식민지 정치 기간 중 이렇게 정보가 부족한

필자는 지파 체제 이스라엘이 혁명을 통해 일어섰다고 주장했지만, 사실 고대 권력의 격변 중에서 일반 백성이 폭넓게 참여한 사회적 혁명이라고 규정할 수 있는 경우는 거의 없다. 그러나 현대 소작농 사회를 관찰한 인류학 연구가 불만이 커짐에 따라 다양한 형태의 소극적인 저항과 '수동적 참여'(foot-dragging)를 목격했다는 사실에 유의해야 한다(James C. Scott, *Weapons of the Weak: Everyday Forms of Peasant Resistance* [New Haven, Conn.: Yale Univ. Press, 1985]; John Gledhill, *Power and Its Disguises: Anthropological Perspectives on Politics* [London/Boulder, Colo.: Pluto Press, 1994], 80-93). 이런 현상은 소작농을 압박하는 지배층의 강력한 힘을 인정하는 것조차 불가능한 대중의 무관심과는 구별해야 한다. 일반적으로 정권은 이런 형태의 저항을 인정하지 않기 때문에, 이스라엘과 유다를 포함한 고대 근동 세계에 전해져 내려오는 공식 문서에 사회적으로 편만한 불만이 완화되거나 삭제되었을 가능성도 있음을 염두에 두어야 한다. 공식 문서는 외부의 적이나 별로 지지자가 많지 않은 불만분자를 적으로 묘사하기를 좋아한다 (Gottwald, "The Expropriated and the Expropriators," 11-12).
Carroll은 성경 저자가 묘사하는 세계에서 사회 정치적 불안과 갈등은 특정 사건을 고대의 사건으로 묘사하며 간접적으로 표현하는 경우가 많다고 주장한다(Robert P. Carroll, "Rebellion and Dissent in Ancient Israelite Society," *ZAW* 89 [1977]: 176-204). 예를 들어 출애굽기와 민수기에 기록된 광야 전승에서 모세의 지도권에 도전하는 다양한 개인과 집단이 심각한 갈등 상황을 빚는 것을 볼 수 있다.

부분은 다른 사료와 성경을 기초로 한 논리적인 추론을 통해 기술할 수밖에 없다.

1) 성경 밖의 사료: 고고학 유물과 사료

신-바빌론 치하 유다의 유적으로 예루살렘을 비롯해서 저지대(the Shephelah)와 네게브 광야 지대에 파괴 흔적이 남아 있다. 그러나 베냐민 땅이나 베들레헴 근처에는 거주지가 파괴되지 않고 계속되는 모습을 보여준다. 그리고 이 시대 매장 유적지에서는 보석 등 사치품이 출토되어[131] '그 땅의 가난한 자들'(the poor of the land)만 유다에 남아 살고 있었던 것은 아님을 알 수 있다.

성경 시대 미스바(Mizpah)였던 텔 엔-나쯔베(Tell en-Nasbeh)는 신-바빌론 속주의 중심지였는데, 이 도시를 제외하면 새로운 건축 사업이 진행된 곳은 그리 많지 않다. 예루살렘은 철저히 파괴되었지만 성 안팎에 소규모 거주지가 계속 존재하긴 했다.

이 시대 유적과 유물에서 새로운 문화 정치적 요인을 찾아 보기는 어렵고, "기원전 6세기 말이 되어서야 물질 문명에 어떤 변화가 발견된다. 페르시아 제국의 통치가 확립되면서 새로운 토기 형태가 나타나기 시작했고, 그리스에서 아티카 토기(Attic ware)를 수입하였다."[132] 발견된 유물이 많지는 않지만 고고학 연구 결과에 따르면 바빌론 제국의 속주 행정 체계는 그 이전 앗수르나 후대 페르시아가 통치할 때에 비교하여 그리 강압적이거나 까다롭지는 않았던 것으로 보인다.

---

131 G. Barkay, "The Iron Age II-III," 372.
132 G. Barkay, "The Iron Age II-III," 373. 최근까지 기원전 6세기의 고고학 유물에 관한 설명은 페르시아 시대와 정확하게 구분하여 서술하지 않았다. 그 이유는 최근까지 두 시대를 구분할 기준이 분명하지 않았기 때문이다. Charles E. Carter, *The Emergence of Yehud in the Persian Period: A Social and Demographic Study*, JSOTSup 294 (Sheffield: Sheffield Academic Press, 1999), 119-34 참조.

페르시아 시대에 유다에는 재건되거나 새로 개척된 거주지가 꽤 늘었으며, 유다와 네게브, 시내반도 북부에 건설한 주둔군 요새도 발견된다. 도장과 도장으로 찍은 봉인도 상당수 발견되어 유다 관리와 상인과 필경사의 이름이 알려졌고, 도장이 찍힌 항아리 손잡이도 많이 나왔는데, 아마도 세금으로 바치는 다양한 물품을 담는 용도로 사용한 듯하다. 페르시아 시대 후기가 되면 은화와 그리스 토기가 점점 많이 발견되는데, 당시 국제 무역이 활성화되어 있었음을 잘 보여 준다.

페르시아의 속주 예훗(Yehud = Judah)의 국경에 대해서는 학자 간에 이견이 많다. 어떤 학자는 저지대와 해안 평야까지 포함시키고, 다른 학자는 중앙 산악 지대와 근처 광야로 제한하는 등 확실한 사료가 없는 상태에서 고고학 연구 결과만 가지고는 해결할 수 없는 문제다. 페르시아 시대 유다의 인구는 최근 들어 점점 낮추어 잡는 경향이 있으며, 에스라 2장과 느헤미야 7:1-70에서 거의 50,000명이 고향으로 돌아왔다는 주장은 갈수록 의심을 받고 있다.

고고학 유적을 세심하게 검토하여 얻은 인구 추정치는 기원전 5세기 중반 이전까지 약 13,000명 정도이며, 그 후에 약 20,000명까지 증가했을 것으로 본다. 예루살렘 거주민은 1,500명에서 최대 4,500명 정도로 추정하며, 유다 사람 대부분이 작은 마을에 거주했을 것으로 본다.[133]

유다 지방에서 발견된 사료는 따로 없지만, 기원전 5세기에서 4세기 초에 이집트 남부 군사 요새에서 작성된 아람어 문서가 아주 훌륭하게 보존된 채 발견되었다.[134] 파피루스에 잉크로 기록한 이 문서는 외국으로 흩어

---

[133] Carter는 고고학 자료를 검토하여 거주지 분포와 인구를 재구성하였는데, 페르시아 제1기(기원전 538-450년)와 페르시아 제2기(기원전 450-332년)를 구분한다(Carter, *The Emergence of Yehud*, 134-213). Carter가 페르시아 시대 유다로 가정한 지역에는 저지대와 해안 평야가 포함되지 않으며, 이런 지역을 포함시킬 경우 인구 추정치도 더 증가하게 될 것이다.

[134] "The Elephantine papyri," *ANET* 491-92, 『고대 근동 문학 선집』, 435-42, 812-8; Bezalel Porten, "Elephantine Papyri," *ABD* 2:445-55; Porten, *Archives from Elephantine: The Life of and Ancient Jewish Military Colony* (Los Angeles: Univ. of

진 유다 공동체가 어떤 문화적 법적 종교적 조건 아래서 살고 있었는지 증언해 주고 있으며, 예루살렘과 사마리아와 연락은 계속하고 있었지만 무조건 고향 사람의 관습을 쫓아가지는 않았던 모습을 보여 준다.

그 외에 도장이 찍힌 채 발견된 법적 행정적 용도의 파피루스 문서 조각도 있는데, 이 유물은 알렉산더 대왕이 사마리아에서 일어난 반란을 제압할 때 수도를 버리고 도망하던 지배층 인사가 숨겨놓은 것으로 추정된다. 이 문서에는 사마리아 총독 산발랏(Sanballat)의 가문도 언급되어 있다.[135]

바빌론에 남아 있던 유다 사람에 관한 정보로는 닙푸르(Nippur)에서 무라슈(Murashu) 가문이 운영하는 상단 문서에서 유다식 이름을 발견할 수 있다.[136] 요세푸스(Josephus)는 페르시아와 헬레니즘 시대 유다에 관해 성경 본문과 다르거나 성경에 없는 정보를 기록하기도 했는데, 과연 그의 기록을 신뢰할 수 있는지 여부를 놓고 논쟁이 계속되고 있다.[137]

페르시아 시대 말과 프톨레미 시대에는 그리스 상인과 거주자가 팔레스타인 해안 지방에 점점 자주 나타나기 시작했으며, 그 전에 있던 페니키아 양식의 건물이 헬레니즘 식으로 교체되기 시작했다.[138] 거주민이 대부분 그리스 사람이고 그리스 형태의 정치 조직이 존재하는 도시도 해안 지방을 중심으로 생겨났으며, 사마리아와 유다 저지대까지 소수 확산되었다.

이집트에서 발견된 기원전 3세기 중반의 제논(Zenon) 파피루스에 의

California Press/London: Cambridge Univ. Press, 1968).

135 사마리아 파피루스(The Samarian papyri): Douglas M. Gropp, "Samaria (Papyri)," *ABD* 5:931-32; Frank M. Cross, "The Papyri and Their Historical Implications," in *Discoveries in the Wadi ed-Daliyeh*, ed. P. W. Lapp and Nancy Lapp, AASOR 41 (Cambridge: American Schools of Oriental Research 1974), 17-29.

136 Matthew W. Stolper, "Murashu, Archive of," *ABD* 4:927-28.

137 Louis H. Feldman, "Josephus," *ABD* 3:985-89; L. H. Feldman and G. Hata eds., *Josephus, The Bible, and History* (Detroit: Wayne State Univ. Press, 1989).

138 Stern은 이미 페르시아 시대부터 팔레스타인에 그리스 양식의 무역과 식민지, 건축 양식이 나타나고 있다고 주장한다. Ephraim Stern, "Between Persia and Greece: Trade, Administration, and Warfare in the Persian and Hellenistic Periods (539-63 B.C.E.)," in Levy ed., *The Archaeology of Society*, 432-44.

하면 프톨레미 왕조는 기름과 포도주를 수출하던 팔레스타인 영지를 개발하고 감독하면서 이 지역을 경제적으로 이용하는 데 주력하였다고 한다.[139] 요세푸스는 프톨레미 왕조 지도자가 유다의 총독과 대제사장과 세금징수 청부인을 임명할 때 정치적인 책략이 있었다고 기록하고 있는데, 마카비1서와 마카비2서에서 보듯 이런 경쟁과 갈등은 셀류커스 시대에도 계속되었다.

벤-시라(Ben Sira)는 기원전 175년 예루살렘에서 기록되었는데, 에스라-느헤미야서와 다니엘서 이후 마카비서가 기록될 때까지 유일하게 기록 연대를 추정할 수 있는 유다 문서다. 이 지혜의 책은 성전과 제사장 직분을 찬양하고 '토라'(torah)를 칭송하는 내용을 담고 있다. 이 책을 쓴 저자는 오경과 예언서에 나오는 수많은 인물과 주제를 두서없이 언급하며 이스라엘 역사를 되뇌고 있는데, 이 사람이 최종적으로 정경화된 성경을 알고 있었는지 의문을 제기하지 않을 수 없다.

그는 또한 자기 책이 기존의 영적인 저술과 어깨를 견줄 만 하다고 주장하며, 성경의 정경화가 마무리 되었다는 사실을 인정하지 않는다. 벤-시라는 에스라를 전혀 언급하지 않으며, 느헤미야의 건축 사업을 언급한 후 곧 자신과 동시대 대제사장인 시몬 벤-오니아스(Simon ben Onias)로 넘어간다. 백과사전 같은 그의 저작에서 유다의 전통 여러 가지를 망라하는데, 마카비 하스모니아(Maccabean-Hasmonean) 혁명이 일어나기 이전 '폭풍 전야'의 시대에 살던 벤-시라는 정치에 관해서는 그리 깊은 관심을 보이지 않는다.[140]

139　제논 파피루스(Zenon Papyri): Victor A. Tcherikver and A. Fuks eds., *Corpus Papyrorum Judaicarum* Jerusalem: Magnes Press/Cambridge: Harvard Univ. Press, 1957), 1:1-47, 115-30; P. W. Pestman ed., *A Guide to the Zenon Archive* (Leiden: E. J. Brill, 1981).

140　Alexander A. Di Lella, "Wisdom of Ben-Sira," *ABD* 6:931-45; Philip R. Davies, "Scenes from the Early History of Judaism," in Edelman ed., *The Triumph of Elohim*, 168-72.

마카비와 하스모니아 시대에는 유다는 물론 하스모니아 왕조가 점령하여 지배력을 행사하던 팔레스타인의 다른 지역에서 상당히 많은 건물이 새로 건축되었다. 이런 건물 중에는 왕궁과 성벽은 물론 개인 가옥도 다수 포함되어 있다. 이 건물 중 일부는 셀류커스 왕조 지도자가 팔레스타인을 안정시키려는 목적으로 지은 것도 있다.

　부유한 하스모니아 왕족의 무덤도 예루살렘과 그 주변에서 많이 발견되었다. 하스모니아 왕조가 주조한 동전에는 페르시아 시대 이후 유다 전역에서 널리 사용하던 아람어 글자체가 아니라 고대 히브리어 글자체를 다시 사용하였으나, 이 시대 유다 사람과 하스모니아 왕조 지도자들은 갈수록 그리스 이름을 많이 지어 썼으며, 건축과 정치 문화도 철저하게 헬레니즘의 영향을 받았다.[141]

　식민지 시대 고고학 유물과 명문은 정치적 발전과 관련된 몇 가지 사실을 확인하는 데 도움이 되며 몇 가지 주제에 관한 자세한 정보를 제공하기도 하지만, 히브리 성경에서 보듯 지속적인 정치사를 서술할 만큼 충분한 사료가 될 수는 없다. 이런 상황은 마카비-하스모니아 시대가 되어야 비로소 달라지며, 유다 정치에 관한 꽤 자세한 설명을 들을 수 있게 된다.

2) 중앙 집권적이고 자치적인 정치에서 분산된 식민지 정치로

　기원전 586년 유다 왕국이 멸망한 이후 이스라엘 정치는 독립을 잃었고, 기원전 140-63년에 하스모니아 왕국이 존재하는 동안 일시적으로 독립을 되찾은 적이 있었다. 근본적인 정치적 권리와 권력은 이제 거대한 제국의 손에 있었고, 유다는 제국 행정 체계의 하위 단위에 불과했다. 제국 정부가 "국내 정치"라고 간주하는 문제에 관해서는 상당한 자결권을 인정

---

141 Peter Schaefer, "The Hellenistic and Maccabean Periods," in Hayes and Miller eds., *Israelite and Judaean History*, 549-59.

하였지만, 다른 나라와 외교 관계나 전쟁을 결정하거나 세금을 징수하고 분배하는 등 독립된 주권국이 행사해야 할 행위는 전적으로 신-바빌론, 페르시아, 헬레니즘 제국의 지배자가 독점하였다.

제국 행정 체계의 일원으로 일하던 유다 사람은 제국에 대한 의무와 동료 유다 사람에게 될 수 있는 대로 호의적이어야 한다는 책임감 사이에서 고민해야 했다. 이렇게 외국 세력에 순복하는 지배층 인사가 제국 정부에 의해 인정을 받으려면 유다를 정치적으로 안정시키고 경제적으로 세수원을 늘려야 했고, 이들이 동족 유다 사람에게 인정을 받으려면 사회 문화적 종교적 분야에서 자결권을 확장시키고 일반 백성의 경제적 여건을 향상시키는 방향으로 제국 정부의 양보를 얻어내야 했기 때문이다. 물론 이 두 가지 목적을 모두 만족시키는 행정 정책을 세우고 집행하는 것은 불가능에 가까웠다.

더구나 유다 사람이 고대 근동 지방 전역에 흩어졌고 대부분이 고향으로 돌아오지 않았기 때문에 정치 체제는 더 분산되고 다양화되었으며, 유다의 문화와 종교를 계승한 후계자는 이집트, 바빌론, 아라비아, 시리아-팔레스타인 등 다양한 환경 속에 적응하며 살아야 했다. 이렇게 본토 유다 정치는 타국에 종속되고 유다 공동체는 멀리 흩어지면서 무시할 수 없는 결과를 낳게 되었다.

먼저 본토 유다의 정치 조직은 흩어진 유다 사람이 사는 공동체 중 어디에서도 다시 재현되지 않았을 것이다. 제국의 속주였던 유다는 제국 중심부와 직접 소통하는 유다인 행정 관리가 맡아서 지배하였다. 제국의 다른 지역에 흩어져 사는 유다인이 제국 체제에 소속된 속주나 여타 행정 구역을 형성했다는 증거는 어디에도 없다.

페르시아와 헬레니즘 시대에 이집트에 살던 유다 사람에 관하여 지금까지 남아 있는 정보에 따르면 이집트 사람도 그의 문화적 종교적 특징을 인식했지만 용인하는 편이었는데, 그럼에도 불구하고 가끔은 적대감이나 노골적인 폭력의 대상이 되기도 했음을 알 수 있다.

흩어져 사는 유다인이 이렇게 "정치적으로 시민권 박탈"을 당하는 이유는 어렵지 않게 추론할 수 있다. 유다인은 자신들이 살고 있는 지역에서 거주민의 다수가 된 적이 없기 때문이다. 더 중요한 이유는 이런 지역에서는 팔레스타인에 유다가 원래 존속했었던 것처럼 유다인의 정치 조직이 존재했던 전례가 없었다는 것이다. 만약 그런 전례가 있었다면 제국 정부도 유다 정부를 독자적인 행정 구역으로 재편성하기 쉬웠을 것이다.[142]

주목을 받지 못하고 있지만 종속적인 정치 체제 때문에 발생하는 또 다른 결과도 있다. 유다 본토는 흩어져 사는 유다인 공동체보다 결정적인 이점도 있었겠지만, 특정한 종교 문화적 관점을 국경 밖에 흩어져 사는 유다인에게 강요할만한 정치적 힘은 소유하지 못했고, 오직 설득하는 수밖에 없었다.

재건된 유다의 종교 문화 지도자들은 이념적이고 실용적인 면에서 그들을 설득하려고 노력했다. 이념적인 면에서 재건된 유다는 국경과 전통에 뿌리를 두고 과거의 유다와 이스라엘 전체로부터 연속성을 지키고 있다고 주장하였다. 유다는 지리적인 의미는 물론 비유적인 의미에서도 흩어져 사는 모든 유다인의 "고향"이었다. 유다는 실용적인 면에서 특정한 형태의 제도적, 제의적, 문학적인 업적을 제공할 수 있었으며, 흩어져 사는 유다인이 이것을 배워 자신들의 문화적 종교적 삶을 설계할 모형으로 삼을 수 있었다.

---

142 Tcherikover는 유대인 공동체와 그리스 도시들 사이의 접촉을 포함하여 디아스포라 공동체의 정치적 지위에 관해 알려진 바를 요약하면서, 이런 흩어져 사는 공동체가 소유했던 특권, 권리, 유대인 개인이 시민권을 얻을 수 있던 가능성 등에 관해 논한다(Victor A. Tcherikover, *Hellenistic Civilization and the Jews* [Philadelphia: Jewish Publication Society of America, 1961], 269-332).
좀 더 자세한 설명과 참고문헌은 다음을 참조하라. "Judaism," *ABD* 3:1037-83; in the Graeco-Roman Period, 1048-50 (J. A. Overman and W. S. Green); in Egypt, 1061-72 (P. Borgen); in North Africa, 1072-73 (S. Applebaum); and in Babylonia, 1076-83 (M. Beer); Martin Goodman ed., *Jews in a Graeco-Roman World* (Oxford: Clarendon Press, 1998).

그럼에도 불구하고 지리적인 거리와 서로 다른 생활 환경 때문에 흩어져 사는 유다인 공동체는 자기 나름대로의 길을 개척하는 편을 택했고 고향에 사는 사람의 관습을 그대로 따르지 않았다. 기원전 5세기 말 이집트에 살던 엘레판틴 공동체의 유다인은 아마도 흩어져 살던 다른 공동체가 고향과 어떤 관계를 맺고 있었는지 보여주는 대표적인 예가 될 수 있을 것이다. 이 공동체는 종교적인 문제에 관하여 예루살렘과 사마리아에 편지를 보내 상의하기는 했지만, 신명기 법전을 무시하고 자기 나름대로 신전을 건설했으며, 또 예배를 드릴 때 야훼 신과 함께 다른 신도 숭배의 대상에 포함시켰다.

유다 중심지와 주변부 사이의 관계가 이렇게 헐겁고 거의 부수적이었던 이유는 아마도 유다 사람 중에 상상했던 것만큼 문화적 종교적 문제에 관해 통일적인 전통이 확립되지 않았기 때문이었을 것이다. 신명기 전승, 제사장 전승, 역대기 전승, 예언 전승, 지혜 문학 모음집에서 보는 것처럼 당시 상당히 다양한 전승의 흐름이 존재했으며, 일반적으로 생각하는 것처럼 매끄럽게 조화를 이룰 수 없어서 오경은 기원전 400년경에 와서야 정경화되었고, 예언서는 기원전 200년경에서야 완성되었다.

기원전 5세기 중반 에스라가 유다로 가지고 왔다는 율법이 정확하게 어떤 책인지도 알 수 없다. 우리가 정경화라고 말할 때 거룩한 책에 근거한 일관적인 해석 방식과 여기서 파생된 관습이 확정된 것을 가리킨다면, 정경화 과정이 최종적으로 마무리 된 것은 기원후 1세기 말로 보는 것이 옳을 것이다.[143]

식민지 시대 유다의 정치와 유다의 문화 및 종교의 관계를 요약하면 다음과 같이 말할 수 있다. 유다는 정치적인 주권은 빼앗겼지만 유다의 문화

---

143 히브리 성경의 정경화 과정과 연대 추정에 관한 가장 만족스러운 제안은 Cross의 이론이다(Frank M. Cross, *From Epic to Canaan: History and Literature in Ancient Israel* [Baltimore/London: Johns Hopkins, 1998], 205-29). Cross의 가설은 제2장, 각주 28에 요약하였다.

와 종교가 여러 방향으로 발전할 수 있도록 정치적으로 보호받는 사회적 공간이 새로 조성되었으며, 재건된 고향과 근동 지역 전체에 흩어진 공동체 속에서 발현되었다.

이런 유다 공동체 사이에 개략적인 가족 간의 유사성이 있었지만 모두에게 강제할 수 있는 통일성(unanimity)은 찾아 볼 수 없었다. 왜냐하면 이 공동체를 일관적으로 관리할 수 있는 정치 조직이 없었기 때문이며, 또한 유다 본토 안에서도 단일한 '유대교'(Judaism)가 발생하기에는 너무 많은 논란과 복잡한 상황이 계속되어 하나의 문화 종교적 전통을 확립하지 못했기 때문이다.[144]

3) 성경의 정치적 그리고 탈정치적 기반

우리는 히브리 성경의 발전 과정에 간여한 정치적 요인에 관해 두 가지로 나누어 생각해 볼 수 있다.

첫째, 고대 근동 전역에서 유다가 재건되는 것을 허가하고 유다의 문화적 종교적 관습을 따라 사는 것을 허용했던 제국의 정치적 외연이 없었다면 유다의 문화와 종교가 완전한 형태로 계속해서 발전해 나갈 수 없었을 것이다.

그리고 이런 맥락에서 제국의 속주 유다는 이런 광범위한 발전의 기준점이었다. 왜냐하면 유다의 특정 관습을 거절하고 완전히 바꾸려는 세력이 있었다고 하더라도 유다가 영토적이고 사회적이며 종교적인 기준으로 기능한 것이 사실이며, 특정 기억과 전통은 물론 다른 곳에 사는 유다 사람이 참고할 수 있는 당대의 생활 방식을 저장하고 전달하는 역할을 하였다.

---

144 예루살렘의 통제를 벗어나서 표준화할 수 없었던 다양하게 확산된 "유다 사상"(Judah-isms)을 보여 주는 문학적 자료에 관해서는 제2장, 각주 27을 참조하라.

둘째, 히브리 성경으로 갈무리가 된 문학 전통의 발전 과정을 보면 이런 전통이 생기고 보존되는 동안 영향을 미친 정치적 요인을 어느 정도 짐작할 수 있다. 이런 문학 전통은 외국 세력에 대한 자세와 유다 공동체 안에서 권력을 어떻게 배분하고 행사해야 하는가에 대한 이해 등 정치적 권력에 대한 자세에 따라 몇 가지로 구분이 가능하다.

또한 이 전통은 지파 공동체 시절이나 왕정 시대 이스라엘의 정치적 조건 위에 식민지 정치 조건을 반영하는 불투명한 장막을 덧입히는 시대착오적인 현상을 보여 주기도 한다.

그러나 다른 경우에는 식민지 시대와 그 이전 시대의 생활 양식을 구분하여 묘사하는 박식한 면을 보여 주며, 식민지 시대가 시작되기 전 시대에 대한 개요와 상당히 자세한 기록을 보존하고 있기도 하다. 기원전 586년 이후 유다 내부의 권력 경쟁에 대한 자세한 기록은 성경 전통 속에서 '베일에 가려져' 있고 학개-스가랴서와 에스라-느헤미야서의 기록은 일반적인 상황을 묘사하기보다 예외적인 상황에 집중하고 있기 때문에, 확실하게 결정된 정치적 요인에 의해 어떤 것을 기록하고 보존하며 또 어떤 것을 삭제하고 숨겨야 하는지를 결정하는 실행 원칙이 있었음을 보여 준다.

반면에 유다의 정치적 주권이 없는 상태는 문화와 종교의 발전에 '탈정치적'(transpolitical)인 결과와 영향을 초래했다고 말할 수 있다. 패권을 쥔 제국은 유다가 그들의 지배권에 반기를 들지 않는 한 어떤 형태의 문화와 종교를 시행하건 간여하지 않았다. 페르시아가 에스라와 느헤미야의 임무에 간섭한 것은 이집트와 그리스가 위협하는 시리아-팔레스타인 지역을 안정시키고 강화하려는 의도에서 시행한 정책이었다.

페르시아 제국의 입장에서 볼 때 에스라와 느헤미야의 개혁은 충분히 정치적인 의미가 있었지만, 위에서 언급한 것처럼 이런 개혁 시도가 유다에서 문화적 종교적 동질성을 확립하는 데 압도적인 성공을 거두었다는 주장은 한번 의심해 볼 여지가 있다.

아마도 '온갖 종류의' 성격을 지닌 개혁이 시행되어 예루살렘이 다양한 유다의 신념과 관습이 싸워서 지켜내야 할 문화적 종교적 중심지가 되도록 확정하는 역할 정도를 해냈을 것이다.

그리고 유다 본토의 정부와 흩어져 사는 유다 공동체 지도자는 자신들의 관점을 다른 공동체에 강요하거나 모두가 모여 한 관점에 합의하도록 만들 독립된 정치권력이 없다는 사실을 잘 알고 있었기 때문에 문화적 종교적 전통에 호소하는 이념적이고 실용적인 설득에 의존해야 했다.

식민지 시대에 정치권력이 퇴조하는 상황이 문화와 종교를 조직하는 주요 원리가 되었기 때문에 국가 권력은 갈수록 의혹과 불신의 대상으로 전락하게 된다. 이스라엘과 유다 왕국이 어떻게 묘사되었는지를 보면 정치권력을 향한 관점이 첨예하게 나뉘어져 있음이 드러난다.

먼저 유다 공동체가 신-바빌론과 페르시아 제국보다 더 오래 지속되었기 때문에, 각 공동체의 가치관이나 관습이 특정한 정체를 '초월하는' 현상이 일어나고, 사회적 결속의 기반이 되는 상황에 이른다. 정치는 언제나 곁에 존재하는 현실이지만, 많은 유다 사람이 정치를 공동체를 특징짓는 궁극적인 가치라고 보지는 않았다는 것이다.

정치를 인간 만사의 주요 요인으로 보지 않는 경향은 예언서나 지혜 문학 전승에도 잘 나타난다. 신을 역사의 최종 결정권자로 보는 유일신론적 확신이 깊어질수록 부침을 거듭하는 제국 정치 상황에 영향을 받기는 해도 풍성하고 활기찬 공동체 생활이 정치적 상황에 의해 최종적으로 결정되는 것은 아니라는 경험도 강화되었다.

그러나 정치가 피할 수 없는 현실이지만 오랜 기간 동안 실생활과 상관없이 지속된다고 생각하는 합의는 셀류커스 제국이 유다 내부의 문화적 종교적 논쟁에 개입하면서 산산이 부서지게 된다.

패권적인 정치가 공동체 생활 속에 가혹한 개입을 시작하면서 묵시문학(apocalyptic literature)이 발달하기 시작하였고, 정치권력이 일방적으로 문화 종교 질서를 강요하는 현실 속에서 정치권력을 끔찍한 존재로 경멸하는 태도가 나타나기 시작하였다.

4) 하스모니아 왕조의 '배타주의'

400년에 걸쳐서 유다는 거대한 제국에게 굴종하며 살아왔기에 마카비 혁명이 일어나고 하스모니아 정권이 성립한 것은 매우 놀라운 일이었다. 그러나 정치 문화 종교 영역이 미묘하게 접속되어 있다는 점을 생각하면 마카비-하스모니아라는 '이상 현상'도 이해할 수 없는 것은 아니다. 사실 기원전 2세기 유다에서 일어난 대격변에 초점을 맞추고 생각해 보면 이스라엘과 유다 역사의 이전 시대 정치에 관해 우리가 결론지은 사항을 점검해 볼 수 있다.

마카비 혁명은 셀류커스 왕조가 유다 국내 분쟁에 지나치게 개입하면서 특정 세력을 후원하는 것 때문에 시작된 국내 봉기가 정치적 반란으로 확대된 경우라고 볼 수 있다. 예루살렘에 사는 지배층 인사는 종교의 '자유화'(liberalization)를 지지하고 예루살렘을 셀류커스 제국에 속한 그리스 식 도시(polis)로 재건하기를 바라는 자들로 헬레니즘 사상과 관습을 받아들이는 데 주저함이 없었다.

좀 더 보수적인 유다 지도자는 이런 움직임에 반대하였으며, 두 세력 사이에 조성된 갈등은 대제사장 임명 문제를 놓고 점점 심화되고 있었다. 프톨레미와 셀류커스 제국 치하에서 유다 사람을 속주 행정 체계에 필요한 관직에 임명할 때 가장 높은 가격을 제시한 사람에게 그 자리를 판매하는 관행이 어느 정도 오래 지속되어 왔다.

이런 상황에서 경쟁하는 두 세력 사이에 적대감이 폭발하는 일이 생기자 셀류커스 왕조가 개입하여 헬레니즘의 영향을 수용하는 유다인의 손을 들어 주었고 폭넓게 인정받는 유다의 종교적 신념과 관습을 금지하기에 이르렀다. 그들은 성전 제사와 토라에 근거를 둔 제의를 금지하였는데, 이는 현재까지 전해져 오는 오경 전승과 거의 유사한 전통이었을 것으로 추정된다.

　셀류커스 제국이 국내외로 어려움을 겪고 있을 때 강력한 군사적인 저항 운동을 일으켜 전통적인 종교 관습을 재건하는 데 성공하였으나, 전통적인 유다 종교에 대응하는 헬레니즘 사상과 관습을 어떻게 처리할지는 해결하지 못하고 남겨 두었다.

　유다에서 문화적 종교적 자유를 누릴 공간을 확보하는 데 성공했던 저항 운동 동맹은 일부 세력이 완벽한 정치적 독립을 쟁취하기 위해 나서면서 붕괴되고 말았다. 이 세력은 개인적인 명예를 탐하기도 했지만 불안정한 상태에 접어든 셀류커스 지배자가 다시 유다에 간섭하는 것을 막아 보려고 무장 투쟁에 나섰다.

　국제 정세가 다시 한 번 이들에게 호의적으로 조성되었고, 유다 지도자들은 하스모니아 왕조를 세울 수 있었다. 로마 제국이 이 지역을 휩쓸기 전까지 팔십여 년을 독립 국가로 다스렸다. 왕과 대제사장을 뽑는 문제 때문에 전통을 중요하게 여기는 자들은 하스모니아 왕조에 반대하였는데, 왜냐하면 그들은 전통에서 요구하는 다윗 가문도 아니고 아론 가문도 아니었기 때문이다.

　정치적이고 사회 경제적인 이유에서 하스모니아 왕조에 반대하는 이들도 있었는데, 왜냐하면 그들이 사치스러운 생활을 탐닉하였고 반대파 사람을 잔인하게 처리하였기 때문이다. 이 중 후자에 속하는 세력은 사두개(Sadducean), 바리새(Pharisaic), 에세네(Essene)의 '파/운동' 속에 잘 반영되어 있으며, 하스모니아 왕조의 대혼란에 큰 역할을 하게 된다. 바리새파와 에세네파는 하스모니아 왕조에 반대하는 측에 서있고, 사두개파는 하스모니아 왕조에 동조하는 편이었다.

　그 후 에세네파는 정치 무대에서 퇴장하여 은둔하였으나, 다른 두 파벌의 대표는 하스모니아 왕조를 후원하거나 전복하거나 무력화시키는 논쟁에 휩쓸리게 된다. 하스모니아 통치 말기는 왕조 내부의 권력 다툼으로 점철되었으며, 유다 지배층 인사가 로마에 연락하여 그들의 참담한 상황을 끝내 달라고 청하는 지경에 이르렀다. 물론 그들은 폼페이(Pompey)가 그 청을 들어 주기 위해서 어떤 극단적인 방법을 사용할지 예상하지 못했다.

5) 고대 이스라엘의 독특한 정부 형태가 있었나?

하스모니아 왕조의 통치는 이 연구를 통해 우리가 주목하고 있는 이스라엘 정치에 관해 어떤 관점을 제공해 주는가?

필자의 판단으로는 하스모니아 국가와 그 이전에 있었던 이스라엘/유다 왕국은 그들이 이스라엘/유다 문화와 종교를 취급한 방법과 주변 지역의 정치적 문화에 대응한 방법에 있어서 어떤 유사성을 공유한다. 양자 모두 야훼 제의를 공식 종교로 천명하였지만 주변 지역을 넓게 석권하고 있는 정치 형태와 관습을 채택하였고, 이런 결정은 토착 문화나 종교와 잘 어울리지 않아서 결국 지도자와 백성 사이에 깊은 골이 생기는 결과를 낳았다.

기원전 10세기부터 6세기까지 이스라엘과 유다 왕국은 시리아-팔레스타인에 자리 잡은 소형 혹은 중형 국가와 매우 유사한 속국(tributary state) 체제를 채택하였다. 이 왕국 지도자가 왕권을 주장할 때 전통적인 친족과 마을 관계 망을 보호해야 한다는 규칙을 어긴다고 간주되어 많은 백성이 왕과 긴장 관계에 있거나 때로 노골적인 갈등 관계로 발전하기도 했는데, 이런 관계는 야훼 제의에 관한 이해가 국가 종교적 이념과 첨예하게 대립되는 방향으로 표현되곤 했다. 이렇게 왕권에 저항하는 세력의 관점은 많은 선지자에 의해 대변되는데, 이들은 두 왕국이 결국 멸망하게 될 것을 내다보고 있었을 것이며 오히려 잘 된 일로 여겼을지도 모른다.

기원전 2세기에서 1세기 초까지 존재했던 하스모니아 왕국은 주변에 있던 헬레니즘 왕국과 매우 유사한 속국 형태를 채택하였다. 하스모니아 왕조는 팔레스타인 대부분을 공격하여 점령하였고, 절정기에는 다윗과 솔로몬의 왕국 영토를 모두 회복하는 데 성공하였다. 그들은 셀류커스 제국의 왕위를 놓고 싸우는 시리아 파벌을 위해 용병 부대를 파견하기도 하였다.

또한 하스모니아 왕조는 자기들이 점령한 지역에 야훼 종교를 강제하기도 하였다. 그들은 점령지와 무역 사업을 확장하여 얻은 '새로운 부'를 누렸지만, 좀 더 전통을 중시하는 백성, 즉 옛날 방식으로 얻은 '오래된 부'의 소유자와 가난한 소작농의 사회경제적이고 종교적인 양심에는 거의 관심을 보이지 않았다. 그리고 그들은 국내 정적을 무자비하게 처단하였다. 하스모니아 왕조가 다스리던 마지막 몇 십 년 동안 이들은 셀류커스 제국 지도자와 거의 구분할 수 없었으니, 유다의 국내 정책에 개입하여 모욕적인 행위를 일삼아 자기 조상들이 맞서 싸우던 외국 세력과 별반 다를 바가 없었다.

이렇게 볼 때 식민지 시대 이전 이스라엘과 유다 왕국을 식민지 시대 하스모니아 왕국과 역사적 문맥이나 형태론적으로 비교할 때 얻을 수 있는 결론은 분명하다. 이스라엘 사람들은 자신들이 대표하고 있는 문화와 종교의 창조성과 참신함에 걸맞는 정치 구조를 개발해 내지 못하였다. 물론 자신들의 지배 체제가 종교적 사상과 일반 유다 백성을 존중하는 형태가 되어야 한다는 일반론은 있었지만, 속국 체제를 대신할 독자적인 대안으로 자기만의 정치 조직이라는 개념과 유형을 발전시키지는 못하였다.

동시에 이들은 지파 공동체의 동료 관계를 아련하게 꿈꾸었고, 참되고 의로운 왕을 간절히 소망하였으며, 외국인과 내국인 죄인이 사라진 후 한 의로운 자가 조화로운 지배를 펼치는 이상을 품고 살았다. 이렇게 향수를 불러일으키거나 이상적인 꿈은 폭력적인 정치에 대항할 만큼 강했고, 실제 권력을 행사할 때 발생하는 난처한 상황을 해결할 수 있도록 종교적 충성심을 제공하기도 한다.

그러나 그렇게 간절히 소망하던 종교적 결속 자체가 정치적인 분쟁을 부르는 문제가 되었으며, 종교적 결속을 통해 얻을 수 있다고 전제한 정치 질서의 목적과 수단 그리고 이를 기초로 얻게 될 아름다운 미래는 아직도

불분명하게 남겨져 있다.¹⁴⁵

이스라엘이 자신만의 독특한 정치 질서를 생산해 내지 못하고 실패했다는 사실이 그리 놀랍지는 않다. 그리스의 '민주주의'를 제외하면 고대 세계 어디에서도 그러한 정치적 혁신을 이룩한 민족은 없으며, 그리스도 계층이나 성별 간의 반목 때문에 급격하게 체제의 기능을 상실했고 결국 제국 체제가 집어 삼키고 말았다. 현대 미국 정부에 공화당과 민주당이 형성되어 정치를 이끌고 있지만, 종교적 신념이나 관습과 지배 권력을 행사하는 일 사이에 생기는 긴장과 갈등을 해결할 방법이 개발되었다고 말할 수는 없다.

그럼에도 불구하고 유대교와 기독교 전통이나 가치에 뿌리를 둔 공동체나 민족은 아직도 히브리 성경에서 정치적인 영감이나 실제적인 정치 정책을 읽어 내려고 노력하는 모습을 볼 수 있다.¹⁴⁶

---

145 성서학자가 성경 역사 전체를 통틀어 정치권력의 추이를 관찰한 연구로는 J. P. M. Walsh, *The Mighty from Their Throne: Power in the Biblical Tradition*, OBT 21 (Philadelphia: Fortress, 1987)을 참조하라. 왕정 성립 이전 시기에 관한 그의 정치적 분석은 필자의 저서 *Tribes* 와 넓은 의미에서 동일한데, 그로부터 좀 더 '이상화된' 결론을 도출하여 Mendenhall의 견해와 가까워지는 경향을 보인다.
그 결과 왕정 시대에 관한 그의 비판은 적절한 정치적 묘사와 분석이 빠져있으며 폭넓은 정치적 문맥 속에서 이스라엘과 유다가 차지하는 자리를 다루지 못한다. 그래서 중앙 집권적인 정치는 종교적 정의가 실현되기만 하면 쉽게 단념할 수 있는 권력 유형인 것처럼 묘사되었고, 여기서 암시된 대안은 다시 지파 공동체로 돌아가야 하는 것처럼 들린다. 필자의 판단으로는 유대교 역사가인 David Biale이나 정치학자 Ira Sharkansky의 연구가 고대 이스라엘 정치에 관해 훨씬 만족스러운 평가를 내리고 있다. 제2장, 각주 13, 제4장, 각주 83을 참조하라.

146 이스라엘의 정치 방식과 정치 이념이 이후의 정치사에 미친 영향에 대한 가장 철저한 연구로는 네 권으로 구성된 Daniel J. Elazar, *The Covenant Tradition in Politics*, Vol. 1, *Covenant and Polity in Biblical Israel*; Vol. 2, *From Christian Separation through the Protestant Reformation*; Vol. 3, *The Great Frontier and the Matrix of Federal Democracy*; Vol. 4, *The Constitutional Matrix of Modern Democracy* (New Brunswick, N.J./London: Transaction Publishers, 1995-1998이 있다. Biale 와 Sharkansky의 훨씬 간략한 연구와 비교해 보면 Elazar는 성경 정치학의 체계적 통일성을 간과했고, 성경 정치학이 후대에 미친 영향을 부풀렸다. 그렇지만 Elazar가 역사를 무척 상세하게 재현한 것으로 얻을 수 있는 정보는 막대하다. 성경적 정치관과 현대 정치관의 관계가 복잡하고, 애매하며, 괴리도 크게 있었다는 것을 제대로 보여 준 글은

이렇게 종교와 정치를 밀접하게 통합하려는 다양하고 용감한 시도는 정치적 관점이나 종교적 관점에서 볼 때 장기적으로 만족할 만한 결과를 얻은 적이 한 번도 없었다. 그런 모든 다양한 변형 속에서 성경을 기초로 한 '신정 정치'(theopolitics)는 고대 이스라엘의 정치적인 경험이었던 실망스러운 실패와 모순을 계속해서 반복할 뿐이다. 히브리 성경이 계속해서 독자들을 끌어들이는 매력 중 하나는 바로 이런 종교와 정치의 '단절'일지도 모른다.

우리는 발전된 경제와 문화적 '세계화'(globalization)를 통해 서로 연결되어 있지만 동시에 '다문화 현상'(multiculturalism), '민족 중심주의'(ethnocentrism), '민족주의'(nationalism)라는 이름 아래 지역적 민족적 충성심을 요구받으며 단절된 채 현대사회 그리고 후기 현대사회(modern and postmodern world)에 살고 있다. 이런 상황에서 히브리 성경을 읽을 때 아직도 우리를 괴롭히는 정치적 딜레마를 발견하고 이 문제와 비판적으로 그리고 창의적으로 씨름할 수 있다는 것은 큰 매력이 아닐 수 없다.

Kim Ian Parker, ed., *Liberal Democracy and the Bible* (Lewiston, N.Y./Queenston/Lampeter: Edwin Mellen Press, 1992)에 많다. 위 각주 145를 보라.

제6장

맺는 말: 고대 이스라엘의 정치

지금까지 히브리 성경이 고대 이스라엘의 정치에 관해 증언하고 있는 바가 무엇인지 그리고 이스라엘 국가가 고대 근동 지역 안에서 어떤 위치를 차지하고 있는지 살펴보았다. 성경 외부 자료와 명문은 물론 비교 사회학적 관점에서 본 관찰을 시도하였고, 문헌학 및 정치학 이론도 참고하면서, 지파 공동체에서 왕정으로 그리고 식민지로 변해왔던 이스라엘 정치권력의 변화 과정을 비판적인 상상의 눈으로 묘사하였다.

1. 고대 이스라엘의 정치 요약

지금까지 필자가 내린 결론을 요약하면 다음과 같다.

① 고고학 유물과 성경 외부 사료의 도움을 받고 최신 문헌학 이론의 지도를 받아 필자는 성경 본문이 때로 개략적이고 때로 왜곡되어 있으며 종교 문제에 초점을 맞추고 있다고 할지라도, 지파 공동체 시대를 시작으로 고대 이스라엘의 정치 생활에 관한 믿을 만한 정보를 제공해 준다고 꽤 자신 있게 말할 수 있다.

② 이념 비평(ideological criticism)을 고려할 때 성경이 보여 주는 정치사는 히브리 성경의 틀을 잡고 최종 형태를 결정한 식민지 시대의 지배적인 이념은 물론 최종 본문에 아직도 부지불식간에 남아 있는 지파 시대와 왕정 시대 이스라엘의 지배적인 이념적 관점도 잘 표현하고 있다는 사실을 강조하고자 한다.

③ 고대 근동학이 축적해 온 풍부한 자료를 토대로 볼 때 이스라엘의 정치 구조와 정책은 그 시대와 장소에 맞는 전형적인 형태를 가지고 있었고, 정치적 장점과 약점을 동시에 보여 주고 있다. 발전 선상에 있는 다른 국가와 마찬가지로 자기 문화와 사회를 지배하고 다른 나라에게 자신의 권력을 행사하려고 시도하였고 또 그 노력의 한계에 부딪치는 현상을 그대로 보여 준다.

④ 이스라엘 종교에 관해 지금까지 알려진 연구 결과를 참고할 때 야훼 제의는 지파 공동체 시절에 창조적인 원동력이었고 왕정 시대에는 국가 공식 종교였지만, 이스라엘 국가 정치의 외형을 결정할 만큼 우월한 지위를 가지지도 않았고 다양한 종파를 아우를 만큼 통합되어 있지도 않았다. 오히려 정치적 원인과 갈등 속에서 다양한 형태의 야훼 신앙이 있었음이 드러나고 있다.

⑤ 필자가 이용 가능한 모든 사료와 연구 방법을 통해 고찰한 결과 이스라엘 사회와 종교에 관한 계약 전통에 비견할 만한 독특한 '계약' 정치는 이스라엘 국가 안에서 발견되지 않았다. 백성이 규칙적으로 참여하는 것이 보장된 독특한 이스라엘 정체는 존재하지 않았고, 백성은 각 국가의 '시민'이라기 보다는 종속된 '피지배자'일 뿐이었다.

⑥ 마지막으로 고대 이스라엘의 특성이라고 확정할 수 있는 것은 그들의 정치가 아니라 그들의 문학과 종교였으며, 이스라엘과 유다라는 국가는 그 전통 안에서 매우 중요하지만 보조적인 역할을 감당했다. 고대 이스라엘의 이러한 특성은 왕정 시대 동안에는 분명하게 나타나지 않고, 국가가 멸망하고 난 후 몇 백 년이 지나면서 서서히 나타나기 시작했다.

이 결론의 중요성과 그 의미를 조금 더 자세히 설명할 필요가 있겠다.

만약 이스라엘 국가가 다른 고대 근동 국가와 다를 바 없고, 형태도 다양하며 상반되는 이해를 보여 주는 종교적 신념과 관습에 의해 좌우되지 않았다면, 이스라엘과 유다가 멸망한 이후에도 살아남은 사람들이 종교 문화 공동체를 형성한 점을 어떻게 설명할 수 있단 말인가?

사실 이 질문은 막스 베버(Max Weber)가 제기한 의문과 거의 비슷하다.

그러므로 우리는 유대인들이 어떻게 그렇게 특이한 교구민(parish people) 이 될 수 있었는지 묻지 않을 수 없다.

물론 여기서 베버는 '교구'(parish)라는 말이 일반적으로 경멸하는 투로 사용될 수 있다는 사실을 무시하고, 여기서 더 큰 사회에 얹혀 살고 있는 '손님' 같은 민족을 가리키는 기술적 용어로 사용하였다. '주변부 민족'(marginal people)이라고 부르면 의미하는 바가 더 분명히 드러난다.[1]

이 주제에 관해 논하기 위해서는 이스라엘 공동체의 생활을 규정하는 데 문화와 종교의 역할과 정치의 역할이 서로 어떻게 상호 작용하느냐를 분석해야 한다. 우리는 유다가 멸망하기 이전에 발전하던 문화와 종교의 핵심을 제시하면서, 이런 전통이 흩어진 유다 공동체에 계승되며 그 정체성과 전통을 지속시켰다고 말할 수 있다.

북 왕국 이스라엘 문화와 종교의 핵심도 의심할 여지없이 국가 멸망 이

---

1 Max Weber, *Ancient Judaism*, trans. and ed. Hans H. Gerth and Don Martindale (org. pub. 1917-21; Glencoe, Ill.: Free Press, 1952), 5. Weber는 반유대주의(anti-Semitism) 와 아무 관련 없이 인도의 카스트 제도에서 '교구'(parish)라는 낱말을 빌려 왔지만, 이 말이 유대인이 전 세계에 흩어져 살면서 보여 준 '위대한' 성취, 특히 인도 카스트 제도처럼 이차적인 제도에서는 찾아 볼 수 없는 성과를 제대로 평가하지 않는 것은 사실이다. Gerth와 Martindale의 책 서문에서 Robert E. Park가 '주변성'(marginality)이 무엇인지 정의한 것을 인용하는데(XXV), Gerth와 Martindale은 '교구민'이라는 용어 대신 Park의 정의를 사용한다. 왜냐하면 이 말이 비하하는 의미가 전혀 없는 용어이며 주변부 사람이 사회 문화적 맥락 속에서 지위가 높거나 낮을 수 있음을 아우를 수 있기 때문이다.

후에도 존속했던 사마리아(Samarian/Samaritan) 공동체에게 계승되었을 것이고, 포로로 잡혀갔던 북 이스라엘 사람에게도 남아 있었겠지만 이런 집단에 관한 정보는 거의 남아 있지 않다. 지파 공동체 시절과 왕정 시대에 뿌리를 두고 있는 문화 종교적 정체성은 충분히 독립적인 성격을 가지고 있기 때문에 통합된 신앙과 관습을 선포하고 강제하여 생존하는 데 중앙 집권적인 정치 종교적 조직의 도움이 필요 없었다.

핵심적인 종교적 문화적 정체성의 근원은 왕정 성립 이전 이스라엘 시대부터 오랫동안 지속된 가족적 공동체적(familial and communitarian) 문화에 근거하고 있다. 국가의 정치적 경제 조직은 이런 문화를 계속해서 위협하였고, 솔로몬이나 요시야 치하에서는 이 문화를 국가에 복속시키려는 극단적인 조치를 취한적도 있다.

그러나 중앙 집권적 국가가 이런 왕정 성립 이전 문화를 근본적으로 바꿀 수는 없었고, 마을이나 가족 중심 사회가 이 문화를 계승하였다. 이렇게 이질적이고 분권화된 문화는 매우 다양한 형태의 야훼 신앙을 낳았고, 심지어 다른 제의를 포함시키기도 했다. 그러나 왕정 시대를 통해 끊어지지 않고 이어져 내려온 이런 가족적/공동체적 하위 문화층이야말로 흩어져 사는 유다 사람들이 자신들의 과거와 연속성을 유지하고 새로운 삶의 조건에 창조적으로 적응할 수 있었던 '안전망' 노릇을 감당했던 것이다.

그러나 이스라엘 국가가 의도한 바는 아닐지라도 이질적인 가족적/공동체적 문화와 종교가 발전할 수 있도록 보호자 역할을 한 것도 인정해야 한다. 만약 독립적인 이스라엘 국가가 건국되지 못했고, 주권적인 정부 대신 블레셋과 이집트, 다메섹, 앗수르의 통치를 받으며 기원전 10-9세기를 보냈다고 가정한다면, 느슨하게 조직된 지파 체제 이스라엘의 문화와 종교가 강력하고 지속성 있는 전통과 생활 양식으로 발전할 수 있었을지 의문이다.

독립 국가가 자신도 모르게 자국민을 보호하는 현상은 유다의 문화와 종교가 상당히 활동력 있게 보존된 것과 비교해 볼 때 기원전 8세기에 이스라엘이 멸망하고 북 왕국의 문화와 종교가 상대적으로 미약하게 흔적을 남겼다는 사실을 통해서도 잘 드러난다.

이스라엘은 앗수르가 잔혹하게 국권을 강탈하기 전까지 약 200년 동안 국가로 존속하였으나, 유다는 그 보다 150년 이상 정치적 독립을 유지하였고, 또 사마리아가 함락된 뒤 유다로 내려온 피난민을 통해 북 왕국의 문화와 종교 전통도 흡수하는 반사 이익을 누렸다.

이스라엘 국가가 식민지 시대 유다 공동체가 발전하는 데 자신도 모르게 공헌한 영역이 또 하나 있다. 그것은 국가 조직이 기록을 남기고 글자를 읽고 쓸 수 있는 능력을 보급한 것이다. 물론 국한된 집단의 구성원이 주로 그 혜택을 입었지만, 바로 이런 사람들이 우리가 현재 지파 공동체와 왕정 정치에 관해 알고 있는 사실을 글로 남겼다.

이렇게 글을 읽고 쓸 수 있는 방법을 배운 사람이 다른 계획을 마음에 품게 되면 정부와 긴장 관계를 형성하거나 아예 비판 세력이 될 수 있었고, 이런 전통은 예언서나 지혜 문학과 계약-법 전통에 어느 정도 남아 있다.

식민지 시대 유다 사람이 구체화시킨 가족적/공동체적 전통의 든든한 기초는 기록으로 전통을 보존하고 또 새로운 기록을 창작했던 유다 '지식층 인사'가 아니었다면 영원히 사라졌을지도 모르며, 히브리 성경도 이런 사람의 노력에 힘입어 형성된 것이다. 동일한 지식인이 식민지 시대의 종교적 신념과 관습의 외형을 결정하는 데 선도적인 역할을 맡았을 것이다.

거대한 권력을 휘두르던 제국 정치도 식민지 시대 유다의 생활에 의도하지 않은 영향을 미쳤다. 이스라엘과 유다 왕국이 앗수르와 신-바빌론 제국에 대항하며 대립각을 세울 때 유다의 문화와 종교는 북 왕국 피난민이 이식해 준 전통을 흡수하면서 자기 정체성을 굳게 지켰을 뿐만 아니라, 식민지 시대를 살던 후손이 정치적 맹주의 문화적 통일 정책에 대항하여 자신을 준비시키고 또 발전하는데 큰 역할을 하였다.

다행스러운 점은 신-바빌론과 페르시아와 헬레니즘 제국은 앗수르 제국처럼 피정복민을 가혹하게 다스리지 않았으며, 전반적인 제국 체제 안에

각 지역마다 다른 문화와 종교와 지배 체제를 수용하는 정책을 폈다는 점이다. 이런 정책 덕분에 유다 본토를 다시 재건할 수 있게 되었고, 또 제국 전체에 흩어져 살던 유다인도 자기들 나름대로 생활 양식을 발전시킬 수 있었다.

그럼에도 불구하고 유다인이 생존에 성공하고 그 후에 발전할 수 있었던 원동력은 이들의 문화와 종교에 달려 있었다. 유다 국가와 외국 정체가 이런 전통이 지구력을 갖도록 괴롭히는 동시에 생존할 수 있는 조건을 제공한 것도 사실이지만, 동시에 이 문화와 종교가 하나의 일관적이고 통일된 존재가 아니었다는 점도 주목함이 마땅하다.

식민지 시대에 '이스라엘'이 된다는 것이 무슨 의미인지에 대한 다양한 징후가 존재했다는 점은 히브리 성경에 종합적으로 남아 있는 다양한 전통과 유다 본토와 디아스포라에서 발견되는 다양한 형태의 '유다 사상'(Judah-ism)에 잘 나타나 있다. 이런 사실에 관한 사전 이해 없이 외부에서 바라 본다면 식민지 시대 유다 사람의 주변부 생활은 문화적으로나 종교적으로도 서로 유사해 보이겠지만, 공동체 안에서 경험해 보면 수많은 차이점이 발견되고 또 서로 충돌하고 있음을 알게 될 것이다.

간단히 말해서 국가 정치는 물론 중앙 집권적인 종교 조직도 누구를 이스라엘 공동체에 포함시키고 누구를 제외시킬지, 어떤 기준으로 이 오랜 난제를 해결해야 할지에 관한 확실한 대답을 제시할 수 없었다. 기원후 1세기 말에서 2세기가 되어 랍비 조직이 확립되어서야 이스라엘의 경계가 좀 더 분명하게 확정될 수 있었으며, 유대인이 인정하는 거룩한 책도 폭넓은 동의를 통해 정경화될 수 있었다.

그러나 랍비가 나타나기 전에 유다 공동체는 세 번의 반란을 일으켰다가 실패하면서 그 비참한 결과를 감내해야 했다. 한 번은 셀류커스 왕조에 대항하여 두 번은 로마 제국에 대항하여 일어났다가 실패하면서 사회 분열을 경험하였는데, 정치적인 문제를 놓고 사회가 갈라진 것은 물론 문화와 종교의 문제 때문에 공동체가 분열되기도 하였다.

하스모니아 왕조가 독립을 쟁취하고 성전 조직이 확립되었을 때도 누가 유대인인지, 서로가 서로를 어떻게 대접해야 하는지, 유대인은 어떻게 예배해야 하는지, 유대인은 어떤 정치 조직으로 나라를 다스려야 하는지에 관해 동의를 얻어내지 못하였다.

2. 고대 이스라엘 정치의 유산

고대 이스라엘의 유산은 어떤 특정한 형태의 정치 체제를 제시하거나 문화와 종교를 실현 가능한 정체로 번역할 수 있는 모범을 제공하지 않는다. 고대 이스라엘의 정치는 지금까지 왕권 신수설을 정당화하기 위해서, 부당한 권위를 해결하기 위해서, 계약에 근거한 연방제나 자유 민주주의, 민족주의, 자본주의, 사회주의를 주창할 근거로 삼기 위해서 많이 인용하였다.

히브리 성경이 거룩한 책이라는 권위가 있어서 어떤 사회 정치적 체제의 정당성을 주장하려는 사람들이 고대 이스라엘 정치를 거론하기도 했지만, 또 히브리 성경 안에 남아 있는 체계화되지 않고 조화되지 않은 정치적 구조와 관습과 관점이 현대 정치 체제의 넓은 스펙트럼 중 일부와 어떤 면에서 유사한 요소를 포함하고 있기 때문이다.

지금까지 이 책에서 비판적 상상력을 통해 묘사해 온 고대 이스라엘 정치를 '전체적으로' 조망해 보면 농업을 기초로 한 속국(tributary agrarian monarchy)이라고 말할 수 있는데, 그 이전에는 분권적인 권력과 권위를 행사하던 느슨한 지파 공동체가 있었고, 그 이후에는 반자치적인 종교 문화적 소수 집단으로 왕이 다스리는 제국에 소속되어 있었다. 이 중 어떤 정치 형태도 현대 정치에 적용하기에 적절하지 않다.

고대 이스라엘 정치는 전체이든지 아니면 선택된 일부이든지 현대로 이전시킬 수 없는데, 고대의 모형은 우리가 정치에 관련해서 사용하는 개념이나 정서의 근원에 관해 설명해 주고 인류 문명의 새벽부터 우리와 함께 해 온 정치적 문제를 드러내 주긴 하지만, 세계사는 그 모형이 설명할 수 있는 범위를 훨씬 뛰어넘는 범위에서 펼쳐지기 때문이다.

현대 이스라엘 국가는 성경에 뿌리를 두고 있다고 자부하지만, 종교적 민족주의와 자유 민주주의가 서로 충돌할 때 이를 해결해 주는 일관성 있는 성경적 정치를 회복하는데 성공하지 못하고 있다.[2]

미국을 종교정치적으로(theopolitically) '새 이스라엘'이라고 해석하려는 시도도 있었지만 종교적 다양성과 자유 민주주의의 원칙 때문에 실패하고 말았다.[3]

문화/종교라는 영역과 정치라는 영역 사이에 존재하는 깊은 골은 고대 이스라엘 역사 속에서 한 번도 성공적으로 연계된 적이 없으며, 여기서 파생된 사회적 권력망도 둘로 갈라져서 오랜 시간 동안 불편한 관계를 이어 왔다.

종교와 국가를 구분하는 자유 민주주의가 발생하면서 종교에 기초한 정체가 전체적으로 나약하며 권력을 남용해 왔음을 밝혀냈지만, 종교적으로

---

2   Halbertal과 Margalit은 후대 유대교 신도가 우상을 숭배하는 이교 신앙을 엄격하게 금하는 성경의 교훈을 그대로 이어 받아 다신교 신도를 폄하하는 전통을 확립했고, 그나마 관대한 태도를 가지고 있던 Maimonides도 그런 경향을 보여 준다고 말했다(Moshe Halbertal and Avishai Margalit, *Idolatry* [Cambridge/London: Harvard Univ. Press, 1992]). Sternhell은 현대 국가 이스라엘을 건국한 시온주의자들이 아랍인 '타인'들의 존재를 무시한 채 자주적인 나라를 세워서 민족주의 유대인들이 되살아나는 것이야 말로 국내적인 사회 정의의 실현이라고 주장한 점을 자세하게 보도하고 있다(Zeev Sternhell, *The Founding Myths of Israel: Nationalism, Socialism, and the Making of the Jewish State* [Princeton: Princeton Univ. Press, 1998]).
    예를 들어 시온주의 이론가 Aaron David Gordon은 자본주의와 사회주의 모두에게 혐오감을 표시하면서, 그 땅 위에서 일하는 유대 민족주의가 부활하면 유대인 간의 '형제애'를 통해 자본주의의 폐해는 자동적으로 폐지될 것이며, 사회와 국가를 사회주의 혁명으로 개혁할 필요도 없을 것이라고 주장했다. David Biale과 Sharkansky도 현대 이스라엘 국가의 정치권력에 대해 유사한 의구심을 표현한 바 있다. 제2장 각주 13, 제4장 각주 83, 제5장 각주 142를 참조하라.

3   Norman K. Gottwald, "Are Biblical and U.S. Societies Comparable? Theopolitical Analogies toward the Next American Revlution," in *The Hebrew Bible in Its World and in Ours* (Atlanta: Scholars, 1993), 307-23.

중립적적인 정체의 존재론적 도덕적 기초에 관해서는 해결하지 못한 채 넘어가고 말았다.[4]

그렇다고 해서 어떤 정치 체제와 특정 정치 기구 중에서 판단을 할 수 없다는 말은 아니다. 그보다는 우리가 판단할 때 실용적이고 도덕적이며 종교적이고 또 철학적인 면에서 종합적인 고려를 해야 한다는 말이고, 또 우리가 히브리 성경을 정치적 안내서로 사용하는 한 다양한 성경의 관점 중에서 우리가 추출해 낸 선택적인 지침과 원칙을 이용할 뿐이라는 것이다.

끝으로 고대 이스라엘의 종교적 유산이 인류가 평화와 정의를 성취하게 된다는 '이상적인' 혹은 '종말론적인' 희망의 근거로 계속 사용되고 있으며, 동시에 지속적으로 평화와 정의를 성취하는 장애물로 도용되고 있다는 점을 지적하고자 한다.

필자가 강조하고 싶은 점은 주로 성경을 인정하는 유일신교 세 가지, 즉 유대교와 기독교와 이슬람교에 해당한다는 점이다. 필자의 의견으로는 성경과 유일신교 체제가 결합되면 평화와 정의를 향한 높은 희망을 품게 되기도 하고 이런 희망이 뼈저린 좌절에 부딪치기도 한다.

첫째, 유일신교는 전 세계적인 평화와 정의를 향한 이상을 품도록 고무하지만, 동시에 '우리' 유일신교 신도들이야말로 평화와 정의를 실현할 유일하고 우월한 주체라는 신념을 심어 주기 때문에, 이 세계를 '우리'와 '그들'로 쉽게 나누고 만다.

---

4   Parker의 글은 현대 정치 이론가들이 성경에 기록된 정치적 이념과 관습을 별 이유 없이 거절하거나 제멋대로 전용한 것에 주목하고 있다(Kim Ian Parker, *Liberal Democracy and the Bible* [Lewiston, N.Y./Queenston/Lampeter: Edwin Mellen Press, 1992]). Bader-Saye는 유대교와 기독교 사이에 성경이 선택한 정당한 후계자가 누구인지를 놓고 경쟁을 계속하는 행위가 어떤 정치적 결과를 가지고 오는지를 연구하였다(Scott Bader-Saye, *Church and Israel after Christendom: The Politics of Election* [Boulder, Colo.: Westview Press, 1999]).

둘째, 종교가 정경을 내세우게 될 때 유일신교 신도는 풍부한 전통의 세계를 맛보게 되지만, 동시에 규칙 중심의 문자주의를 지향하게 되며, 결국 기록된 본문이 문화적 상대성을 지니고 있다는 점을 무시하고, 특정 규칙에 관한 해석과 적용에 관해 다른 의견을 가진 사람에 대항하여 심각한 분열과 노골적인 갈등으로 치닫게 되기도 한다.

셋째, 정경을 기초로 한 유일신교는 하나님이 역사를 지배하신다는 생각을 심어 주고, 인간은 신의 목적을 성취하기 위해 협력해야 한다는 생각을 강요하지만, 동시에 신의 계시를 사회 정치적 기관과 관습으로 완벽하게 구체화하는 일을 '막막한 마음' 뿐인 신도의 손에 맡겨 놓는다.

이렇게 서로 조화시킬 방법이 분명치 않은 모순되는 진술을 열거해서 유감이지만, 고대 이스라엘 정치에 관한 연구를 마무리하면서 이런 문제를 자세히 논할 수는 없다고 생각한다.[5]

여기서는 이렇게 내부적으로 모순되는 진술이 식민지 시대 후기와 랍비 유대교가 형성되던 이스라엘 공동체 안에 이미 깊숙이 뿌리내리고 있었다는 점과, 이런 현상은 기독교와 이슬람교에도 똑같이 나타난다는 점을 지적하고 싶다. 그리고 신이 인간 역사를 지배한다는 주장과 인간이 신의 의도 속에 참여해야 한다는 주장 사이에 큰 골이 존재한다는 사실에 관해서도 조금 더 부연하고 싶다.

---

5 Gottwald는 성경이 말하는 사회 정의 기준에 가장 잘 부합하는 제도는 민주적 사회주의(democratic socialism)라고 생각하지만, 이런 판단이 권위주의적이고 계급주의적이며 기존의 부와 권력을 지지하는 성경 본문을 제외시키고 선택적인 평가를 거친 결과라는 점을 인정한다(Norman K. Gottwald, "Biblical Views on 'Church-State' Relations and Their Influence on Existing Political Ideologies," in *The Hebrew Bible in Its Social World and in Ours*, SemeiaSt [Atlanta: Scholars, 1993], 365-83).
Meeks는 성경 본문에서 특정 본문을 선택하여 자신의 신학(theology of God)을 전개하면서, 창조와 구원 행위 속에서 하나님이 보여주신 관대함은 인간 사회에서도 부와 권력을 동등하게 나누도록 요구하신다고 결론짓는다(M. Douglas Meeks, *God the Economist: The Doctrine of God and Political Economy* [Minneapolis: Fortress, 1989]). 그러나 Meeks는 사회주의를 계급주의 체제를 기초로 한 정치 체제로 이해하기 때문에 사회주의를 해결책으로 내세우지는 않았다.

고대 이스라엘 정치에 관한 정보를 제공해 주는 성경 본문을 연구하는 과정에서 필자는 본문이 말하는 '방법'이나 '어투'가 조금씩 다르다는 사실에 관심을 갖게 되었다. 많은 본문 속에 결정적인 선택에 직면한 정치적 주체에 대해 생생하고 마음을 사로잡는 이야기가 실려 있는데, 이 이야기는 특정 행위나 결과로 이어질 수 있는 인간의 동기와 야망과 계획에 관한 인간 내적인 묘사에 전적으로 의지하고 있다.

그러나 서술자의 입장에서 볼 때 이런 행위나 결과가 어떤 방향으로 발전할지 알 수 없는 경우가 있다. 그러나 다른 본문은 하나님의 마음과 말씀을 그대로 담기 위해 노력하고 있으며, 정치 주체의 행위 중 어떤 것이 옳고 또 어떤 것이 그른지 판단하는 것은 물론 특정 결과를 도출하기 위해 움직인 것은 하나님 자신이었음을 선포하곤 한다.

물론 서술자가 볼 때 이런 결과는 정치적 주체 본인의 이해관계에 제대로 부합하는 것처럼 보인다. 이렇게 성경 본문에 나타나는 신과 인간 사이의 분리된 '인과관계'(causation)는 '이중 인과율의 원칙'(the dual causality principle)이라는 용어로 표현할 수 있는데, 철학 용어로는 자유와 결정론의 역설(the paradox of freedom and determinism)이라고 풀어낼 수 있을 것이다.[6]

---

6 Amit은 Yehezkel Kaufmann의 글에서 '이중 인과율의 원칙'이라는 제목을 인용하고, Gerhard von Rad와 I. L. Seeligmann의 주장을 비판하며 논의를 전개하는데, 이중 인과율의 원칙에 관해 다음과 같이 설명한다(Yaira Amit, "The Dual Causality Principle and Its Effects on Biblical Literature," *VT* 37 [1987]: 385-400).
"독자들은 신 중심 체제와 인간 중심 체제라는 두 가지 해석 방법을 통해 이 이야기를 읽을 수 있는데, 어느 한 가지 해석 방법이 다른 방법을 부정하거나 무효화시키지 않는다"(391).
Amit은 이중 인과율의 원칙이 가지는 문학적 영향에만 관심이 있었다. 이중 인과율의 원칙을 사용하는 서술을 앗수르 시대 말에 창작되었다고 주장한 Amit의 연대 추정은 증거가 불충분하며, 다윗-솔로몬 왕국 시대 초기로 추정한 von Rad의 제안도 마찬가지다. 필자가 보기에는 드보라의 노래처럼 고대 문학 작품에도 이런 원칙이 보이는 것 같다.
그러나 성경 기록에서 하나님을 주인공이 아니라 작품의 배경으로 밀어 내는 경향은 후대의 발전이라는 Amit의 주장에는 동의하지만, Amit은 이런 현상이 "갈등 상황에서 좀 더 추상적인 신관을 지향하는 목적을 가지고 있다"고 설명한다(400).
Boer는 Kaufmann과 Amit이 전개하는 이중 인과율의 원칙에 관한 논쟁에 끼어들며, 역사적 결정론의 입장에서 왕상 11-14장을 다음과 같이 설명한다(Roland Boer, *Jameson and Jeroboam*, SemeiaSt [Atlanta: Scholars, 1996], 155-57).

필자는 이러한 분리 현상을 탐구하거나 해결하기 보다는 히브리 성경에서 교훈을 찾아내는 작업이 얼마나 제한적인지 강조하고 싶으며, 고대 이스라엘에서 정치가 운영되던 원리를 분명하게 이해하는 것은 물론 현대 사회에 필요한 정치적 교훈을 성경 본문에서 도출해 내는 것도 한계가 있다고 말하고 싶다.

필자는 고대 이스라엘 정치를 비판적 상상력을 통해 재구성하는 작업을 진행하면서 히브리 성경 중에서 이스라엘 정치에 관한 하나님의 평가나 개입을 기록한 메타 담론이라고 판단되는 부분을 사료에서 배제시키면서 방법론적으로 이 문제를 회피해 왔다. 물론 신과 인간의 목소리가 번갈아 나오는 난제를 해결하는 다른 방법도 있을 것이다.

그러나 두 목소리를 조화롭게 화해시키기 위해서 정말 힘든 노력을 아끼지 않는 사람도 그들의 해석이 서로 모순되고 논리적 공백이 생겨서 이론이나 실제에서 매우 다른 종류의 정치적 결과를 초래하게 된다는 사실을 인정하지 않을 수 없을 것이다.

이 연구를 완전히 부정적인 어조로 끝내지 않기 위해서 필자는 다음과 같이 결론을 내린다. 기본적으로 타 지역과 구분할 수 없는 고대 이스라엘의 정치는 왕국 성립 이전의 공동체적 생활 기록을 보존하고 있으며, 식민지 시대 유다 사상(Judah-

---

"이중 인과율의 원칙을 분간해 내는 작업이 그렇게 성공적이지 못하다는 사실은 근본적으로 이념적인 주제 혹은 이념의 기본 단위(ideologeme)가 기본적으로 종교적인 성격을 가지고 본문 속에서 기능한다는 사실을 가리킨다. 이것은 신이 인간의 문제에 개입한다고 이해하는 방법의 문제인데, '역사적 결정론' 또는 '섭리'라고 부를 수 있는 신인관계의 문제를 말한다. 이 문제를 이런 방식으로 표현하면 이념의 기본 단위 속에 잠재하고 있는 모순을 강조하게 된다. 인간과 신의 차원 즉 자유주의(voluntarism)와 결정론(determinism)은 서로 조화를 이루기 어렵다. 그러므로 이중 인과율의 원칙은 이 문제를 다루는 한 방법이며, 더 분명한 신의 지배를 강조하는 방법도 가능하다"(157).
Amit과 Boer는 많은 질문을 대답하지 않은 채 남겨놓고 있으며, 이스라엘 문학과 종교 사상에 타나난 이중 인과율의 원칙에 관해 더 체계적인 연구와 설명이 필요하다는 사실을 확인할 수 있다. Friedman은 이렇게 신과 인간의 공통영역이 쉽게 바뀌는 현상을 고찰하면서 신구약은 물론, Nietzche와 신의 죽음의 신학(Death of God theology), 그리고 유대교 신비주의(Jewish Kabbalah)까지 폭넓게 조사하였다(Richard Elliott Friedman, *The Disappearance of God: A Divine Mystery* [Boston: Little, Brown & Co., 1995]).

isms)의 놀랄만한 문학 작품과 생동적인 종교가 좀 더 통합된 유대교(Judaism)로 발전하게 되는 문화적 종교적 모체가 자라날 수 있도록 '보호하는' 역할을 하였다. 얄궂게도 우리가 이런 정치를 되돌아 볼 수 있는 것은 모두 이 문학 작품과 이에 따르는 종교적 신념과 관습이 끈질기게 살아남았기 때문이다.

이런 문학과 종교가 없었다면 고대 이스라엘 정치를 다시 돌아볼 이유도 없었을 것이다.

참고 문헌

Ackerman, Susan. *Under Every Green Tree: Popular Religion in Sixth-Century Judah*. HSM 46. Atlanta: Scholars, 1992.

Adams, Robert McC. *The Evolution of Urban Society: Early Mesopotamia and Prehispanic Mexico*. Chicago: Aldine Publishing Co., 1966.

Adcock, Frank E. *The Greek and Macedonian Art of War*. Berkeley, Calif.: Univ. of California Press, 1957.

Aguilar, Mario I. "Rethinking the Judean Past: Questions of History and a Social Archaeology of Memory in the First Book of Maccabees." *BTB* 30 (2000): 58-67.

Ahlström, Gösta W. *The History of Ancient Palestine from the Palaeolithic Period to Alexander's Conquest*. JSOTSup 146. Sheffield: Sheffield Academic Press, 1993.

_____. *Royal Administration and National Religion in Ancient Palestine*. Leiden: E. J. Brill, 1982.

_____. *Who Were the Israelites?* Winona Lake, Ind.: Eisenbrauns, 1986.

Aldred, Cyril. *Akhenaten, Pharaoh of Egypt: A New Study*. Rev. ed. London: Thames & Hudson, 1988.

Alt, Albrecht. *Essays on Old Testament History and Religion*. Oxford: Basil Blackwell, 1966.

_____. "Micha 2, 1-5, ΓΗΣ ΑΝΑΔΑΣΜΟΣ in juda." In *Kleine Schriften zur Geschichte des Volkes Israels*. Vol. 3. Munich: Beck, 1959. 373-81.

Amin, Samir. *Class and Nation Historically and in the Current Crisis*. New York: Monthly Review Press, 1980.

Amit, Yairah. "The Dual Causality Principle and Its Effects on Biblical Litemture." *VT* 37 (1987): 385-400.

Anderson, Benedict. *Imagined Communities: Reflections on the Origin and Spread of Nationalism*. Rev. ed. London: Verso, 1991.

Anderson, Gary A. *Sacrifices and Offerings in Ancient Israel: Studies in Their Social and Political Importance*. HSM 41. Atlanta: Scholars, 1988.

Aufrecht, Walter E. *A Corpus of Ammonite Inscriptions*. Ancient Near Eastern Texts and Studies 4. Lewiston, N.Y.: Edwin Mellen Press, 1989.

Auld, A. Graeme. "The Deuteronomists and the Former Prophets, or What Makes the Former Prophets Deuteronomistic?" In *Those Elusive Deuteronomists: The Phenomenon of Pan-Deuteronomism*. Edited by L. S. Schearing and S. L. McKenzie. JSOTSup 268. Sheffield: Sheffield Academic Press, 1999. 116-26.

_____. *Kings without Privilege: David and Moses in the Story of the Bible's Kings*. Edinburgh: T. & T. Clark, 1994.

Avi-Yonah, Michael, and Ephraim Stern, eds. *Encyclopedia of Archaeological Excavations in the Holy Land*. 4 vols. Jerusalem: Israel Exploration Society and Masada Press, 1975-78. Updated and expanded by Ephraim Stern, ed., *The New Encyclopedia of Archaeological Excavations in the Holy Land*. 4 vols. Jerusalem: Israel Exploration Society and Carta. 1993.

Avigad, Nahman. *Bullae and Seals from a Post-Exilic Judean Archive*. Qedem 4. Jerusalem: Institute of Archaeology, Hebrew University, 1976.

_____. "The Contribution of Hebrew Seals to an Understanding of Israelite Religion and Society." In *Ancient Israelite Religion: Essays in Honor of Frank Moore Cross*. Edited by P. D. Miller Jr. et al. Philadelphia: Fortress, 1987. 195-208.

_____. "The Epitaph of a Royal Steward from Siloam Village." *IEJ* 3 (1953): 137-52.

_____. *Hebrew Bullae from the Time of Jeremiah*. Jerusalem: Israel Exploration Society, 1986.

Bader-Saye, Scott. *Church and Israel after Christendom: The Politics of Election*. Boulder, Colo.: Westview Press, 1999.

Bagnall, Roger S. *The Administration of the Ptolemaic Possessions outside Egypt*. Columbia

Studies in the Classical Tradition 4. Leiden: E. J. Brill, 1976.

_____. *Reading Papyri, Writing Ancient History*. London: Routledge, 1995.

Bailey, Christine W. "The State of the State in Anthropology." *Dialectical Anthropology* 9 (1985): 65-91.

Baines, John. "Ancient Egyptian Kingship: Official Forms, Rhetoric, Context." In *King and Messiah in Israel and the Ancient Near East: Proceedings of the Oxford Old Testament Seminar*. Edited by J. Day. JSOTSup 270. Sheffield: Sheffield Academic Press, 1998. 16-53.

Baines, John, and Jaromir Malek. *Atlas of Ancient Egypt*. New York: Facts on File, 1980.

Barkay, Gabriel. "Iron II—III," In *The Archaeology of Ancient Israel*. Edited by Amnon Ben-Tor. New Haven, Conn./London: Yale Univ. Press, 1992. 302-73.

Barnett, R. D. "The Sea Peoples." *Cambridge Ancient History*. Edited by I. E. S. Edwards et al. 3d ed. 2/2. Cambridge: Cambridge Univ. Press, 1975. 371-78.

Barstad, Hans M. *The Myth of the Empty Land: A Study in the History and Archaeology of Judah during the 'Exilic' Period*. Oslo: Scandinavian University Press, 1996.

Bartlett, John R. "Edom." *ABD* 2: 287-95.

_____. *Edom and the Edomites*. JSOTSup 77. Sheffield: JSOT Press, 1989.

Beaulieu, P-A. *The Reign of Nabonidus, King of Babylon 556-539 B.C.* Yale Near Eastern Researches 10. New Haven, Conn.: Yale University Press, 1987.

Becking. Bob. *The Fall of Samaria: An Historical and Archaeological Study*. SHANE 2. Leiden: E. J. Brill, 1992.

Begrich, Joachim. "Sōfēr und Mazkīr." *ZAW* 58 (1940-41): 1-29.

Bendix, Reinhard. *Kings or People: Power and the Mandate to Rule*. Berkeley, Calif.: Univ. of California Press, 1978.

Bengston, Hermann, ed. *The Greeks and the Persians*. New York: Delacorte Press, 1968.

Berlev, Oleg. "Bureaucrats." In *The Egyptians*. Edited by Sergio Donadoni. Chicago: Univ. of Chicago Press, 1997. 87-119.

Berlinerblau, Jacques. "Ideology, Pierre Bourdieu's *Doxa*, and the Hebrew Bible." *Semeia*. Atlanta: Scholars. forthcoming.

_____. "The 'Popular Religion' Paradigm in Old Testament Research: A Sociological Critique." *JSOT* 60 (1993): 3-26.

Berquist, Jon L. *Judaism in Persia's Shadow: A Social and Historical Approach*. Minneapolis:

Fortress, 1995.

Bevan, Edwyn R. *A History of Egypt under the Ptolemaic Dynasty*. London: Methuen & Co., 1927.

_____. *The House of Seleucus*. 2 vols. 1902. Reprint. New York: Barnes & Noble, 1966.

Biale, David. *Power and Powerlessness in Jewish History*. New York: Schocken Books, 1986.

The Bible and Culture Collective. *The Postmodern Bible*. New Haven, Conn.: Yale Univ. Press, 1995.

Bickerman, Elias J. *The Jews in the Greek Age*. Cambridge: Harvard Univ. Press, 1988.

Bienkowski, Piotr, ed. *Early Edom and Moab: The Beginning of the Iron Age in Southern Jordan*. Sheffield Archaeological Monographs 7. Sheffield: J. R. Collis, 1992.

Bikai, Patricia M. "The Phoenicians." In *The Crisis Years: The Twelfth Century B.C. from beyond the Danube to the Tigris*. Edited by W. A. Ward and M. S. Joukowsky. Dubuque, Iowa: Kendall/Hunt Publishing Co., 1989. 132-41.

Biran, Avraham, and Joseph Naveh. "An Aramaic Fragment from Dan." *IEJ* 43 (1993): 81-98.

_____. "The Tel Dan Inscription: A New Fragment." *IEJ* 45 (1995): 1-18.

Black, Jeremy A., and W. J. Tait. "Archives and Libraries in the Ancient Near East." In *CANE*. Vol. 2. New York: Charles Scribner's Sons, 1995. 197-209.

Bleiberg, Edward. "The Economy of Ancient Egypt." In *CANE*, vol. 3. New York: Charles Scribner's Sons, 1995. 1373-85.

Blenkinsopp, Joseph. "Temple and Society in Achaemenid Judah." In *Second Temple Studies 1: Persian Period*. JSOTSup 117. Sheffield: Sheffield Academic Press, 1991. 22-53.

Boer, Roland. "Deutero-Isaiah: Historical Materialism and Biblical Theology." *BibInt* 6 (April 1998): 181-204.

_____. *Jameson and Jeroboam*. SemeiaSt. Atlanta: Scholars, 1996.

_____. "National Allegory in the Bible." *JSOT* 74 (1997): 95-116.

_____. *Novel Histories: The Fiction of Biblical Criticism*. Sheffield: Sheffield Academic Press, 1997.

Boudon, Raymond, and Francois Bourricaud. *A Critical Dictionary of Sociology*. Chicago: Univ. of Chicago Press, 1989.

Boyarin, Daniel. "Placing Reading: Ancient Israel and Medieval Europe." In *The Ethnography of Reading*. Edited by J. Boyarin. Berkeley, Calif.: Univ. of California

Press, 1993. 10-37.

Brettler, Marc Zvi. *The Creation of History in Ancient Israel*. London: Routledge, 1995.

_____. "Judaism in the Hebrew Bible? The Transition from Ancient Israelite Religion to Judaism." *CBQ* 61 (1999): 429-47.

Briant, Pierre. *Alexander the Great: Man of Action, Man of Spirit*. New York: Harry N. Adams, 1996.

_____. *Histoire de l'empire perse de Cyrus à Alexandre*. Paris: Fayard, 1996.

Bright, John. "The Organization and Administration of the Israelite Empire." In *Magnalia Dei: The Mighty Acts of God*. Edited by F. M. Cross et al. Garden City, N.Y.: Doubleday, 1975. 19-208.

Brinkman, J. A. "The Babylonian Chronicle Revisited." In *Lingering over Words: Studies in Ancient Near Eastern Literature in Honor of William L. Moran*. Edited by Tzvi Abusch et al. Atlanta: Scholars, 1990. 73-104.

Briquel-Chatonnet, F. *Les relations entre les cités de Ia côte phénicienne et les royaumes d'Israël et de Juda*. OLA 46. Louvain: Departement Oriëntalistiek, 1992.

Bronson, Bennet. "The Role of Barbarians in the Fall of States." In *The Collapse of Ancient States and Civilizations*. Edited by N. Yoffee and G. L. Cowgill. Tucson, Ariz.: Univ. of Arizona Press, 1988. 196-218.

Brookman, W. R. *A Hebrew-English Synopsis of the Old Testament: Samuel, Kings, and Chronicles*. Peabody, Mass.: Hendrickson Publishers, forthcoming.

Broshi, Magen. "The Expansion of Jerusalem in the Reigns of Hezekiah and Manasseh." *IEJ* 24 (1974): 21-26.

Broshi, Magen, and Israel Finkelstein. "The Population of Palestine in Iron Age II." *BASOR* 287 (1992): 47-60.

Brueggemann, Walter. Review of *The Tribes of Yahweh*, by Norman K. Gottwald. *JAAR* 48 (1980): 44-51.

Buccellati, Giorgio. *Cities and Nations of Ancient Syria: An Essay on Political Institutions with Special Reference to the Israelite Kingdoms*. Studi Semitici 26. Rome: Istituto di Studi del Vicino Oriente, 1967.

Burke, Peter. "History of Events and the Revival of Narrative." In *New Perspectives on Historical Writing*. University Park, Pa.: Pennsylvania State Univ. Press, 1992. 233-48.

Carneiro, Robert L. "The Chiefdom: Precursor of the State." In *The Transition to Statehood in the New World*. Edited by G. D. Jones and R. R. Krautz. Cambridge: Cambridge Univ. Press, 1981. 37-79.

_____. "A Theory of the Origins of the State." *Science* 169 (1970): 733-38.

Carney, T. R. *The Shape of the Past: Models of Antiquity*. Lawrence, Kans.: Coronado Press, 1975.

Carroll, Robert P. "Israel, History of [Post-monarchic Period]." *ABD* 3: 567-76.

_____. "The Myth of the Empty Land." *Semeia* 59 (1992): 79-93.

_____. "Rebellion and Dissent in Ancient Israelite Society." *ZAW* 89 (1977): 176-204.

Carter, Charles E. *The Emergence of Yehud in the Persian Period: A Social and Demographic Study*. JSOTSup 294. Sheffield: Sheffield Academic Press, 1999.

Carter, Charles E., and Carol L. Meyers, eds. *Community, Identity, and Ideology: Social Sciences Approaches to the Hebrew Bible*. Winona Lake, Ind.: Eisenbrauns, 1996.

Cazelles, Henri. *Histoire politique d'Israël des origines à Alexandre le Gran* ○. Paris: Desdee, 1982.

_____. "Sacral Kingship," *ABD* 5: 863-64.

Chaney, Marvin L. "Ancient Palestinian Peasant Movements and the Formation of Premonarchic Israel." In *Palestine in Transition: The Emergence of Ancient Israel*. Edited by D. N. Freedman and D. F. Graf. SWBA 2. Sheffield: Almond Press, 1983. 39-90.

_____. "Bitter Bounty: The Dynamics of Political Economy Critiqued by the Eighth Century Prophets." In *The Bible and Liberation: Political and Social Hermeneutics*. Edited by N. K. Gottwald and R. A. Horsley. Maryknoll, N.Y.: Orbis, 1993. 250-63.

_____. "Debt Easement in Israelite History and Tradition." In *The Bible and the Politics of Exegesis: Essays in Honor of Norman K. Gottwald on His Sixty-Fifth Birthday*. Edited by D. Jobling et al. Cleveland: Pilgrim Press, 1991. 127-39.

_____. "Systemic Study of the Israelite Monarchy." *Semeia* 37 (1986): 53-76.

_____. "Whose Grapes? The Addressees of Isaiah 5:1-7 in the Light of Political Economy." *Semeia*. Atlanta: Scholars, forthcoming.

Charpin, Dominique. "The History of Ancient Mesopotamia: An Overview." In *CANE*, vol. 2. New York: Charles Scribner's Sons, 1995. 807-29.

Chikafu, P. T. "The Audience Presupposed in the Conquest, Infiltration, and Revolt Models: A Sociological Analysis." *JTSA* 84 (Sept. 1993): 11-24.

Claburn, William E. "The Fiscal Basis of Josiah's Reform." JBL 92 (1973): 11-22.

Claessen, Henri J. M., and Peter Skalnik, eds. *The Early State*. The Hague: Mouton Publishers, 1978.

Clastres, Pierre. *Society against the State*. New York: Zone Books, 1989.

Clements, Ronald E. *Abraham and David: Genesis XV and its Meaning for Israelite Tradition*. London: SCM Press, 1967.

Clines, David J. A. *Interested Parties: The Ideology of Writers and Readers of the Hebrew Bible*. JSOTSup 205. Sheffield: Sheffield Academic Press, 1995.

Cogan, Mordechai. "Chronology, Hebrew Bible." *ABD* 1: 1005-11.

_____. *Imperialism and Religion: Assyria, Judah, and Israel in the 8th and 7th Centuries B.C.E.* SBLMS 19. Missoula, Mont.: Scholars, 1974.

Cogan, Mordechai, and Hayim Tadmor. *II Kings: A New Translation with Introduction and Commentary*. AB 11. Garden City, N. Y.: Doubleday & Co., 1988.

Coggins, R. J. *Samaritans and Jews: The Origins of Samaritanism Reconsidered*. Atlanta: John Knox, 1975.

Cohen, C. "Neo-Assyrian Elements in the First Speech of the Biblical Rab-šaqê." *IOS* 9 (1979): 32-48.

Cohen, Martin A. "In All Fairness to Ahab: A Socio-Political Consideration of the Ahab-Elijah Controversy." *ErIsr* 12 (1975): 87*-94*.

Cohen, Ronald. "State and Ethnicity: The Dialectics of Culture and Polity." In *Pivot Politics: Changing Cultural Identities in Early State Formation Processes*. Edited by M. van Bakel, R. Hagesteijn, and P. van de Velde. Amsterdam: Het Spinhuis, 1994. 47-66.

Cohen, Ronald, and Elman R. Service, eds. Origins of the State: The Anthropology of Political Evolution. Philadelphia: Institute for the Study of Human Issues, 1978.

Collins, John J. "The Dead Sea Scrolls." *ABD* 2: 85-101.

Coogan, Michael David. "Canaanite Origins and Lineage: Reflections on the Religion of Ancient Israel." In *Ancient Israelite Religion: Essays in Honor of Frank Moore Cross*. Edited by P. D. Miller Jr. et al. Philadelphia: Fortress, 1987. 115-24.

Cook, J. M. *The Persian Empire*. New York: Schocken Books, 1983.

Cook, Stephen L. "The Lineage Roots of Hosea's Yahwism." *Semeia*. Atlanta: Scholars, forthcoming.

_____. *Prophecy and Apocalyptic: The Postexilic Social Setttng*. Minneapolis: Fortress, 1995.

Coote, Robert B. *In Defense of Revolution: The Elohist History*. Minneapolis: Fortress, 1991.

Coote, Robert B., and Keith A. Whitelam. *The Emergence of Early Israel in Historical Perspective*. SWBA 5. Sheffield: Almond Press, 1987.

Cross, Frank M. *Canaanite Myth and Hebrew Epic: Essays in the History of the Religion of Israel*. Cambridge: Harvard Univ. Press, 1970.

_____. *From Epic to Canon: History and Literature in Ancient Israel*. Baltimore: Johns Hopkins, 1998.

_____. "King Hezekiah's Seal Bears Phoenician Imagery." *BAR* 25 (Mar.-Apr. 1999): 42-45, 60.

_____. "The Papyri and Their Historical Implications." In *Discoveries in the Wadi ed-Daliyeh*. Edited by P. W. Lapp and Nancy Lapp. AASOR 41. Cambridge: American Schools of Oriental Research, 1974. 17-29.

_____. "The Origin and Early Evolution of the Alphabet." *ErIsr* 8 (1967): 8*-24*.

Cross, Frank M., Jr., and David N. Freedman. "The Song of Miriam." *JNES* 14 (1955): 237-50.

_____. *Studies in Ancient Yahwistic Poetry*. 2d ed. Livonia, Mich.: Dove Booksellers, 1997.

Crown, A. D. "Tidings and Instructions: How News Travelled in the Ancient Near East." *JESHO* 17 (1974): 244-71.

Crüsemann, Frank. "State Tax and Temple Tithe in Israel's Monarchical Period." Paper presented at the annual meeting of the Sociology of the Monarchy Seminar, Society of Biblical Literature, 1984.

_____. *The Torah: Theology and Social History of Old Testament Law*. Minneapolis: Fortress, 1996.

_____. *Der Widerstand gegen das Königtum: Die antiköniglichen Texte des Alten Testaments und der Kampf um den frühen israelitischen Staat*. Neukirchen-Vluyn: Neukirchener Verlag, 1978.

Cryer, Frederick H. "On the Recently-Discovered 'House of David' Inscription." *SJOT* 8

(1994): 3-19.

Curtis, Edward L., and Albert A. Madsen. *A Critical and Exegetical Commentary on the Books of Chronicles*. ICC. New York: Charles Scribner's Sons, 1910.

Damrosch, David. *The Narrative Covenant: Transformations of Genre in the Growth of Biblical Literature*. San Francisco: Harper & Row, 1987.

Dandamayev, Muhammad. "State Gods and Private Religion in the Near East in the First Millennium B.C.E." In *Religion and Politics in the Anctent Near East*. Ed. Adele Berlin. Studies and Texts in Jewish History and Culture. Bethesda, MD: Univ. Press of Maryland, 1996. 35-45.

Davies, Philip R. *In Search of 'Ancient Israel.'* JSOTSup 148. Sheffield: Sheffield Academic Press, 1992.

_____. "Method and Madness: Some Remarks on Doing History with the Bible." JBL 114 (1995): 699-705.

_____. "Scenes from the Early History of Judaism." In *The Triumph of Elohim: From Yahwisms to Judaisms*. Edited by D. V. Edelman. Grand Rapids, Mich.: Eerdmans, 1995. 145-82.

Dearman, J. Andrew, ed. *Studies in the Mesha Inscription and Moab*. Atlama: Scholars, 1989.

Deutsch, Robert. "First Impressions-What We Learn from King Ahaz's Seal." *BAR* 24 (May-June 1998): 54-56, 62.

_____. *Messages from the Past: Hebrew Bullae from the Time of Isaiah through the Destruction of the First Temple*. Tel Aviv: Archaeological Center Publications, 1999.

Dever, William G. "Archaeology and the 'Age of Solomon': A Case Study in Archeology and Historiography." In *The Age of Solomon: Scholarship at the Turn of the Millennium*. Edited by Lowell K. Handy. Leiden: E. J. Brill, 1997. 217-51.

_____. "The Contribution of Archaeology to the Study of Canaanite and Early Israelite Religion." In *Ancient Israelite Religion: Essays in Honor of Frank Moore Cross*. Edited by P. D. Miller Jr. et al. Philadelphia: Fortress, 1987. 209-47.

_____. "Iron Age Epigraphic Material from the Area of Khirbet el-Kôm." *HUCA* 40/41 (1969-70): 139-204.

_____. "Israel, History of (Archaeology and the 'Conquest')." *ABD* 3: 545-58.

_____. "The Israelite Settlements in Canaan: New Archaeological Models." In *Recent*

Archaeological Discoveries and Biblical Research. Seattle: Univ. of Washington Press, 1990. 37-84.

_____. *Recent Archaeological Discoveries and Biblical Research*. Seattle: Univ. of Washington Press, 1990.

_____. "Social Structure in Palestine in the Iron II Period on the Eve of Destruction." In *The Archaeology of Society in the Holy Land*. Edited by T. E. Levy. New York: Facts on File, 1995. 416-30.

DeVries, Simon J. "Chronology of the OT." *IDB* 1: 584-89.

_____. *I Kings*. WBC 12. Waco, Tex.: Word Books, 1985.

Diakanoff, I. M., ed. *Ancient Mesopotamia: Socio-Economic History*. Moscow: Nauka Publishing House, 1969.

Diamond, James S. *Homeland or Holy Land? The "Canaanite" Critique of Israel*. Bloomington, Ind.: Indiana University Press, 1986.

Dietrich, Walter. "The 'Ban' in the Age of the Early Kings." In *The Origins of the Ancient Israelite States*. Edited by V. Fritz and P. R. Davies. JSOTSup 228. Sheffield: Sheffield Academic Press, 1996. 196-210.

Di Lella, Alexander A. "Wisdom of Ben-Sira." *ABD* 6: 931-45.

Diringer, David. *The Alphabet: A Key to the History of Mankind*. 3d ed. London: Hutchinson, 1968.

Dothan, Trude. *The Philistines and Their Material Culture*. New Haven, Conn.: Yale Univ. Press, 1982.

Dumbrell, William J. "Midian-a Land or a League?" *VT* 25 (1975): 323-37.

Dus, Jan. *Theokratische Demokratie des alten Israel: Fünf Studien zur Geschichte Israels*. Frankfurt: Peter Lang, 1992.

Dutcher-Walls, Parricia. *Narrative Art, Political Rhetoric: The Case of Athaliah and Joash*. JSOTSup 209. Sheffield: Sheffield Academic Press, 1996.

Eagleton, Terry. *Criticism and Ideology: A Study in Marxist Literary Theory*. London: Verso, 1976.

Earle, Timothy. "Prehistoric Economics and the Evolution of Social Complexity: A Commentary." In *Prehistoric Production and Exchange: The Aegean and Eastern Mediterranean*. Edited by A. B. Knapp and T. Stech. Los Angeles: UCLA Institute of Archaeology, 1985. 106-11.

Eberhard, Wolfram. *Conquerors and Rulers: Social Forces in Modern China*. Rev. ed. Leiden: E. J. Brill, 1965.

Eddy, Samuel K. *The King Is Dead: Studies in the Near Eastern Resistance to Hellenism 334-31 B.C.* Lincoln. Neb.: University of Nebraska Press, 1961.

Edelman, Diana V., ed. *You Shall Not Abhor an Edomite For He is Your Brother: Edom and Seir in History and Tradition*. Archaeology and Biblical Studies 3. Atlanta: Scholars, 1995.

Ehrlich, Carl S. *The Philistines in Transition: A History from ca. 1000-730 B.C.E.* Studies in the History and Culture of the Ancient Near East 10. Leiden: E. J. Brill, 1996.

Eisenstadt, S. N., ed., *The Origins and Diversity of Axial Age Civilizations*. Albany, N.Y.: SUNY Press, 1986.

_____. *The Political Systems of Empires*. New York: Free Press, 1969.

Eissfeldt, Otto. "Protektorat der Midianiter über ihre Nachbarn im letzten Viertel des 2. Jahrtausends v. Chr." *JBL* 87 (1967): 383-93.

Elazar, Daniel J. *The Covenant Tradition in Politics*. 4 vols. New Brunswick, N.J.: Transaction Publishers, 1995.

Elliott, Mark A. *The Survivors of Israel: A Reconstruction of the Theology of PreChristian Judaism*. Grand Rapids: Eerdmans, 2000.

Endres, John C., William R. Millar, and John Barclay Burns, eds. *Chronicles and Its Synoptic Parallels in Samuel, Kings, and Related Biblical Texts*. Collegeville, Minn.: Liturgical Press, 1998.

Engel, Donald W. *Alexander the Great and the Logistics of the Macedonian Army*. Berkeley, Calif.: Univ. of California Press, 1978.

Engelken, Karen. "Kanaan als nicht-territorialer Terminus." *BN* 52 (1990): 47-63.

Eph'al, Israel. "On Warfare and Military Control in the Ancient Near Eastern Empires: A Research Outline." In *History, Historiography and Interpretation: Studies in Biblical and Cuneiform Literature*. Edited by H. Tadmor and M. Weinfeld. Jerusalem: Magnes Press, 1983. 88-106.

Eskenazi, Tamara C. "Current Perspectives on Ezra-Nehemiah and the Persian Period." *CurBS* 1 (1993): 59-86.

Evans, Carl D. "Jeroboam." *ABD* 3: 742-45.

Exum, J. Cheryl, ed. *Virtual History and the Bible*. *BibInt* B (2000).

Fales, Frederick Mario. "Census, Ancient Near East." *ABD* 1: 882-83.

Farb, Peter. *Man's Rise to Civilization as Shown by the Indians of North America from Primeval Times to the Coming of the Industrial State*. New York: E. P. Dutton, 1968.

Feldman, Louis H. "Josephus." *ABD* 3: 985-89.

Feldman, Louis H., and G. Hata, eds. *Josephus, the Bible, and History*. Detroit: Wayne State Univ. Press, 1989.

Finkelstein, Israel. "Arabian Trade and Socio-Political Conditions in the Negev in the Twelfth-Eleventh Centuries H.C. E.," *JNES* 47 (1988): 241-52.

⎯⎯⎯. *The Archaeology of the Israelite Settlement*. Jerusalem: Israel Exploration Society, 1988.

⎯⎯⎯. "The Archaeology of the United Monarchy: An Alternative View." *Levant* 23 (1996): 177-87.

⎯⎯⎯. "Environmental Archaeology and Social History: Demographic and Economic Aspects of the Monarchic Period." In *Biblical Archaeology Today: Proceedings of the Second International Congress on Biblical Archaeology, Jerusalem, June 1990*. Edited by J. Aviram and A. Biran. Jerusalem: Israel Exploration Society, 1993. 56-66.

⎯⎯⎯. "The Great Transformation: The 'Conquest' of the Highlands Frontiers and the Rise of Territorial States." In *The Archaeology of Society in the Holy Land*. Edited by T. E. Levy. New York: Facts on File, 1995. 349-63.

⎯⎯⎯. "Hazor and the North in the Iron Age: A Low Chronology Perspective." *BASOR* 314 (1999): 55-70.

Finkelstein, Israel, and Zvi Lederman, eds. *Highlands of Many Cultures: The Southern Samaria Survey-The Sites*. 2 vols. Monograph Series 14. Tel Aviv: Institute of Archaeology, Tel Aviv Univ., 1997.

Fischer, Thomas. "First and Second Maccabees." *ABD* 4: 439-50.

Flanagan, James W. "Chiefs in Israel." JSOT 20 (1981): 47-73.

⎯⎯⎯. *David's Social Drama: A Hologram of Israel's Early Iron Age*. SWBA 7. Sheffield: Almond Press, 1988.

Frandsen, Paul J. "Egyptian Imperialism." In *Power and Propaganda: A Symposium on Ancient Empires*. Edited by M. T. Larsen. Copenhagen: Akademisk Forlag, 1979.

167-89.

Frankel, Rafael. "Upper Galilee in the Late Bronze Age-Iron I Transition." In *From Nomadism to Monarchy: Archaeological and Historical Aspects of Early Israel*. Edited by I. Finkelstein and N. Na'aman. jerusalem: Israel Exploration Society, 1994. 18-34.

Freedman, David Noel. "Early Israelite History in the Light of Early Israelite Poetry." In *Unity and Diversity: Essays in the History, Literature, and Religion of the Ancient Near East*. Edited by H. Goedicke and J. J. M. Roberts. Baltimore: Johns Hopkins, 1975. 3-35.

Frick, Frank S. "Cui Bono?-History in the Service of Political Nationalism: The Deuteronomistic History as Political Propaganda." *Semeia* 66 (1995): 79-92.

_____. *The Formation of the State in Ancient Israel: A Survey of Models and Theories*. SWBA 4. Decatur, Ga.: Almond Press, 1985.

_____. "Religion and Sociopolitical Structure in Early Israel: An Ethno-Archaeological Approach." In *Community, Identity, and Ideology: Social Science Approaches to the Hebrew Bible*. Edited by C. E. Carter and C. L. Meyers. Winona Lake, Ind.: Eisenbrauns, 1996. 448-70.

Fried, Morton H. *The Evolution of Political Society: An Essay in Political Anthropology*. New York: Random House, 1967.

Fried, Morton H., and Frederick M. Watkins. "State." *IESS* 15 (1968): 143-57.

Friedman, Richard Elliott. *The Disappearance of God: A Divine Mystery*. Boston: Little, Brown & Co., 1995.

_____. "Torah [Pentateuch]." *ABD* 6: 605-22.

Friedrich, Johannes. *Extinct Languages*. New York: Philosophical Library, 1957.

Fritz, Volkmar. *The City in Ancient Israel*. Sheffield: Sheffield Academic Press, 1995.

Frye, Richard N. *The Heritage of Persia*. Cleveland: World Books, 1962.

_____. *The History of Ancient Iran*. Munich: C. H. Beck, 1984.

Gadd. C. J., ed. *The Fall of Nineveh*. London: Humphrey Milford, Oxford Univ. Press, 1923.

Gal, Zvi. "Iron I in Lower Galilee and the Margins of the Jezreel Valley." In *From Nomadism to Monarchy: Archaeological and Historical Aspects of Early Israel*. Edited by I. Finkelstein and N. Na'aman. Jerusalem: Israel Exploration Society: 1994. 35-46.

Gibson, McGuire, and Robert D. Biggs, eds. *The Organization of Power: Aspects of*

Bureaucracy in the Ancient Near East. 2d ed. SAOC 46. Chicago: Oriental Institute, 1991.

Gledhill, John. "Introduction: the Comparative Analysis of Social and Political Transitions." In *State and Society: The Emergence and Development of Social Hierarchy and Political Centralization*. Edited by J. Gledhill, B. Bender, and M. T. Larsen. London: Unwin Hyman, 1988. 1-29.

_____. *Power and Its Disguises: Anthropological Perspectives on Politics*. London: Pluto Press, 1994.

Gnuse, Robert K. *No Other Gods: Emergent Monotheism in Israel*. JSOTSup 241. Sheffield: Sheffield Academic Press, 1997.

Goedicke, H. "Cult-Temple and 'State' during the Old Kingdom in Egypt." In *State and Temple Economy in the Ancient Near East: Proceedings of the International Conference*. Edited by Edward Lipiński. Vol. 1. Louvain: Department Oriëntalistiek, 1979. 113-32.

Goldenberg, Robert. *The Nations That Know Thee Not: Ancient Jewish Attitudes Toward Other Religions*. New York: New York Univ. Press, 1998.

Goldstein, Jonathan. *1 Maccabees*. AB, 41. Garden City, NY: Doubleday, 1976.

_____. *2 Maccabees*. AB, 41A. Garden City, NY: Doubleday, 1983.

Goodman, Martin, ed. *Jews in the Graeco-Roman World*. Oxford: Clarendon Press, 1998.

Goody, Jack. *The Logic of Writing and the Organization of Society*. Cambridge: Cambridge Univ. Press, 1986.

Gottwald, Norman K. *All the Kingdoms of the Earth: Israelite Prophecy and International Relations in the Ancient Near East*. New York: Harper & Row, 1964.

_____. "Are Biblical and U.S. Societies Comparable? Theopolitical Analogies toward the Next American Revolution." In *The Hebrew Bible in Its Social World and in Ours*. SemeiaSt. Atlanta: Scholars, 1993. 307-23.

_____. "Biblical Views on 'Church-State' Relations and Their Influence on Existing Political Ideologies." In *The Hebrew Bible in Its Social World and in Ours*. SemeiaSt. Atlanta: Scholars, 1993. 365-83.

_____. "Early Israel and the Canaanite Socio-Economic System." In *Palestine in Transition: The Emergence of Ancient Israel*. Edited by D. N. Freedman and D. F. Graf. SWBA 2. Sheffield: Almond Press, 1983. 25-37.

_____. "The Exodus as Event and Process: A Test Case in the Biblical Grounding of Liberation Theology." In *The Future of Liberation Theology: Essays in Honor of Gustavo Gutiérrez*. Edited by M. H. Ellis and O. Madura. Maryknoll, N.Y.: Orbis, 1989. 250-60.

_____. "The Expropriators and the Expropriated in Nehemiah 5." In *Concepts of Class in Ancient Israel*. Edited by Mark R. Sneed. South Florida Studies in the History of Judaism 201. Atlanta: Scholars, 1999. 1-19.

_____. *The Hebrew Bible-A Socio-Literary Introduction*. Philadelphia: Fortress, 1985.

_____. *The Hebrew Bible in Its Social World and in Ours*. SemeiaSt. Atlanta: Scholars, 1993.

_____. "A Hypothesis about Social Class in Monarchic Israel in the Light of Contemporary Studies of Social Class and Social Stratification." In *The Hebrew Bible in Its Social World and in Ours*. SemeiaSt. Atlanta: Scholars, 1993. 139-64.

_____. "Icelandic and Israelite Beginnings: A Comparative Probe." In *The Labour of Reading: Desire, Alienation, and Biblical Interpretation: Essays in Honour of Robert C. Culley*. Edited by F. C. Black et al. SemeiaSt. Atlanta: Scholars, 1999. 209-24.

_____. "Ideology and Ideologies in Israelite Prophecy." In *Prophets and Paradigms: Essays in Honor of Gene M. Tucker*. Edited by Stephen Breck Reid. JSOTSup 229. Sheffield: Sheffield Academic Press, 1996. 136-49.

_____. "The Participation of Free Agrarians in the Introduction of Monarchy to Ancient Israel: An Application of H. A. Landsberger's Framework for the Analysis of Peasant Movements." *Semeia* 37 (1986): 77-106.

_____. "The Plot Structure of Marvel or Problem Resolution Stories in the Elijah-Elisha Narratives and Some Musings on Sitz im Leben." In *The Hebrew Bible in Its Social World and in Ours*. SemeiaSt. Atlanta: Scholars, 1993.

_____. "Recent Studies of the Social World of Premonarchic Israel." *CurBS* 1 (1993): 163-89.

_____. "Rhetorical, Historical, and Ontological Counterpoints in Doing Old Testament Theology." In *God in the Fray: A Tribute to Walter Brueggemann*. Edited by T. Linafelt and T. K. Beal. Minneapolis: Fortress, 1998. 11-23.

_____. "Social Class and Ideology in Isaiah 40-55: An Eagletonian Reading." *Semeia* 59

(1992): 43-57, with responses by John Millbank (59-71) and Carol A. Newsom (73-78).

_____. "Social Class as an Analytic and Henneneutical Category in Biblical Studies." *JBL* 112 (1993): 3-22.

_____. *The Tribes of Yahweh: A Sociology of the Religion of Liberated Israel 1250--1050 B.C.E.* 2d rev. ed. Maryknoll, N.Y.: Orbis, 1981. Reprint with new introduction, Sheffield: Sheffield Academic Press, 1999.

_____. "Triumphalist versus Anti-Triumphalist Versions of Early Israel: A Response to Articles by Lemche and Dever in Volume 4 (1996)." *CurBS* 5 (1997): 20-26.

_____. "Two Models for the Origins of Ancient Israel: Social Revolution or Frontier Development." In *The Quest for the Kingdom of God: Studies in Honor of George E. Mendenhall*. Edited by H. Huffmon et al. Winona Lake, Ind.: Eisenbrauns, 1983. 5-24.

Gottwald, Norman K., and R. A. Horsley, eds. *The Bible and Liberation: Political and Social Hermeneutics*. Rev. ed. Maryknoll, N.Y.: Orbis, 1993.

Grabbe, Lester L. *Judaism from Cyrus to Hadrian*. Vol. 1, *The Persian and Greek Periods*. Minneapolis: Fortress, 1992.

Gray, John. *I and II Kings: A Commentary*. 2d ed. OTL. Philadelphia: Westminster Press, 1970.

Grayson, A. Kirk. "Assyria: Ashur-dan II to Ashur-nirari V (934-745 B.C.)." CAH, 3/1. 2d ed. Cambridge: Cambridge Univ. Press, 1982. 238-81.

_____. *Assyrian and Babylonian Chronicles*. Locust Valley, N.Y.: J. J. Augustin Publisher, 1975.

_____. "Assyrian Rule of Conquered Territory in Ancient Western Asia." In *CANE*, vol. 2. New York: Charles Scribner's Sons, 1995. 959-68.

_____. "Assyria: Tiglath-pileser III to Sargon II (744-705 B.C.)." CAH, 3/2. 2d ed. Cambridge: Cambridge Univ. Press, 1982. 71-102.

_____, trans. "The Creation Epic: Additions to Tablets V-VII." In *ANET*. Edited by James B. Pritchard. 3d ed. Princeton: Princeton Univ. Press, 1969. 501-3.

_____. "Mesopotamia, History of (Assyria)," *ABD* 4: 732-55.

Greengus, Samuel. "Biblical and ANE Law." *ABD* 4: 242-52.

Gropp, Douglas M. "Samaria [Papyri]." *ABD* 5: 931-32.

Gunkel, Hermann. *Einleilung in die Psalmen: Die Gattungen der religösen Lyrik Israels*. Göttingen: Vandenhoek & Ruprecht, 1933. English translation: *Introduction to Psalms: The Genres of the Religious Lyric of Israel*. Translated by James D. Nogalski. Macon, Ga.: Mercer Univ. Press, 1998.

_____. *The Stories of Genesis: A Translation of the Third Edition of Hermann Gunkel's Commentary on the Book of Genesis*. Translated by J. J. Scullion. Edited by W. R. Scott. Vallejo, Calif.: BIBAL Press, 1994.

Gurney, O. R. "The Hittite Empire." In *Power and Propaganda: A Symposium on Ancient Empires*. Edited by M. T. Larsen. Copenhagen: Akademisk Forlag, 1979. 167-89.

_____. *The Hittites*. Rev. ed. London: Penguin Books, 1981.

Halbertal, Moshe, and Avishai Margalit. *Idolatry*. Cambridge/London: Harvard Univ. Press, 1992.

Halla, William W. "Biblical History in Its Near Eastern Setting: The Contextual Approach." In *Scripture in Context: Essays on the Comparative Method*. Edited by C. D. Evans, W. W. Halla, and J. B. White. Pittsburgh: Pickwick Press, 1980. 17-26.

_____. "The Concept of Canonicity in Cuneiform and Biblical Literature: A Comparative Appraisal." In *The Biblical Canon in Comparative Perspective: Scripture in Context IV*. Edited by K. L. Younger Jr., W. W. Hallo, and B. F. Batto. Ancient Near Eastern Texts and Studies 11. Lewiston, N.Y.: Edwin Mellen Press, 1991. 1-19.

_____. "From Bronze Age to Iron Age in Western Asia: Defining the Problem." In *The Crisis Years: The Twelfth Century B.C. from beyond the Danube to the Tigris*. Edited by W. A. Ward and M. S. Joukowsky. Dubuque, Iowa: Kendal/Hunt Publishing Co., 1989. 1-9.

Hallo, William W., and William K. Simpson. *The Ancient Near East: A History*. New York: Harcourt Brace Jovanovich, 1971.

Hallo, William W., and K. Lawson Younger Jr., eds. *The Context of Scripture: Canonical Compositions from the Biblical World*. 2 vols. New York: E. J. Brill, 1997-2000.

Halpern, Baruch. *The Constitution of the Monarchy in Israel*. HSM 25. Atlanta: Scholars, 1981.

_____. "The Construction of the Davidic State: An Exercise in Historiography." In *The Origins of the Ancient Israelite States*. Edited by V. Fritz and P. R. Davies. JSOTSup

228. Sheffield: Sheffield Academic Press, 1996. 44-75.

_____. "Jerusalem and the Lineages in the Seventh Century B.C.E.: Kinship and the Rise of Individual Moral Liability." In *Law and Ideology in Monarchic Israel*. Edited by Baruch Halpern and Deborah W. Hobson. JSOTSup 124. Sheffield: Sheffield Academic Press, 1991. 11-107.

_____. "Sacred History and Ideology: Chronicles' Thematic Stmcture-Indications of an Earlier Source." In *The Creation of Sacred Literature: Composition and Redaction of the Biblical Text*. Edited by R. E. Friedman. Berkeley, Calif.: Univ. of California Press, 1981. 35-54.

_____. "The Stela from Dan: Epigraphic and Historical Considerations." *BASOR* 296 (1994): 63-80.

Hammond, Mason. "The Indo-European Origin of the Concept of a Democratic Society." *Symbols* (Dec. 1985): 10-13.

Hammond, N. G. L. *A History of Macedonia*. Oxford: Clarendon Press, 1972.

Hanson, Paul D. *The Dawn of Apocalyptic*. Philadelphia: Fortress, 1979.

Harvey, Graham. *The True Israel: Uses of the Names Jew, Hebrew, and Israel in Ancient Jewish and Early Christian Literature*. AGJU 35. Leiden: E. J. Brill, 1996.

Hauer, Chris, Jr. "The Economic and National Security in Solomonic Israel." *JSOT* 18 (1980): 63-73.

Hayes, John H., and P. K. Hooker. *A New Chronology for the Kings of Israel and Judah*. Atlanta: Scholars, 1988.

Hayes, John H., and Sara R. Mandell. *The Jewish People in Classical Antiquity: From Alexander to Bar Kochba*. Louisville, Ky.: Westminster John Knox, 1998.

Hayes, John H., and J. Maxwell Miller. *Israelite and Judaean History*. Philadelphia: Westminster, 1977.

Healey, Joseph P. "Am ha'arez." *ABD* 1: 168-69.

Herm, Gerhard. *The Phoenicians: The Purple Empire of the Ancient World*. London: Gollancz. 1975.

Herzog, Ze'ev. *Archaeology of the City: Urban Planning in Ancient Israel and Its Social Implications*. Monograph Series 13. Tel Aviv: Institute of Archaeology, Tel Aviv Univ., 1997.

Hestrin, Ruth, and Michal Dayagi-Mendels. *Inscribed Seals: First Temple Period. Hebrew,*

Ammonite, Moabite, Phoenician, and Aramaic. Jerusalem: Israel Museum, 1979.

Hjelm, Ingrid. *The Samaritans and Early Judaism: A Literary Analysis.* JSOTSup 303. Sheffield: Sheffield Academic Press, 2000.

Hobbs, T. R. *2 Kings.* WBC. Waco, Tex.: Word Books, 1985.

Hoftijzer, J., and G. van der Kooij. *Aramaic Texts from Deir 'Alla.* Leiden: E. J. Brill, 1976.

Holladay, John S., Jr. "The Kingdoms of Israel and Judah: Political and Economic Centralization in the Iron IIA-B (ca. 1000-750 B.C.E.)." In *The Archaeology of Society in the Holy Land.* Edited by T. E. Levy. New York: Facts on File, 1995. 368-98.

Honeyman, A. M. "The Evidence for Royal Names among the Hebrews." *JBL* 67 (1948): 13-26.

Hopkins, David C. "The Weight of the Bronze Could Not Be Calculated." In *The Age of Solomon: Scholarship at the Turn of the Millennium.* Edited by L. K. Handy. Leiden: E. J. Brill, 1997. 300-11.

─────. *The Highlands of Canaan: Agricultural Life in the Early Iron Age.* SWBA 3. Decatur, Ga.: Almond Press, 1985.

Hornung, Erik. "The Pharaoh." In *The Egyptians.* Edited by Sergio Dandoni. Chicago: Univ. of Chicago Press, 1997. 283-313.

Houston, Walter. "The King's Preferential Option for the Poor: Rhetoric, Ideology, and Ethics in Psalm 72." *BibInt* 7 (1999): 341-67.

Hudson, Michael, and Baruch Levine, eds. *Privatization in the Ancient Near East and Classical World: Colloquium Held at New York University, November 17-18, 1994.* Peabody Museum Bulletin 5. Cambridge: Peabody Museum of Archaeology and Ethnology, 1996.

Hull, John H., Jr. "Tabeel." *ABD* 6: 292.

Hunt, Lynn. "History as Gesture; or, the Scandal of History." In *Consequences of Theory: Selected Papers from the English Institute, 1987-88.* Edited by J. Arac and B. Johnson. Baltimore: Johns Hopkins, 1991. 91-107.

Hunt, Robert C. "The Role of Bureaucracy in the Provisioning of Cities: A Framework for Analysis of the Ancient Near East." In *The Organization of Power: Aspects of Bureaucracy in the Ancient Near East.* Edited by McGuire Gibson and Robert D. Biggs. 2d ed. SAOC 46. Chicago: Oriental Institute, 1991. 141-68.

Hurowitz, Victor (Avigdor). *I Have Built You an Exalted House: Temple Building in the Bible in the Light of Mesopotamian and Northwest Semitic Writings*. JSOTSup 115. Sheffield: JSOT Press, 1992.

Ikeda, Yutaka. "Solomon's Trade in Horses and Chariots in Its International Setting." In *Studies in the Period of David and Solomon and Other Essays*. Edited by T. Ishida. Tokyo: Yamakawa-Shuppansha, 1982. 215-38.

Ishida, Tomoo. "The Leaders of the Tribal League 'Israel' in the Premonarchic Period." *RB* 80 (1975): 514-30.

_____. *The Royal Dynasties in Ancient Israel: A Study on the Formation and Development of Royal-Dynastic Ideology*. BZAW 142. Berlin: Walter de Gruyter, 1977.

_____. "Solomon." *ABD* 6: 105-13.

Jacobsen, Thorkild. "Primitive Democracy in Ancient Mesopotamia." *JNES* 2 (1943): 159-72.

Jamieson-Drake, David W. *Scribes and Schools in Monarchic Judah: A Socio-Archaeological Approach*. SWBA 9. JSOTSup 109. Sheffield: Almond Press, 1991.

Jankowska, N. B. "Some Problems of the Economy of the Assyrian Empire." In *Ancient Mesopotamia: Socio-Economic History*. Edited by I. M. Diakanoff. Moscow: Nauka Publishing House, 1969. 253-76.

Janssen, Jac. J. "The Early State in Ancient Egypt." In *The Early State*. Edited by Henri J. M. Claessen and Peter Skalnik. The Hague: Mouton Publishers, 1978. 218-28.

Jenks, Alan W. *The Elohist and North Israelite Traditions*. SBLMS 22. Missoula, Mont.: Scholars, 1977.

Jobling, David. "Deconstruction and the Political Analysis of Biblical Texts: A Jamesonian Reading of Psalm 72." *Semeia* 59 (1992): 95-127.

_____. *1 Samuel*. Berit Olam. Collegeville, Minn.: Liturgical Press, 1998.

_____. "'Forced Labor': Solomon's Golden Age and the Question of Literary Representation." *Semeia* 54 (1991): 57-76.

_____. "Sociological and Literary Approaches to the Bible: How Shall the Twain Meet?" *JSOT* 38 (1987): 85-93.

_____. "The Value of Solomon's Age for the Biblical Reader." In *The Age of Solomon: Scholarship at the Turn of the Millennium*. Edited by Lowell K. Handy. Leiden: E. J. Brill, 1997. 470-92.

Jobling, David, and Tina Pippin, eds. *Ideological Criticism of Biblical Texts. Semeia* 59 (1992).

Johnson, Gregory A. "Aspects of Regional Analysis in Archaeology." *Annual Review of Anthropology* 6 (1977): 479-508.

Joukowsky, Martha S., ed. *The Heritage of Tyre: Essays on the History, Archaeology, and Preseroalion of Tyre*. Dubuque, Iowa: Kendall/Hunt Publishers, 1992.

Kamp, Kathryn A., and Norman Yoffee. "Ethnicity in Ancient Western Asia during the Early Second Millennium B.C.: Archaeological Assessments and Ethnoarchaeological Prospectives." *BASOR* 237 (1980): 85-104.

Kapelrud, Arvid S. "Temple-Building: A Task for Gods and Kings." *Or* 32 (1963): 52-62.

Katzenstein, H. J. "Who Were the Parents of Athaliah?" *IEJ* 5 (1955): 194-97.

Katzenstein, H. J., and Trude Dothan. "Philistines." *ABD* 5: 326-33.

Kaufman, Herbert. "The Collapse of Ancient States and Civilizations as an Organizational Problem." In *The Collapse of Ancient States and Civilizations*. Edited by N. Yoffee and G. L. Cowgill. Tucson, Ariz.: Univ. of Arizona Press, 1988. 219-35.

Kautsky, John H. *The Politics of Aristocratic Empires*. Chapel Hill, N.C.: Univ. of North Carolina Press, 1982.

Kees, H. *Ancient Egypt: A Cultural Topography*. Chicago: Univ. of Chicago Press, 1961.

Kemp, Barry J. *Ancient Egypt*. London: Routledge, 1991.

_____. "Unification and Urbanization of Ancient Egypt." In *CANE*, vol. 2. New York: Charles Scribner's Sons, 1995. 679-90.

Kessler, Rainer. *Staat und Gesellschaft im vorexilischen Juda: Vom 8. jahrhundert bis zum Exil*. VTSup 47. Leiden: E. J. Brill, 1992.

Khazanov, Anatoly M. "Ethnicity and Ethnic Groups in Early States." In *Pivot Politics: Changing Cultural Identities in Early State Formation Processes*. Edited by M. van Bakel, R. Hagesteijn, and P. van de Velde. Amsterdam: Het Spinhuis, 1994. 67-85.

King, Philip J. "Jerusalem." *ABD* 3: 747-66.

Klein, Ralph W. "How Many in a Thousand?" In *The Chronicler as Historian*. Edited by M. P. Graham, K. G. Hoglund, and S. L. McKenzie. JSOTSup 238. Sheffield: Sheffield Academic Press, 1997. 270-82.

Klengel, Horst. *Syria 3000 to 300 B.C.: A Handbook to Political History*. Berlin: Akademie Verlag, 1992.

Knauf, Ernst A. "The Cultural Impact of Secondary State Formation: The Cases of the Edomites and Moabites." In *Early Edom and Moab: The Beginning of the Iron Age in Southern Jordan*. Edited by P. Bienkowski. Sheffield Archaeological Monographs 7. Sheffield: J. R. Collis, 1992. 47-54.

_____. "Midianites and Ishmaelites." In *Midian, Moab. and Edam: The History and Archaeology of Late Bronze and Iron Age Jordan and North-West Arabia*. Edited by J. F. A. Sawyer and D. J A. Clines. JSOTSup 24. Sheffield: JSOT Press, 1983. 135-46.

_____. "Le roi est mort, vive le roi! A Biblical Argument for the Historicity of Solomon." In *The Age of Solomon: Scholarship at the Turn of the Millennium*. Edited by L. K. Handy. Leiden: E. J. Brill, 1997. 81-95.

Knight, Douglas A. "Political Rights and Powers in Monarchic Israel." *Semeia* 66 (1995): 93-117.

_____. "Whose Agony? Whose Ecstasy? The Politics of Deuteronomic Law." In *Shall Not the Judge of All the Earth Do What Is Right? Studies on the Nature of God in Tribute to James L. Crenshaw*. Edited by David Penchansky and Paul L. Redditt. Winona Lake, Ind.: Eisenbrauns, 2000. 97-112.

Knoppers, Gary N. *Two Nations under God: The Deuteronomistic History of Solomon and the Dual Monarchies*. Vol. 1. HSM 52. Atlanta: Scholars, 1993.

Krader, Lawrence. *The Asiatic Mode of Production: Sources, Development, and Critique in the Writings of Karl Marx*. Assen: Van Gorcum, 1985.

Kraeling, Emil G. *Aram and Israel*. New York: Columbia Univ. Press, 1918.

Kreissig, H. "Eine beachtenswerte Theorie zur Organisation altvorderorientalischer Tempelgemeinden im Achämenidenreich." *Klio* 66 (1984): 35-39.

Kuan, Jeffrey Kah-Jin. *Neo-Assyrian Historical Inscriptions and Syria-Palestine: lsraelite/Judean-Tyrian-Damascene Political and Commercial Relations in the Ninth-Eighth Centuries B.C.E.* Hong Kong: Alliance Bible Seminary, 1995.

Kuhrt, Amélie. *The Ancient Near East, ca. 3000-330 B.C.* 2 vols. London: Routledge, 1995.

Kuper, Adam. "Lineage Theory: A Critical Retrospect." *Annual Review of Anthropology* 11 (1982): 71-95.

LaBianca, Øystein S. "Excursus: Salient Features of Iron Age Tribal Kingdoms." In *Ancient Ammon*, edited by B. MacDonald and R. W. Younker. Studies in the History and

Culture of the Ancient Near East 17. Leiden: E. J. Brill, 1999. 19-23.

LaBianca, Øystein S., and Randall W. Younker. "The Kingdoms of Ammon, Moab, and Edom: The Archaeology of Society in Late Bronze/Iron Age Transjordan (ca. 1400-500 B.C. E.)." In *The Archaeology of Society in the Holy Land*. Edited by T. E. Levy. New York: Facts on File, 1995. 399-415.

Lamberg-Karlovsky, C. C. "The Near Eastern 'Breakout' and the Mesopotamian Social Contract." *Symbols* (Spring 1985): 8-11, 23-24.

Lambert, Frith. "The Tribe/State Paradox in the Old Testament." *SJOT* 8 (1994): 20-44.

Lambert, W. G. "Kingship in Ancient Mesopotamia." In *King and Messiah in the Ancient Near East: Proceedings of the Oxford Old Testament Seminar*. Edited by J. Day. JSOTSup 270. Sheffield: Sheffield Academic Press, 1998. 54-70.

Leahy, Anthony. "Ethnic Diversity in Ancient Egypt." *CANE*, vol. 2. New York: Charles Scribner's Sons, 1995. 225-34.

Lemche, Niels Peter. *Ancient Israel: A New History of Israelite Society*. Sheffield: JSOT Press, 1988.

_____. *The Canaanites and Their Land: The Tradition of the Canaanites*. JSOTSup 110. Sheffield: JSOT Press, 1991.

_____. *Early Israel: Anthropological and Historical Studies on the Israelite Society before the Monarchy*. VTSup 37. Leiden: E. J. Brill, 1985.

_____. "From Patronage Society to Patronage Society." In *The Origins of the Ancient Israelite States*. Edited by V. Fritz and P. R. Davies. JSOTSup 228. Sheffield: Sheffield Academic Press, 1996. 106-20.

_____. *The Israelites in History and Tradition*. Louisville: Westminster John Knox, 1998.

_____. "Justice in Western Asia in Antiquity; Or: Why No Laws Were Needed!" *Kent Law Review* 70 (1995): 1695-716.

_____. "Kings and Clients: On Loyalty between the Ruler and the Ruled in Ancient 'Israel.'" *Semeia* 66 (1995): 119-32.

_____. "On the Use of 'System Theory,' 'Macro Theories,' and 'Evolutionistic Thinking' in Modern Old Testament Research and Biblical Archaeology." *SJOT* 4:2 (1990): 73-88.

_____. *Prelude to Israel's Past: Background and Beginnings of Israelite History and Identity*. Peabody, Mass.: Hendrickson Publishers, 1998.

Lenski, Gerhard E. *Power and Privilege: A Theory of Social Stratification*. Chapel Hill, N.C.: Univ. of North Carolina Press, 1984.

———. Review of *The Tribes of Yahweh*, by Norman K. Gottwald. *RelSRev* 6 (1980): 275-78.

Lerner, Gerda. *The Creation of Patriarchy*. New York: Oxford Univ. Press, 1986.

Lesko, Barbara S., ed. *Women's Earliest Records from Ancient Egypt and Western Asia*. BJS 166. Atlanta: Scholars, 1989.

Levin, C. Der Sturz der Königen Atalja: Ein Kapitel zur Geschichte Judas im 9. Jahrhundert v. Chr. Stuttgart: Katholisches Bibelwerk, 1982.

Lewellen, Ted C. *Political Anthropology: An Introduction*. 2d ed. Westport: Bergin & Garvey, 1992.

Lighthouse, Jack N. *Society, the Sacred, and Scripture in Ancient Judaism: A Sociology of Knowledge*. Studies in Christianity and Judaism. 3. Waterloo, Canada: Wilfred Laurier Univ. Press, 1988.

Lind, Millard C. "The Concept of Political Power in Ancient Israel." *ASTI* 7 (1970): 4-24.

Linville, James R. *Israel in the Book of Kings: The Past as a Project of Social Identity*. JSOTSup 272. Sheffield: Sheffield Academic Press, 1998.

Liverani, Mario. "The Collapse of the Near Eastern Regional System at the End of the Bronze Age: The Case of Syria." In *Centre and Periphery in the Ancient World*. Edited by M. Rowlands, M. T. Larsen, and K. Kristiansen. Cambridge: Cambridge Univ. Press, 1987. 66-73.

———. "The Ideology of the Assyrian Empire." In *Power and Propaganda: A Symposium on Ancient Empires*. Edited by M. T. Larsen. Copenhagen: Akademisk Forlag, 1979. 297-317.

———. *Prestige and Interest: International Relations in the Near East ca. 1600-1100 B.C.* History of the Ancient Near East Studies 1. Padova: Sargon, 1990.

Lloyd, Christopher. *The Structures of History*. Oxford: Blackwell, 1993.

London, Gloria. "A Comparison of Two Contemporaneous Life-Styles of the Late Second Millennium B.C." *BASOR* 273 (1989): 37-55.

Long, Burke O. *I Kings with an Introduction to Historical Literature*. FOTL 9. Grand Rapids, Mich.: Eerdmans, 1984.

———. "Social Dimensions of Prophetic Conflict." *Semeia* 21 (1981): 31-53.

Long, Burke O., and Simon B. Parker, eds. *SBL Writings from the Ancient World*. 9 vols. to date, Atlanta: Scholars, 1990-.

Lowery, Richard H. *The Reforming Kings: Cults and Society in First Temple Judah*. JSOTSup 120. Sheffield: JSOT Press, 1991.

MacDonald, Burton. "Edom." *ABD* 2: 287-301.

MacDonald, Burton, and Randall W. Younker, eds. *Ancient Ammon*. Studies in the History and Culture of the Ancient Near East 17. Leiden: E. J. Brill, 1999.

Machinist, Peter. "Palestine, Administration of Assyro-Babylonian." *ABD* 5: 69-76.

_____. "The Question of Distinctiveness in Ancient Israel." In *Essential Papers on Israel and the Ancient Near East*. Edited by F. E. Greenspahn. New York: New York Univ. Press, 1991. 420-42.

Maisler (Mazar), Benjamin. "Ancient Israelite Historiography." *IEJ* 2 (1952): 82-88.

_____. "Two Hebrew Ostraca from Tell Qasile." *JNES* 10 (1951): 265-67.

Malamat, Abraham. "Organs of Statecraft in the Israelite Monarchy." *BARead* 3 (1970): 163-98.

Mann, Michael. *The Sources of Social Power*. Vol. 1, *A History of Power from the Beginning to A.D. 1760*. Cambridge: Cambridge Univ Press, 1986.

Mansueto, Anthony. "From Historical Criticism to Historical Materialism." Seminar paper, Graduate Theological Union, Berkeley, 1983.

Mazar, Amihai. *Archaeology of the Land of the Bible 10,000-586 B.C.E*. New York: Doubleday, 1990.

_____. "Jerusalem and Its Vicinity in Iron Age I." In *From Nomadism to Monarchy: Archaeological and Historical Aspects of Early Israel*. Edited by I. Finkelstein and N. Na'aman. Jerusalem: Israel Exploration Society: 1994. 70-91.

Mazar, Benjamin. "The Aramean Empire and Its Relations with Israel." *BA* 25 (1962): 98-120.

_____. "The Campaign of Pharaoh Shishak to Palestine." *Congress Volume, Strasbourg 1956*. VTSup 4. Leiden: E. J. Brill, 1957. 57-66.

_____. "King David's Scribe and the High Officialdom of the United Monarchy of Israel." In *The Early Biblical Period: Historical Studies*. Edited by S. Ahituv and B. Levine. Jerusalem: Israel Exploration Society, 1986. 126-38.

_____. "Kingship in Ancient Israel." In *Biblical Israel: State and People*. Ed. Shmuel

Ahituv. Jerusalem: Magnes Press, Hebrew Univ., and Israel Exploration Society, 1992. 55-66.

McCarter, P. Kyle. *Ancient Inscriptions: Voices from the Biblical World*. Washington, D.C.: Biblical Archaeology Society, 1996.

McKay, John W. *Religion in Judah under the Assyrians*. London: SCM Press, 1973.

McKenzie, Steven L. *The Chronicler's Use of the Deuteronomistic History*. HSM 33. Atlanta: Scholars, 1984.

_____. "Deuteronomistic History." *ABD* 2: 160-68.

McNeill, William H. *The Rise of the West: A History of the Human Community with a Retrospective Essay*. Chicago: Univ. of Chicago Press, 1963. Reprint 1991.

McNutt, Paula M. *Reconstructing the Society of Ancient Israel*. Louisville: Westminster John Knox, 1999.

Meek, Theophile J., trans. "The Code of Hammurabi." In *ANET*. Edited by James B. Pritchard. 3d ed. Princeton: Princeton Univ. Press, 1969. 163-80.

Meeks, M. Douglas. *God the Economist: The Doctrine of God and Political Economy*. Minneapolis: Fortress, 1989.

Meier, Samuel A. "Hammurapi." *ABD* 3: 39-42.

Mendenhall, George E. "The Census Lists of Numbers 1 and 26." *JBL* 77 (1968): 52-66.

Mettinger, Tryggve N. D. *Solomonic State Officials: A Study of the Civil Government Officials of the Israelite Monarchy*. ConBOT 5. Lund: Gleerup, 1971.

Meyers, Carol. *Discovering Eve: Ancient Israelite Women in Context*. New York: Oxford Univ. Press, 1988.

_____. "Tribes and Tribulations: Retheorizing Earliest 'Israel.'" In *Tracking a Classic: The Tribes of Yahweh Twenty Yeas On*. Edited by R. Boer. Sheffield: Sheffield Academic Press, forthcoming.

Meyers, Carol L., and Eric M. Meyers. *Haggai, Zechariah 1-8*. AB 25B. Garden City, N.Y.: Doubleday, 1987.

Meyers, Eric M., ed. *The Oxford Encyclopedia of Archaeology in the Ancient Near East*. 5 vols. New York: Oxford Univ. Press. 1997.

Michalowski, Piotr. "Charisma and Control: On Continuity and Change in Early Mesopotamian Bureaucratic Systems." In *The Organization of Power: Aspects of Bureaucracy in the Ancient Near East*. Edited by McGuire Gibson and Robert D.

Biggs. 2d ed. SAOC 46. Chicago: Oriental Institute, 1991. 45-57.

Middleton, John, and David Tate, eds. *Tribes without Rulers: Studies in African Segmentary Systems*. London: Routledge & Kegan Paul, 1958. Reprint with new preface, 1970.

Millard, A. R. "Literacy [Israel]." *ABD* 4: 337-40.

Miller, Daniel. "The Limits of Dominance." In *Domination and Resistance*. Edited by D. Miller, M. Rowlands, and C. Tilley. London: Unwin Hyman, 1989. 63-79.

Miller, J. Maxwell. "Moab." *ABD* 4: 882-93.

Miller, J. Maxwell, and John H. Hayes. *A History of Ancient Israel and Judah*. Philadelphia: Westminster Press, 1986.

Miller, Patrick D., Jr., and J. J. M. Roberts. *The Hand of the Lord: A Reassessment of the 'Ark Narrative' of I Samuel*. JHNES. Baltimore: Johns Hopkins, 1977.

Miller, R. D., III. "A Social History of Highland Israel in the 12th and 11th Centuries B.C.E." Ph.D. diss., Univ. of Michigan, 1998.

Modrzejewski, Joseph M. *The Jews of Egypt: From Rameses II to Emperor Hadrian*. Princeton: Princeton Univ. Press, 1995.

Montgomery, James A. *A Critical and Exegetical Commentary on the Book of Kings*. Rev. ed. ICC. New York: Charles Scribner's Sons, 1951.

Morgan, Robert, and John Barton. *Biblical Interpretation*. Oxford: Oxford Univ. Press, 1988.

Morony, Michael G. "'In a City without Watchdogs the Fox is the Overseer': Issues and Problems in the Study of Bureaucracy." In *The Organization of Power: Aspects of Bureaucracy in the Ancient Near East*. Edited by McGuire Gibson and Robert D. Biggs. 2d ed. SAOC 46. Chicago: Oriental Institute, 1991. 5-14.

Muhly, James D. "The Crisis Years in the Mediterranean World: Transition or Cultural Disintegration?" In *The Crisis Years: The Twelfth Century B.C. from Beyond the Danube to the Tigris*. Edited by W. A. Ward and M. S. Joukowsky. Dubuque, Iowa: Kendall/Hunt Publishing Co., 1989. 10-26.

_____. "Mining and Metalwork in Ancient Western Asia." *CANE*, vol. 3. New York: Charles Scribner's Sons, 1995. 1501-21.

Mullen, E. Theodore, Jr. *Narrative History and Ethnic Boundaries: The Deuteronomistic Historian and the Creation of Israelite National Identity*. SemeiaSt. Atlanta:

Scholars, 1993.

Munn-Rankin, J. M. "Diplomacy in Western Asia in the Early Second Millennium B.C." *Iraq* 18 (1956): 68-110.

Murname, William J. "The History of Ancient Egypt: An Overview." In *CANE*, vol. 2. New York: Charles Scribner's Sons, 1995. 691-717.

Myers, Jacob M. *I Chronicles*. AB 12. Garden City, N.Y.: Doubleday, 196S

Na'aman, Nadav. "The Contribution of Royal Inscriptions for a Re-Evaluation of the Book of Kings as a Historical Resource." *JSOT* 82 (1999): 3-17.

_____. "Sources and Composition in the History of Solomon." In *The Age of Solomon: Scholarship at the Turn of the Millennium*. Edited by L. K. Handy. Leiden: E. J. Brill, 1997. 57-80.

_____. "Two Notes on the Monolith Inscription of Shalmaneser III from Kurkh." *Tel Aviv* 3 (1974): 97-102.

Nakanose, Shigeyuki. *Josiah's Passover: Sociology and the Liberating Bible*. Maryknoll, N.Y.: Orbis, 1993.

Nelson, Richard D. "The Anatomy of Kings." *JSOT* 40 (1988): 39-48.

Neusner, Jacob. *A History of the Jews in Babylonia*. Vol. 1, *The Parthian Period*. South Florida Studies in the History of Judaism 217. Atlanta: Scholars, 1969. Reprint of rev. ed., 1999.

Newby, Gordon Darnell. *A History of the Jews in Arabia from Ancient Times to Their Eclipse under Islam*. Columbia: Univ. of South Carolina Press, 1988.

Newman, Katherine S. *Law and Economic Organization: A Comparative Study of Preindustrial Societies*. Cambridge: Cambridge Univ. Press, 1983.

Nickelsburg, George W. E. *Jewish Literature between the Bible and the Mishnah: A Historical and Literary Introduction*. Philadelphia: Fortress, 1981.

Nicholson, Ernest W. "The Meaning of the Expression 'am ha'arez in the Old Testament." *JSS* 10 (1965): 59-66.

Niditch, Susan. *Oral World and Written Word: Ancient Israelite literature*. Louisville, Ky.: Westminster John Knox, 1996.

Niehr, Herbert. "The Rise of YHWH in Judahite and Israelite Religion: Methodolog-ical and Religio-Historical Aspects." In *The Triumph of Elohim: From Yahwisms to Judaisms*. Edited by D. V. Edelman. Grand Rapids, Mich.: Eerdmans, 1995. 45-

72.

Niemann, Hermann M. "The Socio-Political Shadow Cast by the Biblical Solomon." In *The Age of Solomon: Scholarship at the Turn of the Millennium*. Edited by L. K. Handy. Leiden: E. J. Brill, 1997. 252-99.

_____. *Herrschaft, Königtum und Staat: Skizzen zur soziokulturellen Entwicklung im monarchischen Israel*. FAT 9. Tübingen: J. C. B. Mohr, 1993.

Nissen, Hans J. *The Early History of the Ancient Near East 9000-2000 B.C.* Chicago: Univ. of Chicago Press, 1988.

North, Robert. "Palestine, Administration of [Judean Officials]." *ABD* 5: 86-90.

Nylander, Carl. "Achaemenid Imperial Art." In *Power and Propaganda: A Symposium on Ancient Empires*. Edited by M. T. Larsen. Mesopotamia 7. Copenhagen: Akademisk Forlag, 1979. 345-59.

Oded, Busteney. *Mass Deportation and Deportees in the Neo-Assyrian Empire*. Wiesbaden: Reichert, 1979.

Ofer, Avi. "'All the Hill Country of Judah': From a Settlement Fringe to a Prosperous Monarchy." In *From Nomadism to Monarchy: Archaeological and Historical Aspects of Early Israel*. Edited by I. Finkelstein and N. Na'aman. Jerusalem: Israel Exploration Society: 1994. 92-121.

Olmstead, A. T. *History of Assyria*. Chicago: Univ. of Chicago Press, 1923.

_____. *The History of the Persian Empire*. Chicago: Univ. of Chicago Press, 1948.

Olson, Dennis T. "Pekah" and "Pekahiah." *ABD* 5: 214-16.

Olyan, Saul. *Asherah and the Cult of Yahweh in Israel*. SBLMS 34. Atlanta: Scholars, 1988.

Oppenheim, A. Leo. *Ancient Mesopotamia: Portrait of a Dead Civilization*. Rev. ed. Chicago: Univ. of Chicago Press, 1977.

Ottosson, Magnus. *Gilead: Tradition and History*. ConBOT 3. Lund: Gleerup, 1969.

Overholt, Thomas W. "The Ghost Dance of 1890 and the Nature of the Prophetic Process." *Ethnohistory* 21 (1974): 37-63.

Pardee, Dennis. *Handbook of Ancient Hebrew Letters*. SBLSBS 15. Atlanta: Scholars, 1982.

Parker, Kim Ian, ed. *Liberal Democracy and the Bible*. Lewiston, N.Y./Queenston/Lampeter: Edwin Mellen Press, 1992.

Parpola, Simo, and Kazuko Watanabe, eds. *Neo-Assyrian Treaties and Loyalty Oaths*. SAAS 2. Helsinki: Helsinki Univ. Press, 1988.

Parsons, Talcott. *Societies: Evolutionary and Comparative Perspectives*. Englewood Cliffs, NJ.: Prentice-Hall, 1966.

Pasto, James. "When the End Is the Beginning? Or When the Biblical Past Is the Political Present: Some Thoughts on Ancient Israel, 'Post-Exilic Judaism,' and the Politics of Biblical Scholarship." *SJOT* 12:2 (1998): 157-202.

Patte, Daniel. *Ethics of Biblical Interpretation: A Reevaluation*. Louisville: Westminster John Knox, 1995.

Payne, Elizabeth J. "The Midianite Arc in Joshua and Judges." In *Midian, Moab, and Edom: The History and Archaeology of Late Bronze and Iron Age Jordan and North-West Arabia*. Edited by J. F. A. Sawyer and D. J. A. Clines. JSOTSup 24. Sheffield: JSOT Press, 1983. 163-72.

Peckham, Brian. "Phoenicia, History of." *ABD* 5: 349-57.

Perdue, Leo G. *The Collapse of History*. OBT. Minneapolis: Fortress, 1994.

Pestman, P. W., ed. *A Guide to the Zenon Archive*. Leiden: E. J. Brill, 1981.

Peters, F. E. *The Harvest of Hellenism: A History of the Near East from Alexander the Great to the Triumph of Christianity*. New York: Simon & Schuster, 1970.

Pitard, Wayne T. *Ancient Damascus: A Historical Study of the Syrian City-State from Earliest Times until Its Fall to the Assyrians in 732 B.C.E.* Winona Lake, Ind.: Eisenbrauns, 1987.

Polanyi, Karl, C. M. Arensberg, and H. W. Pearson, eds. *Trade and Market in the Early Empires: Economies in History and Theory*. New York: Free Press, 1957.

Porton, Bezalel. *Archives from Elephantine: The Life of an Ancient Jewish Military Colony*. Los Angeles: Univ. of California Press, 1968.

_____. "Elephantine Papyri." *ABD* 2: 445-55.

Portugali, Juval. "Theoretical Speculations on the Transition from Nomadism to Monarchy." In *From Nomadism to Monarchy: Archaeological and Historical Aspects of Early Israel*. Edited by I. Finkelstein and N. Na'aman. Jerusalem: Israel Exploration Society, Washington, D.C.: Biblical Archaeology Society, 1994. 203-17.

Postgate, J. Nicholas. *Early Mesopotamia: Society and Economy at the Dawn of History*. London: Routledge, 1992.

_____. "The Economic Structure of the Assyrian Empire." In *Power and Propaganda: A Symposium on Ancient Empires*. Edited by M. T. Larsen. Copenhagen: Akademisk

Forlag, 1979. 193-221.

Potts, D. T. *Mesopotamian Civilization: The Material Foundations*. Ithaca: Cornell Univ. Press, 1997.

Pritchard, James B., ed. *Ancient Near Eastern Texts Relating to the Old Testament*. 3d ed. Princeton: Princeton Univ. Press, 1969.

Provan, Ian W. "Ideologies, Literary and Critical Reflections on Recent Writing on the History of Israel." *JBL* 114 (1995): 585-606.

Purvis, James D. "The Samaritans and Judaism." In *Early Judaism and Its Modern Interpreters*. Edited by Robert A. Kraft and George W. E. Nickelsburg. Atlanta: Scholars, 1986. 81-98.

de Pury, Albert. "Yahwist ["J"] Source." *ABD* 6: 1012-20.

von Rad, Gerhard. "The Royal Ritual in Judah." In *The Problem of the Hexateuch and Other Essays*. New York: McGraw-Hill, 1966. 222-31.

Reade, Julian. "Ideology and Propaganda in Assyrian Art." In *Power and Propaganda: A Symposium on Ancient Empires*. Edited by M. T. Larsen. Mesopotamia 7. Copenhagen: Akademisk Forlag, 1979. 329-43.

Redford, Donald B. "Akhenaton." *ABD* 1: 135-37.

_____. "The Ashkelon Relief at Karnak and the Israel Stela." *IEJ* 36 (1986): 188-200.

Redford, Donald B., and James M. Weinstein. "Hyksos." *ABD* 3: 341-48.

Redman, Charles R. *The Rise of Civilization: From Early Farmers to Urban Society in the Ancient Near East*. San Francisco: W. H. Freeman & Co., 1978.

Rendsburg, Gary A. "Biblical Literature as Politics: The Case of Genesis." In *Religion and Politics in the Ancient Near East*. Edited by Adele Berlin. Studies and Texts in Jewish History and Culture. Bethesda, Md.: Univ. Press of Maryland, 1996. 47-70.

Rendtorff, Rolf. "The Paradigm Is Changing: Hopes-and Fears." *BibInt* 1 (1993): 34-53.

_____. *The Problem of the Process of Transmission in the Pentateuch*. JSOTSup 89. Sheffield: JSOT Press, 1990.

Renger, Johannes. "Interaction of Temple, Palace, and 'Private Enterprise' in the Old Babylonian Economy." In *State and Temple Economy in the Ancient Near East*. Edited by E. Lipiński. OLA 5, vol. 1. Louvain: Departement Orientalistiek, 1979. 249-56.

Reviv, H. "On the Days of Athaliah and Joash." *Beth Mikra* 47 (1970/71): 541-49. [Heb.]

Riley, William. *King and Cultus in Chronicles: Worship and the Reinterpretation of History.* JSOTSup 160. Sheffield: JSOT Press, 1993.

Roaf, Michael. *Cultural Atlas of Mesopotamia and the Ancient Near East.* New York: Facts on File, 1990.

Rogerson, John W. "Was Early Israel a Segmentary Society?" *JSOT* 36 (1986): 17-26.

Rosaldo, Michelle, and Louise Lamphere, eds. *Women, Culture, and Society.* Stanford, Calif.: Stanford Univ. Press, 1974.

Rosenberg, Joel. *King and Kin: Political Allegory in the Hebrew Bible.* Bloomington, Ind.: Indiana Univ. Press, 1986.

Rosenbloom, Joseph R. "Social Science Concepts of Modernization and Biblical History: The Development of the Israelite Monarchy." *JAAR* 40 (1972): 437-44.

Roth, Martha T. *Law Collections from Mesopotamia and Asia Minor.* 2d ed. SBLWAW 6. Atlanta: Scholars, 1997.

Rowlands, M., M. T. Larsen, and K. Kristiansen, eds. *Centre and Periphery in the Ancient World.* Cambridge Univ. Press, 1987.

Rowton, M. B. "Dimorphic Structure and the Parasocial Element." *JNES* 36 (1977): 181-98.

―――. "The Topological Factor in the Hapiru Problem." In *Studies in Honor of Benno Landsberger on His Seventy-Fifth Birthday.* Assyriological Studies 16. Chicago: Oriental Institute, 1965. 375-87.

Rozenberg, Martin S. "The Šōfĕṭīm in the Bible." *ErIsr* 12 (1975): 77*-86*.

Rüterswörden, Udo. *Die Beamten der israelitischen Königszeit.* BWA(N)T 117. Stuttgart: Kohlhammer, 1985.

Sack, Robert D. *Human Territoriality: Its Theory and History.* Cambridge: Cambridge Univ. Press, 1986.

Saggs, H. W. F. "Assyrian Warfare in the Sargonid Period." *Iraq* 25 (1963): 145-54.

―――. "The Divine in History." In *Essential Papers on Israel and the Ancient Near East.* Ed. Frederick E. Greenspahn. New York/London: New York Univ. Press, 1998. 17-48.

―――. *The Greatness That Was Babylon.* New York: Hawthorn Books, 1962.

―――. *The Might That Was Assyria.* London: Sidgwick & Jackson, 1984.

Sahlins, Marshall D. *Tribesmen.* Foundations of Modern Anthropology Series. Englewood

Cliffs, N.J.: Prentice-Hall, 1968.

Said, Edward W. *Orientalism*. New York: Random House, 1978.

Sancisi-Weerdenburg, Heleen. "The Construction and the Distribution of an Ideology in the Achaemenid Empire." In *Pivot Politics: Changing Cultural Identities in Early State Formation Processes*. Edited by M. van Bakel, R. Hagesteijn, and P. van de Velde. Amsterdam: Het Spinhuis, 1994. 101-19.

_____. "The Quest for an Elusive Empire." In *Achaemenid History*. Vol. 4, *Centre and Periphery*. Edited by H. Sancisi-Weerdenburg and A. Kuhrt. Leiden: Netherlands Institute of the Near East, 1990. 263-74.

Sasson, Jack M. "King Hammurabi of Babylon." In *CANE*, vol. 2. New York: Charles Scribner's Sons, 1995. 701-15.

Sasson, Jack M., ed. *Civilizations of the Ancient Near East*. 4 vols. New York: Charles Scribner's Sons, 1995.

Schäfer, Peter. "The Hellenistic and Maccabaean Periods." In *Israelite and Judaean History*. Edited by John H. Hayes and J. Maxwell Miller. London: SCM Press, 1977. 576-611.

_____. "Palestine under Ptolemaic Rule." In *Israelite and Judaean History*. Edited by John H. Hayes and J. Maxwell Miller. London: SCM Press, 1977. 571-75.

Schäfer-Lichtenberger, Christa. "Sociological and Biblical Views of the Early State." In *The Origins of the Ancient Israelite States*. Edited by V. Fritz and P. R. Davies. JSOTSup 228. Sheffield: Sheffield Academic Press, 1991. 78-105.

Schearing, Linda S., and Steven L. McKenzie, eds. *Those Elusive Deuteronomists: The Phenomenon of Pan-Deuteronomism*. JSOTSup 268. Sheffield: Sheffield Academic Press, 1999.

Schloen, J. David. "Caravans, Kenites, and *Casus Belli*: Enmity and Alliance in the Song of Deborah." *CBQ* 55 (1993): 18-38.

Schniedewind, William M. *Society and the Promise to David: The Reception History of 2 Samuel 7:1-17*. Oxford: Oxford Univ. Press, 1999.

Schramm, Brooks. *The Opponents of Third Isaiah: Reconstructing the Cultic History of the Restoration*. JSOTSup 193. Sheffield: Sheffield Academic Press, 1995.

Schulte, Hannelis. "The End of the Omride Dynasty: Social-Ethical Observations on the Subject of Power and Violence." *Semeia* 66 (1995): 133-48.

Scott, James C. *Weapons of the Weak: Everyday Forms of Peasant Resistance*. New Haven, Conn.: Yale Univ. Press, 1985.

Seyrig, H. "Seleucus I and the Foundation of Hellenistic Syria." In *The Role of the Phoenicians in the Interaction of Mediterranean Civilizations*. Edited by William A. Ward. Beirut: American Univ. of Beirut, 1968. 53-63.

Sharkansky, Ira. *Ancient and Modern Israel: An Exploration of Political Parallels*. Albany, N.Y.: State Univ. of New York Press, 1991.

_____. *Israel and Its Bible: A Political Analysis*. New York: Garland Publishing, 1996.

Shiloh, Yigal. "Jerusalem: The Early Periods and the First Temple Period: Excavation Results." In *The New Encyclopedia of Archaeological Excavations in the Holy Land*. Edited by Ephraim Stern. Vol. 2. Jerusalem: Israel Exploration Society and Carta, 1993. 701-11.

_____. "The Population of Iron Age Palestine in the Light of a Sample Analysis of Urban Plans, Areas, and Population Density." *BASOR* 239 (1980): 25-35.

_____. *The Proto Aeolic Capital and Israelite Ashlar Masonry*. Qedem 11. Jerusalem: Institute of Archaeology, Hebrew Univ., 1979.

Sigrist, Christian. *Regulierte Anarchie: Untersuchungen zum Fehlen und zur Entstehung politischer Herrschaft in segmentaren Gesellschaften Afrikas*. Olten u. Freiburg im Breisgau: Walter, 1967.

Simkins, Ronald A. "Patronage and the Political Economy of Monarchic Israel." *Semeia*. Atlanta: Scholars, forthcoming.

Singer, Itamar. "Egyptians, Canaanites, and Philistines." In *From Nomadism to Monarchy: Archaeological and Historical Aspects of Early Israel*. Edited by I. Finkelstein and N. Na'aman. Jerusalem: Israel Exploration Society, 1994. 282-338.

Smelik, Klaas A. D. *Converting the Past: Studies in Ancient Israelite and Moabite Historiography*. Leiden: E. J. Brill, 1992.

_____. *Writings from Ancient Israel: A Handbook of Historical and Religious Documents*. Louisville: Westminster John Knox, 1991.

Smith, Anthony D. *The Ethnic Origins of Nations*. Oxford: Blackwell, 1986.

Smith, Carol. "'Queenship' in Israel? The Cases of Bathsheba, Jezebel, and Athaliah." In *King and Messiah in Israel and the Ancient Near East*. Edited by J. Day. JSOTSup 270. Sheffield: Sheffield Academic Press, 1998. 142-62.

Smith, Clyde Curry. "The Birth of Bureaucracy." *BA* 40 (1977): 24-28.

Smith, Daniel L. *The Religion of the Landless: The Social Context of the Babylonian Exile.* Bloomington, Ind.: Meyer-Stone Books, 1989.

Smith, Mark S. *The Early History of God: Yahweh and the Other Deities in Ancient Israel.* San Francisco: Harper & Row, 1990.

Snell, Daniel C. *Life in the Ancient Near East. 3100-332 B.C.* New Haven, Conn.: Yale Univ. Press, 1997.

von Soden, Wolfram. *The Ancient Orient: An Introduction to the Study of the Ancient Near East.* Grand Rapids, Mich.: Eerdmans, 1994.

Soggin, J. Alberto. "Compulsory Labor under David and Solomon." In *Studies in the Period of David and Solomon.* Edited by T. Ishida. Tokyo: Yamakawa-Shuppansha, 1982. 259-67.

Southall, Aiden. "Orientations in Political Anthropology." *Canadian Journal of African Studies* 3 (1969): 42-52.

van der Spek, R. J. "Assyriology and History: A Comparative Study of War and Empire in Assyria, Athens, and Rome." In *The Tablet and the Scroll: Near Eastern Studies in Honor of William W. Hallo.* Edited by M. E. Cohen, D. C. Snell, and D. B. Weisberg. Bethesda, Md.: CDL Press, 1993. 262-70.

Speiser, E. A. "Census and Ritual Expiation in Mari and Israel." *BASOR* 149 (1958): 17-25.

Speiser, E. A., trans. "The Creation Epic." In *ANET.* Edited by James B. Pritchard. 3d ed. Princeton: Princeton Univ. Press, 1969. 60-72.

Sperling, S. David. *The Original Torah: The Political Intent of the Bible's Writers.* New York: New York Univ. Press, 1998.

Stager, Lawrence E. "Archaeology, Ecology, and Social History: Background Themes to the Song of Deborah." In *Congress Volume: Jerusalem, 1986.* Edited by J. Emerton. VTSup 40. Leiden: E. J. Brill, 1988. 221-34.

Stein, Gil J. *Rethinking World-Systems: Diasporas, Colonies, and Interaction in Uruk Mesopotamia.* Tucson, Ariz.: Univ. of Arizona Press, 1999.

Steinberg, Naomi. "The Deuteronomic Law Code and the Politics of State Centralization." In *The Bible and the Politics of Exegesis: Essays in Honor of Norman K. Gottwald on His Sixty-Fifth Birthday.* Edited by D. Jobling et al. Cleveland: Pilgrim Press, 1991. 161-70.

Steindorff, Georg, and Keith C. Seele. *When Egypt Ruled the East*. Rev. ed. Chicago: Univ. of Chicago Press, 1957.

Stern, Ephraim. "Between Persia and Greece: Trade, Administration, and Warfare in the Persian and Hellenistic Periods (539-63 B.C.E.)." In *The Archaeology of Society in the Holy Land*. Edited by T. E. Levy. New York: Facts on File, 1995. 432-44.

Stern, Philip D. *The Biblical Ḥerem: A Window on Israel's Religious Experience*. BJS 211. Atlanta: Scholars, 1991.

Sternhall, Zeev. *The Founding Myths of Israel: Nationalism, Socialism, and the Making of the jewish State*. Princeton: Princewn Univ. Press, 1998.

Steussy, Marti J. *David: Biblical Portraits of Power*. Columbia, S.C.: Univ. of South Carolina Press, 1999.

Stolper, Matthew W. "Murashu, Archive of." *ABD* 4: 927-28.

Strange, john. "Joram, King of Israel and Judah." *VT* 25 (1975): 191-201.

Swanson, Guy E. *The Birth of the Gods: The Origin of Primitive Beliefs*. Ann Arbor, Mich.: Univ. of Michigan Press, 1960.

Tadmor, Hayim. "Assyria and the West: The Ninth Century and Its Aftermath." In *Unity and Diversity: Essays in the History, Literature and Religion of the Ancient Near East*. Edited by H. Goedicke and J. J. M. Roberts. Baltimore: Johns Hopkins, 1975. 36-48.

_____. "The Campaigns of Sargon II of Assur." *JCS* 12 (1958): 22-40, 77-100.

_____. "'The People' and the Kingship in Ancient Israel: The Role of Political Institutions in the Biblical Period." *Journal of World History* 11 (1968): 3-23.

Tam, W. W. *Hellenistic Civilisation*. 3d ed. New York: New American Library, 1952.

de Tarragon, Jean-Michel. "Ammon, Ammonite." *ABD* 1: 184-96.

Taylor, J. Glen. *Yahweh and the Sun: Biblical and Archaeological Evidence for Sun Worship in Ancient Israel*. JSOTSup 111. Sheffield: Sheffield Academic Press, 1993.

Tcherikover, Victor A. *Hellenistic Civilization and the Jews*. Philadelphia: Jewish Publication Society of America, 1961.

Tcherikover, Victor A., and A. Fuks, eds. *Corpus Papyrorum Judaicarum*. Vol. 1. Jerusalem: Magnes Press, 1957.

Thiel, Winfried. "Athaliah." *ABD* 1:511-12.

Thiele, Edwin R. "Coregencies and Overlapping Reigns." *JBL* 93 (1974): 176-89.

_____. *The Mysterious Numbers of the Hebrew Kings*. 3d ed. Grand Rapids, Mich.: Eerdmans, 1983.

Thompson, Thomas L. *Early History of the Israelite People: From the Written and Archaeological Sources*. Leiden: E. J. Brill, 1992.

_____. *The Mythic Past: Biblical Archaeology and the Myth of Israel*. New York: Basic Books, 1999.

Tigay, Jeffrey H., ed. *Empirical Models for Biblical Criticism*. Philadelphia: Univ. of Pennsylvania Press, 1985.

Toews, Wesley I. *Monarchy and Religious Institutions under Jeroboam*. SBLMS 47. Atlanta: Scholars, 1993.

Trigger, B. G., Barry J. Kemp, David O'Connor, and Alan B. Lloyd. *Ancient Egypt: A Social History*. Cambridge: Cambridge Univ. Press, 1983.

Tuplin, Christopher. "The Administration of the Achaemenid Empire." In *Coinage and Administration in the Athenian and Persian Empires*. Edited by Ian Carradice. Oxford: British Archaeological Reports, 1987. 109-66.

Van Seters, John. *Abraham in History and Tradition*. New Haven, Conn.: Yale Univ. Press, 1975.

Vanstiphout, Herman. "Memory and Literacy in Ancient Western Asia." In *CANE*, vol. 2. New York: Charles Scribner's Sons, 1995. 81-96.

Van Zyl, A. H. *The Moabites*. Pretoria Oriental Series 3. Leiden: E. J. Brill, 1960.

Vatikiotis, P. J. *The History of Egypt*. 3d ed. Baltimore: Johns Hopkins, 1986.

de Vaux, Roland. *The Early History of Israel*. Philadelphia: Westminster Press, 1978.

Wallace, Anthony F. C. *Religion: An Anthropological View*. New York: Random House, 1966.

Walsh, J. P. M. *The Mighty from Their Thrones: Power in the Biblical Tradition*. OBT 21. Philadelphia: Fortress, 1987.

Ward, William A., ed. *The Role of the Phoenicians in the Interaction of Mediterranean Civilizations*. Beirut: American Univ. of Beirut, 1968.

Warner, Sean. "The Alphabet: An Innovation and Its Diffusion." *VT* 30 (1980): 81-90.

Washington, Harold C. "Violence and the Construction of Gender in the Hebrew Bible: A New Historicist Approach." *BibInt* 5 (1997): 324-63.

Weber, Max. *Ancient Judaism*. Translated and edited by Hans H. Gerth and Don

Martindale. Glencoe, Ill.: Free Press, 1952; originally published 1917-21.

———. *Economy and Society: An Outline of Interpretive Sociology*. Berkeley, Calif.: Univ. of California Press, 1978.

Weinberg, Joel. *The Citizen-Temple Community*. JSOTSup 151. Sheffield: JSOT Press, 1992.

Weinfeld, Moshe. "Covenant Terminology in the Ancient Near East and Its Influence on the West." *JAOS* 93 (1973): 190-99.

Weitzman, Steven. *Song and Story In Biblical Narrative: The History of a Literary Convention in Ancient Israel*. Indiana Studies in Biblical Literature. Bloomington, Ind.: Indiana Univ. Press, 1997.

Welles, C. B. *Alexander and the Hellenistic World*. Toronto: A. M. Hakkert, 1970.

Wesselius, Jan-Wim. *The Origin of the History of Israel: Herodotus' Histories as Blueprint for the First Books of the Bible*. JSOTSup. Sheffield : Sheffield Academic Press, forthcoming.

Westbrook, Raymond. "Biblical and Cuneiform Lawcodes." *RB* 92 (1985): 247-65.

Westenholz, Aage. "The Old Akkadian Empire in Contemporary Opinion." In *Power and Propaganda: A Symposium on Ancient Empires*. Edited by M. T. Larsen. Copenhagen: Akademisk Forlag, 1979. 107-23.

Whitelam, Keith W. "Israel's Traditions of Origin: Reclaiming the Land." *JSOT* 44 (1989): 19-42.

———. *The Just King: Monarchical Judicial Authority in Ancient Israel*. JSOTSup 12. Sheffield: Sheffield Academic Press, 1979.

———. "King and Kingship." *ABD* 4: 40-48.

Whitt, William. "The Story of the Semitic Alphabet." In *CANE*, vol. 4. New York: Charles Scribner's Sons, 1995. 2379-97.

Wildavsky. Aaron. *The Nursing Father: Moses As a Political Leader*. Tuscaloosa, Ala.: Univ. of Alabama Press, 1984.

Williamson, H. G. M . *Israel in the Books of Chronicles*. Cambridge: Cambridge Univ. Press, 1977.

Wilson, John A. *The Burden of Egypt*. Chicago: Univ. of Chicago Press, 1951.

Wilson, John A., trans. "Hymn of Victory of Mer-ne-Ptah (The 'Israel Stela')." In *ANET*. 3d ed. Edited by J. B. Pritchard. Princeton: Princeton Univ. Press, 1969.

Wiseman, D. J. *Chronicles of Chaldean Kings (626-556 B.C.) in the British Museum*. London: Trustees of the British Museum, 1961.

_____. *Nebuchadrezzar and Babylon*. Oxford: Oxford Univ. Press, 1983.

Wittfogel, Karl A. *Oriental Despotism: A Comparative Study in Total Power*. New Haven, Conn.: Yale Univ. Press, 1957.

Wolf, Eric R. *Europe and the People without History*. Berkeley, Calif.: Univ of California Press, 1982.

Wolin, Sheldon S. *Politics and Vision: Continuity and Innovation in Western Political Thought*. Boston: Little, Brown & Co., 1960.

Wright, Christopher J. H. *God's People in God's Land: Family, Land, and Property in the Old Testament*. Grand Rapids, Mich.: Eerdmans, 1990.

Wright, Henry T. "Recent Research on the Origin of the State." *Annual Review of Anthropology* 6 (1977): 379-97

Würthwein, Ernst. *Der 'amm ha'arez im Alten Testament*. BWA(N)T 17. Stuttgart: Kohlhammer, 1936.

Yadin, Yigael. *The Art of Warfare in Biblical Lands*. 2 vols. New York: McGraw-Hill, 1963.

Yee, Gale A. "Ideological Criticism: Judges 17-21 and the Dismembered Body." In *Judges and Method. New Approaches in Biblical Studies*. Edited hy G A. Yee. Minneapolis: Fortress, 1995. 146-70.

Yeivin, Shmuel. "The Age of the Patriarchs." *RSO* 38 (1963): 277-302.

_____. "Families and Parties in the Kingdom of Judah." In *Studies in the History of Israel and Its Land*. Tel Aviv: M. Nvuman, 1959. [Heb.]

Yoffee, Norman. "The Economy of Ancient Western Asia." In *CANE*, vol. 3. New York: Charles Scribner's Sons, 1995. 1387-99.

_____. "The Late Great Tradition in Ancient Mesopotamia." In *The Tablet and the Scroll: Near Eastem Stttdies in Honor of William W. Hallo*. Edited by M. E. Cohen, D. C. Snell, and D. B. Weisberg. Bethesda, Md.: CDL Press, 1993. 300-308.

_____. "Mesopotamian Interaction Spheres." In *Early Stages in the Evolution of Mesopotamian Civilization*. Edited by N. Yoffee and J. J. Clark. Tucson, Ariz.: Univ. of Arizona Press, 1993. 257-69.

_____. "Too Many Chiefs? (or, Safe Texts for the '90s)." In *Archaeological Theory: Who Sets the Agenda?* Edited by N. Yoffee and A. Sherratt. Cambridge: Cambridge Univ.

Press, 1993. 114-42.

Younger, K. Lawson, Jr. "The Fall of Samaria in Light of Recent Research." *CBQ* 61 (1999): 461-82.

Yurco, Frank J. "Merneptah's Canaanite Campaign." *Journal of the American Research Center in Egypt* 23 (1986): 189-215.

Zeitlin, Solomon. *The Rise and Fall of the Judaean State: A Political, Social, and Religious History of the Second Commonwealth*. Vol. 1, *332-37 B.C.E.* Philadelphia: Jewish Publication Society of America. 1962.

Zertal, Adam. "'To the Land of the Perizzites and the Giants': On the Israelite Settlement in the Hill Country of Manasseh." In *From Nomadism to Monarchy: Archaeological and Historical Aspects of Early Israel*. Edited by I. Finkelstein and N. Na'aman. Jerusalem: Israel Exploration Society: 1994. 47-69.

주제 색인

ㄱ

가나안 95, 96, 97, 98, 99, 100, 101, 103, 110, 141, 173, 324, 325, 326, 327, 332, 333, 334, 335, 336, 337, 338, 340, 344, 345, 352, 358, 359, 411, 412, 414, 418

갈대아 274, 276

갈릴리 139, 149, 194, 331, 340

거룩한 전쟁 391, 392

거주 54, 55, 60, 63, 67, 96, 100, 103, 119, 149, 151, 190, 201, 203, 205, 210, 213, 214, 215, 216, 221, 222, 227, 246, 250, 254, 255, 257, 259, 261, 268, 280, 281, 295, 299, 301, 326, 329, 330, 331, 332, 333, 334, 336, 337, 338, 340, 343, 344, 350, 359, 361, 367, 370, 371, 375, 376, 377, 378, 380, 382, 391, 402, 404, 405, 411, 436, 437, 440, 466, 467, 468, 471

건축 63, 90, 96, 116, 119, 120, 136, 140, 146, 147, 150, 166, 168, 169, 170, 176, 189, 190, 193, 194, 211, 212, 223, 228, 230, 245, 248, 257, 259, 274, 278, 293, 329, 330, 357, 360, 362, 363, 365, 366, 367, 369, 370, 375, 376, 378, 382, 386, 391, 400, 401, 402, 403, 407, 412, 432, 435, 438, 463, 466, 468, 469, 470

계약 93, 94, 97, 107, 115, 118, 126, 139, 154, 210, 211, 213, 230, 237, 306, 307, 308, 338, 345, 420, 421, 422, 430, 443, 447, 458

고고학 29, 69, 108, 183, 186, 201, 209, 227, 229, 236, 240, 251, 256, 281, 305, 306, 315, 325, 326, 327, 328, 329, 330, 331, 332, 336, 340, 343, 365, 366, 367, 368, 369, 372, 373, 374,

375, 376, 377, 380, 400, 401, 403, 404, 406, 407, 412, 414, 419, 466, 467, 470
국가 기관 38, 39, 41, 53, 181, 191, 196, 253, 262, 264, 377, 407, 413, 452, 453
그리스 63, 201, 217, 218, 219, 224, 231, 240, 242, 268, 280, 282, 283, 284, 285, 286, 287, 288, 295, 296, 297, 400, 405, 435, 466, 467, 468, 470, 472, 475, 477, 481
그모스 391, 442
기독교 32, 33, 51, 84, 86, 219, 296, 314, 481
기브온 101, 118, 170, 355, 387
기원 73, 229

ㄴ

누비아 259, 278

ㄷ

다메섹 116, 139, 141, 142, 144, 145, 146, 149, 150, 165, 179, 185, 187, 194, 363, 390, 393, 394, 406, 411, 426, 427, 428, 429, 434, 438, 439, 445, 447
대제사장 63, 208, 209, 211, 212, 221, 286, 311, 451, 469, 477, 478
디아스포라 63, 64, 65, 199, 201, 225, 472

ㄹ

레위 103, 105, 108, 109, 137, 211
로마 118, 268, 280, 287, 294, 304, 335, 348, 381, 478

ㅁ

마르둑 152, 234, 247, 275, 276
마리 248
마카비 63, 66, 67, 199, 219, 220, 469, 470, 477
마카비 하스모니아 224, 469
마케도니아 217, 240, 242, 245, 280, 284, 285, 288
메데 274, 400
메르넵타 325, 326, 327, 332
메사 142, 184, 390, 391, 392, 417, 437, 442
메소포타미아 64, 74, 78, 95, 128, 226, 229, 233, 236, 237, 240, 241, 242, 243, 245, 246, 247, 248, 249, 250, 252, 254, 255, 256, 257, 258, 261, 262, 263, 264, 265, 268, 269, 270, 272, 273, 274, 275, 280, 284, 285, 288, 292, 293, 294, 295, 296, 297, 299, 301, 305, 310, 317, 328, 346, 358, 364, 381, 382, 414, 415, 416, 417, 421
멸망 30, 31, 53, 54, 60, 62, 65, 128, 149, 151, 153, 155, 162, 163, 170, 171, 172, 180, 184, 187, 189, 199, 200, 201, 204, 213, 214, 220, 226, 246, 250, 266, 268, 274, 276, 278, 279, 283,

287, 289, 298, 300, 304, 308,
318, 321, 322, 368, 369, 397,
398, 399, 403, 404, 416, 418,
419, 424, 431, 440, 444, 448,
463, 470, 479
명문 74, 293, 329, 366, 374, 382, 384,
385, 386, 388, 392, 393, 404,
405, 407, 408, 409, 412, 413,
414, 416, 417, 418, 470
모압 98, 106, 116, 140, 142, 143, 172,
184, 186, 188, 194, 202, 336,
341, 352, 360, 368, 389, 390,
391, 396, 397, 403, 411, 428,
431, 434, 437, 439, 440, 442
무역 119, 122, 141, 143, 187, 190, 193,
194, 195, 217, 226, 240, 244,
245, 248, 249, 254, 259, 265,
266, 267, 268, 270, 277, 281,
282, 289, 301, 333, 336, 351,
361, 362, 363, 370, 378, 387,
397, 402, 404, 405, 406, 407,
409, 411, 420, 428, 429, 434,
435, 437, 439, 441, 445, 446,
467, 468, 480
미디안 98, 105, 106, 336, 341, 352

바아사 130, 134, 137, 138, 139, 141,
163, 185, 186
바알 92, 115, 140, 144, 145, 146, 166,
169, 171, 172, 175, 176, 190,
313, 331, 345, 430, 432, 442,
448, 450, 458
법전 210, 247, 257, 282, 307, 308, 310,
392, 460, 473
분열 53, 55, 90, 91, 118, 123, 136, 161,
163, 174, 180, 185, 186, 189,
195, 197, 214, 218, 264, 277,
282, 285, 293, 302, 322, 331,
338, 361, 368, 370, 371, 383,
387, 388, 390, 401, 402, 405,
426, 433, 438, 439, 441, 443,
457, 464
블레셋 104, 112, 113, 114, 115, 117,
122, 137, 139, 143, 146, 147,
150, 151, 184, 194, 286, 333,
335, 337, 340, 347, 352, 355,
356, 357, 360, 368, 370, 371,
387, 395, 397, 404, 405, 411,
414, 428, 435, 440, 441, 443,
447, 460
블렛 117, 121

ㅂ

바빌론 64, 125, 126, 151, 152, 154,
155, 179, 186, 201, 203, 205,
206, 213, 215, 218, 223, 233,
246, 247, 253, 254, 265, 267,
274, 275, 276, 293, 394, 398,
399, 400, 415, 433, 438, 457,
465, 466, 468, 471

ㅅ

사마리아 54, 55, 61, 63, 64, 67, 92,
128, 134, 140, 141, 144, 145,
148, 149, 166, 169, 171, 172,
176, 182, 187, 190, 194, 201,
211, 212, 213, 214, 223, 304,
377, 381, 382, 385, 392, 394,
396, 402, 403, 406, 413, 430,

449, 455, 458, 465, 467, 468, 473
사사 92, 103, 112, 304, 316, 325, 348, 350
선견자 98, 156
선지자 90, 91, 98, 111, 112, 116, 126, 136, 139, 140, 141, 142, 144, 145, 154, 156, 307, 309, 383, 385, 418, 419, 422, 423, 443, 450, 457, 461, 462, 479
섭정 127, 128, 129, 133, 147, 150, 167, 178, 198, 277, 451
세계사 46, 47, 52, 78, 86, 87, 226, 239, 346
셀류커스 218, 219, 224, 225, 242, 285, 286, 287, 311, 469, 476, 477, 478, 479, 480
수메르 126, 226, 236, 243, 244, 245, 246, 252, 253, 256, 261, 268, 273, 274, 290, 293, 295, 297, 298, 322
시리아 116, 119, 145, 244, 246, 248, 254, 266, 268, 269, 276, 285, 286, 299, 301, 335, 346, 360, 368, 370, 381, 382, 388, 397, 398, 405, 406, 414, 417, 421, 429, 433, 437, 444, 448, 479
시리아-팔레스타인 78, 151, 154, 184, 185, 188, 211, 240, 242, 257, 259, 260, 265, 266, 268, 269, 272, 276, 277, 278, 279, 280, 288, 292, 301, 302, 303, 304, 359, 362, 387, 389, 390, 392, 393, 398, 400, 414, 417, 418, 420, 422, 428, 434, 436, 443, 444, 447, 471, 475, 479
시바 122, 185, 192
시온 430, 448
시조 96, 251, 324
식민지 53, 55, 56, 61, 63, 65, 68, 70, 73, 76, 88, 162, 199, 201, 208, 213, 215, 216, 220, 240, 254, 283, 285, 287, 300, 311, 318, 323, 396, 435, 446, 465, 468, 470, 473, 475, 476, 480
신-바빌론 128, 154, 184, 186, 188, 195, 197, 201, 202, 203, 204, 205, 207, 218, 221, 223, 224, 241, 256, 274, 275, 276, 279, 280, 282, 295, 300, 335, 383, 386, 397, 398, 399, 400, 405, 419, 433, 436, 437, 438, 439, 440, 441, 443, 444, 446, 466, 470, 476
신화 34, 59, 74, 234, 247, 251, 260, 275, 292, 303, 318, 319, 321, 324, 340, 417, 448

ㅇ

아나톨리아 78, 95, 119, 193, 240, 242, 247, 248, 265, 268, 269, 276, 280, 281, 283, 284, 285, 288, 292, 346, 358
아람 116, 139, 141, 250, 255, 266, 268, 274, 283, 297, 367, 382, 385, 389, 410, 467, 470
아람 다메섹 122, 139, 141, 142, 143, 145, 146, 149, 178, 179, 184, 185, 186, 194, 195, 382, 388,

389, 390, 392, 402
아람 소바 184
아말렉 98, 141
아모리 98, 246, 250, 251, 255, 297
아카드 126, 244, 245, 246, 250, 253, 254, 255, 256, 265, 268, 273, 274, 293, 294, 295, 297, 298, 398, 399
암몬 106, 112, 116, 143, 147, 150, 184, 187, 194, 202, 212, 213, 214, 223, 267, 336, 341, 352, 360, 368, 389, 396, 397, 403, 411, 431, 437, 438, 439, 440, 442
앗수르 60, 116, 119, 125, 128, 135, 144, 148, 149, 150, 151, 152, 165, 176, 179, 184, 185, 186, 188, 195, 196, 203, 207, 218, 241, 245, 247, 252, 253, 261, 265, 267, 268, 269, 270, 271, 272, 273, 274, 275, 277, 278, 279, 280, 282, 283, 294, 295, 298, 300, 311, 335, 382, 386, 387, 389, 390, 392, 393, 394, 395, 396, 397, 398, 399, 403, 404, 409, 419, 424, 427, 428, 429, 433, 435, 436, 437, 438, 440, 441, 443, 444, 446, 447, 448, 456, 466
애가 201, 202, 220, 223
언어 104, 243, 244, 251, 252, 264, 283, 285, 297, 298, 302, 334, 335, 342, 409, 410, 413, 415
에돔 98, 116, 122, 142, 143, 147, 150, 178, 184, 194, 202, 203, 267, 360, 363, 368, 383, 386, 389,

391, 396, 397, 403, 411, 426, 428, 437, 438, 439, 441
엘람 236, 246, 252, 255
엘레판틴 63, 64, 473
예루살렘 54, 59, 63, 64, 90, 95, 110, 115, 116, 123, 136, 137, 138, 143, 145, 146, 147, 150, 151, 152, 153, 154, 162, 165, 166, 169, 170, 171, 172, 173, 175, 177, 179, 180, 186, 187, 188, 189, 190, 192, 193, 195, 199, 202, 204, 206, 209, 210, 212, 214, 218, 220, 221, 222, 224, 275, 286, 308, 321, 356, 357, 361, 364, 365, 366, 367, 371, 377, 378, 381, 382, 386, 387, 395, 396, 398, 399, 400, 401, 403, 404, 409, 418, 426, 427, 430, 431, 432, 434, 436, 438, 439, 440, 441, 445, 448, 449, 455, 457, 460, 466, 467, 469, 470, 473, 474, 475, 477
예언자 98, 268
오경 62, 96, 200, 318, 319, 335, 336, 359, 416, 469, 473, 477
오므리 124, 130, 131, 134, 139, 140, 142, 143, 144, 145, 158, 163, 164, 184, 185, 186, 188, 190, 194, 370, 376, 390, 392, 401, 402, 403, 406, 412, 427, 428, 430, 433, 434, 435, 437, 442, 444, 456, 457
왕자 94, 112, 118, 143, 146, 165, 451
왕정 49, 55, 68, 73, 74, 75, 90, 92, 93, 98, 102, 104, 106, 110, 112, 113,

126, 134, 155, 158, 162, 163,
170, 177, 180, 183, 185, 186,
199, 200, 268, 299, 300, 307,
312, 318, 320, 321, 322, 323,
324, 325, 326, 327, 328, 330,
334, 335, 336, 337, 338, 339,
340, 345, 358, 369, 375, 376,
386, 400, 408, 410, 414, 417,
418, 419, 420, 421, 451, 463,
475, 481
외경 64, 201
외교 49, 107, 110, 116, 119, 126, 136,
140, 144, 166, 176, 178, 184,
185, 186, 188, 194, 226, 266,
267, 289, 297, 302, 304, 357,
361, 362, 364, 370, 376, 383,
390, 398, 406, 409, 424, 426,
428, 430, 431, 433, 440, 441,
442, 443, 447, 448, 451, 455,
462, 470
요세푸스 468
우가릿 266, 417
우르 245, 246, 249, 253, 254, 265, 293,
299, 368
위경 201
유다 30, 31, 48, 49, 53, 54, 56, 57, 58,
60, 62
유대교 32, 33, 51, 65, 66, 67, 86, 219,
220, 296, 314, 474, 481
유배 155
윤리학 45
이념 30, 35, 38, 41, 42, 43, 52, 68, 79,
80, 81, 83, 85, 87, 109, 111,
119, 120, 122, 156, 157, 176,
191, 202, 205, 207, 213, 215,

216, 247, 248, 249, 254, 258,
263, 264, 270, 273, 280, 281,
284, 289, 292, 294, 295, 296,
308, 310, 312, 313, 324, 328,
354, 359, 361, 362, 363, 364,
371, 416, 423, 424, 429, 430,
432, 442, 443, 447, 449, 455,
472, 476, 479, 481
이란 64, 240, 242, 244, 274, 276, 280,
283, 288
이슬람 86, 296
이집트 57, 60, 63, 64, 74, 78, 93, 95,
96, 97, 98, 99, 100, 119, 122,
123, 125, 137, 149, 153, 154,
184, 185, 186, 188, 189, 193,
196, 201, 202, 226, 229, 233,
236, 237, 240, 241, 242, 244,
252, 256, 257, 258, 259, 260,
261, 262, 263, 264, 265, 266,
267, 270, 274, 276, 277, 278,
279, 280, 282, 283, 284, 285,
286, 287, 288, 292, 294, 296,
297, 299, 301, 303, 306, 309,
317, 324, 325, 332, 333, 334,
335, 336, 340, 341, 351, 352,
358, 362, 364, 370, 382, 387,
397, 398, 399, 400, 404, 405,
409, 412, 413, 414, 415, 417,
418, 424, 433, 436, 437, 438,
441, 444, 456, 461, 467, 468,
471, 473, 475

ㅈ

재판관 103, 112, 143, 210

재판장 94
정경 32, 65, 199, 219, 416, 417, 469, 473
정치철학 45
조공 43, 116, 122, 139, 140, 143, 146, 147, 148, 149, 150, 151, 153, 179, 185, 192, 194, 195, 244, 249, 266, 271, 274, 277, 279, 289, 312, 333, 360, 371, 389, 390, 391, 392, 393, 395, 396, 398, 404, 405, 406, 428, 434, 436, 437, 438, 439, 440, 445, 456
조로아스터교 284
종말론 65, 217
지파 91, 93, 94, 95, 96, 97, 98, 99, 101, 102, 103, 105, 106, 107, 108, 109, 110, 112, 113, 114, 115, 116, 118, 120, 123, 124, 136, 137, 162, 164, 165, 170, 174, 192, 234, 238, 269, 300, 308, 316, 321, 323, 324, 326, 327, 328, 330, 331, 337, 338, 339, 340, 342, 344, 345, 348, 349, 351, 352, 353, 355, 356, 357, 358, 359, 361, 367, 370, 371, 412, 421, 422, 444, 458, 464, 475, 480
지혜 217, 307, 363, 364, 369, 418, 469, 473, 476

ㅊ

출애굽 316, 332, 334, 335

ㅋ

쿰란 64

ㅌ

텔 248, 330, 382, 389, 400, 405, 466
통일 53, 54, 55, 56, 101, 123, 160, 169, 170, 180, 181, 251, 256, 259, 261, 276, 279, 281, 293, 300, 302, 321, 322, 331, 365, 366, 370, 372, 400, 433, 440, 453, 457, 473, 474, 481

ㅍ

팔레스타인 57, 65, 66, 75, 76, 95, 153, 154, 186, 217, 218, 219, 260, 267, 276, 277, 279, 285, 286, 287, 299, 301, 326, 332, 333, 335, 346, 374, 375, 380, 382, 387, 392, 394, 396, 397, 401, 411, 417, 429, 433, 437, 438, 468, 469, 472, 479
페니키아 120, 122, 140, 143, 144, 165, 166, 167, 176, 185, 194, 217, 231, 240, 266, 268, 280, 285, 286, 359, 376, 385, 390, 397, 405, 406, 411, 412, 414, 418, 420, 431, 435, 436, 437, 438, 441, 448, 468
페르시아 54, 62, 64, 170, 186, 200, 201, 205, 206, 207, 208, 210, 211, 212, 213, 215, 216, 218, 220, 221, 222, 223, 224, 241, 256, 268, 278, 279, 280, 281,

282, 283, 284, 285, 294, 295, 296, 300, 308, 311, 312, 313, 318, 320, 400, 465, 466, 467, 468, 470, 471, 475, 476

ㅎ

하스모니아 63, 199, 219, 287, 300, 469, 470, 477, 478, 479, 480
행정 체계 49, 92, 108, 110, 122, 196, 197, 198, 202, 211, 215, 222, 228, 245, 246, 253, 263, 265, 271, 273, 276, 277, 280, 281, 286, 290, 291, 298, 304, 310, 354, 384, 394, 402, 403, 413, 446, 452, 453, 466, 470, 477
히브리 95
히타이트 241, 248, 266, 276, 277, 278, 414, 415
힉소스 260, 261, 264, 276, 277, 279

고대 근동과 이스라엘 정치
The Politics of Ancient Israel

2018년 4월 15일 초판 발행

지은이 | 노만 K. 갓월드
옮긴이 | 윤성덕

편　　집 | 변길용, 권대영
디 자 인 | 서민정, 신봉규
펴 낸 곳 | 사)기독교문서선교회
등　　록 | 제16-25호(1980. 1. 18)
주　　소 | 서울시 서초구 방배로 68
전　　화 | 02) 586-8761~3(본사)　031) 942-8761(영업부)
팩　　스 | 02) 523-0131(본사)　031) 942-8763(영업부)
홈페이지 | www.clcbook.com
이 메 일 | clckor@gmail.com
온 라 인 | 기업은행 073-000308-04-020, 국민은행 043-01-0379-646
　　　　　예금주: 사)기독교문서선교회

ISBN 978-89-341-1805-3 (94230)
ISBN 978-89-341-1768-1 (세트)

* 낙장·파본은 교환해 드립니다.

이 도서의 국립중앙도서관 출판시 도서 목록(CIP)은 서지정보유통지원시스템 홈페이지(http://seoji.nl.go.kr)와 국가자료공동목록시스템(http://www.nl.go.kr/kolisnet)에서 이용하실 수 있습니다.
(CIP제어번호: CIP2018009381)